◎黄遵宪：致梁启超书（节选）◎黄节：国粹保存主义 游学生与国学
◎春水：中国国学保存编之一：正气（节录）◎刘师培：论中国并不保存国粹
◎黄节：《国粹学报》叙◎潘博：《国粹学报》叙
◎邓实：国学原论◎邓实：国学微论◎邓实：国学通论◎邓实：国学今论
◎许之衡：读《国粹学报》感言
◎许守微：论国粹无阻于欧化◎高旭：学术沿革之概论◎邓实：古学复兴论
◎宋恕：上东抚请奏创粹化学堂议◎国学讲习会发起人：国学讲习会序
◎赵炳麟：请立国学专门疏◎邓实：国学讲习记 拟设国粹学堂启
◎邓实：国学真论◎邓实：国学无用辨◎姚光：国学保存论
◎章太炎：某君与人论国粹学书◎高凤谦：论保存国粹
◎宋恕：国粹论◎反：国粹之处分◎高旭：南社启
◎刘师培：第三次上端方书◎王国维：《国学丛刊》序
◎希如：论国学研究之法式◎毛澄宇：《国学》叙言◎孙叔谦：国学
◎倪羲抱：论爱国为研究国学之本◎王蕴会：论尚武为吾国国粹
◎陈启彤：中国国学博大优美有益于人类说◎萧公弼：科学国学并重论
◎闻一多：论振兴国学◎蔡方忱：振兴文学以保存国粹说
◎冰弦：燕渣谭◎蔡元培：《北京大学月刊》发刊词◎毛子水：国故和科学的精神
◎张煊：驳《新潮》《国故和科学的精神篇》
◎毛子水：《驳〈新潮〉〈国故和科学的精神篇〉》订误◎范皕海：我之国粹保存观
◎陆达节：论今日治国学者所应改良之十大方针◎章太炎：治国学的方法
◎胡适：《国学季刊》发刊宣言◎宋育仁：评《〈国学季刊〉发刊宣言》
◎郑振铎：新文学之建设与国故之新研究◎顾颉刚：我们对于国故应取的态度
◎王伯祥：国故的地位◎余祥森：整理国故与新文学运动◎顾实：《国学丛刊》发刊辞
◎胡适：一个最低限度的国学书目◎梁启超：治国学的两条大路
◎梁启超：国学入门书要目及其读法◎宋育仁：评梁启超《国学入门书要目及其读法》
◎吴稚晖：箴洋八股化之理学◎范皕海：青年国学的需要◎曹聚仁：审订国学之反响
◎顾实：国学研究会讲演录第一集 · 序◎钱玄同：研究国学应该首先知道的事
◎宫廷璋：以科学方法整理国故其步骤若何◎显教：佛学是否国学
◎孙世扬：国学通论◎宋育仁：国学学制改进联合会宣言书
◎宋育仁：国学研究社讲习专门学科◎胡朴安：民国十二年国学之趋势
◎成仿吾：国学运动的我见◎孙德谦：评今之治国学者
◎钱玄同：汉字革命与国故◎顾实：国立东南大学国学院整理国学计划书
◎天均：评东南大学国学院整理国学计划书◎郭沫若：整理国故的评价
◎曹聚仁：国故学之意义与价值◎罗运贤：与人论治国故书◎顾颉刚：一九二六年始刊词
◎闻宥：国学概论《实学》发刊辞◎许啸天：国故学讨论集新序
◎吴文祺：重新估定国故学之价值◎曹聚仁：春雷初动中之国故学
◎陈柱：设立国学研究院之我见◎叶恭绰：北京大学国学研究馆开学演词
◎王皎我：中国国学在国际上的新地位及其最近之趋势◎何炳松：论所谓“国学”
◎郑振铎：且慢谈所谓“国学”◎钱基博：《国学文选类纂》总叙
◎蔡尚思：中国学术大纲 · 序◎陈衍：陈石遗先生讲“国学中应读应看应研究之书目”
◎孙德谦：论国学分类方法◎章太炎：《国学会会刊》宣言◎杨卓新：国学与西学
◎王易：国学概论 · 导言◎孙德谦：国学研究法◎萧莫寒：论治国学之门径
◎柳诒徵：讲国学宜先讲史学◎李麦麦：论“五四”整理国故运动之意义
◎钱基博：十年来之国学商兑◎何键：研究国学之方法与应具之眼光
◎吴承仕：我们的认识和实践◎章太炎：《制言》发刊宣言◎张树璜：国学今后之趋势
◎陈钟凡：十五年来我国之国故整理◎郭绍虞：国学论文索引四编 · 序
◎刘斯楠：对于国学之新认识◎何键：要用最新的科学方法来研究国学
◎陈柱：研究国学之门径◎胡怀琛：怎样研究国学及其基本书目
◎李源澄：《论学》发刊辞◎金天翮：《卫星》发刊宣言
◎李廷玉：《国学》发刊词◎叶秉诚：复宋芸子论国学学校书
◎章太炎：国学之统宗◎马一浮：泰和会语（节录）◎陆懋德：论国学的正统
◎许地山：国粹与国学◎曹朴：国学常识 · 概说

国学的历史

Guoxue de Lishi

桑兵 张凯 於梅舫 杨思机 编

國家圖書館出版社

图书在版编目（CIP）数据

国学的历史/桑兵等编. —北京：国家图书馆出版社，2010. 4

ISBN 978 - 7 - 5013 - 4216 - 7

Ⅰ. 国…　Ⅱ. 桑…　Ⅲ. 国学 - 研究 - 中国　Ⅳ. Z126

中国版本图书馆 CIP 数据核字（2009）第 225776 号

书名　国学的历史

著者　桑　兵　张　凯　於梅舫　杨思机　编

出版　国家图书馆出版社（100034 北京市西城区文津街 7 号）

发行　（010）66139745，66175620，66126153

66174391（传真），66126156（门市部）

E-mail　cbs@ nlc. gov. cn（投稿）　btsfxb@ nlc. gov. cn（邮购）

Website　www. nlcpress. com

经销　新华书店

印刷　北京四季青印刷厂

开本　710 × 1000 毫米　1/16

印张　38. 25

字数　700 千字

版次　2010 年 4 月第 1 版　　2010 年 4 月第 1 次印刷

书号　ISBN 978 - 7 - 5013 - 4216 - 7

定价　78. 00 元

《国学的历史》解说

自从1950年代初院系调整将无锡国学专修学校合并之后，已经渐趋消沉的"国学"概念及相应的实体机构（包括院系、刊物、团体等），即从人们的视野中消失。而港台虽然还有所延续，大多也只是近代国学的余续末流。

近年来，国学忽然大热，建立机构，创办刊物，开设讲坛，一时间你方唱罢我登场，热闹非凡。但仔细观察，似乎相关人士对于"国学"的历史并不熟悉，以为国学就是所有中国既有学问的代名词，凡与中国思想学术文艺相关者，都可以放进国学的大口袋；或是将国学局限于古典。恰如外国学人将没有学过儒学的梁漱溟奉为最后的儒家一样，许多并不愿以治国学为名的学人，被强行拉进国学家的行列，只是专家或古典发蒙的学人，则被披上国学大师的华服。似乎近代中国学界呈现国学无处不在、国学大师遍地走的景象。内涵外延无不模糊，结果，反而令人对国学无从把握。这些或许可以作为近代国学史的续篇，不过两者的意趣大不相同。

历史上的事物都有发生、发展、演化的过程，把握历史，从定义出发，往往苍白无力。因为历史并不因为定义而改变，而历史的生动复杂，也绝非定义所能概括反映。虽然概念往往后出，用后出的概念理解先前的事物，不过方便而已，既不能准确，更不一定有效，而且极易误读错解前人前事。不必达到大师水准，稍知历史，即不难了解，现在一些人称之为国学的东西，在中国早已存在，只是并非以"国学"的名义存在。古已有之的所谓"国学"，与今天人们所谈论的，几乎可以说是风马牛不相及。今人所讲国学，其实是晚清受日本影响才出现的新事物，在清季民国时经过几轮讨论争议，以及主题各异的发展变化，公开反对者有之，不以为然者有之，即使发明者和跟着讲的人，也可谓人言言殊。待到人人都会讲而且都在讲之际，在高明者看来，反而成为不必讲的唾余。当然，也不乏风头过去，才开始认真讲的实例。所以，国粹主义，不只一家，整理国故，也并非独领风骚。各人眼中的国学，无论形式还是内容，都是千差万别，甚至大相径庭。

概言之，国学的出现，可以说是近代国人对于西学乃至东学逐渐深入堂奥，渐有太阿倒持之势所感到的紧张的反映，此即所谓相对于新学指古学，相对于西学指中学。面对西学取中学而代之的汹汹来势，国人始而排拒，继之附会，接着反省。不仅思想学术等事，国语、国剧、国画、国医、国术、国服等等，都曾提出“国”的对应，表现出对固有观念事物价值意义的坚持和忐忑，也不乏用外来观念重新估价甚至以后者为准的的意味。本人十年前撰写相关论文以及后来成书，即不作泛论和附会，只探寻近代国学的渊源脉络，讨论在那一时期标明为国学的人与事，以求理解各方所谓国学的本意及其衍化。这也就是前贤所谓求其古以探流变，以免求其是多师心自用的意思。

照此原则，本书的编辑，旨在挑选近代国学出现以来，各种各样主张和反对国学的代表性文献，按照时间顺序排列，以便来者寻绎其发生、发展、演化的进程，从各个视角层面观察国学是什么，进而理解和把握什么是国学。也就是说，由阅读了解多种文本的整体意趣，体验贯通近人的远近高低各不同，以便揣摩领悟历史上“国学”的庐山真面。尽管这样的理解和把握仍然不免见仁见智，至少有所依据凭借，可以逐渐近真，而不至于强古人以就我。了解了国学的历史，也就认识了历史上的国学。这大概是唯一能够走近国学的途径和理解国学的办法。舍此之外，岂有他哉！知道历史上的国学究竟是什么，再来谈论什么是国学，才有可能不落俗套，不逞私臆。

本书的编辑，还有另一重意思。近年来，关于近代国学历史的研究逐渐增多，除了个别机构的探究能够基本网罗相关史料外，大都以手眼所及为据，而做一般论断，一些议论或结论，或多或少带有盲人摸象的弊端。有鉴于此，5 年前即策划着手编辑近代国学系年，希望尽可能完整充分地将各种相关资料一网打尽，循序排列，以显示人事的来龙去脉及其相互关联，以免以偏概全。近代史料繁多，在古代百倍以上，任何主题，要想竭泽而渔，至少现阶段尚无可能，因而此事难度不小，目前仍在努力进行之中。作为投石问路，编选此书，可以检验标准和办法。当然，既是选本，尽管有系年为底，眼光品味，能否反映实情、体现本意，仍不无可议。还望方家指引提示，以便增补改进，并为系年的编撰改进积累经验。

参与编辑的几位编者，均为门下史学理论与史学史专业的博士生，他们同时也参与了近代国学系年的编撰。在目前体制下，在有限的时间内，要想打破分科治学乃至分门别类和专题研究的狭隘界域，诚非易事。但至少不应以所治题目为读书范围，否则永无贯通之日。研治某人某事，只看直接材料，甚至用关键词索引求材料，实在是相当危险的事，不仅所论不过孔见，而且容易看朱成碧，甚至指鹿为马。作为训练，广泛收集阅览近代国学文献，学习领会编年的办法及其之于史学的奥妙，体会校勘在治史训练方面的重要，对于各自所治题目大有裨益，不仅眼界拓展，而且逐渐了解把握前后左右观念事实的内在联系，可以知其然而知其所以然。当然，还须在相关范围内通贯古今，以免横通之弊。这对于他们目前的研究乃至将来的发展，或许有着重要影响（如果有志于学的话）。所幸几位学生对此能够心领神会，不惮劳烦，耐心体验，细心揣摩，在本书的选材、校勘等方面，多所用力，能力的提升也相当明显。若能循序渐进，当有所成。

因为版权、篇幅等等原因，取材的范围不得不加以限制，有些重要文章只能列入附录。好在如今出版、资讯发达，只要有心，从各种途径获取文本，并非难事。况且，既然是选本，要想理解各篇的本意，也需要四面看山。如此，则以本书为门径则可，若以为范围，则大谬不然了。

桑　兵

2008 年 4 月 13 日于日本京都樱花绽放时节

目 录

致梁启超书（节选）

黄遵宪

饮冰室主人函文：

……《国学报》纲目，体大思精，诚非率尔遽能操觚。仆以为当以此作一国学史，公谓何如？公言马鸣与公及仆足分任此事，此期许过当之言，诚不敢当。然遂谓无一编足任分撰之役者，亦推诿之语，非仆所敢出也。公谓养成国民，当以保国粹为主义，当取旧学磨洗而光大之。至哉斯言！恃此足以立国矣。虽然，持中国与日本校，规模稍有不同。日本无日本学，中古之慕隋、唐，举国趋而东；近世之拜欧美，举国又趋而西。当其东奔西逐，神影并驰，如醉如梦。及立足稍稳，乃自觉己身在亡何有之乡，于是乎国粹之说起。若中国旧习，病在尊大，病在固蔽，非病在不能保守也。今且大开门户，容纳新学。俟新学盛行，以中国固有之学，互相比较，互相竞争，而旧学之真精神乃愈出，真道理乃益明，届时而发挥之。彼新学者或弃或取，或招或距，或调和，或并行，固在我不在人也。国力之弱，至于此极，吾非不虑他人之搀而夺之也。吾有所恃，恃四千年之历史，恃四百兆人之语言风俗，恃一圣人及十数明达之学识也。公之所志，略迟数年再为之，未为不可。此大事，后再往复，粗述所见，乞公教之。

吾所谓不喜旧学，范围太广，公纠正之是也。实则所指者为道、咸以来二三巨子所称考据之学、义理之学、词章之学耳。六月中复公书中，有时中孔子，固欲取旧学而光大之也。公倘以此段刊入论学笺中，且将演孔字藏起；所论忠孝，乃犯天下之大不韪，亦暂秘之。凡书中有伤时过激语，亦乞随意删润。盖其中多对公语，非对普天下人语，且向来作函，随手缮写，未尝起草，故其文亦多粗率，公自改之，勿贻公羞。屡易名最妙。

近方拟《演孔》一书，书凡十六篇，约万数千言，其包涵甚广，未遽成书者，因其中有见之未真，审之未确者，尚待考求耳。今年倘能脱稿，必先驰乞公教，再布于世。公所著《黄梨洲》，仅见于扪虱之谭，然已略得大概。吾意书中于二千年来寡人专制政体，至于有明一代，其弊达于极点，必率意极思，尽发其覆，乃能达梨州未言之隐、无穷之痛。梨洲之《原君》，固由其卓绝过人之识，然亦由遭遇世变，奇冤深愤，迫而出此也。每读其书，未尝不念环祭狱门，锥刺狱卒时也。明中叶后，有一李贽者，所著之书，官书目中，谓其人可杀，其书可焚，其板可毁，特列存目中以示戒。谅其论政必多大逆不道之语，论学必多非圣无法之言。公见之否？旧学中能精格致学者，推沈梦溪，声、光、化、电、力、气无一不有。其使辽时，私以蜡、以泥模塑地图，即人里鸟里之说，亦其所创也。前有《梦溪笔谈》一书存尊处，今必乌有矣。然此书尚可购觅，日本应亦有之。他日必有人表而出之。康熙间，有刘献廷亦颇通各科学，然寻其所言，当由西教士而来，不过讳言所自耳。非如梦溪之创见特识，无所凭藉，自抒心得也。……

布袋和尚　中秋后七日（光绪二十八年）

（录自《中国哲学》第八辑，生活·读书·新知三联书店 1982 年）

国粹保存主义

黄 节

析六洲黄色白色黑色铜色棕色人种，而成一社会。一社会之独立，而成一国家。一国家有一国家之土地之人民之宗教政治，于是其风俗气质习惯遂各有特别之精神焉。夫有特别之精神，则此国家与彼国家，其土地人民宗教政治与其风俗气质习惯相交通相调和，则必有宜于此而不宜于彼，宜于彼而不宜于此者。知其宜而交通调和之，知其不宜则守其所自有之宜，以求其所未有之宜，而保存之。如是，乃可以成一特别精神之国家。

夫国粹者，国家特别之精神也。昔者日本维新，欧化主义浩浩滔天，乃于万流澎湃之中，忽焉而生一大反动力焉，则国粹保存主义是也。当是时，入日本国民思想界而主之者，纯乎泰西思想也。如同议一事焉，主行者以泰西学理主行之，反对者亦以泰西学理反对之，未有酌本邦之国体民情为根据而立论者也。文部大臣井上馨特倡此义，大呼国民，三宅雄次郎、志贺重昂等和之。其说以为，宜取彼之长，补我之短，不宜醉心外国之文物，并其所短而亦取之，并我所长而亦弃之。其说颇允，虽然以论理上观之，不能无缺点焉。

夫执一名一论一事一物一法一令，而界别之曰我国之粹。曰我国之粹，非国粹也。发现于国体，输入于国界，蕴藏于国民之原质，具一种独立之思想者，国粹也。有优美而无粗犷，有肚旺而无稚弱，有开通而无锢蔽，为人群进化之脑髓者，国粹也。天演家之择种留良，国粹保存之义也。譬如有地焉，蓬蒿棘榛，郁勃蹊径，甚矣其荒也，有人焉为之芟夷，而蕴崇之，缭以周垣，树以嘉木，不数年葱茏蔚森矣。夫地之宜于植也，其生是嘉木，犹其生是棘榛也。是宜于植者，地之粹也。因其宜于植，而移嘉木以植之，或滋兰焉，或树橘焉，则焕然秀发者，虽非前日之所有，而要之有是地，然后有是华，不得谓非是地之华也。是故本我国之所有，而适宜焉者，国粹也。取外国之宜于我国，而吾足以行焉者，亦国粹也。井上之言，是知我国之所有者为国粹，而不知外国之宜于我国而吾足以行焉者，亦为国粹也。

马路曰："政治之良否，关于人民之德智，以空理组织之政体，虽如何巧妙，亦不适于实用，而无永续之力。永续之力为何？曰宗旨也，地位财产也，善良政治之习惯思想也，尊崇历史怀远追旧之情也。"加藤弘之曰："欧洲各国宪法之精神，大抵无异。至政府之权力，议会之权限，则宽严大小皆有所宜。所以然者，各国之风俗历史不可苟同也。"夫研究我国与外国之异同，取其适用而未能永续者，如马氏所举数端，皆国粹也。如加藤氏所谓，各有所宜，而不可苟同，皆保存也。夫粹者，人人之所欲也。我不保存之，则人将攘夺之，还以我之粹而攻我之不粹，则国不成其为国矣。险哉！美人灵绶之言也，曰："欧人欲在中国扶植其势力，当无伤其风俗之感情。"险哉！美人灵绶之言也。

（录自《壬寅政艺丛书》，1902 年）

游学生与国学

——东京国学图书馆之设置所望于留学生及留学生会馆监督

黄　节

国学与爱国心相倚者也。何以故？凡人之用爱，必用之于其有切密之关系者。父母妻子兄弟之爱，过于寻常，以其习而稔之者数十年也。同一朋友也，相处日久者，则爱愈深，数年远隔，爱情不稍淡者希矣。远客者见故乡人，闻故乡事，虽复一草一树之位置，一钓一游之景况，亦油然觉有大感动于其心者。何也？以吾心目中所固有也。惟国亦然。真爱国者，必使吾国之历史之现状之特质，日出入于吾心目中，然后其爱乃发于自然。不然，则客气之爱耳。客气之爱者，以他人皆各爱其国，我亦不可不爱之云尔。是理论上之爱，非实际上之爱也。

我青年欲求世界之知识，乃相率游学于海外，此诚国民发达之一现象也。虽然，去祖国日远，其所与相习者日疏，骛于他国语言文字学术风俗，而以比较诸内地腐败之社会，于是厌贱之鄙弃之之心生焉。夫焉知民族各有特性，欲善其族者，宜取其特性之良者而淬厉之，必非可以厌世观了事也，又必非能妄取他族之特性，而欲以移植于我族也。故苟厌贱鄙弃之心一生，而爱国心必与之相消。

又游学也者，欲学成而有所尽瘁于祖国也，或输入其理想焉，或整顿其实事焉，而要皆非深通国学不能为力。今之留学者，类皆少午志气踸踔之士，然在内地时，率未尝受相当之教育，此无可为讳者也。故世界之普通学勿论，即本国之普通学，其有完全之学力者盖希矣。甚则国文之未通，草三四百言之短篇，亦拮据为病也。苟若此，则虽博极外学，而欲输之以福祖国，其道无由。不见前此之学西文者乎，其数如鲫，然能有所贡献于我学界者，惟侯官严氏一人而已。则有国学与无国学之异也。至于办实事，则其关系之重要，更无论矣。

窃意以留学生诸君之热心，未必不见及此。其所以志焉未逮者，殆有两因。一则学课忙迫，今方汲汲于采集外界之新知识，无暇兼及也。一则图书不备，虽欲研究而无由也。吾以为学课虽极忙，然每周间终不可不以数时从事于此。试观万国之学校，其学科时间之分配，岂有遗本国而不道者也。此第一问题。就理论上言之也，人人既认此理论，则当入于第二问题。第二问题，实际之问题也。以留学生之在苦学界，每月筹所谓学校费、居住饮食衣服费者，率皆已竭蹶不易矣，岂复能有力以备故国之旧籍以自随。况我国学者，至今未有完备之组织，其所研究之资料，浩瀚散漫，又必非徒备一二种所能有功也。于是乎留学生研究国学之途遂穷。

若在他地，则吾亦无冀焉。若在东京，则学生之数将及千人，有会馆，有监督，俨然为一自治之团体。若此区区之事而不能举，则更无望其他矣。吾故以为，宜以公众之力，设置一国学图书馆，其事至易集，而其效至深巨。

今铃木町之会馆，不过一俱乐部之别名耳。至今未能举一实际有益之事，而每岁亦费千金。然则筹一图书馆之经费，亦决非难，况有总监督者，为学生与政府之枢纽，可以间接力多所资助。且学生之研究国学，虽内地极顽固之官吏，亦未必反对，固可望其相助。即不助，而此区区万数千金，亦必非难集。会馆与监督，果何所惮而不为此？

若置图书馆，则所备之书，仅分数部足矣。

一　道德哲理之部　《十三经》、周秦诸子、宋明理学之书属焉，佛典亦附属购置，以备东洋哲学之研究也。

二　历史之部　正史之外，多搜别史杂史谱传，以资参考。《九通》等皆属此部。

三　地志之部　一统志之外，广搜各省通志、各府州县志，乃至纪行等类之书。不论精粗美恶，以备为主。

四　丛书之部　百数十种大丛书宜尽购。

五　文学之部　诗古文辞、曲类，有文学趣味者择购之。

创办之法，一募捐款，一募捐书。捐款最少者，得万金亦可开办矣。以五千金建馆，以五千金购书。书不足陆续附益之。至其成立以后之月费，固自有限，易为力耳。

图书馆若成，则凡有志于是者，可以开一国学研究会，以世界之新知识，合并于祖国之旧知识，十年之后，我国学之光燄，必有辉于大地者。

国学研究会若成，与各省之调查会相辅，则能使我辈与祖国之关系日益切密。此培养爱国心之不二法门也。

（录自《新民丛报》第26号，1903年2月）

中国国学保存论之一：正气（节录）

春　水

道德进步之说，迩年以来，始炽于中国。呜呼！其将为中国之福也欤？其将为中国之祸也欤？英人颉德有言："宗教者，道德之标准，进化之制约也。"国民之大危险，莫甚于无所制约焉。无制约之国民言道德进步，是助纣为虐也。不观于今日新学界之现象乎？言自由者，不图政治改革之公事，而持为个人竞争之口实也；言社会主义者，不知平均劳力之公理，而持为均财自逸之口实也。其他等等，莫不如是。以如是坠落放逸之浮薄青年，虽与之以立宪政治之幸福，亦恐其不能享，而岂值言革命矣！而岂值言尼希利主义矣！

一言以蔽之，今日中国青年之大患，莫甚于借新道德之影响之皮毛，以破坏旧道德。无所制约，无所信仰。其影响及于社会，荡无秩序，极其流弊，虽欲结犹太波兰亡国民之可怜团体，亦不可得。人道荡然，虽洪水猛兽，何足比其害也。

吾今执保存旧道德之论。吾国之道德，有为神洲特别之产物，西洋所未曾发明，而大适于今日之实用者，厥曰正气。"正气"之名词，累为文文山先生所引用。其歌有曰："于人曰浩然，沛乎塞苍冥。"然实为《孟子》之所发明者。《孟子》曰："我善养吾浩然之气。"又曰："若直养而无害。"则沛然塞乎天地之间，能养正气之人，即《孟子》所谓大丈夫也。《孟子》曰："富贵不能淫，贫贱不能移，威武不能屈，此之谓大丈夫。"《孟子》此言，即能养正气者之真相也。淫于富贵，移于贫贱，屈于威武，此世之所以多庸人而少英雄也。

虽然，文文山不但祖述《孟子》之正气说而已。彼对博罗之言曰："社稷为重，君为轻。"又其言学曰："兼人己为一致，合体用为一原。"此吾儒之所以为吾儒也。呜呼！自《孟子》著者以来，其能推扩之以见诸实用者，惟文山一人而已。

中国人最乏国家之观念，故从无国魂之说。至留日学生见日本有以武士道为国魂者，始反索乎中国。奋翮生索而不得，乃强欲以革命当之。夫此何足以为中国魂也。匹夫篡夺，强有力者即贵为天子，富有四海，此夷齐所谓以暴易暴，以盗贼代盗贼也。诸君欲求中国魂乎？舍正气将安属焉。

凡中国古人之奇节峻行，皆可以谓之为正气之作用。中国讲学数千年，毫不得其效果。自宋儒出，率举国之人，以困于枯寂之心学。夫治国自有政治、法律、理财、经武、通商、惠工之学，心学者，哲学之一小部分，惟教育者言之耳。宋儒乃举万事皆以心学统之，崖山迁播，犹讲《大学》，敌军临逼，尚诵《孝经》，岂不颠乎！

夫正气之说，致用固大，然不可不改良之。改良奈何，即不可陷于愚忠愚孝是也。

正气派最主攘夷之论，而皆无以善其后。近世如某某者，毅然排外，驱不教之拳党，以图歼异族。雄矣哉，正气派之流亚也。夫徒有正气而无新智识，终矣无功。故排外诚是也，不排外无以立国也。然排外之根本，在于锻炼国民。

未经锻炼之国民，岂不危哉。敌人环集以相争存，而一无教育，一无准备。甲种乘之，则服从甲种，而为臣民。乙种又乘之，则服从乙种，而为奴隶。其不肖者，为张弘范、王积翁；其极贤者，亦不过为文天祥。夫文氏诚贤矣，迹其前后统师，无战不败。然则浩然之正气，岂可遂恃以退敌军哉？

日人苏峰生曾作一文，曰《国民之锻炼》，诚吾国民对病之案也。其言曰："昔者太王居邠，狄人侵之，事之以皮币，不得免焉；事之以犬马，不得免焉；事之以珠玉，不得免焉。乃属其耆老而告之曰：'狄人之所欲者，吾土地也。吾闻之也，君子不以其所以养人者害人，二三子何患乎无君，我将去之。'此当国际之患压迫之时，孟子对滕文公所陈最善之策也。"呜呼！此中国《二十二史》外交政策之键矣。

中国之所以有大种族，而不能成大国民者，即因缺乏国民锻炼也。无国民锻炼，故绝无抵抗外敌之力，故绝无国家观念。诚如是也，种族虽大，亦不免于灭亡。

国民如个人然，必要锻炼。当外敌之来侵也，最足试国民之力量如何。故当外敌之来，不可避此机会。国民之消长盛衰，皆系于此。美国大总统罗斯福对市民之最近演说一节，最合此意。其演说曰："予希望予与国民，其扶植政策，处理万事，皆有正义之精神。负荷义务，不择难易，悉引受之，凡事之有满足力行之精神。我与国民，其勿苟安现时之平和，不顾将来之不幸，而不注意以膺国务也。”

总而言之，无远虑者，不能成大业；不偿代者，不得物品；不受锻炼者，不得幸福。外敌之压来，乃试验国民无上之好机会。不然，纵令吾人巧避外敌之冲突，而外敌亦岂可避者。慎乎，无执孟子退让之僻言，以误国家也。

（节录自《东方杂志》第3期，1904年5月，原载《政法学报》1903年第5期）

论中国并不保存国粹

刘师培

世之称中国者，孰不曰守旧之国哉。虽然，守旧者，必有旧可守者也，必能保存国粹者也。乃吾即今日之中国观之，觉一物一事之微，无一与古代相同者。吾得以一语而断之曰：中国并不保存国粹。试详征之。

一、音乐。　音乐者，所以感人之性情，而荡涤其瑕秽者也。中国古代之乐，大抵统于八音，即金、石、丝、竹、匏、土、革、木是。如《尔雅·释乐篇》所载诸乐器是也。中国古代之音，大抵统于五声，即宫、商、角、徵、羽。十二律，阳声六，即黄钟、太蔟、姑洗、蕤宾、夷则、无射是也；阴声六，即大吕、应钟、南吕、函钟、小吕、夹钟是也。后世有律吕之学。即《周礼·太师》所载诸乐名是也。然大抵与歌诗相表里。《二南》及《豳风·七月》《小雅正》十六篇，《大雅正》十八篇，及《周颂》等诗皆入乐者也。又有房中乐、乡乐、朝廷乐、宗庙乐之分。后世以降，乐府兴而雅乐亡，如《鹿鸣》诸诗之音节，至晋而亡是也。《日知录》谓："至唐而舞亡，至宋而声亡。"匏音亡而乐器改，后世无匏音并土音，亦见《日知录》。而羌夷之乐，乃得乘其隙而易之。古代已有四夷之乐，即昧、任、侏、僸是也。试观于后世之乐歌，若《摩诃兜勒》之曲，此得之西域者也，而汉庭谱为新声；《通考》云："张骞入西域，传其法于西京，惟得《摩诃兜勒》一曲。李延年因胡曲，更造新声二十八解，乘舆以为武乐。"《鼓角横吹》之曲，此得之朔漠者也，而魏武减为《中鸣》；《通志》云："魏武北征乌桓，涉沙漠，军士闻《鼓角横吹曲》而悲思，于是减为《中鸣》，共十五曲。"魏晋以降，古乐式微，羌胡杂扰，歌曲各殊。《通考》云："怀帝永嘉之乱，伶官乐器皆没于刘、石。"又云："北魏鼓乐音制，罕复传习，旧工更尽，声曲多亡。"又云："齐祖挺上书曰，魏氏获晋乐器，不知采用，皆委弃之。"又云："后主惟赏胡戎乐，躭乐无已。"古人谓梁、陈尽吴楚之声，周、隋皆羌胡之技，见《唐书·乐志》。岂不然哉！况且魏爱胡声，而屈茨、打沙之乐作，《通考》云："自宣武之后，始爱胡声，洎于迁都，而屈茨、琵琶、五弦、箜篌、胡鼓、铜钹、打沙罗，胡舞铿锵镗鞳，洪心骇耳。"唐升胡部，而伊、凉、甘、渭之曲兴，自隋炀帝定九部夷乐，唐开元二十四年升胡部于堂上，而天宝乐曲皆以边地名，若凉州、伊州、甘州、渭州之类，后乃调法曲，与胡部新声合。皆见《唐书》。古代之乐章，遂悉消亡于不觉矣。即观之后代之乐器，角曰胡角，《通志》云："角之制始于胡，中国所谓鼓角，盖习胡角而为也。"《通考》云："铜角，高昌之乐器也。"笛曰羌笛，《说文》云："羌笛，三孔。"《乐府杂录》云："笛，羌乐也。"而唐人之诗，名曰《羌笛》。笳曰胡笳，《韵会小补》云："大胡笳十八拍，小胡笳十九拍。"蔡琰有《胡笳十八拍》诗。鼓曰羯鼓，唐人小说有《羯鼓录》。琴曰胡琴，《元史·礼乐志》有胡琴。管曰羌管，朱子《雪诗》云："只愁羌管不成声"。而觱篥、段成式"觱篥格，胡人以笳角为之。"而李颀诗云："南山截竹为筚篥，此乐本是龟兹出。"琵琶琵琶本出于胡中，马上所鼓也。李峤《琵琶诗》云："本是胡中乐。"诸乐，大抵皆得之边夷。粗厉之音，形为乱象。言念及此，能勿悲哉！国粹之不保存者，此其一。

二衣服。中国之服饰，以三代之制为最佳，大抵与欧西之制合。此非西人袭中国古制也。中国文明最古，故其制与欧西之制同。古代之冠，皆用冕旒，而委貌爵弁之制，系组于颐，制如覆杯，前高广，后卑锐。与西人冠制相类。至赵国取法北胡，创武冠之制，而汉代貂蝉饰冠，实基于此。《通志》云："赵惠文冠，亦名武冠。赵武灵王效胡服，以金珰饰首，前插貂尾为贵职。又以北土多寒，胡人以貂皮温额，后代效之。"至胡元宅夏，古代之冠，遂一变而为缨笠矣。缨笠二字，始见于郑所南《心史》，又称虏笠。古代之衣，上衣下裳。与西制相合。而衣裳之外，复有深衣。即西人外套之制。其长及踝，左右平齐，方领之间，两襟相掩。即西人外套偏袒之形。证之古代礼图，固彰彰可据者也。大约古代内衣之制甚狭，惟衣装之制宽广。至后世胡服盛行，而古代衣裳之制，遂一变而为长衫短褂矣。今马褂之制，出于古代之半臂，而长衫之制实为胡服。见《陔余丛考》"马褂缺襟袍战裙"条。古代之履，上锐下平，系以组繶。今西人皮鞋皆有绳带。若靴为胡履，见《说文》。为北俗所通行。后世以降，夷祸日深，而胡俗之靴，遂浸用为朝制矣。《陔余丛考》"著靴"条云："北朝著靴，累代盛行。盖自刘、石之乱，继以燕、秦、元魏、齐、周，各从其本俗，故中土久以著靴为常服，沿及于唐，遂浸寻为朝制矣。"其说甚确。举此三条，足征衣饰之殊于古昔矣。又古人于项下有频项，即西制之领也。而内衣之带，大抵与衣相连，皆与后世之制不同。即古代妇女之衣饰，亦与今殊。袆衣揄狄诸服，大抵上下相连，上狭下宽，其长及地。试即《列女图》观之，《三礼图》亦然。则宵衣诸饰，与日本妇女之服同；此因由日本取法古制也。鞠衣诸饰，与欧美妇女之服同。毫无异处，真可异也。后世以降，易为上衫下裙，此亦非中国固有之服，故《洪武实录》所载明太祖诏，深斥妇女两节衣为胡服。而古代妇女之衣饰亡矣。盖秦汉以来，虏汉杂处，风会所趋，浸以成俗，变胡服之制，岂仅赵王？耻椎髻之仪，不逢南越。此魏徵所由隐忧，见谏从突厥河南语。而东城父老所由兴叹也。《东城父老记》云："今北胡与京师杂处，娶妻生子，长安中少年有胡心。吾子视首饰华服之制，不与向同，得非服妖乎？"至金代禁用汉服，天会二年事。元代崇尚胡装，而冠带之民，遂一变而为被发左衽之民矣。鼠衔尾而北来，鸥梳翎而东去。索虏垂制，岂不远哉。惟僧道之服，稍与古制相同。又近世持民族主义者，屏弃虏服，易以西装，而汉家官仪，遂不图于今日复见矣。国粹之不保存者，此其二。

三、宫室器具。　古代宫室，固不尽平顶之制也。然明堂之制，上下四方，皆为平顶，殊无攲侧之形。与西人之官室合。见《三礼图》及《群经宫室图》，汪氏《述学》所绘《明堂图》。而殷人重屋已有四阿。见《考工记》。四阿亦平顶也。即宫寝宫阙之形，亦大抵上方下平，与今寺观之屋宇相类。观《群经宫室图》可见。若今日宫室之制，大抵上锐下方，作攲侧之形，与张盖同。此皆由于华夷杂居，穹庐之形，历久不易，试观今日之官室，其形式与帐篷无异，非游牧时代之制乎？而中国宫室之制，遂与之同化而不觉耳。又如席地之制，易为胡床；应劭《风俗通》云："赵武灵王好胡服，作胡床。"然西汉之时，犹席地而坐。如《贾谊传》所谓文帝前席也。至六朝之时，桓伊据胡床弄笛，而《庾亮传》亦有胡床之名。盖胡床，即今之交椅也。几筵之制，易为火坑，《日知录》云："北人以土为床，而空其下以发火，谓之坑。"古书不载。又引《唐书·高丽传》："冬月皆作长坑，下然煴火以取煖。"即今之土坑。是土坑亦夷制也。何一非沾染夷俗者乎？即观之中国之器具，觉兵器农器，亦有由外域输入者。中国铁字，古文从夷。可知冶铁之业，为中土所本无。由石器时代易为铜器时代，由铜器时代易为铁器时代，故冶铁之用，发明最迟。冶铁之用，始于制矛。而古籍所谓二矛者，则夷矛、酋矛是也。见《考工记》。盖庐人为制矛之官。庐与卢同，当训为黑，象冶铁之色也。此外域兵器输入之始。推之骑兵之法入中国，骑兵亦北虏之制。又中国之称马也，必曰胡马、代马。而车载之制隳；炮火之法入中国，亦始于胡元。而戈矛之利失。此皆兵器之变更也。若农器之用，虽多中国所发明，然铁齿耙土，亦东夷输入之法也。《湧幢小品》云："中国耕田必用牛，若铁齿耙土，乃东夷掳罗国之法，今江南多用之。"若兵器农器而外，四裔之物，亦有输入中国者。若木棉为东南夷之产，见《三国·东夷传》、《梁书·林邑传》，而中国多用之。此皆外域物产输入之证。按之古籍，历历可征。此欧亚通商以来，中国之器物所由多废弃不用也。

大约中国人多喜新厌故，并无保守之性质。观鸦片之吸食，烟草之广植，而知中国古代之沾染恶俗，亦犹是矣。国粹之不保存者，此其三。

四、礼俗言文。凡国之所以成立者，必有一国特别之礼俗。中国之礼俗，虽多沿古初之制，然丧礼七七之制，始于胡魏；《北史》记胡国珍死，魏明帝为举哀，诏自始薨至七七，皆为设千僧斋，斋令七人出家；阉人孟栾死，灵太后于其七日，设二百斋僧。《北齐书》记南阳王死，每至七日，孙灵辉请设斋。赵瓯北谓七七之制，起于魏、齐，讵不然哉？火葬之制，本于天竺，见《日知录》及《陔余丛考》，乃沿印度之葬礼者也。则亦非中国固有之俗矣。又如十二辰虫之说，即俗说所谓十二属。虽相沿已久，然溯其起源，亦大抵起于北俗。《陔余丛考》云："十二辰之说，纷纷不定，然未有推其所以然者。窃以为此本无甚意义，古人但取以纪年月而已。陆深《春风堂随笔》谓本起于北俗，此说较为得之。"又引《唐书·黠戛斯传》之虎年，《宋史·吐番传》之兔年、马年，《辍耕录》之龙年，以证北俗无子、丑、寅、卯十二辰，但以鼠、牛、虎、兔之类，分记岁时，流行中国，遂相沿不废。其说甚确。故《元秘史》亦有兔儿年、虎儿年之语。此则由汉末传入中国者也。亦见《陔余丛考》。盖礼俗既迁，故言语亦随之而异。如可汗为夷虏君长之称，可汗即汉字。而刘武周等之割据，则亦袭可汗之称矣；刘武周称定扬可汗，即唐朝之君，亦有自称天可汗者。守捉为异域屯戍之称，而唐朝之边城，则亦用守捉之名矣；唐以守捉为边地小城戍之称，见《唐书·地理志》。巴图鲁为胡中勇士之称，元人之称把都，亦作巴鲁，即巴图鲁之转，乃夷语所谓猛士也。而近日汉民任武职者，亦且赐巴图鲁之号矣。章京二字亦然。此皆夷语之输入中国者也。又如梵音东被，佛典流传，而中国人士之袭用其语者，或播之于词章，如刹那、招提等语是。或著之于语录，如真空、妙谛、常惺惺等语。则亦西人所谓外来语也。其尤可异者，异族乱夏，民习于夷，改姓易氏，献媚虏酋，大约以北周及金元之人为最众，见《通志·氏族略》"变于夷"条及《陔余丛考》。而鲜卑、契丹之言，遂传播于士大夫之口矣。如《颜氏家训》"见有一士人，令其子习鲜卑语，可以事贵"。人民之无耻，至此而达极点矣。以野蛮之语言，代中邦之文字，彼虏主之扩张势力者，遂欲抑汉文而崇虏文矣，元时凡诏令皆用蒙古字，即俄人欲废波兰文之意也。可不哀哉！国粹之不保存者，此其四。

由是观之，则今日之中国，岂犹有国粹之存耶。或谓事物之理，变动不居，改弦更张，古人所重。然按之中国之制，则非合进化之公理者也。盖外族交侵，与民杂处，致古代流风遗俗，悉消灭于无形。昔卫效夷言，杞用夷礼，皆为《春秋》所贬绝。今中国人民，以用夷变夏为大戒，岂知由古迄今，无一非用夷变夏之日耶！吊铜驼于荆棘，京洛凄凉；度胡马于关山，燕云望断。言念及此，能勿凄然？此古人所由虑夷患也。

（录自《警钟日报》1904年6月22－25日）

《国粹学报》叙

黄　节

吾国得谓之国矣乎？曰不国也。社会莫不始于图腾，继以宗法，而成于国家者也。吾学得谓之学矣乎？曰不学也。万汇莫不统于逻辑，阐为心理，而致诸物质者也。呜呼悲夫！四彝交侵，异族入主，然则吾国犹图腾也。科学不明，域于元知，然则吾学犹未至于逻辑也。奚以国奚以学为？呜呼悲夫！溯吾称国之始，则肇自唐虞。蚩尤作甲兵，始伐黄帝，至于夏殷周，而苗祸亘千百年。然则唐虞之称国也，吾以见民族之棼焉。呜呼悲夫！溯吾学派之衰，则源于嬴秦。始皇烧《诗》《书》百家语，藏书博士，窒塞民智。至于汉武，立博士于学官，罢黜百家。以迄刘歆，则假借君权，窜乱经籍，贼天下后世。然则秦皇汉武之立学也，吾以见专制之剧焉。民族之界夷，专制之统一，而不国，而不学，殆数千年。呜呼！奚至于今而始悲也！春秋楚人执宋公以伐宋，宋公谓公子目夷曰：子归守国矣，国子之国也。公子目夷复曰：君虽不言国，国固臣之国也。是故对于外族则言国，对于君主则言国，此国之界也。国界不明，诸夏乃衰。简书不恤，京师吴楚，以至会申楚伯，淮夷不殊。则吾国对外族之界亡矣。汉兴，黄生与辕固生论汤武受命，而曰：冠虽敝，必加于首；履虽新，必贯于足。申桀纣而屈汤武，孝景知其非，然犹曰：言学者毋言汤武受命不为愚。则吾国对君主之界亦亡矣。呜呼！国界亡则无学，无学则何以有国也。吾登高西望，帕米尔高原而东，喜马拉山脉而北，滔滔黄河，悠悠大江，熙熙乎田畴都市，宅于是间者，乃不国乎？而吾巴克之族，犹足以自立，黄帝尧舜禹汤文武周公孔子之学，犹足以长存，则奈何其不国也，奈何其不学也。

悲夫痛哉！风景依然，举目有江河之异，吾中国之亡也，殆久矣乎！栖栖千年间，五胡之乱，十六州之割，两河三镇之亡，国于吾中国者，外族专制之国，而非吾民族之国也。学于吾中国者，外族专制之学，而非吾民族之学也。而吾之国之学之亡也，殆久矣乎！是故以张宾为长史，而执大法于石胡之朝；以许衡为祭酒，而定朝仪于蒙古之族。识者痛焉，以其以中国民族而为外族专制之臣，而又出所学以媚之也。国界亡而学界即亡也。持是以往，萃汉宋儒者之家法，而蝇蝇于《十三经》《二十四史》诸子百家之文，罔亦该博焉，而国日蹙，而民日艰，而种族日觳，而伦理日丧乱。一睨乎泰西诸国之政之法之艺之学，则以为非先王之道，而辟而辟之。辟之而不足以胜之也，一耆乎泰西诸国之政之法之艺之学，则以为非中国所有，而貌而袭之。袭之而仍不足以敌之也，则还而质诸吾国何以无学，吾学何以不国，而吾之国之学何以逊于泰西之国之学？则懵然而皆莫能言。呜呼！微论泰西之国之学，果足以裨吾与否，而此懵然莫能言之故，则足以自亡其国而有余，是亦一国之人之心死也。

立乎地圜而名一国，则必有其立国之精神焉，虽震撼搀杂，而不可以灭之也。灭之则必灭其种族而后可。灭其种族，则必灭其国学而后可。昔者英之墟印度也，俄之裂波兰也，皆先变乱其言语文学，而后其种族乃凌迟衰微焉。迄今过灵水之滨，瓦尔省府之郭，婆罗门之贵种，斯拉窝尼之旧族，无复有文明片影，留曜于其间，则国学之亡也。学亡则亡国，国亡则亡族。吾国之国体，则外族专制之国体也。吾国之学说，则外族专制之学说也。以外族专制，自宋季以来，频繁复杂，緜三四纪，学者忘祖宗杀戮之惨，狃君臣上下之分，习而安之，为之润饰乎经术，黼黻乎史裁，数百年于兹矣。一旦海通，泰西民族麕至，以吾外族专制之黑暗，而当共和立宪之文明，相形之下，优劣之胜败立见也，则其始慕泰西。甲午创后，骇于日本，复以其同文地迩，情洽而收效为速也，日本遂夺泰西之席，而为吾之师，则其继尤慕日本。呜呼！亡吾国学者，不在泰西而在日本乎！何也？日本与吾同文而易觳也。譬之生物焉，异种者虽有复杂，无害竞争，惟同种而异类者，则虽有竞争，而往往为其所同化。泰西与吾异种者也，日本与吾同种而异类者也。是故不别日本，则不足以别泰西。然不别吾累朝外族专制之朝廷，则又何以别日本。夫吾累朝外族专制之朝廷，固皆与吾同种而异类者也，亡吾国吾学者也。《易》曰："其亡其亡，系于苞桑。"又曰："樽酒簋贰用缶，纳约自牖。"呜呼！今日黄冠草履，空山歌哭，语吾国语，文吾国文，哀声悲吟，冀感发吾同族者，盖仅仅见也。过此以往，声消响绝，虽复布福音，兴豪摩尼司脱，习希塞洛瓦其儿之文字而已，非吾巴克之族，黄帝尧舜禹汤文武周公孔子之学矣。悲夫！

虽然，巴克之族，黄帝尧舜禹汤文武周公孔子之学，其为布帛菽粟，而无待于他求者夥矣。其为夏鼎商彝，而无资于利用者，庸讵乏焉，则是吾学界不能无取诸日本泰西亦势也。有地焉，蓬蒿棘榛，郁勃蹊径，甚矣其荒也，而吾为之芟夷而蕴崇之，缭以周垣，树以嘉木，不数年葱茏蔚森矣。夫地之宜于植也，其生是嘉木，犹其生是棘榛也。盖宜于植者是地也，因其宜于植而移嘉木以植之，或滋兰焉，或树橘焉，则焕然秀发者，虽非前日之所有，而要之有是地，然后有是华，不得谓非是地之华也。何也？国固吾国也，学即吾学也。海波沸腾，宇内士夫，痛时事之日亟，以为中国之变，古未有其变，中国之学，诚不足以救中国。于是醉心欧化，举一事革一弊，至于风俗习惯之各不相侔者，靡不惟东西之学说是依。慨谓吾国固奴隶之国，而学固奴隶之学也。呜呼！不自主其国，而奴隶于人之国，谓之国奴；不自主其学，而奴隶于人之学，谓之学奴。奴于外族之专制固奴，奴于东西之学说，亦何得而非奴也。

同人痛国之不立，而学之日亡也，于是瞻天与火，类族辨物，创为《国粹学报》一编，以告海内曰：昔者欧洲十字军东征，弛贵族之权，削封建之制，载吾东方之文物以归，于时意大利文学复兴，达泰氏以国文著述，而欧洲教育，遂进文明。昔者日本维新，归藩覆幕，举国风靡，于时欧化主义，浩浩滔天，三宅雄次郎、志贺重昂等，撰杂志，倡国粹保全，而日本主义，卒以成立。呜呼！学界之关系于国界也如是哉！宋之季也，其民不务国学，而好为蒙古文字语言，至名其侈辞以为美，于是而宋亡。普之败于法也，割雅丽司、来罗因以和，而其遗民，眷眷故国，发为诗歌，不忘普音，于是而普兴。国界之兴亡于学界也又如是哉！夫国学者，明吾国界以定吾学界者也。痛吾国之不国，痛吾学之不学，凡欲举东西诸国之学，以为客观，而吾为主观，以研究之，期光复乎吾巴克之族，黄帝尧舜禹汤文武周公孔子之学而已。然又慕乎科学之用宏，意将以研究为实施之因，而以保存为将来之果。悬界说以定公例，而又悲乎言之无文，行而不远，意将矫象胥之失，而不苟同伊缓大卤之名，期光复乎吾巴克之族，黄帝尧舜禹汤文武周公孔子之学而已。呜呼！雄鸡鸣而天地白，晓钟动而魂梦苏。天下志士，其有哀国学之流亡者乎？庶几披涕以读而为之舞。

（录自《国粹学报》第1期，1905年2月）

《国粹学报》叙

潘　博

昔顾亭林先生有言：有亡国，有亡天下。夫等是亡矣，何以有国与天下之分？盖以易朔者，一家之事，至于礼俗政教，澌灭俱尽，而天下亡矣。夫礼俗政教，固皆自学出者也，必学亡，而后礼俗政教乃与俱亡。然则学顾不重耶？

吾中国二千余年，圣哲之所贻授，诸儒之所传述，固已炳然若日星矣。虽其间中更衰乱，或至熄灭，然而二三儒生，抱持保守，卒使熄而复明，灭而更炽。故自三代以至今日，虽亡国者以十数计，而天下固未尝亡也。何也？以其学存也。而今则不然矣。举世汹汹，风靡于外域之所传习。非第以其持之有故，言之成理也。又见其所以施于用者，富强之效，彰彰如是，而内视吾国，萎薾颓朽，不复振起，遂自疑其学为无用，而礼俗政教，将一切舍之以从他人。循是以往，吾中国十年后，学其复有存者乎？夫吾中国开化最早，持其学以与外域较，其间或短长得失则有之矣，而岂谓尽在淘汰之例耶。国之衰也，乃学之不明，而非学之无用。而嚣嚣者方持是以为口实，不亦偵哉。嗟乎！国不幸而至于亡，即亦已矣，奈何并其学而亡之，而使天下随之以亡也。

夫一命之士，国亡犹与有责，而况系于天下者乎。然则救亡图存，抑亦二三君子之责也。友人邓君枚子，刘君申叔，因创为此报，欲以保全吾国一线之学，其心苦，其力艰，其志卓矣！夫六籍之厄，莫大秦火，汉初诸儒，厥功伟焉，然亦掇拾残阙而已。非如今日震于十数强国之威，眩于万有新奇之论，以与吾学竞，扬其波者，且方遍天下也。而独以眇然儒生，支柱其间，不惑不惧，毅然以保全为己任。呜呼！天下之不亡，其赖是乎！其赖是乎！《诗》曰：“风雨如晦，鸡鸣不已。”《易》曰：“硕果不食。”夫冒举世所不韪，而独行其志者，烈士之用心也。不必其为世用，守此以有待者，贤者之所志也。况乎风俗之所积，常起于一二人，持是以为倡，安见天下无与应者。且将与海内贤哲，修明而光大之，宁仅暖暖姝姝封己抱残而已乎？是则诸君子为此之意也。

（录自《国粹学报》第1期，1905年2月）

国学原论

邓 实

邓子曰：神州学术，其起原多在天人相与之际而已。董子曰："道之大原，出于天。"《中庸》曰："配天，言乎圣人之道，与天相际也。"圣人之道，本天人之际，始乎鬼神，中乎术数，终乎饮食日用人事之内。天事始，人事终。人事终，天事始。天人相应，百福之主。谨求之《诗》曰："宜民宜人，受禄于天。"即斯义也。天者道之原，而为神州百学所从出。何言之？殭石草木鸟兽之天下，弗可知矣。既生人类，而成种族，合一种族，而成社会，则必有其社会内之事。其始纪事以口舌，渐进而以结绳，由结绳而有画，由画而成文，由文而成字，由字而有书。昔者包羲有天下，龙马负图出于河，遂法之以画八卦，是画之始。苍颉见鸟兽蹏迒之迹，而造书契，象形以成文，谐声以成字，是文字之始。三皇五帝之书，是曰《三坟》《五典》。《易》曰："河出图，洛出书。"圣人则之，是书之始。既有书矣，其书所载，则必纪其古代开辟之遗事，而思此苍苍之天，忽然而有日月，忽然而有寒暑，此无灵之物，曷为而有灵耶？求其故而不得，则归之于天神。此抟抟之地，忽然而出云雨，忽然而长草木，此无灵之物，曷为而有灵耶？求其故而不得，则归之于地示。此芸芸之众生，其生也何自来，其死也何自往，此有灵之物，曷为而终始于无灵耶？求其故而不得，则归之于人鬼。此昌昌之百物，石何为而陨坠，鷁何为而退飞，梅李何为而冬实，此有常之物，曷为而无常耶？求其故而不得，则归之于物彪。是天神、地示、人鬼、物彪四者，乃初民社会之思想，莫不皆然者也。

尝考神州种族，厥有二种。一曰本族，是曰黎民；一曰客族，是曰百姓。黎民之俗尚鬼神，而百姓之俗尚术数。当吾族之未东来，则莽莽神州，无非苗民之旧宅，一纯然多鬼神之古国而已。《书·吕刑》："蚩尤惟始作乱，延及于平民。(中略)民兴胥渐，泯泯棼棼。罔中于信，以覆诅盟。虐威庶戮，方告无辜于上。上帝监民，罔有馨香德，刑发闻惟腥，皇帝哀矜庶戮之不辜，报虐以威，曷绝苗民，无使在下。乃命重黎，绝地天通。"《国语》曰："少皞之衰，九黎乱德。民神杂糅，不可方物。夫人作享，家为巫史，无有要质，民匮于祀，而不知其福，烝享无度。民神同位，民渎齐盟，无有严威。神狎民则不蠲，其为嘉生不降，无物以享，祸灾荐臻，莫尽其气。颛顼受之，乃命南正重司天以属神，命火正黎司地以属民，使复旧常，无相侵渎。是谓绝地天通。”此苗黎之旧俗也。夫蚩尤者，九黎之君也。史言黄帝与蚩尤战于涿鹿之野，蚩尤作大雾，民士昏迷。又曰蚩尤兄弟八十一人，并铜头铁额食沙。《山海经》：“黄帝乃令应龙攻之冀州之野。应龙畜水，蚩尤请风伯雨师从，大风雨。”是史之纪蚩尤，皆有半神半人半鬼之异。盖上古之社会，皆出于神话，故其所尊之人，无不以神目之。不特蚩尤然也，如包犧氏，则蛇身人首。华胥履迹，怪生皇犧。女娲氏蛇身人首，抟黄土作人。神农氏有神龙首，感女登于常羊而生。人身牛首，是三皇之所诞生，及其形状，皆与神近而与人远，此古纬书所以有感生帝也。谨求之《诗》，曰：“厥初生民，时维姜嫄，生民如何，克禋克祀。以弗无子，履帝武敏歆。攸介攸止，载震载夙，载生载育，时维后稷。”是周亦感生帝也。天命元鸟，降而生商，是商亦感生帝也。由商而上推之夏，修已山行见流星，意感栗然，生姒戎文禹。《书·帝命验》是禹亦感生帝也。由夏而推虞，握登见大虹，意感生舜。《诗·含神雾》是舜亦感生帝也。由虞而推唐，庆都出观三河之首，有赤龙出，奄然阴风雨，赤龙与庆都合昏，龙消不见有娠。《春秋·合诚图》是尧亦感生帝也。由唐而推五帝，瑶光之星，如蜺正白，感女枢出房之宫，生黑帝。《河图》是颛顼亦感生帝也。大星如虹，下流华渚，女节气感生白帝。《河图》是少昊亦感生帝也。夫神人之主，其生必有自。青帝灵威仰，赤帝赤熛怒，白帝白招拒，黑帝汁光纪，黄帝含枢纽，为王者之所自出。《周礼·春官疏》

盖王者生于天，而为天之子。天子主百神，受天命以配天。谨求之《孝经》，孔子曰：“天地之性，人为贵。人之行莫大乎孝，孝莫大于严父，严父莫大于配天，则周公其人也。周公郊祀后稷以配天，宗祀文王于明堂以配上帝。”谨求之《礼》：“王者禘其祖之所自出，以其祖配之。”天者，祖之所自出也，周公既祀其祖于明堂清庙，于以有天下，朝诸侯，享功臣。而尊师养老教胄献俘郊射，均于辟雍。辟雍亦明堂清庙也。明堂之诗曰：“我将我享，惟羊惟牛，惟天其右之。仪式刑文王之典，日靖四方，伊嘏文王，既右享之。我其夜夙，畏天之威，于时保之。”国史为之序曰：“我将祀文王于明堂也。”清庙之诗曰：“于穆清庙，肃雍显相，济济多士，秉文之德。对越在天，骏奔走在庙。不显不承，无射于人斯。”国史为之序曰：“清庙，祀文王也。”是成周一代之制作，皆出于周公，而周公之学，集黄帝尧舜禹汤文武之大成，而皆在于明堂清庙。故明堂清庙者，大教之宫，《蔡邕集》而中国历代政教所从出也。孔子曰：“郊社之礼，禘尝之义，知其说者之于天下也，其如视诸掌乎。”此仲尼所为梦想周公，欲行周公之道，而有从周之志也。谨求之《礼》曰：“大宗伯之职，掌建邦之天神人鬼地示之礼，以佐王建保邦国。”大祝以冬至日致天神人鬼，以夏至日致地示物彪。天子祭天，诸侯祭其封内之山川，大夫士祭其先，庶人无庙而祭于寝。周制自天子至于庶人，莫不有祭，而祭有等级，其事至重。舍祭祀以外，无所谓事功。即舍鬼神以外，无所谓学问。故鬼神一派之学，其原虽始于黎民，至夏中叶而大，《史记·夏本纪》：“孔甲好鬼神，日事淫乱，夏后氏德衰，诸侯畔之。”至殷而不废，《微子篇》：“今殷民乃攘窃神祇之牺牷牲，用以容，将食无灾。”至周而可谓极盛矣。此春秋以前，中国之鬼神学派也。

术数学者，起于鬼神之后。既有鬼神矣，则欲以推测鬼神之情状，而知其吉凶祸福，于是而有术数。术数者，初民社会思想之渐进者也。刘向校经，序术数为六种：一曰天文，二曰历谱，三曰五行，四曰蓍龟，五曰杂占，六曰形法。《汉书·艺文志》而百家言术数者，皆称黄帝。是术数之学，其起原远在五帝之世也。《史记索隐》：“黄帝使羲和占日，常仪占月，臾区占星气，伶伦造律吕，隶首作算，容成综此六术而作历。”夫天文历谱者，术数之大原，而皆起于黄帝，其所从来者远矣。由黄帝至禹而有五行之说。谨求之《书》，曰：“我闻在昔，鲧陻洪水，汩陈于五行，帝乃震怒，不畀洪范九畴，彝伦攸叙。鲧则殛死，禹乃嗣兴。天乃锡禹洪范九畴，彝伦攸叙。”由禹至周，而蓍龟之术著。谨求之《礼》，曰：“大卜掌三易之法，一曰连山，二曰归藏，三曰周易，是曰蓍。掌三兆之法，一曰玉兆，二曰瓦兆，三曰原兆，是曰龟。”由周至春秋，而杂占形法之说盛行。谨求之《春秋传》，曰：“八月甲午，晋侯围上阳，问于卜偃曰：‘吾其济乎？’对曰：‘克之。’公曰：‘何时？’对曰：‘童谣云：丙之晨，龙尾伏辰，均服振振，取虢之旂，鹑之奔奔，天策焞焞，火中成军，虢公其奔。其九月十月之交乎，丙子旦，日在尾，月在策，鹑火中，成军必是时也。’”《春秋》言杂占之文，甚繁，不具征。是为杂占之说。又求之《春秋传》，曰：“王使内史叔服来会葬，公孙敖闻其能相人也。见其二子焉，叔服曰：‘谷也食子，难也收子。谷也丰下，必有后于鲁国。’”是为形法之说。此术数之学也。然天文、历谱、五行、蓍龟、杂占、形法六者之学，以五行所传至远，其义至广，汉朝儒者解经，莫不宗之。

夫五行者，五性也。性为天所命，木神则仁，金神则义，火神则礼，水神则智，土神则信。有五性，则有五伦。君臣之义生于金，父子之仁生于木，兄弟之序生于火，夫妇之别生于水，朋友之信生于土。《白虎通·德论》五性五伦，皆生于天，人受天所生，即曰命。故五帝以五德王，王者受天命则有珍符。故包犧受河图而画八卦，神禹陈鸿范而锡九畴。荣光起河，是曰尧之符。赤龙负卷，是曰舜之符。赤雀衔丹书，是曰文王之符。白鱼入舟，赤鸟流屋，是曰武王之符。凡一姓受命，必有一姓之珍符。圣人为天之子，天故以河图洛书授之，诚重之也。谨求之《论语》，曰："凤鸟不至，河不出图，吾已矣乎。"孔子盖伤之矣。夫邱为制法主，黑绿不代苍黄，《孝经·援神契》故仲尼不有天下。《孟子》闻获麟，反袂拭面，涕沾袍，作《春秋》，《公羊传》以当一王之法，喟然而叹曰，"文王既没，文不在兹乎"。此素王制作之本意也。素王虽布衣，非王者，然为汉制法，文致太平。于法得受天命，以升中于天。天降血书于鲁端门，飞为赤鸟，化为白书。《春秋·演孔图》是孔子之受命也，缥笔绛衣，告备于天，起白雾赤虹，化为黄玉。《孝经·右契》是孔子之告成功于天也。夫受命告功，皆天子之事。《孟子》曰："《春秋》，天子之事也。"又曰："其义则邱窃取之矣。"此素王之所以为素王欤。

夫五行之学，远出包犧。至禹陈鸿范，而传其文。至《齐诗》《二雅》而承其流，至西汉白虎诸儒而通其义，至大儒董生而集其大成，至宋儒而尽废其说。夫阴阳谶纬之术，支离瞀惑，废之诚是矣。然既废其说，不得不别立一说以通圣人之道。及其为说，推之于传而通，推之于经而不必通，推之一经而通，推之于众经而不必通。且有于传与一经，而亦有不必通者。至其不必通，然后知先民之旧说，虽诡诞乎，然神州草昧，诸夏荒远，其制度文物，礼俗材性，微言大义，有不能尽诬者。此春秋以前中国之术数学派也。

鬼神术数之学，始于神州太古之社会，其原甚远。自春秋以前，二千余年之政治礼乐，教化风俗，千枝万条，而莫不以鬼神术数二者之学，为其质干。故明堂大祭者，为古代国家至重之典，一代治学之原也。夫社会日进化，民智日启，则后人未有不笑先民之信鬼神尚术数为至愚者。虽然，社会之起原，本于宗教，有宗教则必有鬼神迷信之说，而后其宗教乃行，不特神州然也。印度之《四韦驮》，犹太之《旧约》，其经文莫不含有神话，故其传教之人，谓之神父，亦谓之祭司，犹中国之号经师也。邓子曰：鬼神术数之说，流至今而为祸烈矣。然其先则圣人假神道设教，象天法地，以前民用而已。其道为饮食，其事为日用，非有怪奇幽渺不可知之说也。谨求之《礼》，曰：

“夫礼之初，始诸饮食，礼者祭礼。”《礼》曰：“诸侯祭社稷，大夫祭五祀。”夫社稷饮食之主也，五祀门户井灶中霤，饮食日用之处也。其在《雅诗》歌神灵之德曰：“民之质矣，日用饮食。”古人一饮一食，皆思报本而反始，故凡有功德于民者，无不祀之。农则祭其先啬，蠶则祭其先蠶。谨求之《诗》，曰：“我田既臧，农夫之庆。琴瑟击鼓，以御田祖。”而终歌之曰：“报以介福，万寿无疆。”此上古人民安乐，食货充足，钟鼓相庆，而神人共和也。其在春秋，则太平之祭作矣。谨求之《礼》，曰：“升中于天而凤凰降，龟龙假，则太平之征也。”昔周之兴也，其在公刘之次章曰：“于胥斯原，既庶既繁，既顺乃宣，而无永叹。”言始立国也。其四章曰：“跄跄济济，俾筵俾几，既登乃依，乃造其曹。执豕于牢，酌之用匏。”言始立国而祭也。又曰：“饮之食之，君之宗之。”祭必有宗也。由是周公以报于成王曰：“祀于新邑，咸秩无文。”而周之国本立矣，祀事修矣。求之《雅诗》曰：“其香始升，上帝居歆。后稷肇祀，庶无罪悔，以迄于今。”言周公郊祀社稷以配天也。文王在上，于昭于天。又曰：“文王涉降，在帝左右。”言周公宗祀文王于明堂以配上帝也。其终言之曰：“予怀明德，不大声以色，不长夏以革，不识不知，顺帝之则。”而周之一代治功成矣，礼乐备矣，神人和矣。此以见圣人之道，在乎饮食与祭祀之间，未尝离人事而言天道也。谨求之《易》，曰：“天地设位，圣人成能，人谋鬼谋，百姓与能。”言鬼神之道，虽百姓而与有能知也。故曰：“百姓日用而不知。”不知言易知也。又求之《春秋传》，曰：“随侯以牲牷肥腯，粢盛丰备，谓可信于神。季良以为民神之主也。圣王先成民而后致力于神，民和而神降之福。”先民而后神者，重民事也。其在《诗》曰：“神之听之，终和且平。”和平，神道也。而岂若后世之妖妄诡异，惊愚惑众，而后谓之神哉。其在《易》曰：“乾以易知，坤以简能。”易则易知，简则易从。是故由易之道，而能知幽明之故，知死生之说，知鬼神之情状，则易简之理得也。

夫三代之上，其鬼先圣先贤高曾祖考而已，其神天地日月风雨山川社稷门户而已。鬼神之数简，故人心之思理简，人心之思理简，故其所用之术数亦简。简之极则太一而已矣。《天官》曰太一，《礼》亦曰太一，太一者，至诚之谓也。至诚则未有不能动，故天人应，幽明交，万灵万物，各得其叙，而淫神邪鬼，毋有而得十先王之祀者。虽有妖民，其心疾可已也。此三代之世，所由不闻有假左道以乱政者欤。夫人心一而已矣。道之大原，出于天，亦一而已矣。心一则情专，情专则性治，性治而上帝万灵可得而昼夜通也，天可得而祈也，命可得而永也，福禄可得而受也。夫是之谓绝地天通，夫是之谓天人相与之学。呜呼！非神以知来，知以藏往之君子，其孰能与于斯哉？

（录自《国粹学报》第1期，1905年2月）

国学微论

邓 实

邓子曰：神州学术，其起原在乎鬼神术数而已。鬼神术数之学，其职掌在乎史官而已。三代之初，天人之学，实司于史，故史祝并称，或史卜并列。其在周官，大史、小史、内史、外史、御史皆属春官，而春官大宗伯之职，则掌建邦之天神人鬼地示之礼者也。谨求之《春秋传》，曰："有神降于莘，惠王问诸内史过，过请以其物享焉。"狄人囚史华龙滑与礼孔二人，曰："我太史也，实掌其祭。"是鬼神之学，司于史也。陨石于宋，五六鹢退飞过宋都，襄公问吉凶于周内史叔兴。有云如众，赤鸟夹日以飞三日，楚子使问诸周太史。是术数之学，司于史也。见汪氏《述学》

夫春秋以前，天下之学，归于鬼神术数。春秋以降，天下之学，归于史官。是故鬼神术数者，神州学术之原也。史官者，神州学术之微也。邓子曰：深乎，深乎，其原乎！危乎，危乎，其微乎！吾闻之江都汪氏之言矣，曰："古者《诗》《书》《礼》《乐》，掌于大司乐。《易象》《春秋》，掌于太史。远在西周之世，王朝之典政，太史所记，及列国之官世守之，以食其业。周之东迁，官失其守，而列国又不备官，则史皆得而治之。"又闻之仁和龚氏之言矣，曰："周之世官，大者史，史之外，无有语言焉，史之外无有文字焉，史之外无有人伦品目焉。六经者，周史之大宗也。《易》也者，卜筮之史也。《书》也者，记言之史也。《春秋》也者，记动之史也。《风》也者，史所采于民，而编之竹帛，付之司乐者也。《雅》《颂》也者，史所采于士大夫也。《礼》也者，一代之律令，史职藏之故府，而时以诏王者也。小学也者，外史达之四方，瞽史谕之宾客之所为也。诸子周史之小宗也，故夫道家者流，言称辛甲老聃。墨家者流，言称尹佚。辛甲、尹佚，官皆史，聃实为柱下史。若道家，若农家，若杂家，若阴阳家，若兵，若术数，若方技，其言皆称神农黄帝。神农黄帝之书，又周史所职藏，所谓三皇五帝之书是也。"又曰："任照之史，宜为道家祖。任天之史，宜为农家祖。任约剂之史，宜为法家祖。任文之史，宜为杂家祖。任讳恶之史，宜为阴阳家祖。任喻之史，宜为纵横家祖。任本之史，宜为墨家祖。任教之史，宜为小说家祖。是故自周之上，一代之治，即一代之学。一代之学，皆一代王者之所开，载之文字，谓之法，即谓之书，谓之礼，其事谓之史职。以其法载之文字，而宣之士民者，谓之太史。”又闻之会稽章氏之言矣，曰：六经皆史也。古人不著书，古人未尝离事而言理，六经皆先王之政典也。古者政教未分，官师合一。有官斯有法，故法具于官。有法斯有书，故官守其书。有书斯有学，故师传其学。有学斯有业，故弟子习其业。刘歆叙六艺而后，次及诸子百家，必云某家者流，盖出于古者某官之掌。其流而为某氏之学，失而为某氏之弊。其云某官之掌，即法具于官，官守其书之义也。其云流而为某家之学，即官司失职，而师弟传业之义也。邓子曰：三子者，近世所号三通儒也。其学皆能成一家言者，而言若是，是亦可观矣。盖古者一代之兴，必有一代之仪法文字典籍，而史官实司其典守。《周官》：“太史掌建邦之六典，小史掌邦国之志，内史掌王之八柄之法，外史掌书外令、掌四方之志、掌三皇五帝之书，御史掌赞书。”是成周一代之学术艺文典章制度，其寄于文字典籍者，莫不掌之于史官，不特鬼神术数之学之掌于史也。

夫史为古今天下学术一大总归，文书之库，而知识之府，故史之权于通国为独重，而史之识，亦于通国为独高。春秋之季，民智日启，鬼神术数之学，不足以统一天下之思想，于是而有老孔墨三家之学，是为神州学术后起之三大宗。然三家者，又各为其师弟子，其学固同出于史官者也。

老子周守藏室之史也。班固《艺文志》曰：“道家者流，盖出于史官。历记成败存亡祸福之道，然后知秉要执本，清虚以自守，卑弱以自持。”史迁曰：“老子修道德，其学以自隐无名为务。”夫老子者，古之博大真人也。《庄子·天下篇》生文胜法敝之余，痛末流之愚闇，礼意之失实，乃欲一切反之无为自然之地，故鬼神术数之学，沿于炎黄，极盛于周，至老子而尽破。其言曰：“万物芸芸，各归其根，归根则静，是为复命。”而鬼神之说破矣。“有物浑成，先天地生”，则知五行之非为原质。“祸兮福所倚，福兮祸所伏”，则知吉凶之非由天定，而术数之说破矣。鬼神术数之说既破，于是而刍狗万物，刍狗百姓，并天下之文物典礼而空之，老子之学，可谓矫枉而过其正者矣。虽然，老子盖亦未忘乎生民之故，而不得已有所作也。《史记》曰：“老子见周之衰，遂乃去。至关，关令尹喜曰：‘子将隐矣，强为我作书。’于是老子乃著书，言道德之意五千言。”夫隐而犹著书，著书而后隐，则老子固未尝无意于斯世也。今读其书，有曰：“民不畏死，奈何以死惧之。”又曰：“抗兵相加，哀者胜矣。”仁人之言也，老子其曷尝忘吾民哉。夫老子以犹龙之姿，读藏室之富，而又明于成败存亡祸福之道，则老子者是岂后世清虚寂灭之徒所可托欤？此老学之所以能为神州学术一大宗也。

孔子，老子之弟子也。《史记·孔子世家》，又《老子列传》章氏学诚曰：“三代之衰，治教既分。孔子生于东周，有德无位，惧先圣王法积道备，至于成周，无以续且继者，而至于沦失也。于是取周公之典章，所以体天人之撰，而存治化之迹者，独于其徒相与申而明之。此六艺之所以虽失官守，而犹赖有师教也。”孔子曰：“夏礼吾能言之，杞不足征也；殷礼吾能言之，宋不足征也。足则吾能征之矣。”观夏殷所损益，曰：“后虽百世可知也。以一文一质，周监二代，郁郁乎文哉，吾从周。”《孔子世家》是故孔子之学，周公之学也。六艺皆周公之旧典，守于史官，孔子删订六经，皆得之于史，故因鲁史而作《春秋》。《孟子》曰：“其文则史，问礼于老聃，问乐于苌弘。”又曰：“假我数年，五十以学易。”夫易象与春秋，皆为周礼，故韩宣子观书于太史氏而得见之。是孔子之学，其导源于史者为多。虽然，史掌鬼神，而孔子则不言鬼神。曰：“未知生，焉知死。未能事人，焉能事鬼。”又曰：“不知命，无以为君子。”此孔学之与史官同源而异流也。盖孔子之道，以宗法为根据，忠孝为本原，立君父为至尊无上之体，故不得不去鬼神，以独尊其君父。君父之位既定，于是而有井田世禄冠昏丧祭之礼，《诗》《书》《礼》《乐》之文，而天下乃彬彬然于文治，号称太平矣。近儒多以君主专制之政，原于孔教，归罪孔子，不知孔子生东周之季，贵族横暴，杀戮平民，非定一尊以破贵族之局，则生民之祸，必无已时。此则圣人忧患之学也。此孔学之所以又能为神州学术一大宗，而后且得时王之推崇，以统一诸学也。

墨子，孔子之弟子也，《淮南子·要略》又史角之弟子也。《吕氏春秋·当染篇》刘向校书，以尹佚二篇，列诸墨六家之首。尹佚周太史也。又曰：“墨家者流，盖出于清庙之守，夫有事于庙者，非巫则史。史佚、史角，皆其人也。”见汪中《述学》。是墨子之学，与老子孔子同出于周之史官，顾官同而学不同，其与孔学尤相反。孔子曰博施济众，尧舜尤病，而墨曰兼爱。孔子曰君子群而不党，而墨曰尚同。孔子曰定贵贱尊卑之分，明上下长幼之别，而墨曰尚贤。孔子正乐，而墨非乐。孔子远鬼，而墨明鬼。孔子厚葬，而墨薄葬。孔子尊命，而墨非命。孔子统天，而墨天志。孔子繁礼，而墨节用。孔子尊仁，而墨贵义。其说无一与孔合。盖孔子尊君父，而墨子尊天鬼，尊君父则不得不废天鬼，尊天鬼亦不得不废君父。此其学术不同之大原也。至其

《亲士》、《修身》二篇，其言淳实，与曾子立事相表里，似七十子后学者所述，汪氏《述学》而非其本书矣。墨子之学，其自言曰："国家昏乱，则语之尚贤尚同。国家贫，则语之节用节葬。国家喜音沈湎，则语之非乐非命。国家淫僻无礼，则语之尊天事鬼。国家务夺侵陵，则语之兼爱非攻。"呜呼！墨子之救世也，亦多术矣。其守宋，为宋拒强楚，扞国家之难，存其君，使宋之社稷无恙。墨子真才士也哉。《诗》曰："凡民有丧，匍匐救之。"墨子有焉。此墨学之所以亦为神州学术一大宗也。

老孔墨三家，皆起于春秋之季，而同导源于周之史官，巍然为神州学术三大宗主。顾老学为九流之初祖，所传至近，而最先亡。墨学所传稍远，其弟子甚盛，各为派别。韩非言："墨子之死也，墨离为三。有相里氏之墨，有相夫氏之墨，有邓陵氏之墨。"《显学篇》庄子言："相里勤之弟子，五侯之徒，南方之墨者，苦获已齿，邓陵氏之属，俱诵《墨经》，而信谲不同，相谓别墨。"《天下篇》至楚汉之际而后微。《淮南子·氾训论》孔学所传为至远，《史记》曰："孔子以诗书礼乐教弟子，盖三千焉。身通六艺者，七十有二人，皆异能之士也。"孔子卒后，商瞿传《易》，漆雕开传《书》，曾子传《孝经》，子游传《礼》，子夏传《诗》与《春秋》。厥后儒分为八，有子张之儒，有子思之儒，有颜氏之儒，有孟氏之儒，有漆雕氏之儒，有仲良氏之儒，有孙氏之儒，有乐正氏之儒。《韩非子·显学篇》而《春秋》分为五，《诗》分为四，《易》有数家之传。《汉书·艺文志》史公言秦之季世，焚诗书，坑术士，六艺从此缺焉。陈涉之王也，鲁诸儒持孔子礼器往归，于是孔甲为涉博士，卒与涉俱死。及高帝诛项籍，举兵围鲁，鲁中诸儒，尚讲习礼乐，弦歌之音不绝，岂非圣人遗化，好礼乐之国哉。呜呼！孔子之泽亦远矣。夫老孔墨三家者，各立一宗，而皆有可为国教之势，然其后率统一于儒者，则以儒之教本于宗法，而中国之社会，亦本于宗法也。

神州学术，自老孔墨三宗而外，则有诸子百家之学，并起于周秦之际。而其时能著书以言诸子之学派，叙其源流，明其得失者，则有庄子、荀子、司马谈、向歆父子四家之学。庄子之作《天下篇》也，分诸子并已为六家，一墨翟、禽滑厘，二宋钘、尹文，三彭蒙、田骈、慎到，四关尹、老聃，五庄周，六惠施。荀子作《非十二子篇》也，所分凡六家。一它嚣、魏牟，二陈仲、史鳝，三墨翟、宋钘，四慎到、田骈，五惠施、邓析，六子思、孟轲。司马谈之《论六家要旨》也，所分凡六家。一阴阳家，二儒家，三墨家，四名家，五法家，六道德家。向歆父子之为《诸子略》也，所列凡十家。一儒家，二道家，三阴阳家，四法家，五名家，六墨家，七纵横家，八杂家，九农家，十小说家。诸子十家，其可观者九家，号曰九流。此周秦诸子之派别也。邓子曰：诸子九流之学，溯其所自，皆出于周官之典守，其与老孔墨三宗之同出于史官者，未有异也。周道衰微，官司失职，散在四方，流而为诸子。故班固之志艺文也，曰："儒家者流，出于司徒之官。道家者流，出于史官。阴阳家者流，出于羲和之官。法家者流，出于理官。名家者流，出于礼官。墨家者流，出于清庙之官。纵横家者流，出于行人之官。杂家者流，出于议官。农家者流，出于农稷之官。小说家者流，出于稗官。"此九流之学，其初皆王官也。庄子之历叙诸子也，而原其始以为皆出于古之道术，可谓知言矣。太史公曰："《易大传》天下一致而百虑，同归而殊途。"夫阴阳儒墨名法道德，此务为治者也，直所从言之异路，有省有不省耳。吾闻仁和龚氏有言："师儒之替也，源一而流百焉，其书又百其流焉，其言又百其书焉。各尊所闻，各欲措之当代之君民，则政教之末失也。虽然，亦皆出于本朝之先王。呜呼！古者官守学业，皆出于一，而私门初无著述，岂不然哉。"邓子又曰：不特诸子九流之学，同出于古之官守也，且同出于其官守之史官。夫向歆云道家及术数家出于史，而不云余家出于史，此其自蔽也。向歆不云乎，诸子者六艺之支与流裔，故其序六艺也，先《易》而《书》，而《诗》，而《礼》《乐》《春秋》，由古以及今。古书排列，六艺皆为《诗》、《书》、《礼》、《乐》、《易象》、《春秋》，与向歆班志异。是其既知六艺之为史矣。知六艺之为史，而又知六艺为九流之所共，则九流固同出于史也。龚自珍曰："儒者言六经，经之名周之东有之。"又曰："孔子之未生，天下有六经久矣。是故庄子曰：'孔子言治《诗》、《书》、《礼》、《乐》、《易》、《春秋》六经，又曰繙十二经以见老子。'是六艺者，先王之政典旧史，天下之人皆得而诵习之，非独儒一家之学也。"故向歆序于诸子之首也。龚氏又有言："诸子也者，周史之支孽小宗，可不信欤。"诸子九流之学，及术数方技，同出于史官，别见第一期仪征刘申叔所撰《古学出于史官论》。

呜呼！周秦诸子，为古今学术一大总归，而史又为周秦诸子学术一大总归。吾观春秋之季，诸侯放恣，天下脊脊大乱，而一代学术不与俱亡者，实赖史官保存之力。是故夏之亡也，孔子曰"文献，杞不足征"，伤夏史之亡也。殷之亡也，孔子曰"文献，宋不足征"，伤殷史之亡也。周之东也，孔子曰"天子失官"，伤周史之亡也。虽然，夏虽亡而夏之学术不与俱亡者，太史终古保存之功也。殷虽亡而殷之学术不与俱亡者，太史辛甲保存之功也。周虽亡而周之学术不与俱亡者，史聃保存之功也。史乎史乎！微夫储而抱之者乎！龚子曰："梦梦我思之，如有一介故老，攘臂河洛，悯周之将亡也，与典籍之将失守也。搜三十王之右史，拾不传之名姓，补《诗》、《书》之隙罅。自珍于大道不敢承仰万一，幸而生其世，则愿为其人欤，愿为其人欤。"邓子曰：悲夫！中国之无史也，非无史，无史材也。非无史材，无史志也。非无史志，无史器也。非无史器，无史情也。非无史情，无史名也。非无史名，无史祖也。呜呼！无史祖、史名、史情、史器、史志、史材，则无史矣。无史则无学矣，无学则何以有国也？诸夏觚觚，神州莽莽，中区鱼烂，道术将裂。邓子受三千年史氏之书而读之，而以良史之忧忧天下，曰：实于大道不敢承仰万一，不幸而生其世，则亦愿为其人欤，愿为其人欤！

（录自《国粹学报》第2期，1905年3月）

国学通论

邓 实

邓子曰：汉以后神州之学术，在乎儒者之一家而已。儒者之学术，其大者在乎六经而已。周秦之际，百家诸子，并出著书，争以其术自鸣，而聚徒党，树标帜，皆思以其言易天下。故始而并起以创教，继而并攻以争教。在老墨则绌儒，在儒亦绌老墨，而老攻儒墨，老墨攻儒，儒攻老墨，墨儒交攻，并诸子之立沟树垒，互相攻击者，纷然淆乱。譬如耳目口鼻，皆有所明，弗能相通。天下之人，各为其所欲焉，以自为方。悲夫，百家往而不返，必不合，道术将为天下裂。《庄子·天下篇》自汉武罢黜百家，表章六经，用董仲舒之言，诸不在六艺之科，孔子之术者，皆绝其道，勿使并进。于是而儒教始归于统一，天下归往，大道为公，汉以后遂无诸子。而事国立学，博士置员，俎豆莘莘，乐舞锵锵，簪宗翼翼，缝掖振振。自天子王侯，中国言六艺者，莫不折中于夫子，岂不盛哉？

邓子曰：神州学术，春秋以前归于鬼神术数，春秋以降归于史，汉以后归于儒，归于儒而无所复归矣。盖自汉以降，神州之教为儒教，则神州之学亦为儒学，绵绵延延，历二千余年而未有变也。呜呼！儒者之范围大矣哉。邓子儒生也，请言儒学。儒学之派别千万也，邓子请言其通。《周礼·太宰》“以九两系邦国，三曰师，四曰儒”。又曰“儒以道得民”。班固之志艺文也，曰：“儒家者流，出于司徒之官。”是儒之名，上古有之，非孔子之特创也。儒以六艺教民，《周官·司徒》班固曰：“古之儒者，博学乎六艺之文。”而六艺之名由来久远，《庄子·天运篇》曰：“孔子曰：‘某以六经奸七十君而不用。’”《记》曰：“孔子曰：‘入其国，其教可知也。’有《易》《书》《诗》《礼》《乐》《春秋》之教。”又非孔子之所自作也。故曰述而不作，信而好古。虽然，孔子不作经，孔子未尝不订经。孔子悯王路废而邪道兴，于是论次《诗》《书》，修葺《礼》《乐》，因史记作《春秋》以寓王法。《史记·儒林传》叙《书》则断《尧典》，称《乐》则法《韶舞》，论《诗》则首周南，缀周之礼，因鲁春秋举十二公之行事。晚而好《易》，读之韦编三绝，而为之传。《汉书·儒林传》

是六经皆经孔子所修订删定，其笔削去取，皆有深意，而非复先王政典六艺之旧矣。故孔子未删订之六经，则儒家与诸子共之。如墨子所见之六经是。孔子既删定之六经，则惟儒者一家之学，服膺诵习，守而勿失，如《史记》言："孔门弟子，身通六艺者，七十有二人。"又曰："世之言六艺者，折衷于夫子"，是。为儒家相传专习之经，与旧本之经异。自汉尊儒术，而孔门删订之本，遂立于学宫，尊为定本。其未删订之旧本，盖已亡矣。如孔子得百二国宝书，而作《春秋》，而百二国之宝书今不传。夫孔子不作经而订经，其订经之功，岂减于作哉？周衰道微，礼乐废坏，邪说大兴，不有圣人之赞修删定，将千圣百王之大道，何繇而明乎。拨乱世，反之正，垂六艺之统于后世，《太史公自序》使先王之道，断而复续，闇而复明，孔子之功亦伟矣，其斯为国教之龙象欤。虽然，自有孔子之删订，而古代之六经亡。自经秦火之焚烧，而孔门之六经亦亡。太史公曰："秦之季世，焚《诗》《书》，坑术士，六艺从此缺焉。"班固之志艺文也，曰："昔仲尼没而微言绝，七十子丧而大义乖"，岂不然哉。虽然，孔子则订经，弟子则传经，自经有传人，而经可不亡矣。孔门弟子，其传经至远者曰子夏，子夏之后曰荀卿。子夏通群经，序《诗》传《易》，《七十子传索隐》受《春秋》，《公羊疏》作《丧服传》。《仪礼》孔子没，教授西河，为魏文侯师，《七十子传》弟子最盛。公羊穀梁，皆从受经。《释文叙录》徐防曰："诗书礼乐，定自孔子。发明章句，始于子夏。"《后汉书·徐防传》是孔门之经学，赖子夏而传也。荀卿为子夏五传弟子，《释文叙录》善为《诗》《礼》《易》《春秋》，齐襄时最为老师。刘向《荀子序》而《毛诗》《鲁诗》《韩诗》，《左氏春秋》《穀梁》，《春秋》曲台之礼，皆荀卿所传。见汪中《述学》。是子夏之后，孔门之经学，又赖荀卿以传也。呜呼！孔子没而有子夏，七十子丧而有荀卿，微言大义，复赖以不绝。由是孔门之六经，虽亡而不亡。余观陈涉之王也，鲁诸儒持器与俱死。项籍之亡也，鲁诸儒为之死守。绵延以至汉兴，而诸儒得复修其经学，儒术之效，何其远哉？吾于是得举历代儒学之盛衰得失，而论列之。

西汉　史公言："孝惠吕后时，公卿皆武力有功之臣，孝文时颇征用。然孝文帝本好刑名之言，及至孝景，不任儒者，而窦太后又好黄老之术，故诸博士具官待问，未有进者。及今上即位，赵绾王臧之属，明儒学，上亦鄉之，于是招方正贤良文学之士。自是之后，言《诗》于鲁则申培公，于齐则辕固生，于燕则韩太傅；言《尚书》自济南伏生；言《礼》自鲁高堂生；言《易》自菑川田生；言《春秋》于齐鲁自胡毋生，于赵自董仲舒。及窦太后崩，武安侯田蚡为丞相，绌黄老刑名百家之言，延文学儒者数百人，而公孙弘以春秋白衣为天子三公，封以平津侯。天下之学士，靡然鄉风矣。”《史记·儒林传》此汉初学术变迁之次第也。当是之时，去战国未远，黄老刑名，犹各挟其余燄，以相争胜，而儒学或兴或灭，犹未能统一诸学也。及汉武罢黜百家，置五经博士，然后史公谓：“自是以来，公卿大夫士吏，彬彬多文学之士矣。”《史记·儒林传》班孟坚曰：“自武帝立五经博士，开弟子员，设科射策，劝以官禄，讫于元始，百有余年。传业者寖盛，枝叶蕃滋，一经说至百万余言，大师众至千余人，盖利禄之路然也。”呜呼！利禄之中人甚矣哉，盖自汉而已然矣。虽然，当其初一二经师大儒，承七十子之微言大义，辛勤补缀，类能通经以致用。如《易》则施、孟、梁、邱，皆能以占变知来；《书》则大小夏侯、欧阳儿宽，皆能以洪范匡世主；《诗》则申公、辕固生、韩婴、王吉、韦孟、匡衡，皆以三百五篇当谏书；《春秋》则董仲舒、隽不疑之决狱；《礼》则鲁诸生、贾谊、韦元成之议制度；而萧望之等，皆以《孝经》《论语》保傅辅道。魏源《两汉经师今古文家法考序》则经学之必非无用也。此西汉之儒学也。

东汉　范蔚宗曰：“昔王莽更始之际，天下散乱，礼乐分崩，典文残落。及光武中兴，爱好经术，先访儒雅，范升、陈元、郑兴、杜林、卫宏、刘昆、桓荣之徒，继踵而集。于是立五经博士，各以家法教授，凡十四博士。建武五年，修起太学。中元初年，初建三雍。明帝即位，亲行其礼。其后复为功臣子孙四姓末属，别立校舍，搜选高能，以授其业。自期门羽林之士，悉令通《孝经》章句。匈奴亦遣子入学，济济洋洋，盛于永平矣。建初中大会诸侯于白虎观，考详同异，肃宗临朝称制，命使臣著为《通义》。又诏高才生授《古文尚书》、《毛诗》、《穀梁》、《左氏春秋》，虽不立学官，然皆擢高第为议郎。顺帝感翟酺之言，更修黉宇，试明经下第补弟子，增甲乙科员名十人，除郡国耆旧，补郎舍人。本初元年，梁太后诏大将军下至六百石，悉遣子就学。至是游学增盛，至二万余生。《后汉书·儒林传序》此东汉儒学之所以称盛也。夫西汉自孝武表章六经，师儒虽盛，而大义未明。及光武起，数引公卿郎将，讲论经理，夜分乃寐。《本纪》其时功臣如邓禹习《诗》，贾复习《书》，马援受《齐诗》，耿弇治《诗》《礼》，寇恂、冯异通《左氏春秋》，祭遵、李思、朱佑、窦融之徒，无不好学。公卿则伏湛、侯霸，守令则任延、孔奋，莫非经儒。皆见范书本传。故三代以下，儒术之醇，风俗之美，无过于东京者。高密郑君，博综群经，为一代大师。而郑兴父子，贾逵、马融之徒，皆开门讲学，弟子多至万六千人。是以流风所扇，虽至末造，而党锢之流，独行之辈，依仁蹈义，舍命不渝。风雨如晦，鸡鸣不已。《日知录》范蔚宗曰："自桓灵之间，君道秕僻，中智以下，靡不审其崩离。而权强之臣，息其闚盗之谋；豪俊之夫，屈于鄙生之议。迹衰敝之所由致，而能多历年所者，斯岂非学之效乎？"《儒林传论》此东汉之儒学也。

三国　三国之世，承汉末儒术之盛，虽稍凌夷，而流风未泯。如凉茂据经以论事，国渊讲学于山岩，张臻门徒数百，管甯服膺六艺，固一时醇儒也。其传经之士，如蜀有杜瓊、许慈、孟光、来敏、尹敏、李稷，魏有王朗、王肃、孙炎、周生烈、董遇、荀煇、刘劭、王基、刘小同，吴有张纮、严畯、程秉、阚泽、唐固、虞翻、陆绩，皆其最著者。皆见陈志本传及附传。然鱼豢谓："正始中，诏议圜丘。是时郎官及司徒领吏二万余人，而应书与议者，略无几人。公卿以下四百人，其能操笔者，未有十人。"《王肃传》注引《魏略》。则儒学之衰也。盖孟德既有冀州，崇奖跅弛之士。观其下令再三，至于求负污辱之名，见笑之行，不仁不孝，而有治国用兵之术者。于是权诈迭进，奸逆萌生。故董昭太和之疏，已谓当今年少，不复以学问为本，专更以交游为业。国士不以孝悌清修为首，乃以趋势求利为先。至正始之际，而一二浮诞之徒，骋其智识，蔑周孔之书，习老庄之教。《日知录》儒术之衰，有其渐矣。然郑玄王肃二派，递相传述，下迄六朝，犹存家法，则儒学尚延一线之传焉。

晋　当途草创，深务兵权，而主好斯文，朝多君子。武帝受终，修立学校，临幸辟雍。而荀顗以制度赞维新，郑冲以儒宗登保傅，茂先以博物参朝政，子真以好礼居秩宗。虽媿明扬，亦非遐弃。惠帝缵承，朝昏政弛，惟懔逮愍，丧乱弘多，衣冠礼乐，扫地俱尽。元帝中兴，贺荀、刁杜诸贤，并稽古博文，财成礼度，虽尊儒劝学，亟降于纶言，东序西胶，未闻于弦诵。有晋始自中朝，迄于江左，莫不崇饰华竞，祖述虚言。摈阙里之典经，习正始之余论，指礼法为流俗，目纵诞以清高。遂使宪章弛废，名教颓毁，五胡乘间而竞逐，二京继踵以沦胥。运极道消，可为长叹矣。《晋书·儒林传序》盖儒学之衰，至晋而极。故王肃逞伪说而作《家语》，王弼宗老庄而注《周易》，杜预废服、贾而释《春秋》，梅赜乃至以其《伪古文书》窜乱经籍，则当时之经学可知矣。此其所以国亡于上，教沦于下，羌戎互僭，君臣屡易，举中国之天下而亡之也。悲夫！

南北朝　永嘉而后，地分南北，于是而学术亦有南北之分。南自江左草创，日不暇给。以迄宋齐，国学时开，徒取文具。惟天监四年，诏开五馆，建立国学，置五经博士，以明山宾、沈峻、严植之、贺玚补博士，各主一馆。又选遣学生，受业于卢江何胤。武帝复亲纡鸾驾，释奠先师。济济洋洋，一代之盛。陈初盗贼未宁，弗遑劝课，天嘉以降，稍置学官，虽博延生徒，成业盖寡。其列传儒林者，亦皆梁之遗儒。《梁书》《陈书》儒林传序。是曰南学。北自魏初定中原，便以经术为先，立太学，置五经博士。自是以后，代有损益。迄宣武学业益盛，燕齐赵魏之间，横经著录，不可胜数。大者千余人，小者数百。孝昌之后，海内四方学校，所存无几。永熙中，孝武复释奠于国学，又于显阳殿诏祭酒刘廞讲《孝经》，黄门李郁说《礼记》，中书舍人卢景宣讲《夏小正》。至兴和、武定之间，儒术复盛。由齐及周，宇文受命，雅重经典。于是卢景宣修五《礼》之缺，长孙绍正六《乐》之坏。洎乎武帝，复征沈重于南荆，待熊安生以殊礼，是以天下慕向，文教远覃。《北史·儒林传序》是曰北学。此南北学术之分也。学派既分，家法亦异。故江左《易》则王辅嗣，《书》则孔安国，《左传》则杜元凯，《河洛》《左传》则服子慎，《书》《易》则郑康成，惟《诗》则并主于毛公，《礼》则同尊于郑氏。大抵北儒之学，好崇实际，故重师法。南儒之学，好言新理，故尚浮夸。其分道扬镳，盖由于山川地理之趋向，自古已然者矣。厥后北学以徐遵明为大儒，倡明郑学，博通群经，门徒甚盛。而南学则辅嗣之《易》，间行于河南青齐。元凯之《左氏》，但行齐地，所传甚微。而《隋书》云："南人简约，得其精华。北学深芜，穷其枝叶。"岂知言乎？

隋　隋初高祖超擢奇隽，厚赏诸儒。京邑达于四方，皆启黉校。齐鲁赵魏，学者尤多。讲诵之声，道路不绝。及末年精华稍竭，不悦儒术，专尚刑名，仁寿间遂废天下之学，惟存国子一所。炀帝即位，复开庠序，国子郡县之学，盛于开皇之初。征辟儒生，讲论得失。于东都之下，纳言定其差次，一以奏闻。时旧儒多已凋亡，二刘拔萃出类，学通南北，博通今古，所制诸经义疏，搢绅咸师宗之。既而外事四夷，戎马不息。师徒怠散，盗贼群起。礼乐不足以防君子，刑罚不足以威小人。空有建学之名，而无弘道之实。其风渐坠，以至灭亡。方领矩步之徒，亦多转死沟壑。凡有经籍，自此皆湮没于煨烬矣。《隋书·儒林传序》此隋之儒学，所以前盛而后衰也。虽然，隋合一南北，学术渐由分而合，当时二刘，刘焯、刘炫为传经之大师，王通为传道之大儒。而刘焯于贾、马、王、郑，多所是非，《九章算术》、《周髀》、《七曜历书》，莫不核其根本，穷其秘奥，著《五经述议》。刘炫博学多识，自谓《周礼》、《礼记》、《毛诗》、《尚书》、《公羊》、《左传》、《孝经》、《论语》

孔、郑、王、何、服等注，凡十三家，并堪讲授，天文律历，穷核微妙。《儒林传》王通教授河汾，续《诗》《书》，正《礼》《乐》，修玄经，讚易道，九年而六经大就，门人自远而至，一时如唐之佐命，房、杜、魏、薛，咸称师北面，受王佐之道。其往来受业者，盖千余人，亦可谓盛矣。

唐　唐自高祖受命，即诏有司立周公孔子庙于国学。太宗锐情经术，即王府开文学馆，召名儒十八人为学士。及即位，置弘文学馆。贞观二年，诏罢周公祠，更以孔子为先圣，颜子为先师，征天下儒士以为学官。数幸国学，令祭酒博士讲论经义。士能通一经者，得署吏。广学舍，益生员，并置书算博士，诸生员至三千二百。其元武屯营飞骑，皆给博士授经，四方儒生，云会京师。高丽、百济、新罗、高昌、吐蕃等国酋长，亦遣子弟入学。鼓箧而升讲筵者，凡八千余人。儒学之盛，近古未有。又诏颜师古考定五经，颁行天下。诏孔颖达与诸儒撰《五经正义》，令天下传习。十四年，诏前代通儒梁皇侃、褚仲都，周熊安生、沈重，陈沈文阿、周宏正、张讥，隋何妥、刘炫等子孙，并加引擢。二十一年，又诏左邱明、卜子夏、公羊高、穀梁赤、伏胜、高堂生、戴圣、毛苌、孔安国、刘向、郑众、杜子春、马融、卢植、郑玄、服虔、何休、王肃、王弼、杜元凯、范宁二十一人，俱配祀孔子庙堂。其尊崇儒道如此。高宗薄于儒术，则天以权临下，因是生徒不复以经学为意。二十年间，学校顿时坠废矣。《新旧唐书·儒学传序》此唐一代之学制也。夫唐退周公而祀孔子，尊经师以配庙堂，雠正五经，撰为义疏，开端创始，举南北五百余年之纷争，一朝大定。后王遵守其制，毋敢易。自汉至唐，可谓儒学之中兴矣。然惜乎孔冲远、朱子奢之徒，撰《五经正义》，去取多乖，不能折衷至当。《易》用辅嗣而废康成，《书》去马、郑而信伪孔，《穀梁》退麋氏而进范宁，《论语》则专主平叔，弃彝鼎之尊，宝康瓠之贱，坐使后王有作，因陋就简，循其失以至今。而旧经古谊，微言大义，驯致湮没，则诸儒之过也。若夫初唐之儒风，究心三《礼》，考古礼以断时政，务为有用之学，见《廿二史札记》。则窃有取焉。

宋　宋中叶周敦颐出于舂陵，乃得圣贤不传之学，作《太极图说》、《通书》，推明阴阳五行之理。张载作《西铭》，又极言理一分殊之情。仁宗明道初年，程颢及弟颐生，及长受业周氏，已乃扩大其所闻，表章《大学》《中庸》二篇，与《论》《孟》并行。迄南渡，新安朱熹，得程氏正传，其学加亲切焉。大抵以格物致知为先，明善诚身为要。凡《诗》《书》六艺之文，与夫孔孟之遗言，至是皆焕然而大明，秩然而各得其所。此宋儒之学，所以度越诸子，而上接孟氏者欤。《宋史·道学传序》然宋之初叶，有安定、泰山二学派，实开周、张、程、朱之先河。安定设学湖州，立经义治事二斋，弟子去来常数百人。庆历中，天子下诏取其法，著为令。泰山退居，聚徒著书，以治经为教。其著《春秋尊王发微》，尊君卑臣，诚不免后之学者所讥，然固宋初一代大儒也。《宋史》言："士大夫忠义之气，至于五季，变化殆尽。"宋之初兴，艺祖首褒韩通，次表卫融，以示意向。真仁之世，田锡、王禹偁、范仲淹、欧阳修、唐介诸贤，以直言谠论倡于朝。于是中外荐绅，知以名节为高，廉耻相尚，尽去五季之陋。故靖康之变，志士投袂，起而勤王，临难不屈，所在有之。及宋之亡，忠节相望。《日知录》呜呼！学术之有益于人国何如哉！

辽　金　元　辽起松漠，太祖以兵经略四方，礼文之事，固所未遑。及太宗入汴，取晋图书礼器而北，然后制度渐以修举。到景圣间，则科目聿兴，士有由下僚擢陞侍从，骎骎崇儒之美。但其间风气刚劲，四面临敌，岁时以搜狝为务，而典章文物，视古犹阙然。《辽史·文学传序》金初未有文字，太宗继统，乃行选举之法。及伐宋取汴经图籍，熙宗欵谒先圣，北面如弟子礼。世宗章宗之世，儒风丕变，庠序日盛，士繇科第位至宰辅者，接踵当时。儒者虽无专门名家之学，然而朝廷典策，邻国书命，粲然可观矣。《金史·文艺传序》元兴百年，上自朝廷内外名宦之臣，下及山林布衣之士，以通经能文，显著当世者，彬彬焉。《元史·儒学传序》夫辽金元皆崛起于朔北，其族本犷野，自主盟中夏，托名卫道，效法先王，兴学崇儒，极意铺张，文采始郁郁可观。而姚枢、许衡、窦默、吴澄之徒，窃程朱之传，以圣道自命，复为之文饰遗经，润色鸿业，于是而觍然。受太牢之享，隆大儒之称，君子曰宋以后，以北方而儒者，刘因一人而已，姚、许、窦、吴之徒毋取焉。

明　明太祖起布衣，定天下。当干戈抢攘，所至征召耆儒，讲论道德。制科取士，一以经义为先，大臣以文学登用者，林立朝右。英宗之世，河东薛瑄，以醇儒预机政，吴与弼以名儒被荐，天子修币聘之殊礼。自是积重甲科，儒风少替。白沙而后，旷典阙如。原夫明初诸儒，皆朱子门人之支流余裔，曹端、胡居仁，笃守儒先之正传。学术之分，自陈献章、王守仁始。宗献章者曰江门之学，孤行独诣，其传不远。宗守仁者曰姚江之学，门徒遍天下，流传逾百年。嘉隆以后，笃信程朱，无复几人矣。《明史·儒林传序》夫有明一代学术，亘三百年，而学案百出，语录如海，未闻有以经训家法，卓然成家者。学者以讲章为圣经，以类书为贤传，困守帖括，向壁虚造，经学非汉唐之专精，性理袭宋元之糟粕。科举盛而儒术微，殆其然也。《儒林传序》及其季年，心学流弊，四书制义，乃毛袭老庄，士之画饼，无用极矣。是以米贼一呼，明社以屋。悲夫！虽然，明社屋矣，而死义诸人，遍于东南。下至贩夫愚妇，与宋同烈，其故何哉？论者谓东林二三君子讲学之功云。

邓子曰：神州二千年之学术，其班班可考者，如是而已。本朝之学，下期当别论之。大抵以儒家为质干，以六经为范围，舍儒以外无所谓学问，舍六经以外无所谓诗书。人人手注疏而口性理，家家冠章甫而衣缝掖，天下百虑而一指，殊途而同归。歌先师之德，则齐声叩容，瞻阙里之光，则同步合辙。由汉以迄明，理想一辙，议论一辙，道德一辙，风俗一辙，人才一辙，政治一辙，无有丝毫出入于其间。夫其以如此之学术，而成如此之理想，如此之议论，如此之道德，如此之风俗，如此之人才，如此之政治，则儒学之于神州，其所种之因，与所得之果，为善耶？为恶耶？未可断也。间尝论之，神州之天下，自以儒为国教。其过去之历史，则惟汉之东京，唐之开元，宋之庆历、元祐，称至治之世。统二千年观之，率五百年而始遇一治，其治也，亦不过上下数十年间，过此而复归于乱矣。此神州之内，所以屡经圣君贤相名儒杰士仁人君子，辛苦经营，而卒只成一治一乱一盛一衰之局，而所谓一治不复乱，一盛不复衰者，盖未繇梦见也。邓子曰：此第就其治内言之也。若其对外，则外族常胜而本族常败。五胡之乱晋，契丹之扰唐，金元之祸宋，诗书礼乐之胄，卒不能与衣毦茹毛狎犷无知之族相抗，而反为其噬捽殄灭，则信夫儒学之果无益于中夏也。虽然，中夏之世，自汉以来，于其无学，则祸生焉。于其非儒学，则祸又生焉。周之将亡也，闵子马之言曰："大人患失而惑，可以无学，无学不害。"而周室以覆。晋之将亡也，弃六经，尚清谭，而晋社邱墟。宋之未亡也，禁道学，兴党祸，而宋以不振。然则非儒者之无益于人国，而人国之废弃其学也。

夫中国之地理便于农，而儒重农。中国之风俗原于文，而儒重文。中国之政体本于宗法，而儒重君父。则儒教之行中国，固繇乎其地理风俗与政体者矣，此其所以行之二千年，其于人心之微，未有背也。海通以来，白种麕至，其所行之政，所奉之教，无一与我合。于是而革教之谭，排孔之论，始腾于社会。虽然，吾谓其间有大原焉。白人之地理便于商，白人之风俗原于武，白人之政体本于国家，《社会通铨》一曰军国。故白人之教贵平等，而黄人之教尊伦常，此其不同之故，盖成于其天然之所构造，而人治不与矣。今夫儒之所学，亦何损于人国哉。其所以于一国之群治，不能常盛而常治者，则其弊在学在上而未普于下。历代尊儒重道，开学设教，皆人君及在上师儒一部分之事。故神州无普及之教育，学在利君而不利民。儒者之学，对君言者十之七八，对民言者十之二三。故下流社会，罕受其益。学在专制而不能包容，故九流诸子，皆归罢黜，而无与比观争胜，是则儒学末流之弊也。故古之儒通天地人曰儒，通经以致用曰儒，而今之儒则训诂词章而已，咿唔佔哔以求爵禄而已。悲夫！儒之真之失也盖久矣乎。夫是故以中原之大，而有拊髀无材之叹；神州之尊，而有陆沉终古之忧也。夫儒之真安在？仲尼有言："诵诗三百，可以授政。"《春秋》经世，先王之志，大易立类族辨物之大经。《春秋》严内夏外夷之大防，小戎则赴敌，秦风则同仇，风雨而不已鸡鸣，岁寒然后知松柏。《语》曰："士可杀，不可辱。"孔子曰："朝闻道，夕死可矣。"是则吾儒所以致命遂志杀身成仁，爱国保种，存学救世不刊之大义也。《诗序》曰："小雅尽废，四夷交侵，中国微矣。"龚子曰："履霜之屩，寒于坚冰。未雨之鸟，戚于漂摇。痺痨之疾，殆于痈疽。将萎之花，惨于槁木。"凡百君子，邦人诸友，观于亡明晚年之祸，可不为之寒心哉，可不为之寒心哉！

（录自《国粹学报》第3期，1905年4月）

国学今论

邓　实

邓子曰：神州学术，至于本朝，凡三变矣。顺、康之世，明季遗儒，越在草莽，开门讲学，惩明儒之空疏无用，其读书以大义为先，惟求经世，不分汉、宋，此一变也。乾嘉之世，考据之风盛行，学者治经，以实事求是为鹄，钻研训诂，谨守家法，是曰汉学。方苞、姚姬传之徒，治古文辞，自谓因文见道，尸程、朱之传，是曰宋学。治汉学者诋宋，治宋学者亦诋汉，此再变也。道咸之世，常州学派兴，专治今文，上追西汉，标微言大义之学，以为名高，此三变也。呜呼，神州学术之变久矣。今日之变，则上古所未有也。春秋以降，鬼神术数之学，变为百家诸子，百家诸子，变而为儒，其变也，各自为宗，树矛戟于道外。近世二百余年，不分汉宋之学，变而为汉学、宋学，汉学、宋学变而为西汉今文之学，其变也，不离乎儒者近是。树矛戟于道中，变之于道外，则各学分立，而学之途日争而日进；变之于道中，则同室交哄，而学之派愈趋而愈歧。邓子曰：夫学之真，一而已矣，何为汉、何为宋、何为今文、何为古文哉。秦火之残，诸经复出，汉儒治经，博综群籍，铨明故训，不为墨守，此汉学之真也。有宋诸子，生经学昌明之后，本之注疏，通夫训诂，然后会同六经，权衡四书，发其精微，明其义理，此宋学之真也。西汉经师，承七十子微言大义，类能通经以致用，如《禹贡》行水、《春秋》折狱、《三百五篇》当谏书，此今文学之真也。东汉经师，发明古训，实事求是，不立门户，而人尚名节，成为学风，此古文学之真也。是故学之真，一而已。真者何？皆在孔子之术六艺之科而已，无汉宋、无今古也。学之分汉宋、分今古，其惟学术之衰乎。嗟乎，此君子所以叹学术之盛衰与世运为升降也。顺康之世，天下草创，方以收拾人心为务，文网未密，而明季二三有学君子，得以抱其不事二姓之节，讲学授徒，风厉天下。流风所扇，人人知趋向实学，追汉采宋，不名一家，国家尝收人材之实。故其时民风士习，皆有可观，学术既盛，而世运亦隆。雍乾之世，天下既定，网罗日密，文字之狱屡起，严立会结社之禁，而晚明讲学之风顿息。于是学者怀抱才慧，稍欲舒炫，举足荆棘，无所于施，则遁于声音训诂无用之一途以自隐，而汉学之名以起。其有一二躁进之士，思获时主之知遇，则效法程朱，博老成持谨之名，以愉惕禄仕，而宋学之名以起。自有汉学、宋学之名，而清学日衰，海内亦稍罢敝矣。道咸之世，外侮踵至，朝廷方殷外务，无暇致密其文网，诸儒复得侈言经世。以西汉今文之学，颇切世用，易于附会，而公羊家言三世改制之说，尤与变法相吻合，故外托今文以自尊，而实则思假其术以干贵人、觊权位而已。故今文之学出，而神州益不可为矣。盖今文学者，学术之末流，而今文学盛行之世，亦世运之末流也。吁可慨与，吁可慨与。吾请得综有清二百余年之学术而论列之。

顺康之世：昔在明季，姚江之学风靡天下，而东林气节之盛，蔚为史光，及其末流，入于禅学，空言心性，士皆以读书为非，无应用之实学，故明之亡也忽焉。明既亡，黄梨洲、顾亭林、王船山三先生兴于南，孙夏峰、李二曲、颜习斋三先生兴于北。梨洲集王学之大成，亭林以关学为依归，船山奉关学为标准，夏峰、二曲融合朱、陆，习斋则上追周孔，此六先生学术之派别也。顾六先生之学派不同，而其以经世有用实学为宗则同，其读书通大义，不分汉宋则同，其怀抱国仇，痛心种族，至死不悔则同。请言梨洲。梨洲之学受于蕺山，为姚江之正传。然梨洲讲学，谓明人袭语录之糟粕，不以六经为根柢，教学者必先穷经，而求事实于诸史。又谓读书不多，无以证斯理之变，多而不求诸心，则为俗儒。是先生之学，得王学自得之益，昔姚江谪龙场驿，忆其所读书而皆有得。是姚江未尝不读书。读书而得，是王学之至精者。而无其心学空虚之弊。其著《明夷待访录》，发明君臣之原理，以提倡民权；其著《宋元明儒学案》，为中国独一之学史；其著《留书》，则王佐之略，而昆山顾氏所叹为三代之治可复者也。此梨洲之学也。请言亭林。亭林之学，通儒之学也。九经诸史，略能背诵，实录奏报，手自抄节。驴书独行，读书旅舍，周览郡国，留心风俗。今读其《日知录》、《菰中随笔》、《天下郡国利病》等遗书，陈古讽今，规切时弊，其维礼教，持清议，复宗法，核名实，贵自治，务垦辟，一篇之中，反复三叹，先生之心如见矣。其生平论学，曰行己有耻，曰博学于文，曰经学即理学，曰文不关于经术政理之大者不足为，皆至精之语。此亭林之学也。请言船山。船山讲学，以汉儒为门户，以宋五子为堂奥，而渊源所自，尤在《正蒙》一书。谓张子之学，如皎日丽天，无幽不烛。自以生当鼎革，茹种族之悲，则窜伏林莽，著书见志，以存大义于天壤，留正朔于空山。著《黄书》，溯黄帝为吾族之祖，于彝夏之辨，人禽之界，防之至严。其《噩梦》一书，指陈民生利弊，且言夕行，所谓有王者起，必来取法者也。此船山之学也。请言夏峰。夏峰论学，自言从忧患困郁中，默识心性本原，生平得力实在此。其学以躬行有用为宗，而于人伦日用间，体认天理。尝尊王守仁为有用道学，谓其以拔本塞源之力，奏扫荡廓清之功。又言有用二字，乃孔门学旨，此其所以结茅双峰，内敦诗书，外御盗寇，部署战守，以儒而能兵也。此夏峰之学也。请言二曲。二曲论学，以悔过自新为始基，静坐观心为入手，谓必静坐乃能知过，知过乃能悔过自新。尝曰：天下之治乱，在乎政教之盛衰；政教之盛衰，在乎学术之邪正。学术不正，则政教无所施其权，而不至率天下而充塞乎仁义者几希矣。此先生所以起自孤童，上接关学六百年之统，饥寒困苦，耿光四出，毅然任斯道之重而不敢懈也。此二曲之学也。请言习斋。习斋讲学，谓当复尧、舜、周孔、六府、三事、三物、四教之旧，以事物为归，以躬行为主，不尚空言。其教学者习礼、乐、射、御、书、数、兵、农、水、火诸学，倡教漳南，于文事、经史外，兼习武备、艺能各科。先生自幼学兵法，善技击，精阴阳象纬。尝推论明制之得失所当因革者，为书曰《会典大政记》，曰：如有用我，举而错之耳。盖先生之学，以用为体，即以用为学，实学实用，即体即用者也。此习斋之学也。邓子曰：嗟乎，六先生之学，何其大也。是故南方之学，而黄、顾、王三先生为其大师；北方之学，而孙、李、颜三先生为其大师，翘然树六大帜于神州之内，门徒遍天下，流传逾百年，谓有清一代学术，六先生开之可也。厥后梨洲之学，开出浙东学派。万氏兄弟斯大、斯同，一精经学，一精史学，皆自成一家言。以至全氏谢山兴，而上接其传，著书等身，汲汲于搜罗明末文献，表彰节义，其学得于万氏之史学为多。故浙东之学，言性命必究于史，如章氏实斋是也。亭林之学，开出浙西学派，与浙东并峙。虽其传不大，然乾嘉间言汉学者，无不宗亭林。船山声影不出林莽者四十年，遗书湮没，后生小子，至不能举其名姓，亦可哀已。然遗书一出，日月争光，麟经大义，炳然天壤。船山之学，晚而愈彰。夏峰晚年讲学苏门，弟子极盛，而魏一鳌最为高弟。其后如高镐、曹本荣、耿极、耿介之徒，皆导其流派者也。二曲崛起关中，以继蓝田之绪，由是关学复盛，与富平李因笃、鄠县李柏，称关中三李。其门人王心敬，能大其学。习斋弟子，惟李刚主、王昆绳为著。后二百年，颜学始由北而南，德清戴望，承其绝学，编《颜氏学记》，而余姚章氏亦推为荀卿后之大儒。盖颜学与王船山学，皆及今而大显云。呜呼，六先生以布衣讲学，抗节西山，不肯受新朝之一丝一粟，而以传正学、开来哲自任，申明大义，著书以告万世，系天下之学于一线以至今。使微六先生，而神州天下之亡久矣。悲夫！邓子曰：于顺康之间，与六先生同时，而其学足以经世独立，明大义者，余更得二人焉，曰唐先生铸万，曰陈先生言夏。铸万生于巴蜀之山谷，后旅吴中，著《潜书》数万言。乃今读其《存言篇》，伤海内之困穷，哀遗黎之无告，然后知其言实当时之信史。读其《抑尊篇》，去君主之威严，发平等之公理，则与梨洲之《原君》、《原臣》并垂宇宙者也。言夏通全史，编为政、事、人、民四部，手自掌录，习当世之务，妙技击。尝避兵至昆山蔚村，村田沮洳，用兵家束伍法，筑围岸御水，不日而成，盖其学用之，皆有实效，而不为空言云。史言国初东南多隐君子，博达通世用，顾皆励气节，深晦匿以自隐，言夏其一也。呜呼，亡国多材，岂不信欤。他若晚村以讲学合群，瘏口焦思，不忘故国。桴亭著《思辨录》，教学者议礼读律，通今知时。杨园身处草野，日抱䕫忧，惴惴念乱。蒿庵笃志厉行，独精三礼，卓然自立，则皆守程朱之学而能致用者也。又其时汇旃、蒙吉，延东林学派一线之传，潜斋、约斋，开仁和、南丰学派之始，而寅旭、定九导算学之先河，百诗、东樵为汉学之初祖，清学之初期，噫亦盛矣。虽然学则清学，而儒则明儒也。以明儒而冒以清学之名，是则余之过也夫。

乾嘉之世：自乾隆中叶，海内士夫，争言汉学，而吴、皖二派为至盛。吴派以惠定宇为其大师，皖派以戴东原为其大师，其弟子著学统者皆数百人，遍大江南北。大抵吴学一派，笃信好古，实事求是；皖学一派，好学深思，心知其意。仪征刘氏说。吴学好博而尊闻，皖学综形名，任裁断，余杭章氏说。此两派之所以异也。虽然，东原尝执经问业于定宇，则吴、皖实同出一源，其治经皆谨守汉儒家法，不杂入宋元人语，则无有或异也。请言定宇。定宇承其祖元龙、父天牧之家学，益覃研精思，治汉《易》，撰次《周易述》一编，专宗虞仲翔，参以荀、郑诸家之义，约其旨为注，演其说为疏。汉学之绝者千有五百余年，至是而灿然复章。又因学《易》而悟明堂之法，撰《明堂大道录》八卷、《禘说》二卷，申明明堂配天之义。又有《易汉学》七卷、《易例》二卷，皆推演古义。于《书》有《古文尚书考》二卷，明郑康成所传为孔壁真古文，辨今文《太誓》之非伪。于《春秋》有《左传补注》，刺取经传，附以先世遗闻，于古今文之同异，辨之甚悉。而其《九经古义》一书，则讨论古字古音，以纠纷正谬，校理秘文，尤为后儒所服习笃信，其有功于经籍甚大。盖先生之学，精眇渊博，甄明古谊，不愧大师。钱氏竹汀为先生传论曰：宋元以来，说经之书盈屋充栋，高者蔑弃古训，自夸心得，下者剿袭人言，以为己有，儒林之名，徒为空疏藏拙之地。独惠氏世守古学，而先生所得尤深，拟诸汉学，当在何邵公、服子慎之间，马融、赵岐辈不能及也。钱氏之论，可谓知言矣。请言东原。东原少受学于婺源江慎修，其论治经，以识字为始。谓由识字以通词，由词以通道。又云治经之难，虽一事必综其存以核之。其学长于考辨，立义多所创获，及参互考之，确不可易。生平著述，以《孟子字义疏证》、《原善》二书，为最精深，本汉学之性理，易宋学之空言，诠明理欲之真，谓理在事情，不在意见。自宋儒舍情求理，至以意见当之，而生民遂受其祸无终极。尊者以理责卑，长者以理责幼，贵者以理责贱，虽失谓之顺；卑者、幼者、贱者以理争之，虽得谓之逆。于是下之人不能以天下之同情、天下所同欲者，达之于上，上日以理责其下，而在下之罪，人人不胜指数。人死于法，犹有怜之者，死于理，其谁怜之。所言多发明公理，排斥专制，与近日哲儒所言平等、共和之说相合。其治经力求新理，独有心得类如此。著书极博，于小学、礼经、算术、舆地，皆有撰述。江都汪容甫尝拟作《六儒颂》，谓国朝经儒，亭林始开其端，河洛图书，至胡氏而绌，中西推步，至梅氏而精，力攻古文者阎氏，专治汉《易》者惠氏，及东原出而集大成焉。呜呼，戴氏之学，其所以雄视一代，掩蔽天下者，岂无故哉。论者谓乾嘉上下百年间，为有清一代学术之中兴，而惠、戴二大经师，实为其祭酒焉。其继起者大抵皆吴、皖二派之支流余裔也。余闻余杭章氏之言曰：惠栋弟子有江声、余萧客。声为《尚书集注音疏》，萧客为《古经解钩沈》，大共笃于尊信，缀次古义，鲜下己见。而王鸣盛、钱大昕亦被其风，稍益发舒。教于扬州，则汪中、刘台拱、李惇贾、田祖以次兴起。萧客弟子甘泉江藩，复续《周易述》，皆陈义《尔雅》，渊乎古训是则者也。戴震同学有金榜、程瑶田，后有凌廷堪、三胡。三胡者，匡衷、承珙、培翚也，皆善治《礼》，而瑶田兼通水地、声律、工艺、谷食之学。震又教于京师，任大椿、卢文弨、孔广森，皆从问业。弟子最知名者，金坛段玉裁、高邮王念孙。玉裁为《六书音韵表》，以解《说文》，《说文》明。念孙疏《广雅》，以经传诸子，转相证明，诸古书文义诘诎者，皆理解。子引之，为《经传释词》，明三古辞气，汉儒所不能理绎，其小学训诂，自魏以来，未尝有也。邓子曰：章氏之言信哉，诚知夫学派之流别者矣。以余所闻，则歙县有洪榜者，尝从戴氏问学，生平服膺戴氏。戴氏所作《孟子字义疏证》，当时学者不能通其义，惟榜以为功不在禹下，撰《东原行状》，载东原《答彭允初书》，其书证明《原善》、《孟子字义疏证》之说，与二书相为表里。今《行状》不载此书，乃东原子中立所删，失其意矣。独具特识，亦戴学之云礽也。

自惠、戴以来，诸儒治经，各守其家法，别为义疏，其裒然成书，专门名家者，于《易》有惠栋《述》，江藩、李松林《述补》，于《书》有江声《集注音疏》，孙星衍《今古文注疏》，王鸣盛《后案》，于《诗》有胡承珙《后笺》，陈奂《传疏》，于《礼》有金榜《笺》，《仪礼》有胡培翚《正义》，于《春秋左氏》有刘文淇《正义》，《公羊传》有陈立《义疏》，《穀梁》有钟文蒸《经传补注》，于《论语》有刘宝楠《正义》，于《孟子》有焦循《正义》，于《孝经》有阮福《义疏补注》，于《尔雅》有邵晋涵《正义》，郝懿行《义疏》，皆一代之绝作，旷古所仅见者也。余读诸经，新疏较之旧释，盖有进矣。诸儒之白首一经，辛勤补缀，其功亦乌可没哉。虽然，未已也。清之经儒，其于义疏之外，有功于诸经及小学、古籍者，余复得其大功四，小功四。胡氏《易图明辨》，辨河图洛书、先天后天各图，非《易》书本有。阎氏《古文尚书疏证》、惠氏《古文尚书考》，辨东晋晚出之古文孔传为梅赜伪托。毛氏《诗传诗说驳义》，辨子贡传申培说为丰坊伪撰，是曰辨伪经，大功一。惠氏《周易本义辨证》，言《易经》二篇、《传》十篇，本自别行，是为旧本。朱氏倡刊《说文》始一终亥之本，通志堂、抱经堂校刊《经典释文》全书，而《大戴记》、《逸周书》、《荀子》、《方言》、《释名》、《春秋繁露》、《白虎通》，抱经皆为雠定。是曰存古书，大功二。惠氏之《易汉学》、《周易述》，张氏之《周易虞氏义》、《虞氏消息》，王氏之《广雅疏证》，段氏之《说文注》，梅氏之本《周髀》言天文，是曰发明微学，大功三。余氏之《古经解钩沈》，任氏之《小学钩沈》，邵氏之《韩诗内传考》，洪氏之辑郑、贾、服诸家说为《左传诂》，臧氏之辑《仪礼·丧服》马王注、《礼记》卢植《解诂》、《月令》蔡邕《章句》、《尔雅古注》，是曰广求遗说，大功四。江氏《深衣考误》，辨深衣非六幅交解为十二幅，《乡党图考》，辨治朝本无屋、无堂，戴氏《声韵考》，以转注为互训，历指前人解释之误，是曰驳正旧解，小功一。顾氏《音学五书》分十部，江氏《古韵标准》分十三部，段氏《六书音韵表》分十七部，以考古音，王氏《经传释词》标举一百六十字，以明经传中语词非实义，凌氏之《礼经释例》，分通例、饮食例、宾客例、射例、变例、祭例、器服例、杂例，以言礼之节文等杀，是曰创通义例，小功二。以上采胡培翚之说。《尚书欧阳夏侯遗说》、《三家诗遗说》、《齐诗翼氏学》，考证于陈氏，《逸周书》校释于朱氏，《大戴礼记》补注于孔氏，《国语》疏于龚氏、董氏，《白虎通》疏证于陈氏，是曰缀拾丛残，小功三。汪氏作《春秋左氏释疑》，明《左氏传》之非伪，作《周官征文》，证《周官》经非晚出，是曰辨正讹诬，小功四。邓子曰：诸儒之敏学好古，有功于经籍如此。然则今日吾辈之治经，制度、典章、声音、训诂，皆灿然大明，其受诸儒之赐，不已多乎。是故本朝之经学考据，浩博无涯涘，实足以自成其一种之科学，永寿于名山者也。近东瀛学人亦有一派，专研究汉学考据之学者。若其末流之弊，穿凿附会，猎璅文，蠹大谊，瓜剖鈲析，诚有如魏源所讥，锢天下聪明智慧，使尽出于无用之一途者，是则由乎时君之抑扬，种族之观念，运会之适然，其原因为甚繁矣，诸儒岂任过哉。

邓子曰：于乾嘉之世，与惠、戴二派同时，而别树一帜者，曰桐城。桐城尊宋学，惠、戴尊汉学；桐城好治文辞，惠、戴专治经训。尊宋学者则讥汉学为破碎，尊汉学者则谓宋学为空疏；工文辞者不习经典，而研经训者又不乐为文辞。二者交相非，而汉宋遂蹊之分途，文士与经儒始交恶。桐城学派以方苞、姚姬传为其大师。方氏为文，效法宋曾巩、明归有光，谨守绳度，谓之桐城义法。又熟治三《礼》，冀尸程朱为其后世，然所得至肤浅，无足重。姚氏慕其乡方氏之所为，而受法于刘海峰，以私淑方氏，然其始尝欲从戴东原问学，及戴谢之，始憾戴氏，而别标义理、考据、词章三者以为宗，以与汉学自异。其《赠钱献之序》，及《安庆重修儒学记》，为其生平论学大端，而皆排斥汉儒。迨东原之殁也，姚氏《致友人书》云：东原毁谤朱子，是以乏嗣。其斥东原，可谓不遗余力矣。姚氏晚主钟山讲席，门下著籍者，上元有管同异之、梅曾亮伯言，桐城有方东树植之、姚莹石甫四人，称高第弟子，各以所得，传授徒友，往往不绝。在桐城有戴钧衡存庄，事植之久，守其邑先正之法。其不列弟子籍，同时服膺者，有新城鲁仕骥絜非、宜兴吴德旋仲伦。絜非之甥，为陈用光硕士。硕士既师其舅，又亲受业姚先生之门，乡人化之，多好文章。硕士之群从，有陈学受艺叔、陈溥广敷，而南丰又有吴嘉宾子序，皆承絜非之风，弘淑于姚先生，由是江西建昌有桐城之学。仲伦与永福吕潢月沧交友，月沧之乡人，有临桂朱琦伯韩、龙启瑞翰臣、马平王锡振定甫，皆步趋吴氏、吕氏，而益求广其术于伯言，由是桐城宗派，流衍于广西。曾涤生《欧阳生文集序》。当海峰之世，有钱伯垌鲁思，从受其业，以师说称颂于阳湖恽子居、武进张皋文，子居、皋文遂弃其声韵考订之学，而学古文，于是阳湖始有古文之学。陆祁孙《七家文钞序》。然溯其源皆出桐城。是当时桐城之学，几于风靡天下，其流风余韵，流被百年，下至道咸之世不绝。学者寻声企景，所在响应，争以宋学相尚，痛诋汉学，等之杨、墨、老、释，毁为乱道。于是甘泉江郑堂悯汉学之中绝，起而相争，著《国朝汉学师承记》，独尊汉儒，矜其家法，阴为抵制。而桐城方东树，则著《汉学商兑》以反击之，思欲拔汉帜以树宋帜，然肆口讥弹，文辨虽雄，而无实学真理，以为佐证，故不足以折服学者。盖桐城之学，其闳博精深，实非惠、戴之敌也。呜呼，乾嘉之间，汉宋之争亦烈矣。毛疵操戈，互相水火，以意见为是非，树沟垒如大敌，神州自古学术之争，未有甚于此者也。夫学者何？亦学孔子之学而已；汉学、宋学者何？亦不外乎孔子之术、六艺之科而已。未闻其能于儒学六艺之外，别有所学也。夫既不能越于儒学之道外，则必同居于儒学之道中，以道中之学，而畛域横分，矛戟森立，是亦不可以已乎。吾谓汉学、宋学，其于孔子之道，各有所得。汉学好古而敏求，宋学慎思而明辨；汉学博学而笃志，宋学切问而近思。宋儒尊德性，汉儒道问学，其道不相为非。今欲尊汉而祧宋，则是圣人之道，有博而无约，有文章而无性道，有门庑而无堂奥矣；今欲尊宋而祧汉，则是圣人之道，有约而无博，有性道而无文章，有堂奥而无门庑矣，不亦慎乎。或曰：然则学者生古人后，学古人之学，不汉则宋，将奚适从？邓子曰：汉学、宋学，皆有其真，得其真而用之，皆可救今日之中国。夫汉学解释理欲，则发明公理，掇拾遗经，则保存国学。公理明则压制之祸免，而民权日伸；国学存则爱国之心，有以附属，而神州或可再造。宋学严彝夏、内外之防，则有民族之思想，大死节复仇之义，则有尚武之风。民族主义立，尚武之风行，则中国或可不亡。虽亡而民心未死，终有复兴之日。是则汉学、宋学之真也。学者苟舍短取长，阙疑信古，则古人之学，皆可为用。孰与姝姝守一先生之说，而门户自小。又孰与专务调停古人之遗说，而仆仆为人，毫无自得哉。晚近定海黄式三、番禺陈澧皆调和汉宋者，然摭合细微，比类附会，其学至无足观。夫古人之学，各有所至，岂能强同。今必欲比而同之，则失古人之真，故争汉、宋者非，而调和汉、宋者亦非也。

道咸之世：自汉学之焰极盛，海内望风景附，家贾马而户许郑，经师如鲫，说经之书，汗牛充栋。后起之儒，于汉学位置，已难占胜，而其业繁博，尤为难治，学者穷老尽气，不能卒业，稍稍厌倦。又其学朴质，不便文士，于是有西汉今文之学兴，是曰常州学派。其学以西京十四博士所传今文为宗，谓晚出古文为伪，尊今文而黜古文。今文者，《易》施氏、梁邱氏、京氏，《尚书》伏生、欧阳、大小夏侯，《诗》齐、鲁、韩三家，《春秋》公羊，而诋斥《周官》、《毛诗》、费氏《易》、《左氏春秋》、马、郑《尚书》，而其大体要以公羊为主。谓孔子之道在六经，六经之作惟《春秋》，《春秋》之传在公羊，公羊亲受子夏口说之传，得闻圣人之微言大义。自武进庄方耕始治《公羊》，作《春秋正辞》，其学能通于经之大谊，不落东汉以下，其徒阳湖刘申受传其学，为《公羊何氏释例》，始专主董仲舒、李育，以明三科九旨之例。凡张三世，存三统，新周故宋，以春秋当兴王，而托王于鲁诸义，皆灿然昭著。由是今文之学大昌，仁和龚定庵，从申受受公羊《春秋》之学，著《春秋决事比》，又撰《五经大义终始答问》，以推阐三世之说。定庵之学极博杂，其小学六书得于其外祖段懋堂，而能以字说经，又以经说字，其史学溯源章实斋，言六经皆史，发明治学合一，官师合一之旨，其舆地精于西北，其佛学通陀罗尼八震旦六妙门，虽不专守《公羊》家说，而大旨要不能外。今读其文，恢诡连犿，援证古谊，讽切时弊，眇思谭说，每有新理远识，皆得于公羊《春秋》为多。与定庵为友者有邵阳魏默深。默深少好言经世，晚乃治经，尝熟闻定庵所言今文学，熹其易治，可为名高，乃著《书古微》、《诗古微》、《董子春秋发微》，皆主今文，而诋斥马、郑、毛公甚力。其先言今文者，独治公羊《春秋》，至是而及于《诗》、《书》。与默深同时，有长洲宋于庭、阳湖李申耆、仁和邵位西，皆治今文学。位西为《礼经通论》，指《逸礼》三十九篇为刘歆伪造，至是言今文乃及于《礼》。晚乃有德清戴子高，以《公羊》注《论语》，湘潭王壬秋，以《公羊》并注五经，而今文之学愈光大。盖今文者，发源于庄、刘，浸盛于龚、魏，而集其大成者王氏。王氏有弟子曰井研廖季平，季平著书最多，乃及百种，余杭章氏称其时有新义，而未见其书也。自今文学派盛行，学者治经，遂欲尊今文而废古文，右西汉而睥睨东汉，其学风所扇，当时著述，多本其家法。于是而朱右曾有《尚书欧阳大小夏侯遗说考》，陈乔枞有《今文尚书经说考》、《三家诗遗说考》、《齐诗翼氏学疏证》，陈立有《公羊正义》、《白虎通疏证》。凡西汉博士所传之遗说，虽残编断柬，皆奉为瑰宝；而东京以下，贾、马、许、郑之学，乃视如土苴。由是而惠、戴学派，大受攻击，治者寖微，而常州学派，遂夺吴、皖之席，赫然称海内经师矣。夫常州今文之学，其所以风动一时者，是盖有数故焉。惠、戴之学，治经必先识字，而六书、音韵之学，非尽毕生之精力，不能得其要领，不若微言大义之学，可以涉猎口耳而得，其故一。惠、戴释经，不过援引古训，证明经义而止，不为风议，故朴质无文采，而今文则词义瑰玮，荡逸华妙，为文士所喜，故治今文者无不工文辞，如申受、于庭、定庵、默深其最也，其故二。道咸时海内渐多故，汉学方以破碎无用，见讥于时，而今文则出自西汉诸儒，类能通经以致用，学者得藉以诩言经世，其故三。本朝学风，以说经为最高尚，诸文士挟其诗歌、词赋之长，不习经典，则以为大耻，而今文则上追七十子微言大义，视许、郑之学尤高，依附其说，足以自矜，其故四。有此四故，此常州今文所以能以后起之学派，骎骎越惠、戴而上之，其势力乃以掩被本朝下半期之学界，以至于今也。呜呼，可谓盛矣。虽然，今文日兴，则古文日废，神州古学，其摧灭散佚，而仅存于今者，亦既只有此数矣。古文虽晚出于东京，而前圣之微言大义，亦往往有存者，且其发明古训，亦大有功于经籍，安可废乎。论者又谓西汉之学有用，东汉之学无用。虽然，论者其亦闻高密郑君之风乎，比牒并名，早为宰相，郑君之素风无失。而东汉学者，皆以独立名节相高，是以桓灵之朝局，能倾而未颓，决而未溃，此东汉经学之用也。其视西汉利禄之途何如哉？呜呼，汉宋学之争也，犹有汉与宋朝代之分；而今古文之争也，则同一汉代而已。汉宋学之争也，犹有文士与经儒之别；而今古文之争，则同一经儒而已。夫同一汉代之学，同一经儒之名，而今文家则必曰西京之学胜东京，西京微言大义之学承七十子；古文家则必曰东汉之学胜西汉，东汉许、郑之学综六经。各持一说，几同冰炭，乃至相视如仇雠，不亦隘乎。吾闻汉世通儒，治经不立门户，多有杂治今古文者，何后儒之不一思也。

综观本朝二百余年之学派，其飚动云涌，霞鲜雾采，三色而为霱，五色而成文，可谓神州学术之中兴矣。经学迈汉唐，性理越宋元，辞章驾魏晋。其著作等身，褎然成家，著录于国史《儒林》、《文苑》传者，以数十百计焉，前代所未有也。斯其故何欤？邓子曰：盖自乾嘉之世，天下大定，海内无事，学者无所用其才智，身心暇逸，故得从容以讲求其学问。又功令方以点画声病之学取士，士之得禄也难，故贤智之士，在野者多，不至以其精力，销磨于从政，而得以专注于学问。然求学问则必知今古，知今古则喜议论，而或且以文字得祸，则相与辐辏于说经。经之大义，多言经世，则又恐涉于国是，以自取僇，则说经又相与舍其大义，而但攟摭细微，苟以耗日力纾死免祸而已。余杭章氏谓清世经儒，大体与汉儒绝异，不以经术明治乱，故短于风议，不以阴阳断人事，故长于求是。然则其异同长短之间，夫岂无故而然哉？此汉学考据，所以经乎天演淘汰，而于清世为最适者也。及夫习之既久，成为风气，学者非以治经不能邀名誉于社会，而非守汉学家法，亦不足号经师。其徒党日众，则声气标榜，位置自高，而几忘其初故矣。是故汉学者，能使才智之士，得借以自隐，而收明哲保身之誉，而人主有所举措，亦毋虑一二迂儒，指天画地，以掣肘其国是，此其学派所以称极盛也。邓子又曰：本朝学术，实以经学为最盛，而其余诸学，皆由经学而出。学者穷经，必先识字，故有训诂之学；识字必先审音，故有音韵之学；今本经文，其字体、音义，与古本不合，故有校勘之学；校理经文，近世字书不足据，则必求之汉以上之文字，故有金石之学。又以诸子之书，时足证明经义，于是由经学而兼及子学；以经之传授源流详于史，于是由经学而兼及史学；以释经必明古地理，于是由经学而兼及地理学；以历法出于古经，于是由经学而兼及天文学；以古人习经先学书计，于是由经学而兼及算学。是故经学者，本朝一代学术之宗主，而训诂、声音、金石、校勘、子、史、地理、天文、算学，皆经学之支流余裔也。邓子又曰：余叙述一代学术，而不及在高位者，如宋学一派，则二魏象枢、裔介、汤斌、李光地，汉学一派，则徐乾学、纪昀、阮元、毕沅，皆以大人先生，执学界之牛耳，然而无取焉者，一则伪名道学，以腴媚时君，一则著述虽富，或假手于其食客，是故清学而有此巨蠹之蟊贼，而清学亦衰矣。邓子又曰：本朝学术，曰汉学，曰宋学，曰今文学，其范围仍不外儒学与六经而已，未有能出乎孔子六艺之外，而更立一学派也。有之自今日之周秦学派始。余别著有《古学复兴论》，当于下期刊之。

（录自《国粹学报》第4、5号，1905年5、6月）

读《国粹学报》感言

许之衡

痛乎哉！居今日而言国粹，其真为举世所不为，而特立独行之士乎？世之图新者，必以出世太早不合时代二语相訾议，余亦初意谓然，反复思之，而知当识别也。夫在上而言国粹，则挟其左右学界之力，欲阻吾民图新之先机，以是为束缚豪杰之具，辞而辟之可也。若在野而倡国粹，则一二抱残守缺之士，为鸡鸣风雨之思。其志哀，其旨絜。是犹仁者见仁，智者见智，欧化者自欧化，国粹者自国粹而已。与执政之主持，殆不可同日而语，故有攻错无诋諆也。虽然，余之欲提议于倡国粹者有两事，亦攻错之林也。布之如下：

一、孔子与宗教

孔子非宗教家一语，倡自□氏《保教非所以尊孔论》。其论学术变迁，亦多崇诸子而抑孔子。余杭章氏《訄书》，至以孔子下比刘歆，而孔子遂大失其价值，一时群言多攻孔子矣。孔子果为宗教家与否，鄙见详后篇。请先论宗教与人类之关系。夫人类之生存，不至为猩猩狒狒者，以有爱力合群故。爱力合群之至，孰有如宗教者乎？社会自图腾以至今日，群治虽万变不同，然莫不与宗教有重要之关系。盖宗教者，自科学一面观之，诚为魇魔之怪物，而自群学一面观之，则宗教者群治之母，而人类不可一日无者也。□氏见歌白尼、达尔文辈疑宗教，而科学踵兴，遂谓欧洲今日，宗教已属末法之期，且深以神州兴宗教为虑，余期期以为不然。夫泰西今日，伦理一科，为普通之最要学科。然观其伦理教科书，殆无一不带耶教语。历史书亦然。是西人固以宗教为体，科学为用，有宏大而无朒缩也。纵少数科学家不信宗教，奚损其毫末哉。西国之大政治家、大军人、大冒险家，多皆出于宗教，以有宗教斯有信仰，有信仰斯有能力，有能力斯能举淆然各别之社会，统于一尊，而建种种大事业。此耶教之经验然也。耶教如是，孔教亦何必不然。

孔子之为中国教，几于亘二千年，支配四百兆之人心久矣。而忽然夺其席，与老墨等视。夫老墨诚圣人，然能支配四百兆之人心否耶？夫以孔子为非宗教家，徒以其乏形式耳。孔子之不立形式，正其高出于各教，使人破迷信而生智信也。除形式外，殆无不备教主之资格者。□氏《保教非尊孔论》，一谓束缚国民思想，再谓有妨外交，又谓今后宗教必衰颓，其辟宗教也至矣。而其《宗教家与哲学之长短得失》一篇，又谓无宗教思想则无统一、无希望、无解脱、无忌惮、无魄力。其《佛学与群治之关系》一篇，则谓今日之世界，其去完全文明，尚下数十级，于是乎宗教遂为天地不可少之一物。其言前后歧舛若是，则孔子非宗教家一语，又可信乎？章氏《訄书》虽抑孔子，然甚重宗教，其《原教》诸篇甚知宗教要义。

信教自由，公理也。以信教自由故，遂谓不必规规以孔子为宗教，亦未达之论也。何以故？以吾国不言信教则已，苟言信教，则莫如信孔教故。何以言之？吾尝谓中国之教界有三恨：一恨孔子之教，不立形式；二恨基督之新旧约，不译自徐光启、李之藻之手，而译自不学者之手；三恨空鸾娶妻茹荤之佛教，不出自我国。余固服膺信教自由者。请先言佛教。小乘既行于我国，而又无空鸾其人，及今倡之，已无效力。夫不娶妻，则关系于人种问题甚巨。人种既无，何有宗教？是信佛教虽不能夺人自由，然人亦断不乐信之。此有销灭而无复兴者也。□氏《佛教与群治之关系》一篇，推论将来宜行佛教，其说甚辩。如其说，则必为空鸾，然后可否，则必无效验。若耶教则诚世界伟大之教矣，然与我国民族，尚未能忻合无间。况今之挟教而来者，实为彼国伸其权力，与天父博爱之旨，沿流忘源。我国之信徒，亦多不明国界与教界之判。若是我何忍又以耶教倡耶？故上下求索，仍不能出于孔教之一途，非谓信孔教，遂束缚一切之信仰，惟信仰愈多，以参合孔教，而孔教愈光大云尔。我不能夺人信他教之自由，人亦不能夺我信孔教之自由，何所靳而不信之耶？盖揆之历史，揆之心理，揆之民习，诚未有易焉者也。

若谓定一尊则无怀疑，无怀疑则无进步，因以希腊诸学派，律周秦诸子，而谓自汉武罢黜百家之后，学遂不竞。此本日人远藤隆吉《支那哲学史》，而□氏益扬其波者也。夫以今日群治之不竞，而追咎古初，亦知今日犹未为生番椶夷者，即此定一尊之效乎？亦安知今后之必无进步乎？且彼言希腊，夫希腊学风之盛，流衍遍于欧西，而今日无一存者，徒供历史研究之资料。欧洲自信从基督，而十字军几度战争，排去外教之侵凌，兼以输入文明，遂成今日兴盛之效果。如是则定一尊与不定一尊之效何若耶？欧西兴盛不能不归功宗教。累言之，又将谓我为信徒也。夫孔子与诸子当时，诚如苏格拉底之与七贤，同处学派并立之地位，其后何以定于一尊，成优胜劣败之象者，必有至理存焉。求其故而不得，则冤孔子主张专制，合时君之利用，此日人白河次郎说，□氏演之。何其傎乎！孔子之遗经，无一为主张专制者，虽不主共和之制，然其所言君权，大抵主限制君权之说居多。如以天临君，即限制君权说之一证，特时代幼稚，不能如今日学说之缜密耳。以愚意度之，其殆主张君民共主之制者乎？夫孔子之掊击专制，皆属于微言，其最多在《易》。余拟著《易学微》一书即阐发此旨。其证据颇多，如"履虎尾，咥人凶"、"武人为于大君"，即掊击专制之最显者也。余不具引。其次在《春秋》。以掊击专制之孔子，而固谓主张专制者乎，亦多见其不知量而已。吾固甚尊诸子，然诸子于今日，确无足为宗教之价值，吾志在宗教，遂不得不标孔子。盖孔子固久处国教之地位，吾因其尊而尊之，以定民志而已，岂薄诸子哉。

若夫无宗教之害，□氏既谓无宗教则无统一，无希望，无解脱，无忌惮，无魄力。不宁惟是，无宗教则殆无伦理，无宗教则殆无道德，无宗教则殆无教育。此皆无中无外，放之四海而准者也。近世伦理学教育学日进步，虽非宗教所能范围，然其源实由宗教始。夫至无伦理，无道德，无教育，而犹谓吾国胜各国在此者，不其傎耶！歌白尼、达尔文辈能创新科学，不能创新道德。彼西人不诚以宗教为体，科学为用耶。以用抹体，何其悖耶！夫孔教之不能盛行者，以无马丁路德其人耳。苟吾教有马丁路德，则教必盛行，或形式而兼备，安见孔子之必非宗教耶。特孔子之教，多属于宗教哲学，而非宗教迷信，是固孔教之大，亦孔教不昌之原因也。余诚信人道之主宰者，莫宗教若。虽有种种之魇魔，亦有种种之解脱，为人类之断不可无者。如人群俱为科学家，不信宗教，则人道绝矣。吾甚愿治国学者，当求为孔教之马丁路德，而毋为破坏宗教者扬其波也。

二、国魂与国学

国魂者，立国之本也。彼英人以活泼进取为国魂，美人以门罗主义为国魂，日人以武士道为国魂，各国自有其国魂。吾国之国魂，必不能与人苟同，亦必不能外吾国历史。若是则可为国魂者，其黄帝乎？近日尊崇黄帝之声，达于极盛。以是为民族之初祖，揭民族主义而倡导之，以唤醒同胞之迷梦，论诚莫与易矣。然黄帝之政治，犹有可寻，黄帝之道德，则书阙有间矣。今之标民族主义者，于道德多置未论，识者方为前途惧。抑知民族主义，有重要于道德者乎？愚谓黄帝而外，宜并揭孔子，而国魂始全。盖黄帝为政治之纪元，孔子则为宗教之纪元。种族不始于黄帝，而黄帝实可为种族之代表；宗教不始于孔子，而孔子实可为宗教之代表。彼二圣者皆处吾国自古迄今至尊无上之位，为吾全历史之关键，又人人心中所同有者。以之为国魂，不亦宜乎！

今之所歉于孔子者，以其无尚武主义也，无国家主义也。夫尚武主义，著于《儒行》；国家主义，著于《春秋》。穷而绎之，皆有理论可寻，安在其不足为国魂乎？匪直此也，国魂者，原于国学者也。国学苟灭，国魂奚存？而国学又出于孔子者也。孔子以前，虽有国学，孔子以后，国学尤繁，然皆汇源于孔子，沿流于孔子，孔子诚国学之大成也。倡国魂而保国学者，又曷能忘孔子哉！

夫国学即国魂所存，保全国学，诚为最重要之事矣。然尤当亟思改良，不为守旧，俾合于今日情势，而使必不可磨灭，斯真善言国学者矣。国学当首经史。请先言经。六经在当日，诚为孔子之教科书，而今则全解此教科书者绝鲜。无他，昔之教科书，与今之教科书，体例不同故耳。使易以今日教科书之体例，则六经可读，而国学永不废。教科之说本之《国粹学报》。愚谓以《诗经》为国文学教科书，较胜于唱歌教科书也，余从《学报》。然今有一最难问题于此，则以训诂章句释经，而愈解愈窒，万无普及义理之效。今者西学潮涌，学者群趋，仍用郑孔程朱之旧法，则必唾弃之。固由世变之大，亦由新旧必不相容之的理也。如是则存经学极难。愚谓欲存经学，惟有节经与编经之二法。一变自来笺疏之面目，以精锐之别择力，排比而演绎之，采其有实用者，去其无用而有弊者，著为成书，勒为教科，除去家法之见，一洗沉闷之旧，如是则经乃可读。吾所见惟近人孙诒让氏，能知此义。后有作者，斯轨可循。至于史，则愚谓后有著者，其体当必祖机仲、君卿一派，宜为别纪。若史公当行其意不当行其法，后之《二十三史》，皆学史公而误者也。若列传宜别有著录，皇甫“高士”，刘向“列女”，是其前例。夫机仲之识至薄弱，而体最精美；史公之识最卓越，而体至重坠。世愈降则文字愈不及古，而便于浏览则胜于古，此亦文字一定之阶级也。愚谓表志列传、纪事本末，无一不当别为书，沟而合之，则必无良史。而断代一例，尤为史家之大惑。断代者，徒为君主易姓之符号，是朝史而非国史也。谓为二十四朝之家谱，又岂过欤。故今后之作史，必不当断代，而不嫌断世，如上古、中古、近古之类。藉以考民族变迁之迹焉。史公固知其意者，故《史记》不断代，然袭用其体，则大不便。《史记》自五帝至汉武，卷帙已多，况至今日乎。此所以必不能不用机仲之体，而辅以君卿者也。余杭章氏拟著之《中国通史》，体亦仿史公，改列传为别录，所搜颇挂一漏万。书固未成，体例亦殊未精也。鄙意之断断于是者，不出一言曰：列传万不能合于历史之内。近人横阳翼天氏之《中国历史》，深明此义，续而赓之，后必有放大光明于我国史界者，余为之祷祀以求焉。此愚改良经史之管见也。若文学一途，愚谓宜适晚近，不宜返之皇古。虽不必效东瀛之文体，然亦当为智识普及起见，宁失之平易，无失之艰深。盖我国识字者太少，识古字者尤少，必字字返之古义，无亦与文字进化之公例不符，且窒碍滋多耶。若释词之学，用王氏引之，不若用马氏建中为尤允。马氏兼通中西，王氏则但通古训，两者相较，不若后者居胜也。凡此皆愚对于国学保存之意见也。此外诸国学，较为余事，可任人专门，不必强人普通，自由研究可矣。

呜呼！外人之灭我国也，必并灭其宗教，灭其语言，灭其文字。知文字语言之要，而不知宗教之要，非得也。保全国粹诸子，首以国学为倡，其识诚伟大。读其书，标民族之宏义，发神州之鸿秘。其志可哀，其旨可敬，其文辞尤可感而舞也。然而独不及宗教，无亦滞于远藤隆吉、白河次郎二氏之学说乎？近一二年来，有□氏之《论保教》，章氏之论《订孔》，而后生小子，翕然和之，孔子遂几失其故步。彼二子者，其学皆与东洋有渊源，东洋之排斥孔子，则由彼爱国者，恐国人逐于汉化，又恐逐于欧化，故于孔子有微辞，于耶稣亦多论议，以成彼一种东洋之国学，即国粹主义所由来也。论者不省，而据为典要，扬其流而逐其波，不亦误乎！

以愚之不学无术，何敢言国学。虽然，盍言尔志，亦达者之所许也。自愚读《国粹学报》，即有无限感情，激刺吾脑，而吾感言于以发，不知其言之当与否也。惟若鲠在喉，必尽吐而后快。乃就吾所见，读《国粹学报》者之感情，则有谓其程度太高者，有谓其崇古之念太过者，有谓其文字太深者。此等评判，于《国粹学报》固无丝毫之增损，然亦可见今日趋向之途矣。吾甚愿吾所见之谬误，与所言之荒唐。如其然也，则真为可痛哭者也。达识君子，以为何如？

（录自《国粹学报》第6期，1905年7月）

论国粹无阻于欧化

许守微

或曰：今之见晓识时之士，谋所以救中夏之道，莫不同声而出于一途，曰欧化也，欧化也。兹而倡国粹，毋乃与天择之理相违，而陷于不适之境乎？毋乃袭崇古抑今之故习，阻国民之进步乎？应之曰：否否！不然！夫欧化者，固吾人所祷祀以求者也。然返观吾国，则西法之入中国，将三十年，而卒莫收其效，且更敝焉。毋亦其层累曲折之故，有所未莹者乎？《语》有之："橘逾淮则为枳。"今日之欧化，枳之类也。彼之良法善制，一施诸我国而弊愈滋。无他，虽有嘉种，田野弗治弗长也；虽有佳实，场圃弗修弗植也；虽有良法，民德弗进弗行也。夫群学公例，文明之法制，恒视一群进化之度以为差。斯宾塞《群学肄言·宪生篇》曰："群制之于民品，有交相进之功，群制待民品之美而后隆，民品亦待群制之隆而后美。"《成章篇》曰："故无论其群之民品为何如，其中制度必其所利，亦无论其群之刑政为何等，其民之情性智识必与相需，夫而后力平而势静也。"余多畅发此旨。我不进吾民德，修吾民习，而兢兢于则效，是犹蒙马之技，而画虎之讥也。所以进吾民德修吾民习者，其为术不一途，而总不离乎爱国心者近是，此国粹之所以为尚也。

国粹者，一国精神之所寄也。其为学本之历史，因乎政俗，齐乎人心之所同，而实为立国之根本源泉也。是故国粹存则其国存，国粹亡则其国亡。此非余一人之私言也。昔辛有见披发于伊川，而知其不百年为戎。原伯鲁之不悦学，而仲尼断其亡国。并见《左传》。颜之推谓晋代儿郎，幼效胡语，学为奴隶，而中原沦亡。见《颜氏家训》。此皆觇之前史而信者也。试觇之外史。意大利之建国也，古罗马之庄严伟烈，日印于国民心脑中，是以一举而大业成。日本之初，倡尊王攘夷，取大和魂之武风，聚国人而申警之，而今日遂卒食其报。此又言欧化之士所乐道也。若无崇古抑今之见，昔之交化未通，隔于时势，故生谬误。若今则车轴大同，地绝天通，波谲云诡，咸驰域内，方如丸之走阪，水之就下，而奚患乎其自封也？

恫夫哉！宇内古国之文明，其存于今者不一二觏也。试征之埃及。埃及为文明之初祖，天文建筑美术，照烁环宇。而为问今日，有复见琐罗门美内士之遗烈者乎？故国粹隳而埃及微矣。征之希腊。希腊诸贤，学派朋兴，沿流溯始，灌溉全欧。而为问今日，犹有梭格拉底、柏拉图、亚里士多德之流风乎？是国粹绝而希腊衰矣。又征之印度。印度以佛为国粹者也，自佛教歧出，蒙古一再侵入，天方之教踵兴，而印度遂为英藩矣。由是观之，四千余年之古国，以声明文物著者，若埃及，若希腊，若印度，皆以失其国粹，或亡或灭，或弱或微。而我中国犹岿然独著于天下，不可谓非天择之独厚也。毋亦我古先哲贤，抱守维持，而得系千钧一发以至于斯乎？以群古国之文明，而独竞胜于我国，其必适于天演之例可知也。其优胜适存如是，其光明俊伟如是，此正爱国保群之士，所宜自雄而壮往者也。

西哲之言曰：今日欧洲文明，由中世纪倡古学之复兴，亚别拉脱洛查诸子之力居多焉。谅哉言乎！夫彼之尊崇古学，固汲汲矣。博士必习拉丁文字而后进。通邑大都设藏书楼，聚古籍恒数十万册。治地文学者，必考上古地层之土石。治史学者，必崇海洛特司之记载。治哲学者，必读德黎七贤之学说。治政治学者，必溯多头寡人之政体。治人种学者，必研挪亚亚当之遗迹。治法律学者，必讲梭伦来格之型典。治兵学者，必读尼巴恺撒之战史。凡是之伦，更仆难数。斯宾塞《群学肄言·砭愚篇》云："虽文章若狭斯比亚，使无数千年闻见之积累，以富其思，又无数百世修明之文辞，以达其意，吾不知其所为词曲乌从来也。虽有创物之智如瓦德，使生于不知用铁之世，抑冶炼之事至微浅而不足道，力学之不讲，旋床之未兴，吾不知所谓汽机者何从制也。虽有外籀之精如赖不拉斯，使未有埃及大食以来所积进之算术，则其力理天学之作果遂成乎。"可与此参看。彼族强盛，实循斯轨。此尤其大彰明著者也。视我神州，则蒙昧久矣，昏瞀久矣。横序之子，不知四礼；衿缨之士，不读群经。盖括帖之学，毒我神州者六百有余年。而今乃一旦廓清，复见天日，古学复兴，此其时矣，此其时矣。欧洲以复古学而科学遂兴，吾国至斯，言复古已晚，而犹不急起直追，力自振拔，将任其沦坟典于草莽，坐冠带于涂炭，侪于巫来由红椶夷之列而后快乎？必不然矣。

且吾国之先哲，固恒好翕受外学者也。孔子作《春秋》，集百十二国之宝书，问礼老聃，问官郯子，是固然矣。佛学之来也，宋儒得之，得其意而辟其辞者为程朱，程子之论性，朱子之论理，皆参入佛氏说。语录体亦是佛氏文字。用其意而间涉其辞者为陆王。陆子静之良知，王阳明之心学，皆有得于佛学。详见《宋明儒学案》中。是佛学入中国，翕受之而成一精妙之哲学也。算学之来也，清儒得之，于前有梅文鼎戴震，于后有李善兰华蘅芳。西人谓《几何原本》，独传精蕴，驾乎西本之上。是算学入中国，翕受之而成一精妙之科学也。今译学又然矣。其国学无本，满纸新名者，曾不值通人之一盼，而能治国学者，新译脱稿，争走传诵，奉为瓌宝。若是者，以国学翕受外学之效，其萌芽乎？其萌芽乎！揆之于古既如此，衡之于今又如彼，如是犹谓国粹之说，有阻进化者，不亦卑当世之伦，而羞神州之士也耶？间有乡曲之士，姝姝于守故而拒外自大者，不一二年将风靡云从矣，不足以为难也。

或者又曰：子言国学，则汉宋其一矣。然汉有许郑贾服，而莫救黄巾之厄，宋有周程朱张，而莫纾南渡之祸，国学之无益于中国，诚非讏言矣，而子顾倡之乎？应之曰：此所谓知其一而不知其二者也。汉儒虽不能救黄巾，然其学弥漫宇内，至于五胡之乱，文献沦亡，衣冠涂炭，而南北诸儒徐遵明、崔灵恩辈，犹守其学而不为羶风貉俗所易，则汉儒之泽远也。宋儒虽不能救南渡，然其学风靡一世，于夷夏之界，辨之甚严，元窃祚未几，即复反正，而宋濂、薛瑄辈，复昌其说，人咸知伦纪彝叙，而不至终沦左衽，则宋儒之泽远也。是故国有学则虽亡而复兴，国无学则一亡而永亡。何者？盖国有学则国亡而学不亡，学不亡则国犹可再造。国无学则国亡而学亡，学亡而国之亡遂终古矣。此吾国所以屡亡于外族，而数次光复，印度埃及一亡于英，而永以不振者，一则仅亡其国，一则并其学而亡之也。呜呼！正学之儒，以学救国救天下，名岂必在一时，功岂必在一世哉！且彼汉宋儒者，亦非孔学之至，尤非吾国学之纯然至粹者也。汉儒之学，传于子夏，子夏遍授《六经》，传《六经》于荀卿，荀卿数传而至孔安国，为古文家之源流。又传《春秋》于公羊高，公羊高再传而至胡毋生，为今文家之源流。是今古文两汉之学皆传于子夏也。详见《史记》前后《汉书》《儒林传》。宋儒之学，私淑曾子，宋儒得力全在《大学》、《中庸》二书，子思亦曾子门人，故可以曾子括之。曾子所谓日三省，所谓慎独，及《大戴记》《曾子》、《劝学》诸篇，皆宋儒学问所从出也。若孔孟二子，宋儒非真能体察者。是孔学之支流余裔而已。犹未至于孔学，犹未至于孔学之至粹，韩非子谓孔门之后，儒分为八，若汉宋儒者，其殆各得其一者欤？而其效已若是。况彼附于二派者，其后皆破碎支离，门户水火，或以学市而干利禄之途，或以学隐而避文字之祸，非果有悲天悯人救世易俗之宏愿，而仅缘饰文字，以为名高，其去先哲守道卫学之意，固已远乎。夫今日之言国粹，非谓姝姝守一汉宋之家法以自小也，固将集各学之大成，补儒术之偏蔽，蔚然成一完粹之国学，而与向之呫哔其言，吚唔其艺者，固大异其趣，而谓可尽废乎？

要而言之，国粹者，精神之学也；欧化者，形质之学也。欧化亦有精神之学，此就其大端言耳。无形质则精神何以存，无精神则形质何以立。世有被絺绣于刍灵者，似人而不得谓之人也，无精神故也。弃国粹而用欧化者，奚以异是？《庄子》曰："古之人，外化而内不化；今之人，内化而外不化"。《知北游篇》。今之所谓欧化者，毋亦类于《庄子》所讥者乎？如其言化也，曷以数十年以来，无一创获之器，无一独造之能，奈端、倍根何不诞中土也。观于市，而工之绳墨如故。观于郊，而农之耒耜如故。观于庠序，而士夫之学问如故。观于朝廷，而政府之政策如故。及一衡夫社会之情状，则自达尔文著出，而竞争之说，不以对外而以对内矣。伊耶陵著出，而权利之说，不以为公而以为私矣。弥勒之著出，而自繇之说，不以律人而以律己矣。行欧化之道而乃若是，此正所谓内化而外不化者也。呜呼！糟粕六经，刍狗群籍，放弃道德，掊击仁义，其始不过见快一时，谓功业什伯于言行，不必鳃鳃过计，而其极遂终为天下裂而不可救。此策时之君子，所宜三致意者也。剂其所毗，仍在国粹而已。国粹者，道德之源泉，功业之归墟，文章之灵奥也。一言以蔽之，国粹也者，助欧化而愈彰，非敌欧化以自防，实为爱国者须臾不可离也云尔。

是故国粹以精神而存，服左衽之服，无害其国粹也。欧化以物质而昌，行曾史之行，无害其欧化也。如理弓然，弛而不张则蹶，张而不弛则折。如鼓琴然，独弦不能操缦，一音不能合乐。王仲任曰："知今而不知古，谓之盲瞽；知古而不知今，谓之陆沈。"见《论衡》。其今日学者之铭箴乎！《语》曰："温故而知新。"《易》曰："君子多识前言往行，以畜其德。"诚爱之也，诚重之也。昔锺仪居楚，犹歌南音；士会在秦，不忘故国。彼非儒者，而犹若是，而况沐黄帝尧舜禹汤文武周公孔子之遗泽以至于今者乎！顾瞻祖国，可以兴矣。

（录自《国粹学报》第7期，1905年8月）

学术沿革之概论

高　旭

国何以立？以有学。无学，则国非其国矣。故一国必有一国之学，谓之国学。虽然，专讲保存国学，亦安能立国哉。国因时势而迁移，则学亦宜从时势而改变。夫惟其能改变也，故学可为珍，而学乃可以常存。不然，国势已变迁矣，而犹死守固有之学，不稍变动，势必为强外族闯入而制其命，而尽废其学。若是，不特国学之不能保也，而国亦因保国学而灭绝。况所谓保国学者，未必真国学。苟真国学，固不依赖人之保存，而能自存于宇宙间矣。顾国学之能自存于宇宙间者，在欢迎新学术以调和之、补助之耳。夫如是也，进步之速率岂有量哉！

师董子曰：中国学术思想不进步，其原因何在乎？在政体之专制。太西学术思想日以进步，其原因何在乎？在政体之文明。文明国宪法上定有条例，许人民以三大自由，所谓言论自由、思想自由、出版自由是也。此三大自由权，惟文明国人民完全无缺，而野蛮国人民则无之。为文明国之人民者，其著书立说，一听其脑筋之电力所至。无今无古，无人无我，纵横八合，惟所创造。故全国人民相争相竞，各出其智力，而文化日以精神。野蛮国则不然，言必古人之所已言者。若古人所未言，而为我所独创，与古人意相反对者，则目之为非圣无法，而诛之、戮之、割剥之、牛马之，以遂其时君私天下之侈心。故秦始皇有坑儒焚书之事，始皇所坑之儒实非儒，而乃与儒为敌者也；所焚之书，乃百家言而非儒书。若果儒书儒者，始皇固引为同调矣。汉武有罢辍百家之举。而满清朝屡兴文字之狱，彼固以为学术思想之发达，非君主之利，而异族之为中夏君，于此尤竞竞焉。君主既以人民之言论自由，悬为厉禁，而士夫遂不敢创立异说，以冀得世界之真理。且于儒学之外，不敢无通他学。即能旁涉他学之藩篱，亦不欲明以诏来者。如宋代诸子之理学是矣。当时理学，虽称以儒为归，实乃包括佛、老而有之。夫包括佛、老，乃宋儒学术之大进步，而偏以为讳，则数千年墨守不变之旧俗使然矣。呜呼，可不伤心哉！吾为此而惧。

今特将中国历代之学术，分为八时代以论之。

一、神学全盛时代

上古之世，人民榛榛狉狉，智识未开，盱盱而睡、饕饕而食之外，无特擅之技能，亦无远到之理想。仰而见有日也月也，星辰也云也，风雨烟霞也，江河之有波浪也，树木之有荣枯也，人类之有疾病死亡也，则以为既非人力所使，必有物以主宰之。然又不知主宰者究为谁，则以为必有神焉。然所谓神者，非空间所能居，其殆居于天乎！故遂以天为神之家，而神为天之主人矣。积此种之幻想，人人脑中如是，人人眼中如是，人人口中如是。于是而笔之于书，谓之神书。中国民族，从西方迁徙而来，与印度埃及相同，故皆重神权。自伏羲氏出而作《易》，虽其所说，天道与人事有绝大之关系，要终不外乎鬼神之界域，不敢稍越雷池一步。中国之哲学，实以此为先河。黄帝之时，其官吏即当时之僧侣。大挠作甲子，苍颉作六书，客成作历数，史皇作图，皆是黄帝时之僧侣。中国之科学，实始于此时。此外，夏禹之世，继《易》而起者，为《洪范》九畴，所说亦不外幽明之情状。又《书》与《诗》，帝天神鬼，杂出其间。其伸引绵绵，若痴若醉，有一唱三叹之致者，皆神学之遗传也。上古之世，崇信神教，立有专官，称为祝史。全部之学术，皆掌于祝史。祝史有统治全部学界之权。祝史者，其殆墨家之巨子，罗马教之教王乎！此为中国学术第一时代。

二、官学昌明时代

中国之学术，自唐、虞、夏、商以后，数千年间，不能超越乎神学之势力圈。迨至西周，而学术遂厘而为二，言天事者为一派，言人事者为一派。然学术虽分为二派，而实力究归一人，则史官是矣。斯时也，中国但有官家之学，无私家之学。窃尝考之，中国古时，其学派共分为十，派别虽多，要之皆官吏掌管之。官吏有无上之威权，而官学有莫大之势力。除官吏外无威权，除官学外无势力。官吏与学术，盖成为集合体矣。学术之盛，振古无比。亦尝读班固《艺文志》矣，固之言曰，儒家从司徒分出者也，道家从史官分出者也，阴阳家从羲和官分出者也，法家由理家分出者也，名家由理官分出者也，墨家由清庙官分出者也，农家由农稷官分出者也，纵横家由行人官分出者也，杂家由议官分出者也，小说家由稗官分出者也。班固之言如是，盖信而有征也。观此亦可想见当时官学昌明之状况矣。此为中国学术第二时代。

三、诸子竞争时代

周室东迁，书籍扫地，古代竹简，荡然无遗。于是聪明智慧杰出者流，创造学说，表章其平日所自信者，各思改造其社会，历史上所称为九流者是也。孔子生丁周衰，创立儒教，能传其学者为子思、孟子、荀子三人。儒教最重伦理，而治国平天下之法制，其规划亦复周密。老子所创之教为道家，而道家又分为二派，一为庄列学派，专讲虚无；一为杨朱学派，专讲乐利。其宗旨尚自由，排君主，意至美职至卓矣。而其弊在遁于空虚，且视痛苦为仇敌，而淫侈放纵，极其口腹之欲以为快。墨子倡教，称为墨家。其大目的在兼爱，与耶稣爱人如己之说同。又时时发表其理想上之民主政体，而更包涵名学、兵学，以及他重学、光学等，其多才多艺如此。墨子诚中国之圣人哉！此外，又有称为名家，如申不害、商鞅、李斯之徒，其学说由儒家分出，得儒家之一部分，而能精加研究，其法制直超儒家而上之，遵其言以行之，国家可得安宁秩序。泰西之陆克、孟德斯鸠，岂真有大过人者耶？但申、商以后，无人继起，发挥而光大之。是则中国政治之所以日坠于九地之下，而无得见天日之时也。此四家者，于中国当时有大应响，倾动一世。若名家、阴阳家等，势力远不逮矣，然亦厉兵秣马，纵横冲突，角胜于诸强国之间也。此为中国学术第三时代。

四、儒学统一时代

儒家之学术，专讲名分，与君主专制政体吻合，故君主每利用之。秦始皇虽焚书坑儒，而于政治亦乐采用儒术，以其有大利于己也。至汉而儒学尤盛，文帝设立五经博士。武帝时，罢辍诸子百家，专尊儒术，后世称之为儒教之大一统矣。当是时也，学士大夫，惟有注经而已。注经有古文家说、今文家说，要皆局于典籍，无所表现。咬文嚼字，身殉蠹鱼。自由之乐，梦寐未逢，奴隶之苦，甘如醇酒，亦可怜矣。迨至王莽僭窃之时，一种怪异妖妄之学问又出现。一时聋盲之辈，随风披靡，无不心醉谶纬。虽然，此种学问亦非凭空创造，乃古代巫祝的支派所遗传也。延至东汉，解说小学者又崛起，其学派区而为二：一释文义，一讲礼经。要而言之，此皆抱残守缺者流，向人鼻息以求生活者耳。虽号为积学之儒，占有泰山北斗之鸿名，如蔡邕、王充者，其所著《论衡》、《独断》，亦皆一以儒术为昆仑墟，而不敢稍溢儒之界说，别发一新思想，别辟一新境界。盖儒教至东汉，其专制为达于极点矣。不若西汉之犹有申、商、黄、老之学，参入于其间也。此为中国学术第四时代。

五、佛老混合时代

老学一变，而称为道家，故论者谓老子为道家之始祖。道家分两派，其一王弼、何晏所倡，为玄理派；其一为神仙派，如《抱朴子》等是。玄理派有崇信虚无者，有实行乐利者；神仙派有崇尚丹鼎者，有专心符箓者。东汉以后，儒术寖衰，治经之徒，改弦易辙。至两晋而旷达之风，海内大盛，清谈之士，门户相高。佛学乃自东汉时，传入中国，至晋而盛，至南北朝而大盛。其种类有三，曰教门、宗门、律门。宗门分顿觉、渐觉。律门以修身力行为目的。苟有倡者，岂竟无和！斯时之上官名卿，争趋附之，几几乎成一二教混合之奇观矣。惜乎无巨力深识之彦，收拾三教之精英于一炉中以冶之，铸成光明异样、灿烂鲜明之学风，为前古所未有，此则六朝时代之大缺点也。盖此时外夷为乱，迭主中华，而所谓学士大夫者，奔走流离，迎拜豺虎，于学问上无暇加意研求。故虽混合三教，而终不能产出一新学术，使历史黯然无色，可不令人浩然兴叹，嗒然丧气耶！此为中国学术第五时代。

六、理学发明时代

迨至唐代，佛老之学，依然混合于儒。及韩愈出而辟佛，其所辟者，乃佛之粗，而非佛之精。愈固不知佛也，其言之无当于道也亦宜。自是以后，虽士人多称道儒学，而其实佛老之学，已氤氲于斯时，故至宋而一种理学之名目披露矣。理学者，实采取道家、佛家之长而支配之。周敦颐所倡之学，称为濂学；张横渠所倡之学，称为关学；二程则称为洛学；朱晦庵则称为闽学。陆子静之学，于程、朱、张、周外，别出心裁，独树旗帜。继之而起，为明之王阳明。阳明一生，主张致良知三字，开辟草莱，发见新地，诚学界之哥仑布哉！濂学者，咀嚼《易》、《中庸》而化者也。其所阐发，皆天人之原理。而其病也，在少实际。关学之实际，较濂学为多矣，而其病在崇尚《礼经》，泥古不化。此乃专制国之余孽也。二程、朱子，其立说主重实践，不重空谈，固为颠扑不破之论。要之其主静主敬，使人形如槁木，心如死灰，而人类活泼泼地之真精神，几使历百年而尽行消灭。是则其立教之过，安得而辞！况三纲之说，毒痛四海，推原而论，当以二程、朱子为中坚，扬汉儒董仲舒之妖焰者，非二氏而谁哉！此为中国学术第六时代。

七、考据学披猖时代

满虏入关，中原板荡，中流砥柱，一发犹存。自顾亭林、王船山、颜习斋、黄黎洲、吕晚村诸先生死，而汉学绝矣。胤禛、弘历，思汉人之心未遽死也，乃迭兴文字之大狱，以逞其一网打尽之毒计。于是而儒雅之士，莘莘济济，歌詠升平，有所谓考据之学出焉。一时士夫，咸殉身于声音、训诂之中，绝口不谈国事。《说文》、《尔雅》两书，尊为天神，重于九鼎。继复支生金石学、校勘学，群焉嚣然附之。中国之学术，至弘历僭窃后，而晦盲闭塞极矣！而一二有志之士，不屑为无用之学，不为金石、校勘所诱者，则或从事于典章制度之学，或从事于微言大义之学。治典章制度之学者，以《三礼》为前驱；治微言大义之学者，以《公羊》为先导。虽然，此辈解经，每多附会，局促于蜗角之中，沾沾自喜。至发明先圣之心传，表彰前代之法制，固非其任矣。及康有为、梁启超出，能三致意于此点。其所论述，间有至当至确，而不可易者。然私心妄断，附会滋多。甚矣，其破碎害道也。《孔子改制考》及《思想变迁之大势论》中，附会之处，不可枚举。顾犹或谓其能力张新说，开他人不开之口，发前古未发之谈，其亦爱新觉罗氏朝之才士也夫！此为中国学术第七时代。

八、西学输入时代

西学之输入中国也，可分四时期。有明之季，耶教东来。传教之徒，以天文、算学，散布中国。而我国人得知天文学者，自此始矣。自嘉庆以降，地理学又经彼教中人传入。我国人研究地理学者渐多。五洲大势，始行发见。再后传入者，为医学、格致学，再后为史学、兵学，至今日乃为大盛。盖政治学、社会学、哲学等，无不云蔚霞举，横渡太平洋而咸集于亚东大陆之上矣。我国人本茫乎不知世界之大，自英、法起衅，五口通商，始恍然有所悟，知中国以外，尚有他国，中学以外，尚有他学。遂乃名其学为洋学，称中外交涉事件为洋务，其思想之幼稚如是。夫此四时期中，当以何时期收效果为最大？天文、算学、地理、医学、格致学，翻译者大都彼教中人，故书经印行以后，大人先生每羞道之。至史学、兵学，乃官立之译局所印行，而当译员者又为上流社会中人，故影响稍广。至哲学、政治学、社会学等，译者大半为思想高尚、学问渊雅之儒，故一书发行，风动全国。而民权自由主义、尚武主义、种族主义，灌溉国民之脑球，镌印国民之骨髓。“非我族种，其心必异”之观念，既以发生，其气势直欲震荡天地，摇撼山岳。“文字收功日，神州革命潮”，是乃近时学界之一大变象也。此为中国学术第八时代。

中国学术分八时代，如上所述。过西学输入时代，将进为何种时代乎？抑其时代由何等主义造成乎？此亦一问题也。

师薑子曰：闻之开新、守旧两派之言矣。开新者曰：欲造新中国，必将中国一切旧学，扫而空之，尽取泰西之学，一一施于我国；守旧者曰：我欲强我国，行我古代圣王之法而有余，不必外求，或但取其艺学。二家之见，所谓楚则失矣，齐亦未为得也。夫我国之学，可尊守而保持者固多，然不合于世界大势之所趋者亦不少。故对于外来之学，不可不罗致之。他国之学固优美于我国，然一国有一国之风俗习惯，夏裘而冬葛，北辙而南辕，不亦为识者所齿冷乎？然则对于我国固有之学，不可一概菲薄，当思有以发明而光辉之。对于外国输入之学，不可一概拒绝，当思开户以欢迎之。若是乎对于内有之学，其惟用主观主义乎！对于外来之学，其惟用客观主义乎！我国之学，其至精至微者，经历代君主专制之威权，剷削摧排，几丧尽矣。然古籍中，时复露其一二，吉光片羽，宜如何珍重保护之，拾其精英，弃其糟粕，此主观主义之作用也。主观主义者，其殆保存主义乎。至于外来之学，其有大利益于我国者，则掠取之，以为补助之资料。其学虽善，而于我国现势不合者，则无宁舍之而勿顾焉。譬人之饮食然，既欲物之适口，又必欲不妨害于卫生。若以多多益善，物物而噉之，急不暇食，必罹腹胀垂毙之患，此客观主义之作用也。客观主义者，殆即吸收主义乎。自今以后，为吸收与保存两主义并行之时代。果能尔尔，于西学庶免食而不化之讥，于中学冀呈晦而复明之象，是则可为中国学界前途贺矣。

（录自《醒狮》第1期，1905年9月）

古学复兴论

邓 实

昔希腊七贤，创兴学派，各自为宗，讲学授徒，流风广被，为中欧一时学术之盛。自东罗马灭亡之后，其图书典籍，焚佚散乱，而宗教之束缚，封建之压制，皆足使古学之萌芽，尽归零落，而一时希腊文物之光明，黯然无色矣。十字军东征，入亚剌伯，获其图书而还，当欧洲文学坠地之时，亚剌伯人以国语译亚理士多德之科学，加灵之医书，及希腊学者之天文学等书，以行于国中。故希腊学术之不至中绝者，实赖亚剌伯一线之延。于是欧人始知为考古之学。其时意大利都市繁盛，与海外通，自希腊招致学者，教希腊语，讲退勒密、黑朴科迭司、幼克历德之书。又学拉丁语，习希塞洛、瓦其儿之文字，而汤德意大利人用意语，著“神圣喜剧”之大作，究古代诗文。其后迫拉耳喀及博喀箫均意大利人。出，大修古文，不独考究古人思想而已，且务搜罗马希腊遗亡之古书，求之海外，不避艰险，设藏书楼，聚古籍至数十万册，一时学风所扇，人皆慕古。凡研究古代文学者，称曰豪摩尼司脱，当世以为美称焉。自希腊蚕食于突厥，学士大夫，出亡避乱，咸以意大利为渊薮，如云而聚。于是意国之高等学校，尽以希腊学者为其教师，而古学之智识思想，如风发泉涌，苏柏之遗风，照苏复活矣。况雕刻绘画印刷之美术，同时并兴，其活泼优美之风，皆足以助文学之光彩。而诸学士亦渐次就他国大学之聘，分授以希腊文学哲学，由是豪摩尼司脱之学风，遍于全欧。至十六世纪，而尽输于北方。英法德之学校，莫不以希腊拉丁之学，为普通之学科，遂以鼓吹欧洲中世之文明。德则以神学史学著，法则以诗文音乐之学著，英则以实验哲学及戏曲著。又其时国语渐定，学者皆以国文著述。西班牙诗人哲多，法国诗人多路巴，意大利之汤德，英之佐沙，皆国文学之泰斗。而文学之兴，日益光大。吁，盛矣哉！此欧洲古学之复兴也！

邓子曰：十五世纪，为欧洲古学复兴之世，而二十世纪，则为亚洲古学复兴之世。夫周秦诸子，则犹之希腊七贤也。土耳其毁灭罗马图籍，犹之嬴秦氏之焚书也。旧宗教之束缚，贵族封建之压制，犹之汉武之罢黜百家也。

呜呼！西学入华，宿儒瞠目，而考其实际，多与诸子相符。于是而周秦学派遂兴，吹秦灰之已死，扬祖国之耿光，亚洲古学复兴，非其时邪？考吾国当周秦之际，实为学术极盛之时代，百家诸子，争以其术自鸣。如墨荀之名学，管商之法学，老庄之神学，计然白圭之计学，扁鹊之医学，孙吴之兵学，皆卓然自成一家言，可与西土哲儒并驾齐驱者也。夫周秦诸子之出世，适当希腊学派兴盛之时。希腊学者如苏格拉底、柏拉图、芝诺、亚里士多德，皆生周末元考安显之间。绳绳星球，一东一西，后先相映，如铜山崩而洛钟应，斯亦奇矣。然吾即《荀子》之《非十二子篇》观之，则周末诸子之学，其与希腊诸贤，且若合符节。是故它嚣魏牟之纵情性、安恣睢，即希腊伊壁鸠鲁之乐生学派也。陈仲史鳝之忍情性、綦谿利跂，即希腊安得臣之倡什匿克学派也。什匿克派以绝欲遗世，克己励行为归。墨翟宋钘之上功用、大险约而僈差等，即希腊芝诺之倡斯多噶学派也。斯多噶学派尚任果，重犯难，而设然诺。惠施邓析之好治怪说，玩琦辞，即希腊古初之有诡辩学派，其后亚理士多德以成其名学也。其详见第二期丛谈门。

我周末诸子，本其所得，各自为学，波谲而云诡，不可谓非吾国学术史一代之光矣。学之衰也，其自汉武之罢黜百家乎。夫汉武用董仲舒之言，尊儒术而表章六经，则亦已矣。诸子之学，其为神州之所旧有者，听其自存自灭可也，奈何而竟用专制之术，尽绝其道乎？此君子所以不恨于秦火之焚烧，不恨于咸阳之一炬，而独痛恨于天人三策之所陈为无道也。自是以后，诸子之学，遂绝于中国。义疏于隋唐，性理于宋元，帖括于明代，学术之途，愈趋愈狭，学说之传，日远日微。试一按其当时国籍，考之传记，欲求古先哲贤之片影，而亡有一存者，盖古学之亡久矣。虽然，学以立国，无学则何以一日国于天地。于是本国无学，则势不能不求诸外国。而外学之来，有其渐矣。考西学之入中国，自明季始。按摩西古教之来华在前汉时，景教之入中国在唐时，为时甚远，然所传者为宗教之经文，不足以言学术。利玛窦诸人，接踵东来，著书译经，布教之外，旁及历数象器之学。而爱约瑟即以其法理医文四科之学说，传之中土。而士大夫多习其学。如徐光启、张尔岐、黄宗羲皆深信西学。至于国初，且用汤若望、南怀仁辈，为之定历明时。而宣城梅文鼎之算学，大兴刘献廷之字学、地文学，江都孙兰之地理学，皆于西土之学有渊源。至若江永、戴震之徒，则非但涉猎其历数之学，且研究其心性，而于彼教中之大义真理，默契冥会，时窃取之，以张汉学之帜，而与宋儒敌，今其所著之书可按也。如《孟子字义疏证》中，时有天主教之言。至海宁李善兰出，始集西学之大成，然其面目一变。何者？李氏之前，所习皆偏于历数心性，而李氏则专注重于工艺历史。观制造局之译书，可以见李氏宗主之所在矣。李氏而后，译学日新，时局大变，于是言西学者，又舍工艺而言政法，而西方之学术，于是大输于中华。虽然，外学日进，而本国旧有之古学亦渐兴。乾嘉以还，学者稍稍治诸子之书，如镇洋毕氏之校《墨子》、《吕氏春秋》，阳湖孙氏之校《孙子》、《吴子》、《司马法》、《尸子》，江都汪氏之序《墨子》、序贾谊《新书》、撰荀卿子《通论》、《年表》。虽仅掇拾丛残，雠正讹伪，然先秦之书，赖此可读。道咸至今，学者之爱读诸子，尊崇诸子，不谋而合，学风所转，各改其旧日歧视之观。其解释诸子之书，亦日多一日，或甄明诂故，或论断得失，或发挥新理，如孙氏之《墨子闲诂》，俞氏之《诸子平议》，刘氏之《周末学术史》其著也。

大以诸子之学，而与西来之学，其相因缘而并兴者，是盖有故焉。一则诸子之书，其所含之义理，于西人心理、伦理、名学、社会、历史、政法，一切声光化电之学，无所不包，任举其一端，而皆有冥合之处，互观参考，而所得良多。故治西学者，无不兼治诸子之学。一则我国自汉以来，以儒教定一尊，传之千余年，一旦而一新种族挟一新宗教以入吾国，其始未尝不大怪之，及久而察其所奉之教，行之其国，未尝不治，且其治或大过于吾国，于是而恍然于儒教之外复有他教，六经之外复有诸子，而一尊之说破矣。此孔老墨优劣之比较，孟荀优劣之比较，及其他九流优劣之比较，纷然并起，而近人且有订孔之篇，排孔之论也。呜呼！学术至大，岂出一途，古学虽微，实吾国粹。孔子之学，其为吾旧社会所信仰者，固当发挥而光大之；诸子之学，湮殁既千余年，其有新理实用者，亦当勤求而搜讨之。夫自国之人，无不爱其自国之学。孔子之学固国学，而诸子之学亦国学也。同一神州之旧学，乃保其一而遗其一，可乎？

吾闻地球文明之祖国有三，而吾国居其一。其二曰印度、曰希腊。近日欧洲学者，谓二十世纪所当求之古学有二：一印度学，而一支那学。以谓此东洋之二古学，其于近世纪，必有大发明，以影响于全球学界者。故法属之阿尔日至有东方博学会之设，以讲求东方古今政教、俗尚、语言、文字。附海外通函述东方博学会近情。法国属地阿尔日设东方博学会，为欧洲各国讲求东方古今政教、俗尚、语言、文字，而设于千八百七十三年，巴黎第一会为发轫之始。嗣后间三四年择各国都会大埠陆续再举，由是而法而德而英而和而义瑞等国，轮流举办，已开会十三次，末二次一于千八百九十八年集于法之巴黎，一于千九百零二年集于德之汉堡。汉堡散会之日，议定于千九百零五年举行第十四会，以法之阿尔日为聚集地，从阿尔日总督之请也。日本政府曾请以第十四会归东京帝国大学校举办，各国以道远辞之。其会无论何国之人均得入会，每人须交入会费二十佛朗，赴会者多半学界中人，由政府派员代表，各携著作呈会品评。中国政府向不留心此事，从前曾未闻有派人前往之事。惟千九百零二年汉堡之会，由驻德使署派那晋、李德顺、恩诂三人赴会，并未携有著作，不过逐队观光，藉资游览而已。今年阿尔日之会，则由驻法孙慕韩星使派同文馆学生唐在复赴会，闻亦未必携有著作。查第十三会日本所派赴会之员，系东京帝国大学校教习、亚洲文学会领袖某君，通晓东方各国文字，所携著作极富，大为欧美各国宿儒所赞赏。盖此会以考求东方各国古今文字异同为最重之点，而古今政教、俗尚异同之得失变迁次之。中国将来派员赴会，当先知该会著重之点，而遣派通儒名宿，则中国虽弱，而往古教化文学之盛，庶不至亦因之而澌灭也。会中文字分七股：一、梵文及阿里亚文，二、犹太文，三、回文（大食、突厥、波斯），四、埃及文、非洲土文、马达加斯文，五、远东各文（中国、日本、高丽、暹罗），六、希腊及欧东各文，七、非洲金石，回族美术。查各国所派之人多半学部人员，翰林院藏书楼总理，以及东方学校教习，或哲学名家，或著作雄富之宿儒，为本国学界之代表。此会于中国文学极有关系，而政府使臣向不留意，重可慨矣。则外人之所以勤求吾学者，何其至也。夫经欧美之藏书楼，无不广贮汉文之典册；入东瀛之书肆，则研究周秦诸子之书，触目而有。乃他人之宝贵吾学如是，而吾乃等之瓦鼎康匏，任其沈埋于尘埃粪土之中，视若无睹。家有至宝，而遗于路人，岂不惜哉！

故吾人今日对于祖国之责任，惟当研求古学，刷垢磨光，钩玄提要，以发见种种之新事理，而大增吾神州古代文学之声价，是则吾学者之光也。学者乎！梦梦我思之，泰山之麓，河洛之滨，大江以南，五岭以北，如有一二书生，好学信古，抱残守缺，伤小雅之尽废，哀风雨于鸡鸣，以保我祖宗旧有之声明文物，而复我三千年史氏之光荣者乎。则安见欧洲古学复兴于十五世纪，而亚洲古学不复兴于二十世纪也。呜呼，是则所谓古学之复兴者矣。

（录自《国粹学报》第9期，1905年10月）

上东抚请奏创粹化学堂议

宋恕

学务处议员、增生宋衡谨禀大帅节下：

敬禀者：窃增生自蒙节下破格垂青，面谕本处总理张道等派充本处议员以来，每趋谒时，必承训示学务改良之要，热心教育，感激懦顽。增生到差日浅，未悉山左情形，不敢据耳食以骤献改良之末议。然有议不属于改良而属于补创者一端，则急欲献之于节下矣，盖所谓特别教育者是也。

伏查海外教育学家，其论教育，恒分普通、特别二种。普通者，所以造多数之常识，特别者，所以造少数之异材。大抵新利既固其基础，则但求常识之芸芸，旧弊犹待于革除，则尤贵异材之济济。盖必须少数之异材相与先立其大，而后彼多数之常识得以各尽其长，此古今之定例，中外所同然。

增生在东言东。伏查东省学务，经前升宪周督饬本处总理张道等极力提倡，劝告频仍，发销报、阅报之章，置官书、印书之局，自京、保至日本，资遣渐增，自高等至小蒙，规模大备。复经节下以喜通怒塞之诚行集思广益之实，许员司悉与调查研究之会，勉官绅远入法政速成之科，创设行查之差，选任师范之侣，于普通之教育，将冠绝夫区中。然默念西力东渐之危，私画百年树人之计，窃以为普通之教育难振，即由于特别之教育久无，欧化之罕能调和，即由于国粹之罕能传习，故普通诚不可缓办，而特别尤必须补施。拟请奏创一堂，名以“粹化”，招英俊之书生，施特别之教育，以博览方闻为日课，融国粹、欧化于一炉，专造异材，以备大用。敢陈卑见，妄达宪聪。

伏查“国粹、欧化”四字，为今日本之熟名词。彼国自尊攘后，教育学家分为国粹主义、欧化主义两派。所谓国粹主义者，以保存神、儒、佛之粹美为主义者也。所谓欧化主义者，以化合英、德、法之风俗为主义者也。其始两派竞争极烈，能调和者最居少数，乃俄而居多数焉。而甲午、乙未间与甲辰、乙巳之大捷，相继而震五洲、慑列强矣。

伏念我国开港译书，皆先于彼，虽无国粹、欧化之名词，而亦显有国粹、欧化之分派。然何以竞争至六、七十年之久，而能调和者仍居最少数乎？盖与彼异者：往往粹其所粹，非真能守国之粹，化其所化，非真能化合于欧。盖真国粹、真欧化，其源皆出于爱众。故一互考，而调和之境易臻。伪国粹、伪欧化，其源皆出于营私，故一对观，而调和之意愈断。然何以彼多真者而我多伪者乎？此之问题，所关非一，而即教育言之，则岂非由于彼当维新之前素有特别之教育，而我则无之之故欤！然彼维新前特别之教育，如昌平黉及诸藩学等，要皆但有国粹而无欧化，乃其后调和欧化之杰，皆其前传习国粹之豪，则岂非欧化与国粹同源，而欲求能调和欧化者之多，必先求能传习国粹者之多之明证欤？

伏查奏定章程，非不首崇中学，然而中学教员类被轻贱者，虽薄禄之使然，亦斯席之多愧。夫商周《诗》、《礼》，虞夏典谟，故训艰深，通者有几？今以六籍授受之重，付诸八股焚坑之余，宜乎讲者奄奄无聊，听者昏昏欲睡，谬种相续，国粹将亡。然使国粹亡而于欧化之兴有关，则直恐亡之不速；抑使国粹亡而于欧化之阻无涉，亦何必亡之为忧？乃稽亚洲之历史，则事有大不然者。大抵国粹愈微，则欧化之阻力愈大，而欧侮之排去愈难；国粹愈盛，则欧化之阻力愈小，而欧侮之排去愈易。且即我与日本之比较，姑举数端以为明证。试证之兵：我则旧将多不识一字，而西法练兵之效亦杳杳无期；彼则旧将多曾读《孙》、《吴》，而西法练兵之效亦彰彰共睹。试证之医：我则旧医罕窥仲景之旨，而西医亦今尚皮毛；彼则旧医多得丹波之传，而西医亦顿超英、法。试证之乐：我则宋、明之雅乐久废，而西乐亦鲜问其津；彼则隋、唐之雅乐犹行，而西乐亦纷入其室。而即教育言之，彼之旧学官，本从乡里誉望，京外征辟而来，故新德育有基础。而试问我之旧学官从何而来乎？彼之旧学校本用三代孔门文、武兼教之制，故新体育有基础。而试问我之旧学校以何为教乎？彼之旧士大夫本多涉猎周秦诸子、佛教各宗之说，故新智育有基础，而试问我之旧士大夫稍曾涉猎者果有几乎？试更即他国之比较证之：安南人数数倍朝鲜，而以儒教微于制义取士之故，致欧化阻力大于朝鲜数倍。印度以释迦氏旧教久微、波斯以苏岁氏旧教久微之故，致欧化之阻力皆大。如安南之奴于法，印度、波斯之奴于英、俄，其受欧侮之度，过于朝鲜远甚，而其故乃皆由于国粹之微于朝鲜。朝鲜王、李二代，以区区半岛，密迩沈、辽，非如安南之遐僻险阻，且瘴疠足以拒北人，而能永保存其半独立国体于辽、金、元、明及我朝之间。国初将卒皆称彼国妇女气节远胜明人，足征其国粹且盛于宋、明，故其受外侮之度甚低。昔于亚，今于欧皆然，其不能如日本之全不受外侮，即由于国粹不能如日本之盛。大抵地球正教，宗旨全符，孔、佛、耶稣，同归仁恕。所不同者，皆其形式。故本国之粹若微，则外国之粹自然亦格格而不相入，本国之粹若盛，则外国之粹自然亦息息而遥相通。苟其所坚守者皆非本国之粹，则其所欢迎者自然亦非外国之粹。试观今之所谓“新党”，往往斥慈悲为迂腐，逞野蛮之自由，甚或敢攻“抚我则后”之圣训，妄煽种族畛域之野谈，崇拜豺狼其性之张献忠，丑诋尧舜其君之王景略，背谬至此，何但浮嚣！又试观今之所谓“旧党”，往往未读一书，不解一事，仕则草芥小民，处则鱼肉同室，徒借忠、孝等名词，以冀权利之在握。两党相诟，病源则同，国粹日微，相食将尽，尚复安望组织宪政，改进文明！顷上海书肆出有《国粹学报》，惜择焉不精，玉石并列，且间登逆说，致反碍及“国粹”字样，尤为可恨！伏查前郭侍郎嵩焘，当众口同声指西洋为“夷狄禽兽”之时，独慨然称其政教风俗之庶几唐虞、三代，居恒太息流涕，痛［恨］士大夫中于南宋以来七百年虚憍之毒，是真知本者矣！曩光绪甲午，增生在李文忠公军府，独建议宜与日本共拒俄罗斯，以扶亚东之大局。其时士大夫虚憍之气不可向迩，此议一播，遂为京外所不齿。十年以来，频受非常之欧侮，至于要害尽失，偿金如山，□□□之民数百千万，而旧党虚憍之气乃始稍衰。然今之所谓“新党”者，又往往以不学之躯鼓虚憍之旧气，增欧化之阻力，而适以固欧侮之基础矣。总之，国粹之微者若不能复盛，则虚憍之毒根终不可得而拔。故欲欧侮之排去易，必先使欧化之阻力小，而欲欧化之阻力小，必先使国粹之微者复盛，此所以有必须补施特别教育、奏创粹化学堂之卑议也。

窃以此学堂之办法非与普通教育之各学堂大异不可！宜参用孔门及汉、唐、宋太学之制，而改射御为兵式体操，删习礼课，增万国历史、万国地理、万国哲学三课，又宜参用日本维新前昌平黉及今帝国文科、法科大学、早稻田大学、法政大学、哲学馆等之制，而删西洋语文。选生必天分极高，选师必读书极博，经史子集各从所好，华文之外兼治日文，务使辨难从容，精神活泼，内界抽出之理想与外界输入之见闻互相引于无尽，则诚为造异材之方、排欧侮之本矣！

宜兼治日文者，以其为调和粹化之无上灵药。增生曩游彼中，心醉其粹化学之盛，假名存汉、吴原音，书藏富唐、宋写本，周秦诸子悉列教科，佛教杂志数十百种，许、郑、陆、王皆有学会，韩、柳、李、杜几于户诵。伏查前吴京卿汝纶，闻华族女学校弹筝及德川学课用《史》、《汉》而不胜感慨，其亦知本者哉！盖日人皆内地之移民，日文即华文之变体。彼中当隋唐之际，文物已蔚然可观，内地历宋、明之劫，学术遂去之［益远］，故精华文者于治日文直如骏马之下坡，而通日文者于治华文亦如暗室之得烛也。

增生职在献议，不敢缄默。倘蒙俯采，请饬本处司道等拟呈细章核定奏办，实为公便。肃禀，敬请

钧安　　伏祈垂鉴

增生衡谨禀

学务处议员增生宋衡禀请奏创粹化学堂，补施特别教育以造异材而备大用，敬献［卑］议，恳赐采行由。

（一九〇五年十一月五日）

（录自《宋恕集》，中华书局 1993 年）

国学讲习会序

国学讲习会发起人

今之世多能言昌明国学者之必要者。顾国学何以须昌明？抑由何道而始获昌明？且昌明之者当属之何人？则人亦罕能详言其故也。今幸有会，吾人获以解决此问题焉。

道敝文丧，由来已久，而今世尤为岌岌。何也？前日正学之所以不能光大者，以科举为之障害也。科举者，只以肤浅无可道之词章帖括为饵，无取乎窥名山而议先王。隋唐至今，天下之士，殆无不出于此者，即当其时有硕师大儒者崛起，亦无以遏其流而救其蔽。虽然，士之所以趋于科举者，班固所谓利禄之道使然也。其业是者，固只借以为利禄之阶梯，虽至愚极悍之人，从未敢妄断科举即为博学之宗。得科举者，即知致用之道，而遇有提倡绝学者，已虽不能划除利禄之念以从之，而未敢辄以为非。且知言者或心仪之，好名者或乐为标榜也，是若而人者，不过认此为应世之不必要而已，非有他也。而硕师大儒者，乃得利用此种种之心理，为之说以主之，毅然深斥应世俗学之无与于明德新民之业，使闻风者恍然于彼此出入之是非正伪，虽或有言科举无妨于正学者，然以其时科举之潮流太盛，欲引人入道，不得不责之也廉。至能入道者，未有不弃绝举子业者也。其结果亦得于狂流东下之余，收集数四根器较深者，而传之以所业。虽不获主持全国一致之风会，而绝学则获赖以不坠。其所以然者，则纯以科举与绝学，立于正反对之地位，无郑声雅乐几微混合之患，故摧陷彼而保存此者，得以单纯之手段出之，而天下之人不待寻求而即得其端绪之所在故也。今也不然，科举废矣，代科举而兴者新学也。新学者，亦利禄之途也，而其名为高。业新学者，以科举之道业之，其蔽害自与科举等。而新学则固与国学有比例为损益之用，非词章帖括之全属废料者比。前之言国学者，可绝对弃置科举；而今之言国学者，不可不兼求新识。前之业科举者，不敢排斥国学；而今之业新学者，竟敢诋国学为当废绝。时固不乏明达之士，欲拯斯败，而以其无左右袒之道，即无舍一取一之方，二者之迷离错杂，不知所划，几别无瓯脱地，以容吾帜。则有主张体用主辅之说者，而彼或未能深抉中西学术之藩，其所言适足供世人非驴非马之观，而毫无足以餍两方之意。以此之故，老生以有所激而顽执益坚，新进以视为迂而僢驰益甚。是二者虽皆无所增损于日月之明，而其浮障之所至，竟可使国学之昏暗较之科举时代而尤倍蓰。呜乎，是谁之责欤？夫国学之所以不振，既非有纯一相对之障碍物，而所障碍之者，或即出于同一之本原，拘墟者辄用以自戕，本可资为消长，而剽妄者乃浅尝以忘其本。以此诸种复杂之原因，则谋所以整齐收拾之道，非有人焉精通国学能合各种之关键而钩联之，直抉其受蔽之隐害，层层剔抉，而易之以昌明博大之学说使之有所据，而进之以绵密精微之理想，使之有所用，无冀幸焉。呜乎，此岂非吾人之日夕梦想者乎？夫国学者，国家所以成立之源泉也。吾闻处竞争之世，徒恃国学固不足以立国矣，而吾未闻国学不兴而国能自立者也。吾闻有国亡而国学不亡者矣，而吾未闻国学先亡而国仍立者也。故今日国学之无人兴起，即将影响于国家之存灭，是不亦视前世为尤岌岌乎？

笃旧者无论矣。吾今语夫业新学者。略识西字，奴于西人，鄙夷国学为无可道者，此 Comprador 之言也，亦无论矣。吾语夫志在中国者。夫一国之所以存立者，必其国有独优之治法，施之于其国为最宜，有独至之文辞，为其国秀美之士所爱赏。立国之要素既如此，故凡有志于其一国者，不可不通其治法，不习其文辞，苟不尔，则不能立于最高等之位置，而有以转移其国化，此定理也。其或治法不仅于其国为优，文辞不仅于其国为独至，则他国之人有欲考求其所以为用而相仿效者，亦必习其文辞，通其治术，此又别论。中国立国已二千年，可得谓无独优之治法乎？言治法犹晦。中国之文字，于地球为特殊，可得谓无独至之文辞乎？必曰无之，非欺人之言，则固未之学耳。然则欲求有为于中国，其先所从事之方可知矣。而顾吾见夫今之号称志士者，陈义惟恐其不高，立言惟恐其不激，其所以自信者，吾必有以主于中国也。而是人者，乃或口不能举经史之名，手不能行通常之简，语以儒言国故，则漫然嗤之曰，是何足取。嘻，亦已过矣。虽然为是者有本有原。夫今之求新学者，此苏子瞻所谓智勇辩力四者，皆天民之秀杰者也。此四者不失职则民靖，故世主恒因俗设法以养之。三代以上出于学；战国至秦出于客；汉以后，出于郡县吏；魏晋以来，出于九品中正；隋唐以后，出于科举；而今之世，则出于新学。故新学者，若仅为世主之所利用，即所以聚集智勇辩力四者之天民而驯致之之道也。苟学者仅如其所驯致者而学之，此正苏氏之所以论六国，谓以凡民之秀杰者，多以客养之不失职，其力耕以奉上者，皆椎鲁无能为者，虽欲怨叛，而莫为之先，此六国之所以少安而不即亡者也。吾决其与所言爱国者，辕南而辙适北矣。以上多杂钞苏氏之言。此义也，在明者宁不知之？而中国圣人之训曰：民可使由，不可使知。在民贼固利为己用，而望庙堂之高远者，亦恒借以自慰，即明哲之士以嬾习掌故，亦以自欺，而贤者又或混同于习俗矣。

中国流行之文章，夙无过于应试之词章帖括，苟非关于此者，非卓绝之流，或荒怪之士，即有高文典策，且束置不读，以此数千年如一日之习惯，迤演递嬗，以至于今。虽今摧破旧俗若无所存，而名异而痕尚可寻，毒深而根骤不可爬梳，则今日之浮慕新学，与谈国闻而恝置者，亦何足怪其然乎？闻者其毋以吾言为过当也。顾氏《日知录》者，固国闻中之良书也，数年前石印书贾发行之数，不下十万。其所以然者，乃以其言蕴藉，而且殚洽便于试场之吞剥，与国中治国闻者之级数，毫无比较之关系。而章氏之《訄书》，其价值与顾氏之书，可俟定论，而徒以其文艰深，骤难通晓，且大远于应世俗学，故庚子此书出世以后，即海内通识之士，又或表同情于章氏者，且艰于一读。而汤蛰仙之《三通考辑要》，当经济特科之顷，则不胫而走天下也。呜呼，此即可见治学者之劣根性也矣。夫此种劣根性，无智愚贤不肖，皆含有之。愚不肖者，自不待论。其智者贤者，以国学无所于用，故不治之，非我不知所以治也，则自以为高出于寻常之不治国学者。不知彼之所谓无所于用者，推其意必谓国学即前日所治科举之学也，吾即未尝治，当即吾祖若父所治之学也，或非尔，则必其尤不切于用者也。夫至科举之外，不知所谓学或知之而以为不切用，此即吾之所言劣根性，有以封其蔀屋也矣。本原也者，此之谓也。今苟以此劣根性移以治新学，是如前言。新学一科举也，虽爱国者之所业或自信其业之不同于科举，而人且信之，而根柢如此之浅薄，无以持其志而帅其气，其将来之所成必亦一科举也。世有智者，当无以易吾言。

夫科举时代，昌明绝学犹较易，新学溃裂时代，而含种种混杂之原因，而国学必至于不兴，则亡中国者必新学也。夫新学果何罪？而学者不知所以为学，至以亡人国，是则埋苌弘之血，而碧不可没者矣。何也？真新学者，未有不能与国学相挈合者也。国学之不知，未有可与言爱国者也；知国学者，未有能诋为无用者也。作《訄书》之章氏者，即余杭太炎先生也。先生为国学界之泰斗，凡能读先生书者，无不知之。今先生避地日本，以七次逋逃，三年禁狱之后，道心发越，体益加丰，是天特留此一席以待先生，而吾人之欲治国闻者，乃幸得与此百年不逢之会。同人拟创设一国学讲习会，请先生临席宣讲，取为师资，别为规则，附录于后。先生之已允为宣讲者：一、中国语言文字制作之原，一、典章制度所以设施之旨趣，一、古来人物事迹之可为法式者。苏明允曰："事以实之，词以章之，道以通之，法以检之。"先生之道将于是乎备。且先生治佛学尤精，谓将由佛学易天下，临讲之目，此亦要点。要之先生之所欲授之吾人者多端，皆非吾人所能预揣，且将编为讲义，月出一册，故不赘。至国学所以须昌明之道，与由何道以昌明之，吾人皆将获确证之于先生。夫讲学者，必精博绝伦，且不可杂以丝毫利禄之念者也。而先生之学如彼，其为人昭然如日月如此，则吾所谓昌明之当属之何人者，则先生亦实未见其有偶。此则吾人亟欲语诸吾同志者也。世有同志，盍兴乎来！

（录自《民报》第7号，1905年11月）

请立国学专门疏

赵炳麟

奏为请立国学专门学堂保存国粹事。臣闻政治家云：民族之在社会，有一国之形式，即有一国之精神。形式云者，政治法律历史上之制度是也。精神云者，所以构成此政治法律历史上之学理是也。故凡一国之立于大地，必有所以立国之特质，欲自善其国者，于此特质必长养而发达之。我中国自周秦以来，文物典章，灿然大备，故世界称文明祖国者五，我中国居其一焉。他如印度、安息、埃及、墨西哥，其文明与国俱亡矣。我中国硕学通儒递相传衍，绵绵不绝，微言奥义，西国大政治家莫出其范围，是文明实有关于治平者，莫若我国学也。臣考《奏定学堂章程》自小学至大学，一切中西学科，皆兼授并课，合古今中外，陶铸一炉，用意良善。然各学之理想至赜，一人之精力无多，恐西学难究其精微，中学转荒于务广，欲两收其益，反一无所成，国家岁用巨万之经费，不大可惜乎。拟请旨变通《奏定章程》，每省设国学专门学堂一所，大省以二百人为额，中省百五十人，小省百人，分经、史、文学三科，详定妥章，专心研究。其学生现暂以举贡生员，年力富强，学有根柢者考充，他日中学堂毕业，选国文优等充之。以五年毕业，选最优等为翰林，优等作为国学进士举人，量才录用。国学专门既立，原定之高等学堂章程，凡关于经、史、文学三项者，皆可减少钟点，俾得悉力于各种科学，似于中西学业两有裨益。臣亦知时事变迁，国学将等于敝帚。惟东西各国之为治也，其挹取他国科学固日新月异，而于本国固有之学理，无不宝贵珍重，谓之保存国粹，所以坚国民之爱国心也。微臣请设国学专门堂缘由，理合恭折具陈，是否有当，应请饬下学部议奏施行，不胜悚惶，翘企之至。伏乞皇太后、皇上圣鉴训示。谨奏。光绪三十二年九月二十五日奉旨：“学部知道。钦此。”

（录自《谏院奏事录》，《赵柏岩集》1922年铅印）

国学讲习记

邓　实

国学者何，一国所自有之学也。有地而人生其上，因以成国焉。有其国者有其学。学也者，学其一国之学，以为国用，而自治其一国者也。故既有国则必有先知先觉之圣人出焉，著书立说，以俟百世。圣为天口，贤为天译，演之为宗教，尊之曰圣经。是曰一国之经学。既有国则必有其风俗习惯，治乱兴亡之故，与夫英雄豪杰，忠臣义士，儒林文苑，循吏酷吏。是曰一国之史学。既有国则其一种人之内，必有心灵秀特之士，各本其术以自鸣，若阴阳名法儒墨道德，成一家之言者。是曰一国之子学。既有国则必有一部分之师儒，读圣贤之书，守先王之道，以继往开来，明道救世。是曰一国之理学。既有国则必有政治因革损益之事，是曰一国之掌故学。既有国则必有语言文字，以道政事，以达民隐，诗以歌之，辞以文之，是曰一国之文学。是故国学者，与有国以俱来，本乎地理，根之民性，而不可须臾离也。

君子生是国，则通是学，知爱其国，无不知爱其学。学也者，读书以明理，明理以治事，学其一国之学，以为国用而自治其一国者也。自一心之微，以至国家之大，皆学也。故不明一国之学，不能治一国之事，乃若有兼通他国之学以辅益自国者，则兼材之能也，国杰之资也。然而不通自国之学，在古不知其历史，在今无以喻其民，在野不熟其祖宗之遗事，在朝即无以效忠于其子孙。知其历史，熟其遗事，则必以读本国之书，学本国之学为亟。虽然，国学之替也，汉宋操其矛焉，朱陆刺其盾焉，丛脞其考据，空疏其性理，藻绘其词章，靡靡乎香草，逐逐乎鞶帨，以云学则非学，以云国则不国。呜呼，非学不国，虽匹夫与有责焉矣。夫国以有学而存，学以有国而昌。昔孔子入其国而观其教，即以知其国。《诗》曰“观国之光”，又曰“思王多士，生此王国，王国克生，维周之桢，以云士者，国之桢也”。学者，士之用也，多士力学，以为国桢，岂非国光之可观者乎。

实不敏，齗齗于读书报国，而无忝其为国士者。承诸君子之雅，以相与商量旧学，于荒江寂寞之上，风雨神州，鸡鸣不已。思以松柏之节，伟为国桢，庶几读书申明大义，正气尚存，国光不泯，意在斯乎。

正　名

经之名何自始乎？曰凡一学术，成一宗派，行之社会，而成国教，是曰经。有教主以前之经，有教主以后之经。由前之经，则如孔子未生，天下已有六经。《庄子·天运篇》曰："某以六经干七十君而不用。"《记》曰："孔子曰：'入其国，其教可知也。'"有《易》、《书》、《诗》、《礼》、《乐》、《春秋》之教，是为教主以前之旧经，未经教主之删定者也。由后之经，则孔子自言述而不作。然太史公有言："孔门弟子，通六艺者七十二人。"又曰："世之言六艺者，折衷于夫子。"则孔子虽不作经，孔子未尝不订经。史言孔子删《诗》《书》，定《礼》《乐》，赞《周易》，修《春秋》，是为教主以后之经，经教主所编订，而用为孔门之课本者也。乃若教主之言行，有纪述以成书者，则亦谓之经，如《孝经》《论语》是。然而，《孝经》《论语》之称为经者，乃后人之尊崇教主而然，而在古无是经也，不可名经。故班固序六艺为九种也，于乎经之名不正，于是而有以传为经，《左传》《公羊》《穀梁》以记为经，《小戴礼》以群书为经，《周官》以子为经，《孟子》以释经之书为经《尔雅》者，此皆不知经之名实出于国教也。夫中国古代之有《六经》，犹印度之有《四韦驮》，犹太之有《旧约》而已。教为一种人所特有之教，即经为一种人所特有之经。有一国之教，即有一国之经。守教者曰祭司，守经者曰经师，其义一也。

六经皆史

章实斋曰："六经皆史也。古人不著书，古人未尝离事而言理，六经皆先王之政典也。"龚定安曰："儒者言六经，经之名周之东有之，六经者周史之宗子也。"夫二子之以史称经，可谓知其本矣。经之为物，其始于中古乎。既有天地，即生人类。人类而聚居一处，即有其山川风土，而成一群。群之内必有其文字以记事，积之久而成一书。其始有之数书，大抵以记其种人开辟迁徙战争及古来所传闻之遗事而已。故其书每人神并载，政教不分，有英雄传记焉，有酋长号令律例焉，有教主言行焉，有种人旧俗遗语焉，数体相合，而成一书，则尊之曰经。要之，皆其一种人所演之历史也。太史公有言："载籍极博，学者犹考信于六艺。”六艺者，六经之文，即三皇五帝之书也。六经皆史，岂不信哉！

通今

经者古史，读经者宜以今义通古义，以今制通古制。故经之名物度数、车服宫庙，如明堂辟雍郊祀禘祫，皆当博观其义，而不必拘泥其迹。儒者是古非今，聚讼纷如，甚无谓也。昔孔子论政，皆政之精意。若政之法度，殷辂周冕，未尝多及。故曰：“殷因于夏礼，所损益可知也。周因于殷礼，所损益可知也。”余闻仁和龚氏有言曰：“孔子曰：‘郁郁乎文哉，吾从周。’又曰：‘吾不复梦见周公，至于夏礼商礼，取识遗忘而已。’以孔子之为儒，而不高语前哲王，恐蔑本朝以干戾也。”又闻之太仓陆氏之言曰：“孔子动称周家法度，虽周公制作之善，亦从周故也。予每怪后儒学孔子，亦动称周家法度，而于昭代之制，则废而不讲，亦不善学孔子者矣。”是故读古人之经，贵得古人之意。以古证今，而权以时义，用之则可行，则可谓通经之士矣。

致用

韩子曰：“士不通经，果不足用。”孔子曰：“诵《诗》三百，授之以政，不达；使于四方，不能专对。虽多亦奚以为。”吾闻两汉经儒，通经皆以致用。西汉诸儒，如以《禹贡》行水，以《洪范》验五行，以《齐诗》测性情，以《春秋》决疑狱，以《礼》定郊禘大典，以三百五篇当谏书。东汉郑君，隐修经业，黄巾不入其境。比牒并名，早为宰相，毋失其素风。此皆行乎经术而能致用者也，汉学之真也。呜呼！古之汉学，岂如今之汉学之丛脞无用者哉？以声音训诂名物考据，而号之曰汉学，此近二百年之学风之所以敝也，非汉学之真也。

师说

古之学者，六艺而已矣。于《易》验消长之机，于《书》察治乱之迹，于《诗》辨邪正之界，于《礼》见圣人行事之大经，于《春秋》见圣人断事之大权。

经明其理，史证其事。知经史，则掌故非胥吏之材。知经史掌故，则性理非迂儒。知经史掌故而又服习性理，则词章非轻薄之文人。《书》与《春秋》，经之史学也。《六经》之法，掌故之学也。《六经》之义，性理之学也。《六经》之文，辞章之学也。《十三经》之文，天地之至文也，其义以文而著，不察其文，则其义亦隐。

北人之经学，守旧而弃新；南人之经学，喜新而得伪。

经学篇第一

习经次序

六经皆先王之旧典，不读经则无以知古代之典章风俗学术，以成其考古有用之学，故治国学莫先于经。然非通群经，不能通一经；非先通一经，亦无以通群经，则习经之次序宜知也。

孔门之教，雅言先之以《诗》，故曰“小子何莫学夫《诗》”。《诗》者，风也。风，风也，教也。风以动之，则可以兴，教以化之，则可以观。上以风化下，下以风刺上，则可以群。国史明乎得失之迹，怀其旧而风上，则可以怨。发乎情，止乎礼义，则无背于君父之大伦，多识鸟兽草木，则博物之材也。此则小学之年，所宜习也。六经之中，《书》多亡而伪乱，《礼》多古制，惟《诗》亡者六篇，且《诗》本性情，则今犹于古。故读经先诗，可无误信与泥古之弊矣。《诗序》，学诗之本也。《诗序》传之子夏，而不皆子夏所传，然序之得者为多。毛公经师之祭酒乎，其释《诗》多本于序，可谓知《诗》之大义矣。风雨而思君子，乱世不改其度，菁莪而乐育材，忧异类之相加，此《诗序》之明大义也。朱子疑《序》，而赋白鹿洞之诗，则有取乎菁菁者莪序焉，此可见族类之大防，为不可泯矣。《序》曰：“白华孝子之洁白也。白华废，则廉耻缺矣。”又曰：“小雅尽废，则四夷交侵，而中国微矣。”呜呼！廉耻道丧，则国耻日忘，而中国其不国矣。此诗人之所大惧也，学者其可不先志于斯乎。

《诗》义既明，则次宜习《书》。孔子曰：“入其国，其教可知也。其为人也，疏通致远，《书》教也。”《书》教明而后国教可明，国教明而一国之光，乃可观矣。夫孔子观其国，而即以知其教，其于何而观之哉？《大传》称“孔子谓颜渊曰：‘《尧典》可以观美，《禹贡》可以观事，《皋陶谟》可以观治，《鸿范》可以观度，《六誓》可以观义，《五诰》可以观仁，《甫形》可以观诫。'”盖七观皆所以观国也。《书》教不明，于是而《书》之失诬。东晋伪古文，乱经而贼道，其诬甚矣。谓《书序》为孔子作，伪古文者，因《序》之疏而益诬焉。然汉学如马郑，又从《序》之失，不更诬乎。故治《书》首当辩其诬而察之，本蔡氏之意，求汉学之是，诛伪贼之主名，以明《书》教，以光国教，庶几能疏通致远而求之深，则政事之资也。

《书》义既明，则宜习《礼》。孔子曰：“不学《礼》，无以立。”《礼》之立身，所以立国也。国无兵不立，兵无《礼》不强。夫兵军礼也。卫武公之诗曰：“抑抑威仪，维德之隅。”又曰：“用戒戎作，用遏蛮方。”《礼》之能治军也。召穆公之诗曰：“式遏寇虐，无俾作慝。敬慎威仪，以近有德。”能治军之必本于《礼》也。学者而欲治军以立国乎？则学《礼》为急矣。《礼》之大义，莫大于时。学《礼》者，捐其器，通其意焉可也。三《礼》之学，郑君独精。首郑氏而会通诸家，则《礼》之用明矣。

《诗》亡而后《春秋》作，既治《诗》则《春秋》可得而治矣。《春秋》内诸夏而外夷狄，其于夷夏之防，持之至严，圣人之微意乎？《春秋》凡通仇者，必书大复仇也。何仇乎尔，言乎国之不可使辱也。《三传》之得于经者为多，然不能无惑焉。学者执经以正传，由传以通经，而《春秋》之微不可知哉。

六经之学，以学《易》为最后。《易》之虚象，皆实义也。群经之实义明，则易之虚象可得也。夫《易》广矣大矣，天下万事万物之理，皆不外《易》。终而习焉，则泛应之材也，学至此，可以知四国，御万变矣。《传》云：“《易》有圣人之道四焉。以言者尚其辞，以动者尚其变，以制器者尚其象，以卜筮者尚其占。”是故《易》之为用，不可执一也。顾氏曰：“不有《程传》，大义何由而明乎。”言程子之能知大义也，《易》首《程传》。汉魏诸家之解，李氏集之，虽或蔽乎，殆裨于经矣。

呜呼！古人读书之法，刚日治经，柔日读史。今如其法，志之三年，厉之五年，诸经皆可通习。夫古之学者耕且养，三年而通一艺，三十而五经立，今之学者，不耕而食，岂可以优游之岁月，坐待于无年乎？

经说一易

画卦始于伏羲，卦词始于文王，爻词始于周公，十翼作于孔子。《汉书·艺文志》曰：“人更三圣，世历三古。三圣者，伏羲、文王、孔子也。三古者，伏羲为上古，文王为中古，孔子为下古也。”不言周公者，以父统子也。孟子言“见知闻知，不及周公”，亦以父统子，此其例也。文王玉门演《易》，见于《史记》，然《大易》已云，“《易》之兴也，其于中古乎。作《易》者，其有忧患乎？”又云：“易之兴也，当殷之末世，周之盛德邪，当文王与纣之事邪。”是文王作《易》，《系辞》已有明文矣。后人因班固只言三圣，《系辞》不及周公，或疑爻辞亦文王作，非周公作。不知《左传》明云：“韩宣子来聘，见《易》象与鲁春秋。曰周礼尽在鲁矣，吾乃今知周公之德，与周之所以王也。”夫云周公之德，即周公与焉。周之所以王，即文王也。明夷六五爻辞曰“箕子之明夷”，夫箕子明夷，在武王之世，惟周公乃得见之，则《爻辞》实惟周公作明矣。《汉书·孟喜传》：“蜀人赵宾为《易》，饰《易》文，以为‘箕子明夷，阴阳气无箕子，箕子者，万物方荄兹也’。”谨案：《易》明夷彖曰：“内文明而外柔顺，以蒙大难，文王以之利艰贞，晦其明也。内难而能正其志，箕子以之。”文王与箕子其文相对，如以箕子为万物荄兹，则文王以之又何说？

孔子于各经无训，独于《易经》作《十翼》之传。传者，传也，如置邮之传命也。翼，羽翼也，羽翼经说也。圣人之情，见乎词矣。以上言作《易》。《汉书·儒林传》自鲁商瞿子木受《易》孔子，以授鲁桥庇子庸，子庸授江东馯臂子弓，子弓授燕周醜子家，子家授东武孙虞子乘，子乘授田何子装，及秦禁学，《易》为卜筮之书，独不禁，故传授者不绝。汉兴田何以授丁将军宽，宽以授田王孙，王孙以授孟喜施雠梁邱贺，由是《易》有施孟梁邱之学，三家咸立于学官。此皆易学之今文也。同时言《易》又有东莱人费直，以彖象系辞文言说上下经，字皆古文，言其《易》出自子夏。又有焦戆之《易》，言出自孔子。戆传之京房，其言《易》皆以阴阳灾异为说。而费氏之《易》，终不绝焉。及东汉之世，费氏《易》愈盛，陈元、马融、荀爽、郑康成，并传费氏《易》，为之作注，是曰汉《易》。此则《易》学之古文也。又同时有虞光世传孟氏《易》，五传而至虞翻，于是《易》别有虞氏之注，是为西汉易学，今文之支流。大抵汉儒之《易》，皆假象数以立言，至其末流，复多杂入禨祥之说。三国魏氏之世，学者佻挞，恶经典之纷赜，而汉《易》遂微矣。魏王弼倡废象数，而以老庄之言说《易》，谓圣人之《易》，其象皆假象耳。韩康伯继之，一时学风，尽尚清谭。至晋永嘉之乱，而施孟梁邱之《易》亡。隋代王注盛行，孔颖达作义疏，用王遗郑，汉《易》遂废。唐李鼎祚《周易集解》，集虞翻荀爽三十余家之说，刊辅嗣之野文，补康成之逸象，汉《易》赖以仅存。宋程颐作《易注》，大义虽明，而废象数如故。朱子作《本义》，矫程子之空言，兼取象数，然其义理是而象数已非。自宋陈抟作《先天后天图》，邵雍传其学，作《皇极经世》，以推衍之，虽朱子犹惑焉。盖当时所言之象数，已非汉儒之象数矣。清世儒者，喜言汉学，于是惠栋作《周易述》，张惠言作《周易虞氏义》，而汉《易》复兴。此《易》学传授之大略也。以上言《易》学源流。

《日知录》："荀爽虞翻之易，穿凿附会。王弼之注，虽涉玄虚，然已一扫易学榛芜，而开之大路矣。不有程子，大义何由而明乎。"是顾氏言《易》，主义理而不主象数，可谓得其大义矣。虽然，《易》者象也，象也者，像也。圣人言《易》，未尝离象，是故《易》有实象焉，有虚象焉。《说卦》云："乾为马，坤为牛。"《系辞》云："以制器者尚其象。"是圣人明明言象也。《左传》云："物生而后有象，象而后有偶，偶而后有数。"则象数亦乌可尽废欤。《汉书·儒林传》言："费直易无章句，惟以彖象文言传词解易。丁宽作《易说》三万言，训故举大谊而已。"是汉儒言《易》，又未尝不知大义也。孰有如近儒之穿凿附会，执一罕通，而始号之曰汉《易》哉？明大义而不废象数，由象数而得通大义，其诸为善学《易》者乎？

自晚近汉宋相争，于是治经皆有门户之见，而以《易》学为尤甚。夫卦气纳甲、先天后天、河图之说，皆《易》之外道也。赵宋儒者治《易》，既知辟卦气矣，而复用先后天河图，是其蔽也。近世治汉学者，知宋儒先天之非矣，而复取卦气纳甲之说，不尤蔽乎。是故门户之见不去，则经之真理大义不出，如东吴惠氏，武进张氏，其于《易》可谓专家绝学矣，而犹不能无失，然则非有闳识博览之君子，其安能越藩篱而为独立之学哉！以上论诸家得失。

《易》之理至广至大，凡天下万物，乾坤万变，无不在《易》之中。言象数，言义理，言阴阳，言医药，言行陈，言炉火，言百家众技，无所不包。而要之圣人作《易》之本旨，不在是也。圣人觉世牖民，以《易》设教，至周至普矣。因人施道，因事施教。《诗》因风谣以立教，《书》因史籍以立教，《礼》因仪著以立教，《乐》因音律以立教，《易》因卜筮以立教，盖即天道以明人事，阴阳往来，刚柔进退之间，而可知治乱之倚伏，君子小人之消长，以为因应之宜。所谓为君子修之吉，为小人悖之凶，使民知所趋避，而不至为非，则圣人作《易》之本旨也。故曰："是以明于天之道，而察于民之故，是兴神物，以前民用。"又曰："辨吉凶者存乎辞。"又曰："惧以终始，其要无咎。"又曰："居则观其象而玩其辞，动则观其变而玩其占。"人情莫不喜吉而恶凶，圣人因其喜而劝之，因其恶而怵之，故《易》六十四卦，皆云君子以者，如象曰：“天行健，君子以自强不息。”诚为百姓日用而言，导之使为君子也。三百六十四爻，皆有吉凶，而君子无不贞吉者，所谓《易》为君子谋，不为小人谋也，诚圣人之本旨也。

圣人不烦卜筮，故曰“不疑何卜”，又曰“不占而已矣”。昔郭璞尝遇颜含，欲为之筮。含曰：“年在天，位在人，修己而天不与者，命也。守道而不知者，性也。自有性命，无劳蓍龟。”王氏通曰：“北山黄公善医，先寝食而后针药。汾阴侯生善筮，先人事而后说卦。”是故君子平日观象玩辞而已。观象则心明，玩辞则理明，心理洞然，精神贯注，何烦卜筮哉。呜呼！此圣人之所以以此洗心而退藏于密也。非天下之至神，其孰能与于斯。以上《易》之本旨。

《易》曰：“自天祐之，吉无不利。”子曰：“祐者助也，天之所助者顺也，人之所助者信也。履信思夫顺，又以尚贤也。”是以自天祐之，吉无不利也。大有上九之吉，谓六五之吉也。六五以一阴而友众阳，五居中，有虚中之象，必能用贤。故孔子曰：“履信思乎顺，又以尚贤也。”汤之师伊武之师，尚父是也。《颐象传》曰：“天地养万物，圣人养贤以及万民。”即尚贤之义也。

明夷内文明而外柔顺，以蒙大难，文王以之，此君子处变之道也。箕子陈畴，非以结新主之知，而欲得朝鲜之封也。当日比干既死，若箕子复谏，纣必不听，故箕子之不死，非畏死也，知谏之必不入也。观其言曰：“我罔为臣仆”，又曰：“自靖人自献于先王”，然则朝鲜之封，非箕子本志也，箕子曷尝一日而忘殷哉。内难而能正其志，箕子以之，岂不信乎风雨之诗曰：“君子处乱世，不改其度。”箕子有焉。

否内阴而外阳，内柔而外刚，内小人而外君子，小人道长，君子道消也。初六拔茅连茹，以其汇贞吉亨。《程传》曰：“当否之时，在下者君子也。”初六能与其类，贞固其节，则处否之吉，而其道之亨也。《诗》曰：“十亩之间兮，桑者闲闲兮。”其斯之谓乎。夫君子在下，洁白如茅之茹，以明其志，拔之连茹，则以其类而为国家之用。故孔子释之曰：“志在君也。”朱子答陈同甫之书曰：“就其不遇，独善其身，以明大义于天下，使天下之人，皆知道义之可守，以待上之使令，亦所以报不报之恩，岂必进为而抚世哉。”郭氏雍曰：“先大夫有言，居庙堂之高，则爱其民。处江湖之远，则忧其君。此君子在下之责也。”按古曰君，今当曰国。以上《易》之大义。

（录自《国粹学报》第19、20期，1906年8、9月）

拟设国粹学堂启

邓　实

中国自古以来，亡国之祸叠见，均国亡而学存。至于今日，则国未亡而学先亡。故近日国学之亡，较嬴秦蒙古之祸为尤酷。何则？以嬴秦之焚书，犹有伏生孔鲋之伦，抱遗经而弗堕；以蒙古之贱儒，犹有东发深宁数辈，维古学而弗亡。乃维今之人，不尚有旧，自外域之学输入，举世风靡，既见彼学足以致富强，遂诮国学而无用。而不知国之不强，在于无学，而不在有学；学之有用无用，在乎通大义，知今古，而不在乎新与旧之分。今后生小子，入学肄业，辄束书不观，日惟骛于功令利禄之途，卤莽灭裂，浅尝辄止，致士风日趋于浅陋，毋有好古博学，通今知时，而务为特立有用之学者。由今而降，更三数十年，其孤陋寡闻，视今更何如哉！嗟乎！户肄大秦之书，家习劫卢之字，宿儒抱经以行，博士倚席不讲，举凡三仓之雅诂，六艺之精言，九流之坠绪，彼嬴秦蒙古所不能亡者，竟亡于教育普兴之世，不亦大可哀邪！故国学之阨，未有甚于今日者也。

夫国于天地，必有与立。学也者，政教礼俗之所出也。学亡则一国之政教礼俗均亡；政教礼俗均亡，则邦国不能独峙。试观波尔尼国文湮灭，而洼肖为墟；婆罗门旧典式微，而恒都他属。是则学亡之国，其国必亡，欲谋保国，必先保学。昔西欧肇迹，兆于古学复兴之年；日本振兴，基于国粹保存之论。前辙非遥，彰彰可睹，且非惟强国惟然也。当春秋之时，齐强鲁弱，而仲孙谓鲁未可取，犹秉周礼。是学存之国，强者可以益兴，弱者亦可以自保。今也弃国学若介毫，非所谓自颠其本乎！况青年之辈，侈言爱国。夫所谓爱国者，以己国有可爱之实也，故怀旧之念既抒，保土之情斯切。若士不悦学，则是并己国可爱者而自弃之矣，虽托爱国空名，亦何益哉！夫中土之学，兴于三代之前，秦汉以还，大师魁儒，纂述尤盛，代有传人，人有传书，篇目并较然可按，今竟湮没不彰，销蚀湮轶。彼东西重译之国，其学士大夫，转以阐明中学为专门。因玄奘《西域记》，以考佛教之起源；因赵氏《诸蕃志》，以证中外之交通。而各国图书楼，竞贮汉文典籍。即日本新出各书报，于支那古学，亦递有发明。乃华夏之民，则数典忘祖，语及雅记故书，至并绝域之民而不若，夫亦可耻之甚矣。同人有鉴于此，故创立国学保存会于沪渎，并刊行学报丛书，建设藏书楼，以延国学一线之传。然君子之学，非仅自为而已也。学术之兴，有倡导之者，必有左右翼赞之者，乃能师师相续，庚续于无穷，而不为异说訾言所夺。昔颜习斋先生，施化漳南，以礼乐射御书数，分授弟子，旁及水火工虞之学。黄梨洲先生，主讲证人书院，首倡蕺山之学，并推论读经考史之方。承其学者，咸择其性之所近，以一艺自鸣，风声所树，掞芳承轨，矢音不衰。则化民成俗之功，必基于讲学。今拟师颜黄启迪后生之法，增益学科，设立国粹学堂，以教授国学。夫颜黄诸儒，生于俗学滋行之日，犹能奋发兴起，修述大业，以昌其学术。今距乾嘉道咸之儒，渊源濡染，近不越数十年，况思想日新，民智日沦，凡国学微言奥义，均可藉晳种之学，参互考验，以观其会通，则施教易而收效远。从学之士，三载业成，各出其校中所肄习者，发挥光大，以化于其乡，学风所被，凡薄海之民，均从事于实学，使学术文章，寖复乎古，则二十世纪，为中国古学复兴时代，盖无难矣，岂不盛乎！

（录自《国粹学报》第26期，1907年3月）

国学真论

邓 实

邓子曰：痛夫悲哉，吾中国之无国学也。夫国学者，别乎君学而言之。吾神州之学术，自秦汉以来，一君学之天下而已，无所谓国，无所谓一国之学。何也？知有君不知有国也。近人于政治之界说，既知国家与朝廷之分矣，而言学术，则不知有国学君学之辨，以故混国学于君学之内，以事君即为爱国，以功令利禄之学，即为国学，其乌知乎国学之自有其真哉。是故有真儒之学焉，有伪儒之学焉。真儒之学，只知有国，伪儒之学，只知有君。知有国则其所学者，上上千载，洞流索源，考郡国之利病，哀民生之憔悴，发愤著书，以救万世。其言不为一时，其学不为一人，是谓真儒之学。若夫伪儒者，所读不过功令之书，所业不过利禄之术，苟以颂德歌功，缘饰经术以取媚时君，固宠图富贵而已。邓子曰：悲夫，吾中国国学之真之失，殆久矣乎。

自《周礼》一书，有师儒之名。师以传经，是曰经师，儒以传道，是曰儒家。东周之季，《周礼》在鲁，孔子删定《六经》，彰明四教，兼备师儒，其后弟子一传其六艺之学，流为经师，一传其用世之学，流为儒家。周秦之间，经儒分途，经师抱残守缺，不求利禄，儒家学古入官，志在用世。班固述艺文志，以周秦汉初诸经师，录入儒林传，而以《论语》《孝经》，录入六艺略中，由是经儒始不别，而通经致用之说乃兴。故有谓经义苟明，取青紫如拾芥，有以明经为三公，自矜稽古之荣者。经儒之派既分，于是而国学君学遂一混而不可分。吾观周秦间大师，类能以所学匡正时君之失，裁抑君权，申明大义，无所于畏。漆雕子无严于诸侯，段干木田子方不屈于势利，鲁仲连布衣之士，义不帝秦。此秦以前之学，无愧其为国学之真也。自秦政焚书，以吏为师，骊山种瓜，惨然一压，诸生拜为郎者七百人，终乃无声，而君学之统以成，国学之统以绝。故太史公曰："六艺从此缺焉。"伤经师一派之学微也。汉尊儒术，叔孙通制朝仪，假儒术以尊天子。汉武表章六艺，公孙宏以春秋白衣为天子三公。申公以学显，其弟子行虽不备，而至于大夫郎中掌故以百数，太史公曰："自此以来，公卿大夫士学骤衰，吏斌斌多文学之士矣。”盖自汉武罢黜百家，惟儒家一派，独为时君所尊崇，然而儒家之宗旨，则以求仕待用其职志者也。《荀子·王伯篇》曰：“论德使能而官施之者，圣王之道也，儒者之所谨守也。”《儒效篇》曰：“大儒者，天子三公也。”杨注其才堪王者之佐也。是儒者之所志，不过入官为三公耳。郑君《三礼目录》曰：“儒之言优也，柔也。其与人交接，常能优游。”《艺文志》说儒家曰：“辟者随时俯仰，违离道本，苟以哗众取宠。”是故优游俯仰，而为进身之阶，正辟儒善行之术。叔孙通责弟子，谓若真鄙儒，不知时变。而荀子则曰时绌而绌，时伸而伸，足以知儒之为儒，惟在湛心荣利，苟以趋时而已。时之所尚，利禄之所在，则不惜迁就其生平之所学，以腴媚时君。如以董仲舒之贤，而《春秋》灾异之说，为天子所忌，则不敢复言。儿宽贫时，以治《尚书》，为张汤援古法，决大狱，比为三公，则承意从容，无取匡救。下至公孙宏孔光之徒，无不曲学阿世，以保富贵。则其时君学之盛行可知矣。班固曰：“武帝立五经博士，开弟子员，设科射策，劝以官禄，传业者寖盛，一经说至百余万言，大师众至千余人。”盖利禄之路然也，岂不然哉。降及王莽，引经文以文奸言，而颂莽功德者，至十余万人，剧秦美新，乃出于拟圣之杨雄，甘受莽大夫之恶名而不恤。及光武以符箓受命，崇尚谶纬，颁为功令，一二陋儒，援饰经文，杂糅谶讳，以工谀献媚。贾逵以左氏有刘为尧后之文，遂请立学；何休以公羊获麟，为汉受命之符。而六艺遗文，一若专为颂飏君主之具，又何怪其后之私行金货，改定兰台漆书，以合私文者之纷纷乎！呜呼！盖自秦至汉，神州几尽为君学之天下，然而国学尚有一线之延者，则赖鲁两生征议朝仪而不为屈，郑君比牒并名，早为宰相，毋失其素风。一二在野经生，独抱遗经，甄明古学，故至汉之末造，而党锢独行之徒，乃能维持清议，裁量执政，义形于色，舍命不渝，松柏后凋于岁寒，鸡鸣不已于风雨。别国学于君学之内，而独树一帜。岂非神州之光哉？

顾亭林曰：东京之末，节义衰而文章盛。自蔡邕始，其仕董卓无守，卓死惊叹无识，观其生平滥作碑颂，则平日为人可知。降及三国，王符、崔寔、阮武、姚信之徒，咸以法家辅儒学，崇尚法术，以尊君而抑民，而法家之惨缴寡恩，已开放弃礼法之先路。流至魏晋，士皆慕通达而尚清谈，惟求仕进，不顾廉耻，稽绍被杀父之仇，而山涛荐之入仕，大义不明，以至相率臣于刘聪、石勒。观其故主青衣行酒，而无所动，则人心风俗之坏，至正始而极矣！盖自永嘉之乱，旧经家法尽亡，人师难求，诸儒乃尽弃其经典，而遁于老庄之学。虽其清净寂灭，遗弃事功，殊非热中君学之比，而实则篡弑频仍，争夺无厌，羌戎互僭，君臣屡易，神州陆沉，而国学之销亡亦尽矣。北魏君臣，伪崇儒学，建学宫，用经生，无非为笼络士民之计。隋文统一，因九品中正之弊，官人之法，悉重明经，进士诸科，复建立黉序，征辟儒生，一时承其风者，无不熏心于时王之功令，舍诗赋词章，无所谓学。虽有文中子讲明圣学于野，而其徒则且纡青拖紫，自诩为佐命元勋矣。唐撰《正义》，而中邦学术统一之局成。孔冲远奉一王之令，守一家之说，弃河朔之朴学，尚江左之浮谈。《书》《易》则屏郑家，《春秋》则废服义，举一废百，颁之天下，以为程式。凡试明经，悉衷《正义》，是驱天下士民，群趋于功令之一途。使天下学术非定于一尊不止，岂非学术之专制欤？宋承唐弊，以科举取士，故《朱子语录》谓朝廷欲克复两京，非停止三十年科举不可。可知其时士人沉溺科举之深，故以朱子之隐居读书，闭门讲学，而人主且悬为道学之禁。元儒鬻学，吴、许之徒，觍然享大牢之奉，而受青史之称，则不特曲学以媚时君，而且曲学以媚外族矣。明祖以八比取士，复辑五经四书大全，颁之学宫，悬为功令，以守宋儒之学为宗，士之空疏极矣。黄梨洲曰："明人讲学，袭《语录》之糟粕，不以六经为根柢。"钱大昕曰："自宋以经义取士，守一先生之说，而空疏不学者，皆得名为经师。"至明季而极，故《明史·儒林传》谓二百七十余年间，未闻以专门经训名家者，经学非汉唐之专精，性理袭宋元之糟粕。

论者谓科举盛而儒术微，殆其然乎！嗟乎！此科举之学所以至明而极弊也。夫自汉立五经博士，而君学之统开，隋唐以制科取士，而君学之统固，及至宋明，士之所读者，功令之书，所学者，功令之学。遥遥二千年，神州之天下，一君学之天下而已，安见有所谓国学者哉？虽然国无学则国不存，吾国绵绵延延以至于今者，实赖在周有伯夷，在秦有仲连，在汉有两生，在东汉有郑康成，而在晚明有黄梨洲、顾亭林、王船山、颜习斋、孙夏峰、李二曲诸先生之学为一线之系也。今数先生之风日微矣，而天下尚趋于设科射策，营营荣利而未有已。是故汉之博士，一科举也，唐之诗赋，一科举也，明之八比，一科举也，今之学堂考试，亦一科举也。不尽去其富贵利禄、急功近名之见，而为独立远大之学，徒斤斤于朝廷之趋向以为转移，而曰我学也，乌得而冒国学之名而为国士哉？

（录自《国粹学报》第 27 期，1907 年 4 月）

国学无用辨

邓 实

学以为国用者也。有一国之学，即以自治其一国，而为一国之用。无学者非国，无用者亦非学也。今之忧世君子，睹神州之不振，悲中夏之沦亡，则疾首痛心于数千年之古学，以为学之无用而致于此也。邓子曰：悲夫！其亦知吾国之古学，固未尝用，而历代所用者，仅君学乎？夫用之而无效，则谓其学为无用固宜。若夫其学犹未用也，而即嚣然以无用名之，而乌知乎其学之果无用也。是故无用者君学也，而非国学。君学者，经历代帝王之尊崇，本其学说，颁为功令，而奉为治国之大经，经世之良谟者也。其学之行于天下，固已久矣。若夫国学者，不过一二在野君子，闭户著书，忧时讲学，本其爱国之忱，而为是经生之业，抱残守缺，以俟后世而已。其学为帝王所不喜，而亦为举世所不知。学者不察，漫与君学同类而非之，曰无用无用。呜呼！其果真无用欤，抑其不知用也？

自周之季，学失其官，诸子蜂起，各本其术以自鸣。老子之道术，庄子之齐物，墨子之兼爱，申韩之法制，孙吴之兵谋，荀子之名学，管子之经济，用其一皆可以有裨于当世。夫诸子之多为其术，以救人国之急，可谓勤矣。然而当代之君民能用其说者几何也！毋亦信仰其学而从之游者，皆其一派之弟子乎，其于全社会无与也。秦政焚书，骊山一压，不特儒术六艺，从此缺略，而百家之学，亦荡然无存。国且无学，何有于用。汉兴，诸儒收拾灰烬，抱其遗经，亦惟相与伏处于荒墟蔓草之间，私相授受，讲诵不辍耳。其时为之议朝仪、定礼乐者，叔孙通诸生之伦，假儒术以媚人主，所用者君学而非国学也。汉武号尊儒术，然申公以力行对而疾免以归，辕固生年九十矣，以诸谀儒疾毁而亦罢归，则其所用者，公孙弘曲学阿世者耳，亦君学而非国学也。汉之末造，朝政昏浊，而党锢独行之士，风潇雨晦，不已鸡鸣。及其卒也，小人得以合围而猎，君子反以前禽而伤，则其时之君学盛行而国学之罢斥不用可知矣。

夫国学之与君学不两立者也，此盛则彼衰，此兴则彼仆。群阴昼闭，而微阳不现，黄钟毁弃，而瓦釜雷鸣。自唐代义疏之作，宋世科举之兴，明以八比取士，近世承之，其时君所乐用者，皆为君学之一面。故自宋至今，五六百年，国破家亡，外祸迭起，君臣屡易，坐令中区瓦解鱼烂而不可救者，皆君学之无用有以致之，而国学不任咎也。

夫既知君学之无用矣，然而历代帝王，宁使亡国败家相随属，而卒不肯以国学易君学者，其故何哉？夫君学者，以人君之是非为是非者也，其言顺而易入。国学者，不以人君之是非为是非者也，其言逆而难从。古今好谀之君多，而从逆之君少，此君学所由盛而国学所由衰欤。邓子曰：夫使君学之盛行，而国学之不振者，吾民亦与有过焉矣。吾闻泰西学者，创一学说，则全社会为之震动，而其终卒能倡造社会，左右政界。故孟德斯鸠、卢梭之学说出，遂成法国大革命，而全欧响应；斯密亚丹之学说出，而自由放任贸易主义以兴；达尔文、斯宾塞之学说出，而天演之公例大明。此其学不必赖时君之表扬也，而固已飚动云兴，足以转移一世之人心风俗而有余矣。

返而观我国，则历代虽有一二巨儒，精研覃思，自成宗派，其学术非无统系之可言，而空山讲学，所与倡和者，惟其门徒及二三知己耳，而全社会不知尊仰，后人不闻表彰。故其学派遂日远而日微，即其遗书亦湮轶而不可见，不亦悲乎！明之季，国既亡矣，而北有夏峰、习斋，西有二曲，东南有亭林、梨洲、船山，皆思本所学以救故国，著书立说，哭告天下，而天下之人不应，漠然若毋动其中，其言不用，而神州遂至陆沉。夫使数君子之学，得以见施于时，则亭林乡治之说行，而神州早成地方自治之制；梨州原君原臣之说昌，则专制之局早破；船山爱类辨族之说著，则民族独立之国久已建于东方矣。是故数君子之学说而用，则其中国非如今日之中国可知也。推而老、庄、申、韩、荀、墨之学用于战国，则战国非昔日之战国；伏生、申公、辕固生之学用于汉，则汉非昔日之汉又可知也。惜其学不用，乃以成此晚近衰亡之局，而反以无用诬古人，古之人不更悲乎！

虽然，古人之学，有用之一时者焉，有用之万世者焉，有用之一人者焉，有用之一国者焉。用之一时一人者其效小，用之万世一国者其效大。呜呼！数十百年之后，万有一收其效者，则予言雪矣。然非有命世独立不惧之君子，其亦安能与于斯哉！

（录自《国粹学报》第30期，1907年6月）

国学保存论

姚 光

国于天地必有与立，国魂是也。《说文》以魂为阳气，故国之有魂，犹人之有精神。学术者一国精神之所寄，故学术即一国之国魂也。太古之时，由个人相群而成家族，家族相群而成社会，社会相群而成国。乃奠居一处，领有其土地、山川，演而为特别之语言、文字。由语言文字演而为特别之礼俗政教，为一国之粹，而后其国乃能久存。至于学术，乃语言、文字、礼俗、政教之所从出也。故一国必自有其学术，谓之国学。国学存，则语言、文字、礼俗、政教均存，而国亦能久存；国学亡，则语言、文字、礼俗、政教均随之而亡，而国亦不能独存。然则国学之不可不亟为之保存也明矣。且国存而学亡，则其国虽存，而亦必至灭亡；国亡而学存，则其国虽亡，而必能复兴。是以欲保国，必先保学也。

姚子曰：神州学术，起源多在黄帝之时而已。黄帝植民于黄河流域之上，四征八讨，东至于海，南至于江，西达空桐，北逐荤粥，战胜苗民，驱除异族，遂统一神州，乃制文字，定历象，作乐律，兴医药。神州特别之语言、文字、礼俗、政教，于是起矣。故黄帝之时，神州学术胚胎时代也。夏商之时，有大禹之制度，箕子之理想，政治、哲学均渐发生，然未全盛也。及至周代，诸子百家各发明新说，以与他说相竞。当时学术之竞争甚烈，故学术之发达亦以此时为最。而孔子则治六经，修六艺，能集学术之大成，神州之礼俗、政教，至此而大备矣。故孔学之正宗，即国学之真也。而其学之盛衰，与国势之强弱，世运之隆替，有极大之关系存焉。

夫暴秦无道，烧毁诗书，骊山一役，国学扫地，故传至二世而即亡。汉初尊儒术，武帝又罢黜百家，一宗孔子。然所尊者，非儒术之正，所宗者非孔学之真，惟欲假其名以尊时君而已。是以叔申通等，诚卖学之伪儒也。及后王莽篡汉，而颂莽功德者，至十余万人之多，皆因国学式微故也。光武鉴西汉之祸，极力表彰节义，及其季世，朝政昏乱，一二儒生能维持清议，遭党锢而不惧，使国学有一线之延。故东汉虽亡，而后汉能继起也。二晋六朝之时，士尚清淡，释老玄虚之学盛行，国学扫地无遗，以至五胡乱华，神州陆沉，岂不痛哉！唐鉴前代学风之坏，崇尚经术，究心于有用之学，一洗六朝浮靡空谈之弊，是以唐之国威，振于远域。宋虽科举盛行，然胡安定教授湖州时，立经义、治事二斋，以砥砺艺术，朱陆诸大儒，学派虽不同，而皆能以气节相励，以学问相敦，使国学赖以不绝，故胡元入主，而忠义之士前后相望也。有明一代，士皆趋于设科射策，学风极坏，所谓经学，非汉唐之专精性理，袭宋元之糟粕岂不然哉。然其季世，魏阉专政，杀戮禁锢，而东林诸君子能持大义以处世，临大节而不移，风雨如晦，不已鸡鸣，故其亡也，半壁江山，义旗相望，丧君有君，绵绵不绝，久而后亡。而王船山、顾亭林、黄梨洲诸先生，又能伸大义于天下，义不帝清，流风甚远。故天下虽亡，而国学尚未全亡也，岂非东林诸君子提倡之功哉！由此观之，我族之能久存于世，因有国学；而国学之盛衰，与国势之强弱，世运之隆替，有极大之关系。是以欲保国，必先保学，岂不然哉！

姚子曰：自秦以降，政体专制，而学术亦专制。时君欲滥用其权，知国学之不利于己也，乃抑之不遗余力。而伪儒复缘饰经术，以媚时君，遂至国学大失其真。然尚有一二儒生抱残守缺，使国学有一线之延。今日欧化东渐，新学诸子，以神州之不振，归咎于国学之无用，乃欲尽弃其学而学焉。以至祖国古籍，等诸刍狗，蟹行之书，充塞宇宙，学风之坏，莫坏于今日矣。不图国学之亡，不亡于学术专制之时，而亡于振兴教育之日，岂不大可悲哉！夫神州之不振，乃因伪儒之学盛行，而我国学固未尝大用于天下也。故当排斥者乃伪儒之学，而国学当竭力保存之也。学者不察其真伪，欲一扫而空之，则大惑矣。盖天下未有学亡而国不亡者。英之灭印度，俄之灭波兰，皆先灭其礼俗、政教。我国当宋之季世，人多好蒙古语，名蒙古名，而天下遂亡于蒙古。至于罗马强盛，在于古学复兴。日本振兴，基于保存国粹。前事不远，彰彰可考也。故今日欲保我种族，必先保存国学。而保存者，非固守不化之谓也，当光大之，发挥之。至于泰西学术，为我学所未及者，亦极多焉。当取其精华，弃其糟粕，融会而贯通之，而后国学庶能复兴。我神州之旧民，黄炎之遗胄，亦能复振矣。嗟嗟，风雨如晦，嘐嘐不已，先有鸡鸣，后乃天曙。今日之世，其有黄冠草履，空山独居，抱残守缺，使天杵赖以不折，地维赖以不裂，而存国学于一线者乎？则我愿负笈以从之。

光素持保存国学主义，此五年前旧作也。惟往者专表彰孔子民族，孟子民权主义，盖为正本清源之计。岁己酉，友人陈子佩忍、高子天梅、柳子亚卢，发起南社，藉诗古文词以提倡革命，余亟赞成。今光复功成，民国建立，未始非提倡国学之结果，而明季诸先生之流风余韵所致也。惟旧邦重建，凡百更新，而国学万端，亦皆待理，发挥光大，愈不容缓，此“国学商兑会”之所以结也。巩固祖国基础，踔扬民族精神，将有赖焉。中华民国纪元七月，姚光自跋。

（1907 年）

（录自《国学丛选》，1923 年第 1、2 期）

某君与人论国粹学书

章太炎

第一书

（上略）自余稍有条法者，则多攘窃他人，而没其名，亦公理所谓三奸者也。及其自抒膺臆，纠葛不驯，虚张类例，以奋笔施评于先正。皇甫持正有言："书字未识偏旁，高谈稷、契；读书未知句读，下视服、郑。"今之言国粹者，多类是矣。

窃谓渔仲《通志》、实斋《通义》，其误学者不少。昔尝劝人浏览，惟明真伪、识条理者可尔。若读书博杂，素无统纪，则二书适为增病之阶。渔仲所长，独在《校雠》、《图谱》、《氏族》数事，其他皆无可采，《六书》尤谬。实斋欲护其短，则云创条发例，未尝与小学专家絜长短。若尔，但作略例可矣，焉用繁辞曲证为耶？实斋虽少谬语，然其用只在方志，内篇《易教》，以佛书本于羲文，诞妄实甚！至谓象通六艺，取证尤肤，无异决科之策，且于文人作传，则斥辨职之言。《传记》篇。准是为例，范晔作《后汉书》、习凿齿作《汉晋春秋》，亦非身居左史，奉敕编定者也。史可私作，不嫌僭窃王章，上拟麟笔，独于《太玄》、《潜虚》，谓其非分，适自相攻伐矣。《史德》一篇，谓子长非作谤书，将以究天人之际，通古今之变，语亦谛审。至谓微文讥谤，为贼乱之居心，宁知史本天职，君过则书，不为讪上？又述朱元晦语，以为《离骚》不甚怨君，是则屈平哀歌，徒自悲身世耳。逐臣失职，类能为之，何当与日月争光，而《古今人表》，列于仁人孟、荀之伍哉？刘子玄云："怀、襄不道，其恶存于楚赋。"斯为至言！实斋之论，徒教人以谄耳。其余陋者，自撰文德，以为新奇，不悟《论衡》已有斯语。《论衡·佚文篇》："上书陈便宜，奏记荐吏士；一则为身，二则为人，繁文丽辞，无文德之操，治身完行，徇利为私，无为主者。"文气出于魏文《典论》，而徒推本韩、苏，何其厚弇古人也！至以庄子为子夏门人，《经解上》。盖袭唐人率尔之辞，未尝订实。缘庄生称田子方，遂谓子方是庄子师，斯则《让王》亦举曾原，而则阳、无鬼、庚桑诸子，名在篇目，将一二皆是庄师矣。以《艺文志》“《平原君》七篇”，谓是著书之人自托儒家，而述诸侯公子请益质疑，因以名篇居首。不晓平原固非赵胜，《艺文》本注，谓是朱建。建与郦生、陆贾、娄敬、叔孙通同传。陆、娄之书亦在儒家。《汉书》明白，犹作狐疑，以此匡谬，其亦自谬云尔。

昔人云：玉卮无当，虽实非用。学者憙郑、章二家言，至杜佑、刘知几，则鲜留意。杜固括囊大典，朴质无华，刘亦精审，不作犷语。学之既非骤了，以资谈助，则不如郑、章之恢宏，故其弃录如此。由斯以谈，亦见学人苟简，专务窃剽矣！故其铺陈流别，洋洋盈耳，实未明其条系，甄其得失也。陵虚画局，有若蛛丝，校轸既多，中窾无实，言国粹者，固若尔率易耶？且牙侩持衡，犹知器物真伪，工艺良楛，今者钞集杂书，采辑异论，虚实谛妄，一切无辨章者，此虽博若渊溟，亦奚以为？

往见乡先生谭仲修，有子已冠，未通文义，遽以《文史》、《校雠》二种教之，其后抵掌说《庄子·天下篇》、刘歆《诸子略》，然不知其义云何。又见友人某教于杭州，以博观浏览导人，其徒有高第者，类能杂引短书，而偶然无所归宿。以此二事，则知学无绳尺，鲜不眯乱，徒知派别，又不足与于深造自得者。世徒以是为国粹，其与帖括房行，相去几何？

近所述《左氏义》，大致已了，尚未编次，《叙录》一卷，昔已付国粹馆印行。今次得《刘子政左氏说》一卷，《新方言》亦著录讫，自谓精审。然皆履蹈绳墨，说义既了，不为壮论浮词，以自芜秽。百年以前，学者惟患琐碎，今则不然，正患曼衍，不患微言大义之不明也。(1908 年)

第二书

学名国粹，当研精覃思，钩发沈伏，字字征实，不蹈空言，语语心得，不因成说，斯乃形名相称。若徒摭旧语，或张大其说以自文，盈辞满幅，又何贵哉？实事求是之学，虑非可临时卒办，即吾作《新方言》，亦尚费岁余考索。昔子云把弱翰、赍油素，以问卫卒、孝廉，归乃椠次异语，二十七岁始有成书。吾之比于子云，已过速矣。若乃钞撮成言，加以论议，万言之文，謦欬可了，然欲提倡国粹，不应尔也。今日著书，易于往哲，诚以证据已备，不烦检寻尔。然则最录实征，亦非难事，非有心得，则亦陈陈相因。不学者或眩其浩博，识者视之，皆前人之唾余也。左氏故言，近欲次录，昔时为此，亦几得五六岁。今仍有不惬意者，要当精心汏淅，始可以质君子。行箧中亦有札记数册，往者少年气盛，立说好异前人，由今观之，多穿凿失本意，大抵十可得五耳。假我数年，或可以无大过矣！

（录自《国粹学报》第37期，1908年1月）

论保存国粹

高凤谦

今之言保存国粹者，大抵有积极、消极二主义。其持消极主义者，曰禁用新名词，以绝莠言也；其持积极主义者，曰设立存古学堂，以保旧学也。二说皆言之成理，诚忧世之苦心而不可轻议也。虽然，吾窃有疑焉。请先论消极主义。

今之所谓新名词者，大抵出自缁译，或迳用东邻之成语。其扞格不通者，诚不可胜数，然欲一切屏弃不用，则吾又以为甚难。何也？世界之变迁益甚，则事物之孳乳益多，此不可逃之定例也。其后起之事物，既为古之所无，势不能无以名之。此正新名词之所由起，固不必来自外国，而始得谓之新也。以设官言之，唐虞官百，夏商官倍，则新增之官，在夏商视之，不谓之新名词，不可也。由此例推，今之所谓旧，皆古之所谓新。充类至尽，即谓昨日之新，为今日之旧，亦无不可。新旧二字，本对待之词，其界说孰能从而画之。或谓《孝经》有言，非先王之法言不敢道。昌黎有言，非三代先秦之书不敢读。所谓新旧者，以此为断，斯已矣。吾又以为不然。《十三经》字数不过五千余，至许氏《说文》则九千余，流衍以及本朝之《康熙字典》，竟增至四万余，然则《说文》《字典》所采新字，为经传所未见者，遽谓之非先王之法言，得乎？或谓所恶乎新名词者，谓其来自外国也。然如可汗阏氏，如恒河沙无量数量，亦自外国缁译而来，何文人皆习见而不之怪乎？吾谓世界交通，文明互换，外来之事物，苟有益于我国者，既不能拒绝之，而独计较于区区之名词，无乃失本末轻重之分乎？今者译本之流行，报章之传布，上至于奏定之章程，钦颁之谕旨，所用新名词，既数见不鲜，又乌得从而禁之？平心言之，新名词之不可通者，勿用可也。既已习用，必从而禁之，不可也。治古学者不用新名词，可也。必以责通常之人，不可也。且谋教育之普及，不能不设学堂，设学堂不能不教科学，教科学不能不用新名词。由此言之，持消极主义，以保存国粹，其无丝毫之效果，固不待再计矣。又况国粹，新名词也，新名词，亦新名词也，反唇相稽，未有不哑然失笑者矣。

消极主义之不可通如是，请更论积极主义。

近来各省多设存古学堂，以治旧学，使古圣贤之微言大义，不至失坠，其策比持消极主义者，为进矣。存古学堂之学生，必其旧学素有根柢，方足以与其选。其科目大抵以经史词章为主。以经学言之，兼治群经，则学生力有不及，专治一经，则讲堂必多，教员必众，经费又复甚巨，恐非一省之力所能及。且学堂之期限，不过数年，每日上课，不过数时，由教员讲授乎，既已不胜其繁，令学生自行点阅乎，则不如听其闭户潜修，何必限之以时刻，齐之以进退，仆仆往返，徒乱人意乎？且存古之功课，但求其粗者，则旧学有根柢之学生，既已优为之，无所用教授也。若必责以精深，则竭毕生之精力，果有成就与否，尚在不可知之数，断非数年之期限，数时之研究，遂足以尽之。由此言之，积极主义之成效，亦略可睹矣。

阳湖陆炜士语余曰：存古二字，不成名词。遍稽载籍，就耳目之所睹记，曰好古、嗜古、尊古、重古、修古、考古、师古、法古之属多矣，从未闻有所谓存古者也。若夫存之云者，所谓存而不论而已，得非学堂所宜有事者乎。《说文》存恤问也，礼存诸孤。今学堂以存古为名，不啻等之如敬节育婴之属，其亦大可哀也。是说也，或亦言正名者所有取乎。故附录之。

然则国粹果不能保存，遂任其消灭净尽而已乎？是又不然。吾非谓国粹之不可保存，不必保存也，特保存要有其道耳。保存国粹之道，奈何？曰：建设图书馆，为保存国粹之惟一主义是矣。今者新学初萌，旧学渐废，通都大邑之书肆，欲求经史，往往不可遽得，诚大可寒心。为今之计，苟不设立图书馆，则旧学之书，可立待其尽也。

图书馆之设，规模务宏，版本务精，固矣。然必京师或省会之力，始足兴办，而不能普及于全国也。求普及之道，宜于各州县先设一小图书馆。开办之初，以二三千金为率，（此系约计之数，余拟编《最小图书馆书目表》，匆匆未就）但求经史子集之最要者，略具规模，年吏筹四五百金，为添购图书及管理之经费。如此则无论如何瘠苦之地方，其力皆能及之。其房屋可假公共地方用之，或附设于学堂之中，尤为省费。俟城镇乡自治既已成立，则更令每镇每乡各设其一，如此，则普通应用之书，无地无之。其附近之秀民有志向学者，就馆中翻阅，所裨甚大。夫以区区二三千金之图书，即尽读之，原不足以称淹博，然为普及计，则范围不能不狭。况有力之州县镇乡，固不限以此数也。其京师省会之图馆，规模既大，经费既充，延聘二三通儒，以主其事，俾阅书之人，得以就正，较之存古学堂，区区为数十百人计者，相去不可以道里也。或并设月课以奖励稽古之士，更拔其尤者，使任编辑（如阮氏《经籍籑诂》之类），以便后学，收效当更宏也。

抑吾更有言者，图书馆之设，固以收藏旧学之书为主，而新学各书，亦不可不备，使人得就其性之所近者求之。然则是举也，谓之保存国粹也可，谓之推广新学也亦可。

（录自《教育杂志》第1年第7期，1908年7月）

国粹论

宋恕

于论理学，凡名词，有平对，有反对。国粹哉！国粹哉！于文，粹与糠为反对，是故宋衡敢创立其反对之名词为国糠矣。

粹之界说，以有益于其社会者为断。糠之界说，以有损于其社会者为断。粹糠者，苦乐之因；苦乐者，粹糠之果。故以度量衡先较其粹糠，则其社会之苦乐必可得而较也。此于数理学为因求果，以度量衡先较其苦乐，则其社会之粹糠亦必可得而较也。此于数理学为果求因。因果常互易，例如山水胜境，因盗贼多而游人少，因游人少而寺观荒。则游人少本为盗贼多之果，寺观荒本为游人少之果也。然因寺观荒而游人愈少，因游人愈少而盗贼愈多，则游人少转为寺观荒之果，盗贼多转为游人少之果矣。茫茫世界，既尚未有纯乐无苦之社会，自尚未有纯粹无糠之社会，学者方寸中，固不可不悬国粹之一名词，然岂可不兼悬国粹之反对之国糠之一名词欤？

若夫国粹之平对之名词，则等而上之，有种粹焉，有人粹焉。种粹者，人类中一种或数种之所共有之粹是也。如支那种人有支那种粹，印度种人有印度种粹，拉丁若日耳曼种人有拉丁若日耳曼种粹之类是也。例如：今之日本、朝鲜、安南皆在我大清帝国圈限之外，其为异国昭然也。然而同为支那种人又昭然也。故如有一粹焉，而为我与日本、朝鲜、安南之所共有，则所谓支那种粹者矣。又如有一粹焉，而为我支那种人与印度若拉丁若日耳曼种人之所共有，则所谓支印、若支拉、若支日种粹者矣。人粹者，世界人类之所共有之粹是也，如仁义忠信非耶？盖虽极野蛮之种人，安有全无仁义忠信之性者哉。所异于文明之种人者，乃合此性浅深之问题耳。故仁义忠信者，人粹也。好学深思者，种粹也。苟以人粹、种粹为国粹焉，则于论理学为犯以广为狭之病矣。例如：易卜、围棋、毫笔书画等粹为我支那种人之所共有，则皆非我大清国人之所独有之粹也。苟以为国粹，则陋矣！等而下之，有族粹焉，有盟旗粹焉，有省、道、府、厅、州、县乃至一城一乡之粹焉。族粹者，一国中一族或数族之所共有之粹是也。如我大清之为帝国也，非合满、蒙、汉、回、苗、藏六族而成者乎，故如有一粹焉而为六族之所共有，则真我大清帝国之国粹矣。如其粹局于一族也，则止可目为我国中某族之粹耳。即其粹遍于五族矣，而但使一族尚缺，则亦不可目为我国中某某族之粹耳，岂可目为国粹哉！苟以族粹为国粹焉，则于论理学为犯以狭为广之病矣。例如：兵即民、文即武、乡官行政、敬礼女子等粹，则国中满族之粹也。善趋避、巧言语、勤于农工、长于商贾等粹，则国中汉族之族粹也。皆属于族粹者也。金乡卫者，温之平之一城也。温有温语，北不通台，南不通闽，除泰顺一县外，虽上流社会，鲜能粗作普通语者。而金乡卫独人人语普通语。温有七昼夜闹新房之蛮俗，府县城皆然，而金乡卫独不染。则语普通语、不闹新房二者，金乡卫一地之城粹也。苟以为平之县粹焉，则狭而广之矣！故如但举造字之一名词，则种粹也。以黄、白二色种人造者皆盛，红、黑二色种人亦有造者，而棕色种人未有；故造字者非人粹也。黄、白种人曾造字者，自古迄今，无虑数百千国，所异者，造有工拙耳。故造字者又非国粹也。若举造字而及于敬惜字纸之一名词，则殆所谓国粹者欤！虽然，此粹遍于六族否耶，如遍也，则真国粹也。如否也，则族粹耳。

认粹宜然，认糠亦宜然。故如但举抑女之一名词，则非国糠，非种糠，乃人糠也。何也？以今诸色种人皆尚抑女故，所异者抑有重轻耳。若举抑女而及于令女缠足之一名词，则非人糠，非种糠，且非国糠，乃族糠耳。何也？以我大清帝国中六族，有此糠者独汉之一族耳，岂可妄指为国糠以冤满、蒙、回、苗、藏五族哉！然但曰令女缠足者为我大清帝国中汉族之族糠，则于论理学犹犯有宇界、无宙界之病。宇界、宙界之名词，为光绪贰拾壹年宋衡著《宋氏论理学》时所创立。必于“汉族”二字下、“之族糠”三字上，增“宋代后”三字，乃为宇、宙皆确，而不鄙于论理学家矣。盖汉族中令女缠足之一糠，为宋代后所独有者也，岂可不立宙界，而但曰“族糠”以冤宋代前之汉族哉！

且今之人有恒言，皆曰“保粹”“保粹”，夫对于粹之尚存者之一方面则可言保，若对于粹之已亡者之一方面，则所谓“保”者无着落，而非言“复”不可矣！故对于粹，应有二主义焉：则保也，复也。粹之尚存者，例如我国中族粹之易卜、占梦、相人、相地、毫笔书画、围棋、柔术之类；粹之已亡者，例如士必习射御、无故不去琴瑟，为周代族粹；儒者佩剑、文官骑马、上流社会女子皆寓体操于秋千，为宋代以前族粹之类。

对于糠，亦应有二主义焉：则谋弃也，谋弃尽也。谋弃者，所以对于糠之众未谋弃者也。例如国糠之讼：跪审，族糠之童养媳之类，今谋弃者未众者也。谋弃尽者，所以对于糠之众已谋弃者也。例如国糠之刑审逼供，族糠之令女缠足之类，今谋弃者已众者也。

或曰："子之说粹、糠信美矣，然物质之粹、糠，人目所共见者也，事理之粹、糠则非人目共见者也，吾恐各粹其所粹、各糠其所糠之终无解决之一日也。"宋衡曰："解决哉！解决哉！亦解决于众而已矣！"

或曰："众乎众乎！吾恐众之所粹者未必真粹，众之所糠者未必真糠也。即就抑女一事评之，子以为人糠，吾亦以为诚哉人糠也。然使以投票法求公解决此问题于众，则吾恐以为粹者必居最大多数焉！"宋衡曰："惜哉！以子之贤而犹未识'众'字之真也。今子所谓'众'，意殆专指男众。夫男众曷尝非众哉？虽然，局部之众而非通部之众也。夫求公解决此问题，而投票权乃限于男一部，则宜乎以为粹者之必居最大多数矣。然使投票权普及于男、女二部，则当何如耶？"

今夫置民选议员者，至浅至显之政治之粹也。而乃者宦海之会议，否认者每居最大多数焉。当其否决也，未尝不自以为从众也；其众也，宦海之众也，所谓局部之众耳。然则否认者每居最大多数，固其所也。假令乃者会议权曾普及于通部之众欤，则可决久矣！是故各粹其所粹，各糠其所糠，非所患也。宋衡曰："亦解决于众而已矣！"

（1909年9月）

（录自《宋恕集》，中华书局1993年）

国粹之处分

反

昔德哲尼采有言曰："社会之进化，恒取准于历史，则犹如人欲急行，而以巨石自系者。"旨哉斯言。吾生平最不满意于历史家，尤憾于学者中之所谓历史派，凡遇一事，非曰历史上之所使然，则曰证诸历史斯不可易。孟子曰："訑訑之声音颜色，距人于千里之外"，其是之谓乎！

近数年来，中国之号称识者，动则称国粹。环海内外，新刊之报章书籍，或曰保存国粹，或曰发挥国粹，甚者则曰国粹之不讲则中国其真不可救药。鸣呼，此岂好现象乎！吾敢一言以断之曰：是受历史之毒，而不齿于尼采者也。夫中国之历史，绵延四千余载，国之精华，焉敢云无。此余说之稍异于吾友民氏《好古之成见》。以言形上之学，若周秦之学术，两汉之政治，宋明之理学，皆可超越一世，极历史之伟观，较诸希腊罗马未或下也。迨及物质文明之发明，若指南针、经纬度、英伦敦天文台推周公为天文学元祖、发明经纬度者，其中有周公之肖像。锦、中国在西汉时，已由中央亚细亚与罗马开贸易之端，中国之锦由是震名于西方。据余意测，今日法人称中国为Chine，亦本诸拉丁语，其音为震。时人有释为震旦者，非是，当仍锦之原音。西汉之际，华人西渡售锦，人问之曰："你卖的是怎么?"答曰："我卖的是锦。"西方之人遂因物而指其国为锦国矣。后世遂因之，若英人之曰China，亦锦之转音。印刷器、火药、磁器伦敦之勃烈颠博物馆中陈列若干之中国磁器，其精美当推为全馆之巨擘。等，则大裨于全世界之文明，虽在今日，西人犹多艳羡之者。以言为中国之国粹，是诚无愧。然当万事以进化为衡之世，是种种者当在淘汰之列。其补助于社会文明之功，已属过去之陈迹。其所产生之新文明，已历历然现诸面前。未有不以新产生者为模范，而仍以未发生新文明以前之旧模型为师法者也。

社会党烟改儿士论家族、私产、国家三者曰："待社会革命之后，此种种者，当置诸博物馆，与古之纺车、青铜斧并陈之。"余亦曰：中国之国粹，若世人之所谓种种者，尤当早于今日陈诸博物馆。是诚保守之上策，亦尊重祖先之大道也。三五学者，既得考古之道，又可借此以观进化往迹。再若热心改革者，知平民之难化，借古所已有而今亡者以引导鼓舞之，则其苦心之处，尚在崇仰之列。然若专是古而非今，尊己而卑他，标异于人，而以助国界之愈严明，梦想草昧，而使人群之日退化，则其祸群之罪，不啻应加以大辟之刑也。科学超于国界，良知贯于万民，固无分于东西，更无区于黄白种也。世之学者，不察于此，专以标异为务，则亦可悲矣。

无政府党之言曰：世界之进化如何，当视政府及私产二者受若何之处分。余曰：中国文化进退之如何，当视国粹之受若何之处分。世之学者，其三思之。

（录自《新世纪》第44期，1908年4月）

南社启

高　旭

国魂乎，盍归来乎！抑竟与唐虞、姬姒之版图以长逝，听其一往不返乎！恶，是何言，是何言！国有魂，则国存，国无魂，则国将从此亡矣！夫人莫哀于亡国，若一任国魂之飘荡失所，奚其可哉！然则国魂果何所寄？曰：寄于国学。欲存国魂，必自存国学始，而中国国学之尤为可贵者，端推文学。盖中国文学为世界各国冠，泰西远不逮也。而今之醉心欧风者，乃奴此而主彼，何哉？余观古人之灭人国者，未有不先灭其言语文字者也。嗟乎，痛哉！伊吕倭音，迷漫大陆，蟹形文字，横扫神州。此果黄民之福乎！人心世道之忧，正不知伊于胡底矣！

或谓：国学固不宜缓，然又奚必社为？曰：一国之事，非一二人所能为，赖多士以赞襄之。华盛顿之倡新国，非一华盛顿之力，乃众华盛顿之力也。社又乌可已哉！然而社以南名，何也？《乐》："操南音不忘其旧"，其然，岂其然乎！南之云者，以此社提倡于东南之谓。"率土之滨，莫非王臣"，原无分于南北，特以志其始也云尔。鄙人窃尝考诸明季，复社颇极一时之盛。其后，国社既屋矣，而东南之义旗大举，事虽不成，未始非提倡复社诸公之功也。因此知保国之念，郁结于中，人心所同然，岂待有所激而然哉！当是时，主盟者为张天如。余观天如，文学亦未有大过人者，所以能倾倒余子者，徒以其名位而已。一时风气所趋，吴门、金陵两次大会，莅会者，不下数千百辈，似亦可谓壮举。特余所深鄙者，科举痼疾，更甚曩时，门户标榜，在所不免。要其流弊，历史遗羞。艾千子，文学未必过人，而论文之见，实远出张、陈诸子上。千秋论定，当以鄙言为不谬。文章公物，无庸杂私意于其间。阿其所好，君子所大戒。欲知来，先知往。当世得失之林，安能不三致意耶！善哉，吕晚村之言乎："今日文字坏，不在文字，其坏在人心风俗。父以是传子，师以是授弟子。子复为父，弟复为师。所以传授子弟者，无不以躁进躐取为事。"吕氏此言，诚感慨弥穷矣！

今者不揣鄙陋，与陈子巢南、柳子亚卢有南社之结，欲一洗前代结社之积弊，以作海内文学之导师。余惟文学之将丧是忧，几几乎忘其不自量矣！试问今之所谓文学者，何如乎？呜呼，今世之学为文章者、为诗词者，举丧其国魂者也。荒芜榛莽，万方一辙，其将长此终古耶！其即吕氏所谓“其坏在人心风俗”者耶！倘无人也以搘柱之，则乾坤或几乎息矣。此乃不特文学衰亡之患，且将为国家沉沦之忧矣！二三子有同情者乎！深望同声相应，同气相求，与之同步康庄，以挽既倒之狂澜，起坠绪于灰烬。若是者，岂非我辈儒生所当有之事乎！《诗》有之曰：“伐木丁丁，鸟鸣嘤嘤……嘤其鸣矣，求其友声。相彼鸟矣，犹求友声。矧伊人矣，不求友声？”鸟声耶，友声耶！世岂有不喜闻鸟鸣之嘤嘤者耶！“溯洄伊人，宛在水中央”。毋金玉尔音，令余踯躅而徬徨也。

（录自《民吁日报》1909年10月17日）

第三次上端方书

刘师培

窃维《孟子》有言："经正，则庶民兴。庶民兴，斯无邪慝。"又《春秋左氏传》载齐仲孙湫之言谓："鲁未可取，犹秉周礼。"是则守礼即所以保邦。为学首基于植本。自外域之学输入中土，浅识之士，昧其实而震其名。既见彼学足以致富强，遂诮国学为无用。端倪虽微，隐忧实巨。道衰学弊，职是之由。伏读叠次兴学谕旨并学部奏定各章，于尊孔爱国诸大端，谆谆致意，而读经、修身、国文、中史诸科，定为必要科目。乃数年以来，学校林立。公立、私立各校，固多遵守定章，然阳奉阴违、视若具文者，亦所在多有。国学教师，恒以乡曲陋儒，滥竽伺选。后生小子，入学肄业，于经史巨谊，浅尝辄止。读经，则潜缩时间；作文，则日趋浅率。甚至年逾弱冠，竣业有期，西文、数学程度甚优，而读书未知句度，书字未识偏旁。倘使举世风靡，相沿莫返，恐数载而降，校舍日益，而教授国学之员，猝不易得。此则今日所当深虑者也。

或谓居今之世，学崇实用，成编所载，用以施治，未必悉适于今。不知泰西各邦，学士大夫，敦崇考古。埃及残碑，希腊诗曲，均参互考验，递相阐明，则察来之用，首恃藏往。若侈陈通今，罔知鉴古，本实先拨，用于何有？况中国学术，兴于三代以前。圣贤懿训，固炳若日星，足俟百世而不惑。即六书雅故，九流绪言，亦赓续相延，篇目均较然可按。至于国朝，士崇稽古，魁儒大师，纂述尤盛。上者足以训俗，次者亦有裨博闻。试观日本维新，尊王大义，窃取《春秋》。侠义之士，身所执持，不外宋明儒术。此又中国学术足以效用之证也。且近年以来，欧美诸国，竞治泰东古学，都会各书馆，恒远致汉文典籍，断碣残碑，珍惜备至。而日本大学，亦列汉学为专门。使中国士风长期僿陋，非惟自丧其所守，且将贻诮于邻封。加以青年失学，士习日漓，或留学外邦，侈为忘本之谈，弁髦道德，蔑侮圣贤，故书雅记，弃若糟粕，排摈翦刈，靡所不用其极。邪说蔓延，罔知所届。又或稍窥故编，昧于择别，援饰前言，穿凿附会，妄歧种界，撼国本而基内忧。思乱之徒，遂得资彼片言，荧惑民庶。是则学术不正，下之则为人心之蠹，上之则贻宗社之忧。欲祛其弊，必自振兴国学始。

伏念两江所辖，地大物博。自明公莅治以来，学风移易，均知崇实黜虚。复创设图书馆，以冀保存典籍。惟国学一种，尚缺专门学校。查湖北、苏州创设存古学堂，均经奉旨允准在案。窃以宁垣之地，亦可仿彼成例，奏设两江存古学堂，暂以城西朝天宫为校址，广延绩学之士，分任教师。肄业之生，限以八十人，均以学有根柢、敦品励行者为合格。所授学科，略仿湖北定章。复将教师所编讲义，月刊成册，颁发所属各州县，使官立、民立各校，奉为参考之资，以矫孤陋寡闻之习。至学生毕业之期，限以三载，俾得各出其所习，施教于其乡，以膺国学教员之任，庶尊孔爱国之词，克以实践。即正人心、息邪说之功，胥于是乎在。想明公必有以乐从其请也。

（1909年5月）

（录自《刘申叔遗书》，江苏古籍出版社1997年）

《国学丛刊》序

王国维

学之义，不明于天下久矣。今之言学者，有新旧之争，有中西之争，有有用之学与无用之学之争。余正告天下曰：学无新旧也，无中西也，无有用无用也。凡立此名者，均不学之徒。即学焉，而未尝知学者也。

学之义广矣。古人所谓学，兼知行言之。今专以知言，则学有三大类：曰科学也，史学也，文学也。凡记述事物，而求其原因，定其理法者，谓之科学；求事物变迁之迹，而明其因果者，谓之史学；至出入二者间，而兼有玩物适情之效者，谓之文学。然各科学，有各科学之沿革。而史学又有史学之科学。如刘知幾《史通》之类。若夫文学，则有文学之学如《文心雕龙》之类焉，有文学之史如各史文苑传焉。而科学、史学之杰作，亦即文学之杰作。故三者非斠然有疆界，而学术之蕃变，书籍之浩瀚，得以此三者括之焉。

凡事物必尽其真，而道理必求其是，此科学之所有事也。而欲求知识之真与道理之是者，不可不知事物道理之所以存在之由，与其变迁之故，此史学之所有事也。若夫知识、道理之不能表以议论，而但可表以情感者，与夫不能求诸实地，而但可求诸想像者，此则文学之所有事。古今东西之为学，均不能出此三者。惟一国之民，性质有所毗，境遇有所限，故或长于此学而短于彼学。承学之子，资力有偏颇，岁月有涯涘，故不能不主此学而从彼学。且于一学之中，又择其一部而从事焉。此不独治一学当如是，自学问之性质言之，亦固宜然。然为一学，无不有待于一切他学，亦无不有造于一切他学。故是丹而非素，主入而奴出，昔之学者或有之，今日之真知学、真为学者，可信其无是也。

夫然，故吾所谓学无新旧，无中西，无有用无用之说，可得而详焉。何以言学无新旧也？夫天下之事物，自科学上观之，与自史学上观之，其立论各不同。自科学上观之，则事物必尽其真，而道理必求其是。凡吾智之不能通而吾心之所不能安者，虽圣贤言之，有所不信焉，虽圣贤行之，有所不慊焉。何则？圣贤所以别真伪也，真伪非由圣贤出也。所以明是非也，是非非由圣贤立也。自史学上观之，则不独事理之真与是者，足资研究而已，即今日所视为不真之学说，不是之制度风俗，必有所以成立之由，与其所以适于一时之故。其因存于邃古，而其果及于方来，故材料之足资参考者，虽至纤悉，不敢弃焉。故物理学之历史，谬说居其半焉；哲学之历史，空想居其半焉；制度、风俗之历史，弁髦居其半焉，而史学家弗弃也。此二学之异也。然治科学者，必有待于史学上之材料，而治史学者，亦不可无科学上之知识。今之君子，非一切蔑古，即一切尚古。蔑古者，出于科学上之见地，而不知有史学；尚古者，出于史学上之见地，而不知有科学。即为调停之说者，亦未能知取舍之所以然。此所以有古今新旧之说也。

何以言学无中西也？世界学问，不出科学、史学、文学。故中国之学，西国类皆有之，西国之学，我国亦类皆有之，所异者，广狭、疏密耳。即从俗说，而姑存中学、西学之名，则夫虑西学之盛之妨中学，与虑中学之盛之妨西学者，均不根之说也。中国今日，实无学之患，而非中学、西学偏重之患。京师号学问渊薮，而通达诚笃之旧学家，屈十指以计之，不能满也。其治西学者，不过为羔雁禽犊之资，其能贯串精博，终身以之如旧学家者，更难举其一二。风会否塞，习尚荒落，非一日矣。余谓中西二学，盛则俱盛，衰则俱衰，风气既开，互相推助。且居今日之世，讲今日之学，未有西学不兴，而中学能兴者；亦未有中学不兴，而西学能兴者。特余所谓中学，非世之君子所谓中学；所谓西学，非今日学校所授之西学而已。治《毛诗》《尔雅》者，不能不通天文博物诸学；而治博物学者，苟质以《诗》《骚》草木之名状而不知焉，则于此学固未为善。必如西人之推算日食，证梁虞劇、唐一行之说，以明《竹书纪年》之非伪，由《大唐西域记》以发见释迦之支墓，斯为得矣。故一学既兴，他学自从之，此由学问之事，本无中西，彼鰓鰓焉虑二者之不能并立者，真不知世间有学问事者矣。

顾新旧、中西之争，世之通人，率知其不然，惟有用、无用之论，则比前二说为有力。余谓凡学皆无用也，皆有用也。欧洲近世农、工、商业之进步，固由于物理、化学之兴。然物理、化学高深普遍之部，与蒸气、电信有何关系乎？动植物之学，所关于树艺、畜牧者几何？天文之学，所关于航海、授时者几何？心理社会之学，其得应用于政治、教育者亦尠。以科学而犹若是，而况于史学、文学乎？

然自他面言之，则一切艺术，悉由一切学问出。古人所谓“不学无术”，非虚语也。夫天下之事物，非由全不足以知曲，非致曲不足以知全。虽一物之解释，一事之决断，非深知宇宙人生之真相者，不能为也。而欲知宇宙、人生者，虽宇宙中之一现象，历史上之一事实，亦未始无所贡献。故深湛幽渺之思，学者有所不避焉；迂远繁琐之讥，学者有所不辞焉。事物无大小，无远近，苟思之得其真，纪之得其实，极其会归，皆有裨于人类之生存福祉。己不竟其绪，他人当能竟之；今不获其用，后世当能用之，此非苟且玩愒之徒，所与知也。学问之所以为古今、中西所崇敬者，实由于此。凡生民之先觉，政治教育之指导，利用厚生之渊源，胥由此出，非徒一国之名誉与光辉而已。世之君子，可谓知有用之用，而不知无用之用者矣。

以上三说，其理至浅，其事至明。此在他国所不必言，而世之君子，犹或疑之，不意至今日而犹使余为此哓哓也。适同人将刊行《国学杂志》，敢以此言序其端。此志之刊，虽以中学为主，然不敢蹈世人之争论，此则同人所自信，而亦不能不自白于天下者也。

（1911年）

（录自《王国维遗书》，商务印书馆1940年）

论国学研究之法式

希 如

西人之论哲学系统也，关于形式，其说有四，曰独断，曰怀疑，曰撰定，曰折衷。独断说者，为哲学家最古之形式。其语源于希腊之陀麦克，含必如此无不如此之语意，虽构为公例，而实无证之断定也。怀疑说者，考察踌躇之意也。盖吾人之心灵，自由者也，不能长受制于独断说之下，于是激动而生他种之见地，如近世特嘉尔及培根之教义，皆本此意。然怀疑说不认有界说，亦不求公理，惟有疑而已，亦其失也。撰定说为康德所创，其说以谨严之法，检核人间知识之本原及界限，而加之以判断与证明。其讨究之法式，既大异于独断、怀疑两家。而折衷说者，则又由异派之教义，节取而综合之扩大之者也，故尤为近世哲学最溥通之形式。以上参《哲学要领》。之四者，因发生之先后，为立术之精粗，盖学术进化之次第然也。

而以观我中国数千年之学术，往往陷于独断、怀疑两家，沉溺而不知返。而为撰定、折衷之学者，不少槩见，岂中人之智，不及西人欤？抑以所以研究之者，未得其道欤？

盖上世简质，开物成务之圣人，未尝以空言垂教，时则无所谓学术也。迨成周之盛，学术犹存于官守，而非为一家言。本章氏学诚说。自官师分途，学派始萌。于时孔子以天纵之圣，未能得位行权，乃始垂空文以教万世，故为道术之总汇。然综其所得，实于折衷派为近。故曰："我非生而知之者，好古敏以求之者也。"达巷党人曰："大哉，孔子博学而无所成名。"孟子曰："孔子之谓集大成。"皆谓其能综合古来之学术，而加以折衷也。史迁云："言六艺者，折衷于夫子。"即此义也。然孔子之学，虽本折衷，而后儒为孔子之学者，则据孔子之所述，持一必如此无不如此之意义，遂成为学术之专制，而陷于独断焉。

战国之时，诸了朋兴，于时学术号称极盛，然所谓持之有故，言之成理者，实皆独断派也。故其时之学者，辄排斥异术，如恐不及。《荀子·解蔽篇》云："私其所积，惟恐闻其恶也。倚其所私，以观异术，惟恐闻其美也。"

尽当时巨子之情状矣。盖彼既倡一说为宗旨，及至论辨之际，惟求争胜于异己，而于论理，固不必尽合，此其所以为独断也。儒墨名法，莫不皆然，虽孟子亚圣，未免乎此。惟庄周天资高迈，入理独深，其著书之旨，乃不主独断而务怀疑。其言儒墨之是非，全以怀疑为根据，实为思想自由之嚆矢。夫撰定、折衷两家，必经怀疑一阶段，而深之以研究，其所树之教义，乃确定而不可摇。故怀疑为浚发思想之源泉，而庄子实当时之圣人也。惜乎更战国以迄秦汉，儒术遽定一尊，而学术进化，遂不可睹。

若汉儒经术，无虑皆出独断，《班志》所谓安其所习，毁所不见者近之。盖彼渐渍于儒家辟异端之说，虽操同室之戈，所不恤也。两汉以降，宋学为优，朱子生濂洛之后，雅善折衷，而即物穷理之说，亦与西士之实验派相近。惟囿于儒家，不能兼综九流，不免为先入之见所夺，而陷于独断。若陆子之尊德行，导明王文成学术之先，实为独断之尤。陆子之六经注我，固为独断。若王文成之言致良知，于论理不合，恽子居辈多辨之，谓其既云良知，何须乎致。其言知行合一，最为独到。然人之行动多发于感情，知与行不能有直接之关系，尚隔感情一阶级。凡动于感情者，不必知之而即行，而人之知识与感情，其强度每不相应，此验之普通心理而然者也。故王说全出独断。

此中国自儒术定一尊后，学术之思想，靡论竺旧开新，殆无不出于独断也。一为徇前人之意义，一为坚自信之意义。若怀疑一派，持之者少，偶有其人，辄招掊击。如王柏之《书疑》《诗疑》，尚为学者所诃，李卓吾辈更无论矣。非圣无法，咸怀戒心。至前清中叶，士大夫多假汉学为标帜，逐逐于名物训诂之末，益支离破碎，不可究诘矣。顾此等专门之业，无与至道，其研究法式，专从事于演绎旧说，又不寻其义理之所寄《哲学要领》云演绎法中殆无辨争之事，即其组织而论，其结论之合于论理否可也。若乃于其中所证之原理，而或是之或非之，则不可。此实汉以后服膺儒学之状态矣。匪惟无敢怀疑，实亦不为独断，盖学术界思想之蔽塞，至是而达于极端矣。

然人心郁极而必发，道术闇极而必明。方当汉学极盛之时，研求古义者众，而晚周诸子学术，乃有复活之机。迨咸同以降，子学益昌，而怀疑之渐起。一时之为经学者，复假途于微言大义，习为今文家言，或混合六经，归纳于春秋，或斥东汉古文为伪，又谓六经皆孔子作，实则聚讼纷纭，初无确据。而学者于孔氏所述之六经，无一定不可易之观念，由此而启，实学术界由独断而趋于怀疑之现象也。顾倡此说者，不自认怀疑，一以穿凿武断行之，而自信其必然，则又以独断为怀疑之变相。近时凡为公羊之学者，其论治论学喜为惝恍、广演之谈，命意所在，茫无界域，吾以域为是怀疑说而已。要其启发思想言论之自由，其功为不可没。

乃一时之讲求国学者，不能因是而更进一解，用撰定折中之法式，参之九流百家之术，以蕲进于淑世善群之学，顾反有取于曩者支离破碎之为，思以抵其巇而夺其席。如某君《与人论国粹书》谓，郑夹漈章实斋书为不可观，学术派别不可轻谈，欲令学者专从诸事于训诂考据之学，以为可免浮诞之习，而其自为书乃以孔子下比刘歆，又论子学说，语极汪洋恣肆，其实亦独断说耳。否则驰骛于文学词章，姑以发其沉郁无聊之思，以为研究国学之真，不过如是，何其悖也。夫怀疑之说，至今日殆已臻极盛，而撰定、折中两家，未有能自致于精深博大之域者。

窃谓古之为道术者，皆思以其学易天下，今所谓考据词章，虽极精深，要是专门之业，其于淑世善群之道，去之盖远，岂讲国学者舍此遂无可为耶。自五洲大通，世局新异，儒术既不可独用，固当综合新旧学术，舍短取长，沟通而融贯之，铸成一种道术，期足以应当世之变，而立人道之极。其致力之要，在本之道德，以植其基，推之群理，以尽其变。此语最要。盖道德亦当合于群众之趋向，方可广被，子思子所谓庸也。否则纵极高美，亦不可行，或仅行于伦类最少之一部耳。又政治法律皆由群学出，即历史亦群学之一部分也。至物理学于群治最有关系，略知其意可矣，语其精深，亦须专门。证之论理，以妨其舛。《名学浅说》谓：中国九流之学，什九皆詟词，以其不合论理也。今当力防其弊。庶几以之撰定而判断精，以之折衷而弃取审。幸生学理大明之世，饫闻先圣鸿哲之言，务为实是求事之学，本其实验积诚之所得，创立新解，固有可建诸天地而不悖，质诸鬼神而无疑者。天时人事之相迫，必有人焉起而任之，何啻种学术之足贵？昔南伯子葵谓卜梁倚有圣人之才，而无圣人之道，其自谓有圣人之道，而无圣人之才。夫有圣人之道而无其才，则亦终于庸人耳。若世不乏圣人之才，其诸有闻吾言而起兴者乎？

（录自《文史杂志》第5期，1913年7月）

《国学》叙言

毛澄宇

吾侪履尧畿，践禹甸，于焉颐养，于焉滋长，于焉蕃衍，安则与并存，危则与俱丧。国学可以图强乎哉？曰：唯唯。沈沈世界，莽莽乾坤，郁郁河山，悠悠岁月。皇灵系胤，璀璨神州，弱丧知归，再接再厉，蒙胡索虏，不旋踵而迳走，于以昭德象功者，又足征诸礼乐，痛定思痛，骇汗交流。国学果不可图强乎哉？曰：否否。斯二大端，吾侪蓄疑于中，迄无以自晳。曷思之，曷重思之，思而弗得。敢证农功，孝弟力田，树艺五谷，屡惟农年，于穆乐只，讵不甚善。然而水旱荐虐，疠疫为病，蝗螟滋殃，则谷有不登，民乃菜食。于是欲罪耘耔，举以废之，而他求助长焉。稼穑为害，未有若斯之亟者也。以吾国人觇吾国学，无乃类是。故群治不张，国几不国，则譬犹水旱疠疫蝗螟之灾也。指画东西，争鹜形质，是求助之长也。以国学例石耕，竞思废之，是只知罪其耘耔者也，本末倒置，耗矣哀哉。呜乎，宋人揠苗，孟子疾呼，以为无益，今之宾宾，恶弃国学，亦若农夫，以耕为厉，虽未识视宋人奚若，然对于孟子，其有以自解也乎。

惨矣哉，吾之国学弃如遗也。吾之疆土，则又弃之屡矣。五胡而隋，辽金元清，皆为吾侪失国之痛史。然卒一蹶复振，百折不挠者，曰文化故，曰文化故。今也何如，沉沦之期，直悬眉睫，鹰鹯鸟雀，已踞腹心。乱我文言，灭我学术，祸且不测，先圣文化，亦已垂亡，典章澌泯，衣冠扫地。六经粪除，百家秽芜，式微式微，欲济何济。国族种灭，佥以文物销烬，始终以铺，阅数十年，世界将无复汉黄人之领域。而文言学术，又必先见投之洪水，畀以猛兽，朕兆萌哉，窃冀吾言之不中耳。

呜乎痛矣。披发祭野，辛有见之抱戚。晋代胡语，颜氏值之恻心。吾国今日，甘为红奴黑隶者，又比比焉。精神窈冥，形质眇藐，一言一动，一布一丝，一皿一盂，皆非泰西东之文物莫适。若弗然者，众必非之，且或故腾讪谤，以为是不足以高阔翔步，俯视人群也。噫，异哉。空谷来风，枳枸来止，瓜豆分剖，纵未实形，而高丽印埃，洵久不自居如茅，惨酷重惨酷，人谓之不芒也，何哉？

吾为斯言，声嘶力竭，而听之者惑焉，以为是乃无病而呻，未丧而泣也。虽然，吾岂好为危言者哉。天下大势，事所必至，理有固然，则又敢于衡论者也。将欲挽之，岂果无术。曰恶。是何语？请借前著聊进一筹。幸无河汉，是为得之先圣垂训，曰在于经，形上道德。兹焉是寓，泯棼祸乱，又足以默化潜移者也。培养元良，莫善于此。使经术或坠，则民将无措。手足皆桎，虽法令更密而盗贼不为加损。是经学之不可废者也。立国之载，又鉴于史，兴亡继绝，察有由来。况家族谱传，民且永宝，亦敬祖念宗之诚系耳。史学之缺，非徒治乱无稽，而爱国之心亦致茫昧。是史学之不可废者也。振立人纪，道义以担，莫重理学，虽仲晦象山，不无议诤。汉儒宋儒，或有岐见。然韩子说原，括原道原性原毁并种种杂说。周子通书，程子四箴，张子二铭，朱子集传，皆为载道而述，人共由之。理学若亡，则率兽食，人人将相食。此理学之不可废者也。尘垢秕糠，陶铸尧舜，宁俟百家，故虽纯疵杂投，大小异说，然忧天悯人，悲怀则一。使罢百家，则行贤之道莫称，后贤之法无述，钧天沉醉，如瞽如痴。是百家之不可废者也。黼珽章施，目成采色，则又莫若辞章。是故诵诗三百，遂知变雅之衰，载读七哀，又识西京之痛。楚些骚七，要皆惩毖之思，颂赞箴铭，率寓善恶之隐，岂为轻如雕技，亦有裨于世风。此辞章之又不可废者也。其余卓荦，弥绘焉罄，世之君子，知抉择耳。

呜乎！嬴秦乱政，国故先亡。刘石凭陵，京华覆陨。然暴龙一易，则挟书禁除，胡马焚如，其为祸且暂，更若萧绎之摧烧，亦泄一己之郁积而已。厌弃国学，皆未逾今日，庄亦有言，哀惟心死。日者国学之溺，魔自心生，不以数旬，岂能复活。同人又复浅涉，惧昧良知，徒以鉴于本之不存，末焉能付。隐痛无既，愁也寸心。于是有斯册之编，无异下车冯妇，讵谓汉京博我，亦曰绍述先师，如是云尔。若乃顾瞻周道，则日暮途遥，坐井观天，又汲深绠短，将何以掩侧陋而阐高明。南华不又云乎，大知闲闲，小知间间，大言炎炎，小言詹詹，鸿硕之士，又能区以别矣。至如不惜鞭策，欬唾以加，尤为同人所欣慕者。岁在阏逢，摄提格，太阴闰五之五日，南溟楼主谨叙言。

（录自《国学》第1期，1914年7月）

国　学

——致《甲寅杂志》记者

孙叔谦

记者足下：神州学术，自汉武屏黜百家，独尊孔子，而规模一小。自六经为利禄之鹊，孔子为丹紫之獭，而规模又一小。百家去，则中国惟有儒学，而无国学。利禄盛，则儒学惟有糟粕，而无精英。数千岁政治之不能改良，学术之不能孟晋，道德之不能匡正，国势之不能振拔，谁生厉阶，至今为梗，未尝不太息痛恨独夫专制之祸，烈于洪水猛兽也。

楚王好细腰，而国多饿人。越王好勇，而士皆蹈火。上有所好，下必甚焉。全国之民，风行草动，化久成俗，胶固漆坚。虽有独立不惧之彦，倜傥非常之英，如司马迁、王充、嵇康、李贽诸子，不靡于物，不饰于人，卒皆为国人摈绝。人心所趋，罔不由渐。消长之迹，有足征者。

春秋之季，儒学与百家并立，各不相下。人民视之，亦无轩轾。故列御寇言孔丘墨翟，无地而为君，无官而为长，天下丈夫女子，莫不延颈举踵而愿安利之。孟子言天下之言，不归杨则归墨，不归墨则归儒。可见孔子在当日，实无统一学术之势。百家往而不反，各不相通，党争所至，非难尤烈。墨子之非儒，庄子之渔父盗跖，诋丑不存余地。孟荀反嘲，诅以禽兽，谥为俳优。此在当时，实无足异。及读《嵇叔夜与山涛书》，谓每非汤武而薄周孔，在人间不止。此事会显，世教所不容，乃竟以遭戮。三国距儒学统一，不过三百数十年，而世教湛渍，已不可违，况浸淫千岁以下乎？百家之学既亡，进化之途乃塞。盖睿思幽渺，灵曜精光，皆由竞争而焕发，未有专事一尊，摧挫其心思，桎梏其言语，而尚可以言学术也。

往者章炳麟为国学讲习会于东京，刘师培、黄节诸人为《国粹学报》于沪上，朱孔彰为国学社于皖城，皆不专宗孔学，是为名实相称。惜未能持以岁月，弦诵所被，不可复姬周之旧观。则大兵之后，犹有凶年。专制淫威，未尽湔涤。遽望人心之复阳，学术之敦古，是见卵而求时夜，见弹而求鸮炙，无乃太早计矣。

愚所谓名实相称者何也？以为国学者，必萃一国之思想学术也。若以一家之思想学术为教，只得曰一家之学，而不可曰国学。朕即国家之妄语，久为天下所弃。思想学术，犹有同情。一家之学，不称国学，即渺渺之躬，不可命名国家也。不然，以儒术为国学，则若道，若墨，若法，若阴阳，若兵，若农，与邹鲁荐绅，势类水火，将屏诸国学之外乎？指为夷狄之学，盗贼之学乎？故以儒术为国学者，名不称实之举也，朕即国家之学也。

今者满洲逊退，专制消沉，而数千年利用之武器，尚未去于人心。或发于清季科举之妖孽，或主于皇室遗党之谬论，相应相求，铸为一罏。盗贼假孔子败坏千载之道德，彼反以为维系百世之纲常。夷狄藉孔子賭塞天下之聪明，彼反认为诱启后生之才智。视垩而曰黔，望泰山而曰海，是非倒置，阴阳错综，未有若是之甚者。

现今民德，突梯滑稽，如脂如韦，夸毗寡耻，万象罗陈，利禄实为最终之的。而孔子三月无君，则皇皇如也。出疆载质，曰可使南面，曰从政何有，曰吾岂匏瓜，系而不食。儒家立己立人，首重为仕，与老聃严周之隐遁，墨翟禽子之中立，迥然不同。干禄之徒，引为口实，排道拒墨，独尊尼山。上自名公巨卿，下至负笈之子，一命之士，有不以私淑弟子自居者乎？观其治国经邦，则于孔子所谓富教即戎去杀，立国大本，茫乎不识为何物。观其修身厉志，则于孔子所谓“礼、乐、恕、敬，多识鸟兽草木。泳乎沂，风乎舞雩。钓不纲，弋不射宿。执干戈，卫社稷。陋巷箪瓢，疏食饮水”，立身大本，惚焉视若无睹。诘以读圣贤书，所学何事，彼最上者亦不过如文文山成仁取义云云而已，况为数百岁而一见者乎！

愚以为今日言国学专尚儒术，则名实不称，言民德专尚儒术，则奔走之风炽，二者皆洪水猛兽。孔子之灵，必不来格。立百家于学官，复三代之旧，去利禄之贪黩，行富教之修养，国学兴而民德振矣。汉以来之六经，唐以来之诗赋，明以来之八股，以及今日之新技异能，取崇官厚禄，以为宗族交游光宠者，何一非假道于儒术？今之人官，稍趋于实。乃必以儒术为方相氏之熊皮，蒙以黄金四目，则一切新技异能，将与诗赋八股同其功效，生民日用，失其典谟，此倡国学者不可不察也。近有东京某某，创为国学一报，浮游肤浅，倜然无所归宿，颇为学者所病。东人之子，犹多精研文献，恐遗笑异邦，自增黜辱。大诘能进其忠告，则天地神祇，实嘉赖之。举世皆乡愿，用自矜奋，何敢贼人。书不悉意，谨陈固陋。孙叔谦白。

（录自《甲寅》第1卷第4期，1914年11月）

论爱国为研究国学之本

倪羲抱

呜呼！天下事大难逆料，兴亡之故，匹夫焉逃其责。此昔日狂愚之言，宜为邦人君子，屏绝而吐弃之矣。今是编之续，不能考订圣经贤传之章句，搜讨天渠石禄之秘藏，而又剌剌向人曰：爱国！爱国！呜呼！吾其能无罪耶。

学之不讲也久矣，国之不竞也甚矣。顷者夷夏之防，阒矣无闻，自甲午庚子而后，益不堪言。然而忧时之士，往往危言深论，警以国亡种灭之至，证于事实，尚去百步。若今何如哉？若十年数年以前与一月半月之间，又何如哉？疆域则与敌共之矣，政教则不能自持矣。国之未亡，悬于一发。于此而诏人以学，若徒曰正心也，修身也，抱残而守阙也，不流于清谈之误国，必致以曲说为害人，是恶乎可。

尝论学说源流，其旨万千，明体达用，则无异道。尧以是传诸舜，舜以是传诸禹，禹以是传诸汤，汤以是传诸文武周公。至于孔子生而祖述宪章，继往开来。孟子私淑诸人，更为七篇。道用益彰，考其微言大义，有偏于爱己者乎？古者圣贤之心，无非救国与天下之心。古者圣贤之学，无非救国与天下之学。其亟亟乎治学也，非专治一己以求为愉快也。惧己之不明不恕，为国与天下之蠹贼，而必学以免于过也。己既免矣，见人之学有未至，德有未周，则又戚戚焉。悯之而不能不为之治，不为之教，使各得其所也。呜呼！此何道也哉！此何道也哉！

是必有一本者矣。所谓本者，爱而已矣。爱之事，有爱人者矣，有爱己者矣。夫爱己则必求于己，爱人则必求于人，而人与己皆何所统乎？则非国末由。以爱己爱人两言之故，不如为爱国，以爱其国之故，知不能自弛其责任，则爱深矣。又以爱其国之故，知不能自残其同类，则爱又深矣。世之人，往往自暴自弃。其贤士大夫，苟图富贵，专肥其私而不顾，若以爱己之道例之，未可为非礼也。然爱于己，则损于国矣，此岂可为训焉者乎？爱人者，又持大道既行，天下为公。以号于人曰，国家之念重，则世界之识轻，古者大同之治，不可不望于今日。于是而爱人之利未见，则爱人之害又彰。盖爱无差等，施由亲始。孟子所以告墨者夷之而辟其谬，兼爱之道，祸不止于无父，而必底于无国焉。人之能爱其朋友者，必能爱其兄弟，自有兄弟而不知爱之，其所以称爱其朋友者，非有所慕焉，必利于其身者也。然则不愿闻爱国而主兼爱天下之说，其用心得毋相同。尝论古之称天下者，所谓天下犹今之国也。古之时，中国之九州，国者以万数。至于春秋，可以名焉者，且二百有四十，其政教种族，非有别焉。故充其爱，必自国而推于天下。然《大学》亦言古之欲明明德于天下者，先治其国，以序言，则国近而天下远也；以效言，则国易而天下难也；以理言，则国亲而天下疏也。且礼执干戈以卫社稷，虽童子必殇，国君为社稷死，则死之，以同戴一尊，同处一国，而仅仅有界域及职守之分。古之圣贤，其教人一致不忘爱国犹如是。

今五洲交通，聚至不齐之种族而为天下，则其国之厕于其间，靡强与弱，殆皆为忧患之时，图之则存，不图之则亡。而其为国也，非仅为昔日之专倚一人，其民皆可出作入息，耕田凿井，老死而不问国事也。起视世界，秣马厉兵，铁黑之弹大如斗，飞行之舰，来于天上，风云千变其间，曾不容发。苟欲免于死亡，不能待敌国外患，有萌芽之著，朕兆之见，而后起振臂以高呼也。必也人人于国之无事，详察而明审其利害，各以国势时事，往来于心，念兹在兹。凡其国之所留遗，与所缺憾焉，可振者振之，可求者求之。以一己力所不足者，或群聚而议处之，或会合而发明之，务使国无废学，人无废民，既足以自守而有余矣。于是大其心以为高瞻远瞩，充其量以为仁民及物，夫岂非天理所当然者乎？故行事而不以爱国为心，则其事为无益之事；立言而不以爱国为心，则其言为无益之言；为学而不以爱国为心，则其学为无益之学。

呜呼！孰谓时至今日，而可以讳言爱国乎哉。若夫故旧之学，其取之无间，而论之必笃。此亦于残编断简之中，为求其可以为发挥光大，不欲自毁而尊人。苟于其故者日亲日近，则新者之益致其精，庶乎有同功焉。为是论以俟君子。

（录自《国学杂志》第2期，1915年5月）

论尚武为吾国国粹

王蕴曾

众生芸芸，大地抟抟，历百千万劫而有我。更历数十寒暑，而有今兹之我。渴而饮，饥而食，晨而兴，夕而寐，存此一息生机，而不至泯没者，岂易易哉。无一须弥之空间，无一刹那之时间，而不与外物相竞争相抟战也。稍一不慎焉，而我祖若父，排万难，冒万险，以憗遗之我，躬将自我而斩矣。而吾欲葆此渺小之躯，留传一线，无忝祖宗者，其道何由，则最要者曰：尚武。

夫武为吾国粹，而近今人民心性所深惧而讳言者也。惟武可以立国，而民若可以致亡。惟武足以葆身，而民若可以速死。尺籍之中，决无千金之子，惟游手好闲者，藉为糊口资。击刺拳勇，上流之人，视为贱技，惟江湖卖解，市井无赖，始得习焉。久矣，夫果敢刚强之气，节烈侠义之风，无复有纤毫遗留于吾人身体中矣。奴隶我而叱辱受之，牛马我而鞭箠安之。庸讵知我祖宗宅此区夏，安奠厥居，经几许汗血之功，战斗之役，而始克有此。祖宗奋勇而得之，子孙安坐而覆之，其贤不肖之相去几何耶？故不欲保存吾国则已，苟欲保存，则惟有尚武。不欲保存吾国粹则已，苟欲保存，则首宜尚武。盖武之为道，大可卫国，小可卫身，为吾先民遗传之天性，不可一日缺者也。读者疑吾言乎？则请引经据史，以明吾国粹所由来，与夫保存之不容缓，而振起吾民之精神焉。

生民之初，獉獉狉狉。木石居而鹿豕游，毒蛇猛兽充斥于草昧之乡。非以体力战胜之，不特茹饮无毛血，即巢穴亦不能安宁也。既战禽兽而胜之，于是人与人又争饮食居处矣，而酋长之制兴。合一群之人民相抟战，猛勇者得为渠率。人民愈聚而愈多，土地愈辟而愈广，而其渠率之聪明材武，能制伏众人者，咸戴之为君。其群所居一定之土地，谓之为国。于是国与国又以其利益欲望之不相均，而战争以起。人类之欲望无厌，人类之战争不息，即人类之武力不可一日或缺。奈之何？吾民乃以软弱巽懦闻，溯我始祖黄帝，自昆仑之麓，率其人民转战而至中原，首擒蚩尤而戮之，弦木为弧，剡木为矢，弧矢之利，以威天下。天下大定而教民佃渔畜牧以安集之，历唐虞夏商，虽无代无戎狄之患，而吾民未尝一忘武备，故虽有不为害。至周而制度大备，文物灿然，天下安宁，以尚文著者，宜若可不尚武矣。然而考之《周礼》，伍两卒旅师军有教练之制也，井邑邱甸县都有征发之数也。人人有纳税之义务，即人人有当兵之义务。燕飨祭祀，不废射仪，搜苗狝狩，皆以讲事。寓兵于农，而无人不知兵。故诗人诵公刘之绩曰：弓矢斯张，干戈戚扬。诛文王之德曰：王赫怒斯，爰整其旅。扬武王之烈曰：矢于牧野，维予侯兴。美王之功曰：王奋厥武，如震如怒。言尚父之武，而比之鹰扬，言程伯之武，而喻之虎臣。所以宣武烈而陈武功者，难以悉数也。弱如鲁国，而亦有矫矫虎臣，在泮献馘。淫如郑卫，而有襢裼暴虎，献于公所。伯也执殳，为王前驱之诗。若夫有力如虎，执辔如组，当时臣民好武也。载缵武功，言私其豵，献豜于公；其农民好武也，将翱将翔，弋凫与雁；夫妇相警以尚武也，与子同袍，与子同仇；社会相励以尚武也，至于春秋，列国相侵伐，二百四十年，成为相斫战斗之史。立国其间，苟不搜讨军实，申儆国人，以期取威定霸，战胜攻克者，国必不振，且覆亡随之。故其时世禄之家，文武兼资，人才辈出，入则公卿之选，出则军师之材也。贾大夫射雉而其妻悦，公孙楚戎服而徐妹从，今德国妇人好嫁军人之品性，何以加焉。

孔子生当叔季，为将门之子。少小而陈俎豆，晚岁而删诗书，定礼乐，以道德仁义，垂教万世，固未尝以才武著也。然而伐费而败之，未始不知兵，能执干戈以卫社稷，可无殇也。何尝不以武励俗，勇服孟贲，力拓城关，未始无勇力。弟子如子路，固以勇著，而冉求亦能用矛入齐师，樊迟亦能三刻逾沟以督战。自知孔门之教，有文事必有武备，有武备必有文事，未能偏废也。战国承春秋之后，军事教育，各国皆有特长。易兵车而为骑射，于此时，创兵法为专家，于此时，奖侠义而尊勇士，亦于此时。竞争烈而进步速，其明证矣。秦并天下，恐六国之民，难以制伏也，焚诗书以愚之，铸金人以弱之，欲废兵革不用，不旋踵而陈涉揭竿起矣。汉兴，天下一统，海内太平，至武帝遂用兵域外。列郡材官，畿辅良家，东南一尉，西北一侯。井田之制，虽废已久，而兵与农犹未显分也。至唐用募兵，而兵与农遂显分。以至于今日，斯民日流于文弱，而尚武之精神，澌灭迨尽。我国运会升沈，悉于此转机焉。何以言之？寓兵于农，虽征调频繁，而非有战争，年不过数日。人人知兵，民习而安。自兵与农分，农不知兵，服习畎亩，昧于战争之事，惮于征戍之劳。闻有兵革，骚扰烦愁，全国染疲软畏葸之风。兵不知农，老死戎行。无事之时，释甲而嬉。猝遇兵事，精锐少而老弱多，汰之则陡增无数游散之民，留之则全军有玩愒偷惰之气。

吾国纪社会风俗无专史，大抵散见于诗人之篇章。自唐以来咏兵事者，莫不以悲苦愁惨出之，如牵衣顿足拦道哭哭声，直上干云霄之句，三百篇无是景象也，可以见农不知兵之弊。前清洪杨之役，驻防绿旗，窳败不可用，湘乡乃招练团勇以平乱。而历代裁汰兵籍，又每肇哗变之虞，可以见兵不知农之弊。兵农既分，兵有专责，武事非平常之人所宜讲习。然而尚武者，吾人遗传之天性也。才力无所于用，于是剑击拳勇之技出焉。有唐一代之剑术，见之记载，传之吟咏者，不一而足。迨其后拳术兴而遂夺剑术之席。李靖之派为内功，少林之派为外功，附丽释道，以衍其传。世人多有学之者，既无兵法以部勒之，又无学问以教育之，至于拳匪之乱，而人人讳言拳勇矣。武科未废，骑射刀石，尚线延一线，科举既罢，而亦随以俱亡。

总而言之，吾国之弱，自兵农既分，人民惮于为兵始。吾民之弱，自重文轻武，社会贱视勇力始。至今日而吾国尚武之国粹，沦胥尽矣。不知彼自诩为武士道者，独非中土所流传耶。彼火药枪炮，独非吾国首先发明者耶。他人愈演而愈精，吾国残废而不用，浸至求学于人，浸至仰给于人，浸至人将代我制造。甚矣，夫不讲尚武精神之弊，一至于此耶。不解保存国粹从旧蜕新之败坏，至于此极耶。

嗟嗟！大祸已迫燃眉，吾民将无立足，求人当先责己，能战始克言和。发愤为雄，励精图治，速振刚强之气，力除懦弱之风。莽莽神州，畴无保守之责。沉沉绝学，同殷怀旧之思。蓬矢桑弧，既诏我于诞生之日。枪林弹雨，又勉我以进步之方。拔剑问天，壮士誓当报国。挥戈逐日，男儿志在从戎。向戌弭兵之言，在古已无成效，海牙平和之会，当今徒托空谈。然则欲保吾国，惟有黑铁耳，赤血耳。吾民乎！吾民乎！酣睡醒乎！醉梦甦乎！班超投笔，卒斩楼兰之头，终军请缨，遂击单于之颈。是亦吾先民尚武之功烈也，其有闻风兴起者乎？

（录自《国学杂志》第2期，1915年5月）

中国国学博大优美有益于人类说

陈启彤

民无学不能群，群无学不能国。员舆之上，国亦众矣。历史之延长，有逾于中国者乎？人民之滋多，有逾于中国者乎？土地之膏腴广博，有倍于中国者乎？得此佳果，岂偶然哉？盖有为之桢干之国学，有以致之然也。由此观之，则吾国之国学，其博大优美，有益于人类，盖可知已。虽然，此空言也，未既其实，试分别而征论之。

曷以征其博大而有益于人类乎？则吾国国学，以道为学术之指归是也。夫道也者，诸科之源泉，学术之总汇也。故精之则不可明言，粗之则天地鬼神、山川草木、鸟兽昆虫、王制礼仪、日用人事莫不毕属，举世间之学，而统为一科，包括之而无遗者，盖惟道之说为能尽之矣。（按道之一字，含义至博，含理至大，学者每不省其界义，故道之说晦，而世以降，学以衰。《说文》：道，训所行道也，一达谓之道，对古文从首寸，段注云行部称四达，谓之衢，九部称九达，谓之馗。按许三称当是一例，当作一达谓之道，从辵首，道，人之所行也，故从辵。此犹上文逢人所登，故从辵也。朱氏骏声云䢜从首从寸，当为导之古文，其说均确。道虽为著名，顾引申之有大意，有通意，有直意，有一意，有理意，总此诸义，乃适合于玄名之道，而表其体用。且玄名之道，为生人之所不可不由假道路之道，以示其不可名，而又为人之所不可不由也）楙而为九流，其量狭小矣。然而一端之用，可治群也，充欧西之治，一法家而已。顾其量既狭，则其用不宏，可暂而不可久也。昔者我国春秋以降，法家亦应运而生，背道德而趋功利，以时会之关系，适用其方。当其际，功名赫赫，其国家亦富亦强（按我国法家之政策，与今西人极相似，亦取军国主义。故秦孝公用商鞅之策，定变法之令，民为什伍，而相牧司连坐，不告奸者腰斩，告奸与斩敌首同赏，匿奸者与降敌者同罚。民有二男以上，不分异者，倍其赋。有军功者，各以率受上爵。为私斗者，各以轻重受刑。大小僇力，本业耕织，致帛粟多者，复其身。事末利，及怠而贫，举以收为孥。宗室非有军功，不得属籍。明尊卑爵秩等级，各以差名，田宅、臣妾、衣服以家次，有功者荣显，无功者虽富无所纷华。盖秦使其民所以要利于上者，非斗无由，五甲首而隶五家，可谓极端之军国主义已）然统一之局既成，则儒术乃取而代之。法家之风靡以尽，军国之制，荡然不存，迄于二千余载，施政布教之大纲，未越于儒术，（谓礼教宗法）其量广也。窃尝论之，道之用为术，术之局于一隅者，为方术。（《庄子·天下篇》叙诸学派，以道术并称。开首乃曰，天下之治方术者多矣，皆以有为不可加矣。曰方术，明其术之狭也。说详拙著《国学钩沈论》）欧西之学，盖为方术而已，未达于术（按术，《说文》训道中道也，引申之，有通达之意。通达则不限于一方，故道之用假以为称，儒能达道之用，故儒《说文》训为术士。此种名文，关于国学者至要，故详之），遑言乎道。彼都之学，渊于希腊，纪元以降，惟推康德，近时学者，或拟之为东方之孔子焉。盖此西方学者，视道德与哲理不相联贯，两橛而言学，其狭可知矣。逮康氏出，乃沟而通之，知道德为哲学之本，此固其卓见矣。然以视正心、诚意、修身、齐家、治国、平天下，以达道之条贯何如，亦粗明其略而已。不幸其后继起者，偏徇功利，此欧洲之所以长演于列国争雄之局，而未能稍弭战祸乎？观于今时，可慨也夫！

彼都人士，非日以求人类大多数之幸福为言邪。日以求人类大多数之幸福为言，其结果乃求得人类大多数之战祸。吾人立于局外，以清净之心，光明之眼为之，结果穷因，实不得不归咎于其治术之方为太狭，而责其规规于目前之功利，局局于物质之文明也。惟其治术之狭也，故其民所奉之宗教亦狭，乃转嗤我为无教为多教。彼不知人类之宜，至赜至繁而不齐，计功利而言乎，利此者或不利于彼，利于彼者或不利于此，是以我国先哲，惟以道得民，不立宗教以自隘焉，随其宜而尊崇之焉，所谓何适而非道也。故老子曰：天下皆谓我道大似不肖。惟其大似不肖，肖则又狭已。

比量而言，中国之学术，固度越欧西矣。信哉，其能造成我泱泱中国乎！造成此泱泱之大国，其道又果何在乎？则所谓礼教，所谓宗法是也。盖浅演之民，天真嗜欲，杂鉴于心，为之礼所以节嗜欲，养其廉耻也。虽有导引纷华之失，实有定分遏乱之功。为之宗法者，所以启其天真，明其秩序也。斯二者乃我先哲准乎人道主义，本于经验学理，对于社会之种种方面，极深研稽而求得者也。故与吾群相为体，合数千年来，由之而不变。宗法之社会，其果不啻军国社会为进化乎？我诚不能不疑于甄氏之说矣。何则？以所立之例，可以例开化二千余年之欧洲，不可以例开化四千余年之中国也。休养生息，尽人之情，尽天之道，盖莫若所谓宗法，所谓礼教已。此其所以蕴育多数之人民而成为硕大无京之古国欤。其博大而有益于人类也，信可征已。

曷以征其优美而有益于人类乎？则吾国文字，条例不繁，而含义宏深，且又富有感化情志之能力是也。夫人类之进化也，在于有学，学之所以传也，系于文字。学之理日博，则文字必日繁，不繁无以达学理也。苟理矣，而无科条以统之，则习者不胜，而学理以湮，而文化以滞。有科条矣，失之繁则扰，失之简则陋。若西方之文字，则失之陋是也，彼不自知其陋也，乃自诩其演声之佳妙。又不知我国文字构造之原理也，乃妄以为纯乎演形而无条理，彼文明而我�野。国之士人，炫于其谩，昧然和之，薄旧艺而珍野言，亦可喟矣！西欧文字，徒衍声耳，苟觅其义，杳不可知，非习腊丁文，不详其故。有声无义，习之无味，此大敝一也。一事一物，表而明之，必须多音，而复累赘，难于记忆，多费时间，其大敝又一也。我则何如乎？声形同衍，义随之明，音单画简，含义无穷，结构之间，妙达神指，综以六例，而该备焉。一曰指事。指事者，视而可识，察而意见，上下是也。二曰象形。象形者，随体诘诎，日月是也。三曰形声。形声者，以事为名，取譬相成，江河是也。四曰会意。会意者，比类合谊，以见指撝，武信是也。五曰转注。转注者，建类一首，同意相授，考老是也。六曰仿僭。仿僭者，本无其字，依声托事，令长是也。天下之事理名物，虽至极其深奥緐博，准此六例，而孳乳之无不尽也。明此六例，则学者于文字又无不达也，其条例之简备为何如也。乃漫曰衍形不若衍声，斯论也，西人言之则为夸，吾人言实为啚。其条例固善矣，其含义乃尤宏深焉。例若一字，《说文》训曰：惟初太极，（依锴本作极）道立于一，造分天地，化成万物，是一固非徒为纪数之标识字也。故《系辞传》云：天下之动，贞夫一者也。（虞注一谓乾元万物之动，各资天一，阳气以生，故贞夫一）《论语》云：吾道一以贯之。《春秋元命包》：阴阳之性，以一起人，副天道，故一生子。《老子》：道生一，一生二，二生三，三生万物。又曰智之得一者，天得一以清，地得一以宁，神得一以灵，谷得一以盈，万物得一以生，侯王得一以为天下贞。是一之为字，其系于吾国之学理者，固至为大矣。然自不习六书者观之，则不知其要也。不知其要，则古书之言一者不可解，不可解则古人之意不见，而学不进。此自六书不明之后，吾国学术之途，故所以日荒邪。

道也者，吾国学术之指归也，信非大儒不能明其崖略。然而知夫六书，则求之易矣。道箸名也，人所行之道也，一达谓之道。由此引申，有大意焉，有通意焉，有直意焉，有理意焉。且其字从首，首者，生人百灵之所具，而又正直居上，以总一身之用者也。综此诸义，其玄略见矣。从辵而训为人所行，日用常行之义，又可见矣。（参看上注）苟不审悉夫六书，就其字义而探核之，则道之为道，体用不显，贸然读先哲之书，有不失于恍兮忽兮之域者邪？古人学级，首教六书，良有以哉，兹之所举，以示端倪耳。果以六书之义，而观天地鬼神、山川草木、鸟兽昆虫、王制礼仪、日用人事之名，其含义之宏深，实莫不各尽其致，而各臻其妙。循名而求，则天地鬼神、山川草木、鸟兽昆虫、王制礼仪、日用人事之学，可知也。启人之智，达人之慧，西方文字有如此邪？其优美而有益于人类也，固信非诬矣。

然而其用犹未竟也，其流而为词章、美术也，又可以淑人之性情，益人之神志，而有化民进俗之功焉。盖吾国之书体诗歌，极饶旨趣，故工之者，类多出尘绝俗，耿介高洁之畴，以往历史，彰彰可征。其流风余韵，岂徒点缀文明而已哉？实可以扫除人类之秽浊，而助长其清明之气，培养其高尚之风，使之对于祖先之文化，爱慕流连，低徊往向，而不能自已。以此之故，故我国之文明历数千年而不敝，而异族之与我为缘者，莫不染濡而浸化之，以同归于我。是以政权或统于异族，而文化之滋长，则依然也。地球诸国，负文化之名实，其唯我国乎？此其所以蕴育多数之人民，而为硕大无京之古国欤？其优美而有益于人类也，又信可征已。

于戏！中国之国学，其至矣乎。以比希腊（欧洲学术原于希腊，故举以统之）固胜之矣，以方印度，则何如？（指佛学。地球之上，能自发生学术者，惟中国、希腊、印度三国而已）顾兹非所及也。盖兹之所言，以谋人类之幸福为攸归，所谓入世主义，非论道之主义也。果就人类之主义，尽量而求其至大至多之幸福乎，则中国国学其至矣乎！嗟嗟，功利之说，学者莫不奉以为富强之术矣，顾其效亦数十百年耳，量运数而乘除之，又何尝见其为人类之幸福邪！彼欧人而果悟欤，道吾中国之道，人类益已。

（录自《国学杂志》第3期，1915年7月）

科学国学并重论

萧公弼

科学者，唯物界之学也。国学者，唯心派之学也。发扬国性，振奋心志，国学之长也。故览帝王之宏规，诵圣哲之嘉言，睹卿相之谋猷，缅英雄之慷慨，以及流连美人名士，涉猎草木鸟兽，未尝不神飞色舞，目悦心愉，令人向往崇拜，思欲翱翔追逐于其间也。而覈核群伦，推察物理，则科学之长也。故探赜索隐，惊宇宙之奇妙，钩深致远，知物竞之奥秘，又未尝不浮白拍案，距跃曲踊也。斯二者，皆于人生社会有密切关系，所谓不相悖害者也。是以《大学》始教曰：致知在格物，物格而后知至，而家齐，而国治，而天下平。盖殊途同归，体用一贯，固不宜有所偏倚者也。

溯自欧风东播，群趋维新，六艺置阁，诗书覆瓮，衡门荆扉，清风辍响，武城白鹿，弦歌声绝。有从事旧学者，不指为迂拙，即目为腐败，道丧学弛，于兹烈矣。圣言蔑视，嘉模罔循，致养成今日多数气习嚣张，行为悖谬，思想卑劣，识量狭隘，破灭道德，逾闲法律之学子，良栋摧崩，干城莫寄，国家前途，何堪设想。其甚者至数典忘祖，颠倒张李，书简笺帖，讹别丁丁，笑柄丑谈，时不绝耳，启社会轻侮之心，贻腐儒讥评口实，洵偏重科学之弊也。抑知科学者探察物质，而遍法界尚有无形之心灵乎，科学者考究群物，判定原理，而虚空界尚有原理之原理乎。且宇宙间生生化化，形形色色，终有不可思议之一境，而非科学家所能明晰者乎。今试问科学家以天行运转，元点振动，则彼必答以通摄诸力。复询通摄诸力为何因缘，孰主张是，孰推行是，彼将默无以应，或藉以脱为解。然进咨以脱何因而有，其性如何，则皆瞠目挢舌而不能答。宇宙间如是问题，奚啻亿兆，彼科学家讵能一一明其然欤？夫卑湿寒隩，世以为伤卫生矣，龟鳖何以终身楼水；鲜脓甘脆，人以为养体矣，蜣螂何以性嗜粪溲；靡曼姣艳，俗以为美色矣，鸟见之何以高飞；丝竹管弦，俗以为好音矣，鱼闻之何以深藏。则科学家所断定公理原则，不过仅适人类现象当境之利用，固非普遍法界之道也。且吾人研究凡百事物之理，全恃感觉，感觉因官而存，亦缘官而变。《内典》及康德学说言此甚详。则所得观念概念，判断推理，均未可确恃。康德所谓物之现象，而非物之本相者也。是以斯宾塞尔曰，宗教精义存于幽，幽故称神道。则科学研究之事，所谓明也。是形而上者，又非科学家之所能洞悉也审矣。况今催眠术发明，而事理复有出乎公例之外者，则力学言摄力，而被催者能悬立两间，化学称物性，而被催者可击竹生火，兹又何说邪？机械的人无思想，制造之卵难孵化，世之执科学万能说者，哓喋狂叫，刍狗壹切，俨然有宇宙在握之概，何所见不广，亦愚可笑矣。《庄子》曰："人生也有涯，而识也无涯。以有涯求无涯，殆矣。"则学者反求其本，其亦废然猛省乎。

国学者，经国济世之学，国性所存，国魂所托者也。小儒鄙夫之寻摘章句，推敲声韵，饾饤辞藻，婆娑训诂，此世之目为腐败糟粕，非吾之所谓国学也。吾所谓国学，乃吾国神圣华胄，上下五千年，纵横数万里，圣贤英杰之心思脑力才智聪明所阐发垂训，天下之大经，古今之大本，天地之化育，以贻我后世子孙之宝藏金规者也。吾华文物声名，典章法度，所以开化最早，炳耀全球者，实食其赐也。不然，彼埃及印度，何以至今仅为历史地理上之名词而已耶。夫如斯大业，何所征证，似非一二言能罄。试道其略。则六经史册，诸子百家之言哲理政治，伦常风教，下逮山川河岳，草木鸟兽，皆有名论至理，奥义微言，燀赫垓埏，与天地共垂不朽者也。吾人读之，足以高尚心思，奋发精神，增进智能，宏阔器量，皎洁言行，瑰玮气宇。愿欲追踪圣贤，继迹英雄，以旋乾转坤，救国匡时，胥于是乎赖。则国学关系吾侪，岂浅鲜哉。盖科学者，扩张智能之学也，国学者，发展精神之学也。吾人有轩昂之精神，而后能获充分之智能，有远大之思想，而后有雄伟之事业。唯心唯物，主观客观，是不可不辨也。否则，谈政治者不谙古法之沿革，究学业者昧融中外之理论，所得科学，不过东洋贩夫，欧化豚犬，本实先拨，羊质虎鞟，伥伥无所适，茫茫无所归，欲憨爱祖国，奋身学界，岂可得哉。

昔者达尔文常从事于格物学矣，其告友人曰："余当格物倦时，偶卧林间，闻佳禽歌啭之声，顾而乐甚。"温巴尔 Von Baer 常研精胚胎学矣，其下帷攻苦，目不窥园，忽览外境，辄怃然曰："余溺志于艰涩学理，而辜负佳丽风光，是余罪也。"推绎斯意，则国学下达工夫，即美术的文学是也。科学国学，对于吾人天机之愉快，审美之逸乐，孰为得哉？英士汤穆森 Thomson 有言曰："理论者智也，情感与行仁勇也。欲养浩然之气者，则三者不可偏废轻重轩轾于其间。"呜呼！惟物之论胜，惟心之道衰，将见天下成为机械之世界，而人类绝无精神之作用矣，悲夫。

（录自《学生杂志》第2卷第4号，1915年4月）

论振兴国学

闻一多

国于天地，必有与立，文字是也。文字者，文明之所寄，而国粹之所凭也。希腊之兴以文，及文之衰也，而国亦随之。罗马之强在粤开斯吞时代，及文气苶敝，礼沦乐弛，而铁骑遂得肆其蹂躏焉！吾国汉唐之际，文章彪炳，而郅治跻于咸五登三之盛。晋宋以还，文风不振，国势披靡。洎乎晚近，日趋而伪，亦日趋而微。维新之士，醉心狄鞮，幺么古学。学校之有国文一科，只如告朔之饩羊耳。致有心之士，三五晨星，欲作中流之柱，而亦以杯水车薪，多寡殊势，卒莫可如何焉。呜呼！痛孰甚哉！痛孰甚哉！

吾国以幅员廖廓，人物骈阗之邦。而因循苟且，廓廑自大，政治窳羸能是，工艺薛暴若是者，职是故也。夫赋一诗不能退虏，撰一文不能送穷，恒年矻矻，心瘁肌瘦。而所谓诵《诗》三百，使于四方，不能专对者，遍于天下，斯诚然矣。顾《礼》以节人，《乐》以发和，《书》以道事，《诗》以违意，《易》以道化，《春秋》以道义。江河行地，日月经天，亘万世而不渝，胪万事而一理者，古学之为用，亦既广且大矣。苟披天地之纯，阐古人之真，俾内圣外王之道，昭然若日月之揭。且使天下咸知圣人之学在实行，而戒多言。葆吾国粹，扬吾菁华，则斯文不终丧，而五帝不足六矣。尤有进者，以吾国文字，发明新学，俾不娴呿庐文字者，咸得窥其堂奥。则讵第新学日进，新理日昌而已耶。即科斗之文，亦将渡太平洋而西行矣。顾不盛欤？今乃管蠡自私，执新病旧，斥鷃笑鹏，泽鲵嗤鲲。新学浸盛而古学浸衰，古学浸衰，而国势浸危。

呜呼！是岂首倡维新诸哲之初心耶？《易》曰："硕果不食。"《诗》曰："风雨如晦，鸡鸣不已。"吾言及吾国古学，吾不禁惄焉而悲。虽然，亡羊补牢，未为迟也。今之所谓胜朝遗逸，友麋鹿以终岁；骨鲠耆儒，似中风而狂走者，已无能为矣。而惟新学是骛者，既已习于新务，目不识丁，则振兴国学，尤非若辈之责。惟吾清华以预备游美之校，似不遑注重国学者。乃能不忘其旧，刻自濯磨，故晨鸡始唱，踞阜高吟，其惟吾辈之责乎！诸君勉旃。

（录自《清华周刊》第77期，1916年5月）

振兴文学以保存国粹说

蔡方忱

俄罗斯之灭波兰也，禁其人民用波兰语言文字，匈牙之与奥合也，而其人民犹沿用马加语言文字。此无他，一以消灭人之国粹，一则以保存己之国粹耳。夫国既不能存立，何为兢兢于国粹哉！盖以既灭人之国而不灭其国粹，乃不足以使人国与己国鎔为一国，人或将因此而复国，最可患也，故禁其语言文字，以消灭其国粹。己之国虽与人国合，而国粹不受人之同化，乃犹足以留其特别之界限，划然分为两国，己或将因此而自强独立，大可望也。故用其语言文字，以保存其国粹，此则俄罗斯匈牙利二国之所以注重国粹也。满清者，关东三省之独立国也。其语言有满语，其文字有满文，及斩关而入，窃为我汉族之君主，遂尽摈其语言文字，而从事于汉语汉文，至于今日，东三省与内地各行省，绝无异点。因是而谓满国者，不灭而自灭矣。此则不注重国粹之所致也。由此言之，则注重国粹，与不注重国粹之利害关系，可得而明矣。而语言文字之足以保存国粹者，亦昭昭然矣。夫文字者，所以助语言之流通，而保存语言之永久者也。文学者，文字之学也。是以保存国粹，实以振兴文学为惟一之主义焉！

国粹者何？国之特性也，国之特质也，若国法、国典、圣经、历史皆是也。吾人固常以吾国之文，译记东西各国之法律、典制、圣经、历史矣。而彼东西各国，亦未尝以此译著为彼之国粹也，岂法律、典制、圣经、历史之不同哉，其文有以异耳。文异即国粹不得为国粹，文学顾可不振兴哉。今世之能文者多矣，似已足保存我国粹，又何事振兴文学为。虽然，以平庸无味之文，欲立不朽之言，不可得也。而以平庸无味之文，欲记不朽之事，又不可达也。言不得立，辞不可达，则国粹为乌乎存？是以有孔子之文，而后可以作《春秋》，有马迁之文，而后可以撰《史记》，有孟德斯鸠之文，而后可以著法律政治诸书。故凡欲保存其国粹者，又必振兴其文学焉！嗟，我中国，自八股兴，举业盛，举数千年文学之国粹，从此日下。迨满清末叶国人虽已知八股之无用，而不能挽回文学之流弊，乃竞尚西学，惟外国文学之是习，而吾国国粹之文学，视之若腐朽之不足道。以至今日，阿卑遂帝之声报，几乎洋溢中国，而堂堂学士，且不能识之无焉。推厥原因，初则八股之咎，继则咎在不能挽回八股之流弊也。向使朝野早以振兴中国之文学为方针，学校亦皆以振兴中国之文学为急务，则青年学子，必不致流于今日之此极也。愿我国人，自今以往，昕夕莫忘，以波兰为前车之鉴，以匈牙利为向导之师，则中华民国之前途，庶几有济。不然则国粹先国而亡，国亡如烟消火焉，不其惨哉！而犹谓吾徒抱杞人之忧，作过当之言，斯则天之将丧斯文也，中国之末日也。悲夫！

（批）切实发挥，饶有见地。

（录自《艺文杂志》第1期，1917年4月）

蔗渣谭

冰　弦

法国夏樊纳教授，精研中国文字，比者然溘长逝，东西人士，哀悼不置，傅增湘氏之唁函，尤为悲恻。苟他日李提摩太、傅兰雅辈死，其动人凄感也将无同，则其影响于学术思想也不可谓细。惟然，我故不可以无说。

嚼甘蔗渣之徒，所谓“国粹派”者，向有“东学西渐”之说，谓东方学术，行将广被西土也。彼其所谓“东学”，又率以中国学术代表之，所常引以自豪者，不过据“水手游历”辈之游记吴稚晖谓康有为之三绕全球，为水手游历。每言某国大藏书楼中，庋存中国书若干万卷，某国大学，特设汉文科，即为东学西渐之证据。不思举秦火烬余，以逮今日所有之汉字书，无论其汗牛汗马，乃至摩托车万辆所不能尽载。又无论其充栋充樑，乃至充满纽约五十二层楼之高屋，究竟其中有几片几段，足当“学术”二字者，尚属一大疑问。“东学”美名，西人纵举而媚我，我犹面作紫霞红也。

锁链似的缅甸文，火焰似的巫来由文，蜣螳似的埃及古文，刻在石头上张天师灵符似的澳洲生番文，欧美图书馆，何尝不兼收并蓄？使缅人巫人埃人澳番而亦有“水手的游历家”，记在《某洲十几国游记》之上，归而饷己国嚼蔗渣之徒，亦犹是兴高采烈，相夸以东学西渐耳！

国粹派曰：不然，请看夏樊纳。

呜！夏樊纳乎，请拉杂书吾所见——

香港对面的九龙洋关有英国关员某者，不特深通汉文，尤擅瘟臭的公牍“呈为……事，窃……伏乞批示只遵”，“……等由，据此，相应照详贵□迅予施行”的死恶滥调，摇笔即成！

香港某洋行“大班”某者，名挂孔教会为会员，“今夫武备者保邦之具也”的八股起讲，“丹陛瞻宸采，濡毫颂圣明”的试帖诗，吟哦不绝，一笔“赵松雪”的字，更写得妩媚非常！

人类中之蠢懒恶劣者，缅甸的和尚，可称第一。吾于缅甸佛寺中，竟见有勾鼻绿眼，红髯白肤的僧人，手一经，喃喃终日。

夏樊纳氏“东学瘾”之深，彼数人者，亦何多让。国粹派要引以自重，除吾所见者尚多，何必一夏樊纳。

国粹派曰：东学大家夏樊纳者，所读为“经史子集”，所译为司马迁的《史记》，方之以作公牍、读八股试帖、诵缅甸佛经之数人，固亵夏氏，且经史子集而无当于学术，夏氏胡为萃毕生精力以穷之？

嗟夫！夏先生死矣，吾亦何尝不洒一掬泪，为天下之劬于学问孜孜屹屹者哭？然以此为增重陈编腐简之价值，甚且扬眉动色，谓为东学广被西土之先河者，吾犹有说也——

欧洲文人，举无不嗜读 Arabian Night 一书，即吾国译本之《天方夜谭》也。“神话”原为欧洲文学界中一佳品，况是书为阿拉伯文学哲学之代表，欧人一面取此老古董以娱心目，亦一面尽窥回教诸国人民之心理，小亚诸国，遂可取而有之。当欧人重译是书时，阿拉伯之国粹派，亦何尝不相夸以东学西渐，想其兴致正复不减于诸公耳。三四年前，有欧人采得吾国《春秋繁露》一书，辄谓人曰，“是书可为支那学术之代表。吾将译之，以公诸欧人，他日盛名，当不让初译《天方夜谭》者”。呜呼！其言之深曲，真耐人久久寻味。惟不嗜嚼蔗渣如我辈者，始恧然有惭色，更不敢昂头张喙，与人言学术耳。《春秋繁露》为支那学术代表之言，我辈所闻而狂震心悸，汗流浃背者也。然而国粹家每不问其“粹”不“粹”，而只论其“国”不“国”。故夏樊纳之所读为“经史子集”，所译为《史记》，诸公固必引以自重。即其所读所译为《千字文》《千家诗》，亦何尝不足以动诸公“东学西渐”之兴，起“未丧斯文”之快慰也。

嗟乎！夏先生死矣，我固为好学不倦者哭。然而夏氏其人者，决不出两途：尊之则为采译《春秋繁露》，冀与《天方夜谭》齐名之某氏，卑之则直作公牍八股试帖、诵缅甸佛经之俦耳。

蔗渣原无味道，诸公嚼之有余甘，我遂谭之有兴致也。

（录自《新青年》第5卷第3号，1918年9月）

《北京大学月刊》发刊词

蔡元培

北京大学之设立，既二十年于兹，向者自规程而外，别无何等印刷品，流布于人间。自去年有《日刊》，而全校同人，始有联络感情、交换意见之机关，且亦藉以报告吾校现状于全国教育界。顾《日刊》篇幅无多，且半为本校通告所占，不能载长篇学说，于是有《月刊》之计画。

以吾校设备之不完全，教员之忙于授课，而且或于授课以外，兼任别种机关之职务，则夫《月刊》取材之难，可以想见。然而吾校必发行《月刊》者，有三要点焉：

一曰：尽吾校同人力所能尽之责任。所谓大学者，非仅为多数学生按时授课，造成一毕业生之资格而已也，实以是为共同研究学术之机关。研究也者，非徒输入欧化，而必于欧化之中，为更进之发明；非徒保存国粹，而必以科学方法，揭国粹之真相。虽曰吾校实验室、图书馆等，缺略不具，而外界学会、工场之属，无可取资，求有所新发明，其难固倍蓰于欧美学者。然十六、七世纪以前，欧洲学者，其所凭藉，有以逾于吾人乎？即吾国周、秦学者，其所凭藉，有以逾于吾人乎？苟吾人不以此自馁，利用此简单之设备，短少之时间，以从事于研究，要必有几许之新义，可以贡献于吾国之学者，若世界之学者。使无《月刊》以发表之，则将并此少许之贡献，而靳而不与，吾人之愧歉，当何如耶？

二曰：破学生专己守残之陋见。吾国学子，承举子、文人之旧习，虽有少数高才生，知以科学为单纯之目的，而大多数或以学校为科举，但能教室听讲，年考及格，有取得毕业证书之资格，则他无所求。或以学校为书院，暖暖姝姝，守一先生之言，而排斥其他。于是治文学者，恒蔑视科学，而不知近世文学，全以科学为基础；治一国文学者，恒不肯兼涉他国，不知文学之进步，亦有资于比较；治自然科学者，局守一门，而不肯稍涉哲学，而不知哲学即科学之归宿，其中如自然哲学一部，尤为科学家所需要；治哲学者，以能读古书为足用，不耐烦于科学之实验，而不知哲学之基础不外科学，即最超然之玄学，亦不能与科学全无关系。有《月刊》以网罗各方面之学说，庶学者读之，而于专精之余，旁涉种种有关系之学理，庶有以祛其褊狭之意见，而且对于同校之教员及学生，皆有交换知识之机会，而不至于隔阂矣。

三曰：释校外学者之怀疑。大学者，“囊括大典，网罗众家”之学府也。《礼记·中庸》曰：“万物并育而不相害，道并行而不相悖”，足以形容之。如人身然，官体之有左右也，呼吸之有出入也，骨肉之有刚柔也，若相反而实相成。各国大学，哲学之惟心论与惟物论，文学、美术之理想派与写实派，计学之干涉论与放任论，伦理学之动机论与功利论，宇宙论之乐天观与厌世观，常樊然并峙于其中，此思想自由之通则，而大学之所以为大也。吾国承数千年学术专制之积习，常好以见闻所及，持一孔之论。闻吾校有近世文学一科，兼治宋、元以后之小说、曲本，则以为排斥旧文学，而不知周、秦、两汉文学，六朝文学，唐、宋文学，其讲座固在也；闻吾校之伦理学，用欧、美学说，则以为废弃国粹，而不知哲学门中，于周、秦诸子，宋、元道学，固亦为专精之研究也；闻吾校延聘讲师，讲佛学相宗，则以为提倡佛教，而不知此不过印度哲学之一支，藉以资心理学、论理学之印证，而初无与于宗教，并不破思想自由之原则也。论者知其一而不知其二，则深以为怪。今有《月刊》以宣布各方面之意见，则校外读者，当亦能知吾校兼容并收之主义，而不至以一道同风之旧见相绳矣。

以上三者，皆吾校所以发行《月刊》之本意也。至《月刊》之内容，是否能副此希望，则在吾校同人之自勉，而静俟读者之批判而已。

中华民国七年，十二月十日，北京大学校长蔡元培

（录自《北京大学月刊》第1卷第1号，1918年11月）

国故和科学的精神

毛子水

一、什么是国故呢？

什么是国故呢？我们倘若把这个问题，问起那些讲国故的人，所得的回答，恐怕没有相同的。有些必定说国故就是“三纲五常”，有些必定说国故就是《四书五经》，有些必定说《学海堂经解》是国故，更有些必把《骈体文钞》《古文辞类纂》《钟鼎款识》……等东西当作国故。无论这些回答里面，那些是错，那些是不错，国故这个名词，没有狠清楚狠一定的意义，就可从此知道了。

我们现在讲到这个题目，当然要先知道清楚什么叫得国故。章太炎先生的《国故论衡》，在近来讨论国故的书籍里面，纵未必是最精审的，亦必是最精审的一种了。这部书分为三卷：上卷论语言文字，中卷论文学，下卷论学术思想。语言文字和文学，都是发表学术思想的器具，所以《国故论衡》这部书，可以说得就是中国古代的——或固有的——学术思想的论衡。我们倘若根据章太炎先生的意思，我们就可以说“国故就是中国古代的学术思想”。但是照我的意思，中国民族过去的历史，章先生的书里虽然没有论到，亦正当的可以叫得国故。因此我们得着国故的定义如下：

国故就是中国古代的学术思想和中国民族过去的历史。

二、国故在今日世界学术上的位置

国故已然是中国民族过去的学术思想和历史，我们当然可以说他像现在的何种——或等后现在的何种——学术。因为除了历史不讲外，我们倘若把中国旧有的书籍，照现在科学的分类，分配起来，带点牵强傅会的手段，譬如《周官经》里有财政学，墨翟的书里有数学、力学，诸葛亮的木牛流马就是现在的汽车和飞机，等等——国故实在可以说得包罗万有了。因为有这个缘故，许多我们中国的念书人，就生出种种的误解，最大的是：

（1）国故和“欧化”（欧洲现代的学术思想）为对等的名称，这二种就是世界上学术界里争霸争王的两个东西。

（2）国故有神秘不可思议的技能：欧洲的学术，国故里面没有不备的，而国故里面有许多东西，欧洲是没有的。

第一种的误处，在没有晓得学术的性质和历史。我们倘若单讲到学术思想，国故是过去的已死的东西，欧化是正在生长的东西；国故是杂乱无章的零碎智识，欧化是有系统的学术。这两个东西，万万没有对等的道理。我们现在就是把国故和“国新”并列，亦觉得不伦不类，因为“国新”亦是正在生长的东西。

说到这里，必有人疑心我的“国新”两字没有来历了。其实已有国故，必有“国新”。“国新”就是现在我们中国人的学术思想——是一个正当的名称。倘若现在我们中国人的学术思想的程度，还是同数百年或数千年前的一样，这个“国新”就同国故不分，——这就是我们中国人的学术思想没有进步，这就是过去的这几千年或几百年的时间，我们都让他白白过去了。倘若现在我们中国人的学术思想的程度，同欧洲人的一样，这个“国新”就和欧化一样。这个和欧化一样的“国新”，无论是我们自己创造的，或从欧化里面吸收来的，都是正当的。学术这个东西，同那太阳光一样。这个太阳，不是北京人私有的，亦不是上海人私人的。有太阳光的地方，不能说这太阳光是他的，没有太阳光的地方，——譬如在密郁郁的树林里，或在黑洞洞的房子里——亦不能说这个太阳他是没分的。我们倘若要这太阳光，我们不要躲在那密郁郁的树林里或那黑洞洞的房子里就得了。学术思想，并不是欧洲人专有的，所以“国新”不妨和欧化雷同。还有一层：一个人能够把别个人的东西，用合法的手续取来，这个东西就是他的。我们买来药剂师制造的补品，吃了下去，经过消化作用，长了许多筋力：这个筋力，是我们的，并不是药剂师的。一国的人吸收别国的人的文化，亦是一样。所以我们现在把欧洲人的学术思想，“买”了过来，“吃”了下去，经过“消化作用”，长了许多“筋力”：这个“筋力”，亦就可以叫得我们的“国新”。

讲了许多题外的说话，不过表明学术是天下古今的公器。正当讲起来，在学术上，有什么国不国，“国新”这个名词，实在是不妥当的。却是我们现在讲到这个题目，留住他倒有点用处。下文且仍转到正题。

上文所举的第二种误解，或是因为爱国心胜过诚实所致，或是因为“夜郎人自大”的脾气所致，或是“没有读书”的结果。这个错处容易明白，我们亦就不多说了。

这二种误解已经指点清楚，我们现在且把国故的性质和功用直说出来。

（1）国故的一部分是中国一段学术思想史的材料。

（2）国故的大部分是中国民族过去的历史的材料。（注1）

知道这些，就可以知道国故在今日世界学术上的位置了。凡是学了一种科学的人，没有不知道学术史的重要的。凡是研究社会或政治等学的人，没有不知道一个大民族的历史是重要的。却有一层，中国的学术史，就重要的方面讲起来，不要说比不上欧洲近世的学术史，还比不上希腊罗马的。讲数学名学等历史的人，必定首先讲到希腊诸学者；讲民法的人，亦必研究罗马法。这样的例，在我们的学术史里面，实在寻不出来。还有一层，因为我们中国民族，从前没有什么重要的事业，对于世界的文明，没有重大的贡献，所以我们的历史，亦就不见得有什么重要。有这些缘故，所以国故在今日世界学术上，占不了什么重要的位置。

三、国故是应当研究的么？

讲到学术思想，我们中国人实在是一种久经痼疾，缠绵床蓐，不能行动的人。欧洲近世确有价值的科学，就是我们最适当的药品。我们现在把这种药品，从速服下，还怕太晚，岂有再向别处去求的道理么？况且我们曾已说起，国故在今日世界学术上，占不了什么重要的位置。似乎我们现在，不当再去研究国故！

但是照得我个人的意思，国故是应当研究的，一是因为国故特有的长处，一是因为国故偶有的长处。什么是国故特有的长处呢？上文曾经说过，国故是中国一段学术史和中国民族过去历史的材料。一国的学术史和一国民族的历史，无论重要不重要，在世界学术上，总算占了一个位置，所以我们便可以去研究他。再说我们中国向来没有什么好的学术史，亦没有什么真可以说得好的民族的历史。倘若我们从研究国故的结果，得了他们，岂不可乐么？再说，我们倘若用这样目的去研究国故，我们就可以知道中国从前的学术思想和中国民族所以不狠发达的缘故，我们亦就可以知道用什么法子去救济他。譬如一个得了奇病而死的人，是很没有用处的一个东西，却是经一个学问高深的医生，把他解剖起来，就可以得了病理学上的好材料，就有很大的用处。

我们中国的国故，亦同这个死人一样。这些都是国故的特长。

我们把国故当作了中国古代的学术思想和中国民族过去历史的材料，我们现在倘若不把学术史从民族的历史里分出来，我们简直可以用“中国过去历史的材料”代替国故这个名词。我知道有许多人对于我这个说话，又必生出许多疑心起来了。我们中国，不是有什么“考据之学”，“义理之学”，“辞章之学”的么？为什么能够把国故看作过去历史的材料呢？我现在要回答这个疑问，我要先问一句话，这些“什么之学”，是指着我们现在自己所有的呢，还是指着古人的呢？倘若指着古人的，“考据之学”，不容说就是过去历史的材料了，“义理之学”和“辞章之学”，尽可用“过去的学术思想”七个字包括他。因为他们在现在的时候，亦只可做得过去的学术史或思想史的材料，所以亦就是过去历史的一肢一体。倘若是指着我们现在自己所有的，这些“什么之学”，是我们的“国新”，并不是我们的“国故”。我们须记着，我们是我们，——是现在时候的人，古人是古人，——是古代的人。还有一层，古人的学术思想，是国故；我们现在研究古人的学术思想，这个学问，亦就是我们的“国新”了。这个学问，应该叫做“国故学”：他自己并不是国故，他的材料是国故。譬如乾嘉时候的经学，是乾嘉时候的“国故学”，亦就是乾嘉时候的“国新”。可惜到了春秋战国以后，我们中国研究学问的人，大多数只知道“国故学”是世上仅有的，最高尚的学问，不知道还有许多东西，亦是应当研究的。因此从前中国，除了“国故学”以外，没有别样的“国新”。因此数千年来，我们中国人的学术思想，没有多大的变化，没有多大的进步！

国故还有一种偶有的长处。国故的研究，大半的事情就是疏证。三百年来，这种疏证的学问，倒是一天比一天精密。他的最大的利益，就是能够使人生成“重征”“求是”的心习。这种心习，是研究各种科学的根本。从前希腊柏来图开一个哲学的学校，曾宣言道，“不知道几何学的人，不要进门来”。近世欧洲教育家，如斯宾塞尔等，亦多把数学当作“练心”的学科。我们这种疏证的学问，亦有“练心”的长处。一个人能够“真正的”研究国故，养成一种“重征”“求是”的心习，亦是有点好处的。说到这里，还有一句附带的话。国故虽然应当研究，但是比较起现在世人所应当研究的科学起来，直是“九牛一毛”。宇宙没有限际，真理日见幽远，几段过去的历史，算得了什么东西。现在我们中国人最要紧的事情，就是吸收欧洲现代确有价值的学术，一来医治我们学术思想上的痼疾，二来造成一个能够和欧化“并驾齐驱”的“国新”。倘若要研究国故，亦必须具有“科学的精神”的人，才能和上等医生解剖尸体一样得了病理学上的好材料。不然，非特没有益处，自己恐怕还要受着传染病而死。至于究竟有几个有“科学的精神”的人，应当去研究国故，是很容易从国故在今日世界学术上的位置知道的。

四、研究国故的人所应当知道的事情

上文方才说过，必须具有“科学的精神”的人，才可以去研究国故。因为就科学二字的广义讲起来，“国故学”可以算做——而且必须算做——现在科学的一种。“科学的精神”这个名词，包括许多意义，大旨就是从前人所说的“求是”。凡立一说，须有证据，证据完备，才可以下判断。对于一种事实，有一个精确的，公平的解析：不盲从他人的说话，不固守自己的意思，择善而从。这都是“科学的精神”。

研究国故的人又有应该知道的，就是国故的性质。国故的一部分，是已死的过去的学术思想，古人的学术思想，不能一定的是，亦不能一定的非。所以我们现在研究他，第一须把古人自己的意思理会清楚，然后再放出我们自己的眼光，是是非非，评论个透彻，就算完事了。现在有一班研究国故的人，说他们的目的是“发扬国光”。这个意思，最是误谬。要知道，研究国故能够“发扬国光”，亦能够“发扬国丑”。章太炎先生说道，“稽古之道，略如写真，修短黑白，使于肖形而止”。这个话最说得明白，我很希望研究国故的人，照这个意思做去！知道这个意思，那“古训是式”“通经致用”等许多学术思想上阻碍的东西，就可不言自破了。研究过去的历史，亦应当用一样的道理。

用科学的精神去研究国故，第一件事就是用科学的精神去采取材料。凡考古的学问，和他种的学问相同，最要的事情就是有精确的材料。论断的价值，和材料有密切的关系，材料不精确，依据这个材料而立的论断，就没有价值了。譬如作一部中国哲学史，引了许多《洪范》的话，倘若《洪范》这篇书，是后人假托的，他所证明的事理，就没有价值了。又如做一篇孔子的传，引了许多纬书的说话做证据，孔子亦就可以变成《封神传》里的人物了。这种事比引用三代鼎彝的款识来说三代的文字更不可靠。总而言之，能够用科学的精神去研究国故，便能够用科学的精神去选择材料，能够用科学的精神去选择材料，就没有这样的毛病。

五、我对于国故和国故学的感想

我们中国古代的学者，多没有科学的精神，所以国故里面，虽然含有各种科学的零碎材料，实在没有一种学术有现代科学的形式的。这并非专是因为我们中国古人的聪明才力比不上欧洲人的缘故，和我们中国古代的政治、风俗和地理，都有狠大的关系。这个关系，非是几句话说得清楚的。我们且学个“既往不咎”，不去管他。

近来研究国故的人，多不知道国故的性质，亦没有科学的精神。他们的研究国故，就是“抱残守缺”。试问“抱残守缺”，究竟有什么道理呢？

从秦汉以来，非特政治上有“引经折狱”“禹贡治水”等等的笑话，学术思想上亦生出“道德孔孟”“玄谈老庄”等等的魔鬼。有这些魔鬼，我们中国的学术思想才有今日的现象！讲起这些魔鬼的来历，实在是大家“自暴自弃”所致。因为“自暴自弃”，才把他本身忘却了，只知道崇拜古人。古人自然亦有应当崇拜的地方，但是这种人除了崇拜古人以外，便没有别的本领。因此研究学问的人，如我在上文所已说过，所研究的都是“国故学”，想不到“国故学”以外还有什么应当研究的东西。间有几个聪明的，想了几个新意思，大家就说他是异端。譬如理学家所说的二程，都有被嫌疑的地方，因为他们曾经念过佛书的。就是讲到国故学，非特大家没有科学的精神，亦只知道墨守古人的成法。譬如刘知几讲到他以前的人做史的法则，有“疑古”“惑经”等篇，大家就骂他非古，你讲可笑不可笑呢？我们现在要振起学术思想，须先把这些魔鬼驱逐净尽，我们要驱逐这些魔鬼，我们切莫“自暴自弃”，把本身忘却了。

近时出版的讲国故学的书籍，章太炎先生的《文始》、《检论》和《国故论衡》，又他的杂文如《五朝学》、《五朝法律索隐》、《五朝官制索隐》等，马建忠的《马氏文通》，胡适之先生的《墨家哲学》和《中国上古哲学史大纲》，就大体而言，都是精审的著作。马胡二君，都是研究过科学的。章君少时研究经学，实在是得疏证学所发生的“重征”“求是”的心习的。这个心习，就是科学的精神。所以章君虽然有许多地方，不免有些“好古”的毛病，却是我们一大部分的“国故学”，经过他的手里，才有现代科学的形式。其余如钱、沈、朱诸君所编的《文字学》和朱逖先先生所编的《中国古代文学史》等，皆是用科学的精神研究国故的结果。所以我极盼望我们研究国故的学者，都先养成这种科学的精神，切不可空费心力！历史的研究——用现代历史的眼光去研究历史——现在还未十分发达，所以这类的书籍，觉得狠少。孙仲容先生的《周礼政要》"那样的"书，自然是狠好的，不过他所根据的这个《周礼》，究竟是不是周公的遗制，是一个问题，至于他做这书的原动力，亦未十分的正当。现在有些人，用明堂比傅议会，根据《山海经》来讲学术史，说太极图是夏鼎上的东西，——这等的论断，我觉得狠不妥当。至于国内讲国故学的杂志，前有《国粹学报》等，最近有《国故》，用意皆狠好。但是他们里面所登的，有许多亦似乎缺点科学的精神。

学术思想的进步，好像花卉的发生一样。经过许多时候的培植，许多时候的灌溉，美丽的花卉，往往一旦忽然发见。一个新鲜的意思，亦必须经过许多时候的培植，许多时候的灌溉，才能够发现出来。我们且把"文学改革"来做个例。从章太炎先生做《文学论略》的时候到此刻，大约十年了。他这篇《文学论略》里，把一切著于竹帛的文字都叫得"文"，大家因此就可以知道"文"的用处就是达意思，代语言。他这篇论略里又揭出"作文取法疏证"和"修辞立诚"的两个意思，大家因此就可觉得媚生谀死的滥作和凭空说理的妄言的讨厌。他这篇论略发表以后，过了六七年，《新青年》就载出胡适之先生的《文学改良刍议》。胡君刍议的意思，和章君论略的意思，有没有一点关系，我们不能妄下断语。但是就我所知道的讲起来，现在有多数人表同情于胡君的刍议。章君的论略实在有"培植灌溉"的功劳，一个人能够知道"文"的功用就是达意思代语言，又知道时间的可贵，断没有绝对的去反对"国语的文学"的。一个人能够明白修辞立诚的意思，断没有不觉得从前中国的大部分的文学是没有文学的价值的。设使现在有一个人，他已经赞成章君的论略，但是又反对胡君的刍议，这个人就可以说得没有真的知道章君的论略，亦就可以说得没有科学的精神。

上文所说的，似乎和国故没有什么关系，却是从已有意思生出新意思来，在国故学里，亦是常有的事情。第一，我们拿《文始》来做个例。汉末的时候，有个刘熙做了一部《释名》。《释名》的立意，本是要寻求各个名字的原由。寻求一个名字的原由这个意思，亦不纯然是刘熙创造的，如"仁者人也""庠者养也"已见于春秋各国的书籍，却是在刘熙前后的人，似乎都不大明白这个意思。如《说文》载"天颠也""山宣也"等，已未说明是解释字义还是解释语原，到了后来，又有"音训"的说话，遂把语原学一个狠大的题目，包在什么"音训"里面，没有人去仔细研究他。直至最近，我们才有章太炎先生的《文始》。《文始》这部书，固然比《释名》博得多，比他深得多，又比他精审得多，但是寻求语原这个意思，实在是刘熙先有的。我们虽然不能妄说章先生的意思是从《释名》这部书生出来的，却亦不妨是从他生出来的。还有一层，读过《释名》的人，没有寻求语原的意思，就可以说得没有明白著这书的人的意思。第二，我们拿《马氏文通》来做个例。语言必有一定的规律，是一件狠明白的道理，但是我们从前的人，都没有十分想起。有几个聪明的人，如汪中、（做了《释三九》三篇，见《述学》）王引之（做了《经传释词》，这书里实在没有几条关于语律的说话。）俞樾（做了《古书疑义举例》）等，想到这层，亦并没有仔细去研究他。马建忠见欧洲各国，都有葛郎玛，就做了一部中国语言的葛郎玛，就是《马氏文通》（注2）。这部书的意思，不容说是从外国葛郎玛采取来的了，却实在是一种最有用的国故学。我们现在且再说一个例。从前论"诸子学起原"的人，大概受刘歆的影响，都说周秦诸子出于王官。章太炎先生作《原学》，才推论学术的建立，和"地齐""政俗""材性"有关系，胡适之先生又做了一篇《诸子不出于王官论》，（见《太平洋》第一卷第七号）都是精确的议论，足以补旧说的缺点。（注3）他们所以有这个意思，欧洲的学术史亦应当有点影响。这些都是从已有的意思生出新意思的例，这些都是从善服义的结果，这些都是科学精神的发现！

在做这文的开头，我就把国故当作中国古代的学术思想和中国民族过去的历史。这虽然是国故正当的解释，但是我特别写他出来，也有个意思。现在有一班人，自命为"古文大家"的，正在那里提倡"古文"。他们这个"古文"，是个希奇古怪的东西，稍有常识的人，应该知道他究竟有什么价值没有，我也没有功夫去讨论他。但是有一件，读者应该知道的，就是他们所讲的这个"古文"，并没有国故的资格。因为他们已不是古人的学术思想和历史，"因为现在时候的古文，是现在人做的"，又不是现在人用正当的方法研究国故的结果，（现在人的"国故学"，就是"国新"，就是科学的一种，近日林纾致蔡孑民先生的信里面有科学不用古文的说话，所以我们据他的说话，就可以断定"古文"不是"国新"，即不是"国故学"。）所以已不是国故，又不是"国故学"。倘特这种"古文"是我们所应当研究的国故，那"八股""试帖"亦就是我们所应当研究的国故了。到那时候，国故在今日世界学术上究竟有位置没有，我就不知道了。

最后还有一句话，我说研究国故必须有"科学的精神"的人，我并没有把"有科学的精神的人便知道国故"这个意思包括进去。"科学的精神"虽然是研究国故学的——实在是研究凡百学术的——根本，但是国故这个题目实在狠大，要得一个狠精确狠有价值的结果，亦非用狠大的苦功不成。中国民族过去的历史，和中国古代的学术思想，——这些大题目，不容说了。单说研究“国故学”的基本学问，就是古代语言文字的学问，亦非几年苦功不成。还有一层，我这篇文章，不过讲到一点研究国故的方法，并不是什么研究国故的结果，因为我亦并没有仔仔细细去研究国故。至于研究国故的方法，我也狠愿意听听读者的意见。

注1：国故的大部分，实在就是中国民族过去的历史。但是从前人所做的从前人的历史，我们现在不能用他。因为现在人的历史的眼光，十分之八九不应当和从前人的相同，所以我们现在的历史，大部分都应当从我们自己的历史的眼光新做出来，方能合用。因此，我们把国故的这一大部分，不看作中国民族过去的历史，看作中国民族过去历史的材料。

注2：语律或文法的学问，本不必一定是国故学，却是《马氏文通》所讲的，都是古人的语律或文法，并不是今人的，所以是一种国故学。有人说马建忠用外国文法来讲中国文法，这种话亦似是而非的。这书里面，亦许有几处受欧洲文法的影响，失于穿凿，但是就我所见的而言，并没有这种毛病。我现在却有一种感想，倘若用马君的功夫，去改良现在的语言，去编就现在的语律，益处必比他做这《文通》多得多。《文通》那样的书，固然是应当作的，但是现在语言的文通，比古代语言的文通，实在要紧得多。马君仅知道作死语言的文通，似乎亦因为受了“古文家”遗毒的缘故。

注3：我所举的《原学》系指《訄书》里所载的，和现在《国故论衡》所载的有点不同。

章先生在他处讲到诸子学的起原，多未插入《原学》里面的意思，大概是因为他的意思以为这件事没有什么要紧，所以往往举《汉书·艺文志》的说话以备一说。

胡君的论里，谓“诸子之学，皆春秋战国之时势世变所产生”，确是至当的议论，但他绝对的否认诸子出于王官，亦觉得未能十分妥洽。诸子的学术和王官的学术的关系，确有踪迹可寻。诸子的学术起于春秋战国的时势，仍不妨出于王官。水化为气，气聚成云，这变化无方的云，固然是因为空中的气候变化所致，但是一定说云起于气候不生于水，亦不妥当。王官的学术，好像水，春秋战国的时势世变，好像空中的气候，诸子的学术，好像这变化无方的云。再，诸子学术的大部分是“治国平天下”的法则，各人所用的法则不同，所用的“器具”亦就不同，因此诸子的学术有各不相同的地方。这些“器具”，亦不必是诸子自己制造的：诸子——如孔墨等——多用前人遗下的“器具”，——如“孝”“尊天”“敬鬼”等。却是这种现成的“器具”，在孔墨以前的时候，都藏在王官那里。刘歆所谓“某家者流盖出于某某之官”，大盖就是这些“器具”而言。他心里却未能觉得十分的确的，所以加个“盖”字。

八年四月十九日

两三个月以前，我就想做篇《国故论》，大旨是——

（1）研究国故有两种手段：一，整理国故；二，追摹国故。由前一说，是我所最佩服的：把我中国已往的学术、政治、社会等等，做材料研究出些有系统的事物来，不特有益于中国学问界，或者有补于“世界的”科学。中国是个很长的历史文化的民族，所以中华国故在“世界的”人类学、考古学、社会学、言语学等等的材料上，占个重要的部分。或者因为中华国故的整理、的发明，“世界的”学问界上，生一小部分新采色，——如梵文的发明，使得欧洲言语学上得个新生命，婆罗门经典入欧洲便有叔本华派的哲学；澳洲生物界的发明，进化论的原理上得些切实的证据，等等，——亦未可知。我不是说中华国故里面有若干完全的系统，为近代欧洲所不及的，我是说中华国故里面或者有几项可以提醒我们（Suggestions）。至于追摹国故，忘了理性，忘了自己，真所谓“其愚不可及”了。

（2）所以国故的研究是学术上的事，不是文学上的事，国故是材料不是主义。若是本着“大国故主义”行下去，——一切以古义为断，——在社会上有非常的危险。

（3）国粹不成一个名词，（请问国而且粹的有几？）实在不如国故妥协。至于保存国粹，尤其可笑。凡是一件事物，讲到保存两字，就把往博物院去的运命和盘托出了。我们若真要做古人的肖子，也当创造国粹，（就是我们自己发明点新事物），不当保存国粹。天地间事，不进就退，没有可以保存得住的。

（4）研究国故必须用科学的主义和方法，决不是“抱残守缺”的人所能办到的。

（5）研究国故好像和输入新知立于对待的地位，其实两件事的范围，分量需要，是一和百的比例。

现在有毛君这篇文章，意思固然是妥当万分，就是文章也极畅快，我佩服的很，自己的文章大可不做了。

斯年附识

（录自《新潮》第1卷第5号，1919年5月）

驳《新潮·国故和科学的精神篇》

张 煊

《新潮杂志》第五号载毛君子水《国故和科学的精神》一篇，其言偏而无当，姑就私见，为正厥非。

何谓国故何谓科学

毛君谓国故即中国古代之学术思想与中国民族已过之历史，吾谓科学者，世界各国古代学术思想所演化之物也。夫古者，过去之通称。十口相传，即成为古。科学之非创于今日今时，而为古代学者递次所发明，实不可掩之事实。以此称之，适当其分。中国古代学术思想之所演化，当然为国故之一部，而不在国故以外，此尤显而易见者也。

国故在今日世界学术上之位置

我国古代学术思想所演化之物，与他国古代学术思想之所演化，当然对立，无有疑义。今日之所谓欧化者，初非突然以生，勃焉以长，为无源之水，无根之花，依然为欧洲古代学术思想之所演化，与国故但有国别之殊，谓孰为已死，孰为方生，皆无稽之言，臆造之辞。而毛君乃谓国故为已死，夫生也死也，果何所准？谓有发明者为方生耶，则国故亦何尝限人发明。且国故而果无所发明者，则后人之著述，将莫之或观，但阅古人书足矣。无如前修未密，后起转精，乃为国故中之通例，方生乎抑已死乎？若谓科学为今日人类所使用，故谓之生。则我国古代学术思想所演化之国故，现方支配我国多数人之心理，于四万万人之心中，依然生存，未尝死也。况死生本无定，今日已死，明日未始不可复生，未必生之是而死之非也。即《新潮》与《新青年》诸记者所最崇奉之自由恋爱，固亦尝经一度之死矣。当礼制未兴之先，桑间濮上，野田草露，固无处无自由恋爱之迹。即人类未进化为人之时，犬也驴也，其恋爱亦至自由。礼制既兴，此说始为人所耻道。迄于今日，乃复有诸君子为之鼓吹而奖掖之，使得庆更生，则生之死之，固可由人。已埋之而曰是已死，无足贵，已揠之，而曰是方生，可速培。其所埋所揠者果如何，则勿之论，此惑之甚者也。国故之生死，将视治之者之何如。使国人皆弃置之勿复顾，或即治之，而但为陈死人之陈列，不求进步，不肯推故演新，则信乎其且死矣。使国人之治之者尚众，肯推已知而求未知，为之补苴罅漏，张皇幽眇，使之日新月异，以应时势之需，则国故亦方生未艾也。即今日之所谓欧化者，若不更求进步，而但自画于此，吾恐其亦将为陈死人，与国故正等。今之治国故者尚大有人在，以抱残守缺为已足者固偶有之，而肯精益求精不甘自封故步者，亦未尝无其人，谓之已死可乎？

学者之所孜孜以求者，未知者也，新也，其所根据以求未知与新者，已知者也，故也。今日固有得矣，不当即以今日之所得为已足，且将根据之以求明日之新。故以进化言，新者，未来之称号，故者，求新之根据。新之初得，固谓之新，及其既得，即合于故，吾人固不当轻视故而弃置之，以为彼实无足重轻也。哲姆斯之言曰："实验主义者，旧思想之以新形色表出之者也。"旧学术思想之更易形色而为更新之学术思想者，岂惟实验主义为然哉？各著名哲学学说，类同然也，故可弃乎？今之论学者，莫不分东西洋文明为二，且谓将来世界之文明，必为二者配合而产生者。国故，东洋文明之代表也，欧化，西洋文明之代表也。今日东西洋之文明，当然处对等地位。

醉心西说蔑视国故者之谬解与吾人研究国故之理由

所谓求学者，非保守也，进取也。非抄写旧有即已足也，将以求吾所未知者也。今日之所谓欧化者，与所谓国故者，在学者视之，不过供吾人参考，备吾人改造之材，二者皆未有当于绝对之真理。譬诸造纸，将来之新文明为新纸，国故犹败布，欧化犹破纸，为造新纸故，破纸固不可弃，败布亦所当宝，败布与破纸，其能改造为新纸则一也。今执破纸以示人曰，是纸也，败布者非纸，持之无益，宜速弃之，彼造纸厂之主人，且从而笑其后矣。执国故以排欧化，持欧化而蔑视国故者，病正同是。吾人之研究国故，非为保存败布，实欲制造新纸。收拾国故之材料者，犹之拾败布之工人，整理国故，犹之退败布各种色彩污秽之化学工作，虽非亲自造纸之人，而其有功于造纸则与造纸工人正等。不过造纸工业不当止于收拾败布及退其色耳。譬之研究声韵，其目的非为得声韵学史也，亦非为欲得重征求是之心习也，为欲知声音变化之通例，知将来之声音究应如何也。以古音推古通借字而得古书之真诠，特其副产品耳。由我国历代声音转变之故推之，则音声之变，可得而言，盖皆由难发变而为易发，由用力多者变而为用力少者，由浊变而为清，由少变而为繁。征诸西国音学，则昔之以一字表一音者，今乃以一字表数音，是由少变繁也。G、D、B、常变为K、T、P.，是由难发而用力多者常变为易发而用力少者也。惟亦有由清变浊，由用力少而变为用力多者，与我国声韵学所得之条理不同。然细考之，则凡由用力少而变为用力多者，由清变为浊者，皆为借用外国语。盖借用外国语时，每加重其势力，欲使人注意，故其结果遂相反也。从知吾人所得之声音转变通例为不误，方音中由来、娘、明、疑等浊音变而为清音之声，吾人在理固当采用，纵今日舍之勿用，将来必能复生，不如及今采用之为得，非特研究声韵为然也。其余各学，莫不皆然。但整理之使为学术史之材料，实未足以满吾人研究斯学之望也，实未足以得研究斯学之最后果也。

吾敢正告今日之学者曰：凡学无论其属于国故，抑属于欧化者，皆有研究之价值，皆当尽力发挥。收拾国故与输入欧化，皆为拾败布收破纸之事业，虽俱有功于造纸，而其非即造纸则一，二者正宜相助而不宜相斥。今之但知抄写欧化者，恒谓研究国故者无世界眼光。夫以国故为至高之学，谓即此已足，无事外求者，信乎其无世界眼光矣。然但知欧化而蔑视国故者，其无世界眼光正与之等。在世界学术方面观之，与其得一抄拾欧化之人，毋宁得一整理国故之人。抄拾欧化，欧化之本身不加长也，整理国故，以贡诸世界学术界，世界反多有所得。

吾故曰：蔑视国故者，无世界眼光。吾为斯言，非反对输入欧化也。输入欧洲物质文明，实亦今日当务之急，要不可谓即此已足耳。抑吾又有进者，欧洲之物质文明，实东亚所最缺乏者，楚材晋用，分所当然。至于精神学术，各国类有历史地理上之关系，英之哲学多含实际主义之色彩，德之哲学恒带理想主义之具味，美因欧洲大陆与英伦三岛皆有移民，故遂成理想主义而佐以实验主义之新说，而此种新说，又与美国之历史有不可离之关系。是数国者，非不研究他国之学说，特因历史上有特别关系，终不去己说之根株，不过借外说以补己说之不足耳。主尽弃其旧而拾人之余者，直可谓之无历史上之眼光。

国故与所谓科学之精神者

非难国故者，每谓国故无科学之精神。其所谓科学之精神者何，即从善服义是也。夫能从善服义与否，属于人之天性。使其人而为刚愎自用者，则虽为科学家，亦不胥从善服义，使其人本谦谨，则研究国故，亦每肯取诸人以为善，未必科学家便能从善服义也。科学之精神云乎哉？哲姆斯于其 The will to Believe 文中第三节言曰："友人某，美洲近年之科学大家也。一日，谓余曰：'吾闻近有所谓传心术者出，此说若能成立，科学之根本原则将发生危险。此术之信否可不计，苟有持此说者，吾侪非痛驳之使不能成立不可。'"哲姆斯非诳语者，其言必可征言。科学家果能从善服义否乎。吾故曰，从善服义之精神，与人性有关，而与研究之学料无关，与其称谓科学之精神，不若称谓问学之正道之为当。夫从善服义，固问学之正道，假令其所谓善者非善，而所谓义者非义，而责人从责人服，是谓纳人于邪，非正道也。盲从他人之说，好作偏激之论，蔑视历史上有根之学说，善乎义乎，抑不善不义者乎，当从服之乎否乎，明者自能知之。至于谓国故无条理无统系，则旧籍俱在，可勿辩。

（录自《国故》第 3 期，1919 年 5 月）

《驳〈新潮·国故和科学的精神篇〉》订误

毛子水

张煊君见了我在本杂志第一卷第五号所登的《国故和科学的精神》那篇文章，做了一篇《驳〈新潮〉〈国故和科学的精神篇〉》，登在《国故》第三期。我那篇文章，意在提出一种研究国故的方法，所有说话，虽然不是十分精到的，却是很公平的。张君的文章，说来说去，不过要把“国”和“故”争一个地位，并没有讨论到我的主旨上面，我本可不要管他。但是张君对于我的意思，似乎不大明了，而且有许多说话，毛病很大。我因此再作这篇，把张君误解的地方，略加匡正，便中亦把我自己的意思，说得明白些。

张君的原文，分为四节。我现在只好把他每节里面明白紧要的说话写出来，再把我的意见附在后方。

张君原文第一节：“……吾谓科学者，世界各国古代学术思想所演化之物也。夫古者，过去之通称。十口相传，即成为古。科学之非创于今日今时而为古代学者递次所发明，实不可掩之事实，以此称之，适当其分。……”

这些说话，是张君发表他自己对于科学的见解的，对于《国故和科学的精神》那篇文章，没有什么关系，我们本来可以不要讨论他。但是这种见解，有根本上的误缪，对于学术的进步，阻力很大，我所以不得不批评几句。张君所用的“演化”两个字是什么意思，我实在不大明白。张君在下节有“故者求新之根据”的说话，“演化”似乎和英文的“to derive”意思相同：我们暂且作这个意思解释。那么，张君所谓“科学者世界各国古代学术思想所演化之物也”那句说话，就很不对了。近几百年来，靠着个人的深思或实验创造一种科学的人很多，怎见得科学是世界各国古代学术思想所演化的东西呢？凡是宇宙间一件或多件事物的有系统有分理的解释或纪载，都可以叫得科学。这种解释或纪载，都应当从静室冥思或经多年试验得来的，论古如亚儿默狄的液体浮力的定律，论新如近世实验派的心理学，都是实例。我们也知道，在学术上面，往往有从旧意思生出新意思的事情，如台卡儿的解析几何，达尔文的进化学说，都是近世学术界里的大发明，但是他们的意思，都是同在他以前几个学者的意思有关系的。不过我们不能因此就说科学都是古代学术思想所演化的东西。我们就把达尔文的进化学说来做一个例罢。他的进化学说，确在 H, M, S, ‘Beagle’ 船上的游历以及十九年的实地考察的结果，我们不能说他的学说是从柏芬 Buffon、拉马克 Lamarck 等人的学说演化出来的，我们更不能说他的学说是从麦而塞 Malthus 的《人口论》Essay on Population 演化出来的。麦而塞的《人口论》对于达尔文的进化学说，好像苹果的落地对于牛顿万有引力的定律和沸水壶对于瓦特的蒸气机一般，不过开发一种心思或引起一种兴趣罢了，我们能够说牛顿的万有引力的定律是从苹果的落地演化出来的么？

还有一层，现在的科学，我们不能说都是不错的，把现在科学来解释宇宙间一切事物的究竟，我们也知道有许多缺点。要纠正错误，固然要翻古人的成案，要补苴缺点，亦不是“温故”所能了事的。譬如照着化学里的周期律，我们推知地球上应该还有许多元素没有经人发明的。但是我们要发明这些元素，还是向故书堆里找寻呢？还是向自然界里找寻呢？大抵求学只如探险一般，从前人所走过的路程，我们固然不可不到，但是我们要发见新地，非是我们“自己”奋身前进越过前人所已到过的地方不可，并不是裴回前人所已到过的地方就能得着新地的。我们现在要研究一种学术，先要考求古人所已知道的，亦不过如探险的人要经过前人所走过的路一般，是要为我们“自己”前进的地步，并不是要想专从古人的思想演化出新思想来。至于我们研究学术所以要从古人所已知道的入手，不过是一种节省时间和脑力的方法，这是学术所以进步的道理，并不是学术所以生产的道理。所以“科学者世界各国古代学术思想所演化之物也”那句说话，没有对的地方。

很小心的读者，到了这里，必定说我也没有明白张君的意思了。张君不是引了“十口相传即成为古”的么？读者且静听我说的。张君这个诡辩，非特没有一点用处，实在能够使得他这段文章的意思不相联贯。一来，“十口为古”的定义，没有什么根据。二来，古时造文的人用“十”字的意义，未必就当大于九少于十一这个数目解。第三，所谓“十口”，果指什么？我们倘若把“十口”作十世解，那么，“十口相传”，都三百年，而现在大多数的科学，都是二三百年以内发明的，照得张君这个“古”字的定义，都不能算得古。张君的意思是这样么？实在讲起来，张君已然要弄这种诡辩，何不说“时间没有现在只有过去和未来”呢？倘若照这样说去，“过去”算得“古”，

"现在"算得"今"。没有"现在",所以我们现在所有的文化都是"古"的,所以我们现在所有的科学都可以说得古代的学术思想。那么,我们简直可以把科学叫做"世界故"或"欧美故"。请问诸位读者,能够承认这个称呼么?这且不管,我们单就文论文。张君在上行说科学是古代学术思想所演化的东西,在下行又说科学是古代学者递次所发明的东西,实在令人莫名其妙。科学已然是古代学者递次所发明的东西,便是古代的学术思想,为什么张君还说科学是古代学术思想所"演化"的东西呢?我们要知道,一样东西同这样东西所"演化"的东西,并不是相同的。

我说国故就是中国古代的学术思想和中国民族过去的历史,本是望文生训的。所谓"古代",本没有一定的期间,完全靠着常识的判断和历史的事实而定的。张君要从这个地方把"故"字争地位,实在是太机巧了。我看张君这段说话,似乎又是预备作后文"东西洋文明当然处对等地位"那句说话的根据的。所谓"东西洋文明",能不能处于对等地位,下文再讲,张君这种对于科学的见解,实在就是把科学看作"欧美故"或"世界故",是我们所不应当承认的。

> 张君原文第二节1:"……而毛君乃谓国故为已死,夫生也死也,果何所准。谓有发明者为方生耶?则国故亦何尝限人发明,且国故而果无所发明者,则后人之著述,将莫之或观,但阅古人书足矣。无如前修未密,后起转精,乃为国故中之通例。方生乎抑已死乎?若谓科学为今日人类所使用,故谓之生。则我国古代学术思想所演化之国故,现方支配我国多数人之心理,于四万万人之心中,依然生存,未尝死也。……"

我说中国古代的学术思想是已死的东西,一来因为他生长终止,二来因为他日就腐败。怎么见得生长终止呢?古代的学术思想,只有古人能够使他生长,古人已往,他的生长就终止乎。我们现在虽然能够知道古人所不知道的,但是这是我们的学术思想,便不是古人的了。有时我们的学术思想,虽然也从古人那边得来的,但是我们不能因此就说"古代的"学术思想还没有死。譬如子女的体中,虽然也有父母体中的细胞,但是子女的生存,算不得父母的生存。这个非特中国古代学术思想如此,倘若欧洲人倡"欧故",那个"欧故"亦是一般已死的东西。怎么叫得日就腐败呢?时势的变迁,学术的进步,都是一天快似一天的。所以我们中国古代的学术思想,对于我们的生活,一天比一天不适用,对于我们研究学术的参考,亦一天比一天没有价值。有这些缘故,所以中国古代的学术思想,是已死的东西。

张君说，“国故亦何尝限人发明”，我实在不明白。“发明”有两个意思：一是诠释，一是创造。我们现在能够诠释国故，好像医生能够解剖尸体，是实在的情形，但是这个恐怕不是张君的意思。若说我们现在能够创造国故，好像医生能够使尸体中的细胞进行生长作用，这真是不可思议的事情。我们讲到研究国故，有“前修未密后起转精”的说话，是指着诠释国故的而言，是指着“国故学”而言，并非说国故的自身。譬如《周礼》这部书，有人说是周公设官分职的手本，我们便算他是一种国故。后来有杜马郑王贾及近世孙诒让等，是解释这部书的。他们那些解释，就常理而言，自然是后来居上，但是这些解释，在各人的当时，都是诠释国故的东西，并不是国故。所以诠释得最好的，亦不过能够把周公设官分职的条理说得明白罢了，万不能够把他更改一点。这就是说，周公已死了，我们万不能杜造一种国故，说是他所遗下来的。再举一例，近世中国的周秦古音学，自顾炎武以至于黄季刚先生，自然是“后起转精”，试问他们是诠释古音呢？或是创造古音呢？至于张君的“我国古代学术思想所演化之国故”那句说话，语意未明，不知是否笔误。张君又说国故现方支配我国多数人的心理，如果有这等事情，张君有没有什么感想？

张君原文第二节2：“……国故之生死，将视治之者之何如。使国人皆弃置之勿复顾，或即治之而但为陈死人之列，不求进步，不肯推故演新，则信乎其已死矣。使国人之治之者尚众，肯推已知而求未知，为之补苴罅漏，张皇幽眇，使之日新月异，以应时势之需，则国故亦方生未艾也。……”

这段说话，读者很容易从我于上文所说的说话寻出他的误缪来，但是我想张君所以有这些说话，必定是没有明白国故和“国新”的分别，亦没有明白国故和“国故学”的分别。所谓“补苴罅漏”，纯粹是国新；所谓“张皇幽眇”，纯粹是国故学，亦就是国新的一种。大概张君的胸中，横着一个他自己的“大国故主义”，所以不肯细细寻思别人的说话就妄行辩驳。

张君原文第二节3：“……学者之所孜孜以求者，未知者也，新也。其所根据以求未知与新者，已知者也，故也。……故以进化言。新者，未来之称号，故者，求新之根据。新之初得，固谓之新，及其已得，即合于故。……”

这段说话，就是张君“大国故主义”的注脚。已知的就叫做“故”，那么我们中国人所有的学术都是国故，欧洲人所有的学术亦都是“欧故”了。

那么，“故”字就是学术思想的同义字。这个意思的误缪，我在订张君原文第一节的时候就说到了。至于“故者求新之根据”那句说话，我也在订张君原文第一节的时候就讨论过了。不过本段还有两件可疑心的事情。“故”和“新”是对待的字样，张君已以已知的为故，便不得不以未知的为新。他不知道新是一件东西的性质，东西已然没有生出，那能够就叫他为新呢！所以张君虽然说“新者未来之称号”，恐怕翻破世界各国的字书，也找不出这样一个定义来。再，“新之初得故谓之新及其已得即合于故”那句说话，真可以叫得“玄之又玄”了。我想凡是具有常识的人，断没有能够分别“初得”和“已得”的。世界上有一件是“初得”的但不是“已得”的东西么？张君已然要弄诡辩，正可以说世界上没有新的东西，这种说话，非但对于他的“大国故主义”有照顾，而且在理论上亦较有根据。

张君原文第二节4：“……哲姆斯之言曰：实验主义者，旧思想之以新形色表出之者也。旧学术思想之更易形色而为更新之学术思想者，岂惟实验主义为然哉？各著名哲学学说，类同然也，故可弃乎。”

我于实验主义及各著名哲学学说，都没有什么研究，不敢妄议张君的说话。不过我在这里，要抄下一段胡适之先生的实验主义（《新青年》六卷四号）来，以供读者参考。

“从前崇拜科学的人，大概有一种迷信，以为科学的律例都是一定不变的天经地义。他们以为天地万物都有永久不变的‘天理’，这些天理发见之后，便成了科学的律例。但是这种‘天经地义’的态度，近几十年来渐渐的更变了。科学家渐渐的觉得这种天经地义的迷信态度很可以阻碍科学的进步，况且他们研究科学的历史，知道科学上许多发明都是运用‘假设’的效果。因此他们渐渐的觉悟，知道现在所有的科学律例，不过是一些最适用的假设，不过现在公认为解释自然现象最方便的假设。……

这种态度的变迁涵有三种意义：（1）科学律例是人造的，（二）是假定的，——是全靠他解释事实能不能满意，方才可定他是不是适用的，（三）并不是永永不变的天理，——天地间也许有永永不变的天理，但我们不能说我们所拟的律例就是天理。我们所假设的律例，不过是记载我们所知道的一切自然变化的‘速记法’。这种对于科学律例的新态度，是实验主义一个最重要的根本学理。实验主义绝不承认我们所谓真理就是永永不变的‘天理’，他只承认一切‘真理’都是应用的假设，假设的真不真，全靠他能不能发生他所应该发生的效果。这就是‘科学试验室的态度’。”

照着胡君的说话，似乎实验主义并不是奖励人家“尊故”的。张君所引的哲姆斯的说话，我固然没有明白，张君对于哲姆斯说话的解释，我实在觉得十分的疑心。

张君原文第二节5：“……今之论学者，莫不分东西洋文明为二。且谓将来世界之文明，必为二者配合而产生者。国故，东洋文明之代表也。欧化，西洋文明之代表也。今日东西洋之文明，当然处对等地位。”

这几句说话，颇觉“圆通”，可惜没有证据。将来世界的文明，是否为东西洋文明配合而产生的，非等到将来不好说。国故为东洋文明代表的说话，我不敢承认。我以为国故还不够代表中国的文明，——因为国故只是中国古代文明的一部分，——怎样能够代表东洋的文明呢！欧化为西洋文明代表的说话，亦有语病。“欧化”的广义，就是全副的西洋文明，有什么代表不代表。至于“今日之东西洋文明当然处对等地位”的说话，真可以叫得武断。我们用“当然”“自然”等等的字样，万万不应该这样草率。东洋文明和西洋文明，怎样能够处于对等地位呢？照我的意思，东洋文明和西洋文明，无论在程度上面或在分量上面，都不是立于对等地位的。就算将来世界的文明是从东西洋文明配合而产生的，我们亦不能就说他们立于对等的地位。一两和十五两成为一斤，这个一两和这个十五两，除同为加法中的一个相加的数目外，并没有对等的道理。现在西洋文明和东洋文明的比，何止十五和一的比呢！再退一步说，就算东西洋文明处于对等的地位，我们亦不能用此证明国故和欧化是处于对等的地位的，因为国故并没有代表东洋文明的资格。

将来世界的文明，不能骤然完全除去东洋文明的痕迹，是可以瞎猜的。若说中国古代的文明能够有什么大影响在将来世界的文明上面，我实在不敢妄忖。一个民族的文明，必定要适应那个民族的生活，方能存在。中国古代的学术思想里面，有什么东西是适应现在中国民族的生活的？有什么东西能够适应将来世界人类的生活的？这不是我们自己短气的说话，我们要空泛泛说几句夸言，是很容易的事情，不过在事实上没有什么益处。我们要是从今以后，奋力精进，将来世界的文明，亦何尝不可完全由我们手中造出。倘若只知道向国故里面找寻什么将来世界文明的材料，恐怕孟二爷要笑我们“缘木求鱼”呢！

张君原文第三节1：“……今日之所谓欧化者，与所谓国故者，在学者视之，不过供吾人参考，备吾人改造之材，二者未有当于绝对之真理。譬诸造纸，将来之新文明为新纸，国故犹败布，欧化犹破纸。破纸固不可弃，败布亦所当宝。败布与破纸，其能改造为新纸则一也。……”

这段文章，仍是上段文章的余波，我本可不再讨论他。但是败布和破纸的比喻，亦很动听，我所以不能不再讲几句。今日欧洲科学的程度去究竟的真理还是很远，是大家所公认的。但是欧洲现代的学术思想和中国古代的学术思想对于这个究竟的真理，地位完全不能相同。凡世界古今的学者要寻求这个真理，好像一群人要走到一个地方一般。但是欧洲近代的学者，是已经动身的，那个地方虽然辽远，行行不止，总有一天走得到。中国古代的学者，是还靡有动身的，兀自在梦乡里，梦梦不已，万辈子还不能到那个地方。简单说起来，就是要达到究竟的真理，须照着正当的轨道，但是中国过去的学者，就全体讲起来，还没有走入这个正当的轨道。这也不是我蔑视国故，我且说出一个例来。根据解剖学、组织学、生理学、病理学、细菌学及分析化学等而谈治病的，就是医学的正轨。虽然现今欧洲的医术不能说得已经达到究竟，但是设使医术果有一个究竟的地方，必定是从这个正轨走去的。倘若一定要迷信五藏属五行的原理，靠着寸关尺虮息的分别，恐怕一万年也达不到医术的究竟。从医术的例以推到别的学术思想上面，我们可以知道国故和欧化差别的地方，所以国故和欧化对于究竟的真理，有阶级的区别。将来的新文明，应以这个究竟的真理——或离开这个真理最近的“真理”——为根据。所以国故和欧化对于将来的新文明，并不是败布和破纸对于新纸可比。

张君原文第三节2：“……吾人之研究国故，非为保存败布，实欲制造新纸。……譬之研究声韵，其目的非为得声韵学史也，亦非欲得重征求是之心习也，为欲知声音变化之通例，知将来之声音究应何如也。……非特声韵为然也，其余各学，莫不皆然，但整理之使为学术史之材料，实未足以满吾人研究斯学之望也，实未足以得研究斯学之最后果也。……”

国故和将来世界文明的关系，同国故和欧化对于究竟真理地位的比较，我在上文两节已经说明。我们如果在现在的时候要造什么新纸，我们就应该用上好的材料，最灵巧的机器，才能够不折损本钱。所以我们如果要在将来世界新文明上面立一点功劳，我们就应当赶快动手，向最要紧最正当的事情做去。这个最要紧最正当的事情的第一步，就是研究近世的科学。倘若要从国故里面求什么将来的新文明，要“缘木求鱼”，恐怕枉费心机，“折损本钱”呢！

张君所谓“声韵”，照上下文推起来，大概是指着古代声韵说，当即寻常所谓“古音”。若泛指声韵，乃是语言学的一部，并不是国故，亦并不是声韵学史的材料。所以张君的意思，以为研究古音，并不是因为要得古音史，实在是因为要知道声音变化的通例，和将来的声音究竟应该怎样。这个意思，亦是不对的。设使声音的变化果有通例，设使这种通例都是要从研究古音得来的，那么一部古音史里面，必然记着这些通例和这些通例的证据。现在张君已然要从研究古音得着声音变化的通例，但是单不要古音史，我实在想不通这个道理。我想张君提笔作文的时候，还没有仔细想想古音史到底是一件什么东西呢！亦没有想想学术史是一件什么东西呢！张君是研究声韵的，但是不知道寻常声韵学和古代声韵学的分别，又不明了声韵史的作用，实在令人疑心得很。至张君所谓“其余各学莫不皆然”，这些“各学”，指国故呢？还是指国故以外的学术呢？

> 张君原文第三节3：“……凡学无论其属于国故抑属于欧化，皆有研究之价值，皆当尽力发挥。……”

国故有研究的价值，我在《国故和科学的精神篇》里已说得十分透彻了。国故已然有研究的价值，而且我们倘若要去研究他，自然应当尽力去研究。但是我想研究国故，好像解剖尸体，科学的精神，就是解剖尸体最适用的器具。没有这个器具，虽然用尽九牛二虎的气力，也是没用的。

> 张君原文第三节4：“……在世界学术方面观之，与其得一抄拾欧化之人，毋宁得一整理国故之人。抄拾欧化，欧化之本身不加长也，整理国故以贡诸世界学术界，世界反多有所得。吾故曰：蔑视国故者，无世界眼光。……”

我们现在要研究欧洲的科学，有二种意味：一是救荒，“如饥之求食，渴之求饮”，无论如何，得着一点便好。我们在黑暗里面多年了，欧洲的科学，就是光明。我们倘若要用我们的视觉，自然不能不要他。第二是经济的意味。我们的研究学术所以要从欧洲人所已知道的入手，是要把时间和脑力节省下来以寻求更高深的。本来欧洲人的一切科学，也可从我们自己发明出来的，但是我们便从此刻做起，亦不知道要几百年才能够赶上欧洲现在的科学程度。这是极不经济的事情。所以无论世界学术方面是怎样，欧化的本身是怎样，单就我们自己说，我们实在不能够不快快抄拾欧化。倘若我们把国故整理起来，世界的学术界亦许得着一点益处，不过一定是没有多大的，但是怎样的人，用什么方法，才可以整理国故呢？我现在敢说，不是曾经抄拾过欧化的人，不是用科学的方法，一定不能整理国故，——就是整理起来，对于世界的学术界，也是没有什么益处的。至于蔑视国故的人，我们应当说他没有“方隅的眼光”，不应当说他没有世界的眼光。就世界所有的学术看起来，比国故更有用的有许多，比国故更要紧的亦有许多，因此有人蔑视国故，亦是在情理中的事情。但是国故也有国故的好处，我们当然不可绝对的蔑视他。凡是绝对的蔑视国故的人，就是没有方隅的眼光。我们要评论一种学术的价值，要具世界的眼光，亦要具方隅的眼光。

张君原文第三节5：“……欧洲之物质文明，实东亚所最缺乏者。楚材晋用，分所当然。至于精神学术，各国类有历史地理上之关系。英之哲学多含实际主义之色彩，德之哲学恒带理想主义之臭味。美国欧洲大陆与英伦三岛皆有移民，故遂成理想主义而佐以实验主义之新说。而此种新说，又与美之历史有不可离之关系。是数国者，非不研究他国之学说，特因历史上有特别关系，终不去己说之根株，不过借外说以补己说之不足耳。主尽弃其旧而拾人之余者，直可谓之无历史上之眼光。”

一国的学术，有时固然和这个国度的地理政俗有关系，但是这样的情形，到了现在的时候，也渐渐泯灭了。现在各国学问高深的人，都有“为真理而寻求真理”的态度，还能够受着什么历史地理的拘束么？就算如张君所说，英德美各国的学者，“非不研究他国的学说，特因历史上有特别关系，终不去己说之根株”。他们所以“终不去己说之根株”，是不应该去呢？是不能够去呢？还是不必去呢？哲学家所研究的事情，当然不应当受历史上特别关系的束缚。自己的学说应不应该弃去，应以自己学说的对不对为准。倘若自己已经知道自己的学说不对了，断没有不应该弃去的道理。倘若自己已经知道自己的学说是应该弃去的，但是因为历史上特殊的关系不能够把他弃去，这就是没有寻求真理的精神，这就不能算得真正的学者。英德美的学者如果有这样的脾气，我们万不可再去学他。倘若各国的学说，表面上虽然有点不同，实际却是一样，——就是说，有一样的价值而且能够发生一样价值的结果，——那么，他们正可以不必“舍己从人”。我现在要问读者：我们中国现在的学者如果“终不去己说之根株”，是不应该去呢？是不能够去呢？还是不必去呢？

张君原文第四节1：“……非难国故者，每谓国故无科学之精神，其所谓科学之精神者何？即从善服义是也。夫能从善服义与否，属于人之天性，使其人而为刚愎自用者，则虽为科学家，亦不胥从善服义。使其人本谦谨，则研究国故，亦每肯取诸人以为善，未必科学家便能从善服义也。科学之精神云乎哉，……与其称谓（?）科学之精神，不如称谓（?）问学之正道之为当。”

“科学的精神”这个名词，包括许多意义，并非专指从善服义，读者请参考《国故和科学的精神篇》。从倍根、台卡儿以后，近世科学的发达，都是因为这个精神的发现。因此叫得科学的精神（Scientific spirit），和“科学试验室的态度”那个名词有相近的意思。凡研究科学的人，应当个个都具这种精神，但是未必个个都能够具这种精神，细想张君的文意，似乎有误解名词的毛病。

我在《国故和科学的精神篇》里曾说道，“我们中国古代学者，多没有科学的精神”，却并没有张君所举的“国故无科学之精神”的说话。中国古代学者多没有科学的精神，是一件事实。实在何止中国古代学者，便是希腊罗马的学者，亦是大都没有这种精神的。至于我们中国，自皇帝和儒术的权力盛大以后，更不容有这等精神的发现。譬如宋世的读书人，何尝没有胜过前人的见解，但是他们不是把孔门的招牌拿出来，就不敢开口讲话。我们知道，欧洲经过教会蔽锢聪明以后，学术停止进步，甚至卡里来 Galilei、哥白尼 Copernicus、克白勒 Keppler 等传布地动学说的书籍，到了一八一九年，还是在禁书目录里面，等到一八二二年，罗马才有应许人家印行地动学说书籍的文告。这样的事情，从此刻想起来，真是可笑得很，但是中国的皇帝和孔夫子在学术上的权力，实在比欧洲中世纪教会的大得多。中国古来的念书人里面，有几个桓谭呢？有几个王充呢？

说到这里，我有几句批评《国故》月刊的话。我想《国故》月刊里面，通论一门，尽可除去。万一要他，亦只应该登载关于研究国故的方法的文章，如张煊君的《驳〈新潮〉〈国故和科学的精神篇〉》便是。不应该登载《春秋经世微》《讲学救时议》（都在《国故》第三期）和那种论调的文章。宋育仁的《春秋经世微》里面所有的说话，实在是和街上测字先生所说的一样荒唐。凡所征引，东拉西扯，没有几句合式的，——引用外国国名和人名的地方，尤为可笑。他说：“六合之万形万物化分化合，人之所以有生有死，佛说如《首楞严经》，道书如《黄帝内经》、《素问》、《灵枢》、《同契》等，皆剖析微芒，是即声光电热诸科学之所从出。”这等见解，就是我在《国故和科学的精神篇》第二节里所举的中国念书人的第二种误解。张君说国故和欧化当然处于对等的地位，是我在那篇文章里所举的中国念书人的第一种误解。现在我们又有宋育仁的这段说话，难道研究国故，便要一定抱住这种见解么？薛祥绥君《讲学救时议》的开口两句便是“功利倡而廉耻丧，科学尊而礼义亡”，薛君要讲学以张礼义廉耻，我们何尝不欢喜。但不知功利的学说和科学有什么害于礼义廉耻的地方，使得薛君做出这等矫健的偶句来！我们中国，就坏在没于功利的学说，所以人尚虚伪，廉耻丧尽。倘若要增高国民的道德，除却极力振兴科学的教育外，实在没有别的法子。“科学尊而礼义亡”那种说话，非特是学术的蟊贼，实在是国民道德的蟊贼！“君子一言以为知，一言以为不知。”薛君要挽救人心，意思自然很好，但是“言不可不慎也”！

张君原文第四节2：“夫从善服义，固问学之正道。假令其所谓善者非善，而所谓义者非义，而责人从责人服，是谓纳人于邪，非正道也。盲从他人之说，好作偏激之论，蔑视历史上有根之学说。善乎义乎？抑不善不义者乎？当从服之乎否乎？明者自能知之。”

张君这一段文章，“笔锋纵横，意在言外，兼有一唱三叹之致”。

张君原文第四节3：“至于谓国故无条理无统系，则旧籍具在，可勿辩。”

《国故和科学的精神篇》曾说道，“我们倘若单讲到学术思想，国故是杂乱无章的零碎智识，欧化是有系统的学术”。这几句说话，本是根据“旧籍”讲出来的，而张君在上文，也曾说过好几回的“整理国故”，所以我想张君应当承认中国古代学术思想是杂乱无章的零碎智识的。但是张君的意思必定不是这样。我所以不能不把我自己的说话解释一番。要解释那句说话，我且先把胡适之先生《中国哲学史大纲》卷上抄下一段：

“《墨辩》六篇乃是中国古代第一奇书。里面除了论‘知’论‘辩’的许多材料之外，还有无数有价值的材料。今把这些材料分类约举如下：

（一）论算学。如‘一少于二而多于五’，诸条。

（二）论形学（几何）。如‘平，同高也’；‘中，同长也’；‘圆，一中同长也’；‘方，柱隅四灌也’，诸条。

（三）论光学。如‘二，临鉴而立；景到，多而若少，说在寡区’；‘景之大小，说在地缶远近’，诸条。

（四）论力学。如‘力，形之所以奋也’；‘力，重之谓，下与重奋也’，诸条。

（五）论心理学。如‘生，形与知处也’；‘卧，知无知也’；‘梦，卧而以为然也’，诸条。

（六）论人生哲学。如‘仁，体爱也’；‘义，利也’；‘礼，敬也’；‘孝，利亲也’；‘利，所得而喜也’；‘害，所得而恶也’，诸条。

（七）论政治学。如‘君，臣萌同氓通约也’；‘功，利民也’；‘罪，犯禁也’，诸条。

（八）论经济学。如‘买无贵说在仮其贾’。说曰，‘买，刀籴相为贾。刀轻则籴不贵，刀重则籴不易。王刀无变，籴有变，岁变籴则岁变刀’。又如‘贾宜则雠，说在尽’。说曰，‘贾，尽也者尽去其［所］以不雠也。其所以不雠去，则雠，正贾也’。这都是中国古经济学最精采的学说。”

照这个例推去，我们知道国故里面尽有许多科学的和哲学的智识。但是就从《墨辩》看起来，无论论“知识”，论“辩”，或论其余的科学，所有界说和解释，都是零碎的，并不是整齐的，都是杂乱的，并不是有始终条理的。我们且单论名学。学过印度的因明和欧洲的逻辑的人，再去读《墨子》里面经上下和经说上下，自然能够见得墨家也曾有过一种很完备的论理学。不是知道因明和逻辑的人，去读这些东西，那能有什么结果。从鲁胜以后，到了张惠言、孙诒让的时候，并不是没有好学深思的人，但是谁是曾得着墨家名学的用处的呢？这都是因为墨家并没有——实在是不能够——把他们名学的条理齐齐整整写出来的缘故。名学是这样，别的学术也是这样。墨家的学说是这样，别家的学说也是这样。《孙子》的兵法，《内经伤寒论》的医术，《本草》的药物，《齐民要术》的农艺，都并不是没有经验的说话，但是那一种是有近世科学的形式和方法的呢？那一种是有系统的学术？就说政治的学术，——这是中国古代大多数读书人心力所会萃的地方，——我们能够在中国古书里面寻出一种像现在欧洲学者讨论政治的书籍的么？《群书治要》、《资治通鉴》等，何等的庞然大物，但是就条理而言，还要比《小戴记》里面的《大学》低几等，不过《大学》亦只是一种古代国王教育的课程单，并不能算得有系统的政治学。至于周秦诸子，大多数只讲一种政治的手段，也不能算得有系统的学术。“旧籍具在”，张君果以为何如？

还有一句话，我们虽然说中国古代的学术思想是杂乱无章的零碎智识，我们并没有轻视中国古代学者的意思。因为人类有传授思想的技能，所以一切学术，都应当跟着时代进步。所以后人的智识，都应当比前人的精密。英吉利文人麦珂里在他的《密尔顿论》里说道，“无论那一个女孩子，只要是念过马尔色特先生（麦氏时英国的小著作家）《经济学谈话》那本小册子的，都可以教孟陶或华波尔（两人都是英国著名的理财家）许多财政学的功课。无论那一个伶俐的人，专心致志用上几年数学的功夫，都应该得着比牛顿从半世纪的冥思默想所得着的更多”。有这个缘故，后人不能因为比前人知道多一点就看不起前人。不过我们中国古来的学术，除出几种疏证学——如声韵学训故学等——以外，都没有什么显著的进步，这是可叹的事情！但是我们亦不会因此就看不起古人，因为这个事情，和我们中国从前的政治、风俗、地理，都有关系，并非都是古人的过失。

张君的说话，大概都讨论过了。至于作者对于国故的态度，亦已在《国故和科学的精神篇》的第二和第三两节说得很明白了，不再烦絮。我且说一段闲话，作我这篇文章的结尾。

我们在现在的时候要研究学术，应当研究合法的学术。因为研究学术的最正当的方法就是科学的方法，所以科学——广义的科学——就是合法的学术。因此，我们现在要研究学术，便应当从研究现代的科学入手。我们就是把哲学从科学里分出来，但是哲学所用的材料，必是从科学里取来的才能合式，所以若要专治哲学，亦不能不预先研究科学。至于研究希腊的学术或我们的国故，本不是研究学术的最正当的法门。我们所以要做这种事情，也不过想得着一种研究现代科学的参考品。因为希腊学术的大部分和我们的国故，都不是从用科学的方法所得的结果，所以都不能算得合法的学术，——只可以算得未成形的科学。因这个缘故，不是知道现代科学的人，要去研究希腊的学术或我们的国故，一定不能得着什么有用的结果。我们的国故学者，多存一种国故和科学并立的意思，实在是很不对的。我写出《国故和科学的精神》那篇文章，就是要向那班梦梦的国故学者说法。至于我们的青年学者，自然应以拼命研究现代的科学为最要紧的事情。万一要研究国故，也应该先知道一点现代的科学。

八年八月十五日

我那篇文章，写得很匆忙，所以难免有失检点的说话。胡适之先生有写给我的一封信关于这篇文章的，里面有许多极好的说话，我就把他抄在下面以满足读者的希望。八年九月十五日，水记。

张君的大病是不解“国故学”的性质，如他说的：

“使国人之治之者尚众，肯推已知而求未知，为之补苴罅漏，张皇幽眇，使之日新月异，以应时势之需，则国故亦方生未艾也。”

“补苴罅漏，张皇幽眇，”还可说得过去。“使之……应时势之需”，便是大错，便是完全不懂“国故学”的性质。“国故学”的性质不外乎要懂得国故，这是人类求知的天性所要求的。若说是“应时势之需”，便是古人“通经而致治平”的梦想了。

他引哲姆斯的话，是哲姆斯的一部书的全名，（“Pragmatism：A New Name for Some Old Ways of Thinking.”“实验主义”——思想的几种老法子的新名字。）他引错了。

你驳他论“声韵学”一段，很是。自顾亭林以来至于今日，声韵学的成绩只是一部不曾完全的“古音变迁史”。请问知道“古无轻唇音”一条通例，于“将来之声音究竟如何”一个大问题有何帮助？难道我们就可以推知现在所剩的重唇音将来都会变成轻唇音吗？

但是你的主张，也有一点太偏了的地方。如说：

我们把国故整理起来，世界的学术界亦许得着一点益处，不过一定是没有多大的。……

世界所有的学术，比国故更有用的有许多，比国故更要紧的亦有许多。

我以为我们做学问不当先存这个狭义的功利观念。做学问的人当看自己性之所近，拣选所要做的学问，拣定之后，当存一个“为真理而求真理”的态度。研究学术史的人更当用“为真理而求真理”的标准去批评各家的学术。学问是平等的，发明一个字的古义，与发现一颗恒星，都是一大功绩。

况且现在整理国故的必要，实在很多。我们应该尽力指导“国故家”用科学的研究法去做国故的研究，不当先存一个“有用无用”的成见，致生出许多无谓的意见。你以为何如？

还有一层意思，你不曾发挥得尽致。清朝的“汉学家”所以能有国故学的大发明者，正因为他们用的方法无形之中都暗合科学的方法。钱大昕的古音之研究，王引之的《经传释词》，俞樾的《古书疑义举例》都是科学方法的出产品。这还是“不自觉的”（Unconcious）科学方法，已能有这样的成绩了。我们若能用自觉的科学方法，加上许多防弊的法子，用来研究国故，将来的成绩一定更大了。这种劝法，似乎更动听一点，你以为何如？

我前夜把“汉学家的科学方法”一文做完寄出。这文的本意，是要把“汉学家”所用的“不自觉的”方法变为“自觉的”。方法“不自觉”，最容易有弊。如科学方法最浅最要的一部分就是“求否定的例”。（Negatiue instance exceptions）顾亭林讲易音，把《革》传“炳，蔚，君”三字轻轻放过不题，《未济》传“极，正”二字，亦然。这便不是好汉。钱大昕把这两个例外也寻出“韵”来，方才使顾氏的通例无有否定的例。若我们有自觉的方法，处处存心防弊，岂不更圆满吗？

适。八年八月十六日

（录自《新潮》第2卷第1号，1919年9月）

我之国粹保存观

范皕诲

人之物质的生命，以血统而传。

人之精神的生命，以品行道德功业言语文字工作美术而传。

精神生命不传血统而传道统。

人之精神意态品格，在他人之心目中，其人虽死，而数十年后，他人犹能记忆之，则其人精神的生命尚未全死也。品行道德功业言语文字工作美术，为吾人精神团结物，可以独立而不死。圣贤豪杰，文士诗人，历数千年，而恍惚遇之于羹墙之外者，皆其精神生命不死之证也。

传道统的精神生命，不注重于血统生命，此从来之第一问题也。孔氏之鲤，不必及颜曾，故传道统者颜曾，而非鲤也。自是以来，无不皆然。施雠易学，独授孟喜，中郎书籍，尽与王粲，此汉学也。程门立雪，乃属游扬，朱氏易箦，独私黄李，此宋学也。释尊景宗，俱无血统之传，而以门徒肩承其道统，皆可证也。

道统之义，发明于孟子，汉儒传经，谓之师说，其在文学，谓之宗派，此皆一种精神生命，随世界之进化而不泯。即有改革扩充，亦如血肉生命之子孙，因体育或他种原因之结果，而长大逾其祖父耳。

人家谱牒，历数十世而不甚分明，惟道统之传，亘古今而未尝有紊乱之虞，且往往续绝于数百年数千年之后，如宋人继续六朝之伦理哲学，清人继续两汉之考据训诂，均自谓远绍古先焉。然则宇宙之间，充满磅礴，不可磨灭者，惟此精神生命而已。

一种言语文字，湮灭之，则其寄托于此言语文字之精神生命死，一种古迹或美术，破坏之，则寄托于此古迹此美术之精神生命死，一国之精神生命皆死，而留此血肉的生命之国，其精神则已久为他民族之奴隶矣。是故国粹保存者，即一国精神命脉之保存也。

国粹保存，无伤于进化，且保存之界限，决不至拒绝他文化之采用。深一层言之，非采用他文化，亦无以保存其国粹。于血肉的生命，有明例焉，即娶妻生子是也。夫血肉的生命，必得他血统之调和，而后嗣续勿绝。男女同姓，其生不蕃，上古时人已有其经验，而著为禁例。即精神的生命，何独欲以纯壹的，孤另的，而求其永远之延长耶。

从来一族之血统，无以单独而能传衍者。故甲乙两种文化，既并立于世界，甲之女当嫁于乙，乙之女当嫁于甲，甲得乙女而传衍甲统，乙得甲女而传衍乙统，甲统以甲为主，保存甲之固有，以乙调和之而去其偏，乙统以乙为主，保存乙之固有，以甲调和之而去其偏，此文化之所以能不绝而益进也。吾国文化，周秦以来，为南北之大调和，六朝以来，为东西（指印度哲学）之大调和。一度调和，必昌盛而发达，故南北调和之结果，为两汉之经学，绵绵千余年，至唐中叶而始衰，伏流而复兴于清。东西调和之结果，为宋之理学，亦绵绵七百余年，至清之中叶，汉学复兴而始衰，其支流余裔犹在也。清之一代，为南北与东西古代两大文化潮流之结束，而为输入欧美新文化之起点，如印度哲学之在六朝及初唐时，虽已亲迎，而尚未牉合。新妇三日，待以客礼，顾世界潮流，愈后愈速，断不必如印度哲学得子之迟。自后汉以逮宋初，氤氲涵育，几一千年。则欧亚文化调和之结果，而产生最新中国之文化，其期殆不远也。

今之论者，或抱残守阙，以古为足，而拒绝新文化，谬袭国粹保存之名。其反对此而过者，以本国固有之文化，为毫无价值，必欲毁灭之，使无遗种，而完全易以新文化，是二者愈激而愈偏。由前之说，似家有不肖子而愿其世世象贤，由后之说，弃其亲生而育他人之子为后，皆惑之甚者也。

推而言之，吾国之国粹，不但关系于吾国，亦关系于世界人类精神之绝续也。世界文化，东西两大系，为人类全体文明之代表。人类文明之发源地，以帕密尔高原为中点，一系踰喜马拉耶而西北走，是为巴比仑埃及与希腊罗马之文明，是为西系，一系踰崑崘而东南行，是为华夏与印度之文明，是为东系。东西两系文明之性质不同，而同为人类精神命脉之所寄，于历史上初无轩轾，各自传衍，经过五千余载，而光华不灭。忽焉相遇于今日，自外方之形势观之，阳刚阴柔，西系之动性的文明，与东系之静性的文明，暂时间不无强弱之分。而自内涵之精神观之，则互相灌输，互相调剂，将为孕育世界将来大同新文明之预备，人类文化，而犹有进步，两者固不可相无也。世徒见东系文明今日之现象，遽以劣败目之，而归优胜于西系，譬见女子今日之巽懦，而料其当永伏于男子强权之下，谓不如率全球女子而自杀之为愈，恐稍有世界历史的知识者，决不出此也。

故中国国粹而灭亡，不啻灭亡人类精神的系统之半，中国国粹而保存，不啻保存人类精神的系统之半矣。我之国粹保存，作如是观。

至于何者为国粹，何者当名之曰国瘤，不能混入国粹之列，非本论所能详，俟诸异日。

（录自《青年进步》第26册，1919年10月）

论今日治国学者所应改良之十大方针

陆达节

今夫二十世纪之世界，一人类进化之最大关键也。百度除旧，万象更新。举凡政治界学术界，无不起敝补偏，日新月异，与昔时迥不相同。此何以故？盖当万流竞进之会，一不急起直追，稍落人后，则将为世界潮流所席卷，而被天然淘汰矣。乃今之治国学者，则尚昧乎是。不知世界潮流，不问社会趋势，一意守旧，罔敢或变。方法犹是数千年来相传之法，态度犹循数千年来相传之态。食古不化，固执不通。日惟痛心疾首于新说之日出不穷，而不知改良方针，以图竞进。律以物竞天择，优胜劣败之理，诚岌岌乎其殆哉。顷来宿儒雕谢，国学衰微，靡特难期继长增高，而且不能保存固有。今已如此，将来可知。此非天然淘汰之见端乎？然则居今日而治国学，亟宜改良方针，变更态度，以应世界潮流，期与百科竞进，谅稍识时务者，无不赞成是说矣。惟其应改良之方针若何，关系靡细，殊不易言。盖改而善，则能昌大国学，发扬国光，其益无量。改而不善，则点金成铁，反不如故，非徒无益，而又害之。今某就管窥所及，制为此文，条举其应改良之方针十事。未必当也，愿与海内鸿硕商榷之。

一、不可抱厌世主义也。今之治国学者，多抱厌世主义。绝交游，屏百务，凡事持悲观，无一当其意，日惟埋首于故纸堆中，为抱残守缺之计。盖彼以为今日治国学，最为不合时宜。无名无利，聊以自娱，尚何容其不厌世乎？不知大谬不然。凡讲一学，日以厌世主义出之者，则其学必不能昌大。今治国学者不思所以自立自励，以图与百科竞进，乃事事谦退，甘居人后。数年以来，国学日见飘零，未始非二三老师宿儒，自安委废，不思振起，有以致之也。诚能改良方针，使适时宜，则国学又岂无用者，何悲观之足云。即谓于己无裨，惮事纷更，为一己计则得矣，惟不虑及国学邪。再四思维，诚无可抱厌世主义之理矣。

二、不可抱辟异端主义也。吾国学者，自昔以卫正道辟异端为唯一事业。盖当束发受书之初，父诏兄勉，即已存立此志。此端自孟子开之。孟子辟杨墨，斥为禽兽，可谓甚矣。迨董子出，献策汉武，罢黜百家，独尊儒学，遂树学术专制之基。厥后韩愈辟佛，程朱辟禅，程朱与陆王相辟，汉学与宋学相辟，更愈出而愈奇矣。此曰吾为正道，彼为异端，不得不辟之也。彼亦曰吾为正道，彼为异端，不得不辟之也。互相诋諆，互相攻击，务不使思想自由、言论自由，大为学术发达之障碍。吾国开化早而进化迟，职是故也。

夫研求学术，采索真理，岂可不辨是非，不争得失，存乡原之见，作骑墙之举。然宜心平气和，以求真理之所在。不容怀挟私见，为党同伐异之行。是非不能即决，得失必久乃知。更不容因一时之胜负，竟存此而废彼，不使并留于天壤，以待万世之公评。好同恶异，入主出奴，此前人之谬见也。乃今之治国学者，犹不除此陋习。又将本此见以辟耶教，辟西学，则更谬之谬矣。夫耶教之与孔教，虽有大小精粗之不同，而导人为善则一，乌可以辟之哉？姑不论其教义之优劣如何，但观其能得数万万有德有智之民族信仰，则亦不可轻视之矣。至其辟西学者之谬，更不待言。且在今日而讲学术，靡特在理不可排斥一切而定一尊，即在势亦不能排斥一切而定一尊。中国既在世界之中，即不能逆世界潮流，而欲守一家之说，以拒外学之人新说之起，能乎否乎？夫既在理不可，在势不能，而又必为之，岂非不知时势，倒行逆施，必遭失败者乎？今思想自由、言论自由之公例，已为人人所承认，则治国学者亦断不可背之矣。不可背此，即不应抱辟异端主义，持门户之见，此必然者也！

三、不可轻视科学也。今治国学者之轻视科学，殆已十而八九。盖沿数千年来重道轻艺之习，以为道之与艺，既有形上形下之分，便有精粗广狭之别。既有精粗广狭之别，即不能无轩轾于其间，不容同等视之也。不知二者虽有不同，而实互相为用。并重则两美，偏废则俱伤。乌可妄为抑扬，取此舍彼哉？而况乎今之世界，一科学之世界也。举凡一切精神界物质界，咸支配于科学中，稍有常识者，皆能道之，尤不容其诋諆也。乃治国学者，尚以村学究眼光，目科学为一种奇技淫巧，无裨大用，深恶而痛疾之，其愚诚不可及。今犹不悔，则必为科学界所唾弃，莫能自存矣。此万万莫可者也。

四、不可轻视欧化也。自海禁大开以来，西学流入中国，吾人大感其利。小之则寻常日用之物，大之则争战交通之具，无不深受其赐。故今日轻视科学者，除村学究外，盖无有也。至其于欧化则不然。自昔有中学为体、西学为用之说。盖以为彼族之所长，在枪炮之利，技艺之精耳，若道德仁义之说，修齐治平之术，为吾所独擅，非彼所及也，故每目之为夷，轻之为番。殊不知道德之条文，彼此或有不同，道德之原理，中西初无二致。所谓孝弟忠信、礼义廉耻诸美德，实人类之所共具，乌得谓彼独无哉！顷者默察世变，知吾人之道德，大不如彼，则当崇拜之不暖，不容歧视之矣。即以其修身齐家之道，体国经野之法论之，派别繁多，精深奥赜，实亦非吾国所及。为今之计，惟有尊重欧化，尽量输入，取其所长，补我所短，使吾华文化，更图进步，断不可夜郎自大，拒人于千里之外也。

五、当以科学方法治国学也。愚今十种方针中，当以此条为最要。盖吾国学者于为学之方，素不讲求，故学无系统，无次序，无一定之范围，无明晰之义例。零星破碎，散漫支离，神怪之谈，谬悠之说，谶纬之言，迷信之事，穿凿傅会，连篇累牍。又无论理学以为思想言论之规则，任凭胸臆，妄为渺茫之谈，恣情爱憎，多生主奴之见。以是之故，数千年间，圣哲代出，文化不昌。今幸际环舆大通之会，西学次第东来，亟宜师合良规，理我国学，以科学方法求国学之真相。明统类，立界说，辨同异，穷因果。凡一切悖于科学之原理原则，公例公式者，皆当去之，则不确实之知识，可一扫而空矣。至辨论学术，则以逻辑为标准，不容参门户之见。凡事务求真是非，真得失，从客观之存在，切实研究，不由主观之见解，妄为抑扬也。当此科学世界，一切事物，咸不能逃其支配，逃科学之支配，便遭天然之淘汰，则吾国学术，又可自成风气乎？彼老师宿儒，但好空文，罔知实事求是，以为一用科学方法治国学，便失之恶俗浅俚，此恶夫科学形式者耳。今吾辈采取科学精神，而变更其形式，不亦可乎。

六、于国粹当知留长去短，不可一概保存也。今日学人，约分二派。彼骛新者流，醉心欧化，蔑视国故，以为属于人者皆善，出自吾者咸非。《六经》目为窳陋，吐弃不道，伦常以为迂拘，排斥不守。日发为非圣无法之言，而相习于荡检踰闲之行，目国粹如眼中钉，直欲拔之而后已。此于国粹不知取长，而欲一概舍弃者也，姑勿论矣。乃笃旧之士，则又适与是反。深闭固拒，目西学为蛇蝎。谓彼之所长，皆吾古经所已具。不识时务，奉国粹如律令，谓古之所宜，一一皆可行于今。此于国粹不知去短，而欲一概保存之者也。吾请言之。夫天下万事万物，其是者正者善者，保之存之，效之师之可也。其非者邪者恶者，而亦保之存之，效之师之不可也。何治国学者，不计精粗，不问得失，瑕瑜俱取，玉石并蓄乎？吾国数千年来，秕政杂学，莫可究诘者固多，时移事变，不合时宜者亦不少。此皆当严为鉴别，大加沙汰者也。呜呼！果系国粹而保存之，宜矣。奈何非国之粹，而亦保存之邪。至今老师宿儒，尚有以井田封建为可复者，诚可慨也。因笃旧者之如此迂拘固陋，事事保存，反使骛新者激而至于事事排斥，各趋极端，不肯相下，酿成学术界之大患，此果奚为者。故今日对于国粹，决当取长舍短，而不容一概保存。

七、今日治国学，当存救时计，毋作存古观。今之治国学者，皆存一种抱残守缺之见，守先待后之心，以为国家将衰矣绝矣，有志之士，急宜保之守之，以遗留于来叶，而不使其废坠。于是墨守成规，罔知改革，惟恐少有更变，以至失真。夫如是则以国学为果无用也，果不合时宜也。不知一国学术，即一国立国精神之所寄，自有其不可磨灭者在。惟有随时改良，循序渐进，使适时宜，用济时艰。断不容戛然中止，立归淘汰，徒留历史上之陈迹，而不作救时之药石也。治国学者，正宜光大发扬，使日进于高明，以济败坏之社会，焉得目为存古事业，不容改良哉？止为存古治国学，则国学诚无用矣，将归天然淘汰矣。以此而尊国学，保国学，岂非更卑国学，亡国学乎？且为存古计而保守之，亦未得也。夫曰欲行百里者仅能及九十里，而保守必有待于进取。今以保守为保守，则不能保守矣。藉曰能之，亦不过一时之事，而非能长久者也。何如昌大国学，救济社会，使之日进于无穷，即保守于无穷哉。是亦不可不深长思之矣！

八、治国学者，于学术界当抱竞进主义，毋持谦退态度也。天下万事万物，咸由竞争以决胜败，判存亡，能竞争者则胜而存，不能竞争者则败而亡。天演公例，莫能逃也，而于学术界为尤著。往往有不甚美善之学说，得一二巨子为之表彰，则万众趋之，而其学以昌。又往往有甚美善之学说，无一二巨子为之表彰，则万众忽之，而其学以微。证之往事，可以见矣。儒家与佛老之争，程朱与陆王之争，汉学与宋学之争，古文与骈体之争，其或胜或败，或存或亡，虽或优劣本殊，抑亦关系提倡者之力不力也。乃今之治国学者，不抱竞争主义，但持谦退态度，以为真得孔圣温良恭让之旨。事事退缩，甘居人后，日视人之诋毁吾国学，而不为之辨驳，日见国学之渐就衰微，而不为之挽救。推彼之心，以为凡事一争则非，一让则是。而况乎研治国学，不同他事，理宜达礼而闻道，更当见犯而不校。又以为真理不死，国学自能长存，竞争徒为多事，不如谦退之为愈也。不知天下惟权利不可竞争，争之则为伤义。岂有研究学术，论辨是非，而亦不容于争乎？孔子固以谦逊自持，礼让立教者也，然亦谓权利之私不可争，非谓大义不可争。不然，何又谓当仁不让，见义勇为邪，何又谓笃信好学，守死善道邪。夫人之在世，见利不先可也，为义赴后不可也。若谓国学不待竞争而自存，则尤大谬。此不必发理论，且观事实可耳。维新以来，国学退步，一落千丈，老师宿儒，日就零落，后生小子，又不愿学。再过数十年，吾恐国学扫地已尽，无复孑遗，顾谓不须人之竞争而可保存哉？为今之计，决当于学术界取竞争主义，毋守谦退态度。人有攻国学者，吾则辨之，国学有缺点，吾则补之。自立自励，任重致远，结集同志，竭力传播。设学会，建学校，办杂志，立讲坛，为种种之鼓吹设施，望收尺寸之效，久而久之，庶国学赖以盛乎。

九、当具世界眼光，毋仍闭关自守也。吾国自昔以本土为天下，不知更有世界。其比邻诸小国，又多野蛮，文化大不如我。学者不屑道之，学术无所比较，因而夜郎自大，不知己短，难期进步，所谓无敌国外患者国恒亡也。今际环舆大通之会，世界将合为一家，实开宇宙未有之奇局。欧美文化，复浸浸乎驾吾之上。于此之时，攻治学术，而犹仍持闭关时代之态度，不具有世界眼光，奚可哉。乃今之治国学者，竟罔知潮流，不顾大势，泥古非今，故步自封。于异国学说，深闭固拒，不欲取其所长。于固有学说，一概保存，不欲弃其所短。自为风气，不屑较量，殊可怪也。夫在今日，必先具有世界眼光，然后可以恢宏国学。若仍是闭关自守，则大本已谬，无可再言。吾侪同志，其念之哉。

十、当先具科学常识。讲求学术，先普通而后专门，此一定之理也。故无论治哲学，或史学，其始也皆必先具科学常识。盖科学常识者，实人类所应同具之普通智识，而讲求一切学术之基础也。修学而先无是，则勿论至如何高深奥妙，终不免有谬悠之谈，神怪之说。如俗儒之说天文地理，及宇宙本体，尚值一笑乎？且始基不端，则其学愈精，其谬愈甚。竭毕生精力，所得皆非确实之知识，甚可慨也。吾国自来无所谓科学，故学者皆先无科学常识，是限于时代，非关一人，不必咎矣。乃今之治国学者，当科学大昌之世，犹欲师老师宿儒之故智，墨守成规，不涉科学，且见世之深于科学者则国学浅，邃于国学者则科学疏，因疑二者属绝端反对之物，不容互相发明，而不知其大谬不然也。吾且勿为高远之论，试问无科学常识以读古书，言及天文地理，不犹是天圆地方之说乎。言及慧星之见，不犹是主兵灾之说乎，言及地震，不犹是俗谚所云“地动三摇，皇帝出朝”之说乎？循此道而治学，则无一足以自立者矣。故吾敢下一断语曰：今日而欲治国学，当先具科学常识。

以上所举今日治国学者所应改良之方针十事，皆有密切之关系，互相牵引而至，不可偏废者也；皆应时势之要求，导世界之潮流，立适宜之方法，以促进国学者也。唯今日治国学者所应改良之方针，尚不止此十事，此十事亦未必尽当，然能循而行之，神而明之，则吾国学术，靡特不至渐就衰微，且能日趋进步，可断言也。尚望邦人诸友，其毋河汉斯言。

（录自《唯是》第2册，1920年5月）

治国学的方法

章太炎

A、辨书籍底真伪

对于古书没有明白那一部是真，那一部是伪，容易使我们走入迷途，所以研究国学第一步要辨书籍底真伪。

四部底中间，除了集部很少假的，其余经、史、子三部都包含着很多的伪书，而以子部为尤多。清代姚际恒《古今伪书考》很指示我们一些途径。

先就经部讲。《尚书》现代通行本共有五十八篇，其中只有三十三篇是汉代时底“今文”所有，另二十五篇都是晋代梅颐所假造。这假造的《尚书》，宋代朱熹已经怀疑他，但没曾寻出确证，直到清代，才明白地考出，却已雾迷了一千多年。经中尚有为明代人所伪托，如《汉魏丛书》中的《子贡诗传》系出自明丰坊手。诠释经典之书，也有后人伪托，如孔安国《尚书传》、《郑氏孝经注》、《孟子孙奭疏》……之类，都是晋代底产品。不过《伪古文尚书》和《伪孔传》，比较的有些价值，所以还引起一部分人一时间的信仰。

以史而论，正史没人敢假造，别史中就有伪书。《越绝书》，汉代袁康所造，而托名子贡。宋人假造《飞燕外传》、《汉武内传》，而列入《汉魏丛书》。《竹书纪年》本是晋人所得，原已难辨真伪，而近代通行本，更非晋人原本，乃是明人伪造的了。

子部中伪书很多，现在举其最著者六种，前三种尚有价值，后三种则全不足信。

（一）《吴子》　此书中所载器具，多非当时所有，想是六朝产品。但从前科举时代把他当作“武经”，可见受骗已久。

（二）《文子》　《淮南子》为西汉时作品，而《文子》里面大部分抄自《淮南子》，可见本书系属伪托。已有人证明他是两晋六朝人做的。

（三）《列子》　信《列子》的人很多，这也因本书做得不坏，很可动人的原故。须知列子这个人虽见于《史记·老庄列传》中，但书中所讲，多取材于佛经，“佛教”在东汉时始入中国，那能在前说到？我们用时代证他，已可水落石出。并且《列子》这书，汉人从未有引用一句，这也是一个明证。造《列子》的也是晋人。

（四）《关尹子》　这书无足论。

（五）《孔丛子》　这部书是三国时王肃所造。《孔子家语》一书也是他所造。

（六）《黄石公三略》　唐人所造。又《太公阴符经》一书，出现在《黄石公三略》之后，系唐人李荃所造。

经、史、子三部中的伪书很多，以上不过举个大略。此外，更有原书是真而后人参加一部分进去的，这却不能疑他是假。《四子书》中有已被参入的。《史记》中也有，如《史记》中曾说及扬雄，扬在太史公以后，显系后人加入，但不能因此便疑《史记》是伪书。

总之，以假为真，我们就要陷入迷途，所以不可不辨别清楚。但反过来看，因为极少部分的假，就怀疑全部分，也是要使我们徬徨无所归宿的。如康有为以为汉以前的书都是伪的，都被王莽、刘歆改窜过，这话也只有他一个人这样说。我们如果相信他，便没有可读的古书了。

B、通小学

韩昌黎说：“凡作文章，宜略识字。”所谓“识字”，就是通小学的意思。作文章尚须略通小学，可见在现在研究古书，非通小学是无从下手的了。小学在古时，原不过是小学生识字的书，但到了现代，虽研究到六七十岁，还有不能尽通的。何以古易今难至于如此呢？这全是因古今语言变迁的缘故。现在的小学，是可以专门研究的，但我所说的“通小学”，却和专门研究不同，因为一方面要研究国学，所以只能略通大概了。

《尚书》中《盘庚》《洛诰》在当时不过一种告示，现在我们读了，觉得“佶屈聱牙”，这也是因我们没懂当时底白话，所以如此。《汉书·艺文志》说：“《尚书》，直言也。”直言就是白话。古书原都用当时的白话，但我们读《尚书》，觉得格外难懂，这或因《盘庚》《洛诰》等都是一方的土语，如殷朝建都在黄河以北，周朝建都在陕西，用的都是河北的土话，所以比较的不能明白。《汉书·艺文志》又说：“读《尚书》应用《尔雅》。”这因《尔雅》是诠释当时土话的书，所以《尚书》中于难解的地方，看了《尔雅》就可明白。

总之，读唐以前的书，都非研究些小学，不能完全明白。宋以后的文章和现在差不多，我们就能完全了解了。

研究小学有三法：

一、通音韵　古人用字，常同音相通，这大概和现在的人写别字一样。凡写别字都是同音的，不过古人写惯了的别字，现在不叫他写别字罢了。但古时同音的字，现在多不相同，所以更难明白。我们研究古书，要知道某字即某字之转讹，先要明白古时代底音韵。

二、明训诂　古时训某字为某义，后人更引伸某义转为他义，可见古义较狭而少，后义较广而繁。我们如不明白古时底训诂，误以后义附会古义，就要弄错了。

三、辨形体　近体字中相像的，在篆文未必相像，所以我们要明古书某字底本形，以求古书某字底某义。

历来讲形体的书，是《说文》；讲训诂的书，是《尔雅》；讲音韵的书，是《音韵学》。如能把《说文》《尔雅》《音韵学》都有明确的观念，那么，研究国学就不至犯那“意误”“音误”“形误”等弊病了。

宋朱熹一生研究《五经》《四子》诸书，连寝食都不离，可是纠缠一世，仍弄不明白，实在他在小学没有工夫，所以如此。清代毛西河事事和朱子反对，但他也不从小学下手，所以反对的论调，也都错了。可见通小学对于研究国学是极重要的一件事了。清代小学一门，大放异彩，他们所发见的新境域，着实不少！

三国以下底文章，十之八九我们能明了，其不能明了的部分，就须借助于小学。唐代文家如韩昌黎、柳子厚底文章，虽是明白晓畅，却也有不能了解的地方。所以我说，看唐以前的文章，都要先研究一些小学。

桐城派也懂得小学，但比较的少用工夫，所以他们对于古书中不能明白的字，便不引用，这是消极的免除笑柄的办法，事实上总行不去的。

哲学一科，似乎可以不通小学，但必专凭自我的观察，由观察而发表自我的意思，和古人完全绝缘，那才可以不必研究小学。倘仍要凭藉古人，或引用古书，那么，不明白小学就要闹笑话了。比如朱文公研究理学（宋之理学即哲学），释“格物”为“穷至事物之理”，便招非议。在朱文公原以“格”可训为“来”，“来”可训为“至”，“至”可训为“极”，“极”可训为“穷”，就把“格物”训为“穷物”。可是训“格”为“来”是有理，辗转训

“格”为“穷”，就是笑话了。又释“敬”为“主一无适”之谓，（这原是程子说的）他底意思是把“适”训作“至”，不知古时“适”与“敌”通，《淮南子》中的主“无适”，所谓“无适”实是“无敌”之谓，“无适”乃“无敌对”的意义，所以说是“主一”。

所以研究国学，无论读古书或治文学、哲学，通小学都是一件紧要的事。

C、明地理

近顷所谓地理，包含地质、地文、地志三项，原须专门研究的。中国本来的地理，算不得独立的科学，只不过做别几种——史经—底助手，也没曾研究到地质、地文的。我们现在要研究国学，所需要的也只是地志，且把地志讲一讲。

地志可分两项：天然的和人为的。天然的就是山川脉络之类。山自古至今，没曾变更。大川若黄河，虽有多次变更，我们在历史上可以明白考出。所以关于天然的，比较地容易研究。人为的就是郡县建置之类。古来封建制度至秦改为郡县制度，已是变迁极大，数千年来，一变再变，也不知经过多少更张。那秦、汉时代所置的郡，现在还能大略考出，所置的县，就有些模糊了。战国时各国底地界，也还可以大致考出，而各国战争底地点和后来楚、汉战争底地点，却也很不明白了。所以，人为的比较地难以研究。

历来研究天然的，在乾隆时有《水道提纲》一书。书中讲山的地方甚少，关于水道，到现在也变更了许多，不过大致是对的。在《水道提纲》以前，原有《水经注》一书，这书是北魏人所著，事实上已用不着，只文采丰富，可当古董看罢了。研究人为的，有《读史方舆纪要》和《乾隆府厅州县志》。民国代兴，废府留县，新置的县也不少，因此更大有出入。在《方舆纪要》和《府厅州县志》以前，唐人有《元和郡县志》，也是研究人为的，只是欠分明。另外，《大清一统志》《李申耆五种》，其中却有直截明了的记载，我们应该看的。

我们研究国学，所以要研究地理者，原是因为对于地理没有明白的观念，看古书就有许多不能懂。譬如看到春秋、战国底战争，和楚汉战争，史书上已载明谁胜谁败，但所以胜所以败的原因，关于形势的很多，就和地理有关了。

《二十四史》中，古史倒还可以明白，最难研究的，要推《南北史》和

《元史》。东晋以后，五胡闯入内地，北方底人士，多数南迁。他们数千人所住的地，就侨置一州，侨置的地方，大都在现在镇江左近，因此有南通州、南青州、南冀州底地名产生。我们研究《南史》，对于侨置的地名，实在容易混错。元人灭宋，统一中国，在《二十四史》就有《元史》的位置。元帝成吉思汗拓展地域很广，关于西比利亚和欧洲东部底地志，《元史》也有阑入，因此使我们读者发生困难。关于《元史》地志有《元史译文证补》一书，因著者博证海外，故大致不错。

不明白地理而研究国学，普通要发生三种谬误。南北朝时南北很隔绝，北魏人著《水经注》，对于北方地势，还能正确，记述南方底地志，就错误很多。南宋时对于北方大都模糊，所以福建人郑樵所著《通志》，也错得很多。——这是臆测的辽误。中国土地辽阔，地名相同的很多，有人就因此纠缠不清。——这是纠缠的错误。古书中称某地和某地相近，往往考诸实际，相距却是甚远。例如，诸荀亮五月渡泸一事，是大家普通知道的。泸水就是现今金沙江，诸葛亮所渡的地，就是现在四川宁远，后人因为唐代曾在四川置泸州，大家就以为诸葛亮五月渡泸，是在此地，其实相去千里，岂非大错吗？——这是意会的错误。至于河阴、河阳，当在黄河南北，但水道已改，地名还是仍旧，也容易舛错的。

我在上节曾讲过"通小学"，现在又讲到"明地理"，本来还有"典章制度"也是应该提出的。所以不提者，是因各朝底典章制度，史书上多已载明，无以今证古的必要。我们看那一朝史知道那一朝底典章制度就够了。

D、知古今人情变迁

社会更迭地变换，物质方面继续地进步，那人情风俗也随着变迁，不能拘泥在一种情形的。如若不明白这变迁的理，要产生两种谬误的观念。

一、道学先生看做道德是永久不变，把古人底道德，比做日月经天，江河行地，墨守而不敢违背。

二、近代矫枉过正的青年，以为古代底道德是野蛮道德。

原来道德可分二部分，——普通伦理和社会道德——前者是不变的，后者是随着环境变更的。当政治制度变迁底时候，风俗就因此改易，那社会道德是要适应了这制度、这风俗才行。古今人情底变迁，有许多是我们应该注意的！

第一，封建时代的道德，是近于贵族的，郡县时代的道德，是近于平民的，——这是比较而说的。《大学》有“欲治其国者先齐其家”一语，《传》第九章里有“其家不可教而能教人者无之”一语，这明是封建时代底道德。我们且看唐太宗底历史，他底治国，成绩却不坏——世称“贞观之治”，但他底家庭，却糟极了，杀兄纳弟媳，这岂不是把《大学》的话根本打破吗？要知古代底家和后世底家大不相同。古代底家，并不只包含父子夫妻兄弟……这等人，差不多和小国一样，所以孟子说：“千乘之家，百乘之家。”在那种制度县之下，《大学》里底话自然不错，那不能治理一县的人，自然不能治理一省了。

第二，古代对于保家的人，不管他是否尸位素餐，都很恭维，史家论事，对于那人因为犯事而灭家，不问他所做的是否正当，都没有一句褒奖。《左传》里已是如此，后来《史》《汉》也是如此。晁错商议灭七国，对于汉确是尽忠，但因此夷三族，就使史家对他生怪了。大概古代爱家和现代爱国底概念一样，那亡家也和亡国一样，所以保家是大家同情的。这种观念，到汉末已稍稍衰落，六朝又复盛了。

第三，贵族制度和现在土司差不多，只比较的文明一些。凡在王家的人，和王底本身一样看待，他底兄弟在王去位的时代都有承袭的权利。我们看《尚书》到周公代成王摄政，觉得很可怪。他在摄政时代，也俨然称王，在《康诰》里有“王若曰孟侯，朕其弟小子封”的话，这王明是指周公，后来成王年长亲政，他又可以把王号取消。《春秋》记隐公、桓公的事，也是如此。这种摄政可称王，退位可取消的情形，到后世便不行。后世原也有兄代弟位的，如明英宗被虏，景泰帝代行政事等。但代权几年，却不许称王，既称王却不许取消的。宋人解释《尚书》，对于这些，没有注意到，所以强为解释，反而愈释愈使人不能解了。

第四，古代大夫底家臣，和天子底诸侯一样，凡是家臣对于主人有绝对服从的义务。这种制度，西汉已是衰落一些，东汉又复兴盛起来。功曹别驾都是州郡底属官。这种属官，既要奔丧，还要服丧三年，俨有君臣之分。三国时代底曹操、刘备、孙权，他们虽未称王，但他属下的官对于他都是皇帝一般看待的。

第五，丁忧去官一件事在汉末很通行，非但是父母三年之丧要丁忧，就是兄弟姊妹期功服之丧也要丁忧。陶渊明诗有说及奔妹丧的，潘安仁《悼亡诗》也有说及奔丧的，可见丁忧的风，在那时很盛。唐时此风渐息，到明代把他定在律令，除了父母丧不必去官。

总之，道德本无所谓是非，在那种环境里产生适应的道德，在那时如此便够了。我们既不可以古论今，也不可以今论古。

E、辨文学应用

文学底派别很多，梁刘勰所著《文心雕龙》一书，已明白罗列。关于这项，将来再仔细讨论，现在只把不能更改的文体讲一讲。

文学可分二项：有韵的谓之诗，无韵的谓之文。文有骈体、散体底区别，历来两派底争执很激烈。自从韩退之崛起推翻骈体，后来散体的声势很大，宋人就把古代经典都是散体，何必用骈体做宣扬的旗帜。清代阮云台起而推倒散体，抬出孔老夫子来，说孔子在《易经》里所著的文言系辞，都是骈体的。实在这种争执，都是无谓的。

依我看来，凡简单叙一事不能不用散文，如兼叙多人多事，就非骈体不能提纲。以《礼记》而论，同是周公所著，但《周礼》用骈体，《仪礼》却用散体，这因事实上非如此不可的。《仪礼》中说的是起居跪拜之节，要想用骈也无从下手。更如孔子著《易经》用骈，著《春秋》就用散，也是一理。实在散、骈各有专用，可并存而不能偏废。凡列举纲目的以用骈为醒目，譬如我讲演国学列举各项子目，也便是骈体。秦、汉以后，若司马相如、邹阳、枚乘等底骈文，了然可明白，他们用以序叙繁杂的事，的确是不错。后来诏、诰都用四六，判案亦有用四六的——唐、宋之间，有《龙筋凤髓判》——这真是太无谓了。

凡称之为诗，都要有韵，有韵方能传达情感。现在白话诗不用韵，即使也有美感，只应归入散文，不必算诗。日本和尚娶妻食肉，我曾说他们可称居士等等，何必称做和尚呢？诗何以要有韵呢？这是自然的趋势。诗歌本来脱口而出，自有天然的风韵，这种韵，可达那神妙的意思。你看，动物中不能言语，他们专以幽美的声调传达彼等底感情，可见诗是必要有韵的。“诗言志，歌永言，声依咏，律和声”，这几句话，是大家知道的，我们仔细讲起来，也证明诗是必要韵的。我们更看现今戏子所唱的二黄、西皮，文理上很不通，但彼等也因有韵的原故。

白话记述，古时素来有的，《尚书》底诏诰，全是当时的白话，汉代底手诏，差不多亦是当时的白话，经史所载更多照实写出的。《尚书·顾命篇》有

"奠丽陈教则肄肄不违"一语，从前都没能解这两个"肄"字的用意，到清代江艮庭始说明多一肄字，乃直写当时病人垂危舌本强大的口吻。《汉书》记周昌"臣期期不奉诏"，"臣期期知其不可"等语，两"期期"字也是直写周昌口吃。但现在的白话文只是使人易解，能曲传真相却也未必。"语录"皆白话体，原始自佛家，宋代名儒如二程、朱、陆亦皆有语录，但二程为河南人，朱子福建人，陆象山江西人，如果各传真相，应所纪各异，何以语录皆同一体例呢？我尝说，假如李石曾、蔡孑民、吴稚晖三先生会谈，而令人笔录，则李讲官话，蔡讲绍兴话，吴讲无锡话，便应大不相同，但纪成白话文却又一样。所以说白语文能尽传口语的真相，亦未必是确实的。

（章太炎讲，曹聚仁记）

（录自张少孙编《（名家指导）国学研究法》，大华书局1936年）

《国学季刊》发刊宣言（宋育仁评点）

胡　适　宋育仁

近年来，古学的大师渐渐死完了，新起的学者还不曾有什么大成绩表现出来。在这个青黄不接的时期，只有三五个老辈在那里支撑门面。古学界表面上的寂寞，遂使许多人发生无限的悲观。所以有许多老辈遂说，“古学要沦亡了！”“古书不久要无人能读了！”

在这个悲观呼声里，很自然的发出一种没气力的反动的运动来。有些人还以为西洋学术思想的输入是古学沦亡的原因，所以他们至今还在那里抗拒那他们自己也莫名其妙的西洋学术。有些人还以为孔教可以完全代表中国的古文化，所以他们至今还梦想孔教的复兴，甚至于有人竟想抄袭基督教的制度来光复孔教。（评）此固可笑。有些人还以为古文古诗的保存就是古学的保存了，所以他们至今还想压语体文字的提倡与传播。至于那些静坐扶乩，逃向迷信里去自寻安慰的，更不用说了。

在我们看起来，这些反动都只是旧式学者破产的铁证。这些行为，不但不能挽救他们所忧虑的国学之沦亡，反可以增加国中少年人对于古学的藐视。如果这些举动可以代表国学，国学还是沦亡了更好！（评）此数语是真正不错。

我们平心静气的观察这三百年的古学发达史，再观察眼前国内和国外的学者研究中国学术的现状，我们不但不抱悲观，并且还抱无穷的乐观。（评）我亦云然，但非到底只是多读几卷线装书，能播书本，便算学问。我们深信，国学的将来，定能远胜国学的过去；过去的成绩虽然未可厚非，但将来的成绩一定还要更好无数倍。

自从明末到于今，这三百年，诚然可算是古学昌明时代。总括这三百年的成绩，可分这些方面：

（一）整理古书。在这方面，又可分三门。第一，本子的校勘；第二，文字的训诂；第三，真伪的考订。考订真伪一层，乾嘉的大师（除了极少数学者如崔述等之外）都不很注意，只有清初与晚清的学者还肯做这种研究，但方法还不很精密，考订的范围也不大。因此，这一方面的整理，成绩比较的就最少了。然而校勘与训诂两方面的成绩实在不少。戴震、段玉裁、王念孙、阮元、王引之们的治“经”，钱大昕、赵翼、王鸣盛、洪亮吉们的治“史”，王念孙、俞樾、孙诒让们的治“子”，戴震、王念孙、段玉裁、邵晋涵、郝懿行、钱绎、王筠、朱骏声们的治古词典，都有相当的成绩。重要的古书，经过这许多大师的整理，比三百年前就容易看的多了。我们试拿明刻本的《墨子》来比孙诒让的《墨子闲诂》，或拿二徐的《说文》来比清儒的各种《说文》注，就可以量度这几百年整理古书的成绩了。

（二）发现古书。清朝一代所以能称为古学复兴时期，不单因为训诂校勘的发达，还因为古书发现和翻刻之多。清代中央政府，各省书局，都提倡刻书。私家刻的书更是重要：丛书与单行本，重刊本，精校本，摹刻本，近来的影印本。我们且举一个最微细的例。近三十年内发现与刻行的宋元词集，给文学史家添了多少材料?（评）就不关紧要。清初朱彝尊们固然见着不少的词集，但我们今日购买词集之便易，却是清初词人没有享过的福气了。翻刻古书孤本之外，还有辑佚书一项，如《古经解钩沉》《小学钩沉》《玉函山房辑佚书》，和《四库全书》里那几百种从《永乐大典》辑出的佚书，都是国学史上极重要的贡献。

（三）发现古物。清朝学者好古的风气不限于古书一项，风气所被，遂使古物的发现，记载，收藏，都成了时髦的嗜好。（评）只能谓之嗜好，又只能谓之时髦嗜好，赝鼎甚多。鼎彝，泉币，碑版，壁画，雕塑，古陶器之类，虽缺乏系统的整理，材料确是不少了。最近三十年来，甲骨文字的发现，竟使殷商一代的历史有了地底下的证据，（评）此件是真物，有裨研究古文。并且给文字学添了无数的最古材料。最近辽阳、河南等处石器时代的文化的发现，也是一件极重要的事。

但这三百年的古学的研究，在今日估计起来，实在还有许多缺点。三百年的第一流学者的心思精力都用在这一方面，而究竟还只有这一点点结果，也正是因为有这些缺点的缘故。那些缺点，分开来说，也有三层：

（一）研究的范围太狭窄了。这三百年的古学，虽然也有整治史书的，虽然也有研究子书的，但大家的眼光与心力注射的焦点，究竟只在儒家的几部经书。古韵的研究，古词典的研究，古书旧注的研究，子书的研究，都不是为这些材料的本身价值而研究的。一切古学都只是经学的丫头！内中固然也有婢作夫人的，如古韵学之自成一种专门学问，如子书的研究之渐渐脱离经学的羁绊而独立。（评）韵乃备作有韵文与研究有韵文之用，本属了婢，岂能学作夫人，可笑可笑，这叫专门。九家皆经传之分流。惟道家在前，除老子外，皆非本人自著之书。道家只有老子原是独立。庄子即是论列儒墨杨朱之书，故自题为别一家。儒家亦只有孟荀两家，此外皆抄撮剿袭之作。详在《古今指迷辨惑篇》。但学者的聪明才力被几部经书笼罩了三百年，（评）再三百年尽学者之聪明才力且看。那是不可讳的事实。况且在这个狭小的围园里，还有许多更狭小的门户界限。有汉学和宋学的分家，有今文和古文的分家，甚至于治一部《诗经》还要舍弃东汉的郑笺而专取西汉的毛传。（评）郑乃笺毛传，而小有异同，东汉西汉，其说安在。专攻本是学术进步的一个条件，但清儒狭小研究的范围，却不是没有成见的分功。（评）此言却是。他们脱不了“儒书一尊”的成见，故用全力治经学，而只用余力去治他书。（评）儒是儒，经是经，此等处不怪著者（指明不同），自来误混，比如佛是佛，法是法，僧是僧。他们又脱不了“汉儒去古未远”的成见，故迷信汉人，而排除晚代的学者。（评）此其间界说，非去古未远四字，但其远胜后学处，相差甚巨。他们不知道材料固是越古越可信，而见解则后人往往胜过前人，（评）却要分别识字不识字。所以他们力排郑樵、朱熹而迷信毛公、郑玄。（评）比拟不伦。今文家稍稍能有独立的见解了，但他们打倒了东汉，只落得回到西汉的圈子里去。（评）此语得半，似是而非，讲学不可断代，著者步步不离史。研究的范围的狭小是清代学术所以不能大发展的一个绝大原因。三五部古书，无论怎样绞来挤去，只有那点精华和糟粕。（评）要须知经独不然，知此则知廿四史翻来覆去只有这点。打倒宋朝的“道士易”固然是好事，但打倒了“道士易”，跳过了魏晋人的“道家易”，（评）并非道家易。却回到两汉的“方士易”，（评）硬安是梁梁启超陋习。那就是很不幸的了。《易》的故事如此，《诗》《书》《春秋》《三礼》的故事也是如此。（评）都不是故事。三百年的心思才力，始终不曾跳出这个狭小的圈子外去！（评）韩子云：坐井而观天，云天小者，非天小也，恰好安上著者此一卷作意。

（二）太注重功力而忽略了理解。学问的进步有两个重要方面：一是材料的积聚与剖解，一是材料的组织与贯通。（评）贯通二字却是要言。前者须靠精勤的功力，后者全靠综合的理解。清儒有鉴于宋明学者专靠理解的危险，所以努力做朴实的功力而力避主观的见解。这三百年之中，几乎只有经师，而无思想家；只有校史者，而无史家；只有校注，而无著作。这三句话虽然很重，但我们试除去戴震、章学诚、崔述几个人，就不能不承认这三句话的真实了。章学诚生当乾隆盛时（乾隆，1736－1795；章学诚，1738－1800），大声疾呼的警告当日的学术界道：

今之博雅君子，疲精劳神于经传子史，而终身无得于学者，正坐……误执求知之功力，以为学即在是尔。学与功力实相似而不同。学不可以骤几，人当致攻乎功力，则可耳。指功力以为学，是犹指秫黍以为酒也。（《文史通义·博约篇》）

他又说：

近日学者风气，征实太多，发挥太少，有如蚕食叶而不能抽丝。（《章氏遗书·与汪辉祖书》）

古人说："鸳鸯绣取从君看，不把金针度与人。"单把绣成的鸳鸯给人看，而不肯把金针教人，那是不大度的行为。然而天下的人不是人人都能学绣鸳鸯的，多数人只爱看鸳鸯，而不想自己动手去学绣。清朝的学者只是天天一针一针的学绣，始终不肯绣鸳鸯。所以他们尽管辛苦殷勤的做去，而在社会的生活思想上几乎全不发生影响。他们自以为打倒了宋学，然而全国的学校里读的书仍旧是朱熹的《四书集注》《诗集传》《易本义》等书。他们自以为打倒了伪《古文尚书》，然而全国村学堂里的学究仍旧继续用蔡沈的《书集传》。三百年第一流的精力，二千四百三十卷的《经解》，仍旧不能替换朱熹一个人的几部启蒙的小书，这也可见单靠功力而不重理解的失败了。

（三）缺乏参考比较的材料。我们试问，这三百年的学者何以这样缺乏理解呢？我们推求这种现象的原因，不能不回到第一层缺点——研究的范围的过于狭小。

宋明的理学家所以富于理解，全因为六朝唐以后佛家与道士的学说弥漫空气中，（评）所富非本家的理解，恰是如下所说，家贫邻里富，富非其有也。宋明的理学家全都受了他们的影响，用他们的学说作一种参考比较的资料。宋明的理学家，有了这种比较研究的材料，就像一个近视眼的人戴了近视眼镜一样，从前看不见的，现在都看见了，从前不明白的，现在都明白了。同是一篇《大学》，汉魏的人不很注意他，宋明的人忽然十分尊崇他，把他从《礼记》里抬出来，尊为四书之一，推为"初学入德之门"。《中庸》也是如此的。宋、明的人戴了佛书的眼镜，望着《大学》《中庸》，便觉得"明明德""诚""正心诚意""率性之谓道"等等话头都有哲学的意义了。（评）就如此譬，看见的是长几分的光，不是本光。清朝的学者深知戴眼镜的流弊，决意不配眼镜，却不知道近视而不戴眼镜，同瞎子相差有限。（评）如此比喻，须要治眼病，如治近视自有插香法，不能靠眼镜明矣。说《诗》的回到《诗序》，说《易》的回到“方士《易》”，说《春秋》的回到《公羊》，可谓“陋”之至了。然而我们试想这一班第一流才士，何以陋到这步田地，可不是因为他们没有高明的参考资料吗？（评）回到本位，就是治眼。原来近视，本光固在，即应由此循步而进。如治近视，移步插香，还须由本地本光本视线，移远再看再看，不可再觅显微镜，把眼光弄坏，就不可医了。今人如是如是，此所谓资料，就是觅得西洋显微镜之比。他们排斥“异端”，他们得着一部《一切经音义》，只认得他有保存古韵书古词典的用处；他们拿着一部子书，也只认得他有旁证经文古义的功用。（评）不为证古词典经文古义，试问用处何在，韵学是件甚么，子书不得统说，子书须问是某家者流。除道家并无完整之学说，道家之精华却又不在乎学说，若笼统说个子书，就是兜圈子，兜来兜去，不出咬文嚼字的圈子，你想陋不陋。他们只向那几部儒书里兜圈子，兜来兜去，始终脱不了一个“陋”字！打破这个“陋”字，没有别的法子，只有旁搜博采，多寻参考比较的材料。（评）这就是咬文嚼字，兜来兜去的圈子，就是在文字材料上打盘旋。

以上指出的这三百年的古学研究的缺点，不过是随便挑出了几椿重要的。我们的意思并不要菲薄这三百年的成绩，我们只想指出他们的成绩所以不过如此的原因。前人上了当，后人应该学点乖。我们借鉴于先辈学者的成功与失败，然后可以决定我们现在和将来研究国学的方针。我们不研究古学则已，如要想提倡古学的研究，应该注意这几点：

（1）扩大研究的范围。

（2）注意系统的整理。

（3）博采参考比较的资料。（评）古学是书中有学，不是书就为学。所言皆是认书作学，真真庄子所笑的糟粕矣乎。今之自命学者流，多喜盘旋于咬文嚼字，所谓旁搜博采，亦不过是类书目录的本领，尚不知学为何物。动即斥人以陋，殊不知自己即陋。纵使其所谓旁搜博采，非目录类书的本领，亦只可谓之书簏而已。学者有大义，有微言，施之于一身，则立身行道，施之于世，则泽众教民。故子夏曰：“贤贤易色，事父母能竭其力，事君能致其身，与朋友交，言而有信。虽曰未学，吾必谓之学矣。”今之人必欲盘旋于咬文嚼字者，其故何哉。盖即所谓古之学者为己，今之学者为人。此病种根二千年于今而极。是以西人谓中国之学，多趋于美术，美术固不可不有，不过当行有余力乃以学文也。今之人不揣其本，而齐其末。不过欲逞其自炫之能力以成多，徒祸乱观听，既无益于众人，又无益于自己。凡盘旋于文字脚下者，适有如学道者之耽耽于法术，同是一蛊众炫能的思想，乌足以言讲学学道，适足以致未来世之愚盲子孙之无所适从耳。吾甚为此辈惜之。学圃评

（一）怎样“扩大研究的范围”呢？“国学”在我们的心眼里，只是“国故学”的缩写。（评）国故二字要问何代何时。中国的一切过去的文化历史，都是我们的“国故”。研究这一切过去的历史文化的学问，就是“国故学”，（评）历史完全只有材料，还说不到作工，更说不到制造的方术，何况原素、原质、化合种种学理，梦也想不到。省称为“国学”。“国故”这个名词，最为妥当，因为他是一个中立的名词，不含褒贬的意义。“国故”包含“国粹”，但他又包含“国渣”。（评）昔梁星海云：尚有国糟，公等大概皆哺国糟，又未尝化渣，只在史料上盘旋是也。我们若不了解“国渣”，如何懂得“国粹”？所以我们现在要扩充国学的领域，包括上下三四千年的过去文化，打破一切的门户成见：拿历史的眼光来整统一切，认清了“国故学”的使命是整理中国一切文化历史，便可以把一切狭陋的门户之见都扫空了。例如治经，郑玄、王肃在历史上固然占一个位置，王弼、何晏也占一个位置，王安石、朱熹也占一个位置，戴震、惠栋也占一个位置，（评）昔湘绮常讥时流所谓经学家，乃是《皇清经解》之学，其源就从王肃、王弼、何晏，魏晋间转传义疏、钞纂、空衍三派而来，求其出此范围者，亦仅见罕得。说详《古今指迷辨惑篇》。所举前郑后戴，是一条门路，然戴已参杂三派之流滥，余皆不伦，王朱别有所长，若云治经，非当行为。刘逢禄、康有为也占一个位置。段玉裁曾说：

> 校经之法，必以贾还贾，以孔还孔，以陆还陆，以杜还杜，以郑还郑，各得其底本，而后判其义理之是非。……不先正注、疏、释文之底本，则多诬古人。（评）解义由误本错字落字而讹传者，千中不得一二。陆元朗即是俗学，靠此营生，到不诬古人，即冤死后人矣。不断其立说之是非，则多误今人。（评）是非从何而断。庄子所云，未师成心而已有是非，其犹彀音欤。……（《经韵楼集·与诸同志书论校书之难》）

我们可借他论校书的话来总论国学，我们也可以说：

> 整治国故，必须以汉还汉，以魏晋还魏晋，以唐还唐，以宋还宋，以明还明，以清还清；以古文还古文家，以今文还今文家；以程朱还程朱，以陆王还陆王，（评）就是在秦汉以下盘旋，可知在前还有偌大一段时代，偌大许多故事，说国故是不错，国故是断代到汉而止，自汉而始

耶。古文今文家说的不是他自家的学理，如此头脑不清，如何可以论学。……各还他一个本来面目，然后评判各代各家各人的义理的是非。不还他们的本来面目，则多诬古人。不评判他们的是非，则多误今人，（评）如此说来，又令庄子彀音之下段，师心自用，谁独且无师耶。各人身上带着一个老师，评断是非，就是西人科学家也评驳得着。所谓主观的，客观的。今人偏要崇拜科学，又偏不从科学的客观，到不诬古人，却误了自己，又要冤了后人。但不先弄明白了他们的本来面目，我们决不配评判他们的是非。（评）明白了他们的本来面目，何以就配评判得他的是非。

这还是专为经学、哲学说法。在文学的方面，也有同样的需要。庙堂的文学固可以研究，但草野的文学也应该研究。在历史的眼光里，今日民间小儿女唱的歌谣，和《诗三百篇》有同等的位置；（评）三百篇外，与乐府歌谣可作同等位置者尚多。三百篇则已经孔子简出来，特别组合的诗经，不得相提并论。譬如佛经的偈，佛说的偈，六祖考中的是偈，今日僧道考试也是谒，但不得说是同等的位置。民间流传的小说，和高文典册有同等的位置，吴敬梓、曹雪和关汉卿、马东篱和杜甫、韩愈有同等的位置。故在文学方面：

也应该把《三百篇》还给西周、东周之间的无名诗人，把《古乐府》还给汉魏六朝的无名诗人，把唐诗还给唐，把词还给五代两宋，把小曲杂剧还给元朝，把明、清的小说还给明、清。每一个时代，还他那个时代的特长的文学，然后评判他们的文学的价值。（评）世所谓文学，自汉以前，系此人有了学，学有所得，发挥出来的文话，后来就是握管操斛学做文，就此便是两样，如何叫同等价值。不认明每一个时代的特殊文学，则多诬古人而多误今人。

近来颇有人注意戏曲和小说了，但他们的注意仍不能脱离古董家的习气。他们只看得起宋人的小说，而不知道在历史的眼光里，一本石印小字的《平妖传》和一部精刻的残本《五代史平话》有同样的价值，正如《道藏》里极荒谬的道教经典和《尚书》、《周易》有同等的研究价值。（评）普通肤浅人看得出来荒谬的，必定此书也与此人一样肤浅，隔一层就如隔山。《尚书》《周易》尚莫人讲得，如何就论起来。

总之，我们所谓"用历史的眼光来扩大国学研究的范围"，（评）卿曹所欲，只是范晔以下二部史历史案，连《汉书》还不懂，莫说《史记》，再理经书。历史甚多方面的，单记朝代兴亡，不是历史，单有一宗一派的，也不成历史。只是要我们大家认清国学是国故学，而国故学包括一切过去的文化历史。历史是多方面的：单记朝代兴亡，固不是历史；单有一宗一派，也不成历史。过去种种，上自思想学术之大，下至一个字、一支山歌之细，都是历史，都属于国学研究的范围。

（二）怎样才是"注意系统的整理"呢？学问的进步不单靠积聚材料，还须有系统的整理。系统的整理可分三步说：

（甲）索引式的整理　不曾整理的材料，没有条理，不容易检寻，最能销磨学者有用的精神才力，最足阻碍学术的进步。若想学问进步增加速度，我们须想出法子来解放学者的精力，使他们的精力用在最经济的方面。例如一部《说文解字》，是最没有条理系统的，向来的学者差不多全靠记忆的苦工夫，方才能用这部书。但这种苦工夫是最不经济的，如果有人能把《说文》重新编制一番，（部首依笔画，每部的字也依笔画），再加上一个检字的索引（略如《说文通检》或《说文易检》），那就可省许多无谓的时间与记忆力了。又如一部《二十四史》，有了一部《史姓韵编》，可以省多少精力与时间？清代的学者也有见到这一层的，如章学诚说：

> 窃以典籍浩繁，闻见有限，在博雅者且不能悉究无遗，况其下乎？校雠之先，宜尽取四库之藏，中外之籍，择其中之人名、地名、官阶、书目，凡一切有名可治、有数可稽者，略仿《佩文韵府》之例，悉编为韵。乃于本韵之下，注明原书出处及先后篇第，自一见再见，以至数千百，皆详注之，藏之馆中，以为群书之总类。至校书之时，遇有疑似之处，即名而求其编韵，因韵而检其本书，参互错综，即可得其至是。此则渊博之儒穷毕生年力而不可究殚者，今即中才校勘可坐收于几席之间，非校雠之良法欤？（《校雠通义》）

当日的学者如朱筠、戴震等，都有这个见解，但这件事不容易做到，直到阮元得势力的时候，方才集合许多学者，合力做成一部空前的《经籍籑诂》，（评）此所谓皇清经解之学，阮此书无系统，只可备初学参考检字之用。"展一韵而众字毕备，检一字而诸训皆存，寻一训而原书可识。"（王引之序）"即字而审其义，依韵而类其字，有本训，有转训，次叙布列，若网在纲。"（钱大昕序）这种书的功用，在于节省学者的功力，使学者不疲于功力之细碎，而省出精力来做更有用的事业。后来这一类的书被科场士子用作夹带的东西，用作钞窃的工具，所以有许多学者竟以用这种书为可耻的事。（评）须知如若所云，治学与操科场缮《策府统宗》无异。昔湘潭语我，文正之孙曾重伯，小时与谈，讶其博学多通，乃屏人问曰，计汝年，决看不了许多书，究竟从何袭来。乃认实云，看《策府统宗》来也。后交其人，只可供谈助，作诗钟耳。这是大错的。这一类“索引”式的整理，乃是系统的整理的最低而最不可少的一步，没有这一步的预备，国学止限于少数有天才而又有闲空工夫的少数人，并且这些少数人也要因功力的拖累而减少他们的成绩。偌大的事业，应该有许多人分担去做的，却落在少数人的肩膀上，这是国学所以不能发达的一个重要原因。所以我们主张，国学的系统的整理的第一步要提倡这种“索引”式的整理，把一切大部的书或不容易检查的书，一概编成索引，使人人能用古书。人人能用古书，是提倡国学的第一步。

（乙）结账式的整理　商人开店，到了年底，总要把这一年的账结算一次，要晓得前一年的盈亏和年底的存货，然后继续进行，做明年的生意。一种学术到了一个时期，也有总结账的必要。学术上结账的用处有两层：一是把这一种学术里已经不成问题的部分整理出来，交给社会；二是把那不能解决的部分特别提出来，引起学者的注意，（评）说来说去，只是一件历史考据，充其量著一部《癸巳类稿》、《陔余丛考》结了。使学者知道何处有隙可乘，有功可立，有困难可以征服。结账是（1）结束从前的成绩。（2）预备将来努力的新方向。前者是预备普及的，后者是预备继长增高的。古代结账的书，如李鼎祚的《周易集解》，如陆德明的《经典释文》，如唐、宋的《十三经注疏》，如朱熹的《四书》、《诗集传》、《易本义》等，（评）此等书，于经学直是外行，如初学治经用功时，自抄作揣摩本子尚可，然已落下乘，拿来作著作看，作经学看，则终身门外矣。《十三经注疏》，贾公彦优于孔颖达，注则除开何晏集解，唐明皇注孝经，伪孔传王弼易注之外，余均不错，疏则除《周礼》《礼记》外，均不足观。所以都在后世发生很大的影响，全是这个道理。三百年来，学者都不肯轻易做这种结账的事业。二千四百多卷的《清经解》，除了极少数之外，都只是一堆“流水”烂账，没有条理，没有系统。（评）此都是的。人人从“粤若稽古”“关关雎鸠”说起，人人做的都是“杂记”式的稿本，怪不得学者看了要“望洋兴叹”了，怪不得国学有沦亡之忧了。（评）此一段指乾嘉以来学者之病，是不错，但下段所说方法，是史家本色，非治经门路。我们试看科举时代投机的书坊肯费整年工夫来编一部《皇清经解缩本编目》，便可以明白索引式的整理的需要；我们又看那时代的书坊肯费几年的工夫来编一部《皇清经解分经汇纂》，便又可以明白结账式的整理的需要了。现在学问的途径多了，学者的时间与精力更有经济的必要了。

例如《诗经》，二千年研究的结果，究竟到了什么田地，很少人说得出的，（评）二语却说得不错。只因为二千年的《诗经》烂账至今不曾有一次的总结算。宋人驳了汉人，清人推翻了宋人，自以为回到汉人。至今《诗经》的研究，音韵自音韵，训诂自训诂，异文自异文，序说自序说，各不相关连。（评）所以然者，就是著者所操的读书方法，以为学在是矣的结果。少年的学者想要研究《诗经》的，伸头望一望，只看见一屋子的烂账簿，吓得吐舌缩不进去，只好叹口气，"算了罢！"《诗经》在今日所以渐渐无人过问，是少年人的罪过呢？还是《诗经》的专家的罪过呢？（评）自然是经学家自误误人。我们以为，我们若想少年学者研究《诗经》，我们应该把《诗经》这笔烂账结算一遍，造成一笔总账。《诗经》的总账里应该包括这四大项：

（A）异文的校勘　总结王应麟以来，直到陈乔枞、李富孙等校勘异文的账。

（B）古韵的考究　总结吴棫、朱熹、陈第、顾炎武以来考证古音的账。

（C）训诂　总结毛公、郑玄以来，直到胡承珙、马瑞辰、陈奂二千多年训诂的账。

（D）见解（序说）　总结《诗序》，《诗辨妄》，《诗集传》，《伪诗传》，姚际恒，崔述，龚橙，方玉润……等二千年猜谜的账。（评）异文有异文的所以然，不究其所以然，只胪列异文来考据，是白用力。陈乔枞、陈奂晚出较优，尚未落地。古韵亦有其所以然，吴才老最陋，顾近是矣，然亦未寻得源头。训诂与异文音韵，互为消息。郑以前直接简单，却是心知其意，特未解剖出来，后人由此不明其故。如郝兰皋之疏《尔雅》，愈博愈纷，叙说是归宿统宗，诗无叙就成了无题诗。姚际恒妄揣，崔述乱说，总之是武断。龚橙方玉润，我所不知。

有了这一本总账，然后可以使大多数的学子容易踏进"《诗经》研究"之门，这是普及。入门之后，方才可以希望他们之中有些人出来继续研究那总账里未曾解决的悬账，这是提高。《诗经》如此，一切古书古学都是如此。我们试看前清用全力治经学，而经学的书不能流传于社会，倒是那几部用余力做的《墨子闲诂》，《荀子集解》，《庄子集释》一类结账式的书流传最广。这不可以使我们觉悟结账式的整理的重要吗？

（丙）专史式的整理　索引式的整理是要使古书人人能用，结账式的整理是要使古书人人能读：这两项都只是提倡国学的设备。但我们在上文曾主张，国学的使命是要使大家懂得中国的过去的文化史，国学的方法是要用历史的眼光来整理一切过去文化的历史。国学的目的是要做成中国文化史。（评）此语有见。但就此文句所用的史字，是述文化于史，非以史为学，是将文化的成迹及其应用，载在史上，不是将此史所载的，拿来作文化。要文化进化，就只要在经上讨生活。国学的系统的研究，要以此为归宿。一切国学的研究，无论时代古今，无论问题大小，都要朝着这一个大方向走。只有这个目的可以整统一切材料，只有这个任务可以容纳一切努力，只有这种眼光可以破除一切门户畛域。

我们理想中的国学研究，至少有这样的一个系统：

中国文化史：

1. 民族史
2. 语言文字史
3. 经济史
4. 政治史
5. 国际交通史
6. 思想学术史
7. 宗教史
8. 文艺史
9. 风俗史
10. 制度史

这是一个总系统。历史不是一件人人能做的事，历史家须要有两种必不可少的能力：一是精密的功力，一是高远的想像力。没有精密的功力，不能做搜求和评判史料的工夫；没有高远的想像力，不能构造历史的系统。况且中国这么大，历史这么长，材料这么多，除了分功合作之外，更无他种方法可以达到这个大目的。（评）这是开局纂书的办法，此法盛兴于唐，最盛于清朝，仍旧充其量著一部续二文献通考后案。但我们又觉得，国故的材料太纷繁了，若不先做一番历史的整理工夫，初学的人实在无从下手，无从入门。后来的材料也无所统属，材料无所统属，（评）如此说来，纂策府大全的学问最优，效曾重伯多看几本策本，便是博学通儒。是国学纷乱烦碎的重要原因。所以我们主张，应该分这几个步骤：

第一，用现在力所能搜集考定的材料，因陋就简的先做成各种专史，如经济史，文学史，哲学史，数学史，宗教史，……之类。这是一些大间架，他们的用处只是要使现在和将来的材料有一个附丽的地方。（评）凡说到学，不是纂成一部书，一看就了解便是如此，是不能入心，所谓学而不思则罔。

第二，专史之中，自然还可分子目，如经济史可分时代，又可分区域；如文学史、哲学史可分时代，又可分宗派，又可专治一人；如宗教史可分时代，可专治一教，或一宗派，或一派中的一人。这种子目的研究是学问进步必不可少的条件。治国学的人应该各就“性之所近而力之所能勉者”，用历史的方法与眼光去担任一部分的研究。子目的研究是专史修正的唯一源头，也是通史修正的唯一源头。

（三）怎样“博采参考比较的资料”呢？向来的学者误认“国学”的“国”字是国界的表示，所以不承认“比较的研究”的功用。最浅陋的是用“附会”来代替“比较”：他们说基督教是墨教的绪余，墨家的“巨子”即是“矩子”，而“矩子”即是十字架！……附会是我们应该排斥的，但比较的研究是我们应该提倡的。有许多现象，孤立的说来说去，总说不通，总说不明白，一有了比较，竟不须解释，自然明白了。例如一个“之”字，古人说来说去，总不明白，现在我们懂得西洋文法学上的术语，只须说某种“之”字是内动词（由是而之焉），某种是介词（贼夫人之子），某种是指物形容词（之子于归），某种是代名词的第三身用在目的位（爱之能勿劳乎），就都明白分明了。（评）此段不错，但总是未寻得自家源头，所以要治古学，要治小学，要从篆文学研究古文学，内自动词是训往的之，介系词训斯训是的之，即俗语解作的的之，指物形容，是训此的之，代名词系训兹的之。能通篆文训诂，已得明了，再进而知古文，就不无澈底。法人铎尔孟语我，外国文如一间房，几间房有别名，中国只是一名，余谓曰非也。通《尔雅》便知原有大别小别，但后人不治古学，只知普遍讲解耳。又如封建制度，向来被那方块头的分封说欺骗了，所以说来说去，总不明白。现在我们用欧洲中古的封建制度和日本的封建制度来比较，就容易明白了。（评）封建二字，从字就误解起头，所以不解其制度何若。封是封略，为之授图画界。建是建筑，为之筑室营都。郑康成先就说地形不得正方如图，后人连此句都不看见，如何得明白。著者所比欧洲中古，仍是部落指界，日本封建，仍是汉唐食邑，与严幼陵《社会真诠》缪指图腾之制，为宗法之制相同。总之，后学治史而不知经，则眼光视线，到汉唐而止，于春秋以来之三代时间二千余年皆茫然，所以错比。又因中外文字统系不同，致多错译。音韵学上，比较的研究最有功效。用广东音可以考侵、覃各韵的古音，可以考古代入声各韵的区别。近时西洋学者如 Karlgren，如 Baron von Staël-Holstein，用梵文原本来对照汉文译音的文字，很可以帮助我们解决古音学上的许多困难问题。不但如此，日本语里，朝鲜语里，安南语里，都保存有中国古音可以供我们的参考比较。西藏文自唐朝以来，音读虽变了，而文字的拼法不曾变，更可以供我们的参考比较，也许可以帮助我们发现中国古音里有许多奇怪的复辅音呢。制度史上，这种比较的材料也极重要。懂得了西洋的议会制度史，我们更可以了解中国御史制度的性质与价值；（评）尚有汉之议郎，唐之拾遗补阙，凡称清班者，皆有此性质价值，但只选举与任命不同。懂得了欧美高等教育制度史，我们更能了解中国近一千年来的书院制度的性质与价值。哲学史上，这种比较的材料已发生很大的助力了。《墨子》里的《经上下》诸篇，若没有印度因明学和欧洲哲学作参考，恐怕至今还是几篇无人能解的奇书。（评）这也是不错。韩非，王莽，王安石，李贽，……一班人，若没有西洋思想作比较，恐怕至今还是沉冤莫白。（评）王莽却没有什么沉冤。看惯了近世国家注重财政的趋势，自然不觉得李觏、王安石的政治思想的可怪了。懂得了近世社会主义的政策，自然不能不佩服王莽、王安石的见解和魄力了。（评）又错了。王莽政策，何尝有社会主义，试再取食货刑法志细看。《易·系辞传》里"易者，象也"的理论，得柏拉图的"法象论"的比较而更明白；《荀卿》书里"类不悖，虽久同理"的理论，得亚里士多德的"类不变论"的参考而更易懂。这都是很明显的例。至于文学史上，小说、戏曲近年忽然受学者的看重，民间俗歌近年渐渐引起学者的注意，都是和西洋文学接触比较的功效更不消说了。此外，如宗教的研究，民俗的研究，美术的研究，也都是不能不利用参考比较的材料的。

以上随便举的例，只是要说明比较参考的重要。我们现在治国学，必须要打破闭关孤立的态度，要存比较研究的虚心。第一，方法上，西洋学者研究古学的方法早已影响日本的学术界了，而我们还在冥行索途的时期。我们此时应该虚心采用他们的科学的方法，补救我们没有条理系统的习惯。第二，材料上，欧美日本学术界有无数的成绩可以供我们的参考比较，可以给我们开无数新法门，（评）通篇只此段统论与前后两段与此段相关处，吾亦表同情，虽有语病，只在太看重汉后二千年史料，未窥经术门径，故忽却秦前二千年史料。可以给我们添无数借鉴的镜子。学术的大仇敌是孤陋寡闻，孤陋寡闻的唯一良药是博采参考比较的材料。

我们观察这三百年的古学史，研究这三百年的学者的缺陷，知道他们的缺陷都是可以补救的。我们又返观现在古学研究的趋势，明白了世界学者供给我们参考比较的好机会，所以我们对于国学的前途，不但不抱悲观，并且还抱无穷的乐观。我们认清了国学前途的黑暗与光明全靠我们努力的方向对不对。因此，我们提出这三个方向来做我们一班同志互相督责勉励的条件：

第一，用历史的眼光来扩大国学研究的范围。

第二，用系统的整理来部勒国学研究的资料。

第三，用比较的研究来帮助国学的材料的整理与解释。

（录自《国学季刊》第1卷第1号，1923年1月；《国学月刊》第16、17期，署名“问琴”，1923年）

新文学之建设与国故之新研究[①]

郑振铎

我主张在新文学运动的热潮里，应有整理国故的一种举动。

我所持的理由有二。第一，我觉得新文学的运动，不仅要在创作与翻译方面努力，而对于一般社会的文艺观念，尤须澈底的把他们改革过。因为旧的文艺观念不打翻，则他们对于新的文学，必定要持反对的态度，或是竟把新文学误解了。譬如他们先存一个凡是诗必是五七言的，或必是协韵的传统观念在心中，则对于现在的新诗，必定要反对要攻击了。或是他们先存一个凡新出之物，古代都已有之的意见，把我们作的及译进来的东西都误解了，把《魔侠传》（即 Don Quixote）当做《笑林广记》看了，把莫柏桑之性欲描写的作品，当做《金瓶梅》等类的书看了。或是以为白话诗古已有之，把汉高祖、贾宝玉的说话也都当做白话诗看了。这是何等不幸的事！但我们要打翻这种旧的文艺观念，一方面固然要把什么是文学什么是诗，以及其他等等的文学原理介绍进来，一方面却更要指出旧的文学的真面目与弊病之所在，把他们所崇信的传统的信条，都一个个的打翻了。譬如他们相信《毛诗序》的美刺之义，把苏东坡的"缺月挂疏桐"一词，也句句都解成"刺明微也"，"幽人不得志也"；又相信"文以载道"的主张，以为文章不能离经义以独存，把所谓周汉经师的传授表也都列入文学史里。我们拿了抽象的几个文学定义和他们说，是决说不通的，必须根本的把《毛诗序》打倒，或把汉儒传

① 下四篇文章为《小说月报》"整理国故与新文学运动"专栏之一部分，前有引言如下：

发端　我们自本期起，想每期都有一个"讨论"。这一期讨论的题目是："整理国故与新文学运动"。我们这个讨论的发端，是由几个朋友引起的。他们对于现在提倡国故的举动，很抱杞忧，他们以为这是加于新文学的一种反动。在这种谈话里，我们便常常发生辩论，究竟整理国故对于新文学运动有什么影响呢？到底是反动不是呢？抱这种同样怀疑，想必不少，所以我们便在此地把我们的辩论写在纸上公开了。所可惜的，就是那几位持反对论调的——便是主张整理国故是对于新文学的一种反动的——人，都未曾把他们的意见写下来，所以此地所发表的大概都是偏于主张国故的整理对于新文学运动很有利益一方面的论调。我们很希望读者们能够把他们的意见也告诉给我们知道，尤其欢迎的是反对的意见。（西谛）

经的性质别白出来，使他们失了根据地，他们的主张才会摇动，他们的旧观念才会破除。正如马丁·路德之宗教改革，旧教中人藉托《圣经》以愚蒙世人，路德便抉《圣经》的真义，以攻击他们，路德之成功，即在于此。我们现在的整理国故，也是这种意思。“擒贼先擒王”，我们把他们的中心论点打破了，他们的旧观念自然会冰消瓦解了。这是我的理由之一。第二，我以为我们所谓新文学运动，并不是要完全推翻一切中国固有的文艺作品。这种运动的真意义，一方面在建设我们的新文学观，创作新的作品，一方面却要重新估定或发现中国文学的价值，把金石从瓦砾堆中搜找出来，把传统的灰尘，从光润的镜子上拂拭下去。譬如元明的杂剧传奇，与宋的词集，许多编书目的人都以他们为小道，为不足录的，而实则他们的真价值却远在《四库书目》上所著录的元明人诗文集以上。又如《水浒传》、《西游记》、《镜花缘》、《红楼梦》诸书，也是被所谓正统派的人所不齿的，而他们的真价值，也远在无聊的经解及子部杂家小说家及史部各书以上。又如向来无人知道方玉润，他的《诗经原始》，见解极为超卓，其价值也远在朱熹、魏源、毛奇龄之上，而知者却极少。这都是我们所不能不把他们从瓦砾堆中找出来的。还有如言诗者必宗宋，言文者必宗桐城与唐宋八家，而中国诗文的真价，乃为宋与桐城的灰尘掩蔽得看不见了。又有以《红楼梦》为影射某人某人的，以《西游记》为修养炼丹之书，等类的主张，而《红楼梦》、《西游记》的本来面目，遂也被他们幕上一层黑布了。这又是我们所不能不把他们的光耀从灰尘底下恢复出来的。而这种工作，都需要一种新的研究，我们现在的整理国故的呼声，所要做的，便是这种事。这是我的理由之二。

我这二个理由，似乎已把国故在现在有重新研究的必要，与国故之整理与新文学建设的关系说得很明白了，底下且略谈我们的国故的新研究之必要的条件。

近来我在日报及杂志上看到许多谈论国故的文字，但能感得满意的，不过二三篇而已。他们的通病有三：一、没有新的见解；二、太空疏而无切实的研究态度；三、喜引欧美的言论以相附会。

我以为我们的国故新研究，非矫正这种通病，决不能有成功的希望，所以——

我们须有切实的研究，无谓的空疏的言论，可以不说。我们须以诚挚求真的态度，去发见没有人开发过的文学的旧园地。我们应采用已公认的文学原理与关于文学批评的有力言论，来研究中国文学的源流与发展，但影响附会的论调，如所谓史格德的文笔似太史公，或以陶渊明为中国的托尔斯泰之类，我们必须绝对避免。

总之，我的整理国故的新精神便是："无征不信"，以科学的方法，来研究前人未开发的文学园地。

我们怀疑，我们超出一切传统的观念——汉宋儒乃至孔子及其同时人——但我们的言论，必须立在极稳固的根据地上。

（录自《小说月报》第14卷第1号，1923年1月）

我们对于国故应取的态度

顾颉刚

从前人对于国故，只有一个态度，就是“择其善者而从之，其不善者而弃之”。他们认定了一个自己愿入的家派，就去说那一个家派的话。一个家派中最早的人的说话，就是一个家派的学问基础。所以他们尽管去做学问，尽管去整理国故，但终似齐天大圣的觔斗，总跳不出如来的五根肉柱。这还是宗教的态度。

现在我们就不然了。我们是立在家派之外，用平等的眼光去整理各家派或向来不入家派的思想学术。我们也有一个态度，就是：“看出它们原有的地位，还给它们原有的价值。”我们没有“善”与“不善”的分别，也没有“从”与“弃”的需要。我们现在应该走的路，自有现时代指示我们，无须向国故中讨教诲，所以要整理国故之故，完全是为了要满足历史上的兴趣，或是研究学问的人要把它当作一种职业，并不是向古人去学本领，请古人来收徒弟。

正如住在上海的人，要知道上海一埠如何区划，街道怎么走，只要到棋盘街商务印书馆里去买一张《最新实测上海图》看看。若这个人没有走到棋盘街，先在四马路上旧书坊里看见了一张光绪二十六年的上海地图，论理就应该不顾而去，因为这二十余年之内，上海已经改变得多了，从前英美租界也没有并，沪宁铁路和电车路也没有造，闸北还没有多少房屋，上海县还有城墙围住，如今一切不适用了。若这人竟买了这图，去供他检查的需要，把应买的图却忘了，我们可以说，他不是一个疯子，也定是一个糊涂人。但若有一个人，他不但要知道现在的上海，而且更要知道从前的上海，那就不然了。他对于上海地图，无论什么时候的都要。光绪二十六年的固好，道光三十年的更是欢喜。宋明的地图固要寻觅，唐以前上海还没有出来时的沿海图更是渴想，若是得不到时，还要自去画图。他的收集古图，并不是希望它指出现在要走的路径，乃是要知道上海的沿革，满足他历史地理学上的知识欲。

这个“实行”和“研究”的分别，意义很浅很明白，但可怜没有学问兴味的中国人永久弄不明白。他们以为新与旧的人截然两派，所用的材料也截然两种，研究了国故就不应再有新文学运动的气息，做新文学运动的也不应再去整理国故。所以加入新文学运动的人多了，大家就叹息痛恨于“国粹沦丧”了。他们不知道新文学与国故并不是冤雠对垒的两处军队，乃是一种学问上的两个阶段。生在现在的人，要说现在的话，所以要有新文学运动，生在现在的人，要知道过去的生活状况，与现在各种境界的由来，所以要有整理国故的要求。国故的范围很大，内容也很杂，所以要整理到科学的境域，使得我们明白了解古人的生活状况，对于他们心力造成的成绩有确当的领会与处置。国故里的文学一部分整理了出来，可以使得研究文学的人明了从前人的文学价值的程度更增进，知道现在人所以应做新文学的缘故更清楚，此外没有别的效用。

至于整理的方法，大约可以分做四段：第一是收集，第二是分类，第三是批评，第四是比较。收集时，无论什么东西都要，只消是过去的社会中所产生的。分类是把收集来的材料归纳起来，尽了分类的能事去处置它们。（一件材料尽可互见几十类），使得它们的性质可以完全表显出来。材料有了，性质也知道了，就可加上批评，说明它们承前的原因是什么，当时的位置是怎样，传到后来的影响又是怎样，各种的关系都明白了，才可拿来与古今中外同类的思想学术相比较，看出它们彼此的价值。整理的事情完了，各种的国故在科学中都有它的立足点了。但这是何等的一件难事！

我们且举一个极小的范围作例。倘使现在有人说，“我们要征集小曲”，大家听来，总以为是极易的，但去着手做时，难问题就来了。印在本子上的，固是容易找，但书铺子里还是没有，须得亲身向小摊子上觅去。唱在口里的，就很不容易，有的听不到，有的听到而不及写出，有的问了他而不肯告你，就是肯告你了，又是有的不完全，有的写不出来。这还是说的一个地方。但全国有多少处地方，一处有多少种小曲，这种的材料去寻找时真是无穷无尽，不去寻找时又几乎无踪无影，我们如何能把它收集得略略完备呢？这还是说的现在流行的。若古代的东西，大都是已经失传了，即到今尚未失传，而有的是沉埋在僻处没有发见，有的是藏在人家的孤本，有的是一部冷书上的偶然记载，我们又如何可以得着它一点规模呢？这还是说的歌词方面。若是歌词的历史方面，这一种调或这一首歌，是从何时何处传来的？何地或何人把它那样改变的？流行的区域是那几处？里边的小派别有多少种？这种的问题，我们固是无从解答，连会唱的人也未必能够解答，我们又如何可以收集得一点材料呢？这还是一个很小的范围，还是一段最不用心的手续，已经如此的没有把握，何况国故全部的范围这么大，内容这么杂，整理手续的烦重又到了怎样的程度呢！

整理手续既烦重，或有人说，“我们传进世界文学还来不及，那有闲工夫弄这国故！”但说这话的人他的襟怀也不免窄狭了。国故中的文学与世界文学要是可以打成两截的，才可各不相关。况且我们没有历史观念也就罢了，若是有了历史观念，又如何禁得住求知过去情状的渴望！

整理国故固是新文学运动中应有的事，但欢喜文学的人中，尽有专从艺术上着眼，不想做历史的研究的，也有不耐做整理的工夫的，这一班人只须欣赏艺术，不要一同整理国故。至于性情宜于整理国故的人，不可不及早努力，因为材料这么多，整理的事几乎尚未动手，已经追不上我们历史的要求了！

十一，十二，十四

（录自《小说月报》第14卷第1号，1923年1月）

国故的地位

王伯祥

现在研究文学的人，往往把“整理国故”和“新文学运动”看做两件绝不相涉的事情，并且甚至于看做不能并立的仇敌，其实这是绝大的冤屈！因为他们俩在实际上还是各有各的位置，各有各的真价，尽有相互取证，相互助益的地方。我们无论研究那一类的学问，本来只有一个公开的态度，我认为相类的，固应采取，即我认为反对的，也应一究他们的真相。这样做去，研究便有了对象，然后可以寻出为什么必需采取，为什么应当反对的道理来，一切问题才有了解决，决不能参杂丝毫宗教的精神，只顾壁垒森严地自己说话，绝不容纳他人的意见的。所以“整理国故”和“新文学运动”在学术研究上的地位，实在同样的重要。

我以为“整理国故”是历史的概念，“新文学运动”是现代的精神，这两件事在今日，都是不可偏废的。我们既是现代的人，自然要过现代的生活，决不应“高希皇古”、“游心太初”。但无论什么事物，必有他历史上的过程，我们在历史上寻究他的来源，观察他的流变，当然也是分所应为的事，决不致一做这些工夫，生活便会倒向退步，仍旧回到从前的老路的。譬如从事“新文学运动”的人，都知道文学的真价不专在片面的艺术欣赏，而在作家的内心，所以尽量介绍外国作家的生平，把文学的原理借着各人思想的过程来宣传开去，使一般人都得了解文学的真趣，这却并不因为一涉历史的研究，便把文学的精神打了回去。可见历史观念非但不会损害现代精神，而且可以明了现代精神所由来，确定他在今日的价值。由此说来，介绍外国文学作家的生平，固然是切要而且有益的事业了。但要问，外国的文学作家我们应该介绍，中国的文学作家为什么就不应介绍呢？难道研究学问，应当有这样的界划么？不然，何以宣传新文学的人一见人家谈到“国故”，便痛斥“关门自绝于世”，便指笑以为“献媚旧社会，没有奋斗的精神”呢！

如果我们承认中国没有文学的地位，那也不必说，假使还有一线可传的价值，那就不能不先求真相的了解。但中国历来的文学精神都散附在所谓

"国故"之中，我们若要切实地了解他，便不容不下一番整理的工夫。不过对于整理的态度，必需要改换从前的老样，我们希望在一个范围内探讨出一个究竟，决不叫无论什么人都去做穷年莫殚，钻研故纸的勾当。若说研究新文学便不应究心国故，是明明自己先错，却不能怪那班抱着师承衣钵的人，自以为独得心传之秘，一定要关门自绝于世了。总之，各国自有各国的精神，也可说各国自有各国的国故，譬如研究法国、俄国文学的人，要想察出一个现在的法国俄国来，便不能不略究法国、俄国的国故，那么要在中国民族头上建设新的文学，怎么可以仇视自己的国故呢！

（录自《小说月报》第14卷第1号，1923年1月）

整理国故与新文学运动

余祥森

我们解决这个问题应有四点，就是：

（一）国故有没有整理的价值？

（二）国故与新文学有没有关系？

（三）如何整理国故？

（四）如何从事新文学运动？

现在我逐条分说如下。

国故有没有研究的价值？

关于这点，须先问国故有没有文学的价值？许多的青年们感于吾国千年以来思想之桎梏，进步之迟钝，由是对于国故的信任心变为薄弱，甚且有的因怀疑而至断定他没有文学的价值。这种见解当然是错误的。但错误的原因在那里呢？在于只有笼统的感情作用而没有精确的理性观察。何以故呢？国故虽然不是完全有文学的价值，但非绝对没有文学的价值。现在因篇幅的关系，只就年代言之。嬴秦以前的国故的确有完全文学的价值，嬴秦以后的国故虽然有些文学的价值，但大部分都是无谓的工作，严格上视之，实算不得文学。因为当时作家只重字句，不重思想，只重模仿，不重创作，只拾前人的余唾去压服时人，不讲人生的真理，去感发人心，甚至利用文学的格式，去达个人的私欲。所以我国文学的精神，日渐销磨，所有的作品，多半是桎梏思想，摧残生机的。我们对于这种的国故，正该取深恶痛绝的态度，岂可还去研究他。但是就在嬴秦以后的国故里面有文学的价值的，的确也有，不过很难得罢了。所以我们对于国故，须加以精密的理性观察，不可受笼统的感情作用所支配。如其没有文学的价值，我们不只应当拒绝他，还要扑灭他，因为他在文学中已铸了不少的大错，如今再让他存在，不啻间接阻碍文学发达。如其有文学的价值，我们须加以深切的研究，方才能够发扬他底光辉。

（二）国故与新文学有没有关系？

国故与新文学，到底有没有关系？我们从字面看来，似乎这样东西没有什么关系。其实不然！按上文国故二字实含有善恶两种。现在只就狭义上说他，当然只指有研究价值的那一种国故。这种国故，老实话说，就是我们中国的旧文学。但凡旧文学底实质，和新文学底实际是一样的，因为他们同是文学，同是普遍的真理表现。所以凡是真正的文学作品，都有永久的价值，不过他们的范围广狭不同罢了。旧文学的范围是局于小部分的人民小部分的土地，新文学的范围是及于全人类，全世界，所以旧文学中思想有不适用于现时代，这并非旧文学自身错误，实因为范围太［小］的缘故。这种的关系不单国故是这样，就是外国旧文学也是这样的。所以新文学的基础，［不］当单建在外国旧文学上面，也不当单建在国故上面，须当建在外国旧文学和国故的混合物上面。这种的新文学，才算是真正的新文学。

（三）如何整理国故？

如上文所说，国故于新文学中既占有重要的价值，而又凌乱不齐，所以对于国故第一步的工作，不可不出于整理一途。现在的问题，就是整理的方法。关于整理方法，最要的不外三种手续：

（A）搜集　　（B）选择　　（C）汇别

搜集是材料的分量问题。有了材料方才能选择，所以是整理的第一手续。选择是材料的品质问题。关于这层，须有一定的标准。凡兼备高深思想，完美格式，浅现文字的是上乘的作品。只有高深思想和完美格式的，或浅现文字的是次的，只有高深思想的是又次的，只有完美格式和浅现文字的是又次的，只有完美格式或浅现文字的是更次的作品。这些的作品都有选择的价值，但须有轻重，舍此之外不妨删他削他。汇别是材料的种类问题。原来文学作品是代表文学家自身，所以作品的事实，虽然截然不同，但他们的精神却有密切的关系。又文学家底品性、思想、行为等等都是受时代和环境所影响的，但一时代有一时代的特性，所以同时代同地方的文学产品，总有一个共通的要点。这个共通的要点，就是我们所谓派别、主义。所以汇别的方法，须把时代和地方做纲领，将文学家分类纳入这纲领之中，再把他底作品按他底年龄顺序列下，使将来研究的人省却许多麻烦的手续。这就是整理的最后手续。

如何运动新文学？

普通运动须具有二种要素，就是：决心和毅力。决心是运动未开始时候，认定目的努力做去。毅力是运动既开始时候，牺牲一切拥护这个目的。新文学运动的目的就是产生新文学，换句话说，就是实现“具有普遍的感力，具有永久的价值”的文学。新文学运动的牺牲品，第一是权利，第二是名誉，第三是安乐，因为这些一切，是进行的阻力，所以我们如要拥护我们底目的，就不得不先牺牲了这些一切。新文学运动的方法，也有两种：一种是消极的，一种是积极的。

消极的方法就是批评学。批评学的能事，只不过立于指导的地位，促文学家的反省，而教他常向正轨上走去。所以批评家须具有恬静的态度，超越的识见，条理的解释，不可具有党派心，嫉妒心，阿谀心，权利心，不然新文学必遭他摧残，而永无向荣的希望。

积极的方法就是介绍，兹分类如左：

(1）介绍古人的作品：甲、整理国故；乙、翻译外国文学。

(2）介绍今人的作品：甲、报章；乙、杂志。

(3）介绍各地的山水：甲、图画；乙、照相。

(4）介绍各地的民情：甲、口头报告；乙、文字报告。

介绍是立于仲间的地位，务使文学家多得些良好的印象，以刺激他的灵感罢了。所以介绍者的任务，最要的不外精确，详细，不加以丝毫私见，务使原来的“真”，“善”，“美”表现到十三分方才可以。总之批评和介绍对于新文学运动负有绝大的任务，现在限于篇幅，只好约略说他罢了。

结　论

按上文所说，可知整理国故，就是新文化运动当中一种任务，他的地位正和介绍外国文学相等。至于这些的任务要不要由一人兼任，抑或可由各人分任，这是个人能率上问题，我们所不能衡定出来的。但在我看来，似乎应采分工制度为妥。不过须要注意的，就是凡立在新文学运动旗帜之下的人们，无论他选择何种任务，大家须要互相敬重，互相补助，方才能够收运动的效果。吾们还要明白这一点，就是新文学运动中无论何种任务，都不是我们最后目的，我们最后目的就是：实现新文学。那么我们方才能够好好地履行我们的任务，而不至做任务的奴隶了。

（录自《小说月报》第14卷第1号，1923年1月）

《国学丛刊》发刊辞

顾　实

强邻当前而知宗国，童昏塞路而思圣学。《语》曰，“见兔顾犬，亡羊补牢”，洵乎犹足以有为也。昔者，隋唐之隆也，华化西被，方弘海涵地负之量。迨及逊清之季，外学内充，大有喧宾夺主之概。曾几何时，事异势殊。自非陈叔宝太无心肝，谁不俯仰增慨？则海宇之内，血气心知之伦，咸莫不嚣然曰“国学”。与夫本会同人，近且出其平素之研究，而有《国学丛刊》之举行，岂有他哉？一言以蔽之曰，爱国也，好学也，人同此心而已矣。念昔先民，周季分崩，天下大乱，九流乃兴。近世似之，环球列强，群龙无首，百学炽昌。是曰自由之隆运。生民懿德，曰惟正直，谁毁谁誉，自尽其力。幼学壮行，老教后生，穷达以之，天下文明。是曰平等之极则。本斯二者，以期孟晋。

夫学无畔岸，囿国而小。然植基于是，推而远之，事半功倍。故括举纲领，藉便来者。一曰，小学类。理董先典，非此莫属。近世王俞，懋绩卓著。音韵训诂，最为奥远。发明形体，求古铭刻。二曰，经学类。先审文字，后明义理。今文古文，汉氏师承。近世考证，曲畅旁通。专精一经，再及其余。三曰，史学类。乙部记载，代有继增。大本《史》《汉》，暨今莫易。三通六续，稍详文化。益以《通鉴》，略观世变。四曰，诸子类。儒墨近取，从周从夏。百家远征，乃言黄帝。二派较然，文质抗衡。下逮方技，一长足录。五曰，佛典类。奘公以前，是曰旧译。从奘公起，是曰新译。一切声量，新译为审。旁及十宗，先难后获。六曰，诗文类。上源风骚，下穷骈古。读书万卷，文章炳彪。优美而弱，壮美而强。毋曰末艺，邦家之光。此六类也，统名曰国学。纲举目张，万端待理。初学循此，终身有序。盖始基既立，而后广求知识于世界，其积极之造诣不可量，而消极之获益可得而言者。

唐行科举，百年而弊，中世毒发，爰有古文。自是而后，骈古分途，止争形式，不问思想。惟治国学者决不争此，其善一也。明清八比，锢蔽益深。今虽废绝，流毒未泯。高谈义理，力追八家，字尚未识，便诩发明。惟治国学者决不出此，其善二也。海禁既开，异学争鸣，截长补短，获益宏多。根柢浅薄，辄言沟通。岂无隔阂，遂至矛盾。惟治国学者盖可免焉，其善三也。复有佥壬，谓他人父，果羸速化，倡废汉字，甘作虎伥，抑何忍心。一切古书，拉杂摧烧。惟治国学者去之若浼，其善四也。然则国学之于今日，岂第犹水火菽粟布帛之于斯民也。不又且扫千年科举之积毒，作一时救世之良药也哉。登高自卑，行远自迩。异时为学有本，则不忘己而循人，不随波而逐流。庶几学融中外，集五洲之圣于一堂。识穷古今，会亿祀之通于俄顷。本刊戋戋之献，曾何足以语此。然而敢贡愚者之一得，倘亦大雅之所乐许也？复系以辞曰：

大道隐兮万化流，瞻四方兮欲何求。研坟典兮阐索丘，植遐基兮乐无忧。陈宝筏兮设慈航，欢众乘兮相徜徉。昭祖德兮辉国光，来无始兮大无疆。

（录自《国学丛刊》第 1 卷第 1 期，1923 年 3 月）

一个最低限度的国学书目

胡 适

序 言

这个书目是我答应清华学校胡君敦元等四个人拟的。他们都是将要往外国留学的少年，很想在短时期中得着国故学的常识，所以我拟这个书目的时候，并不为国学有根柢的人设想，只为普通青年人想得一点系统的国学知识的人设想。这是我要声明的第一点。

这虽是一个书目，却也是一个法门，这个法门可以叫做“历史的国学研究法”。这四五年来，我不知收到多少青年朋友询问“治国学有何门径”的信。我起初也学着老前辈们的派头，劝人从“小学”入手，劝人先通音韵训诂。但我近来忏悔了！那种话是为专家说的，不是为初学人说的；是学者装门面的话，不是教育家引人入胜的法子。音韵训诂之学自身还不曾整理出个头绪系统来，如何可作初学人的入手工夫？十几年的经验使我不能不承认音韵训诂之学，只可以作“学者”的工具，而不是“初学”的门径。老实说来，国学在今日还没有门径可说。那些国学有成绩的人大都是下死工夫笨干出来的。死工夫固是重要，但究竟不是初学的门径。对初学人说法，须先引起他的真兴趣，他然后肯下死工夫。在这个没有门径的时候，我曾想出一个下手方法来：就是用历史的线索，做我们的天然系统，用这个天然继续演进的顺序，做我们治国学的历程。这个书目便是依着这个观念做的，这个书目的顺序是下手的法门。这是我要声明的第二点。

这个书目不单是为私人用的，还可以供一切中小学校图书馆及地方公共图书馆之用，所以每部书之下，如有最易得的版本，皆为注出。

（一）工具之部

《书目举要》（周贞亮、李之鼎）南城宜秋馆本。这是书目的书目。

《书目答问》（张之洞）刻本甚多，近上海朝记书庄有石印“增辑本”最易得。

《四库全书总目提要》附存目录，广东图书馆刻本，又点石斋石印本最方便。

《汇刻书目》（顾修）顾氏原本已不适用，当用朱氏增订本，或上海北京书店翻印本，北京有益堂翻本最廉。

《续汇刻书目》（罗振玉）双鱼堂刻本。

《史姓韵编》（汪辉祖）刻本稍贵，石印本有两种。此为《廿四史》的人名索引，最不可少。

《中国人名大辞典》（商务印书馆）

《历代名人年谱》（吴荣光）北京晋华书局新印本。

《世界大事年表》（傅运森）商务印书馆。

《历代地理韵编》、《清代舆地韵编》（李兆洛）广东图书馆本，又坊刻《李氏五种》本。

《历代纪元编》（陆承如）《李氏五种》本。

《经籍纂诂》（阮元等）点石斋石印本可用。读古书者，于寻常字典外，应备此书。

《经传释词》（王引之）通行本。

《佛学大辞典》（丁福保等译编）上海医学书局。

二、思想史之部

《中国哲学史大纲》上卷（胡适）商务印书馆。

二十二子：

《老子》《庄子》《管子》《列子》

《墨子》《荀子》《尸子》《孙子》

《孔子集语》《晏子春秋》《吕氏春秋》《贾谊新书》

《春秋繁露》《扬子法言》《文子缵义》《黄帝内经》

《竹书纪年》《商君书》《韩非子》《淮南子》

《文中子》《山海经》

浙江公立图书馆（即浙江书局）刻本。上海有铅印本亦尚可用。汇刻子书，以此部为最佳。

四书（《论语》、《大学》、《中庸》、《孟子》）最好先看白文，或用朱熹集注本。

《墨子闲诂》（孙诒让）原刻本，商务印书馆影印本。

《庄子集释》（郭庆藩）原刻本，石印本。

《荀子集注》（王先谦）原刻本，石印本。

《淮南鸿烈集解》（刘文典）商务印书馆出版。

《春秋繁露义证》（苏舆）原刻本。

《周礼》通行本。

《论衡》（王充）通津草堂本，（商务印书馆影印）；湖北崇文书局本。

《抱朴子》（葛洪）平津馆丛书本最佳，亦有单行的；湖北崇文书局本。

《四十二章经》金陵刻经处本。以下略举佛教书。

《佛遗教经》同上。

《异部宗轮论述记》（窥基）江西刻经处本。

《大方广佛华严经》（东晋译本）金陵刻经处本。

《妙法莲华经》（鸠摩罗什译）同上。

《般若纲要》（葛䵻）《大般若经》太繁，看此书很够了。扬州藏经院本。

《般若波罗密多心经》（玄奘译）。

《金刚般若波罗密经》（鸠摩罗什译，菩提流支译，真谛译），以上两书，流通本最多。

《阿弥陀经》（鸠摩罗什译）此书译本与版本皆极多，金陵刻经处有《阿陀经要解》（智旭）最便。

《大方广贺圆觉了义经》（即《圆觉经》）（佛陀多罗译），金陵刻经处白文本最好。

《十二门论》（鸠摩罗什译）金陵刻经处本。

《中论》（同上）扬州藏经院本。

以上两种，为三论宗“三论”之二。

《三论玄义》（隋吉藏撰）金陵刻经处本。

《大乘起信论》（伪书）此虽是伪书，然影响甚大，版本甚多，金陵刻经处有沙门真界纂注本，颇便用。

《大乘起信论考证》（梁启超）此书绍介日本学者考订佛书真伪的方法，甚有益。商务印书馆将出版。

《小止观》（一名《童蒙止观》，智顗撰）天台宗之书不易读，此书最便初学。金陵刻经处本。

《相宗八要直解》（智旭直解）金陵刻经处本。

《因明入正理论疏》（窥基疏）金陵刻经处本。

《大慈恩寺三藏法师传》（慧立撰）玄奘为中国佛教史上第一伟大人物，此传为中国传记文学之大名著。常州天宁寺本。

《华严原人论》（宗密撰）有正书局有合解本，价最廉。

《坛经》（法海录）流通本甚多。

《古尊宿语录》此为禅宗极重要之书，坊间现尚无单行刻本。大藏经缩刷本腾字四至六。

《宏明集》（梁僧佑集）此书可考见佛教在晋宋齐梁士大夫间的情形。金陵刻处本。

《韩昌黎集》（韩愈）坊间流通本甚多。

《李文公集》（李翱）《三唐人集》本。

《柳河东集》（柳宗元）通行本。

《宋元学案》（黄宗羲、全祖望等）冯云濠刻本，何绍基刻本，光绪五年长沙重刊本。坊间石印本不佳。

《明儒学案》（黄宗羲）莫晋刻本最佳。坊间通行有江西本，不佳。

以上两书，保存原料不少，为宋明哲学最重要又最方便之书。此下所列，乃是补充这两书之缺陷，或是提出几部不可不备的专家集子。

《直讲李先生集》（李觏）商务印书馆印本。

《王临川集》（王安石）通行本。商务印书馆影印本。

《二程全书》（程颢、程颐）六安涂氏刻本。

《朱子全书》（朱熹）六安涂氏刻本，商务印书馆影印本。

《朱子年谱》（王懋竑）广东图书馆本，湖北局本。此书为研究朱子最不可少之书。

《陆象山全集》（陆九渊）上海江左书林铅印本很可用。

《陈龙川全集》（陈亮）通行本。

《叶水心全集》（叶适）通行本。

《王文成公全书》（王守仁）浙江图书馆本。

《困知记》（罗钦顺）嘉应四年翻明刻本。正谊堂本。

《王心斋先生全集》（王艮）近年东台袁氏编订排印本最好，上海国学保存会寄售。

《罗文恭公全集》（罗洪先）雍正间刻本，《四库全书》本与此本同。

《胡子衡齐》（胡直）此书为明代哲学中一部最有条理又最有精采之书。《豫章丛书》本。

《高子遗书》（高攀龙）无锡刻本。

《学蔀通辨》（陈建）正谊堂本。

《正谊堂全书》（张伯行编）这部丛书搜集程朱一系的书最多，欲研究“正统派”的哲学的，应备一部。全书六百七十余卷，价约三十元。初刻本已不可得，现行者为同治间补刻本。

《清代学术概论》（梁启超）商务印书馆。

《日知录》（顾炎武）用黄汝成《集释本》。通行本。

《明夷待访录》（黄宗羲）单行本。扫叶山房《梨洲遗著汇刊》本。

《张子正蒙注》（王夫之）《船山遗书》本。

《思问录内外篇》（王夫之）同上。

《俟解》一卷，《噩梦》一卷（王夫之）同上。

《颜李遗书》（颜元，李塨）《畿辅丛书》本可用。北京四存学会增补全书本。

《费氏遗书》（费密）成都唐氏刻本，（北京大学出版部寄售）。

《孟子字义疏证》（戴震）《戴氏遗书》本，国学保存会有铅印本，但已卖缺了。

《章氏遗书》（章学诚）浙江图书馆排印本，上海刘翰怡新刻全书本。

《章实斋年谱》（胡适）商务印书馆出版。

《崔东壁遗书》（崔述）道光四年陈履和刻本，《畿辅丛书》本只有《考信录》，亦可够用了。全书现由亚东图书馆重印，不久可出版。

《汉学商兑》（方东树）此书无甚价值，但可考见当日汉、宋学之争。单行本，朱氏《槐庐丛书》本。

《汉学师承记》（江藩）通行本，附《宋学师承记》。

《新学伪经考》（康有为）光绪辛卯初印本；新刻本只增一序。

《史记探源》（崔适）初刻本；北京大学出版部排印本。

《章氏丛书》（章炳麟）康宝忠等排印本；浙江图书馆刻本。

三、文学史之部

《诗经集传》（朱熹）通行本。

《诗经通论》（姚际恒）闻商务印书馆将重印。

《诗本谊》（龚橙）浙江图书馆《半广丛书》本。

《诗经原始》（方玉润）闻商务印书馆不久将有重印本。

《诗毛氏传疏》（陈奂）《清经解续编》卷七百七十八以下。

《檀弓》《礼记》第二篇。

《春秋左氏传》通行本。

《战国策》商务印书馆有铅印补注本。

《楚辞集注》附《辨证后语》（朱熹）通行本；扫叶山房有石印本。

《全上古三代秦汉三国六朝文》（严可均编）广雅局本。此书搜集最富，远胜于张溥的《汉魏六朝百三家集》。

《全汉三国晋南北朝诗》（丁福保编）上海医学书局出版。

《古文苑》（章樵注）江苏书局本。

《续古文苑》（孙星衍编）江苏书局本。

《文选》（萧统编）上海会文堂有石印胡刻李善注本最方便。

《文心雕龙》（刘勰）原刻本；通行本。

《乐府诗集》（郭茂倩编）湖北书局刻本。

《唐文粹》（姚铉编）江苏书局本。

《唐文粹补遗》（郭麐编）同上。

《全唐诗》（康熙朝编）扬州原刻本，广州本，石印本，五代词亦在此中。

《宋文鉴》（吕祖谦编）江苏书局本。

《南宋文范》（庄仲方编）同上。

《南宋文录》（董兆熊编）同上。

《宋诗钞》（吕留良、吴之振等编）商务印书馆本。

《宋诗钞补》（管庭芬等编）商务印书馆本。

《宋六十家词》（毛晋编）汲古阁本，广州刊本，上海博古斋石印本。

《四印斋王氏所刻宋元人词》（王鹏运编刻）原刻本，板存北京南阳山房。

《彊邨所刻词》（朱祖谋编刻）原刻本。王、朱两位刻的词集都很精，这是近人对于文学史料上的大贡献。

《太平乐府》（杨朝英编）《四部丛刊》本。

《阳春白雪》（杨朝英编）南陵徐氏《随庵丛书》本。

以上两种为金元人曲子的选本。

《董解元弦索西厢》（董解元）刘世珩《暖红室汇刻传奇》本。

《元曲选一百种》（臧晋叔编）商务印书馆有影印本。

《金文最》（张金吾编）江苏书局本。

《元文类》（苏天爵编）同上。

《宋元戏曲史》（王国维）商务印书馆本。

《京本通俗小说》这是七种南宋的话本小说，上海蟫隐庐《烟画东堂小品》本。

《宣和遗事》《士礼居丛书》本；商务印书馆有排印本。

《五代史平话》残本。董康刻本。

《明文在》（薛熙编）江苏书局本。

《列朝诗集》（钱谦益编）国学保存会排印本。

《明诗综》（朱彝尊编）原刻本。

《六十种曲》（毛晋编刻）汲古阁本。此书善本已不易得。

《盛明杂剧》（沈泰编）董康刻本。

《暖红室汇刻传奇》（刘世珩编刻）原刻本。

《笠翁十二种曲》（李渔）原刻巾箱本。

《九种曲》（蒋士铨）原刻本。

《桃花扇》（孔尚任）通行本。

《长生殿》（洪昇）通行本。

清代戏曲多不胜举，故举李、蒋两集，孔、洪两种历史戏，作几个例而已。

《曲苑》上海古书流通处（?）编印本。此书汇集关于戏曲的书十四种，中如焦循《剧说》，如梁辰鱼《江东白苧》皆不易得。石印本价亦廉，故存之。

《缀白裘》这是一部传奇选本，虽多是零篇，但明末清初的戏曲名著都有代表的部分存在此中。在戏曲总集中，这也是一部重要书了。通行本。

《曲录》（王国维）《晨风阁丛书》本。

《湖海文传》（王昶编）所选都［是］清朝极盛时代的文章，最可代表清朝“学者的文人”的文学。原刻本。

《湖海诗传》（王昶编）原刻本。

《鲒埼亭集》（全祖望）借树山房本。

《惜抱轩文集》（姚鼐）通行本。

《大云山房文稿》（恽敬）四川刻本，南昌刻本。

《文史通义》（章学诚）贵阳刻本，浙江局本，铅印本。

《龚定盦全集》（龚自珍）万本书堂刻本，国学扶轮社本。

《曾文正公文集》（曾国藩）《曾文正全集》本。

清代古文专集，不易选择，我经过很久的考虑，选出全、姚、恽、章、龚、曾六家来作例。

《吴梅村诗》（吴伟业），《梅村家藏稿》（董康刻本，商务印书馆影印本）本，无注。此外有靳荣藩《吴诗集览》本，有吴翌凤《梅村诗集笺注》本。

《瓯北诗钞》（赵翼）《瓯北全集》本，单行本。

《两当轩诗钞》（黄景仁）光绪二年重刻本。

《巢经巢诗钞》（郑珍）贵州刻本；北京有翻刻本，颇有误字。

《秋蟪吟馆诗钞》（金和）铅印全本；家刻本略有删减。

《人境庐诗钞》（黄遵宪）日本铅印本。

清代诗也很难选择。我选梅村代表初期，瓯北与怀仲则代表乾隆一朝，郑子尹与全亚匏代表道、咸、同三朝，黄公度代表末年的过渡时期。

明清两朝小说。

《水浒传》亚东图书馆三版本。

《西游记》（吴承恩）亚东图书馆再版本。

《三国志》亚东图书馆本。

《儒林外史》（吴敬梓）亚东图书馆四版本。

《红楼梦》（曹霑）亚东图书馆三版本。

《水浒后传》（陈忱，自署古宋遗民。）此书借宋徽、钦二帝事来写明末遗民的感慨，是一部极有意义的小说。亚东图书馆《水浒续集》本。

《镜花缘》（李汝珍）此书虽有“掉书袋”的毛病，但全篇为女子争平等的待遇，确是一部很难得的书。亚东图书馆本。

以上各种，均有胡适的考证或序，搜集了文学史的材料不少。

《今古奇观》通行本，可代表明代的短篇。

《三侠五义》此书后经俞樾修改，改名《七侠五义》。此书可代表北方的义侠小说。旧刻本；《七侠五义》流通本较多。亚东图书馆不久将有重印本。

《儿女英雄传》（文康）蜚英馆石印本最佳；流通本甚多。

《九命奇冤》（吴沃尧）广智书局铅印本。

《恨海》（吴沃尧）通行本甚多。

《老残游记》（刘鹗）商务印书馆铅印本。

以上略举十三种，代表四五百年的小说。

《五十年来的中国文学》（胡适）申报馆纪念册“五十年之中国”本。

（跋）文学史一部，注重总集，无总集的时代，或总集不能包括的文人，始举别集。因为文集太多，不易收买，尤不易遍览，故为初学人及小图书馆计，皆宜先从总集下手。

《九种纪事本末》（铅印本）。（此据附录二胡先生答清华周刊记者信中补入）

（附录一）《清华周刊》记者来书

适之先生：

在《努力周报》的增刊《读书杂志》第七期上，我们看见先生为清华同学们拟的一个最低限度的国学书目。我们看完以后，心中便起了若干问题，现在愿说给先生听听，请先生赐教。

第一，我们以为先生这次所说的国学范围太窄了。先生在文中并未下国学的定义，但由先生所拟的书目推测起来，似乎只指中国思想史及文学史而言。思想史与文学史便是代表国学么？先生在《国学季刊》的发刊的宣言里，拟了一个中国文化史的系统，其中包括（一）民族史，（二）语言文字史，（三）经济史，（四）政治史，（五）国际交通史，（六）思想学术史，（七）宗教史，（八）文艺史，（九）风俗史，（十）制度史。中国文化史的研究，便是国学研究，这是先生在该宣言里指示我们的。既然如此，为什么先生不在国学书目文学史之部以后，加民族史之部，语言文学史之部，经济史之部……呢？

第二，我们一方面嫌先生所拟的书目范围不广，一方面又以为先生所谈的方面——思想史与文学史——谈得太深了，不合于“最低限度”四字。我们以为定清华学生的国学最低限度，应该顾到两种事实：第一是我们的时间，第二是我们的地位。我们清华学生，从中等科一年起，到大学一年止，求学的时间共八年。八年之内一个普通学生，于他必读的西文课程之外，如肯切实的去研究国学，可以达到一个什么程度，这是第一件应该考虑的。第二，清华学生都有留美的可能。教育家对于一班留学生，要求一个什么样的国学程度，这是第二件应该考虑的。先生现在所拟的书目，我们是无论如何读不完的，因为书目太多，时间太少。而且做留学生的，如没有读过《大方广圆觉了义经》或《元曲选一百种》，当代的教育家，不见得会非难他们，以为未满足国学最低的限度。

因此，我们希望先生替我们另外拟一个书目，一个实在最低的国学书目。那个书目中的书，无论学机械工程的，学应用化学的，学哲学文学的，学政治经济的，都应该念，都应该知道。我们希望读过那书目中所列的书籍以后，对于中国文化，能粗知大略。至于先生在《读书杂志》第七期所列的书目，似乎是为有志专攻哲学或文学的人作参考之用的，我们希望先生将来能继续发表民族史之部，制度史之部等的书目，让有志于该种学科的青年，有一个深造的途径。

敬祝先生康健

《清华周刊》记者。十二年，三月，十一日。

（附录二）答书

记者先生：

关于第一点，我要说，我暂认思想与文学两部为国学最低限度。其余民族史经济史等等，此时更无从下手，连这样一个门径书目都无法可拟。

第二，关于程度方面和时间方面，我也曾想过，这个书目动机虽是为清华的同学，但我动手之后就不知不觉的放高了，放宽了。我的意思是要用这书目的人，从这书目里自己去选择。有力的，多买些；有时间的，多读些；否则先买二三十部力所能及的，也不妨，以后还可以自己随时添备。若我此时先定一个最狭义的最低限度，那就太没有伸缩的余地了。先生以为是吗？

先生说："做留学生的，如有没读过《圆觉经》或《元曲选》，当代教育家不见得非难他们。"这一层，倒有讨论的余地。正因为当代教育家不非难留学生的国学程度，所以留学生也太自菲薄，不肯多读点国学书，所以他们在国外既不能代表中国，回国后也没有多大影响。我们这个书目的意思，一部分也正是要一班留学生或候补留学生知道《元曲选》等是应该知道的书。

如果先生们执意要我再拟一个“实在的最低限度的书目”，我只好在原书目上加上一些圈，那些有圈的，真是不可少的了。此外还应加上一部《九种纪事本末》（铅印本）。

以下是加圈的书：

《书目答问》《法华经》《左传》《中国人名大辞典》《阿弥陀经》《文选》《九种纪事本末》《坛经》《乐府诗集》《中国哲学史大纲》《宋元学案》《全唐诗》《老子》《明儒学案》《宋诗钞》《四书》《王临川集》《宋六十家词》《墨子闲诂》《朱子年谱》《元曲选一百种》《荀子集注》《王文成公全书》《宋元戏曲史》《韩非子》《清代学术概论》《缀白裘》《淮南鸿烈集解》《章实斋年谱》《水浒传》《周礼》《崔东壁遗书》《西游记》《论衡》《新学伪经考》《儒林外史》《佛遗教经》《诗集传》《红楼梦》

（录自《胡适文存二集》）

治国学的两条大路

梁启超

李竞芳曰："梁先生在宁讲学数月，每次讲稿，均先期手自编定。此次因离宁在即，应接少暇，故本讲稿仅成其上篇，下篇则由竞芳笔记，谨为附识。"

诸君！我对于贵会，本来预定演讲的题目是"古书之真伪及其年代"。中间因为有病，不能履行原约。现在我快要离开南京了，那个题目不是一回可以讲完，而且范围亦太窄，现在改讲本题，或者较为提纲挈领，于诸君有益罢。

我以为研究国学有两条应走的大路：

一、文献的学问，应该用客观的科学方法去研究。

二、德性的学问，应该用内省的和躬行的方法去研究。

第一条路，便是近人所讲的"整理国故"这部分事业。这部分事业最浩博最繁难又且最有趣的，便是历史。我们是有五千年文化的民族，我们一家里弟兄姊妹们便占了全人类四分之一，我们的祖宗世世代代在"宇宙进化线"上头不断的做他们的工作，我们替全人类积下一大份遗产，从五千年前的老祖宗手里一直传到今日没有失掉。我们许多文化产品，都用我们极优美的文字记录下来，虽然记录方法不很整齐，虽然所记录的随时散失了不少，但即以现存的正史、别史、杂史、编年、纪事本末、法典、政书、方志、谱牒，以及各种笔记，金石刻文等类而论，十层大楼的图书馆也容不下。拿历史家眼光看来，一字一句，都藏有极可宝贵的史料，又不独史部书而已。一切古书，有许多人见为无用者，拿他当历史读，都立刻变成有用。章实斋说："六经皆史。"这句话我原不敢赞成，但从历史家的立脚点看，说"六经皆史料"，那便通了。既如此说，则何只六经皆史，也可以诸子皆史，诗文集皆史，小说皆史，因为里头一字一句都藏有极可宝贵的史料，和史部书同一价值。我们家里头这些史料，真算得世界第一个丰富矿穴，从前仅用土法开采，采不出什么来，现在我们懂得西法了，从外国运来许多开矿机器了。这种机器是什么？是科学方法，我们只要把这种方法运用得精密巧妙而且耐烦，自然会将这学术界无尽藏的富源开发出来，不独对得起先人，而且可以替世界人类恢复许多公共产业。

这种方法之应用，我在去年所著的《历史研究法》和前两个月在本校所讲的《历史统计学》里头，已经说过大概，虽然还有许多不尽之处，但我敢说这条路是不错的，诸君倘肯循着路深究下去，自然也会发出许多支路，不必我细说了。但我们要知道，这个矿太大了，非分段开采不能成功，非一直开到深处不能得着宝贝。我们一个人一生的精力，能够彻底开通三几处矿苗便算了不得的大事业，因此我们感觉着有发起一个“合作的史学运动”之必要。合起一群人在一个共同目的共同计划之下，各人从其性之所好以及平时的学问根底，各人分担三两门做“窄而深”的研究，拼着一二十年工夫下去，这个矿或者开得有点眉目了。

此外，和史学范围相出入或者性质相类似的文献学还有许多，都是要用科学方法研究去。例如：

（1）文字学　我们的单音文字，每一个字都含有许多学问意味在里头，若能用新眼光去研究，做成一部“新说文解字”，可以当作一部民族思想变迁史，或社会心理进化史读。

（2）社会状态学　我国幅员广漠，种族复杂，数千年前之初民的社会组织，与现代号称最进步的组织，同时并存。试到各省区的穷乡僻壤，更进一步入到苗子、番子居住的地方，再拿二十四史里头蛮夷传所记的风俗来参证，我们可以看见现代社会学者许多想像的事项，或者证实，或者要加修正。总而言之，几千年间一部竖的进化史，在一块横的地平上可以同时看出，除了我们中国以外恐怕没有第二个国了。我们若从这方面精密研究，真是最有趣味的事。

（3）古典考释学　我们因为文化太古，书籍太多，所以真伪杂陈，很费别择，或者文义艰深，难以索解。我们治国学的人，为节省后人精力而且令学问容易普及起见，应该负一种责任，将所有重要古典，都重新审定一番，解释一番。这种工作，前清一代的学者已经做得不少，我们一面凭藉他们的基础，容易进行，一面我们因外国学问的触发，可以有许多补他们所不及。所以从这方面研究，又是极有趣味的事。

（4）艺术鉴评学　我们有极优美的文学美术作品，我们应该认识他的价值，而且将赏鉴的方法传授给多数人，令国民成为“美化”。这种工作，又要另外一帮人去做，我们里头有性情近于这一路的，便应该以此自任。

以上几件，都是举其最重要者。其实文献学所包含的范围还有许多，就是以上所讲的几件，剖析下去，每件都有无数的细目。我们做这类文献学问，要悬三个标准以求到达：

第一求真　凡研究一种客观的事实，须先要知道他"的确是如此"，才能判断他"为什么如此"。文献部分的学问，多属过去陈迹，以讹传讹，失其真相者甚多，我们总要用很谨严的态度，仔细别择，把许多伪书和伪事剔去，把前人的误解修正，才可以看出真面目来。这种工作，前清"乾嘉诸老"也曾努力过一番，有名的清学正统派之考证学便是。但依我看来，还早得很哩。他们的工作，算是经学方面做得最多，史学方面便差得远，佛学方面却完全没有动手哩。况且我们现在做这种工作，眼光又和先辈不同，所凭藉的资料也比先辈们为多。我们应该开出一派"新考证学"，这片大殖民地，很够我们受用咧。

第二求博　我们要明白一件事物的真相，不能靠单文孤证便下武断，所以要将同类或有关系的事情网罗起来贯串比较，愈多愈妙。比方做生物学的人，采集各种标本，愈多愈妙。我们可以用统计的精神，作大量观察。我们可以先立出若干种"假定"，然后不断的搜罗资料，来测验这"假定"是否正确。若能善用这些法门，真如韩昌黎说的，"牛溲马勃，败鼓之皮，兼收并蓄，待用无遗"，许多前人认为无用的资料，我们都可以把他废物利用了。

但求博也有两个条件，荀子说"好一则博"，又说"以浅持搏"。我们要做博的工夫，只能择一两件专门之业为自己性情最近者做去，从极狭的范围内生出极博来。否则，便连一件也博不成。这便是好一则博的道理。又，满屋散钱，穿不起来，虽多也是无用。资料越发丰富，则驾驭资料越发繁难。总须先求得个"一以贯之"的线索，才不至"博而寡要"。这便是以浅持博的道理。

第三求通　好一固然是求学的主要法门，但容易发生一种毛病，这毛病我替他起个名叫做"显微镜生活"。镜里头的事物看得纤悉周备，镜以外却完全不见，这样子做学问，也常常会判断错误。所以我们虽然专门一种学问，却切不要忘却别门学问和这门学问的关系；在本门中，也常要注意各方面相互之关系，这些关系，有许多在表面上看不出来的，我们要用锐利眼光去求得他。能常常注意关系，才可以成通学。（以上上篇）

以上关于文献学，算是讲完，两条路已言其一。此外则为德性学。此学应用内省及躬行的方法来研究，与文献学之应以客观的科学方法研究者绝不同。这可说是国学里最重要的一部份，人人应当领会的。必走通了这一条路，乃能走上那一条路。

近来国人对于知识方面，很是注意，整理国故的名词，我们也听得纯熟。诚然整理国故，我们是认为急务，不过若是谓除整理国故外，遂别无学问，那却不然。我们的祖宗遗予我们的文献宝藏，诚然足以傲世界各国而无愧色，但是我们最特出之点，仍不在此。其学为何？即人生哲学是。

欧洲哲学上的波澜，就哲学史家的眼光看来，不过是主智主义与反主智主义两派之互相起伏。主智者主智，反主智者即主情、主意。本来人生方面，也只有智、情、意三者。不过欧人对主智，特别注重，而于主情、主意，亦未能十分贴近人生。盖欧人讲学，始终未以人生为出发点。至于中国古哲就不然，无论何时代、何宗派之著述，夙皆归纳于人生这一途，而于西方哲人精神萃集处之宇宙原理、物质公例等等，倒都不视为首要。故《荀子·儒效篇》曰："道，仁之隆也。……非天之道，非地之道，人之所以道也。"儒家既纯以人生为出发点，所以以"人之所以为道"为第一位，而于天之道等等，悉以置诸第二位。而欧西则自希腊以来，即研究他们所谓的形上学。一天到晚，只在那里高谈宇宙原理，凭空冥索，终少归宿到人生这一点。苏格拉底号称西方的孔子，很想从人生这一方面做工夫，但所得也十分幼稚。他的弟子柏拉图，更不晓得循着这条路去发挥，至全弃其师传，而复研究其所谓天之道。亚里斯多德出，于是又反趋于科学。后人有谓道源于亚里斯多德的话，其实他也不过仅于科学方面，有所创发，离人生毕竟还远得很。迨后斯端一派，大概可与中国的墨子相当，对于儒家，仍是望尘莫及。一到中世纪，欧洲全部，统成了宗教化。残酷的罗马人与日耳曼人，悉受了宗教的感化，而渐进于迷信。宗教方面，本来主情意的居多，但是纯以客观的上帝来解决人生，终竟离题尚远。后来再一个大反动，便是文艺复兴，遂一变主情、主意之宗教，而代以理智。近代康德之讲池畴范围，更过于严谨，好像我们的临九宫格一般。所以他们这些，都可说是没有找到人生的大道上去，直至詹姆士、柏格森、倭铿等出，才感觉到非改走别的路不可，很努力的从体验人生上做去，也算是把从前机械的唯物的人生观，拨开几重云雾。但是真果拿来与我们儒家相比，我可以说仍然幼稚。

总而言之，西方讲他的形上学，我们承认有他独到之处。换一方面，讲客观的科学，也非我们所能及。不过最奇怪的，是他们讲人生也用这种方法，结果真弄到个莫明其妙。譬如用形上学的方法讲人，绝不想到是从人生的本体来自证，即高谈玄妙，把冥冥莫测的上帝来对喻。再如用科学的方法讲，尤为妙极。试问人生是什么？是否可以某部当几何之一角，当三角之一边？是否可以用化学的公式来化分化合，或是用几种原质来造成？再如达尔文之用生物进化说来讲人生，征考详博，科学亦莫能摇动，总算是壁垒坚固，但是果真要问他个人之所以异于禽兽者安在？人既自猿进化而来，为什么人自人而猿终为猿？恐怕他也不能给我们以很有理由的解答。总之，西人所用的几种方法，仅能够用之以研究人生以外的各种问题。人，决不是这样机械易与的。欧洲人却始终未澈悟到这一点，只盲目的往前做，结果造成了今日的烦闷，彷徨莫知所措。盖中世纪时，人心还能依赖着宗教过活，及乎今日，科学昌明，赖以醉麻人生的宗教完全失去了根据。人类本从下等动物蜕化而来，那里有什么上帝创造？宇宙一切现象，不过是物质和他的运动，还有什么灵魂？来世的天堂，既渺不可凭，眼前的利害，复日相肉迫，怀疑失望，都由之而起，真正是他们所谓的“世纪末”了。

以上我们看西洋人何等可怜！肉搏于这种机械唯物的枯燥生活当中，真可说是始终未闻大道！我们不应当导他们于我们祖宗这一条路上去吗？以下便略讲讲我们的祖宗精神所在。我们看看是否可以终身受用不尽，并可以救他们西人物质生活之疲敝？

我们先儒始终看得知行是一贯的，从无看到是分离的。后人多谓知行合一之说，为王阳明所首倡，其实阳明也不过是就孔子已有的发挥。孔子一生为人，处处是知行一贯。从他的言论上，也可以看得出来，他说学而不厌，又说为而不厌，可知学即是为，为即是学。盖以知识之扩大，在人努力的自为，从不像西人之从知识方法而求知识，所以王阳明曰：“知而不行，是谓不知。”所以说这类学问，必须自证，必须躬行，这却是西人始终未看得的一点。

又儒家看得宇宙人生是不可分的。宇宙绝不是另外一件东西，乃是人生的活动，故宇宙的进化，全基于人类努力的创造。所以《易经》曰：“天行健，君子以自强不息。”又看得宇宙无圆满之时，故易卦六十四，始“乾”而以“未济”终。盖宇宙“既济”则乾坤已息，还复有何人类？吾人在此未圆满的宇宙中，只有努力的向前创造这一点。柏格森所见的，也很与儒家相近。他说宇宙一切现象，乃是意识流转所构成，方生已灭，方灭已生，生灭相衔，更成进化，这些生灭，都是人种自由意识发动的结果。所以人类日日创造，日日进化。这意识流转，就唤作精神生活，是要从内省直觉得来的。我们既知道变化流转，就是宇宙真相，又知道变化流转之权，操之在我，所以孔子曰："人能弘道，非道弘人。"儒家既看清了以上各点，所以他的人生观，十分美渥，生趣盎然。人生在此不尽的宇宙当中，不过是蜉蝣朝露一般，向前做得一点，是一点，即不望其成功，苦乐遂不系于目的物，完全在我，真所谓"无入而不自得"。有了这种精神生活，再来研究任何学问，还有什么不成？那末，或有人说，宇宙既是没有圆满的时期，我们何不静止不作，好吗？其实不然，人既为动物，便有动物的本能，穿衣吃饭，也是要动的。既是人生非动不可，我们就何妨就我们所喜欢作的，所认为当作的作下去。我们最后的光明，固然是远在几千万年几万万年之后，但是我们的责任，不是叫一蹴而几的达到目的地，是叫我们的目的地，日近一日。我们的祖宗，尧、舜、禹、汤、孔、孟，……在他们的进行中，长的或跑了一尺，短的亦跑过数寸，积累而成，才有今日，我们现在无论是一寸半分，只要往前凑才是。为现在即将来的人类受用，这都是不可逃的责任。孔子曰："士不可以不弘毅，任重而道远。仁以为己任，不亦重乎？死而后已，不亦远乎？"所以我们虽然晓得道远之不可致，还是要努力的到死而后已，故孔子是"知其不可而为之者"，正为其知其不可而为，所以生活上才满含着春意。若是不然，先计较他可为不可为，那末，情志便系于外物，忧乐便关乎得失，或竟因为计较利害的原故，使许多应做的事，反而不做。这样，还那里领略到生活的乐趣哩？

再其次，儒家是不承认人是单独可以存在的。故"仁"的社会，为儒家理想的大同社会。仁字从二人，郑玄曰："仁，相人偶也。"（《礼记注》）非人与人相偶，则"人"的概念不能成立。故孤行执异，绝非儒家所许。盖人格专靠各个自己，是不能完成。假如世界没有别人，我的人格，从何表现？譬如全社会都是罪恶，我的人格受了传染和压迫，如何能健全？由此可知人格是个共同的，不是孤另的，想自己的人格向上，唯一的方法，是要社会的人格向上。然而社会的人格，本是各个自己化合而成，想社会的人格向上，唯一的方法，又是要自己的人格向上，明白这个意力和环境提携，便成进化的道理。所以孔子教人"己欲立，而立人。己欲达，而达人"。所谓立人、达人，非立达别人之谓，乃立达人类之谓。彼我合组成人类，故立达彼，即是立达人类。立达人类，即是立达自己。更用"取譬"的方法，来体验这个达字，才算是"仁之方"。其他《论语》一书，讲仁字的，屡见不一见。儒家何为把仁字看得这么重要呢？即上面所讲的，儒家学问，专以研究"人之所以道”为本。明乎仁，人之所以道自见。《孟子》曰：“仁也者，人也。合而言之道也。”盖仁之概念，与人之概念相函。人者，通彼我而始得名，彼我通，乃得谓之仁。知乎人与人相通，所以我的好恶，即是人的好恶，我的精神中，同时也含有人的精神。不徒是现世的人为然，即如孔孟远在二千年前，他的精神，亦浸润在国民脑中不少，可见彼我相通，虽历百世不梗。儒家从这一方面看得至深且切，而又能躬行实践，“无终食之间违仁”，这种精神，影响于国民性者至大。即此一分家业，我可以说真是全世界唯一无二的至宝。这绝不是用科学的方法可研究得来的，要全用内省的工夫，实行体验。体验而后，再为躬行实践，养成了这副美妙的仁的人生观，生趣盎然的向前进。无论研究什么学问，管许是兴致勃勃。孔子曰：“仁者不忧”，就是这个道理。不幸汉以后这种精神便无人继续的弘发，人生观也渐趋于机械。八股制兴，孔子的真面目日失。后人日称“寻孔颜乐处”，究竟孔颜乐处在那里？还是莫明其妙。我们既然诵法孔子，应该好好保有这分家私——美妙的人生观——才不愧是圣人之徒啊！

此外，我们国学的第二源泉，就是佛教。佛，本传于印度，但是盛于中国。现在大乘各派，五印全绝。正法一派，全在中国。欧洲人研究佛学的日多，梵文所有的经典，差不多都翻出来。但向梵文里头求大乘，能得多少？我们自创的宗派，更不必论了。像我们的禅宗，真可算得应用的佛教，世间的佛教，的确是印度以外才能发生，的确是表现中国人的特质，叫出世法与入世法并行不悖。他所讲的宇宙精微，的确还在儒家之上。说宇宙流动不居，永无圆满，可说是与儒家相同。曰：“一众生不成佛，我誓不成佛”，即孔子立人达人之意，盖宇宙最后目的，乃是求得一大人格实现之圆满相，绝非求得少数个人超拔的意思。儒、佛所略不同的，就是一偏于现世的居多，一偏于出世的多。至于他的共同目的，都是愿世人精神方面，完全自由。现在自由二字，误解者不知多少，其实人类外界的束缚，他力的压迫，终有方法解除。最怕的是心为形役，自己做自己的奴隶，儒、佛用许多的话来教人，想叫把精神方面的自缚，解放净尽，顶天立地，成一个真正自由的人，这点佛家弘发得更为深透，真可以说佛教是全世界文化的最高产品。这话，东西人士，都不能否认。此后全世界受用于此的正多，我们先人既辛苦的为我们创下这分家业，我们自当好好的承受。因为这是人生唯一安身立命之具。有了这种安身立命之具，再来就性之所近的，去研究一种学问，那末，才算尽了人生的责任。

诸君听了我这两夜的演讲，自然明白我们中国文化，比世界各国并无逊色。那一般沉醉西风，说中国一无所有的人，自属浅薄可笑。《论语》曰：“人虽欲自绝，其何伤于日月乎？多见其不知量也！”这边的诸同学，从不对于国学轻下批评，这是很好的现象，固然，我也闻听有许多人讽刺南京的学生守旧，但是只要旧的是好，守旧又何足诟病？所以我很愿此次的演讲，更能够多多增进诸君以研究国学的兴味！

（录自《国学研究会讲演录第一集》，商务印书馆1923年）

国学入门书要目及其读法（宋育仁评点）

梁启超　宋育仁

两月前《清华周刊》记者以此题相属，蹉跎久未报命。顷独居翠微山中，行篋无一书，而记者督责甚急，乃竭三日之力，专凭忆想所及草斯篇，漏略自所不免，且容有并书名篇名亦忆错误者，他日更当补正也。中华民国十二年四月二十六日启超作于碧摩岩翠山房。

（甲）修养应用及思想史关系书类

《论语》　《孟子》

《论语》为二千年来国人思想之总源泉，《孟子》自宋以后势力亦与相埒。此二书可谓国人内的外的生活之支配者。故吾希望学者熟读成诵，（评）要成诵后，按章句体例，从头一一讲求贯通。《孟子》亦略同。即不能，亦须翻阅多次，务略举其辞，或摘记其身心践履之言以资修养。

《论语》《孟子》之文，并不艰深，宜专读正文，有不解处，方看注释。注释之书，朱熹《四书集注》为其生平极矜慎之作，可读。但其中有堕入宋儒理障处，宜分别观之。清儒注本，《论语》则有戴望《论语注》，《孟子》则有焦循《孟子正义》最善。（评）焦书比赵注详实，戴书不足观。戴氏服膺颜习斋之学，最重实践，所注似近孔门真际，其训诂亦多较朱注为优，其书简絜易读。焦氏服膺戴东原之学，其《孟子正义》在清儒诸经新疏中为最佳本，但文颇繁，宜备置案头，遇不解时，或有所感时则取供参考。

戴震《孟子字义疏证》，乃戴氏一家哲学，并非专为注释《孟子》而作。但其书极精辟，学者终须一读。最好是于读《孟子》时并读之，既知戴学纲领，亦可以助读《孟子》之兴味。

焦循《论语通释》，乃摹仿《孟子字义疏证》而作。将全部《论语》拆散，标准重要诸义，如言仁，言忠恕……等，列为若干目，通观而总诠之，可称治《论语》之一良法。且可应用其法以治他书。（评）拆散便错，与其主此，不如统治《经传释词》，求之训诂。

右两书篇叶皆甚少，易读。

陈澧《东塾读书记》中读《孟子》之卷，取《孟子》学说分项爬梳，最为精切，其书不过二三十叶，宜一读以观前辈治学方法，且于修养亦有益。

《易经》

此书为孔子以前之哲学书。孔子为之注解，虽奥衍难究，然总须一读，吾希望学者将《系辞传》《文言传》熟读成诵，其《卦象传》六十四条，则用别纸钞出，随时省览。

后世说《易》者言人人殊。为修养有益起见，则程颐之《程氏易传》差可读。（评）《易传》无谓。

说《易》最近真者，吾独推焦循，其所著《雕菰楼易学》三书《易通释》《易图略》《易章句》，皆称精诣。学者如欲深通此经，可取读之，否则可以不必。（评）末数语是，他经仿此。

《礼记》

此书为战国及西汉之“儒家言”丛编。内中有极精纯者，亦有极破碎者。吾希望学者将《中庸》、《大学》、《礼运》、《乐记》四篇熟读成诵，（评）所举四篇皆深，问琴判入终篇。《曲礼》各篇判在初篇，见问琴《礼记分目》。《曲礼》、《王制》、《檀弓》、《礼器》、《学记》、《坊记》、《表记》、《缁衣》、《儒行》、《大传》、《祭义》、《祭法》、《乡饮》、《酒义》诸篇，多浏览数次，且摘录其精要语。

若欲看注解，可看《十三经注疏》内郑注孔疏。

《孝经》之性质与《礼记》同。可当《礼记》之一篇读。（评）妄臆不伦，见问琴《孝经讲义》。

《老子》

道家最精要之书，希望学者将此区区五千言熟读成诵。（评）见问琴《讲义》。

注释书未有极当意者，专读白文自行寻索为妙。（评）凭虚寻索，从何索起。

《墨子》

孔墨在先秦时，两圣并称，故此书非读不可，除《备城门》以下各篇外，余篇皆宜精读。（评）《墨》只七篇属真，余皆附托。

注释书以孙诒让《墨子闲诂》为最善，读《墨子》宜即读此本。（评）

须知《闲诂》有可采，全认为真亦误。

《经》上下、《经说》上下四篇，有张惠言《墨子经说解》及梁启超《墨经》两书可参观，但皆有未精惬处。《小取篇》有胡适《新诂》可参观。

梁启超《墨子学案》，属通释体裁，可参观助兴味，但其书为临时讲义，殊未精审。

《庄子》

内篇七篇及杂篇中之《天下》篇最当精读，注释有郭庆藩之《庄子集释》差可。（评）《庄》无善注，只读白文可耳。

《荀子》

《解蔽》、《正名》、《天论》、《正论》、《性恶》、《礼论》、《乐论》诸篇，最当精读，余亦须全部游览。

注释书王先谦《荀子注》甚善。（评）《荀子》博大，王注太繁。

《尹文子》　《慎子》　《公孙龙子》

今存者皆非完书，但三子皆为先秦大哲，虽断简亦宜一读，（评）三书皆伪，不烦脑费。篇帙甚少，不费力也。《公孙龙子》之真伪，尚有问题。三书皆无善注。《尹文子》、《慎子》易解。

《韩非子》

法家言之精华，须全部浏览，（其特别应精读之诸篇，因手边无原书，胪举恐遗漏，他日补列。）

注释书王先谦《韩非子集释》差可。（评）《韩》是完书，王注亦详赡，但成学者可参观。学无本末，则适以杂乱心理。博学者宜浏览，浅学者直不宜观。

《管子》

战国末年人所集著者，性质颇杂驳，然古代各家学说存其中者颇多，宜一浏览。（评）此亦博学多通，始能读耳。注释书戴望《管子校正》甚好。

《吕氏春秋》

此为中国最古之类书，先秦学说存其中者颇多，宜浏览。（评）类书之祖，可备考。不必遍览，遍览无益，杂记无主旨也。

《淮南子》

此为秦、汉间道家言荟萃之书，宜稍精读。（评）非专道家，诚杂家耳。

注释书闻有刘文典《淮南鸿烈集解》颇好。

《春秋繁露》

此为西汉儒家代表的著作，宜稍精读。（评）此亦专治经学者之要典，非通习之书也。

注释书有苏舆《春秋繁露义证》颇好。

康有为之《春秋董氏学》为通释体裁，宜参看。

《盐铁论》

此书为汉代儒家、法家对于政治问题对垒抗辩之书，宜浏览。

《论衡》

此书为汉代怀疑派哲学，宜浏览。（评）可览，不可认为主旨。怀疑派以《庄子》为高，此则小巫见大巫矣。

《抱朴子》

此书为晋以后道家言代表作品，宜浏览。

《列子》

晋人伪书，可作魏晋间玄学书读。（评）此中亦无玄学精奥，乃庄子之匡廓而已。

右所列为汉晋以前思想界之重要著作，六朝、隋、唐间思想界著光采者为佛学。其书目当别述之。以下举宋以后学术之代表书，但为一般学者节啬精力计，不愿多举也。

《近思录》　朱熹著　江永注

读此书可见程朱一派之理学，其内容何如。（评）说去说来，仍走不出程朱圈子，但程朱有精华不在书，朱子有精华却在礼。

《朱子年谱》附《朱子论学要语》王懋竑著。

此书叙述朱学全面目最精要，有条理。

若欲研究程、朱学派，宜读《二程遗书》及《朱子语类》，非专门斯业者可置之。（评）此谓买椟还珠。

南宋时与朱学对峙者尚有吕东莱之文献学一派，陈龙川、叶水心之功利主义一派，及陆象山之心学一派，欲知其详，宜读各人专集，若观大略，可求诸《宋元学案》中。

《传习录》　王守仁语　徐爱、钱德洪等记

读此可知王学梗概，欲知其详，宜读《王文成公全书》。因阳明以知行合一为教，要合观学问事功，方能看出其全部人格，而其事功之经过，具见集中各文，故阳明集之重要，过于朱、陆诸集。

《明儒学案》　黄宗羲著

《宋元学案》　黄宗羲初稿　全祖望、王梓材两次续成。（评）《学案》可一浏览，为知人论世，通考源流，就此中求学则非。

此二书为宋元明三朝理学之总记录，实为创作的学术史。《明儒学案》中姚江、江右、王门、泰州、东林、蕺山诸案最精善，《宋元学案》中象山案最精善，横渠、二程、东莱、龙川、水心诸案亦好，晦翁案不甚好，百源（邵雍）涑水（司马光）诸案，失之太繁，反不见其真相。末附荆公（王安石）新学略最坏，因有门户之见，故为排斥。欲知荆公学术，宜看《王临川集》。

此二书卷帙虽繁，吾总望学者择要浏览，因其为六百年间学术之总汇，影响于近代甚深，且汇诸家为一编，读之不甚费力也。（评）此段完善可采。

清代学术史，可惜尚无此等佳著。唐鉴之《国朝学案小识》，以清代最不振之程朱学派为立脚点，褊狭固陋，万不可读。江藩之《国朝汉学师承记》、《国朝宋学渊源记》，亦学案体裁，较好。（评）宋学不振，语实。浙谭献之有著，不记其名，是学案类，其书仅一册，尚有条理，较胜江藩。但江氏学识亦凡庸，殊不能叙出各家独到之处，万不得已，姑以备参考而已。启超方有事于《清儒学案》，汗青尚无期也。

《日知录》　《亭林文集》　顾炎武著

顾亭林为清学开山第一人，其精力集注于《日知录》，宜一浏览。读文集中各信札，可见其立身治学大概。

《明夷待访录》　黄宗羲著

黄梨洲为清初大师之一，其最大贡献在两学案，此小册可见其政治思想之大概。（评）黎洲见地超，而未能周遍贯彻。问琴有评。

《思问录》　王夫之著

王船山为清初大师之一，非通观全书，不能见其精深博大，但卷帙太繁，非别为系统的整理，则学者不能读，聊举此书发凡，实不能代表其学问之全部也。

《颜氏学记》　戴望编

颜习斋为清初大师之一，戴氏所编《学记》，颇能传其真，徐世昌之《颜李学》，亦可供参考，但其所集《习斋语要》《恕谷（李塨）语要》，将攻击宋儒语多不录，稍失其真。

顾、黄、王、颜四先生之学术，为学者所必须知，（评）颜不能比三君，船山又不能比二君。李又下矣，颜方幅狭小，不能并立，颜学一传李刚主，已失精华，再传程绵庄，入儒林外史矣。然其著述皆浩博，或散佚，不易寻绎。启超行将为系统的整理记述，以饷学者。

《东原集》　戴震著

《雕菰楼集》　焦循著

戴东原、焦里堂为清代经师中有精深之哲学思想者，（评）二氏与孙伯渊、陈左海，不过伯仲。后出陈涣甫、金绩溪，尚有胜处。总之，乾嘉经学不出考证程度，无可推为宗师者。谭献之标文儒一案，推尊张皋文，犹近似也。谭所称大宗，则后来魏默深龚定庵其亚矣。读其集可知其学，并知其治学方法。

启超所拟著之《清儒学案》、东原、里堂两《学案》，正在属稿中。

《文史通义》　章学诚著

此书虽以文史标题，实多论学术流别，宜一读，胡适著《章实斋年谱》可供参考。（评）远继刘班绝绪，当为校雠家圭臬。《文史》之作，不及《校雠》，仍是一家矩矱。专门著述，无关国社，又不在为作年谱。

《大同书》　康有为著

南海先生独创之思想在此书，曾刊于《不忍杂志》中。（评）《不忍》辍送寄至八册，说到大同，仍是投票，因置后亦未见续。

《国故论衡》　章炳麟著

可见章太炎思想之一斑。其详当读《章氏丛书》。

《东西文化及其哲学》　梁漱溟著

有偏宕处，亦有独到处。

《中国哲学史大纲》上卷　胡适著（评）视孔老如乡曲学究，其源出于木皮鼓儿词。明末贾凫西鼓儿词，纯以委巷鄙俗人行径思想，加于圣贤之身，说成鄙事。

《先秦政治思想史》　梁启超著

将读先秦经部、子部书，宜先读此两书，可引起兴味，并启发自己之判断力。（评）读子当分别老子非先秦可知，似未见《汉书·艺文志》，乃作底语。经乃属之先秦，更奇谈。经传合为政教之纲领条目，何止思想，如尊史学，则三代二千年史在其中。

《清代学术概论》　梁启超著

欲略知清代学风，宜读此书。（评）未见，可想而知，人必已有学术始能知人，江藩书所以无价值。

（乙）政治史及其他文献学书类

《尚书》

内中惟二十八篇是真书，宜精读，但其文佶屈聱牙，不能成诵亦无妨。余篇属晋人伪撰，一浏览便足。（真伪篇目，看启超所著《古书之真伪及其年代》）。

此书非看注释不能解，注释书以孙星衍之《尚书今古文注疏》为最好。（评）他须多诵遍数。

《逸周书》

此书真伪参半，宜一浏览。（评）只七篇剌取别书，余均伪撰。

注释书有朱右曾《逸周书集训校释》颇好。

《竹书纪年》

此书现通行者为元明人伪撰。其古本，清儒辑出者数家，王国维所辑最善。（评）原系作伪而作，辑者犹谬，说见《国学月刊》。

《国语》　《春秋左氏传》

此两书或本为一书，由西汉人析出，宜合读之。《左传》宜选出若干篇熟读成诵。（评）是明朝左绣派笑话，为初学作文设法则可。今以讲学，只能不背诵，岂可不通解释。于学文甚有益。读《左传》宜参观顾栋高《春秋大事表》可以得治学方法。

《战国策》

宜选出若干篇熟读，（评）先须反复诵刘向序，始可通览。于学文有益。

《周礼》

此书西汉末晚出。何时代人所撰，尚难断定。惟书中制度，当有一部分为周代之旧，其余亦战国、秦、汉间学者理想的产物，故总宜一读。

注释书有孙诒让《周礼正义》最善。（评）凭空臆揣乱说。阅问琴阁《周官略例》可知。《正义》尚可观，太繁，仍是纂辑家数。

《考信录》　崔述著

此书考证三代史事实最谨严，（评）廖派之学，木皮子类耳。宜一浏览，以为治古史之标准。

《资治通鉴》

此为编年政治史最有价值之作品，虽卷帙稍繁，总希望学者能全部精读一过。

若苦干燥无味，不妨仿《春秋大事表》之例，自立若干门类，标治摘记作将来著述资料。（吾少时曾用此法，虽无成书，然增长兴味不少。）

王船山《读通鉴论》。批评眼光，颇异俗流，读《通鉴》时取以并读，亦助兴之一法。（评）不如用《日知录》方法，问琴并举顾王两家，亦即指此。

《续资治通鉴》　毕沅著

此书价值远在司马原著之下，自无待言。无视彼更优者，姑以备数耳。

或不读正《资治通鉴》而读《九种纪事本末》亦可。（评）编年之史，原只记问，只看《通鉴纪事本末》，便以省出日力。要之，非此则彼，必须有一书经目者。

《文献通考》《续文献通考》、《皇朝文献通考》

三书卷帙浩繁，今为学者摘其要目。田赋考、户口考、职役考、市籴考、征榷考、国用考、钱币考、兵考、刑考、经籍考、四裔考，不必读。王礼考、封建考、象纬考，绝对不必读。其余或读或不读随人（手边无原书，不能具记其目，有漏略当校补）。

各人宜因其所嗜，择类读之。例如欲研究经济史、财政史者，则读前七考。余仿此。

马氏《文献通考》本依仿杜氏《通典》而作，若尊创作，应举《通典》。今舍彼取此者，取其资料较丰富耳。（评）《通考》只《后案》须观，《通鉴》《通典》须以唐制为主观，余略涉可矣。吾辈读旧史，所贵者惟在原料，鑪锤组织，当求之在我也。

《两汉会要》、《唐会要》、《五代会要》，可与《通考》合读。

《通志·二十略》

郑渔仲史识、史才皆迈寻常，《通志》全书卷帙繁，不必读。二十略则其精神所聚，必须浏览。其中与《通考》门类同者或可省。最要者：《氏族略》、《六书略》、《七音略》、《校雠略》等篇。

《二十四史》

《通鉴》《通考》，已浩无涯涘，更语及彪大之《二十四史》，学者几何不望而却走。然而《二十四史》终不可不读，其故有二：（一）现在既无满意之通史，不读《二十四史》，无以知先民活动之遗迹。（二）假令虽有佳的通史出现，然其书自有别裁。《二十四史》之原料，终不能全行收入。以故《二十四史》，终究仍为国民应读之书。（评）《宋书》以下不如《南史》。

书既应读，而又浩瀚难读，则如之何，吾今试为学者拟摘读之法数条。

一曰就书而摘。《史记》、《汉书》、《后汉书》、《三国志》，俗称《四史》。其书皆大史学家一手著述，体例精严，且时代近古，向来学人诵习者众，在学界之势力与六经诸子埒，吾辈为常识计，非一读不可。（评）只有二史，勉称四史，《史》《汉》二书中，始有学问。吾希望学者将此四史之列传，全体浏览一过，仍摘出若干篇稍为熟诵，以资学文之助，因四史中佳文最多也。（若欲吾举其目亦可，但手边无原书，当以异日）。四史之外，则《明史》共认为官修书中之最佳者，且时代最近，亦宜稍为详读。（评）不佳，最烂。

二曰就事分类而摘读志。例如欲研究经济史、财政史，则读《平准书》、《食货志》；欲研究音乐，则读《乐书》、《乐志》；欲研究兵制，则读《兵志》；欲研究学术史，则读《艺文志》、《经籍志》，附以《儒林传》；欲研究宗教史，则读《北魏书·释老志》。（评）似未览原书之言，《乐志》中那有音乐，目录内有何学术。（可惜他史无之）每研究一门，则通各史此门之志而读之。且与《文献通考》之此门合读。当其读时，必往往发见许多资料散见于各传者，随即跟踪调查其传以读之。如此引申触类，渐渐便能成为经济史、宗教史……等等之长编，将来荟萃而整理之，便成著述矣。

三曰就人分类而摘读传。读名人传记，最能激发人志气，且于应事接物之智慧，增长不少，古人所以贵读史者以此。全史各传既不能遍读，（且亦不必）则宜择伟大人物之传读之，每史亦不过二三十篇耳。此外又可就其所研究者而择读。如欲研究学术史，则读《儒林传》及其他学者之专传；欲研究文学史，则读《文苑传》及其他文学家之专传。用此法读去，恐只患其少，不患其多矣。

又各史之《外国传》、《蛮夷传》、《土司传》等，包含种族史及社会学之原料最多，（评）此段可采。极有趣，吾深望学者一读之。

《廿二史札记》　赵翼著

学者读正史之前，吾劝其一浏览此书。（评）不必观更好，著者已自误。记称"属辞比事，春秋之教"，此书深得"比事"之诀。每一个题目之下，其资料皆从几十篇传中，零零碎碎觅出，如采花成蜜，学者能用其法以读史，便可养成著述能力。（内中校勘文字异同之部约占三分之一，不读亦可。）

《圣武记》　魏源著

《国朝先正事略》 李元度著

清朝一代史迹，至今尚无一完书可读，最为遗憾，姑举此二书充数。魏默深有良史之才，《圣武记》为纪事本末体裁，叙述绥服蒙古、勘定金川、抚循西藏……诸役，于一事之原因结果，及其中间进行之次序，若指诸掌，实罕见之名著也。李次青之《先正事略》，道光以前人物略具，文亦有法度，宜一浏览，以知最近二三百年史迹大概。

日本人稻叶君山所著《清朝全史》尚可读。（有译本）

《读史方舆纪要》 顾祖禹著

此为最有组织的地理书。其特长在专论形势，以地域为经，以史迹为纬，读之不感干燥。

此书卷帙虽多，专读其叙论，（至各府止）亦不甚费力，（评）不必观。所谓相斫史，作者已自误。且可引起地理学兴味。

《史通》 刘知几著

此书论作史方法，颇多特识，宜浏览。章氏《文史通义》，性质略同，范围较广，（评）只看削繁可耳，章氏较精，非范围较广。已见前。

《中国历史研究法》 梁启超著

读之可增史学兴味，且知治史方法。

（丙）韵文书类

《诗经》

希望学者能全部熟读成诵，即不尔，亦须一大部分能举其词。注释书陈奂《诗毛氏传疏》最善。（评）《诗》旧注此种最完。

《楚辞》

屈宋作。宜熟读，能成诵最佳，其余可不读。注释书，朱熹《楚辞集注》较可。（评）王逸章句固在，乃求后之非词章家何也。

《文选》

择读。

《乐府诗集》 郭茂倩编

专读其中不知作者姓名之汉古辞，以见魏六朝乐府风格，其他不必读。（评）就一己现今所解。

魏、晋、六朝人诗，宜读以下各家。

曹子建　阮嗣宗　陶渊明　谢康乐　鲍明远　谢玄晖（评）陆士衡、江文通，尚多。

无单行集者，可用张溥《汉魏百三家集》本，或王闿运《五代诗选》本。（评）此专是诗，尚有《八代文选》。（评）《八代文萃》可观。

《李太白集》　《杜工部集》　《王右丞集》　《孟襄阳集》　《韦苏州集》　《高常侍集》　《韩昌黎集》　《柳河东集》　《白香山集》　《李义山集》　《王临川集》（诗宜用李璧注本。）

《苏东坡集》　《元遗山集》　《陆放翁集》

以上唐宋人诗文集。

《唐百家诗选》（王安石选）

《宋诗钞》（吕留良钞）

以上唐、宋诗选本。（评）陈拾遗、张曲江、杜牧之、刘宾客、李习之、李北海、吕衡州、罗昭谏、陆鲁望、韩致尧、司空表圣、陈龙川、李昌谷、温飞卿、欧阳庐陵、黄山谷、刘青田、高青邱、明七子、虞道园、杨升庵，均其最著，不可不读。兹所列是诗家，文集挂漏尚多。就必读者而言，须知读诗文集百家易，读古书一卷难。此未知此，故列文诗集太简，而列古书太多。唐宋诗文醇，五诗别裁选本，最好。

《清真词》（周美成）　《醉翁琴趣》（欧阳修）　《东坡乐府》（苏轼）　《屯田集》（柳永）　《淮海词》（秦观）、《樵歌》（朱敦儒）　《稼轩词》（辛弃疾）　《后村词》（刘克庄）　《白石道人歌曲》（姜夔）　《碧山词》（王沂孙）　《梦窗词》（吴文英）

以上宋人词集。

《西厢记》　《琵琶记》　《牡丹亭》　《桃花扇》　《长生殿》

以上元明清人曲本。（评）词本《琵琶》最先，《桃花》为殿，不足庄语，姑妄言之。《长生殿》最劣也。

本门所列书，专资学者课余讽诵，陶写情趣之用。既非为文学专家说法，尤非为治文学史者说法，故不曰文学类，而曰韵文类。文学范围，最少应包含古文（骈散文）及小说，吾以为苟非欲作文学专家，则无专读小说之必要。至于古文，本不必别学，吾辈总须读周秦诸子、《左传》、《国策》、《四史》、《通鉴》及其关于思想，关于记载之著作，苟能多读，自能属文，何必格外标举一种，名曰古文耶。（评）三言可取。但不知所谓学问者何在乎。故专以文鸣之文集不复录，（其余学问有关系之文集，散见各门），《文选》，及韩、柳、王集聊附见耳。学者如必欲就文求文，无已，则姚鼐之《古文辞类纂》，李兆洛之《骈体文钞》，曾国藩之《经史百家杂钞》可用也。

清人不以韵文见长，故除曲本数部外，其余诗词皆不复列举。无已，则于最初期与最末期各举诗词家一人。吴伟业之《梅村诗集》与黄遵宪之《人境庐诗集》，成德之《饮水词》与文焯之《樵风乐府》也。（评）不伦不类。

（丁）小学书及文法书类

《说文解字注》　段玉裁著

《说文通训定声》　朱骏声著

《说文释例》　王筠著

段著为《说文》正注，朱注明音与义之关系。

王著为《说文》通释，读此三书，略可通《说文》矣。（评）段著《说文》，系段自扬其经学，非专为说字。朱有新发明，然尚多枝叶，不若王氏三种。此外有徐灏晚出，较精。庄述祖与吕调阳，亦多独到，可参证。

《经传释词》　王引之著

《古书疑义举例》　俞樾著

《文通》　马建忠著

读此三书，可知古人语法文法。（评）《文通》有可采心得处，但测古未深，失处亦多臆断。

《经籍籑诂》　阮元著

此书汇集各字之义训，宜置备检查。（评）此书有名无实，胪举无统系故也。不如《诗书古训》。

文字音韵，为清儒最擅之学，佳书林立。此仅举举入门最要之数种，若非有志研究斯学者，并此诸书不读，亦无妨耳。（评）但欲通西汉以前之书，不得不先识字，以求古义。许书先读前后序，知其大凡，次及小徐系传，须略问途，从问琴阁《部首注》下手。

（戊）随意涉览书类

学问固贵专精，又须博涉以辅之。况学者读书尚少时，不甚自知其性所近者为何，随意涉猎，初时并无日的，不期而引起问题，发生趣味，从此向某方面深造研究，遂成绝业者，往往而有也。吾固杂举有用或有趣之各书，供学者自由翻阅之娱乐。

读此者不必顺叶次，亦不必求终卷也。（各书亦随忆想所杂举，无复诠次。）

《四库全书总目提要》

清乾隆间四库馆，董其事者皆一时大学者。故所作提要，最称精审，读之可略见各书内容，（中多偏至语自亦不能免）宜先读各部类之叙录，其各书条下则随意抽阅。

有所谓存目者，其书被屏，不收入四库者也。内中颇有怪书，宜稍注意读之。

《世说新语》

将晋人谈玄语分类纂录，语多隽妙，（评）此书于词章最有益，于识见最有损，与《国策》同一观，不类而类也。课余暑假之良伴侣。

《水经注》　郦道元撰、戴震校

六朝人地理专书，（评）同前评。但其所损益未如《国策》《新语》耳。但多描风景，记古迹，文辞华妙，学作小品文最适用。

《文心雕龙》　刘勰撰

六朝人论文书。论多精到，文亦雅丽。

《大唐三藏慈恩法师传》　慧立撰

此为玄奘法师详传。玄奘为第一位留学生，（评）未解。出家是别一法门，谬引同调，可不必矣。为大思想家。读之可以增长志气。

《徐霞客游记》

霞客晚明人，实一大探险家，其书极有趣。

《梦溪笔谈》　沈括

宋人笔记中含有科学思想者。（评）与《世说》一例观，其于学者损益又复更少耳。

《困学纪闻》　王应麟撰　阎若璩注

宋人始为考证学者。顾亭林《日知录》颇仿其体。

《通艺录》　程瑶田撰

清代考证家之博物书。

《癸巳类稿》　俞正燮撰

多为经学以外之考证，（评）不及程瑶田、陈澧二书尚远，但有重名，其精华在《少吏论》，可一读之。如考棉花来历，考妇人缠足历史，辑李易安事迹等。又多新颖之论，如论妒非妇人恶德等。

《东塾读书记》　陈澧撰

此书仅五册，十余年乃成，盖合数十条笔记之长编，乃成一条笔记之定稿，用力最为精苦，读之可识搜集资料，及驾驭资料之方法，书中论郑学、论朱学、论诸子、论三国诸卷，最善。

《庸盦笔记》　薛福成

多记清咸丰、同治间掌故。

《张太岳集》　张居正

江陵为明名相，其信札益人神智，文章亦美。（评）不及曾文正书札。

《王心斋先生全书》　王艮

吾常名心斋为平民的理学家。其人有生气。

《朱舜水遗集》　朱之瑜

舜水为日本文化之开辟人，唯一之国学输出者，读之可见其人格。

《李恕谷文集》　李塨

恕谷为习斋门下健将，其文劲达。（评）不及其师甚远，习斋讲经已简略，李并不能讲。

《鲒埼亭集》　全祖望

集中记晚明掌故甚多。（评）全笺《困学纪闻》，识较优于阎。

《潜研堂集》　钱大昕

竹汀在清儒中最博洽者。其对伦理问题，亦颇有新论。

《述学》　汪中

容甫为治诸子学之先登者。（评）汪于经学有见到处，钱洪可称博雅。其文格在汉、晋间，极遒美。

《洪北江集》　洪亮吉

北江之学，长于地理。其小品骈体文，描写景物，美不可言。

《定盦文集》　龚自珍

吾少时心醉此集，今颇厌之。（评）文笔语气皆轻躁。

《曾文正公全集》　曾国藩

《胡文忠公集》　胡林翼

右二集信札最可读，读之见其治事条理及朋友风义。曾涤生文章尤美，桐城派之大成。（评）曾文非桐城派。

《苕溪渔隐丛话》　胡仔

丛话中资料颇丰富者。（评）空泛，不及沈存中、王伯厚。

《词苑丛谈》　徐釚

唯一之词话，颇有趣。

《语石》　叶昌炽

以科学方法治金石学，极有价值。

《书林清话》　叶德辉

论列书源流及藏书掌故，甚好。

《广艺舟双楫》　康有为

论写字，极精博，文章极美。

《剧说》　焦循

《宋元戏曲史》　王国维（评）所举书画戏剧等艺事，本不必列入正撰，若谈此等，所列又太简陋。

二书论戏剧，极好。

既谓之涉览，自然无书不可涉，无书不可览，本不能胪举书目，若举之非累数十纸不可。右所列不伦不类之寥寥十余种，随杂忆所及，当坐谭耳。若绳以义例，则笑绝冠缨矣。

附录一　最低限度之必读书目

右所列五项，倘能依法读之，则国学根柢略立，可以为将来大成之基矣。惟青年学生校课既繁，所治专门别有在，恐仍不能人人按表而读。

今再为拟一真正之最低限度如下：

《四书》　《易经》　《书经》　《诗经》　《礼记》《左传》《老子》　《墨子》　《庄子》　《荀子》　《韩非子》　《战国策》《史记》　《汉书》《后汉书》　《三国志》　《资治通鉴》　（或《通鉴纪事本末》）　《宋元明史纪事本末》　《楚辞》　《文选》《李太白集》　《杜工部集》《韩昌黎集》　《柳河东集》　《白香山集》　其他词曲集，随所好选读数种。

以上各书，无论学矿、学工程、学……皆须一读。若并此未读，真不能认为中国学人矣。

附录二　治国学杂话

学生做课外学问是最必要的。若只求讲堂上功课及格，便算完事。那么，你进学校，只是求文凭，并不是求学问，你的人格，先已不可问了。再者，此类人一定没有“自发”的能力，不特不能成为一个学者，亦断不能成为社会上治事领袖人才。

课外学问，自然不专指读书，如试验，如观察自然界，……都是极好的。但读课外书，最少要算课外学问的主要部分。

一个人总要养成读书趣味，打算做专门学者，固然要如此，打算做事业家，也要如此。因为我们在工厂里，在公司里，在议院里，……做完一天的工作出来之后，随时立刻可以得着愉快的伴侣，莫过于书籍，莫便于书籍。

但是将来这种愉快得着得不着，大概是在学校时代已经决定，因为必须养成读书习惯，才能尝着读书趣味，人生一世的习惯，出了学校门限，已经铁铸成了。所以在学校中，不读课外书，以养成自己自动的读书习惯，这个人简直是自己剥夺自己终身的幸福。

读书自然不限于读中国书，但中国人对于中国书，最少也该和外国书作平等待遇，你这样待遇他，他给回你的愉快报酬，最少也和读外国书所得的有同等分量。

中国书没有整理过，十分难读，这是人人公认的。但会做学问的人，觉得趣味就在这一点，吃现成饭，是最没有意思的事，是最没有出息的人才喜欢的。一种问题，被别人做完了，四平八正的编成教科书样子给我读，读去自然是毫不费力。但从这不费力上头结果，便令我的心思不细致不刻入，（评）此语不错，所以说不要教科书式的讲义。专门喜欢读这类书的人，久而久之，会把自己创作的才能汩没哩。在纽约、芝加哥笔直的马路，崭新的洋房里，舒舒服服混一世，这个人一定是过的毫无意味的平庸生活。若要过有意味的生活，须是哥仑布初到美洲时。

中国学问界，是千年未开的矿穴，矿苗异常丰富，但非我们亲自绞脑筋、绞汗水，却开不出来。翻过来看，只要你绞一分脑筋、一分汗水，当然还你一分成绩，所以有趣。

所谓中国学问界的矿苗，当然不专指书籍，自然界和社会实况，都是极重要的。但书籍为保存过去原料之一种宝库，且可为现在各实测方面之引线。

就这点看来，我们对于书籍之浩瀚，应该欢喜谢他，不应该厌恶他。因为我们的事业，比方要开工厂，原料的供给，自然是越丰富越好。

读中国书，自然像披沙拣金，（评）读两汉以后书，才是要披沙，而且唐以前以后，有多少书并拣不出金来。若西汉以上，即非此说，且又须分别。如《吕览》《淮南》之类，却须一拣，《孙》《墨》《韩非》尚须再拣。有一目十行的书，有十目一行的书。有读百遍的书，有看不必满一遍的书，须分别是何等人的书。一句总话：圣人的书不比我们的书。沙多金少，但我们若把他作原料看待，有时寻常人认为极无用的书籍和语句，也许有大功用。须知工厂种类多着呢，一个厂里头还有许多副产物哩。何止金有用，沙也有用。

若问读书方法，我想向诸君上一个条陈，这方法是极陈旧的极笨极麻烦的，然而实在是极必要的。什么方法呢？是钞录或笔记。

我们读一部名著，看见他征引那么繁博，分析那么细密，动辄伸着舌头说道：这个人不知有多大记忆力，记得许多东西，这是他的特别天才，我们不能学步了。其实那里有这回事，好记性的人不见得有智慧，有智慧的人，比较的倒是记性不甚好，你所看见者是他发表出来的成果，不知他这成果，原是从铢积寸累困知勉行得来。大抵凡一个大学者平日用功，总是有无数小册子或单纸片，读书看见一段资料，觉其有用者即刻钞下。（短的钞全文，长的摘要记书名、卷数、叶数），资料渐渐积得丰富，再用眼光来整理分析他，便成一篇名著，想看这种痕迹，读赵瓯北的《二十二史札记》、陈兰甫的《东塾读书记》，最容易看出来。

这种工作，笨是笨极了，苦是苦极了，但真正做学问的人，总离不了这条路。做动植物的人，懒得采集标本，说他会有新发明，天下怕没有这种便宜事。

发明的最初动机在注意，钞书便是促醒注意及继续保存注意的最好方法。当读一书时，忽然感觉这一段资料可注意，把他钞下，这件资料，自然有一微微的印象印入脑中，和滑眼看过不同。经过这一番后，过些时碰着第二个资料和这个有关系的，又把他钞下，那注意便加浓一度。经过几次之后，每翻一书，遇有这项资料，便活跳在纸上，不必劳神费力去找了。这是我多年经验得来的实况。诸君试拿一年工夫去试试，当知我不说谎。

先辈每教人不可轻言著述。因为未成熟的见解公布出来，会自误误人。这原是不错的。但青年学生“斐然当述作之誉”，也是实际上鞭策学问的一种妙用。譬如同是读《文献通考》的《钱币考》，各史《食货志》中钱币项下各文，泛泛读去，没有什么所得。倘若你一面读一面便打主意做一篇《中国货币沿革考》，这篇考做的好不好另一问题，你所读的自然加几倍受用。

譬如同读一部《荀子》，某甲泛泛读去，某乙一面读，一面打主意做部《荀子学案》，读过之后，两个人的印象深浅，自然不同。所以我很奖励青年好著书的习惯。至于所著的书，拿不拿给人看，什么时候才认成功，这还不是你的自由吗？

每日所读之书，最好分两类：一类是精熟的，一类是涉览的。因为我们一面要养成读书心细的习惯，一面要养成读书眼快的习惯。心不细则毫无所得，等于白读。眼不快则时候不够用，不能博搜资料。诸经、诸子、《四史》、《通鉴》等书，宜入精读之部，每日指定某时刻读他，读时一字不放过，读完一部才读别部，想钞录的随读随钞，另外指出一时刻，随意涉览，觉得有趣，注意细看，觉得无趣，便翻次叶，遇有想钞录的，也俟读完再钞，当时勿窒其机。

诸君勿因初读中国书，勤劳大而结果少，便生退悔。因为我们读书，并不是想专向现时所读这一本书里讨现钱现货的，得多少报酬。最要紧的是涵养成好读书的习惯，和磨练出善读书的脑力，青年期所读各书，不外借来做达这两个目的的梯子。我所说的前提倘若不错，则读外国书和读中国书当然都各有益处。外国名著，组织得好，易引起趣味。他的研究方法，整整齐齐摆出来，可以做我们模范，这是好处。我们滑眼读去，容易变成享现成福的少爷们，不知甘苦来历，这是坏处。中国书未经整理，一读便是一个闷头棍，每每打断趣味，这是坏处。逼着你披荆斩棘，寻路来走，或者走许多冤枉路，（只要走路，断无冤枉，走错了回头，便是绝好教训）。从甘苦阅历中磨练出智慧，得苦尽甘来的趣味，那智慧和趣味却最真切，这是好处。

还有一件，我在前项书目表中有好几处写“希望熟读成诵”字样，我想诸君或者以为甚难，也许反对说我顽旧，但我有我的意思。我并不是奖励人勉强记忆，我所希望熟读成诵的有两种类：一种类是最有价值的文学作品，一种类是有益身心的格言。好文学是涵养情趣的工具。做一个民族的分子，总须对于本民族的好文学十分领略，能熟读成诵。才在我们的“下意识”里头，得着根柢，不知不觉会“发酵”。有益身心的圣哲格言，一部分久已在我们全社会上形成共同意识，我既做这社会的分子，总要彻底了解他，才不至和共同意识生隔阂。一方面我们应事接物时候，常常仗他给我们的光明，要平日摩得熟，临时才得着用。我所以有些书希望熟读成诵者在此。但亦不过一种格外希望而已，并不谓非如此不可。

最后我还专向清华同学诸君说几句话。我希望诸君对于国学的修养，比旁的学校的学生格外加功。诸君受社会恩惠，是比别人独优的，诸君将来在全社会上一定占势力，是眼看得见的。诸君回国之后，对于中国文化有无贡献，便是诸君功罪的标准。

任你学成一位天字第一号形神毕肖的美国学者，只怕于中国文化没有多少影响。若这样便有影响，我们把美国蓝眼睛的大博士抬一百几十位来便够了，又何必诸君呢？诸君须要牢牢记着你不是美国学生，是中国留学生。如何才配叫做中国留学生，请你自己打主意罢。

附录三　评胡适之的“一个最低限度的国学书目”

胡君这书目，我是不赞成的，因为他文不对题。胡君说：“并不为国学有根柢的人设想，只为普通青年人想得一点系统的国学知识的人设想。”依我看，这个书目，为“国学已略有根柢而知识绝无系统”的人说法，或者还有一部分适用。我想，《清华周刊》诸君，所想请教胡君的并不在此，乃是替那些“除欲读商务印书馆教科书之外没有读过一部中国书”的青年们打算。若我所猜不错，那么，胡君答案，相隔太远了。

胡君致误之由，第一在不顾客观的事实，专凭自己主观为立脚点。胡君正在做《中国哲学史》、《中国文学史》，这个书目正是表示他自己思想的路径，和所凭的资料（对不对又另是一问题，现在且不讨论）。殊不知一般青年，并不是人人都要做哲学史家、文学史家。不是作哲学史家、文学史家，这里头的书什有七八可以不读。真要做哲学史、文学史家，这些书却又不够了。

胡君第二点误处，在把应读书和应备书混为一谈，结果不是个人读书最低限度，却是私人及公共机关小图书馆之最低限度（但也不对，只好说是哲学史、文学史家、私人小图书馆之最低限度）。殊不知青年学生（尤其清华），正苦于跑进图书馆里头不知读什么书才好，不知如何读法，你给他一张图书馆书目，有何用处？何况私人购书，谈何容易？这张书目，如何能人人购置？结果还不是一句话吗？

我最诧异的：胡君为什么把史部书一概屏绝？一张书目名字叫做“国学最低限度”，里头有什么《三侠五义》、《九命奇冤》，却没有《史记》、《汉书》、《资治通鉴》，岂非笑话？若说《史》、《汉》、《通鉴》是要“为国学有根柢的人设想”才列举，恐无此理。若说不读《三侠五义》、《九命奇冤》，便够不上国学最低限度，不瞒胡君说，区区小子便是没有读过这两部书的人。我虽自知学问浅陋，说我连国学最低限度都没有，我却不服。

平心而论，做文学史（尤其做白话文学史）的人，这些书自然应该读，但胡君如何能因为自己爱做文学史，便强一般青年跟着你走？譬如某人喜欢金石学，尽可将金石类书列出一张系统的研究书目；某人喜欢地理学，尽可以将地理类书列出一张系统的研究书目，虽然只是为本行人说法，不能应用于一般。依我看，胡君所列各书，大半和《金石萃编》、《愙斋集古录》、《殷墟书契考释》（金石类书），《水道提纲》、《朔方备乘》、《元史译文证补》（地理类书）等等同一性质，虽不是不应读之书，却断不是人人必应读之书。胡君复《清华周刊》信说：“我的意思是要一班留学生，知道《元曲选》等，是应该知道的书。”依着这句话，留学生最少也该知道《殷墟书契考释》、《朔方备乘》……是应该知道的书。那么，将一部《四库全书总目》搬字过纸，更列举后出书千数百种便了，何必更开最低限度书目？须知“知道”是一件事，“必读”又别是一件事。

我的主张，很是平淡无奇。我认定史部书为国学最主要部分，除先秦几部经书几部子书之外，最要紧的便是读正史、通鉴、宋元明纪事本末和九通中之一部分，以及关系史学之笔记文集等，算是国学常识，凡属中国读书人都要读的。有了这种常识之人不自满足，想进一步做专门学者时，你若想做哲学史家、文学史家，你就请教胡君这张书目；你若想做别一项专门家，还有许多门，我也可以勉强照胡君样子，替你另开一张书目哩。

胡君对于自己所好的两门学问，研究甚深，别择力甚锐，以为一般青年也该如此，不必再为别择，所以把许多书目胪列出来了。试思一百多册的《正谊堂全书》，千篇一律的“理气性命”，叫青年何从读起？何止《正谊堂》，即以浙刻《二十二子》论，告诉青年说这书该读，他又何从读起？至于其文学史之部，所列《全上古三代秦汉三国六朝文》、《全汉三国晋南北朝诗》、《古文苑》、《续古文苑》、《唐文粹》、《全唐诗》、《宋文鉴》、《南宋文范》、《南宋文录》、《宋诗钞》、《宋六十家词》、《四印斋宋元词》、《彊村所刻词》、《元曲选百种》、《金文最》、《元文类》、《明文在》、《列朝诗集》、《明诗综》、《六十种曲》等书，我大略估计，恐怕总数在一千册以上，叫人从何读起？青年学生因为我们是“老马识途”，虚心请教，最少也应告诉他一个先后次序，例如唐诗该先读某家，后读某家，不能说你去读全唐诗便了。宋词该先读某家，后读某家，不能说请你把王幼霞朱古微所刻的都读。若说你全部读过后自会别择，诚然不错，只怕他索性不读了。何况青年若有这许多精力日力来读胡君指定的一千多册文学书，何如用来读二十四史、九通呢？

还有一层，胡君忘却学生若没最普通的国学常识时，有许多书是不能读的。试问连《史记》没有读过的人，读崔适《史记探源》，懂他说的什么？连《尚书》、《史记》、《礼记》、《国语》没有读过的人，读崔述《考信录》，懂他说的什么？连《史记·儒林传》、《汉书·艺文志》没有读过的人，读康有为《新学伪经考》，懂他说的什么？这不过随手举几个例，其他可以类推。假如有一位学生（假定还是专门研究思想史的学生），敬谨遵依胡君之教，顺着他所列书目读去，他的书明明没有《尚书》、《史记》、《汉书》这几部书，你想这位学生，读到崔述、康有为、崔适的著述时，该怎么样狼狈呢？

胡君之意，或者以这位学生早已读过《尚书》、《史记》、《汉书》为前提，以为这样普通书，你当然读过，何必我说？那么，《四书》更普通，何以又列入呢？总而言之，《尚书》、《史记》、《汉书》、《资治通鉴》为国学最低限度不必要之书，《正谊堂全集》、《缀白裘》、《儿女英雄传》，反是必要之书，真不能不算石破天惊的怪论（思想史之部，连《易经》也没有，什么原故，我也要求胡君答复）。

总而言之，胡君这篇书目，从一方面看，嫌他挂漏太多，从别方面看，嫌他博而寡要，我认为是不合用的。

附录四 梁先生致《清华周刊》记者书

《清华周刊》记者足下：《国学入门书要目及其读法》一篇呈上，别属开留美应带书目，颇难著笔。各书内容，拙著中已简单论及，诸君一读后，可择所好者购携。大学普通重要诸书，各校图书馆多有，自不必带，所带者总是为自己随时讽诵或用功时任意批注而设。试择其最普通者：《四书集注》，石印《正续文献通考》，相台本《五经单注》，石印《文选》，石印浙刻《二十二子》，《李太白集》，《墨子闲诂》，《杜工部集》，《荀子集解》，《白香山集》，铅印《四史》，《柳柳州集》，铅印《正续资治通鉴》，《东坡诗集》。若欲带选本诗，则《古诗源》，《唐诗别裁》，勉强可用。欲带选本词，则张皋文《词选》，周止庵《宋四家词选》，谭仲修《箧中词》，勉强可用（此五书原目皆未列）。其余涉览书类，择所喜者带数种亦可，因此等书外国图书馆或无有也。

（录自《饮冰室合集》，中华书局1936年；《（四川）国学月刊》第16、17、19期，署名“问琴”，1923年）

箴洋八股化之理学

吴稚晖

最近张丁科学之争，虽大家引出了许多学理，沾溉我们浅学不少，然主旨所在，大家抛却，唯斗些学问的法宝，纵然工力悉敌，不免混闹一阵。实在的主旨，张先生是说科学是成就了物质文明，物质文明是促起了空前大战，是祸世殃民的东西。他的人生观是用不着物质文明的。就是免不了，也大家住着高粱干子的土房，拉拉洋车，让多数青年懂些宋明理学，也就够了。于是丁先生发了气，要矫正他这种人生观，却气极了谩骂了玄学鬼一场，官司就打到别处去了。后来他终究对着林宰平先生把他的初意简单说了出来，他说："林先生若承认欧战不一定是科学促成，我的目的达了。"（大意如此）

张先生在省宪同志会演说，说政府是暂时存在的东西，我吃惊不小，威廉第二的绿气炮，竟引出了本来慈悲而且科学化的张先生，转变了一个无政府主义者，做我们的同志，我还有何说呢？但是我爱美词，我尤爱真理。无政府时代虽我们不及亲见，我想必定是一个瑶池乐园，决不是高粱干子土屋，还有拉洋车人的人境。我们人类，自己不要毛皮，自己不要爪牙，四个足跑路很稳当，自己冒险，叫两条后腿独任了跑路，把两条前腿转变成了两只手，便已心怀不良，有要闹出物质文明的整备。张先生应该在此时早早反对那两只毒手，才算真有见地。什么放他在抱犊谷用高粱干子，会造起土房，他定要不安本分出个孙美瑶同临城的火车战争了。张先生若说他长了手，也便就会读《程氏遗书》及《朱子全书》，精神亦高出于猴子。这我本绝对的承认。然即此便可见他长了手，他才有读程朱理学的结果，最初便是物质进步，然后精神进步。就让一步来讲，他精神进步，有将读程朱理学之倾向，他自然便长了手，马上叫物质也跟着进步。精神物质是双方并进，互相促成，什么战争不战争，竟会归咎到物质呢？西方物质进步，故精神亦随了进步。若理想的无战争，必要经由社会主义，及张先生的理想无政府主义，才可达到。程朱的理学，他做梦也说不上。没有哥白尼把一个物质的太阳放在中心，张先生理想的无政府名词，在宋明理学书上寻得出么？所以张先生的人生观，现在我的见解，与丁先生又是不同。他并不是撞见了玄学鬼，他乃不曾请教玄学鬼。他的人生观，是误在他的宇宙观。这说来话长，我已在《太平洋杂志》上投一文，带着批评了，现在也可以不必羼说。我现在要老实请教张先生的，我有三个武断：

（一）张先生厌恶的物质文明，大约即指种种的所谓奇技淫巧。我说他现在所谓奇技淫巧者，过了数百年，还止同今日高粱干子的土房一样。张先生若活到彼时，定还要气得腹大如牛，亦且瞠目不晓得如何反对。

（二）从今日而到理想的无政府，至少还有比欧战大的三十六回，同欧战一样的七十二次。这是我的最干脆最让步的批评。

（三）小学强迫虽未普行于全世界，理论则已普遍。中学强迫，在三十年后，世界上必有一区首先行之。大学强迫在世界完全实行，克己点说三千年，放个大炮说三百年后。到大学强迫的时节，街上的洋车夫，灶下的老妈子，都具有张君劢先生的知识，你想他还会做洋车夫么？还会做老妈子么？他们还肯战争么？他们还会当什么飞机汽车，算得上物质文明么？

本此三武断，可以复下一结论，曰：惟物质文明进步到不可思议，设备强迫全世界人的大学轻而易举，世界方能至于无战争。

如谓此次欧战，如何促成，曰：是乃张先生反对物质文明所促成。有人曰：德国物质文明忽进步不已，制造了东西太多，思往外贩卖；英国物质文明也进步不已，制造了东西太多，也思往外贩卖，因而攘夺贩卖场，就弄到战争，这战争不是明明物质文明所促成？我说这是事实，我所承认。然若世界上都同美国一样，他们到那里去寻贩卖场？还不是大家收了野心，互相交易而退，各得其所，每天发明点奇技淫巧，以相娱乐么？惟其印度有位张先生读太谷儿的好诗，反对物质文明；南洋群岛有位张先生学巫来由长老的静坐，反对物质文明；中国又的确有位张先生，在灰堆里拾着一个程夫子的玩物丧志，好像热狂的拜倒，又反对物质文明。然而从寸布一针都要叫柏林或伦敦供给。从前老顽固洋烟是要吸的，洋钱是要拿的，洋学是反对的。现在张先生是理学名儒，洋烟洋钱是不要了。然而火车是要坐的，不肯坐骡车的；轮船是要坐的，不肯坐钓船的；推而至于风扇也要装的，电灯也要点的。于是柏林要揽张先生做主顾，伦敦也要拿张先生算买客，绿气炮便发动了。若归狱于火车轮船风扇电灯洋布洋针，他们老实板起了面孔回报道，你既要用我们，你何不学美国将我们自造？若归狱于张先生的反对物质文明，又要需用他，张先生何说之辞？张先生恕罪，张先生为我们所敬畏之友，且实在是个物质文明提倡者。他是伤心着绿气炮，临时疯颠。凡冒犯个人之处，乃是戏言。至世界有不进步之民族，惹起物质文明进步人之野心，乃是真理。欧战之损失，是余中国人之罪也夫，是余中国人之罪也夫，于物质文明何与？这种话头是三十年前郭筠仙为了刘锡鸿说的，二十年前梁卓如为了张之洞说的，不料到了今天还要陈庸腐臭的叫吴稚晖为了梁启超张嘉森说，真算倒楣。

（附注）何以羼杂了得罪梁先生呢？因为张先生的玄学鬼，首先是托梁先生的《欧游心影录》带回的。最近梁先生上了胡适之的恶当，公然把他长兴学舍以前夹在书包里的一篇《书目答问摘要》，从西山送到清华园，又灾梨祸枣，费了许多报纸杂记的纸张传录了，真可发一笑。

二十年前张之洞王先谦李文田之徒，重张顾王戴段的妖焰，（此一时，彼一时，其词若有憾，其实尚可相对许之。）暗把曾国藩的制造局主义夭折了，产出了遮丑的西化国粹，如王仁俊一班妖怪的《西学古微》等。幸亏有康祖诒要长过素王，才生出一点革命精神。他的徒弟梁启超《时务报》出现，真像哥白尼的太阳中天，方才百妖皆息。当时的《西学书目表》，虽鄙陋得可以，然在精神上批评，要算光焰万丈，较之今日的书目，尽管面目方雅，可惜祸世殃民，真有一是福音，一多鬼趣之别。他受了胡适之《中国哲学史大纲》的影响，忽发整理国故的兴会，先做什么《清代学术概论》，什么《中国历史研究法》，都还要得，后来许多学术讲演，大半是妖言惑众，什么《先秦政治思想》等，正与《西学古微》等一鼻孔出气。所以他要造文化学院，隐隐说他若死了，国故便没有人整理。我一见便愿他早点死了，照他那样的整理起来，不知要葬送多少青年哩。

我不是敢骂梁先生，我是诚心的劝谏。凡事失诸毫厘，差以千里。不是胡适之的《哲学史大纲》便是好的，梁先生的《先秦政治思想》便是谬的。现今有许多古学整理的著作，我都拜倒。然而或是考订的，或是质疑的，或是撮录的，价值都大。惟有借了酒杯，浇着块垒，真叫做下作。

胡先生的《大纲》，杂有一部分浇块垒的话头，虽用意是要革命，也很是危险，容易发生流弊。果然引出了梁漱溟的文化哲学及梁启超的学术讲演。胡先生所发生的一点革命效果，不够他们消灭。他们的谬误，乃是完全摆出《西学古微》的面孔，什么都是我们古代有的，什么我们还要好过别人的，一若进化学理直是狗屁。惟有二千年前天地生才，精华为之殚竭。无论亿万斯年，止要把什么都交给周秦间几个死鬼，请他们永远包办，便万无一失了。你想他如此的向字纸簏里，掏甘蔗渣出来咀嚼，开了曲阜大学，文化学院，遍赠青年，岂不祸世殃民呢？这是梁先生走去那条路上，走得太远了，所以陷入迷魂阵。

我有一天跑到胡先生的书房里，四壁架满了线装书，桌上也堆得东一堆西一叠。他随手把面前的一堆移过，他说你看了是不乐意的。我说这些给你看，我是热烈赞同的。但是我二十年前同陈颂平先生相约不看中国书，直到五四运动之后，我遇见康白情傅斯年诸位先生，我才悟他们都是饱看书史，力以不空疏为尚。他们不是闹什么新文化，简直是复古。我想时机到了，古学有整理之必要，所以要请章太炎去里昂讲经。去年将国内国外的空气细细一检验，我的思想，上了大当，觉得妖雾腾空，竟缩回到《时务报》出世以前。影响在政界，把什么最热烈的革命党，都化为最腐臭的官僚，简单归罪，可以说是四六电报打出来的。

这国故的臭东西，他本同小老婆吸鸦片相依为命。小老婆吸鸦片，又同升官发财相依为命。国学大盛，政治无不腐败。因为孔孟老墨便是春秋战国乱世的产物。非再把他丢在毛厕里三十年，现今鼓吹成一个干燥无味的物质文明，人家用机关枪打来，我也用机关枪对打，把中国站住了，再整理什么国故，毫不嫌迟。

什么叫做国故？与我们现今的世界有什么相关？他不过是世界一种古董，应保存的罢了。埃及巴比仑的文字，希腊罗马的学术，因明惟识的佛经，周秦汉魏的汉学，是世界上人公共有维护之责的东西，是各国最高学院应该抽几个古董高等学者出来作不断的整理。这如何还可以化青年脑力，作为现世界的教育品呢？亚里斯多德之古籍，经流血而掷诸校门以外。希腊拉丁之文，至今逐渐强迫最古董之学院废除。此种彰明皎著的大改革，是世界共认为天经地义的了。梁先生还要开一笔古董账，使中学毕业的学生，挟之而渡重洋，岂非大逆不道？胡适之是拿六经三史做了招牌，实在是要骗他们读《七侠五义》。梁先生上了他的当，竟老实的傻气出来，把青年堆在灰字簏里，梁先生自己睡了想想，也算得上一个笨伯罢？

章太炎的考据，定也不算丢丑。他那《章氏丛书》里几种小品，可以充得传作。但他要把那灰字簏的东西，对青年做一个新系统的传达，他就糟了。去年在江苏省教育会的讲演，我在伦敦看《民国日报·觉悟》所载，我替他短气。乃现在还被什么书坊刻了出来，真是他老年的污点。梁先生必定也替他难过。人己对照，便能觉悟那种灰色的书目，是一种于人大不利，于学无所明的东西了。

从前张小浦说得好："倘真正是国粹，何必急急去保？二千年以来，定孔孟为一尊，斥老墨为异端，排除无所不至，然而老墨之书至今光景长新。"所以在三十年内姑且尽着梁先生等几个少数学者，抱残守缺，已经足够，不必立什么文化学院，贻害多数青年，更不必叫出洋学生带了许多线装书出去，成一个废物而归。充其量都成了胡适之胡先骕诸位先生，也不过做一个洋八股的创造人而已。少数的胡适之胡先骕原是要的，不幸梁先生要大批的造，不幸又有最高等的学者张君劢先生出来做护法，使他繁殖。因此，同张先生反抗，并词连了梁先生。

（录自《科学与人生观》，亚东图书馆 1923 年）

青年国学的需要

范皕诲

世界文化两大潮流，一是东方文化，一是西方文化。西方文化，分为两支，一是希腊文化，一是希伯来文化。东方文化，也分为两支，一是印度文化，一是中华文化。西方文化，自从文艺复兴之后，益益进步，希腊文化的科学哲学思想，和希伯来文化的宗教思想，一方面冲突，一方面调和，在这冲突与调和的中间，显出西方全部的文化。东方文化，自从魏晋六朝而后，中华文化的伦理哲学，接纳了印度文化的宗教哲学，两种文化，各呈异相，合成了东方全部的文化。海通以来，西方文化，侵入亚陆。我们拿出国民性中固有的容受量，竭诚的欢迎。不到五十年，西方文化，差不多已弥漫于我们的知识界，像印度文化进入中华的魏晋六朝时代了。由现在推将来，西方文化，既和东方文化接触，在我们东方文化里面，必能产生一种异样的新文化，是物理和历史的经验所明白表示的。那末，发展东方旧文化，预备与西方文化梳剔融洽，以创造将来的新文化，不是今日我们的责任吗?

国学是什么?便是东方全部文化的代表。我们要研究东方文化，自然还有其他种种，而必以国学为之总库。东方文化的精神，与其沿革变迁之迹，除掉国学，更往何处寻求。国学沦亡，即是东方文化的沦亡。我们生于东方，而且生于东方的中华，是东方文化荟萃之区。我们的先民，曾把这种文化，发扬光大，积累四千多年的久长岁月，在国学中留贻于后人。我们对于这些祖宗的遗产，不思整理，一任他烟飞灰灭，我们将何以自立于天地之间。我们艳羡西方文化，惊骇其学府的完备和优美，返观自己东方文化的国学，觉得不值一顾。岂知西方文化所以到这地步，为了他们的后人能够做忠心勤力的整理工夫，方才继长增高，蒸蒸日上。东方文化的本身，何讵不如西方，可惜我们的忠心勤力，不像他们，那就差得远了。从前西方人，不很知道东方文化是怎样，现在早已渐渐觉得东方文化里头，自有天国了。欧战以后，他们的物质文明破产，所以渴望尤甚，要把我们的国学移译过去，作为他们研究东方文化的资料。若然我们不整理自己的，却待他们来整理好了，我们想凑现成，不晓得这时候还有我们存在吗？今天我们把自己所有的整理出来，做世界学术上的贡献，表显东方民族的光荣，在世界需要这种文化时，是一个最好的机会。

有人说："现代青年，求现代的学问，尚且患日力的不足，顾此失彼。国学是古学，在现代为无用的，不急的，青年有限光阴，何苦要枉费在这种东西上面呢？"但是我以为世界新学问，那一种不是从旧学问中出来的。青年求学，倘然以学问为目的的，须知研究旧学问，就是要创造新学问。不论什么用不用，也没有什么急不急。倘然以学问为手段的，读医药的书，为要做医生，读法律的书，为要做律师，但求应用的必需，恐怕世界上无用不急的新学问，正好多得很，岂但中国的古学呢？至于更下等的见识，他的意思："学外国文若然好，可以出洋留学，可以得博士回国，回国之后，无论在那一界，莫不名利双收，出人一头地。请问国学，研究既难，即使研究有成，这种好处，又从何处得来？看那些迷恋骸骨的老学究，不是榜样吗？"不错，不错，著者也是老学究之一，自己迷了，还要拿骸骨来迷人，说什么青年国学的需要。不过把学问做钓名弋利的器具，就像科举时代，把四书五经，做举人进士的敲门砖一样。这是我国最近史上人才腐败国事糜烂的唯一根源，最当深恶痛绝的。我想凡是有志气的青年，他的思想，决不这样的卑劣。那末，国学的中兴和东方新文化的发见，正在那里等待他呢。

复次，一国人民的爱国心，在教育方面，应当怎样的提倡呢？南洋的华侨，进外国语言的学堂，读外国语言的书籍，他们不知道祖国的语言，不识得祖国的文字，自然不爱祖国。近年一般有志之士，在南洋提倡讲中国语读中国书的学校，大受他们殖民政府的嫉忌，就设立种种苛例，严加取缔。这是什么缘故？我们晓得国学是国民爱国心的原动力，提倡国学，就是提倡国民的爱国心。不必说到南洋，多少内地的学校，很有几个，外国文的程度尽高，但是差不多把那些中国学生，造成了外国式的。他只能看外国书，不能看中国书。他和外国的社会很接近，很亲切，和中国的社会很疏远，很隔膜。他从什么地方，发动他的爱国心呢？著者十年以前，曾充某教会学校的国文教习。当时亲身实验，凡是注重国学的学生，他的爱国心，一定比较的强盛。所以要栽培学生的爱国心，当先使之立于国学旗帜之下。一是使之尊重国学，一是使之爱好国学。而且使他的尊重和爱好，并非因为爱国之故，才低首下心勉强去学的。必使他见得国学，实在可尊重，实在可爱好，含丝毫为爱国而勉强的意思，便是国学已受了侮辱，他的口头禅，是完全不中用的。这样看来，学校中的国文教习，总要觉得国文一科，乃是担当学生爱国心的重责，不容敷衍了事。而一般青年，其于国学和东方文化的前途，也当慨然自任，作“舍我其谁”之想。否则爱国爱国的呼声，不过有口无心，要问你的国到底怎样的国，恐怕也不知所以答了。

读了前文的，定必提出一问题，说：“我们很愿意研究国学，但是没有门径可寻。”这话果然是的。国学浩如烟海，虽然古人常示我们以为学门径，无如到了现在时代，已是不适用了。加以青年在学校之中，普通的功课，只有国文读本。这读本的所有，无论是陈旧的古文，或浅近的新编，总之都算不得国学。当然的，要研究国学，先从通达国文入手，不过仅仅通达国文，于国学的津涯，何尝望见一线呢。那末，我们是不是翻开《四库全书》，把经史子集，一部一部读去吗？只怕头发白了，还读不得几多。我以为国学里面，我们可以分开为若干类，取其重大者列举之。如语言文字，如伦理哲学，如政治经济，如风俗制度，如文艺美术，等等，都有相传之系统，可考的书籍。我们普通应略知其大概，精研则都可成为专门。进一层讲，古人这些学问，是表示在他们的时代，所已到的进步。我们在现在的时代，应有的学问，自当比他们愈有进境。譬如登山，古人斩棘披榛，已开之道，我们只消循行而上。我们的天职，却更在前头未辟的天荒。可是你要上前，古人已走的路，总须得耐心的重走一遍。惜乎现在许多人，对于国学，只想躐等，嫌古人所开的路太长了，没有预备一条捷径。世界学问，是没有捷径可走的。要研究西方哲学，倘然不从希腊到最近，一个一个的哲学家学说，详详细细研究过，决不能明白哲学的。何以研究国学，就每每要想在一本小册子上，破费他宝贵光阴数小时的工夫，把所有国学，尽数装入脑袋之中，否则他就嫌为麻烦，说中国书难读呢？所以国学门径，只有“你要”两字，孟夫子说：“求则得之”，耶稣说：“敲门的与你开”。若是施用其卤莽灭裂之心于学问，像拿起十多页的哲学纲要，略略翻阅，记得几个什么论什么主义的名词，随意使用，便为研究哲学，我们国学界，不许有这种的学者！

国学有两派，一派是重知的，一派是重行的。大约说来，所谓汉学家，大概属于知的方面。所谓宋学家，大概是属于行的方面。汉学家终身孳孳于声音训诂名物的考订，但是这种学问，无论怎样淹博，返诸自己的身心，没有什么益处。宋学家以为那是玩物丧志，为学须鞭辟入里，作身心上的工夫，方是圣贤学问。汉宋冲突，已非一日。其实国学是兼知兼行的，即知即行的，而儒家的看行尤重于知。孔夫子说：“君子博学于文，约之以礼。”博文是知，约礼是行。又说："文莫吾犹人也，躬行君子，则吾未之有得。"可见行难于知，所以更应该注重了。孟夫子亦说："博学而详说之，将以反守约也。"守约就是约礼，就是行，博学详说，都是为了要行的缘故。《中庸》亦说："博学之，审问之，慎思之，明辨之，笃行之。"国学的总意，不是主知的，乃是主行的。所以他的哲学，是道德，是伦理，是做人的轨范，是处世的方法。这种学说，在现代人心中，或者可以嫌他迂腐。但是中国数千年立国的根基，全靠着他的陶融成一种和平忠厚，克己自修的国民心理，与世界人类以共见。这便是东方最高贵的文化的结晶，虽然不免于积弱，而文化的优劣，决非从国势或民俗的强弱，可以判断的。我们研究国学，自然首先求知，那末，汉学家已经开了一条求知的大路，我们可以拾级而登，再求精进。但是我们更要做一个躬行的君子，有宋学家所说的，"知得一分，行得一分"（朱晦庵）和"知行合一"（王阳明）的一种精神，实在贯澈于立身处世之间，不做一个"明知故犯"或"假冒为善"的人。须知我国今日，并不缺少知识方面，博通今古，淹贯中西，那些十分漂亮的时髦，却是缺少道德方面，身体力行，刻苦自励，确实能够富贵不淫，贫贱不移，威武不屈的强汉和笨伯。国学造就人才的可能性，没有比这个更大了。

研究国学，我们不可不知道他的缺点。国学的缺点是什么？最大的有三样：一是静的，二是无科学化的，三是无平民化的。

关于第一样毛病，适和西方的弊病相反。西方文明，动得太过了，物质发达的过分，转而文化屡受其破坏。最近的欧战，便是明证。我们东方文化，却是内蕴的多，然而过分收敛，久久反至于枯瘠萎缩。譬如人的筋力，愈用则愈出，若惮于习劳，专求安逸，后来手足悉成为委废，虽然是孟贲宋育，能"举百钧之重"的，到此也要"力不能胜一匹雏"了。中国的所以为东方病夫，就是为了他的文化，静止过甚，像俗语所说的"睡了待病"，这病那得不一天深似一天呢？在我们以前的人，未曾看见西方动的文化，所以他们跳不出古老的范围，没有救济的方法。现在两种文化，都在我们眼前，挹彼注此，保存我们静的本来，却把动的精神发挥之。两弊都去，两利全收，岂非最好的事情？倘是只知觊觎别人家的产业，就先将自己所有的，抛掷毁弃，这产业究竟因种种的不适合，无法过户，遂至进退失据，这不是今日已显露的现象吗？

关于第二样毛病，有人说：我们中国不是无科学的。国学里面，时时发见古代科学的萌芽，如《尔雅》的博物，《墨经》的物理，《考工》的制造，不可枚举。《大学》之教，既把格物致知，列于诚意正心之先。宋学家程朱，也提出穷理二字，作为学者入手工夫。至于汉学家博闻强识，尤于度数名物，考订明确，实事求是。然而这种是不是科学，即使指为中国式的科学，能不能澈底。恐怕我们断不肯像一般格致古微派，以为外国的科学，我们国学中多有呢。中国古代的科学萌芽，为什么不发达，推演得像西方一样？其故是由于自汉以后，学者只求考古，不屑知今，只喜守旧，不图开新。他的意思，差不多承认学问是古人专制的，今人能够细细的考究，牢牢的守着，做他的一个功臣，也就罢了。把“述而不作，信而好古”两句话，奉为金科玉律。这种说法，便与科学原理，有最大的枘凿。科学要怀疑，我们只许信，不许疑。科学要独创，我们只许因，不许创。经典上所说的，你今日已明明见得错误了，但是你不准下一疑问，并且必须多方回护。圣贤所讲的道理，你今日明明觉得有多少不满意的地方了，但是你若推翻了他，创一种特别的见解，定要受着不可避免的攻击。我们在历史中，总可看见有许多怀疑派和独创派，他们的结果，不过挨人的痛骂，甚而至于祸及其身。——就是渎乱不经，非圣无法的罪名。如此，怎能使进化的科学，发达于这种环境以内呢？所以“农服先畴之畎畝，工用高曾之规矩”，反以永无进步，为可夸的盛事。这是国学腐败可怕的黴菌。我们研究国学，当以科学的血清，——怀疑，独创，——从速注射的。

关于第三样毛病，中国的学问，不但古人专制，而且是贵族专制。古代四民，士农工商，士在农工商的上头，士族便是贵族。士没有别种职业，他的职业，不过学问。学问出于士，士必须学问，做农做工做商的，不必有学。换句话说，士的学问，不是农工商，农学工学商学，做士的或许明白一些，但这不是他的学问。士的学问是道，农工商是艺，《乐记》上说：“德成而上，艺成而下。”《论语》上说：“君子上达，小人下达。”士的将来，要“坐而论道”做王公的，那屑做农工商的事情，所以樊迟请学稼圃，孔子就申斥他为小人。现代所说的平民，便是古代的小人，——君子在位者之通称，小人谓细民，见朱子《论语注》——便是农人工人商人。学问不许施到他们身上，所以中国纵然有高深的学问，却只限于贵族。“民可使由，不可使知，”这种话头，竟出于圣人之口，这是中国堕落到今朝的本原。老实说来，中国人的心思才力，未必输于世界其他民族。国家所以至此，就是为了教育不普及，平民无教育。平民既无教育，一国那里会富，那里会强，那里会文明。只剩了几个贵族的士，却把他的学问卖与专制的皇帝，替他歌功颂德，粉饰太平。

国学到此田地，真真可怜。所以我们唯一的改良，要谋教育的普及，要把国学普及平民，要变为平民化的国学。这是国家兴衰存亡的大关系，也是国学兴衰存亡的大关系。

以上三个缺点，自然是不到现时代，没有西方文化相比较，不会显露出来，所以要改良进步，不是古人的责任，乃是今后青年的责任。须知世界文化，没有一种，不靠后来的人，一代一代，逐渐去修整，而且这修整工作，并无止境。青年啊！国学是你的！新工作是你的！

（录自《青年进步》第63册，1923年5月）

审订国学之反响

曹聚仁

恶狠狠的骂声来了！我还没读到一篇审订“国学”底名词和内函的文字呢！朱宗熹先生给力子先生一信说：

力子先生著席：

敬启者。晦盲否塞，世道日非。年轻寡学之徒，囿于功利之见，驰骛欧美之杂学，视科学及声光电磁等光怪陆离之学说为天经地义，势欲尽变吾中华以趋于夷狄而后已。然霜露所均，不育异类。姬汉旧邦，无取杂种。妖魔虽可横行于一时，终见尘霾去而日月出，狐鼠匿而麟凤翔。某虽齿衰，必能见其咸明也。

迩者报章揭载，杂志印行，国学二字，杂见于篇什之间，友朋走告，某初闻而狂喜。取而读之，乃瞿然大惊。魔势日张，竟将与吾圣贤之道相混淆耶。若北京大学之《国学季刊》，若《努力周报》之《读书杂志》，若商务印书馆之《小说月报》，若北京《晨报》之附刊，若《时事新报》之《学灯》，若贵报之《觉悟》，或怀疑圣哲，或割裂圣经，或以杨墨与孔孟并列，或以科学栏拦入贤传圣经，肆意狂吠，皆吾道之大蟊贼也。夫清代狂儒，妄为训诂之考证，康梁穿凿圣经，立异好奇，已背隆经尊古之旨。今之所为，非圣无法，罪岂在清儒康梁下哉。况圣经自圣经，科学自科学，圣经乃大道，科学乃小慧，何得以小慧列于大道之林耶？夷考宵小之所为，名为研究国学，实则促国学于沦亡。名为考订经传，实则沦经传于散佚。其心可诛，其肉可食，祖龙而后，又遭浩劫，恨不能以禹鼎铸奸也。

昨读《觉悟》，得曹聚仁《审订国学名词及内函之提议》。聚仁何如人，某固未之知，然其丧心病狂，于此提议，已昭然若揭。他姑不论，自命为研究国学，并国学之为何物，尚未之知，而有待于审订，不亦大可哂乎？窃尝论之，国学者，圣贤之学也，仲尼孟轲之学也，尧舜文武周公之学也。在天为日月星辰，在地为山川河岳，其笔之于书也，则为六经为四书。亘万古而不变，历百世而尝新。其质自存，其名自具，何待乎审订耶？嗟乎！横流不塞，正道不彰。邪说不辟，是非不明。世既有此怪僻之提议，某不能不效子舆子之好辨。狂妄者其听诸，昔吾祖元晦序《大学》，曰：“及周之衰，贤圣之君不作，学校之政不修。教化陵夷，风俗颓败。时则若孔子之圣，而不得君师之位，以行其政教。于是独取先王之法，诵而传之，以诏后世。三千之徒，盖莫不闻其说，而曾氏之传，独得其宗，于是作为传义，以发其意，及孟子殁而其传泯焉。自是以来，俗儒记诵词章之习，其功倍于小学而无用。异端虚无寂灭之教，其高过于大学而无实。其他权谋术数一切以就功名之说，与夫百家众技之流，所以惑世诬民充塞仁义者，又纷然杂出乎其间。”其序《中庸》曰：“盖自上古圣神继天立极，而道统之传有自来矣。其见于经，则‘允执厥中’者，尧之所以授舜也。‘人心惟危，道心惟微，惟精惟一，允执厥中’者，舜之所以授禹也。自是以来，圣圣相承。若成汤文武之为君，皋陶伊傅周召之为臣，既皆以此而接夫道统之传。若吾夫子，则虽不得其位，而其所以继往圣开来学，其功反有贤于尧舜者。然当是时，是而知之者，惟颜氏曾氏之传得其宗。及曾氏之再传，而复得夫子之孙子思，则去圣远而异端起矣。子思惧夫愈久而愈失其真也，于是推本尧舜以来相传之意，质以平日所闻父师之言，更互演绎，作为此书，以诏后之学者。自是而又再传以得孟氏，及其殁而遂失其传焉。而异端之说，日新月盛，以至于老佛之徒出，则弥近理而大乱真矣。”

国学之系统若斯，国学之兴替若斯。老佛之为异端，不可侧于国学之列，于二序言之彰彰明矣。明道先生曰：“杨墨之害，甚于申韩。佛老之害，甚于杨墨。杨氏为我疑于义，墨氏兼爱疑于仁，申韩则浅陋易见。佛老其言近理，又非杨墨之比，此所以为害尤甚。”子舆子曰：“杨朱墨翟之言盈天下，天下之言不归杨则归墨。杨氏为我，是无君也。墨氏兼爱，是无父也。无父无君，是禽兽也。杨墨之道不息，孔子之道不著。能言距杨墨者，圣人之徒也。”杨墨佛老，吾先圣之所斥，今竟有引而为国学者。某虽不敢附于圣贤之徒，然我辈尚存，终必申罪以致讨之。某敢大声疾呼以告天下曰：国学者孔孟之学也，程朱之学也。舍四书六经而外，更无所谓国学。狂妄其鉴诸。先生秉笔政，操褒贬之权，乃复为淫词邪说所煽惑，公然布之报端，某窃为寒心。某闻之，迷途知反，往哲是与。先生其知悔改否耶。此上

即祝

著安

朱宗熹谨上

夏历四月初十日

宗熹先生说我是“丧心病狂”“肆意狂吠”，我却也恭恭敬敬地顺受着！先生写这信，效法孟轲，想做一回“禹鼎铸奸”的功夫，自然有功于名教，我狠钦佩！

我们所要明白的，宗熹先生底主张是可以代表智识阶级一部分的国学观念。我们所要感谢的，宗熹先生竟肯挺身而提出这一幅宣战书，使我们明白他们心目所怀的国学观念原是这样一个。要不是主观色彩极端强盛，他如何敢说：

> 国学者，圣贤之学也，仲尼孟轲之学也，尧舜文武周公之学也。在天为日月星辰，在地为山川河岳。其笔之于书也，则为六经为四书。通万古而不变，历百世而尝新。其质自存，其名自具，何待乎审订耶？

现在，我们更该留意了。“国学”一名词，虽流行于全国，实际上还含混糊涂，没有明确的观念可得到呢！我们再不加以审订，这一回研究国学又要为妖魔所鬼混了！我对于宗熹先生的来信还想作详细的讨论，请同志们也来讨论讨论！

（录自《民国日报·觉悟》，1923年5月29日）

国学研究会讲演录第一集·序

顾　实

国学研究会诸子以本会成立，甫四越月，而讲演之稿盈帙，在东大高师两校研究会林立之间，所未有也。方欣欣有喜色，抱甚大之希望。讲演录多有可保存之价值，复欲付剞劂，公诸同好。嘱序于余，余不获辞，谨为序曰：

凡人之生，呱呱堕地之第一声者，即出自母腹之温暖体中，而忽闯入空气之寒冷体中，大吃一惊之呼声也。《诗》曰“其泣喤喤”，喤喤亦呱呱，阴阳声转字也。则得以呼声之洪纤高下，而预卜其将来之吉凶殀寿也。开天辟地第一声，下此惊奇心之种子，由是而好奇心续续发生不已。此好奇心者，即好学心也。自婴儿，至幼童，天真烂缦，大概对于外物，无不嬉戏好弄。愈好弄者，将来必愈有成器。如婴儿未知火之烫手，抚之而肌灼呼痛，然后知火之能烫我也，异日且知用火以烫人也。此即人类最初化学教室试验所得之化学的知识也。未知刀之刺，手扪之而血流呼痛，然后知刀之能刺我也，异日且知用刀以刺人也。此即人类最初物理教室试验所得之物理的知识也。更迨长大成人以来，一切饮食兴居服御男女情欲，无一不从环境中得来。是故环境者，人类最初之大学校也。然而此皆不足为学校，不足为学问者，何哉？以此犹皆在天行之范围，而未足以当人治之经略故也。所贵于人类者，为其能以人治征服天行。换言之，即能以人为征服天然，且能利用自然现象而征服自然界者也。此古今文明民族所以咸有种种学校之设备，及种种学术之兴作也。

学校学术皆非岁月经久，不能大成，故学校必由小学而中学而大学焉。学术则尤难言矣。孔子曰：“吾十有五而志于学，三十而立，四十而不惑，五十而知天命，六十而耳顺，七十而从心所欲，不逾矩。”是孔子自十五志学，以迄七十而殁，无一日不在学之中也。是故学术者，终身事业也。年愈高而德愈劭，人愈老而知愈多。生理心理之发达，与年而俱进，加以事非躬自经历，不能真知灼见。故夫张子房之受书于圯上老人也，蒙侮辱而不欲报，诚以亲尝困厄，而心知老人之可异也。天下固非无老而不死之贼，亦非无生而睿知之圣，然而老犹童昏，狂妄无耻者，学者之中，盖鲜其人也，且未闻生知之圣而不学者也。是故讲学之难也，莫难于讲者听者两间之生理心理不相应，往往讲者举其三四十岁而后之极深研究，披肝沥胆，和盘托出，以贡献于听者之前，而听者甚或怀五分钟热，席不暇暖，即起去之。加以迩来出身学校者，未尝根本课读古书，平素所习者，数册讲义，及时行报章杂志而已，一涉讲者引经据典，便觉莫明所谓，若再从经典著论，更堕入五里雾中矣。反不若讲者本从报章杂志中来，只要几句时行口禅，花样翻新，一挑半剔，联串成篇，便可大受欢迎。千人唱，万人和，几于一阕之市，而不悟其至浅薄也。普通讲演，此病尤深。古人有言，“知希我贵”、“曲高和寡”，岂不信哉！岂不信哉！惟是国学研究会不然，讲者既多宿学专家，而听者辄能孳孳不倦，其不可与常俗同论明矣。而诸子之学养有素，亦从可知也。

国学之由来远矣哉。大凡人类思想之发达，莫不有空间时间之观念。昔春秋战国之世，百家朋兴，而孔子最为好学。其言曰：“吾说夏礼，杞不足征也。吾学殷礼，有宋存焉。吾学周礼，今用之，吾从周。”曰夏礼，曰殷礼，曰周礼，此孔子为学，截分时间之观念也。又曰：“宽柔以教，不报无道，南方之强也。君子居之，衽金革，死而不厌，北方之强也，而强者居之。”又曰：“先王之制音也，奏中声，为中节，流入于南，不归于北。南者生育之乡，北者杀伐之域。夫杀者乱亡之风，奔北之为也。”曰南方，曰北方，此孔子论道论音，划分空间之观念也。后世亦有不期然而然者，姑即晚近而言之。逊清中叶，汉学宋学之争，甚嚣尘上。江藩著《汉学师承记》《宋学渊源记》二书，略足明一代公案。尚有民族主义隐伏其间者，洪杨之役，义旗所指，地方长官，多拱手听之。故孙鼎臣《畚塘刍议》即言“粤寇之乱，酿成于汉学”。而曾国藩《复颖州府夏教授书》亦言“国藩一主宋儒，不废汉学”。此曾氏之所以甘为民族枭獍，而殁世不免乎恶名也。今之人或诋“汉学”“宋学”二名词为不通，欲推翻三百年来重重公案，则吾不知其所沾沾自喜以为通者，果通与否也。此近世学术有截分时间之观念者一也。海禁洞开，外患薦至，精神文明失其抗拒力，物质文明闯入而横行，于是复有“中文”“西文”，“中学”“西学”相对抗之名词。最近国家观念普及于人人，凡若“国文”“国语”“国乐”“国技”“国粹”“国故”“国货”种种冠以国字之一类名词，不胫而走，有口皆碑，而“国学”一名词亦哇哇堕地以产生。国学专修馆之创设，几遍二十一行省。章君太炎复在苏省教育会讲演国学，为万流之所宗仰。是最高学府之国立大学，咸有国学研究会之揭橥，岂得已哉。今之人或复欲诋“国学”二字为不通，吾亦不知其所自以为通者，果通与否也。此近世学术有划分空间之观念者二也。总之，古今人心理不相远。盖周季列国者，一今世万国之雏形也，今世万国者，一周季列国之放大也，其治学俱不能不有“时间”“空间”之观念者势也。故今之国学研究会者，时世之幸运儿哉，天骄子哉，可无勉乎哉。

虽然，国学一名词，对外之世界，虽为空间之对抗，而对内之历史，仍有时间之包容。曾国藩虽吾族之枭獍也，而不以人废言。其言曰：“学问之途，自汉至唐，风气略同。自宋至明，风气略同。国朝（指逊清）又自成一种风气，其尤著者不过顾亭林、阎百诗、戴东原、江慎修、钱辛楣、秦味经、段茂堂、王怀祖数人。而风会所扇，群彦云兴，别标汉学之名目。”此曾氏可谓粗知治学之门径矣。若张之洞谓“考据之学亦创于宋儒”，此则张氏之“说官话”也。不知用宋儒之考据法，犹不足以澈底了解先汉之书，惟用清儒之考据法，庶几足以澈底了解先汉之书，故宋儒之考据，只足以为清儒之舆台而已，此清儒汉学之所以足尚也。大抵国学以能了解先汉之书为大本，其余为汉为宋，了无轩轾，不过成功有难易先后已耳。世有作者，继长增高，踵曩代之成书，开未来之显学，则时贤项背相望，无烦吾人之喋喋矣。

至若有科学之知识，通俗之知识二者，前者完成系统，后者只具片段。教室讲授，穷年累月，率多取有系统者，其余虽学术讲演，亦以时间关系，仅取成片段者，不免多所省略，称心而谈。然缩短时间，令人称快，殊有足尚，往往启发之效力，远逾于教室讲授。故今此讲演录之发刊，诚欲公诸同好，非寻常射利之书可比也。

中华民国十二年一月二十八日

武进顾实识于东南大学之六朝松下

（录自《国学研究会讲演录第一集》，商务印书馆 1923 年）

研究国学应该首先知道的事

钱玄同

我今天到《读书杂志》的编辑部去，看见新寄来的三篇文章：两篇是胡堇人和刘掞藜二君驳顾颉刚君论古史的，一篇是顾君答刘、胡两君的信。他们辨驳的问题，我暂时不加入讨论，因为我对于这些问题还未曾仔细研究，虽然我是狠赞同顾君的意见的。我现在所要说的，是因看了胡、刘二君的文章而联想到现在研究国学的人有三件应该首先知道的事（应该首先知道的事不限于这三件，不过我现在只想到这三件罢了）。下面虽然借着胡、刘二君的文章做个例，其实和胡、刘二君所讨论的问题是没有关系的。

哪三件事？（一）要注意前人辨伪的成绩。（二）要敢于"疑古"。（三）治古史不可存"考信于六艺"之见。

（一）中国的伪书伪物很多，研究国学的第一步便是辨伪（但辨伪的工夫是常常要用着的，并不限于第一步）。前人辨订伪书伪物，有许多已有定论的，我们应该首先知道，一则可以免被伪书伪物所欺，二则也可以省却自己辨订的工夫。但现在研究国学的人太不注意这事了，所以常要误认已有定论的伪书伪物为真书真物。如胡堇人君相信岣嵝碑真是夏代之物便是一例。他不知道这是杨慎造的假古董。一般讲历史的人相信明人假造的《竹书纪年》为汲冢旧物；讲文学的人相信东晋伪古文《尚书》中的《五子之歌》真是夏代之诗；……都和胡君犯着同样的毛病。我以为胡应麟的《四部正讹》、姚际恒的《古今伪书考》、阎若璩的《尚书古文疏证》、孙志祖的《家语疏证》、崔述的《考信录》、康有为的《伪经考》、王国维的《今本竹书纪年疏证》等等辨伪的名著，都是研究国学的人应该先看的书。

（二）仅仅知道了前人辨伪的成绩还不够事，因为前人考订所未及或不敢认为伪造的书物还狠不少。我们研究的时候应该常持怀疑的态度才是。我们要是发见了一部书的可疑之点，便不应该再去轻信它，尤其不应该替它设法弥缝。我看了刘掞藜君论《尧典》的话，觉得他是错误的。刘说全本梁启超君，我现在把梁说错误之处说明如下。梁君因《尧典》中有"蛮夷猾夏"一语是“时代错迕”而疑为伪作（《中国历史研究法》，再版，页一七五），又因《尧典》所记中星在公历纪元前二千四五百年时确是如此，而说“《尧典》最少应有一部分为尧舜时代之真书”（同书，再版，页一五九）。我以为“猾夏”一语确可认为伪书的证据（梁君此疑，本于其师康有为君的《孔子改制考》，中华民国九年重刻本，卷十二，页五），而中星的问题却还不能认为真书的证据。我们说《尧典》是战国时代的作品，尧舜是“无是公”，“乌有先生”，或者大家不肯相信这话。现在姑且让步，从旧说认《尧典》为古史，尧舜是有这两个人的。但尧舜是什么时代的人，我们实在无从知道，因为比较可信的旧史只有《史记》，《史记》的纪年始于周召共和元年，即公历纪元前八百四十一年，这以前的年代便绝无可考。尧舜的时代既无从知道，那就不能因《尧典》所记中星合于公历纪元前二千四五百年时的情形而认它是尧舜时代的真书了。其实《尧典》之不足为信史，梁君也狠知道，他在《先秦政治思想史》中明明说《虞夏书》是周人所追述的（页二八及三七），只因被“弥缝”之一念所误，于是总想保存它一部分，认为尧舜时代的真书，而不顾立说之难通了。这个毛病，犯的人最多，所以《中庸》、《礼运》、《毛诗》、《周礼》诸书常常有人揭穿它们可疑之点，而常常有人替它们弥缝。弥缝的原故便是“不敢疑古”。他们总觉得较后的书可以疑，而较古的书不可疑，短书小记可以疑，而高文典册（尤其是经）不可疑。殊不知学术之有进步全由于学者的善疑，而“赝鼎”最多的国学界尤非用极炽烈的怀疑精神去打扫一番不可。近来如梁启超君疑《老子》，胡适君和陆侃如君疑《屈赋》，顾颉刚君疑古史，这都是国学界狠好的现象。我希望研究国学的人都要有他们这样怀疑的精神。

（三）我觉得胡、刘二君的文章中狠有“信经”的色彩，因此联想到现在治古史的人仍旧不脱二千年来“考信于六艺”的传统见解。他们认经是最可信任的史料，我以为不然。我现在且不谈我的“离经叛道非圣无法的六经论”，姑照旧说讲，也不能说经是最可信任的史料。旧时说经，有“今文家”、“古文家”、“宋儒”三派，虽彼此立说不同，但总不出“受命改制”、“王道圣功”这些话的范围，没有说到它在史料上的价值。到了近代，章学诚和章炳麟师都主张“六经皆史”，就是说孔丘作六经是修史。这话本有许多讲不通的地方，现在且不论。但我们即使完全让步，承认二章之说，我们又应该知道，这几部历史之信实的价值远在《史记》和《新唐书》之下，因为孔丘所得的史料远不及司马迁、宋祁、欧阳修诸人，“夏礼殷礼不足征”之语便是铁证。梁玉绳对于《史记》还要“志疑”，吴缜对于《新唐书》还要“纠谬”，则我们对于六经更应该持“志疑”“纠谬”的态度，断不可无条件的信任它的。

一九二三，六，二五，于北京

（录自《努力周报·读书杂志》第12期，1923年8月）

以科学方法整理国故其步骤若何

宫廷璋

目次

一　国故成科学之难

自近世科学兴，求学者无论若何知识，均必纳诸科学轨范。于是科学疆域不仅限于天然事物，举凡人类思想行为，悉囊括于其中。夫自然科学与人文科学，材料虽殊，精神固自一贯。今日研究中国古籍者，欲持此科学精神整理国故，俾成科学，如果克臻斯效，则中国学术条理明晰，尽善尽美，必足与泰西各国之学术抗衡。顾何谓科学，科学之标准安在，治科学之态度若何，治科学之方法若何，治科学之步骤若何，学者苟非知之明，守之确，则结果恐难副其所望。自来诠科学者，家各异说，人各异辞，要皆认为有系统之知识。知识虽有系统，然苟失于偏激固陋，臆度武断，含糊晦昧，则科学何由粹美？夫作者既非专门，而人又莫由征实，则管窥蠡测之见，捕风捉影之谈，虚渺无凭，浮泛不切，在在皆是，谓之私论则可，谓之科学则不可。桑戴克曰："科学必持平，据实，如数学之严密，创于精敏专家之手，而为工于赏鉴者所验证。"五者不备，不足以为科学。治科学者，首宜不囿于流俗，不狃于癖性，不束于文字，不拘于时代，夫而后足以语此。故倍根教人去族蔽，去身蔽，去众蔽，去学蔽，然后能察事物之真义。斯宾塞治群学，杰然有名，其示人治群学之塗术，主旨即在知难。严复译《群学肄言》，而综其大意曰："治斯学有甚难者，一曰在物之难，次曰在心之难，三曰心物对待之难。其第五物蔽，所以著在物之难也。在心之难，又分两义：有见于理者，故第六称智絯；有见于情者，故第七曰情瞀。谓是二者之惑不祛，则未见其人之可与论治化者也。若夫心物对待之难，则意逐境移，一视其人之所藾苫。略而举之，则所承之学，所生之国，所业之流，所被之政，所受之教，尤其荦荦者矣。盖作者之意，以为道之不明，起于心物之交蔽，故为学之方，始于解惑，假令其笃时拘墟，虽学未必不为害。然又必知其难之所在，而后省察克治之功有所施。"治群学之难既如此，治科学，治国故，亦何莫不然？

在今日治国故，其难视群学为尤甚。盖"我国历史悠久，著述充斥，派别若是纷纠，而迄今无有系统纪载正确批评之书，一难也。历代社会之状况，政治之影响，师友之渊源，外力之震荡，无不与学说有密切相关，而此类知识，殊不易得佳著，二难也。《四库全书》，浩如烟海，国家既未特设学会，学者即欲从事搜讨，每苦途长日短，三难也。加以世变日亟，知新已难，欲收融合萃会之益，绝非得其零珠片玉即自可炫，亦非见其残羹剩汁遂以自饫，必有真知确见，然后可撷其菁华，采其华实，以一新面目，而如此之材，尚不多觏，四难也。"有此四难，则整理国故，方待人草创。求略具条理，已非易易，而况求必得完璧而无瑕类也欤？

二　整理国故之必要

虽然，文化乃民族特性之结晶，国故乃文化之所寄托。国故虽可融合萃会外来文化以成一新文化，而决不可尽弃国故。尽弃国故，则其民族非浸至衰灭，则必同化于人而自丧其特性。世固有民族亡而文化尚留遗于他民族中者，未有国故堙没而民族尚能自存者。中国立国数千年，时受外来文化之鼓荡激动，而国粹屹然未蹈危机。今日西化，如潮东渐，吾人图自保，其可嬉然坐视，不自取旧文化一振刷而光大之乎？且文化以相摩相吸而后能结奇葩，放异采。昔希腊与希伯来之文化合，而产中古之欧洲文化，然又加以条顿文化而后成今日之西方文化，其结果蔓延于欧美各洲。中国周末南方与北方之思潮合，而产秦汉以后之中国文化，后又与印度文化合，而成今日之东方文化，其结果蔓延于东亚各国。今东西文化又相交接矣，整理中国文化以与欧洲文化调和混合，则世界文化必将焕然一新。如此则吾侪天职既尽，而世界又食其福，岂不快欤！中国古人劳心焦思，用精整理国故者，不可胜数。如孔子删《诗》《书》，正《礼》《乐》，赞《周易》，作《春秋》，自创虽少，而尧、舜、禹、汤、文、武、周公之道，由是集大成，以为后世法。故孔子首治国故，为中国文化第一功臣。然中遭秦火，古学几绝。幸汉文景除挟书之禁，并为群经立博士，于是老师宿儒辈出。或寻壤宅古壁，或发私家秘藏。所得遗经，口授弟子，手镌竹简，厘定章句，考核名物。旧学保存，汉儒之力，曷可泯没？嗣经五胡六朝之乱，中原鼎沸，大道陵夷。赖隋唐诸贤奋臂崛起，缵汉人之余业，成注疏之巨册，其功与汉儒等。不幸五代时，天下骚扰，戎马仓皇，弦诵之声不作。又赖宋程朱，明王陈之徒起而昌明义理，探究精蕴。虽两派意见微殊，而功效同归。清代初设博学鸿词，复张汉帜，致力考据，繁征曲引，所造宏深，回顾汉儒，殆有后来居上之概。迄清末王闿运、康有为等，各出新见解经，竟成政变。是皆整理国故堪为后学矜式者。夫国故经数千年之久，数万人之众，夙夜钻研，至死不懈，始获绵延至今日，吾侪苟置之不顾，坐令荒废，其何以对先儒而光士林乎？

三　中国治旧学方法多不完善

吾侪既宜承先儒志趣整理国故，则整理之法，自当上法先儒。先儒治学方法如何，吾侪所宜首察者。孔子著书，专摘取古人之思想文化，汰滓芟芜，存精取粹，其于《诗》、《书》、《礼》、《乐》，莫不皆然。于《周易》虽系以辞，而仍不出旧窠臼，颇类汉儒宋儒之注经。《春秋》虽云自作，亦不过褒善贬恶，以资劝惩。其教诸弟子也，辞严而意简。故儒家者流，非《大学》、《中庸》、《孟子》出，殆无系统之学说，周密之文章。然其言曰："一以贯之”，又曰：“天下同归而殊途，一致而百虑”，可见彼以宇宙事物纷繁，而究有一贯之理。明其理，则闻一可以知十，举一可以反三。欲明理，则首在乎学与思。故曰：“学而不思则罔，思而不学则殆。”其所谓学，偏重“博学于文”，“多闻多见而识之”。孔子以后，实行整理国故者，首推汉儒。秦烬之余，学者最惧伪造而重师传，孟长卿言田生枕膝传经，称独受师秘，当时即取同门呵讥。爰真核实，志固可嘉，乃其弊遂至抱残守缺，拒闭新知，刘歆移书让之，良无足怪。学者初多专治一经，守一家言，一经不能尽通，则治一部分。是固精研深造之一法，然不能融会群经而贯通之，则为遗憾。治“汉学”者，咸重考订名物字句，力求精详，非若宋儒妄参己见，轻改古文，是最可取。惟烦琐灭裂，于世无大实用，则为美不足。宋儒蔑视考据训诂之学，好以私心揣度古人之意，推阐大义微言，其失在思而不学，正与汉儒学而不思相反。然其言曰：“即物而穷其理”，又曰：“即凡天下之物，莫不因其已知之理而益穷之，以求至乎其极。”似程朱甚重归纳研究者。然承董仲舒正谊明道之说，鄙薄实用，曰“道着用，便不是”。其所以即物穷理者，非求明物理，乃望“用力之久，而一旦豁然贯通，则众物之表里精粗无不到，而吾心之全体大用无不明”，是岂可得欤？

方针既误，格物又欲不役其知，谓“物来则知起”，故不能利用假说以穷究竟。夫物固不当限于“穷经”“应事”“尚论古人”三事，而彼等多专读书，读书又只求义理，忽于考证，故失汉儒虚心核实之精神。陆王变本加厉，纯重冥思，尊德性。陆则谓“学苟知本，则六经皆我注脚”。王则增字解经，而以致知为致良知，是更非治国故之道矣。清代“汉学家”矫其弊，研究古书，自创新解，不似程朱之不役其知。然其新解亦由观例多，晓通则，而后推测同类之例，以确定此通则之可用，故决非向壁虚造者可比。近人胡适最倾倒清代“汉学”，而尤倾倒其治学方法。实则清代“汉学”成绩虽佳，犹未能造成如泰西近代条分缕析之科学。虽兢兢于考据训诂，而于哲理文化犹未编成系统。治古虽力，效用则微。故中国旧学整理者虽多，而均未能使成科学，其病根在于逻辑不明。虽墨辩七法大合于近代之逻辑，而未尝用以治古，后且堙没失传，惜哉！

四　外国治科学方法近始周密

视逻辑为一科学，而研究之者，泰西为甚。逻辑之学最昌明者，亦推泰西。泰西逻辑之完成，实积年累月演进之功，原非一蹴而至。首创逻辑者为亚里士多德，其规律偏重形式。形式纵是，而实质错否，仍未可知。故演绎法在欧洲中古之世，不能促学术进步。倍根倡归纳法，谓推理不当仅察结论及结论与前提之关系，并当察前提之当否。有所谓然类表，否类表，比较表。又有消除法，辅助法。其道虽多，而犹不适用。故名为科学方法之鼻祖，而实不足以当之。惟注重实用搜集，则得科学之三昧耳。其后格里赖（Galileo）、牛顿、客勃劳（Kepler）等躬自实验，穆勒、觉芬（Jevons）等取其所用方法编列成书，于是归纳法渐趋于正轨。然穆勒之五细则虽有名，犹未足以概括科学家发明真理方法之全体。盖穆勒与倍根，俱过重归纳而轻视演绎，不知归纳演绎互相为用，假设证验皆科学方法所不可少者。近代逻辑，兼收并蓄，方法愈密，治科学者益有途径可循。是故欧洲科学近益精明，不特自然科学为然，即人文科学之成严密科学，亦方在突飞猛进中。我国古籍本多人文科学材料，欲整理之，莫若取法近代泰西之科学家。首为分科之研究。研究宜分五步：(一)、观事实之类似点，而立一假说。(二)、据此假说，而多举例证。(三)、例证宜用穆勒五细则分析。(四)、分析得结论后，仍须实验其当否。(五)、试验皆准，乃视为定律而演绎之。国故材料既理成系统，始可进而批评改造之。批评改造似不属整理范围，然不核之于今，则莫由审利弊，不与西学较，则莫由辨短长。不能补短救弊，则国故依然沉滞，何贵乎整理耶？

五　整理国故材料

A　分科研究

一人精力有限，必专而后精。专攻一书者，如汉儒之治《易》、治《诗》、治《书》、治《礼》《乐》、治《春秋》。治《诗》者，或专治雅，或专治颂是也。专攻一家言者，如治《易》有施、孟、梁、邱，治《诗》有齐、鲁、韩、毛，治《书》有夏侯、欧阳，治《礼》有高堂生、大小戴，治《春秋》有胡毋生、董仲舒是也。有专治一宗派者，如战国时之有九流，讲理学者之崇朱崇陆是也。有专治一时代者，如治周秦诸子之学，治“汉学”，治“宋学”是也。专治一科，如蔡元培之《中国伦理学史》，胡适之《中国哲学史大纲》，则实受欧化而最为晚出。欧洲学术，昔亦剖析不明。心理、伦理、逻辑、美学之脱哲学而独立，始于近百年间。学术日进，分科日繁，而后研究之道日密，研究成绩日佳。中国学术素病儱侗，一人所著，包罗各种学问。譬如老子学说，蔡元培著《伦理学史》引之，胡适著《哲学史》又引之，高一涵则专论其政治哲学，徐君绍烈则专论其社会思想，他日苟有研究教育、心理、经济、法政等科者，将无不取材于是。同为一木，以泛河流则为筏，以蔽风雨则为屋。观仁观智不同，价值遂因而异。故今日以科学眼光研究国故，门径一新。异日整理成功，必可用近代泰西科学分类法，而自古所患之分类纠纷问题，自迎刃而解矣。虽然分科研究有先决之条件二：（一）、欲以科学眼光治国故，则必先通近代科学。（二）、专治一科固可，而与此有关系诸科学，咸宜兼习。前者可无费词，后者不能无说。夫人为节省时日，爱惜精神，而后专攻一科，以图深造。乃曰须兼治他科，岂非矛盾耶？曰不然。宇宙事理，因果萦迴，缠结不解，虽关系深浅不同，而未有孑然孤立者。欲通社会学，非先有生物、地质、历史、地理、政治、经济、宗教诸基本知识不可。欲通教育学，非先有生理、心理、伦理、逻辑、美学、哲学诸基本知识不可。非精数理，不能晓罗素之哲学，非明生物学，不能聆杜里舒之哲学。蔡元培语北大学生，治哲学须治自然科学，良有以也。如是则治学必通观全体，不可恃东鳞西爪以自骄。各科皆然，国故独能任意断章摘句以为骊珠在握乎？

B 研究宜分五步

1 本事实之类似点而立一假说

于庞杂古籍中，搜寻线索，初必苦于不得间，惟机警多智者，善为拟议以求通其说，庶遇悬崖临绝地而忽得佳境焉。拟议非凭空杜撰，亦非轻举尝试，必其心中先有一概念，而后取以应临时之急，供简便之用。此概念之来源，大约有四：一由先有西方知识，如梁任公谓《墨子》之新社会组织法似法国霍布士所言，而引《尚贤》、《尚同》两篇证之（见《墨子讲义概要》），即因心中先有一霍布士之学说也。一由先有科学知识，如傅铜驳胡适之庄子生物进化论，而以为是循环说，（见《哲学杂志》《列子书中之宇宙观》）即因心中先有天文家之星云说、宇宙毁灭说也。否则，探一学说之渊源，如习俗流传，谓申韩之学出于老，阳明之学逃于禅是也。否则，求之于本人本书，如柳宗元之《桐叶封弟辨》，谓以周公之为人，不应有此。然尚嫌空泛，若胡适见“墨辩”《经上说》同之界说云：“同，异而俱于之一也”，乃代拟一异之界说，曰“异，同而俱于是二也”，是则假说之尤著明者。假说之要素，为类似，不类似，则新旧知识不能相联，假说何由拟起？纵有拟议，非如蜃楼海市，缥渺无稽，即如大海捞针，万难倖中。曩令《墨子》之《尚同》、《尚贤》两篇，全与霍布士所言无相似处，则梁任公决不至忆及霍布士。倘庄子不言“万物皆种，以不同形相禅，始卒若环”，则傅铜决不至悟到循环说。申韩出于老子，阳明脱胎佛学，虽尚待证明，而流俗以为其有类似点，则必无疑。柳宗元所以辨桐叶封弟非成于周公者，因此不似周公平日行径也。胡适所以敢增一异之界说者，因异与同相反，可由类似而推其不类似者也。无论假说之来源如何，形态如何，拟议必具三条件：(一)、须能以演绎推理，而推理之结果可与观察之结果相较。(二)、须与已知之正确定则，不相违背。(三)、由拟议推得之结果，必与观察之事实相符。上举各例，惟第三种拟议尚可疑耳。

2　**据此假说而多举例证**

拟议既可疑，须搜集反证以实指其误，如其可信，则须搜集确证以明其有据。譬如申韩与老子同传，太史公岂以申韩于老子有私淑之缘乎？其书曾征引老子之说耶？据胡适《哲学史》所考证，法家如管仲、申不害、商鞅之书，皆伪作；《韩非子》中《解老》、《喻老》诸篇，亦非韩作。其余不可信者，犹不止此。胡适且明谓司马迁之言不足为据。然则，苏轼虽引申太史公之意，而浮词终难令人心服矣。阳明之学逃于禅否，其待例证解决，与此相同。吾今举两用反证最鲜明者：如唐明皇读《洪范》“无偏无颇，遵王之义”，以为不叶，敕改颇字为陂。顾炎武以为古音义字读我，如《易传》“鼎耳革，失其义也。覆公餗，信如何也?”又《礼记·表记》“仁者右也，道者左也，道者义也”。义既读我，何须改乎？再如王弼与河上公解《老子》“行于大道，唯施是畏”之施字曰施为，王念孙则谓施当读迤，其义为邪。如《孟子·离娄》“施从良人之所之也”，《淮南·齐俗训》“去非者，非批邪施也”，《淮南·要略》“接径直施”，各注皆证明施与迤通。《史记·贾谊传》“庚子日施兮”，《汉书》写作“日斜兮”。《韩非·解老篇》亦曰：“所谓大道也者，端道也。所谓貌施也者，邪道也。”是直明证施之训邪矣。王弼与河上公之误，尚待言欤？举证以多为妙，确证尤然。盖反证少，犹易使人心折，确证少，则人难免无疑，惟多乃能使之坚信。如钱大昕首言古无舌头舌上之分，古无轻唇音只有重唇音，所举之例多至二三十条。每举一例，必先证明此例，然后从已证明之例，归纳得此二律。其方法，其精神，皆今日士林所宜景仰者也。古人缕列例证，多直下或横行，用史表及周谱款式者甚鲜。是于简便情形，固无窒碍。若例证种类繁复，则以用统计法为宜。用统计法者，胸中纵无假说，亦可由例而观其大较。譬如梁任公倡历史统计学，丁文江竟首编一历史之人物地理之分配表，因而知（一）、帝都所在地，人物往往特多；（二）、南北升降之迹甚显著；（三）、原则上升降皆以渐，然亦有突进者；（四）、此外一最显著之现象，则人物日趋平均。如是缕列事实以治国故之法，岂独限于治历史哉？

3　各种例证可用穆勒五细则分析之

证据出处，大略有五：一、稽之史事，一、求之文字，一、考之文体，一、综其思想。此四者均注重于本书中搜集证据，故胡适称为内证。从他书搜集者，胡适则谓之旁证。内证旁证之意，胡适之《中国哲学史大纲》第一篇已有示范在，吾可不赘述。吾所论者，证之程序如何耳。凡一事理，由缕列事实而后证明。然何以知其可证明此事理，则非分析不为功。故缕列事实以至证得结果，其间有无数程序，如剥蕉抽茧然，非可囫囵吞枣者。分析之法，（一）曰求同。盖诸例虽异体，而各有一共同之点。如“十目所视，十手所指”之所字，“其志洁，其行廉”之其字，“爱人者人恒爱之，敬人者人恒敬之”者字之字，或用为主词，或用为宾词，甚或用为属格。字不同，用法亦异，而在文法家观之，皆代名词也。是即从异求同之结论也。（二）曰求异，从相同之例中求其相异之点。如“殆有甚焉”，“必有事焉”等句，焉字在句尾。“天子焉始乘舟”，（《礼记·月令》）“焉可长生保国”，（《墨子·亲士篇》）“巫阳焉下招曰”（《招魂》）等句，焉字在句首或句中。同一焉字，而在句首句中者，不能作“于此”解。王念孙父子之《经传释例》，乃以“乃”“则”“于是”等词释之。是从同求异之结论也。（三）用同异两术以求知有无之法，则为同异交得。如《关尹子》中所用“石火”、“想”、“识”、“五识并驰”等字，所倡“即吾心中可作万物”之绝对唯心论，皆不能求之于老子之书，而能求之佛书。既为老子书中所无，而为佛书中所有，则《关尹了》乃佛教输入以后之书，非周秦诸子所作可知。是同时并较其与佛老之同异而得一结论也。（四）曰共变法。视其异同之大小而判其真伪之等差。如释迦牟尼初习隐遁山林派之教，饿馁几死，乃弃之而自得其道。得道后，不肯独善其身，说教四十年而后死。是明为哲学行径，而小乘派乃尊之为神。后世僧侣，入山惟恐不深，自命超脱尘俗，日渐失真，而与佛之为人言论相背。苟由是以评论佛家各派，则孰近于佛，孰去佛愈远，不难一目了然。他如老子学说之变为道教，无不如是。或谓此即同异交得之一种，殆未必然。

（五）曰求余法，从诸例中减已知之项，则未知之项即跃跃欲现。如韩愈《原性》曰："叔鱼之生也，其母视之，知其必以贿死。杨食我之生也，叔向之母闻其号也，知必灭其宗。越椒之生也，子文以为大戚，知若敖氏之鬼不食也。人之性果善乎？后稷之生也，其母无灾，其始匍匐也，则岐岐然、嶷嶷然。文王之在母也，母不忧；既生也，傅不勤；既学也，师不烦。人之性果恶乎？尧之朱，舜之均，文王之管、蔡，习非不善也，而卒为奸。瞽叟之舜，鲧之禹，习非不恶也，而卒为圣。人之性善恶果混乎？"三说皆非，则其言性有三品，自不费词而喻。惟用求余法，结果间有暂莫能定者，此所谓多闻阙疑也。是五细则，乃穆勒所倡明，治国故而欲分析例证以得结论，不能不奉为绳墨也。

4　分析而得结论须实验其当否

虽然，自古论事辨理者，无不好多举例以证明其说。惟例不尽当，故结论仍多可疑。《庄》《列》诸书，所引典故，大率寓言，诚当别论。治国故者，则不可不防疑证、狭证、谬证、伪证或偏略反证，而思有以实验其得失。譬如黄帝鼎湖、淮南鸡犬之说，汉高祖微时灵异之迹，事均妄诞，而一则神仙家引为飞升之证，一则班彪据为王命之论。举例本以证实，而证自身尚未分明，是为疑证。凡引伪古文如《易纬》等书者，皆类是。至于断章取义，若孟子引《诗》以证齐王好色好货好勇不足为病。在孟子良有苦衷，后人学之，以一部代全体，结果必至如孔子谓孝弟为仁之本，曾子遂以孝统括一切伦理。是为狭证。已无实学，或事少先例，因图自圆其说，不惜向壁虚造。如苏轼作《刑赏忠厚之至论》，有"皋陶曰杀之三、尧曰宥之三"句，欧阳修诘之，答曰："想当然耳。"是非伪证乎？随意掇取书史为证，而颠倒凌乱，不符事实者，其谬尤显。如孔子、西施、吴王，在管仲没后百有余年，而《管子》书中称《春秋》之记，称毛嫱、西施，称吴王好剑，是为谬证。证据最易误人者，莫如偏略反证。如文法家欲证明古时吾字用为主格，我字用为宾格，遂举《论语》"如有用我者，吾其为东周乎？""如有复我者，则吾必在汶上矣。"如是之例，充我篇幅，而于"我欲仁斯仁至矣"等例，则置若不闻。今日之倡孔道为宗教者，即中是弊。然则，何以治之耶？曰：惟有实验。今日科学之发达，统赖实验，即科学方法之昌明，亦由实验。治国故须如何实验而后可？曰：校勘以订书之真伪，训诂以辨字之解义，考据以审事之是非，贯通一家之学说、一书之大旨，以全体统部分，而毋为部分所惑。有时亦可以近代科学知识纠正之。如神仙灵异之说，校勘、训诂、考据、贯通四者皆无所施其技，而以近代科学知识观之，则不值一噱。且古人理论，真有须如近代科学实验而后能证明其是非者。王阳明格竹七日，劳思致疾，遂讥朱晦庵格物之说为妄，即坐实验无工具不得法故。昔戴震少时，塾师授以《大学章句》，问其师曰："此何以知为孔子之言而曾子述之？又何以知为曾子之意而门人记之？"师曰："朱文公说也。""问文公何时人？"曰："宋人。""孔子曾子何时人？"曰："周人。""周宋相去几何时？"曰："几二千年矣"。曰："然则文公何以知其然？"师不能答。学者之于实验，不当具若是勇毅之精神乎？

5 **定律既得乃可慎重演绎之**

每一理论，多方实验，验之不准，再试验之，再不准，乃弃置之。验之而准，则可用为定律，触类引伸，采亚理士多德之三段论法。三段论法之前提所含实质既无错谬，则推究结论，自易循轨道而进行。三段论法不外四种：（一）为全称肯定：如古书非孔子所作，而有可取，则宜保存。纬书虽非孔子之作，而有可取，故宜保存。（一）为全称否定：如周秦时，老子学说尚未变成道教，今《关尹子》有"役神""豆中摄鬼""杯中钓鱼"等道教言，则《关尹子》决非周秦人作。（一）为特称肯定：如焉字在反掉语气中，不训乃而训何。"人焉廋哉"为反掉语气，故其中焉字不训乃而训何。（一）为特称否定：如伪书皆不可以为证。《庄子》之《渔父》《盗跖》两篇皆伪书，故其中杨墨并称，不足证明蔡元培"杨朱即庄周"之说为误。凡以一原理推测相类各事实者，虽不必拘守三段形式，而三段之实质必备，故结论无不可以此四种括之。惟吾侪所宜注意者，演绎有八规律，必遵行无悖，然后结论不致差之毫厘，谬以千里。（一）推理宜只有主辞、媒词、宾词，此三词之意义宜始终不变。（二）推理宜只含大前提、小前提及结论。（三）媒词至少必在一前提中扩充。（四）词不扩充于一前提中，则不能扩充于结论。（五）前提均为否定，则不能有结论。（六）若一前提为否定，则结论必为否定。反之，欲证否定之结论，则前提必一为否定。此外两规律，即由上六规律演出者。（七）前提均为特称，不能有结论。（八）若一前提为特称，则结论必为特称。此八规律，乃演绎之指南针，违背疏忽，则错谬丛生。克勒顿（Creighton）之逻辑学（An Introductory Logic）所谓解释错谬者有三种，所谓思维错谬者有二大类：属于形式者八种，属于实质者五种。由于言语模棱，四种由于假定欠妥。吾今未能一一缕陈无遗，姑举数例以示演绎之不可不慎重而已。如苏轼之《荀卿论》，误解《荀子》"尧舜伪也"一句，遂詈其酿成李斯焚书坑儒之变。章太炎之《原名篇》，谈解《墨经》“体也若有端”一句，遂以为是小前提在先之意。此非由变更词意以致结论错谬欤？世谓以人废言，孔子所谓桀纣恶而天下之恶皆归之，朱晦庵信远郑声之言，遂以郑风多淫奔之诗，此皆误用演绎，事实昭彰者。若言论如孟子谓“墨氏兼爱，是无父也。杨氏为我，是无君也。无父无君，是禽兽也。”韩文公《原道篇》曰：“凡吾所谓道德，合仁与义言之也，天下之公言也。老子所谓道德，去仁与义言之也，一人之私言也。”又曰：“今其法曰，必弃而君臣，去而父子，禁而相生相养之道，以求所谓清净寂灭。呜呼！其亦幸而出于三代之后，不见黜于禹、汤、文、武、周公、孔子也！”如是强词夺理，非皆由思维粗率以致结论错谬欤？夫一理论由假说而得例证，未尝不足取信于俗人。乃不自满假，计出万全，详细分析，精密实验，迨无往不利，无施不当，然后归纳为一颠扑不破之定律，斯已劳力不少矣。乃运用此律者，思维粗率，演绎失宜，卒致结果错谬，前功尽隳。甚哉！治国故之难也！

六　次注意其效用

国故纵已整理妥惬，成为科学，而于今世苟无裨补，则一人枉费精力，无所取偿，固不足惜，而国故未得展其效用，是犹弃货财于地而不知采，可谓整理已尽善尽美乎？人之著书，原冀行远传久，俾文化普被四表，绵延不绝，而后人享用无穷。乃儒家自孟子薄利言义，董子承之，曰：“正其谊，不谋其利；明其道，不计其功。”程朱之流，遂谓“道着用，便不是”。夫为学而求学，诚甚纯洁高尚，然其流弊，徒坐食世禄，而为世赘疣，则世亦必加以排抵而不能容忍之。如汉朝博士“值国家将有大事，若立辟雍、封禅、巡狩之仪，幽冥而莫知其源”，刘歆即用为笑柄。晋代清谈之风，被人丑诋，尤为激烈。南宋理学家，明末“东林党”，无救于宗国之危亡，人亦难免烦言。幸其驰驱岭海，百折不回，犹足显讲学之功，但或为程朱之流所不及料耳。墨子有三表：（一）曰“本之于古者圣王之事”，是考证也。（二）曰“原察百姓耳目之实”，是实验也。（三）曰“发以为刑政，观其中国家百姓人民之利”，是则进而实用之矣。昔王式以《三百篇》当谏书，隽不疑以《春秋》断狱，夏侯胜以《洪范》知阴谋，赵普以《论语》佐宋治天下，岳飞熟读《左传》，额勒登保得力于《三国志演义》，胡林翼得力于《资治通鉴》，曾国藩得力于《文献通考》，左文襄得力于《方舆纪要》，此均通经致用见之于事者。若不得行其志，而著之于书，如顾炎武之《天下郡国利病书》，黄宗羲之《明夷待访录》等，更不胜枚举。清末康有为治《公羊》、《礼运》之学，以倡言变政，尤为托古改制之影响最巨者。今日治国故，纵不能一一施于政治社会，而用以推究文化史，亦不无间接之用。迂阔不切事情如文字学，先儒只用以解经，而不知中国文化，于是可窥一斑。《左传》称楚人谓乳为榖，谓虎为於菟；《公羊传》谓善为伊，谓道为缓，是足证周时方言之异致。《说文》祘字下曰“明视以算之也”，筭字下曰“言弄竹也”，是足证秦汉以前之筹算法。鎗为古酒器，礮乃古飞石，镜字从金，弓刃戈矛等篆文皆象形，是足证古时制造之粗。南唐徐铉《说文新附字》：祆本蕃书俗所奉之天神，僧字为梵刹之教徒，汉以前所未有，可见佛教入中国之时期。《仓籀篇》中“璀璨琲珰”等字日增，可知当日风俗之渐侈。商人所常用之售字、价字、港字，皆新增入，可见古时贸易之扩张。增入赌字，则可见古时之赌风日滋。化学原质锌、鎴、钙、铂等字，近始有之。观文字之创造变迁，可知中国社会文化之沿革。学者苟以是眼光治文字学，其兴趣之富，结果之佳，必将夐迈古人。究其原，不外求古学与今世之关系而已。凡百科学，无不赖实用而效始显，徒读父书，乃赵括之故事，而为君子之所羞。所宜知者，实用不可拘泥。今日康有为、陈焕章等，欲以专制时代阶级思想最重之孔教，施于今日共和政体之下，正如刻舟求剑，削足适履，其愚几与乡人持《周易》辟邪魅无异，乌怪陈独秀、吴虞之倡异论耶？

七　次与西学比较

治国故不特宜注重实用，察其于今世影响如何，并宜与西学比较，察其间异同之点。晋唐之间，中国翻译佛经之事甚盛。梁启超称其影响于中国文学者三：（一）国语实质之扩大，（二）语法及文体之变化，（三）文学情趣之发展，详见其所作《中国古代之翻译事业》中，吾今不赘述。除文学外，受印度文化影响者，尚有文字、哲学诸大端。六朝僧神珙作三十字母，唐僧守温益以六字，于是中国始有字母，非仿婆罗门书之以十四音贯一切字乎？宋周濂溪首言无极而太极，太极生阴阳，二元哲学至是变为一元哲学，非脱胎于佛家涅槃之说乎？明王守仁言致良知，一若圣人立刻可为，不似佛家顿悟之说耶？彼等所以有此举者，因以国故与印度文化比较，自然而然者也。今日中西文化比较，不犹是乎？梁漱溟著《东西文化及其哲学》，乃今日实行比较首屈一指者。其言当否，予今无暇论列，惟愿与读者一商榷比较之方法。比较有从有无着想者，有从异同着想者，有从等差着想者，有从优劣着想者，其间颇具一定程序。如泰西神学权舆于希伯来，孕育历数千年，而中国则自唐虞“绝地天通”，宗教已与人事分裂，故古籍无所谓神学。其他学术或有或无，类此者必仍不鲜。既分别有无，则必取中西共有者，一比较其异同。如中国政治尊贤主，贵德化；泰西政治重民权，崇法治。中国社会以家族为单位，泰西社会以各人为单位。中国偏重男儿，泰西尊敬女子。中国文学，除诗词外，以史笔策论书牍为多；外国则诗歌、小说、戏曲为文学主体。中西学术性质不同，往往如是。即同矣，而程度不齐，分量有差，亦堪比较。如诗歌，中西均有长而不守严密音律者，而中文终不如英文长诗更为不羁。人生哲学，中西均有倡动机论者，而中国儒家更趋极端。此等事虽不甚彰显，而细心考察，终有痕迹可寻。是三者皆为比较之方法，虽注意观察点不同，而可以求异同总括之。既知有异同，则孰优孰劣，乃为比较之主要问题矣。比较最忌先挟成见。章太炎误读《墨辩经上说》“见体尽”之尽为节字，以为墨家亦有三支，殆即先有印度三支在心中而牵强附合之。胡适首倡语体文，引英、德、意大利诸文学家为例，固自有理，而文学不必皆为俚语方言，无论古今，文言与口语终难一致，凡稍读外国文字者，类能知之，胡适乃一笔抹杀，不亦傎欤？

八　末乃谋改造之

注意实用，则不可拘泥，与西学比较，则不可挟成见。不拘泥，不挟成见，则察国故之得失长短，了然于胸，始可进而言改造。今日国中改造之声甚嚣尘上，所谓伦理、社会、政治、经济、文学、文字诸问题，大都是有鉴于古，借镜于西，而不觉异议蜂起。夫中国家族制度不良，亲权夫权过重，妇女劳工久遭虐待，言婚姻则多怨耦，言政治则抑民权，古文艰涩，字体臃肿，诚无一不宜改革。然如何改革，则全国仍无一致主张。故一社会组织问题，倡新村者有之，倡小家庭者有之，倡大家庭者仍有之。一男女匹配问题，倡自由结婚者有之，倡自由恋爱者有之，倡性交自由者亦有之，倡父兄包办者仍有之。一政府组织问题，倡共和政府者有之，倡劳农政府者有之，倡无政府者亦有之，倡君主立宪者仍有之。一财产分配问题，倡基尔特社会主义者有之，倡国家社会主义者有之，倡共产主义者亦有之，倡资本主义者仍有之。一文学问题，倡通行语体者有之，倡用方言者亦有之，倡桐城、《文选》诸体者仍有之。一汉字问题，倡用注音字母者有之，倡造简字者有之，倡废汉字者亦有之，反对注音字母者仍有之。议论纷纭，果谁是谁非耶？改造之道，贵以人益己而匪舍己从人，贵因旧更新而匪谋新弃旧。以己之旧文化为基础，而加以修理，其势顺而易；无旧基础而从新建筑，其势逆而难；倾灭己之旧基础，而强以新者代之，其势更逆而难。今之倡废汉字，废古文，倡性交自由，倡无政府者，其说果行，则旧文化固将再遭秦火之劫，世人亦将不免学邯郸步之诮。结果恐较法国第一次革命恐怖时代为尤恶。虽然，吾爱中庸，予尤爱真理。舍己从人，弃旧谋新，惟视其合真理与否。真理所在，不必阿俗。我纵矫枉过正，世人自能判之。若徒以中庸相标榜，依违两可之间，惧用夷变夏之讥，防以新间旧之骂，不敢涤污秽，不敢去瑕疵，则其国故仍为国渣，而非国粹，岂学者之态度哉？

九　是类人才宜多培植

凡科学必有系统。凡有系统之科学，必持平，必切实，必如数学之严密，必为精于此学之专家所作，而非由于剽窃，必能经精于鉴别者之考验洗练，夫而后可信无疑。此非有科学家之态度，不能为之。有科学态度，而不能忍性劳心，用归纳法研究，亦不能成功。治国故较治寻常科学尤有难者，盖国故尚散漫无纪，如欲使成科学，则必具旧学根柢，兼通近代科学，合古今中外为一炉而冶之。是类人才，良未易得，然其关系一国之文化甚大，关系世界之文化亦不小。如其有之，则宜重加奖励，如其无之，则宜多事培植。是固政府之事，而有力者，为一国文化计，为世界文化计，亦可不热忱以振兴乎？

（录自《民铎杂志》第4卷第3号，1923年8月）

佛学是否国学

显教

吾国有至无义味之一问题，千百年来，能使读书种子诤执甚烈，至于今不已者，则“佛学是否国学”是矣。夫佛学而为无上真理欤，则虽非国学，学之惟恐不足。佛学而非无上真理欤，则虽是国学，弃之惟恐不尽。吾惟求其学之是非可矣，吾恶问其国之是与否耶。儒道者流，执其旧见，嫉视一切。虽知佛学壁严垒整，无复攻击之隙，妄引周公惩膺之言，排为夷狄异端之教，说之由兴，虽甚顽鄙，而其毒之酿成，乃有三武一宗之祸，抑亦酷矣。今者国制共和，人民信教自由，专制暴君之毒，无复演于今后之法门。而自欧化东来，骎骎欲举吾国故有之文化，一扫而空之。有志者亟唱国学，为抵制计，以佛学为来自印度，非儒道之固有比，几与欧化视同一例。不一论其所以，则佛法前途，终有壅滞之患。夫佛学创兴于印度，传扬于中国，其为国学与否，实可方便随宜，而说非有一定之必要。故吾所论，惟务去其障碍，流通佛法而已，良不欲操戈其间，徒事无益之诤执也。乃为通方之说，启以四门分别：

（一）非国学　国人发明，谓之国学。他邦输之，则非国学。否则以世界之交通，有一学出，莫不传遍各国，应皆并为国学。既并为国学，则无复是否之辨，国学名义行且丧矣。故不言国学则已，若言国学，则必有辨，而辨之所在，惟以国人发明与否为定义也。佛既生于印度，宣化域内，未尝出境，其学为印度之国学耳。及经来吾国，尽出翻译，要皆传习承述，岂得与儒道之教，纯出国人者，所可同日而语哉？虽然，佛学诚可谓非国学矣。非国学，其为佛学则自若也。佛学自若，则吾人学之亦自若也。夫佛学之为无上真理，其较儒道欧化为何如，有目者既共睹矣，岂得以非国学，目同欧化哉？或曰：佛，夷狄也，其教亦夷狄也。《传》曰：“戎狄是膺，荆庶是惩。子不是膺，而反学之乎。”曰夷狄者，古之慢辞也。孔子志在春秋，其进退夷夏也。中夏而夷狄，则夷狄之。夷狄而中夏，则中夏之。及太平之世，夷狄内外小大若一，其义甚精。佛学既为无上真理矣，虽出西域，非夷狄比。吾人若不学无上真理之佛学，虽生中国亦为邪妄之徒。彼且夷狄我，犹欲以慢他耶。然则佛学非国学，吾人仍当学佛学，其义亦明且晰矣。

（二）是国学　国学者，非必国人之所发明，凡为多数国人之所崇奉，而在一国历史上起重大变化之学也。譬之人食谷麦蔬果，变为精血，长为肌肉，若曰是犹谷麦蔬果而已，非身之精血肌肉，则恶乎可？一身如是，一国亦然。如必国人之所发明，而后谓之国学，则日本之学何一而非传习于吾国，承述于欧美乎？欧美之学，何一而非传习于希腊罗马犹太乎？然则彼将皆无国学矣。夫以欧美日本今日国势之盛，而皆无国学，则国之为国，亦恶贵有其国学耶？故曰，国学者，考其与人民变化之程度若何而可矣。欧化之来吾国，虽传播甚速，实未普及国民。自欧战之后，彼且自怨自艾其学术之不良，行将一改其操，而唱东方文化者。则吾国之效颦欧化，将失所据，其能普及国人与否，及将受何等之变化，皆未可知也。佛学则不然，吾国之信佛教者，自汉族论，则不啻过半，而满蒙藏则几于全数，则其崇奉之普及何如也。其影响于学理宗教也，若宋明之道学，虽阳谤佛法，实则阴取而改装之耳，其迹固斑斑可考。道教门类虽繁，不着佛法之熏染者几希。掩耳盗铃，不知其可羞耳。其影响于文字也，禅门素有语录，儒家谈理之书，号为语录者，不一而足。近世通用名词，其出于佛典者，尤不胜指。不宁惟是，教下三宗，惟法相为传习外，若天台，若华严，其教义与宗派创自国人，禅、净二宗之在印度若有若无，不绝如缕，至吾国始大为宏扬。前后迥不相侔，则亦几于国人之所发明矣。然则佛学洵非欧化之比，而为吾国之国学也明矣。夫以佛学之无上真理，虽非国学，吾犹将学之。矧实为国学，号称世界第二佛教之国，而为其民，苟不研求之，光大之，以自利利他者，抑何可哉？

（三）亦是亦非　前之二门，各据一义，皆有由致。离之则取舍自在，合之亦并行不背。如观摩尼，青黄异色，青黄虽异，摩尼则同。佛学亦然，其是否国学，则随观者不同。随观不同，其为佛学无异。佛学无异，吾唯学其为佛学而已。

（四）非是非非　进而求之，吾人按名察义。若“国民”若“国土”，其民与土之范围，必小于国，或等于国而已，决无于超量迥出之物。如“日光”、“虚空”者，而亦加以国名，谓之“国光”“国空”也。彼儒者之教，自格物致知，以至治国平天下，其品目虽多至于八，充其量，治国而已。所谓平天下者，亦惟大治其国，宾服四夷之义耳。孔子平生，周游列国，干闻国政，与今世之所谓政治家者，殆无少异。其人其教，既皆兢兢于国政之治乱，故其学实未超乎国之范围，而可称之为国学也。其余九流百家，及欧化之哲学科学，例以儒者之八目，皆不能以自外，是亦不出乎国学矣。耶稣提倡天国，似亦稍通天人之故，而自罗马认为国教以来，与国政相为倚用，其狼狈之状，尽人而知，则亦谓之国学而已。我佛之法，则不然，佛法之尘垢粃糠，犹将陶铸尧舜，其真实宗旨，则必出三界，超十地，归证乎大觉而后已。《楞严经》曰："空生大觉中，如海一沤发。十方诸国土，复依空所生。"夫彼一沤之空，尚不可谓之国空，况由空而觉，由觉而等，流之教法哉？且大觉之性，众生同具，佛因众生同具之性，演为众生同禀之教，在天而天，在人而人，遍法界，互古今，但以众生之机有熟不熟。故佛之教有现未现，现者不得据为私有，未现不得推为本无，固不得以世之所谓国学者，相与絜长比短，实为一切众生无上无等，唯一不二之学也矣。众生而永甘为沉沦，辜尽己性则已，否则欲自振拔，与十方诸佛，同证大觉之性者，舍此别无其由。

问四门互违，可简别否？曰是有二义，一无须简别，二亦可简别。无须简别者，门虽四异，要皆归于佛法。所谓方便多门，归元无二也。既归元无二之法，尽可随其意乐，广开方便，引诱来机。恶用简别，致起诤执。亦可简别者，譬之佛说四教，虽同会入一乘，而仍藏异通别，通异别圆，展转不同，此亦如是。昔者，佛以神通说法，能使众生各谓唯与我说，增其欢喜，推斯意也。与其委之于他，或致膜视无关，胡宁收之于己，更为亲切有味。故次门之义有胜于前，非之与是，诤论所在，法非可执，安用起诤，则又不如三门之为融达自在也。佛学、国学，通局有异，小大不同，惟四门乃能尽佛法之真量实相。夫佛法乃至不得以国学为拟议，况欲执非国学而妄施以惩膺抵制之说哉。嗟乎！抑面唾空，何尝污天，逆风扬尘，徒以坌己。一孔之徒，曷如其已。

（录自《世界佛教居士林林刊》第6期，1923年8月）

国学通论

孙世扬

凡人函五常之性，其刚柔缓急音声不同，系水土之风气，故谓之风。好恶取舍动静亡常，随君上之情欲，故谓之俗。唯学术出于风俗，乃亦有转移风俗之力。自昔三晋多权变之士，故名、法、纵横之学出焉。燕齐多迂怪之士，故阴阳、神仙之术兴焉。平原之人善于思，故老庄之学起于陈宋。川泽之人富于情，故屈宋之文产于荆楚。唯鲁兼有其地性，故孔墨之学行于南北。至于晁错诸葛亮之法家，则三晋之风也；东方朔管辂之术数，则燕齐之风也；何王嵇阮之清谈，则陈宋之风也；三祖陈王之文采，则荆楚之风也。盖学术之发生，固随地分而异趣矣。然自晋室东迁，虏马南来，衣冠之族，会萃江左。下逮禄山倡乱，辽金入寇，胡元满清，并都燕京，向之上国，俄变夷风。是故晋代以前，北方之学，盛于南方。晋代以后，南方之学，反盛于北。诸子则有抱朴金楼，理学则有周敦颐、朱熹、陆九渊、王守仁，经学则有顾炎武、惠栋、戴震。凡此数子，并能开拓学派，振动一世，求诸北方，更无其伦。夫同此一地，忽文忽野，则知学术之兴废在人耳。若夫三代以前，学术在上，人君以六经之道各随其民教之，民从上教，各随六经之性。故孔子曰，入其国其教可知也。至于后世，学术在下，则与政治相抗拒。政治虽衰，学术反盛，所以转移风俗，陶铸人才，有甚于政治之为之也。盖自王官失学，九流则兴，博士諛闻，古文乃起。以至魏晋之玄学，三唐之诗文，宋明之理学，清代之经学，无一不起于政治衰废之秋。若乃以学术为政治之附庸者，反不足观矣。是故立博士以明经，而经学衰，设官局以修史，而史学坏，以埋学阿时君，而理学替，以诗赋取士，而文章滥，然则草偃风从之说，非所论于豪杰之士明矣！嗟乎！君子观于学术兴废之由，而知国政衰微，无害于学，知设社讲学，为不可缓。不然，国乱俗坏，邪说横行，六经之道，既坠于地，而炎黄姬汉之裔，亦终沦为冥蛮而已。

（录自《华国月刊》第1期，1923年9月）

国学学制改进联合会宣言书

宋育仁

国学会拟组改良学制会，经会员集议，先进行国学联合会，取旧学界学者多数同意。我国设学校十二年，縻学费千万计，而新学界未出人才，旧学界反日形消灭。查各国学校皆由其国学之根本而改进，惟我国学校，乃舍其国学之根本而外求，甚至于欲用白话以破灭国文，别求哲学以破坏伦理。旧人亦只认国学为别科，而仅欲保存其原有，不知“国学”二字，乃对于所采西学学科之主名（犹云对他国之学），为学校之主体。譬如欧人采中国之学，则标以东方之目，不得于本国学制教科，标国学之名。此吾国学界所当先明，改进国学者，即系根本改良学制也。

第一须知学校之类别。（今言种类）第二须知各种学校各于其类有其学校之统系。第三须知同类别类学校之统系，各有其同等异等学程之阶级。第四须知同等异等学程阶级，各有其学科之支配。第五然后就各等各门支配之学科，据以规定学期之长短，学龄之限度，与学班之分合，经费之审计，其精神所注重，专在学程与学科。

今先就一类之学校（即国学为主体），明其直接之统系。（即国学为主课）又就直接之统系，列为异等之学程，即国学之专门与预备。又就一类异等之学程，因原有之学科，厘定为预备、专门两级学科之支配，而初级之普通，自括于其中。揭而明之，即是改进国学学制，建设国学专门大学一种之直接统系，非仅为保持国学之仅存，直是发皇国学之进步也。

国学旧学界其预备学科之资料，分为经史子集四部，其学之成就，旧标为性理考据词章三门。即系旧学之专门，其学业足称此专门者，固自不易。其次即不能分别为预备与普通，同归读书，四部之书固多良好之资料，而非支配之学科。立校以后，国学存古学校率以四部分科与其他学科格不相入，惟支配于国文历史主课，参加于伦理修身两科，附属于各类学校之中，不成一种统系，所以不能发达。查初定学制分文科实科，文科之类别，分为三种，其第二种即属于国学专门，但未就直接之学级，支配为必要之学科。所以此种学校不能成立，而旧学漫无统系，以致不能自存。今欲提倡发皇旧学，宜根据此种学校性质，就国学会推广联合会为集中之学团，即就此概举为专门与预备之两级，厘为国学两级适当支配之学科，说明如下。

经史子集乃系书之分类，不得为学之分科，性理考据词章为国学必要经历之程，而非人才教育专门学科所主，但国学离此不得。旧学能多读书已是学有根柢，其已达到研究性理考据词章有一长可称者，便属国学优美之程度，但分之为三门之人才，则偏枯而不足，合之为专门之预备，则增进而有余。但只须由此互加研究，理而董之，归纳于伦理学、政治学、哲学、教育学四科，分别参合，支配为国学某科。专门之预备，既储专门之预备，即树国学大学之先声，只将满屋散钱，穿成一贯，所谓少加以理便可奴仆命骚，以之教授初级普通，更绰有余裕。同志应求观摩至捷，发皇国学，只在朋来，岂仅保存而已哉？

（录自《国学月刊》第 17 期，署名“芸子”，1923 年）

国学研究社讲习专门学科

宋育仁

北京大学，立经学专科，外国学校，有历史分科，讲求国学者，因此遂以经史子集四部之名，分配为教科。孔经为欧美所无，而彼中大学五科，有道科，以其教经为主课。日本大学立哲学，以孔经立为哲学教科。夫四部乃分部书类之名，非支配学科之目。外域教经，专修宗教，所谓历史，专载事迹，犹且教经不标为专门之科，历史亦只为预科之助。日本支配孔经为哲学大科研究书，知其一端，推例可悟。中国经史，组合专门各学而成，今立学会为研究专门，自应以专门学业标名，而指定某经某史及子家某家书为研究所占之专课。列目如后：

伦理学　中国宗教即在伦理中，不别立宗教。

《诗经》、《礼记》、《孝经》、《孟子》为主课。（各家经注经说，各附本经。问琴阁《群经大义·诗经义》附）

《论语》，（《荀子》、《说苑》、《新序》、《韩诗外传》附之）、《仪礼》、《白虎通义》，为参考书。（《仪礼》即圣教之科仪。《司马书仪》、《朱子家礼》，附《仪礼》）

哲学

《四书》为主课。（理学家书附之）

《老子》、《关尹子》、《孟子》、《荀子》、《陆贾新语》、《董子》、《扬子》、《论衡》、《昌言》、《潜夫论》、《文中子》为参考书。

政治学

《尚书》、《周礼》、《礼记》曲礼下、王制为主课。（诸家注说附。问琴阁《尚书古今文分编》、《周官古义举例》、《周礼表》附之）

《管子》、《孟子》、《司马法》、《董子》、《贾子》、《昌言》、《潜夫论》、《国语》、《史记》、《汉书》为参考书。（《采风记》、《时务论》附之）

法律学　公理公法，法学统入此门，不别立科。

《周礼·秋官》、《春秋公羊传》、《汉书·刑法志》、《唐律议疏》、孟德斯

鸠《法意》为主课。（问琴阁《经术公理学》、《采风记公法篇》、《礼律根本解决论》附）

《律例统宗》、《罗马法典》、《英律全书》、《法国律例》、伯伦知理《政治学》、《日本刑法志》，《法规大全民事门》、《公法会通》、《通商条约》、《出使指明》为参考研究书。（那特硜、斯宾塞尔、市岛谦吉《法政学法制大意》附）

财政学

《周礼》天官、地官、《史记》平准书、货殖传，《汉书·食货志》、司密·亚丹《原富》《富国策》《续富国策》、《各国币制纂要》为主课。（问琴阁《经世财政学》附）

《列国岁计纂要》、《交涉税则》、《中国海关税则》、《公司章程》、《铁路章程》、《工商业史》、《农业史生利分利之别》、《海关税册价值》为参考书，

教育学

《周礼》地官、春官，《礼记》王制、学记、文王世子、曲礼、小仪、内则，师范讲义为主课。（《群经大义》、《采风记学校篇》、《经术公理学》附）

朱子《小学》、四礼仪、五种遗规、学校统系、教育原理，为参考书，

训诂学（即古教科六书，汉以来称为小学，演为名学，即东瀛名词之论理学。标名六书小学，则嫌限于狭，题为论理名学，又嫌于偏，今定为训诂学）

《尔雅》、《夏小正》、《说文解字》为主课。（《尔雅讲义》、《夏小正文法今释说》、《文部首笺正》附之。

王氏《说文释例》、《说文句读》、段氏《说文注》、《小学汇函》、《汗简笺正》、《尹文子》、《经传释词》、穆勒《名学》，为参考研究书。（问琴阁《同文解字》附之）

文史学　统纪事发，论无韵之篇，与诗赋歌辞有韵之体，皆在此科。如以孔门之文学立科，则范围过大，以晚近之词章标目，则界说太狭。系新学界之国文为称，又与六书训诂论理各学名实相混，宾主不分。文之古谊，专属于字诂，史之通义，兼统夫文词。欧人著书，多名之曰史，即谓修辞学家也。修辞二字，本出自易落之文，即称为修词学，亦得今以文史代修词之目，并史学亦属此科。

《诗经》、《国语》、《左传》、《孟子》、《庄子》，《楚词》、《史记》、《汉书》、《史通》、《文心雕龙》、《昭明文选》、《古诗选》、《八代诗选》、《七十家赋钞》、《唐宋文醇诗醇》为主课。（问琴阁之《唐诗品》附）

《礼记》檀弓、文王世子、学记，《吕览》、《淮南子》、《贾子》、《国

策》、《后汉书》、《三国志》、《通鉴》、《三通》、《八代文萃》、《古文词类纂》、《全唐诗》为研究参考书。

女学教科书目录

《诗经·国风·正风》周南、召南。(读本带全经小序,《豳风之什》读本)

《礼记》曲礼上下、内则、昏义,(附尔疋释亲纂妇礼附刊) 刘向《列女传》古本 (有绣像佳 宋本最佳)

明解缙《列女传》坊本。(附《幼学订正》同刊)

《女四书》坊本(女诫女训女论语,附《列女传》)

读史及幼编(重加订正刊行)。

《古诗源》《玉台新咏》《唐诗三百首》(合刊)

《古文苑》

《汉书·列女传序》

《六朝文绣》(合刊),附《华阳国志·士女志序》

(录自《国学月刊》第17期,1923年)

民国十二年国学之趋势

胡朴安

顷岁以来，隐忧之士，鉴于国学之衰落，以为国学将绝也，而不知国学已动复兴之几。一种学术，必有他种学术，与之接触，始能发生新学术之径途。因欧洲哲学之影响，研究诸子学者日多；因欧洲言语学之影响，研究六书学者日多；因欧洲美术学之影响，研究诗画学者日多；因欧洲历史学之影响，研究群经古史学者日多。不过草茅初辟，而途径未分，孚甲已萌，而灿烂未现。苟努力不已，则民国之学术，必能迈前世而上之。夫学术进步者也，考据之学，始于东汉，至清而进步；哲理之学，始于周秦，至宋而进步。（见本刊第十六期著者《答程善之书》，兹不多及。）由今视昔，理无二途，著者此篇，略述趋势而已。

中国国学，至清乾嘉时而极盛，道咸以后，迄于光宣之际，日即衰微矣，然而未尝绝也。其矫矫可数者，瑞安孙氏诒让仲容，德清俞氏樾曲园，寻江戴之坠绪，群经而外，兼及诸子，参互鉤稽，时有精言。四川廖氏平季平，广东康氏有为更生，沿刘庄之辙迹，变而加厉，掊击东汉，独尊西京，罢黜百家，仅存公羊。大同三世之说，比附《礼运》，先进后进之说，比附《论语》。时多怪诞之言，好为新奇之论，然而持之有故，言之成理，虽非通才，足树一帜。长沙王氏先谦益吾，搜讨颇勤，见闻亦富，注史笺子，简明有法，最便初学。湘潭王氏闿运壬秋，文笔健洁，纪湘军尤可观，诗亦优长，惜无独到，所注《墨子》，浅陋无足论已。吴县吴氏大澂清卿，奔走潘氏之门，颇见三代之器，耳目既广，知识遂多，校其文字，为之排比，虽鲜发明，可资参考。上虞罗氏振玉叔蕴，海宁王氏国维静安，获殷墟文字，识其音义，证之许书，发千古未有之奇，校六书违背之旨。骨甲出土，有造于罗王二氏多也。杭州张氏尔田孟劬，孙氏德谦益安，守实斋之成法，兼治史子，亦可以观。长沙叶氏德辉，吴县曹氏元弼，一则杂不名家，一则拘未宏览，要之一时之好，有足多者。其他诗文词曲卓然成家者，颇亦有之，不悉举也。兹数先生，虽未足当启发学术之任，亦可谓翘然异于众人矣。惟世界息息推移，学术亦时时递变，诸先生之学术，仅足结清室之终，未足开民国之始，其著作之精粹，可供吾人诵读，其治学之方法，不能为吾人之楷式。虽诸先生在今日尚有存者，而于民国十二年来之国学无与，故略纪之不复详论焉。

梁启超著《清代学术概论》，自诩为今文学运动员之一。余之此论，首先不承认梁启超在学术界上有相当之位置。梁启超盖一言辨记博之人，能利用各种学说，以为猎取功名之具，拟之诸子，至多不过等于纵横之流，辨而无理，博而不精。论其学术，与杨慎胡应麟相上下，论其文词，与侯方域袁枚相上下，论其品格，反对共和于民国未缔造之先，竞争官吏于民国既成立之后。特今之人，惑于梁启超者颇众，余论民国十二年国学之趋势，恐人联想而及于梁启超也，故首先斥之。

民国以来，虽有国学复兴之几，而无国学可述之实，惟有一事足记者，学术之群众运动，视前为进步是也。夫学术与政治社会，皆有相关之故，学术之群众运动，与政治社会之相关尤切。群众运动而不已，最短之时间，虽未必有良好之影响，其卒也，必有圆满之结果。余造此论，即注意于群众运动之趋势，而一时学术之精粗，政治之良否，社会之治乱，互相起伏，有必不能免者，置之不论也。

开民国学术群众运动之先河，有二大团体焉。一国学保存会，一南社。二团体皆创造于光绪之季年。国学保存会，抱光复汉族主义，阐发亭林船山之学说，发行《国粹学报》，一时撰述之士，如章太炎、刘申叔、黄晦闻、陈巢南、黄季刚等，鄙人亦为撰述员之一，一时影响所及，学术界勃然有生气焉。南社抱民主主义，以诗文播革命之种子，与海外之《民报》相应，以慷慨激昂痛哭流涕之文字，感发人民之志意，指示平等自由之径途，发行《南社社集》。一时撰述之士，湖南则宋渔父、宁太一、傅屯艮等，湖北则田子琴、居觉生等，四川则雷铁崖、曾孝毂等，云南则吕天民等，广东则汪精卫、胡汉民、苏曼殊等，广西则马君武、邓孟硕等，陕西则于右任等，山西则景耀月等，直隶则张溥泉、李息霜等，福建则林亮奇、林秋叶、邱荷公、陈勒生等，浙江则邵仲辉、邵元冲、戴季陶等，江西则陶小柳等，江苏则周仲穆、陈蜕庵、高吹万、高天梅、姚石子、姚雄伯、陈巢南、柳亚子、叶楚伧、萧蜕公等，安徽则范鸿轩、王无生、汪子实、程善之、黄宾虹等，鄙人与舍弟寄尘亦随其后焉。声气之广，过于复社。上海新闻界，执笔政者，十之八九皆南社人。辛亥起义，收功于南社之鼓吹者尤多。兹二团体，不可谓非国学群众运动之先导也。

民国成立，《国粹学报》停刊，然而东南学者，皆受太炎之影响，《国粹》虽停，太炎之学说独盛。北京大学者，学术汇萃之区也，为姚永概、马通伯、林琴南所占据，不学无术，奄奄一息焉。自刘申叔、黄季刚、田北湖、黄晦闻，应大学之聘，据皋比而讲太炎之学，流风所播，感应斯宏。自申叔贬节，媚于袁氏，而有《中国学报》之刊，国师之讥，学术大受打击。所幸太炎受袁氏之拘禁，始终不屈，而士子信仰其学者，至今不绝。《国故》与《华国》及东南大学之《国学丛刊》，皆《国粹学报》之一脉，而为太炎学说所左右者也。

南社倡于清季，是盛于民国二年之间，上海各报，主持文苑者，无一非南社之人。民国既建，无复有用文字鼓吹之地，而南社文字，虽多激越之音，实近敷浅之旨，已有群众文字之趋向。于是向之以文字鼓吹革命者，或改而趋于小说之一途，故当时各报之小说及小品杂俎，悉彬彬可诵焉。二年以后，渔父死于沪宁之弹，太一死于武昌之狱，仲穆死于张勋之枪，鸿轩死于刺客之剑，勒生死于炸弹之中，亮奇死于汽车之下，无生、蜕庵死于贫，曼殊、子实死于病，息霜削发为僧于虎跑，铁崖佯狂避世于南洋，死者死，逃者逃，背盟以去者，亦复大有人在，风流云散，无复向时之观。然而岁寒之柏，风雨之鸡，未尝已也，况文字之感动，深入人心，岂势力所能摧灭乎？今江浙湘粤之间，文字结社，所在而是，皆南社之一脉，而受南社文字之影响者也。

虽然《国粹学报》与《南社社集》之学术文章，可以当民国之国学乎？曰未也。可以当国学复兴之动几乎？曰亦未也。《国粹学报》与《南社社集》，仅可为学术群众运动之先声，若国学复兴之动机，于学术言，于文章言，当具有整理之精神，为有统系之撰述，北京大学《国学季刊》，除一二篇稍含有此种之趋向外，其他尚未足以当之也。然而此机已动，整理国学之声，洋溢于耳，国学终有复兴之一日，不过整理方法，颇费斟酌耳。

南社同人，鉴于十二年来国学之趋势，知南社鼓吹之文字，必不足以为振兴国学之器具，于是有新南社之组织。南社同人，加入者若干人，非南社同人，加入者若干人，于十月十日成立。其组织之宗旨，一以收吸新潮，一以整理国学。此团体成立，若能运之以精心，持之以毅力，易激越之音，而为平正之言，述精深之理，而作明显之语，国学复兴，庶有望乎。

鄙人抱整理之宏念，发行《周刊》，而学术荒落，才力不继，虽确知将来之学术，必能超过于前人，无如有所造就，尚不能追清末诸先贤于万一，略知方法，毫无实力，因感而为此篇。而二大学术群众运动之团体，皆与鄙人有关，所知稍深，故敢率尔命笔。而十二年来之趋势，似不得不有新学术团体之发生，然则发生新学术团体者，其所负国学之责任，实重且巨也。

（录自上海《民国日报·国学周刊》国庆日增刊，1923年10月10日）

国学运动的我见

成仿吾

我们的学术界自从所谓新文化运动以来，真不知道经过多少变迁了。变迁本是进步的一个条件，可惜我们所经过的变迁，不幸而是向退步一方向去的。最初，我们有所谓国语运动，这与我们这不三不四的革命一样，总算成功了。其次，我们有所谓学术运动，许多关于社会经济与哲学的书籍，真如雨后的春笋露了出来。不幸投机的商人虽多，好货完全没有，广告虽然打得很大，内容却实空虚。有许多不值一文钱的人也自称哲学家，也自称社会学者，尤足使人喷饭。所以这种运动的结果，只不过这些商人各人赤条条地暴露了他们的骸骨。最后我们现在有所谓国学运动，这种运动怎样奇怪，与参加这种运动的人怎样无聊，我觉得没有适当的语言可以表出。

国学运动！这是怎样好听的一个名词！不但国粹派听了要油然心喜，即一般的人听了，少不了也要点头称是。然而他们这种运动的神髓可惜只不过是要在死灰中寻出火烬来满足他们那“美好的昔日”的情绪，他们是想利用盲目的爱国的心理实行他们倒行逆施的狂妄。所以假使国粹派称新文化运动为清谈，我们当称这种国学运动为清谈中之清谈，遗害更加百倍的清谈。

从事这种运动的人，约略可以分为下列的三种：

1. 学者名人而所学有限，乃不得不据国学为孤城者。

2. 老儒宿学及除国学外别无能事乃乘机倡和者。

3. 盲从派，这是一切运动所必需之物。

这三种人性质虽稍不同，然而他们纯袭古人的非科学的旧法，思用以显耀一时，却是一样的。要想取科学的方法为真切的研究，他们都欠少科学的素养。他们的方法与态度，不外是承袭清时的考据家。所以他们纵然碰命研究，充其量不过增加一些从前那种无益的考据。这样的研究不仅与我们的生活毫不相干，即于国学的研究，亦无何等的益处。

国学，我们当然不能说它没有研究之价值，然而现在便高谈研究，对于上列的三种人，未免为时过早，何况群起而为一种运动？凡研究一件东西，我们能常持批评的态度，才能得到真确的结果，若不能保持批评的态度，则必转为所惑。古来多少国学家所以把他们绝大的努力空费了，便是因为他们欠少批评的精神，终于为对象所迷乱而不知所择的缘故。然而欲保持批评的态度或精神，须有十分的素养，所以我们即要研究国学，亦非先有十分的素养不可。现在是修养的时期，还谈不到研究上去。

这三种人中颇有因为外国人近来喜欢研究我们的国学而沾然自喜的。这种外国 Exotics 不满意于科学（实是因为他们不知道什么是科学)，妙想天开，以为极东的苍天之下有一块常青的乐土。他们不再想起做过他们的幻想之背景的，和在科学上做过他们的先生的阿拉伯或印度，却更很远很远地画出一个这样的 Paradise 来，虽不免出人意外，然他们这样满足他们的幻想，是谁也不能干涉的，不过我们在这极东的苍天之下的人若偏信以为真，那却是非狂即盲了。不懂什么是科学的人，我们尽可任他们胡说，然而我们当知数千年来的疲弊之后，科学不仅为我们的素养最紧要的命脉，而且是恢复我们的生命力之唯一的源泉，我们当对于科学维持我们的信仰。

广义上说起来，不论什么事物都可以为研究的对象，然而研究的人一要有十分的素养，二要取适当的方法。返观现在许多热心国学运动的人，却不仅没有十分的素养，也还未取适当的方法。

综观年来的成绩，我只见有考证几篇，目录几个，近更看见了几篇考证的文章，然皆不过标榜他们考据的渊博，而扬甲抑乙，扬乙抑丙，只顾搜罗死字，据以相争，曾不一问它们的价值与 Probability。这样的研究，便做上几十百年，终是无所裨益。若这样的考证便是国学运动的全部，我们倒也不须多说了。

以这样的人们，取这样的方法，我看我们这种所谓国学运动，充其量不过能造出一些考据死文字的文字，充其量不过能增加一些更烦碎的考据学者。近代的精神是就事物去考究，不闻是就死字去考究。我愿从事这种运动的人能够反省，我尤切愿他们不再勾诱青年学子去狂舐这数千年的枯骨，好好让他们暂且把根基打稳。至于遗老逸少藉此消闲，那也是他们的自由，不是我所愿意说及。

十一月十三日，上海

（录自《创造周报》第 28 号，1923 年 11 月）

评今之治国学者

孙德谦

谓中国无学术乎，吾不敢言也，谓中国而有学术乎，吾又不能言也。夫以中国地广人众，贤杰代兴，至今日而遂无学术之可言，不亦轻天下羞当世之士哉。然人之为学，相率而出于无用者，比比皆然，特无有默观而细审者耳。如使默观而细审之，盖有约略可尽者焉。

昔钟嵘品诗，分为三等。吾谓今之治国学者试一加评品，亦不能越乎三者以外。三者维何，曰好古，曰风雅，曰游戏，如斯而已矣。圣人有言，曰信而好古，又曰好古敏以求之，是好古诚学者所有事也。然昌黎不云乎，所志于古者，不惟其辞之好，好其道焉尔。夫道成而上，艺成而下。今之好古者，非好其道也，艺也。是故得一古器焉，晨夕摩挲，诠释文字，若殷之龟甲，周之毛公鼎散氏盘，以及汉镜晋砖，且视经典为贵矣。得一古碑焉，详其舆地，考其职官，有为前史所要删者，谓可订史文之阙误矣。墓碑之作，中郎不能无愧，韩子称之为谀，则非所问也。得一古籍焉，宋刻元刊，计其行款，辨其纸色，倘编次部目，极至藏弃之源流，亦必据图印以为证，而于此书之意指，则无所知也。如此以好古，不几玩物而丧志乎。不宁唯是，彼方谓自我取之，不妨自我去之，于是韫匮而藏者，往往善贾而沽，则其所以好古者，直世之所谓骨董家矣，然人多以好古推之。今之治国学者，此一流也。《诗》有六义，风雅居其二。自汉而后，诗人踵起，故班志艺文，以诗赋自为一略。及唐而设科取士，诗家由是为极盛焉，迨至有宋，则又一变而为词。词固诗之余也，然则诗词二者，皆为风雅之遗矣。吾观昔之为诗词者，吟咏性情，长于讽诠，有风人陈古刺今之意。即论近世，其一二名家，要不离乎是。然而不多得也，或良辰佳节，或登山临水，莫不出其篇章，以自命乎风雅。甚者趋承显要，而藉以交联声气，下至倡优卑贱之人，公然投赠而不之顾。有识者在旁，从而嗤鄙之，彼且诩诩焉以为此风雅之事，无伤于行诣矣。又有少不知书，平昔未一握管，并诗词而不能为，特其处境丰裕，一室之中，罗列珍笈，法书名画，亦复藏之箧衍，以备美观，若而人者，盖又窃附于风雅之林矣。今之治国学者，此又一流也。昔司马子长作《史记》，有《滑稽列传》，而刘彦和《文心雕龙》，则别撰为《谐讔篇》，文人游戏，偶焉为之，何足深责？然刘向父子，著《别录》《七略》，其部次诸子，则以小说列其末，史书经籍志，不但辞曲一家，置于诗文集后，名不雅驯者，且削而不录也，可见小说辞曲非学之先务矣。今则不然，能文之士，乐为小说，烟墨不言，任其驱染，而诲盗诲淫，在所不计，不知以吾一时游戏之作，其间败坏风俗，而贻害人心者何可胜言。昧者不察，犹谓小说之书感人最易，岂不悖乎。曲始于元，其时张小山辈，特造为新声，以补词之不足耳，顾以其圣可被诸管弦，久目为游戏之具。近虽有识其渊源，校其音律者，然不加考索，善于歌唱滥吹其中，此类为多，亦以此本游戏之事，非国学问也。乃明知其为游戏，偏欲夸大其事，谓曲者国粹之所存，夫国粹固若是其小乎。他如悬灯而作隐书，叩钟而成联语，瘁其心力，以炫思虑之奇巧，作此游戏者，时有所闻。今之治国学者，此又一流也。由是而观，名为学者，而足以三途概之。吾中国之学术，犹得以昌明乎哉。

或曰，今之世，将一无研治国学者乎。曰，彼以汉学家言，而谓合于科学方法者，则考据之学是也。虽然，言乎考据，何得即称为国学乎。夫考据亦綦难矣，非通乎小学，识其字方形声，而尤洞悉乎六书假借之义，则释解有时而穷。余往者亦尝治此学，久之而病其繁琐，故决然去之，但考据之弊，则知之实深。其弊若何？求之形声，而用假借之法，已不免穿凿而附会，乃又专辄臆断，不曰衍文，则曰脱文，无可如何，则归之传写者之误。审如是，读古人书一任我之所为，殆无难矣。吾非欲废斥考据也，以此不过为学之初径耳。况其一字一句，或尚怡然理顺，而谛审上下，则不能贯澈，犹失之小焉者也。若务为新奇，而不守旧说，必与前人立异，于是春秋之邹氏，班孟坚言其无师者，可强合于战国之邹衍，而阴阳五行，一若有口说之流传矣。作大篆之史籀，或不信其为字体，谓当从本义说，训为讽诵，而许叔重籀文之言，从此可破矣。《鲁论》所云多闻阙疑，慎言寡尤之道，则无人能明之。不特此也，为考据者，必取于征引之富，治群经也，孔子已删之诗书，未修之春秋，势所不可得者，而思有以见之。以史部之材料，不足供我甄采，注意于地下之发掘，期其有如燉煌石室者，再显出于世，读所未见，则彼心为之始快。窃尝譬之，吾国良田充积，苟天时无愆，人力勤于耕种，蒸民粒食，取给无虞。今必舍而不芸，悬想荒土而重谋开垦，且无论事之难易，万一成熟无期，岂非劳而少功乎。夫考据家之实事求是，苟善为之，学者何尝不可从事于此。当乾嘉时，治考据者，亦云盛矣，诂经而外，兼及子史，音韵校雠，确有心得，洵可与宋学之迂疏，别树一帜也。然如东原、怀祖诸贤，吾极爱之敬之，惟戴氏之于《书》“光被四表”，必易“光”为“横”，王氏之于《老子》“夫佳兵者，不祥之器”，必改“佳”为“隹”，其说虽持之有故，言之成理，由吾论之，《书》“光被四表”，是甚言其德之远播耳，《老子》“佳兵者，不详之器”，是欲人不可以黩武耳，其义皆皦然易知，不待一辞之赘。姑援二者以为例。凡有志于学者，当探索其义理，而寻章摘句，繁称博引，要为不贤识小，所贵乎考据者，岂詹詹在此哉。乃世之崇尚考据者，奉高邮为大师，如既得其门，不必升堂而入室，侈然号于众曰，国学之止境，在于是矣。夫国学而仅以考据当之，陋孰甚焉。今夫学亦求其有用耳，宣圣赞述六经，为万世治术之本。即周秦道墨诸家，亦何尝空言无用，不足见之行事哉。

呜呼，今天下之乱至矣，彼非圣无法者，日出其奇谬之学说，以隳弃纲常，铲灭轨物，世风之愈趋而愈下，正不知伊于何底。然悠悠者不识国学为何事，则亦已耳，使果于国学而深造有得，好古三者之失，宜力戒而弗为，支离破碎之考据，亦无事疲耗其精神，有可得时则驾。惟本此经世之志，以措之事业。倘终其身穷老在下，守先待后，砥柱中流，庶几于名教有所裨益。若徒硜硜自好，处此儒术既绌，而不能为孟荀之润色，纵使著书立说，未始非潜心国学者，而识量褊隘矣。吾之为此评也，吾盖睪然尤有望于世之深于国学者。

（录自《学衡》23 期，1923 年 11 月）

汉字革命与国故

钱玄同

我是主张汉字革命的一个人。我主张把国语写成拼音文字，我主张采用世界通用的罗马字母来做国语拼音文字底字母。我从教育普及和文化革新上研究，断定国语应该改用拼音文字。我从便于无限制的输入西文词句上研究，从书写印刷种种方面便利上研究，断定国语字母应该采用罗马字母。我从中国文字古今变迁底历史上研究，断定国语能够改用拼音文字。以上的意见，大致都在《国语月刊》第一卷第七号“汉文改革号”《汉字革命!》一文中发表过了。同时发表“国语应该改用拼音文字”底意见的，还有黎锦熙、赵元任，……诸位先生。我们底意见发表以后，常常听到反对的议论。其中如“中国底语言是单音语，同音字太多，不能用拼音文字”这一类话，知道它谬误的人渐渐地多起来了，我们可以不必再去驳它了。最近又听到一种反对的议论：“中国若改用拼音文字，一般人自然不再去认识汉字，那么，以前用汉字写的书籍便没有人能读它了。但中国底文化寄于汉字的书籍之中，不能读汉字的书籍，便不能知道中国底文化，所以汉字革命底结果，便要闹到扑灭文化。扑灭文化是何等野蛮、何等悲惨的事！这是我们应该做的吗?”一般浅见的人们听了这种议论，觉得真是“一棒一条痕，一掴一掌血”。他们以为主张汉字革命的人们给人家这样一个耳刮子、两个耳刮子地打下来，一定“内疚神明”，忏悔以前做了文化底叛徒，从此噤若寒蝉，不敢再响了。

但是据我看来，那种议论简直是不通得很!

第一，文化是常常变迁革新的。古人所说什么“天不变，道亦不变”这类不通可笑的话，现在早已没有它立足的地位了。讲到中国底文化，现在尤其应该努力向着革新的路上走去！若再迷恋旧文化底尸骸，真是“害于而家，凶于而国”，一定要闹到亡国灭种的地步！中国现在的新文化，就是“现代的世界文化”（有人称为“欧化”，有人称为“西方化”，都是不妥当的名称）。他们所说的“中国文化”，既是寄于汉字的书籍之中的，则当然是指过去的已经僵死腐烂的中国旧文化而言，不是现在的正在发荣滋长的中国新文化。过去的已经僵死腐烂的中国旧文化，可以称它为“国故”（有人称为“国学”，很有语病）。国故在“中国文化”全体之中只占了很小的一个部位。他们称国故为“中国文化”，仿佛称一只眼睛或一个手指为“人”一样，这不是不通得很吗？

第二，国故固然寄于汉字的书籍中，但汉字书籍之中底国故，只是一大堆杂乱无章的国故底材料。这种材料，只能供给“国故学者”（如现在的胡适之、梁任公、顾颉刚诸位先生等）拿去做“整理国故”的取资，决不是要想得到国故底知识的一般人适用的工具。一般人要想得到国故底知识，惟有读国故学者整理就绪的有条理有系统的新著。若读那杂乱无章的旧书，必致“劳而无功”，而且“非徒无益而又害之”。因为旧书之中，“牛溲、马勃、败鼓之皮”到处皆是，若误信杜撰事实或淆乱真相的伪史，不是反有害吗？讲到国故学者底新著，用什么文体，用什么文字，这是应该“因时制宜”的。例如二十年前是对于所谓“古文”革命的时代，所以梁任公先生做《国学蠡酌》、《墨学微》，便用他种“新体文言文”；五年前是对于“文言文”革命的时代，所以胡适之先生做《中国哲学史大纲》、《国语文学小史》便用“国语文”。那么，今后是对于汉字革命的时代，整理国故的著作当然应该用“拼音的国语文”了。他们不知道一般人要得国故底知识不能求之于杂乱无章的材料之中，他们不知道无论什么文字都可以叙述国故，他们只看见许多汉字的书籍之中堆着好些国故底材料，便以为不认识汉字的人就没有法子得到国故底知识，便说汉字革命底结果要闹到什么“扑灭文化”，这不又是狠不通的议论吗？

因为国故是过去的已经僵死腐烂的中国旧文化，所以它与现在中国人底生活实在没有什么关系。现在的中国人应该赶紧研究不容再缓的学问便是科学。研究科学，才能得到思想精密，眼光扩大，知识正确，生活改善，道德增进种种好处。这些好处，国故里面是找不出来的。照中国目前学术界底状况看来，一般人不妨暂时将国故“束之高阁”。我从别一方面着想，并且觉得目前应该将国故“束之高阁”。你看！遗老还没有死尽，遗少又层出不穷了。有许多思想昏乱的青年，或服膺孔二爷纲常名分之教，或拜倒李老爹虚无玄妙之谈，还有一群新式名士（他们现在改名为“天才”了）镇日家伤春悲秋，怨天尤人，发挥二千年来只享权利不尽义务的高等文丐们底传统思想。这是什么现象！吴稚晖先生在本年七月二十三日和十月十五日的《晨报副刊》上痛斥国故为祟于现在的思想界的文章，别人或许评为偏激，我却觉得真是

“发聋振聩”，“有功世道人心之文”，对于那班思想昏乱的青年，这种大棒大喝是必不可少的。我因为极表赞同于这种大棒大喝，所以觉得目前应该将国故“束之高阁”。

可是从事实上观察，要叫大家都将国故“束之高阁”，究竟是不可能的事。既不可能，则与其任他们自由读古书，结果闹到“非徒无益而又害之”，不如请有科学的头脑，有历史的眼光的学者如胡适之先生、顾颉刚先生诸人来做整理国故的事业。我希望他们最初做尝百草的神农，最后做配西药的药剂师，做成许多有条理有系统的叙述国故的书，以供一般人对于国故底知识之需求。有条理有系统的叙述国故的新书一部一部地多起来，不但可以满足一般人需求国故底知识之希望，而且还可以渐渐地改正他们对于国故的谬误的传统思想。国故本是“广义的中国历史”，我们若能用正确的眼光——进化论的眼光去看历史，这本是很有益的。因为我们看了祖先那种野蛮幼稚不学上进的样子，可以激起我们“干蛊”的精神。

我因为认定要使一般人得到正确的国故底知识，应该读整理国故的新著，而整理国故的新著，无论用什么文字都可以做的，所以我对于“汉字革命和国故”这个题目的结论是这样：

汉字革命对于国故是有利无害的。将来用拼音的新文字叙述正确的国故底知识的书，不但比杂乱无章的古书要容易看得多，而且比现在胡适之、梁任公、顾颉刚诸先生用国语文叙述国故的新著还要容易看些，因为拼音文字比汉文要容易认识的原故。如此，则从前和现代不能普及的国故底知识，到了汉字革命以后，便渐渐地有普及的希望。

一九二三，一一，二〇，北京

（录自《晨报五周年纪念增刊》，1923 年 12 月）

国立东南大学国学院整理国学计划书

顾　实

一、总述

国文学系学程修毕之后，特设国学院以资深造，为国立东南大学专攻高深学问之一部。

自昔闭关一统之世，知有天下，而不知有国家。迨海禁既开，稍知西方，于是有中西对举之名词，如中文、西文，中学、西学，中医、西医之类是也。迩来国家观念，普及于人人，于是国民、国文、国语、国乐、国技、国粹、国故、国产种种冠以国字之一类名词，复触目皆是。今日学者间之有国学问题，甚嚣尘上，亦其一也。盖凡一国历史之绵远，尤必有其遗传之学识经验，内则为爱国之士所重视，外则为他邦学者所注意。远西学风，莫不尊重希腊学术、罗马学术及其本国学术，吾国亦何独不宜然。故今日整理国学，为当务之急，况夙号世界文明之一源，焉可稍自失其面目哉？

国学之范围，造端于周季六艺百家。汉世二刘校理秘文，定著《七略》《别录》。班书录存《六艺》《诸子》《诗赋》《兵书》《数术》《方技》六略。其后王俭《七志》，阮孝绪《七录》，俱附佛典。唐修《隋志》，始分经、史、子、集四部，别称四库，至今循用之。然清《四库》著录本有非中国人之书，揆诸柏兰陀马他曰"不问何一民族，凡用英语记录其生活者，皆为英国文学"，义亦脗合。故今日国学之范围，当注目于用中国语言文字记录之书。不独中国旧有书籍遗落他邦者，亟当收回，凡他邦人如近则日本朝鲜越南，远则欧、美诸国，有用中国语言文字记录之书，亦当在整理之列。

治学功效，在于练心积智，然偏尚智识，非心量之全。旧分心理为智、情、意三部，然尚不如分主观、客观两面之为简要。其民族心理而主观、客观俱强也，其学术必昌。学为science，术为art，兼包诗文。故本学院整理国学，根据心理，假定为两观三支如左：

客观：以科学理董国故——科学部；

以国故理董国故——典籍部

主观：客观化之主观——诗文部

后即本此式而分述之。

二、科学部

近世学术大概分科学、哲学、文学三部，实则哲学文学亦以科学视之。故今日学者之间，争言以科学理董国故，此其法良意美，复何间然。虽然，由来远矣。古昔学术，莫隆姬汉。周人诵述，古训章句并重。汉初“丁宽说《易》，训诂举大义，亦称为小章句”，犹未分也。其后学官博士利禄之徒，一经说至百余万言。《尧典》两字之说十余万言，蔡邕所谓“章句皆用意传，非其本旨”，则与八股时文之“大题文府”，“小题十万选”，复何异哉。故当时谓之“章句鄙儒”，而与“训诂通大义”之通人殊途焉。近世他邦人士，往往掇拾中国故记，撰成科学书，如《中国文学史》《中国文明发达史》之类，然甚肤浅失当，鲜卓然可观者。由是观之，则非国学湛深之士，而贸然轻言以科学理董国故，所不致为汉博士之续者几希。非郢书燕说，贻讥方闻，则断章取义，哗众取宠而已。

且科学家言发明原理原则，多属假定而不尽为确定。是亦譬诸汉博士说经，张列科条，家法森严。而甲攻乙驳，前仆后继。浸淫博士官失，而家法科条亦靡有孑遗矣。是虽国学湛深之士，精通科学法则，理董国故，而造作种种科学书，犹不免见仁见智之谈。故本学院对此，拟主慎重。凡欲从本国无数乱书中，抽列条理，成一有系统而发见原理原则之学术书，必先为巨大之长编，不厌求详，而后期臻精密，庶克免于卤莽灭裂以从事之讥焉。

中国古称左图右史，则图谱尚焉。又称制器尚象，则器物要矣。盖学说有非图谱不明者，有非器物不能证明者，所以古人重视之也。是故今日以科学方法，理董国故，约分三端：

一　学说

二　图谱

三　器物

此三者皆需专门知识，在在皆藉本学院以外之互助，与他学科，发生了联络之关系，例如图谱则入专家之范围，器物则取考古之方法，或共同搜罗古图谱古器物，或仿造之，改作之，不待言也。

暂拟造作各种学术书目如次：

《中国民族史》

《中国语言文字史》

《中国思想学术史》

《中国文学史》

《中国诗史》

《中国词史》

《中国曲剧史》

《中国美术史》

《中国天文数学史》

《中国法制史》

《中国经济学史》

《中国交通及国际交通史》

《中国农业史》

《中国商业史》

《中国工业史》

《中国哲学史》

《中国教育史》

《中国宗教史》

《中国佛教史》

《中国风俗史》

《古今人名地名大词典》

《国学大辞典》

《文学大辞典》

此皆各为长编，期以十年，然后审正名实，陆续发表，供专门家之采择。或仿外国百科全书，编纂类书，亦准此例。

此项著作家，期诸本大学之教授、助教及学生湛深于国学者，有必要时，须与他国大学交换教授，及选派留学外国，为科学整理国学之发展。办法另定之。

三　典籍部

古者考文，视为重典，后世学者惟力是视，今本学院尤引为己任。一言以蔽之曰，以国故理董国故也。天下事有一利，必有一弊。以科学理董国故诚为今日之大利，而弊亦即可立见。盖今日学子之大患，正在徒诵数册讲义、报章、杂志，及奉某某学术书为神圣，而未尝根本课读古书。即课读古书矣，亦以著有科学系统之色彩，狃于成见，信口开河。譬如戴西洋有色眼镜，视中国所有，无一不可变为西式。是其弊也，上焉者比诸魏晋玄风，程朱理学，皆戴印度有色眼镜，而读中国书。下焉者比诸唐宋八家，明清八比，亦尝劳精敝神于头项腹尾之系统，徒造成所谓投时利器，小试圣手也，岂不难哉。且科学本为不完全之学，今日学者间之所公认，尤必有以补其阙，故更进之以国故理董国故说。

笃而言之，以国故理董国故者，明澈过去之中国人，为古服华装，或血统纯粹之中国人者也。而以科学理董国故者，造成现在及未来之中国人，为变服西装或华洋合婚之中国人也。国学囊括古今，贯澈过去、现在、未来三大时代，故二者殊途而同归也。

考文之要，首在疏证。段玉裁曰："校经之法，必以贾还贾，以孔还孔，以陆还陆，以杜还杜，以郑还郑，各得其底本，而后判其理义之是非。"段氏之说以个人还个人，信美矣。若更兼之以时代还时代，则益备焉。申言之，则理董古书，在乎以周秦人之书，疏证周秦人之书，以两汉人之书，疏证两汉人之书，以魏、晋、六朝、唐人之书，疏证魏、晋、六朝、唐人之书，以宋元明清人之书，疏证宋元明清人之书。要以何一时代人之书，即以何一时代人之书疏证之，以其字句疏证字句，以其篇章疏证篇章，以其义理疏证义理。其时代同，则其所用之字法、句法、章法、篇法、义理亦必同。一经疏证而奥隐自辟，真伪立见。一举两得，莫此为善。

何言乎一经疏证而奥隐自辟也？例如《书》之唐虞典谟，简而易通，商周命诰，繁而难读。然命诰之辞，与《诗》之雅颂多同。《大诰》云："天棐忱辞"，文致奥衍，证以《荡》云"天生蒸民，其命匪谌"。《大明》云"天难谌斯"，则昭若发蒙矣。《康诰》云，"汝惟小子，乃服惟宏"，恉亦简晦，证以《民劳》云"我虽小子，而式宠大"，则若合符节矣。《大雅·思齐》云："肆戎疾不殄，烈假不瑕"，毛、郑皆未得其义，证以《康诰》云"不汝瑕殄”，则奂然冰释矣。凡证古书，以此类推，而世言古书难通，正坐不思耳。

何言乎一经疏证而真伪立辨也？例如文王演《易》，作《爻辞》，《中孚》之九二曰，“鹤鸣在阴，其子和之，我有好爵，吾与尔縻之”，此证以《诗》之二雅，不易辨其为《易》之《爻辞》也。《诗·抑》之二章曰，“其在于今，兴迷乱于政，颠覆厥德，荒湛于酒。女虽湛乐从，弗念厥绍，罔敷求先王，克共明刑”，此证以《书》之诰命，不易辨其为《诗经》之句也。《书·顾命》曰：“牖间南向，敷重篾席，黼纯，华玉仍几。西序东向，敷重底席，缀纯，文贝仍几。东序西向，敷重丰席，画纯，雕玉仍几。西夹南向，敷重笋席，玄纷纯，漆仍几”，此证以《周礼·春官司几筵》文，亦不能辨其为《书》之文也。惟此数书皆西周古籍，故互证而多同。世犹有谓《周官》为伪书者，岂笃论哉。

此举二例，皆以同时代之书，互相疏证所得之结果也。近三百年来学者考证一字，动辄连篇累牍，大半用此工夫。最近又有用金石龟甲文字疏证之者，如《书》之“高宗肜日”之肜，龟甲文作，即易字，误读为肜。“宁考”“宁王”之宁，金文作，借忞为文，即文王，误读为宁，亦甚精确。要之，果能取证不谬，字比句栉，久久自见功效，无烦絮说也。

由字句篇章而后能博览群书，故本学院附设国学图书调查会，办法另定之。一、讲求精本善本。二、搜罗遗书佚书。然后仿二刘校理，校理有录，一曰叙录，附随本书。二曰别录，特著专要，对于清《四库提要》有所改订及续补。改订者，如考据以愈推而愈精，后出之说宜采，是也。续补者，如佛藏道藏及后来新出之书，皆宜补入是也。

能疏证矣，能校理矣，然后用以扬榷古今，条贯万流，而纂修之业，庶可几焉。盖在今日，有亟当从事者：一、为特纂之书。例如上古唐、虞、夏、商、周、秦俱无专史，亟宜仿二十五朝正史之例，而别编太古史、唐虞史、夏史、商史、周史、秦史是也。二、为重修之书。例如《晋书》浮艳失实，《元史》舛讹尤甚，故周济有《晋略》之著，屠寄有《蒙兀儿史》、柯劭忞有《新元史》之作。而《宋史》烦冗，几类簿领，《明史》失统，大背史体，亦均待修订者也。

是故以国故埋董国故之办法，约分三端：

一、疏证

二、校理

三、纂修

此三者之中，非无借镜他邦，比较立论，然根本既明，则皮傅影响之谈，庶其免乎。且中国载籍繁富，李唐一代，足敌希腊罗马两朝之多，则似理董国学难，而理董西学易，先难而后获，亦治学之方乎。

暂拟古书应当疏证及重修者若干目，如次：

《诗补疏》。古尚断章，《诗》无达诂。近世动植物名详明，补清儒未备。

《尚书补疏》。今古文混淆，《书》最难读。近世金文、甲文，及其他考订，补清儒未备。

《礼记疏证》。驳杂丛残，莫如《戴记》。朱彬《训纂》殊陋，宜别作疏证。

《大戴礼记疏证》。卢文弨、戴震、汪中之校正，孔广森之补注，焦循之补疏，王聘珍之解诂，俱未详备，宜别作新疏。

《周礼补疏》。孙诒让正义，尚近长编，刘师培古注集疏，未刻，尚宜补疏。

《易补疏》。《易》无达占，事隐义朗，秦火不焚，近世新解，补清儒未备。

《春秋左氏传疏证》。《春秋》无达辞，明事实为尤要。清儒公穀二传，皆有疏。刘文淇《左传正义》，刘师培续稿佚，宜作新疏。

《老子疏证》。黄老道德之术，盛于战国，汉用以治强，魏王弼援佛解老而还，注者充栋，真面全失，宜作新疏。

《庄子疏证》。老为真人，庄为天人，有高下之差，王先谦《集解》、郭庆藩《集释》胜旧注疏矣，犹有未明，宜作新疏。

《墨子经上下经说上下大取小取疏证》。名家之言，缴绕难理，孙诒让《闲诂》犹未尽，谢希深注尤疎，宜作新疏。

《公孙龙子疏证》、《吕氏春秋疏证》。二书皆杂出宾客之手，然包孕宏富，百家渊薮，高注多未尽，宜作新疏。

《淮南子疏证》、《荀子疏证》。荀书首《劝学》，终《尧问》，实仿《论语》，儒之正宗。谢墉校正，王先谦集解，刘师培补注犹未尽，宜作新疏。

《史记疏证》。《史记》为正史之冠冕，司马迁自称协六经异传，整齐百家杂语。扬雄以太史淮南并比，包孕之富可想矣。自《集解》《索隐》《正义》而外，清梁玉绳《志疑》之类，补苴未大成，宜仿王先谦《汉书补注》《后汉书补注》例，别作新疏。

《重修宋史》、《重修明史》。二史失当，说已见前，宜仿柯劭忞《新元史》、屠寄《蒙兀儿史》例，重修二史。

《大乘起信论疏证》、《楞严经疏证》。华梵语隔国别，而印史尤茫昧，内典难理，将成国学之焦点。此二书近已发生真伪问题，姑先作新疏，再及其他经论。

此外应当疏证，及重修之书，不胜枚举。然仪征刘氏以三世撰一《左传古注集疏》，尚未卒业，则可见以国故理董国故之不易矣。明知右列诸书，萃天下之才，犹虞不给，方闻之士，得无讥其近夸。第以既为国学院，规模不能不宏远，虽斯愿之偿，待诸千百年之后，犹旦暮遇之也。

此项著述家亦期诸本大学之教授、助教及学生，但今日耆旧宿学尚不乏人，如已有成书，而恰符本学院之希望者，本学院即当采用其书，或推荐名誉学位，办法另定之。

四 诗文部

尊之者曰，“言之文也，天地之心哉！”卑之者曰，“文章小道耳，薄技耳！”由今言之，则文学为社会之反映，国民之心像。前说近是，后说非也。

章炳麟曰：

“观世盛衰者，读其文章辞赋，而足以知一代之性情。西京强盛，其文应之，故雄丽而刚劲，东京国力少衰，而文辞亦视昔为弱，然朴茂之气尚存，所谓壮美也。唐世国威复振，兵力远届，其文应之，始自燕许，终有韩吕刘柳之伦，其语瑰玮，其气奘驵，则与两京相依违。宋积弱而欧曾之文应之，其意气实与江左相似，不在文章奇耦之间也。明世外强而中干，弱不至江左两宋，强亦不能如汉、唐，七子应之，欲法秦汉，而终有绝膑之患。元、清以外夷入主，兵力亦盛，而主客异势，故夏人所为文犹优美，而非壮美。曾国藩独异是，则以身为戎首，不藉土威，气矜之隆，其文亦壮美矣。其或文不适时，虽美而不足以成风会，陆敬舆生唐代，而为优美之文，宋公序子京生宋代，而为壮美之文，当时无一从其步武者，此其故不愈明乎。是故文辞刚柔，因世盛衰，虽才美之士，亡以自外。”（《葑汉微言》）

章君此言，可谓能发凡起例者矣。第即诗歌一端而申论之。诵屈子《国殇》之歌，而知楚、汉之兴，读《木兰从军》之诗，而识隋、唐之强。中唐为中国盛衰之枢纽，季唐以下之诗歌，有不堪卒读者矣。陈陶《陇西行》曰：

“誓扫匈奴不顾身，五千貂锦丧胡尘。可怜无定河边骨，犹是春闺梦里人。”

曹松《己亥岁》一首曰：

“泽国河山入战图，生民何计乐樵苏。凭君莫话封侯事，一将功成万骨枯。”

此真季唐之死声也。故五季之衰乱，不能上比七国、六朝。赵、宋因势利导，愈流孱弱。北宋刘敞《咏史诗》曰：

“自古边功缘底事，多因嬖倖欲封侯。不如直与黄金印，惜取沙场万髑髅。”

南宋刘克荘诗曰：

“身属嫖姚性命轻，君看一蚁尚贪生。无因唤取谈兵者，来此桥边听哭声。”

此则每下愈况，只乞蚁命，廉耻扫地尽矣。故岳武穆之杀，非秦桧杀之也，其社会杀之也！其国民文学杀之也！欲宋之不为元，何可得哉！

今日虽非君主时代可比，而共和国民，居安思危，见危授命之精神，又曷可少诸。大抵天地之间，无物为大，惟心为大，其民族心理之强弱，足以支配国家社会与否，而影响及于兴衰存亡者，往往流露于诗歌文词之字里行间。强者必有毅然决然杀身成仁之概，弱者必有索然愀然贪生乞怜之状。是知强者重视精神，弱者重视躯壳也。此其所以悬殊也。语云，前事不忘，后事之师，历史公例，灼然不昧，风雅指归，万目共睹，故本学院特设诗文部。

诗文之设，非以理董往籍也，将欲以衡量现代之作品云尔。移风易俗，责无旁贷，效在潜默，渐而不顿。故揭橥标的，略示宗尚。诗文之求美，由其本职，无间优美壮美，宜采两大主义，

一　乐天主义。

二　成仁主义。

若夫诗文之类目，总言之，则为韵文散文，分言之，则如小说戏曲之类皆是也。

附国学图书调查会简章

一　凡用中国语言文字纪载之书，皆在国学图书被调查之列。

二　本会由国文学系主稿办理之。

三　凡东大南高两校教职员学生，皆当为会员。

四　当世名人学者，有赞成或帮助本会者，当分别延请为名誉会员，或

特别会员。

五　本会调查以书面式行之，录入一定用纸，调查者署名负责。

六　本会调查之结果，对于所调查者，或购买，或迻录副本，或摘取内容要点，依细则另定之。

七　调查书得择要录登《国学丛刊》，编入校理文籍类。

八　学生调查，得并入学程成绩计算。

（录自《国学丛刊》第1卷第4期，1923年12月）

评《东南大学国学院整理国学计划书》

天　均

东南大学最近发出他的《国学院整理国学计划书》，他这里整理国故的巨大计划，罗列很多的如中国民族史，中国语言文字史，中国思想学术史等等的名目，以为“期以十年，然后审正名实，陆续发表”，是很可佩服的大计划的精神。但是他的计划书的内容，很有“莫名其妙”的地方，我们不能不提出一种疑问，最好是请求那位作这篇文章的人解答出来。

这篇文章的意思，最重要的地方，就是“两观三支”的分类，这种的分类法，可以说是他的创作了。现在把他的两观三支的分类列后——

客观：以科学理董国故——科学部

以国故理董国故——典籍部

主观（客观化之主观）——诗文部

这样的分析，好象很好看的，但是为什么要这样分析？这种分析法是有什么根据？我们现在要问，以“科学理董国故”和“以国故理董国故”是怎么样分别？科学的理董国故和国故的理董国故，是从方法上分别还是从材料上分别呢？如果作方法讲，以科学理董国故是说得通，但是以国故理董国故是怎么样说呢？难道采用违背科学方法的原则么？如果作材料说，以国故理董国故是说得通，但是以科学理董国故是怎么样说呢？难道强把科学的材料，排入国故内么？如果一方从方法讲，一方从材料讲，则两者准有沟通的余地，何以强为区别呢？

他说道：

> 且科学本为不完全之学，今日学者间之所公认，尤必有以补其阙，故更进之以国故理董国故说。

这里说的科学，不知是说方法还是说材料（知识）。如果是方法，国故更有什么方法可以补足科学？如果是材料，何以我们的国故，要生吞活剥的把科学的知识羼杂入内呢？

他又说：

> 笃而言之，以国故理董国故者，明澈过去之中国人，为古服华装，

成血统纯粹之中国人者也。而以科学理董国故者，造成现在及未来之中国人，为变服西装或华洋合婚之中国人也。

这几句话奇怪极了。以国故理董国故，明澈过去之中国人，为古服华装，成血统纯粹之中国人，这话还有点象。国故的成为国故，无论如何是不能变相的。从历史家的眼光看，国故就是国故，用科学的方法整理出来的，不能说不是国故，用后来科学的材料加入去的，就不能是国故。如果理董的国故，是从科学方法上整理出来的，也不能不是古服华装成为血统纯粹的中国人。造成现在及未来之中国人，为变服西装或华洋合婚之中国人是作何讲法？如果从因果的关系上说，国故理董的国故和科学理董的国故都是分不开的，都是有由过去以到现在未来的关系的。如果以为国故的理董是造成血统纯粹之中国人，科学的理董造成华洋合婚的中国人，不知国故的理董和科学的理董是案着什么原则去把他划分呢？那么，太“拟不于伦”哩！

照作者的意思，所谓科学是说科学方法的，他中间有说道：

是故今日以科学方法，理董国故，约分三端，

一，学说，

二，图谱，

三，器物。

又说道：

是故以国故理董国故之办法约分三端，

一，疏证，

二，校理，

三，纂修。

此三者之中，非无借镜他邦，比较立论。

从上所引前的科学理董国故的三端，和后的国故理董国故的三端，两方面都是要应用科学方法去整理。而前组中所说的学说，亦不能不用疏证，校理，和纂修的办法去做成正确的材料。

又这篇计划书中，他所谓科学理董的一部分，列出许多文化一部分的专史的名目，如中国思想学术史，中国文学史等等；于他所谓国故理董的一部分列出太古史，唐虞史，夏史，商史，周史，秦史等名目，不知道是否将科学和国故的方法上的应用，案朝代的通史，与一部分文化的专史为区别。如果科学方法是适用于一部分的文化专史，而朝代的通史要用国故的方法，这种用法的区分，真真使人“莫名其妙”。大约是作那篇文章的人“兴到笔随”

的好处，“得失寸心知”，我们那能够领略他自己的妙境呢！

计划书中说及“纂修”一项，他说道：

一为特纂之书，例如上古，唐、虞、夏、商、周、秦俱无专史，亟宜仿二十五朝正史之例，而别编太古史、唐虞史、夏史、商史、周史、秦史是也。

这种计划，说来很是好听。但是历史上，唐虞史所当根据的《尧典》，《舜典》，已为后人托古改制的作品，无足征信，不知太古史，更从何处得正确的材料，使勒成专书。如果杂取纬书、《路史》等不可靠的材料，更何必多这一举，岂不是和这计划书里所谓“皮傅影响之谈，庶其免乎”的意思相违背么？

又计划书中，说及“诗文部”，引章炳麟先生所著《葑汉微言》的一段，所谓“观世盛衰，读其文章辞赋，而足以知一代之性情。……是故文辞刚柔，因世盛衰，虽才美之士，亡以自外”，遂发出他的“翻案”的议论：

故岳武穆之杀，非秦桧杀之也，其社会杀之也！其国民文学杀之也！欲宋之不为元，何可得哉。

这种翻案的文字，是村学究教学生作论说的秘诀，不想他也随便的引用，绝不顾及是否与逻辑相冲突。即从这几句的翻案文字细看起来，亦可知道很是谬误的。岳武穆的被杀是否由于社会，且不必论。即使是社会不能容纳他，诗的表现为社会性情的表现，两件事同是出于社会而不相干，何以见得国民文学会杀他呢？

总而言之，这篇文字很是“声调铿锵”可读，但是我很有几点读了不懂的地方，也不能不要请教那位作者，那篇文字可以快读而不可以细看。如果细看时，劈头一句就很费解，他起头有一句说：

自昔闭关一统之世，知有天下而不知有国家。

声调上是很有“唐宋八家”的风味。但是仔细想，什么是天下？什么是国家？天下比国家大，还比国家小呢？如果照通常的解释，可以用图式表示于下：

我们对于“知有天下而不知有国家”一句，的确是无从索解了。至于这

篇文章引用八股的典故，是很好的，我可惜出世很迟，不能领悟他所说的，“大题文府”，“小题十万选”是什么的一种书。但是作者这种虚而无实的文字，也可说是“投时利器，小试圣手”了！

（录自《晨报副刊》，1924年3月30日）

整理国故的评价

郭沫若

大凡一种提倡，成为了群众意识之后，每每有石玉杂糅，珠目淆混的倾向。整理国故的流风，近来也几乎成为了一个时代的共同色彩了。国内人士上而名人教授，下而中小学生，大都以整理相号召，甚至有连字句也不能圈断的人，也公然在堂堂皇皇地发表著作，这种现象，决不是可庆的消息，所以反对的声浪也渐渐激起。

吴稚晖在《箴洋八股化的理学》（见《人生观之论战》）一文中，便首致不满之意，他以为“现今鼓吹成一个干燥无味的物质文明，人家用机关枪打来，我也用机关枪对打，把中国站住了，再整理什么国故，毫不嫌迟”。

仿吾在《国学运动的我见》（见本周报第二十八号）一文中，也说“国学，我们当然不能说它没有研究之价值，然而现在便高谈研究……未免为时过早”。仿吾教人要注重科学，他的论调与吴稚晖的虽若不期而同，但是吴稚晖所注眼的是功利问题，他以为科学切用于现在的中国，国学不切用，所以应该去此取彼。仿吾的是方法问题，他以为要有科学的精神才能研究国学。这是他们两人根本上不相同之处。

本来做人行事，在我们信仰良心为至上命令者的人，只要本着良心行动，各就性之所近，各尽力之所能，原不当受第三者的干预。国学研究家就其性近力能而研究国学，这是他自己的分内事，但他如不问第三者的性情如何，能力如何，向着中学生也要讲演整理国故，向着留洋学生也要宣传研究国学，好像研究国学是人生中唯一的要事，那他是超越了自己的本分，侵犯了他人的良心了。这种人不仅欠缺知言之明，同时也犯定了轻蔑人格的罪过。善教者教人只能现身说法，问而后应，他只能说我的做人行事是如是，但不能强勉人一例都应该如是。善教者教人只在于无形无影之间使人不得不受他的感化，学他的步趋，但他却不能大锣大鼓四处去传宣，说“你们快来学我！快来学我！”如今四处向人宣传整理国故研究国学的人，岂不是大有这种打锣打鼓的风势了吗，国学运动才在抬头，便不得不招人厌弃，实在是运动者咎由自取。

但是厌弃国学的人，果如已本着良心的命令要研究科学或者要造机关枪，那最好是自己向研究室里或向兵工厂里去埋头煅炼。这样不消说是忠于良心，同时也是有功于社会。但如更进一步，只徒笼统地排斥国学，排斥国学研究者，这与笼统地宣传国学，劝人做国学研究者所犯的弊病是同一的，同是超越了自己的本分而侵犯了他人的良心了。

人生的行路本自多殊，不必强天下人于一途。一人要研究国学必使群天下的人研究国学，一人要造机关枪必使群天下的人去造机关枪，这无论是办不到的事情，即使办到了，也同是无用。人人都去研究国学，造机关枪去了，谁还种米来供人吃饭呢？分功易事，本来是社会成立的原则，也是人类进化的原则。主张要造机关枪的人说物质文明切用于现代，但主张研究国学的人也会说国学切用于现代，即使你要斥他无用，他也自承是无用，但他否定的自承实是肯定的自命，他会说"无用之中有大用存焉"，你反对者又把他怎样？所以凡事只能各行所是，不必强人于同。只要先求人有自我的觉醒，同是在良心的命令之下作为，则百川殊途而同归于海，于不同之中正可以见出大同，不必兢兢焉强人以同，亦不必兢兢焉斥人以异。

国学研究也正当是这样，只要研究者先有真实的内在的要求，那他的研究至少在他自己便是至善。我们不能因为有不真挚的研究者遂因而否认国学研究的全部，更不能于自我的要求以外求出别项的势力来禁止别人。吴稚晖的态度我觉得最难使人心服。仿吾亦失之偏激，但他注重在方法上的立论，犹遗与人以多少伸缩的余地。

至于国学究竟有没有研究的价值？这是要待研究之后才能解决的问题。我们要解决它，我们便不能不研究它。研究的方法要合乎科学的精神，研究有了心得之后才能说到整理。而且这种整理事业的评价我们尤不可估之过高。整理的事业，充其量只是一种报告，是一种旧价值的重新估评，并不是一种新价值的从新创造，它在一个时代的文化的进展上，所效的贡献殊属微末。沙士比与歌德的研究书车载斗量，但抵不住一篇 Hamlet 和一部 Faust 在英德文化史上所占的势力。千家注杜，五百家注韩，也何曾抵得住杜甫韩退之的一诗一文在我们的文化史上有积极的创造呢？我们常常向朋友谈笑话，说我们应该努力做出些杰作出来，供百年后的考据家考证——这并不是蔑视考据家或者国学研究家的尊严，实在国学研究或考据考证的评价原是只有这样。它只是既成价值的估评，并不是新生价值的创造。我们从事于国学研究的人应该先认明这一点，然后虚心克己去从事，庶几可以少使多少人盲从，而真挚的研究家方可出现。

十三年一月九日

（录自《创造周报》第36号，1924年1月）

国故学之意义与价值

曹聚仁

吾人一提及“国故”，则庞杂纷沓之观念交集于前。若就各观念而一一考订之，则一切观念，皆浮泛空虚，枵然无所有焉。此烨然于外而羌无其物之“国故”，即今日国内一般守旧学者所以支撑门面之工具，亦即偏激者流所等之于“抽鸦片，裹小脚”者也。国故之为物，曷为若是其臃肿不中绳墨耶？其故可细绎而得之。

处闭关期中，无“国故”之名。“国故”盖随欧化东来以继起，隐含对抗之义。然“国故”之质，已先名而存，先儒所谈，可类列而观之。程伊川云：“学者先须读《语》《孟》。穷得《语》《孟》，自有要约处。《语》《孟》如丈尺，权衡相似，以此去量度事物，自然见得长短轻重。”又云：“汉儒如毛苌、董仲舒最得圣贤之意。”朱熹《大学序》云：“河南程氏两夫子出，而有以接乎孟氏之传，实始尊信此篇而表章之，然后古者大学教人之法，圣经贤传之指，粲然复明于世。”薛瑄云：“自考亭以还，斯道已大明，无烦著作，直须躬行耳！”王鼎《近思录序》云：“尧舜禹汤文武周公之治集于孔子，孔子之道，著于孟子。秦火以后，汉之江都，隋之河汾，唐之昌黎，皆能阐发道义，力任正学。”申时行谓：“守仁‘致知’出《大学》，‘良知’本《孟子》，皆圣学也。”皮锡瑞曰：“孔子晚年知道不行，退而删定六经以教万世。其微言大义实可为万世之准则，后之为人君者必遵孔子之教，乃足以治一国。所谓循之则治，违之则乱。后之为士大夫者必遵孔子之教，乃足以治一身。所谓君子修之吉，小人悖之凶。此万世之公言，非一人之私论也。”往哲之论议，如此类者指不胜屈。约而言之，则舍孔孟之学即非学问，舍《六经》《语》《孟》即无可读之书也。秦汉以下，名贤辈出，典籍虽多，皆不外为孔孟之“布道牧师”，为六经下注脚耳！故在始学者尚仅“考信于六经”，厥后皆以阐明“儒说”为惟一之责任，遂囊括一切以归之于六经。吾侪读王阳明《尊经阁记》至“经，常道也。其在于天谓之命，其赋于人谓之性，其主于身谓之心。心也，性也，命也，一也。通人物，达四海，塞天地，亘古今，无有乎弗具，无有乎弗同，无有乎或变者也……夫是之谓《六经》”。殆可与“问五河县有甚么山川风景，是有个彭乡绅；问五河县有甚么出产希奇之物，是有个彭乡绅；问五河县那个有品望，是奉承彭乡绅；问那个有德行，是奉承彭乡绅；问那个有才情，是专会奉彭乡绅”。（《儒林外史》四十七回）作等量观也。此偏狭局促，专以儒家学说为中国学术之见解，在历史上若正统然，在今日尚存一部份之势力，吾侪且以之为国故观念之一。

习常之目“国故”，殆与畴昔所谓“中学”、“国学”者同其内包外延。本“惟我独尊”之精神以治“国故”，在昔则有“中学为体，西学为用”之夸谈，在今则有“国学为精神文明，科学为物质文明”之高论。故近顷之学者，苟非屏弃国故而不顾，则必以国故为最高无上之宝物。或则根本否认欧洲文明之两大来源，举希腊思潮与希伯来思潮不问，徒以墨子学说中间有探究科学者，遂以为欧洲一切物质进步，皆本之于我国古学。若俞曲园之以光学重学出于墨子，泰西机器权舆于备梯备突备穴诸法，刘古愚之以《尚书·立政》为宪政之祖皆是也。或则昧然于科学精神，但惊于欧洲工艺上之迅捷进步，乃以欧洲文明专为物质上之发展。又昧然于吾国之病态，但见先哲之趋重于伦理的，政治的，乃以谓吾国文明专为精神上之发展。如王仁俊《西学古微》中所云。此以“国故”为精神文明之产物，吾侪亦可以之为国故观念之又一。

“国故”之在今日，在其他方面又为痛心疾首之资料，去之唯恐不速。近年有专治“国故”者起，陈独秀氏乃目之为“牛粪里寻香水”，柳亚子氏且引之以入《新南社宣言》。此辈之主旨，可以吴稚晖氏之语为代表。吴氏《箴洋八股文》中有云：“这国故的臭东西，他本同小老婆吸鸦片相依为命，小老婆吸鸦片，又同升官发财相依为命，国学大盛，政治无不腐败。”且引张小浦之语以申明其态度云：“倘真正是国粹，何必急急去保？”推阐其意，我国历史上之恶因恶果，与夫现时代社会之病态，皆国故所造成，既无存在之价值，亦无存在之余地。取斯旨者，咸把根本扫荡之态度，否则“不塞不流，不止不行”。此由嫌恶心理所构成，以“国故”为中国病态文化之结晶者，吾侪亦可以之为国故观念之又一。

观念上之纷歧如此，姑无论“国故”本身微弱，难以自存，即“国故”为有系统有组织而基础坚固者，亦将受歧说之累。且治国故者所取之态度，又为“国故”之致命伤。态度何似？余将覼缕以述之。

梁启超氏曰：“自汉武帝表章六艺罢黜百家以来，国人之对于《六经》，只许解释，不许批评研究。韩愈所谓‘曾经圣人手，议论安敢到’。若对于经文之一字一句稍涉拟议，便自觉陷于非圣无法，蹙然不自安于其良心，非特畏法网惮清议而已，凡事物之含有宗教性者，例不许作为学问上研究之问题。”此可以概括数千年来学者治学之态度矣。若斯之态度，可名之曰神秘的态度。持斯态度以治学，则“服，非先王之法服不敢服。言，非先王之法言不敢言。行，非先王之法行不敢行”，遂如迈尔士所谓“他们对于古代的尊重，使他们不能容受更新和改变”。换言之，神秘态度所造成者，乃礼法之奴隶也。

今之治国故者，率有不可一世之野心。晚清而后，政局之兀突不宁，社会之畸形发展，外人之土地侵掠，国人大梦初醒，愁焉不安于旧时之现状，以为非改造不可。始而采取西人之坚甲利兵，继而采取欧人之政治制度，继而采取欧人之伦理思想，终至欧人所有学说无不在我国作一度之接触。举凡军国主义、社会主义、民治主义、无政府主义，皆已移殖于吾土，举凡唯心、唯物、实验、实证……之说，皆已交接于吾耳。蒋百里氏曾谓“中国数十年，一个新的去，一个新的又来，来了很快的便已到处传播。…”然环顾国内，政局之兀突如故，社会之颠危如故，而人民所受之苦痛，益甚于前。用是咨嗟叹息，以为西方文化仍不足以拯国危，惟有重整国故，以先哲之学说拯生民于涂炭。若是者，吾名之曰“国故救国观”。梁启超氏著有《欧游心影录》，文中有云：“近代人因科学发达，生出工业革命。外部生活变迁急剧，内部生活随而动摇，这是很容易看得出的。依着科学家的新心理学，所谓人类心灵这件东西，就不过物质运动现象之一种。……他们把心理和精神看成一物，根据实验心理学，硬说人类精神也不过一种物质，一样受‘必然法则’所支配。于是人类的自由意志不得不否认了。意志既不能自由，还有什么善恶的责任？现今思想界最大的危机就在这一点。一百年物质的进步，比从前三千年所得还加几倍。我们人类不惟没有得着幸福，倒反带来许多灾难。欧洲人做了一场科学万能的大梦，到如今却叫起科学破产来。”“我在巴黎曾会着大哲学家蒲陀罗。他告诉我说：‘你们中国，着实可爱可敬！我们祖宗裹块鹿皮拿把石刀在野林里打猎的时候，你们不知已出了几多哲人了。我近来读些译本的中国哲学书，总觉得他精深博大。我望中国人总不要失掉这份家当才好！’又有一回，和几位社会党名士闲谈。我说起孔子的‘四海之内皆兄弟’，‘不患寡而患不均’。跟着又讲起井田制度，又讲些墨子的‘兼爱’、‘寝兵’。他们都跳起说道：‘你们家里有这些宝贝，都藏起来不分点给我们，真是对不起人啊！’……大海对岸那边有好几万万人，愁着物质文明破产，哀哀欲绝的喊救命，等着你们来超拔他哩！”自此说行，治国故者，又以精神文明自豪，欲以国故救济物质文明之破产。若陈籛庵氏遂谓："吾人今日所以振兴东方文化之道，不在存古，乃在存中国，抑且进而存人类。"若斯者吾名之曰："国故救世观"。救国救世之幻想，能实现与否，且存而不论。国故之能负此重任与否，亦姑置不问。及今所当注意者：以斯态度尊国故，以斯态度治国故，殆若健忘者然，方自一荆棘满途之绝路而来，继复以为斯途乃康庄大道，兢兢焉导人以趋于此，不亦大愚乎！故抱救人的态度以治国故，乃背弃历史上之故实，遗忘社会上之呻吟，与从井救人何异？

准斯以观，国故之观念若不更变，则国故将长此成为可有可无之赘物，治国故之态度若不更变，则国故必永陷于万劫不复之深渊。本篇欲以醒国内学者之迷梦，拟先确定"国故""国故学"之界说，复以治"国故学"应取之态度次焉。

何为国故？初涉思于此问题，似应声而可解。及再三端详考虑，则解答之困难，随之以俱增进。前述之观念，其谬误固矣，然欲求一明显之界说，则吾皇皇焉求之而未得。近人章炳麟氏之《国故论衡》一书，为学术界之权威。即其所论，殆有以"小学、文学、诸子学"三者为"国故"之义。往岁，章氏在沪讲演"国学"，则标"经学、文学、哲学"三者为纲，其义不相出入。谈"国故"者，每引章氏之说以相告，莫知章氏实举其一而遗其二也。师友间有谓"国学"乃指"中国学术"而言，其界说较章氏为广泛，可收纳之资料亦较多，然渺茫不可捉摸之失，亦昭然不可掩。他此则援用此"名"，从未计及其实，其意盖以为"国故"之名，尽人而喻之也。本篇所拟立之界说，倾向于"广泛的"，惟以明确显露为先提耳。

"国故"与"国故学"，非同物而异名也，亦非可简称"国故学"为"国故"也。"国故"乃研究之对象，"国故学"则研究此对象之科学也。此乃本篇独标之新义，亦即国故学新生命所寄托，不惮词费以阐明之。"国故"、"国学"、"中学"、"古学"、"国粹"、"国故学"等歧异名词，在近顷学术界已成一异文互训之惯例，笔之于著作，见之于制度，习焉相忘，莫知其非也。若以论理绳之，则"国粹"一名，当别为解释，与他名相去甚远。"国学"，"中学"、"古学"三者，与"国故""国故学"各不相应，且易滋纠纷，无所取之。兹先就"国故""国故学"二者申其义，以明他名之未足与存也。

(A)"国故"者，五千年间中华民族以文字表达之结晶思想也。

甲，结晶思想。思想者谓由经验与思虑所生意识之现象也。今试举简单之例如下：遥望野外，隐约有黑点，心中不免起一此果何物之疑问。疑问既起，则与之有关系之观念，遂遵联合作用之理，一一出现于意识中，以求解释。此野外之黑点，将为路傍之顽石乎？将为空中之飞鸟乎？由其移动而观之，知其非顽石也，由其位置与大小而察之，知其非空中之飞鸟也。详加审察，而知其为耕田之牛，疑问既释而观念明矣。故“思想”乃极寻常之精神现象，顷刻之间，可生灭至无量数也。结晶思想者，不问其以个人或以群众为出发点，不问其发之于言语，或见之于篇什，不问其为一己之创见，或沿袭旧有之思想，但以思想之能通过个人或群体之生命，作有意识之容纳，且渗透于“生活”之内部，具有时间及空间性者为准。

乙，以文字表达。结晶思想表达之形式甚多：或以声音发之，则为“语言”；或以文字表达之，则为篇什；或见之于行为，则为习惯风俗与制度。“国故”则专以文字表达者为限。

丙，中华民族之结晶思想。在亚东大陆为文化中心之民族，曰中华民族。此民族在空间上渐由黄河流域扩展至长江流域，珠江流域，黑龙江流域以及蒙古青海西藏等区，在时间上演有五千年长期的显著史迹。吾侪以通过民族内心之思想为准，而确指中华民族之结晶思想如左：

（一）哲人创导之学说——如：老子之“反于自然”，孔孟之“仁义”，墨子之“兼爱”……

（二）各家传授之学说——如：儒家，道家，宋明理学家……

（三）含有民族性时代性之艺术作品——如《离骚》，骈文，古文，章回小说，词曲，八股文，雕刻，图画……

（四）关于记载典章制度及民族生活之文字——如：《礼记》，《二十四史》……

反之，若：

（一）无病呻吟之诗文，（张三李四之文集属之）。

（二）未经镕化之外来文化，（初期之佛教经典，及回教经典，基督教经典……，皆属之）。

（三）原民时代所遗留之迷信。（《推背图》，风水之类属之）。

皆未可指为中华民族之结晶思想，不得列于“国故”之林。

丁，国故字诂。中华民族所组织之国家曰中国。故国故之“国”，乃专指“中国”而言，非泛称也。“故”之义为“旧”，以今语释之，则与“过去”二字相当。

（B）国故学者，记载此思想之生灭，分析此思想之性质，罗列此思想之表现形式，考察此思想之因果关系，以合理的、系统的、组织的方式述说之者也。简言之，国故学者以“国故”为研究之对象，而以科学方法处理之，使成为一科学也。

甲，思想之生灭。“亘古今而不惑，放四海而皆准”之真理，在今日已先后为吾人所否认，“如日月经天，江河行地”之圣人，亦相继为历史上之殭石。今后吾人惟有以思想为适应时代特别环境而发生，不承认世间有纯粹理想纯粹理论存在之余地耳。故国故学中所述及之思想，决不凭主观之取舍，为片面之记载，亦不拘拘于一二人之成说，目之为万世纲常。惟于适应时代而生之思想，因时代变化而衰老之思想，如儒家之盛于春秋而衰于晋唐，理学之盛于宋明而衰于清季，皆一一为之详述。此国故学之第一职务也。

乙，思想之性质。观察思想，不当求之于其表而于其质。孟子破口谩骂杨墨，求之形则孟之学说必与杨墨相迳庭，考之实则孟说亦有为杨墨主张所渗透，亦有与孔说相背违者。朱子动辄刺诽佛道，而其学说则自佛学变化而来者甚多。故治国故学必从事研究思想之性质，以类比求其同，以较量求其异。此国故学之第二重职务也。

丙，思想之表现形式。思想不通过民族性，则其思想必自生自灭。其通过民族性者，则必影响及于生活、制度及组织。中华民族之艺术、风俗及政治组织，皆迥然与他民族不同，此即思想之表现形式也。在国故学中，虽不专为表现形式之记载，而于思想之影响所及者，则必为之胪列焉。此国故学之第三重职务也。

丁，思想之因果关系。在某环境中，乃产生某思想，某思想产生，其新环境又随之以造成，此思想与环境之因果关系也。思想之来，非必绝往空来无所依据，或以旧有思想为根据而光大之，或取其局部而另辟蹊迳以明之，或取否认态度以反对之。要之，彼此皆息息相关。此则思想间彼此之因果关系也。胡适氏谓：“老子亲见那种时势，又受了那些思想的影响，故他的思想，完全是那个时代的产儿，完全是那个时代的反动。”梁启超氏谓：“墨子少年，也曾学儒者之业，受孔子之术。既乃以为其礼烦扰，伤生害事，靡财贫民，于是自树一帜。所以墨子创教的动机，直可谓因反抗儒教而起。”皆所以明思想之因果关系也。

戊，合理的组织的系统的方式。取汗牛充栋之先哲典籍以读之，其至理精义多可称者。然阖书以思之，再思之，则吾人恒感一相喻于心之缺恨。即以如斯浩漫无垠之典籍，欲赖有涯之人生以赴之，终觉其力不从心耳。且各方面之学说，于各家著作散见其一二，读者常如披沙采金，费力多而所得甚鲜，其事良苦。吾将为为之语曰：吾国之典籍，无一为有系统之记述，亦鲜有组织之论次。其所抱之主张，亦仅于字里行间隐隐见之，从不以合理方式明达之也。如朱熹之哲学思想，卓然有以自立，然求一可以完全了解其思想之文字而不可得，如欲知之，惟有求之于《四书》之注解，师友之通信问答耳。戴东原，中国哲学之重镇也，学者亦仅能于《孟子字义疏证》及《原善》诸篇中求之。《宋元学案》，《明儒学案》，其性质有类学术史，然平比相次，曾无因果关系之可求，亦仅能目之为史料。此皆可谓之为无组织，无系统者。至若《史通》、《文史通义》诸书，于论史别具灼见，其立言亦精警合乎论理，不可不谓之有组织。然篇自为政，又体例不纯，终病其无系统。即明达若章太炎氏，其著《国故论衡》，亦仅能止于“有组织”，未可谓其有系统也。故达者谓吾国未有“学术”，所有者乃学术之资料，非失言也。愚谓吾国前此仅有“国故”，未有“国故学”，亦非轻慢先哲也。“国故学”之底定，当在吾侪之努力，即在吾侪能以合理的、组织的、系统的方式建立之也。“合理”之申义，即谓“客观性之存在”。如《毛传》之注“雎鸠”，谓“雎鸠，王鸠也，鸟挚而有别”。郑氏则笺之曰：“挚之言至也，谓王雎之鸟，雄雌情意至，然而有别。”此区区一解释耳，乃成为学者聚讼之焦点。如马瑞辰谓：“《传》本作‘鸷而有别’，义取有别，非取其鸷。”其义即从毛之训“有别”，而否认郑之训“鸷为至”也。若姚际恒则谓：“夫曰挚，犹是雎鸠食鱼有搏击之象，若云有别则附会矣。”其义即从毛之训“鸷”，而否认其训“有别”。若胡承珙则谓：“郑笺申之曰，挚之言至也，此最传意。挚与有别，自是两义。若以为猛鸷之鸷，则《淮南子》曰，‘猛兽不群，鸷鸟不双’，言‘鸷’已含别意，不必又云有别矣。”其义又从郑之申言为“至”，而否认“挚”之训“鸷”。牵强附会，可长此纷歧，靡所底止。其病即在于不认客观性之存在，专为主观之附会也。前人言之矣，“诗人体物纵精，安能择一物之有别者以比夫妇？而后人又安知诗人之意果如是耶？”故训解此词，一言可决：“雎鸠，王鸠也。”“挚”之训“至”与否，鸟之有别与否，举可置之不问也。组织云者：以归纳方法求一断案，以演绎方法合之群义。如戴东原与王凤堦书云：“昨仆偶举篇首光字，引《尔雅》：‘光，充也’。仆以为此解不可无辨，欲就一字见考古之难，则请终其说以明。《伪孔传》：‘光，光也。’陆德明《释文》无音切。孔冲远《正义》曰：‘光，充，释言文。’据郭本《尔雅》‘桄，颎，充也’。注曰：‘皆充盛也。’《释文》曰：‘桄，孙作光，古黄反。’’用是言之，‘兆’之为‘充’，《尔雅》具其义。汉唐诸儒，凡于字义出《尔雅》者则信之笃。然如‘兆’字，虽不解，靡不晓者，解之为充，转致学者疑。蔡仲默《书集传》：‘兆，显也。’似比近可通。古说必远举‘兆，充’之解，何欤？虽孔传出魏晋间人手，以仆观此字据依《尔雅》，又密合古人属词之法，非魏晋间人所能，必袭取师师相传旧解，见其奇古有据，遂不敢易尔。后人不用《尔雅》及古注，殆笑《尔雅》迂远，古注胶滞，如‘兆’之训‘充’，兹类实繁。余独以谓病在后人不能遍观尽识，轻疑前古，不知而作也。自有书契已来，科斗而篆籀，篆籀而从隶。字画俛仰，寖失本真。《尔雅》，‘桄’字，六经不见。《说文》：‘桄，充也。’孙愐《唐韵》：‘古旷反。’《乐记》：‘钟声铿铿以号，号以立横，横以立武。’郑康成注曰：‘横，充也，谓气作充满也。’《释文》曰：‘横，古旷反。’孔子《闲居篇》：‘夫民之父母乎，必达于礼乐之原，以致五至而行三，无以横于天下。’郑注曰：‘横，充也。’疏家不知其义出《尔雅》，《尧典》古本必有‘作横被四表’者。横被，广被也，正如记所云‘横于天下，横乎四海’是也。横四表，格上下，对举。溥遍所及曰横，贯通所至曰格。‘四表’言被，以德加民物言也。上下言於，以德及天地言也。《集传》曰：‘被四表，格上下。’殆失古文属词意欤！‘横’，转写为桄，脱误为‘兆’。追原古初，当读‘古旷反’，庶合充霩广远之义。而《释文》于《尧典》无音切，于《尔雅》乃‘古黄反’，殊少精核。”可谓为国故中之有组织者也。系统云者，或以问题为中心，或以时代为先后，或以宗派相连续，于凌乱无序之资料中，为之理一纲领也。国故先经合理的叙述而芜杂去，继经组织的整理而含义显，乃入之于系统而学乃成。国故学之全体，在今日固未底定，其各部分则四五年来先后告成，若胡适之《中国哲学史大纲》，梁启超之《先秦政治思想史》……皆是也。

己，国故学字诂。凡各种事物因研究而得其纲领条目者谓之学，亦即科学之简名也。科学之真理，不可不为普遍的必然的认识，且必适合思考之根本四法则：（一）同一律，（二）矛盾律，（三）排中律，（四）充足理由律。故曰："国故学者，以国故为研究之对象，而以科学方法治之，使成为一科学也。"

界说既定，探究乃有所附丽。然恐读者或以余之界说与习常所谓"东方文化"、"中国学术"者相混，乃更详论之。

国故与东方文化，中国文化之异点。东方文化初不与国故相混也。"东方"兼指"印度"、"中国"而言，与"国故"之专指"中国"，广狭之间，已不相侔。然自东方文明，西方文明之口头禅出，国人竟有以东方文化为中国文化之别名者。益以印度国势衰堕，谈者更罕计其文化之真值矣。愚之私意则以为国故与东方文化之不相同，固较然易知，即“中国文化”亦未可与“国故”相提并论也。文化一语，原义实指一民族精神方面之发展为多，即威尔曼教授（Willmann）所谓言语、文学、信仰、礼拜、艺术、工艺、经济之创作之全体。中国文化则指中国之言语、文学，……等，创作之全体而言，若“国故”则仅指其以文字表现于纸片者而言，两者决不可混而为一。

国故与中国学术之异点。年来“国学”之名盛行，有释其义为中国学术者，亦有释其义为中国文学者。以国学为中国文学，其谬易见。其以国学为中国学术者，则莫知其误。故有人遂以国故学为中国学术史之别名，余则以为国故学与中国学术史之内容与范围非完全相同也。国故以“五四运动”为终点，后乎此皆无与于斯学，中国学术史则与时间以俱存，可延长至无限。盖自有文字以至五四运动，可成为一大段落，五四运动以后，旧有结晶思想皆完全崩坏，而趋于斯倾向，国故所研究者，即在此大段落期限中。其不同一也。国故学以研究中华民族之结晶思想为限，而中国学术史则凡在中国地域所曾有之学术，皆所必载。其不同二也。

国故学之独立性。他此尚有一义待详论者。按之常理，国故一经整理，则分家之势即成。他日由整理国故而组成之哲学、教育学、人生哲学、政治学、文学、经济学、史学、自然科学……必自成一系统，而与所谓“国故”者完全脱离，待各学完全独立以后，则所谓《国故》者，是否尚有存在之余地？所谓国故学者，何所凭藉而组成为“学”？如斯诘难，诚“国故学”之暗礁。故论者或以为国故学乃暂名，国故之资料，未完全整理以前，其名尚可存在。或以为国故学乃统摄名，分之则为文学、史学、哲学……等等，合之即为“国故学”，国故学之本身，无特殊之本质可言也。使国故学之生命，果如斯其飘摇无定，斯学必无存在之价值，已可烛照。国故学若果能自成为“学”，必自有其真实之生命。窃考国故中所含蕴之中华民族精神，与他民族完全异其趋向，与世界三大文化——希腊、希伯来、印度——亦无相似之点。国故，虽可整理之以归纳于各学术系统之下，而与他文化系统下之学术相较，仍有其特点。学术含质之特殊点何在？曷为而产生此特殊之学术？此学术与此民族之生活关系何若？此乃国故学独任之职务，亦彼之真实生命也。“国故”犹一家之财产，“国故学”犹财产之登记册，财产虽划分归属，而登记册之价值，决不变迁。故国故学暂时可目为统摄之名，待各科专立，而吾人欲知此大民族在此长期中所产生之特殊思想，必于此中窥其消息。

纠纷既解，进一步乃可为态度上之商榷。以先圣为继天立极已定万世纲常，不容学者讨论之神秘态度，以国故为救国救世之对症良药，急急待宣传之功利态度，在前已论其不可遵。今兹所论，“立”重于“破”。

资料虽同，而观察者之立场不同，则所得之结果，必异其趋向。是故对一问题，有从美术方面以研究之者，有从诗情方面以研究之者，亦有纯全由实利方面以研究之者，亦有取理知态度以研究之者。名之为国故学，则必为科学之研究，则必有一定之理智态度。科学的理智态度，其发达之程度不同，而以下列诸端为判：

一，崇尚事实（包括高度之精确与不杂私意） 段玉裁云：“校经之法，必以贾还贾，以孔还孔，以陆还陆，以杜还杜，以郑还郑，各得其底本，而后判其理义之是非。不先正注疏释文之底本，则多诬古人；不断其立说之是非，则多误今人。”胡适引申其义云：“整治国故，必须以汉还汉，以魏晋还魏晋，以唐还唐，以宋还宋，以明还明，以清还清，以古文还古文家，以今文还今文家，以程朱还程朱，以陆王还陆王，各还他一个本来面目，然后评判各代各家各人的义理是非。不还他们的本来面目，则多诬古人；不评判他们的是非，则多误今人。但不先弄明白了他们的本来面目，我们决不配评判他们的是非。”两氏所言，皆可引以为崇尚事实之注脚。其言本浅近易遵，然清代以前之学者，从未注意及兹。吴楚之君自称王，而《春秋》称之曰子，践土之会，实召周天子，而《春秋》讳之曰“天王狩于河阳”。在孔氏已开此恶例，他此则莫不如崔东壁所谓：“人之情，好以己度人，以今度古，以不肖度圣贤。至于贫、富、贵、贱、南、北、水陆、通都、僻壤，亦莫不互相度，往往迳庭悬隔，而其人终不自知也。”大抵文人学士，多好议论古人得失，而不考其事之虚实。余独谓虚实明而后得失或可不爽。

二，审慎结论（包括论断时之不自是与怀疑） 先哲之治学，多以直觉所见及者，为断案之凭藉。崔东壁云：“《史记·乐毅传》云：‘毅留徇齐，五岁下齐七十余城，唯独莒即墨未服。’是毅自燕王归国以后，日攻齐城，积渐克之，五岁之中，共下七十余城，唯此两城未下也。此本常事，无足异者。而夏侯太初乃谓毅下七十余城之后，辍兵五年不攻，欲以仁义服之，以此为毅之贤。苏子瞻则又谓毅不当以仁义服齐，辍兵五年不攻，以致前功尽隳，以此为毅之罪。至方正学则又以二子所论皆非是。毅初未尝欲以仁义服齐，乃下七十余城之后，恃胜而骄，是以顿兵两城之下，五年而不拔耳。——凡其所论皆似有理，然而毅初无此事也。”此例即可推见下断论之卤莽灭裂也。

治国故学之新态度，即取与此相反之态度。其态度奈何？曰，“审慎结论”。即非至证据完全充分时，不轻下断案，不能求得充分证据时，则惟有存疑。“求证”与“存疑”，二者皆为治国故学者所当共同遵守者也。克里福（Clifford）云：“无论何时，无论何地，无论何人，凡没有充分证据的信仰，总是错的。”愚愿学者共识斯言。

三，力求明晰（包括不喜隐晦，模稜及无结束等） 阴阳五行相生相克之说，在中国学术上俨然成为中心点。周濂溪曰：“无极而太极，太极动而生阳，动极而生静，静而生阴，静极复动。一动一静，互为其根，分阴分阳，两仪生焉。阳变阴合，而生水、火、木、金、土，五气顺布，四时行焉。”先儒多乐道其说，然欲求无极太极阴阳水火金土之真相，欲知阴阳相变，五行生克之方式，则瞠然莫能相告。究其弊端，遂至浩渺学林，无一有条理之见解，无一有条理之篇什。即有之，亦如凤毛麟角耳！治国故学之第三态度，即此“力求明晰”一语。阳明之良知与孟轲之良知，不相同也，虽阳明托依于孟轲，亦必分离之。道教托始于老子，其说不相合也，虽庸俗以斥道教者斥老子，亦必剖析之，务求见一而知其义，见多而知其别，数千年混用之名词，必一一定一界说而后已。

总之，先哲之治国故者，其态度为主观的，情感的，功利的，今后之治国故学者，其态度则趋向于客观的，理智的，批评的。先哲之治国故，犹饮酒者然，神昏志乱，尚嚣嚣然扬言于众曰，酒之味何似，酒之益何似，日诱人以饮酒焉。今后之治国故学者，则犹化学师之谈酒然，其原质为何，其过程如何，人饮之其影响于身体如何，皆为之剖析无余，使人自谋取舍焉。

国故学之界说，治国故学应取之态度，既已如上所言，更进则可以评国故学之真值。

胡适答毛子水书云：“我们做学问不当先存这个狭义的功利观。做学问的人当看自己性之所近，拣定之后，当存一个‘为真理而求真理’的态度。……学问是平等的。发明一个字的古义，与发现一颗恒星，都是一大功绩。况且现在整理国故的必要，实在很多。我们不当先存一‘有用无用’的成见，致生出许多无谓的意见。”斯论诚当。研究国故与研究一切学术均相同，皆不应重视结果与应用，随流俗以俱靡也。今兹所谓“评值”，与流俗之功利观念不相同。盖评值云者，乃就学术之本质而言，非就学术之效能而言也。

国故学既为研究中华民族结晶思想之科学，则息息与中华民族相关，不问可知。由思想而演为习惯、风俗、制度，亦斑斑可考。吾人于国故之迷恋者固嗤其愚，然欲舍国故以谋窥探此民族思想，其道无由。愚敢为国故学作一评价语曰：“庞杂纷乱之千年遗物，将由国故学而见其条理，兀然独立之民族思想，将由国故学而辨其方式，数千年兴废之迹，将由国故学而知其因果，故国故学非国糟，亦非国粹，一遗产之总账，以备主人之考查而已。”

儒家思想为中华民族思想之脊梁，今则已衰老矣。谓儒家复兴而民族生命可以重新，诚如醉迷谵语，夫谁信之！吾侪治国故学，无“使之日新月异，以应时势之需”之奢望。惟后期之儒家生活，以遏欲为主。及其弊也，貌循规而行踰常，言遵礼义而心纵淫欲。士大夫之于礼教，皆“勉强而制尔”，岂心诚悦之耶！自欧洲文化东来，遏欲之堤，已横决无余。遏欲之后，必将继之以纵欲，其趋势亦已完全造成。且物质文明之胜余产物以东亚大陆为尾闾，纵欲者乃得予取予求而无所顾忌，其势益张。此则稍涉足国内诸大商埠者，皆能知之。民族生活之纵欲如此，苟非造成一新倾向，则中华民族必将如罗马民族之堕废，可断言也。故愚更为国故学下一评价语曰：“中华民族思想衰老之过程，由国故学可得其年轮，中华民族精神上之病态，由国故学可明其表里，故国故学非国糟，亦非国粹，一东亚病夫之诊断书，以备用药时之参证也。”

本篇微旨，略尽于斯。至国故资料之嬗变，整理研究之方法，唯有待诸异篇耳！

（附注）本篇与拙著《国故学新义》相参证，读者欲知其详，待此书杀青，当以就正。

（录自《东方杂志》第22卷第4号，1925年2月）

与人论治国故书

罗运贤

《易》曰："差之毫厘，谬以千里。"此非独度事为然也，凡学皆然。其于撩理国故尤甚，何者？古人运而往，其籍尚在，钩考明文，足以比类知原。盖旧国旧都，望之畅然，不见古人，我心蕴结。此故书雅记，所以当治，非谓是非之论尽于斯也。此从章君之说。然而振古载籍，讹夺繁芜，意有所随，其言不传。苟纲纪齵差，则会归爽实。《传》曰："多闻阙疑"，"多见阙殆"，自非大雅兼才，其孰能与于此。夫盈县寓间，凡涉著作之林者，皆史实也。域中故籍，抑何能外。并世余杭章君有言："稽古之道，略如写真。修短黑白，期于肖形而止。使妍者媸则失，使媸者妍亦未为得也。夫然，则寻绎故学，舍如其何由。如者，如同本来也。于是欲知源流清浊之所处，则循其上下而省之；欲知风化芳臭气泽之所及，则旁行而观之。"《诗谱序》。上世之隆污，政教之因革，昭然察矣。文字者，词言之符，以有文字著于竹帛谓之书。书者，前人所以垂后，后人所以识古。自春秋讫于今兹，书阙有间矣。大则全通伪托，次则篇章乱佚，细则字句夺误。苟载籍之真伪莫明，立说之是非斯纷，而遂世之陈迹亦于焉混淆矣。是故征伪托，定乱佚，校夺误，则理解旧文之首务也。及愚者为之，虽五千言，亦以为罔。则古今篇章，从无一信，虽燔炊犹可。

夫考定诚伪，依隐佗书。曩夕载籍，存者已寡，参伍稽验，又将何道。世儒以后籍之有无征引，断前书之是否伪托，自非盲瞽，谁其听之。至若书中事迹，出作者后，字句文体，当时所无。此则前世简策重迟，流通未广，后昆得以逞其胸臆，奋笔隆杀，不者口耳授受，侏离错忤，先达前卒，追记所闻。而世儒囿于方舒，至弃大全，又学业步骤，与年相将。故一书之中，持论或有龃龉，世儒因以定其赝伪。不知采章载于一时之书则脱，弥纶竟生著述则诡。或乃比叙时世，以定一说之有无，而断书籍之真伪。不知心颂变异，诚有成型无有哉。彼硕学肤敏之士，志节潍概，讵随时世为斡旋邪。以物曲视人事，其不可为典要，往往若此。凡是物者，虑皆粗知孔道，未能展察。而古籍之真伪，眯乱如故也。若夫校书之难，则乾嘉诸儒论之详且审矣。及愚者为之，乃据古本以改近刻，隐类书而定旧文。叩以古本类书之是非，则不雠也。盖古本之依据，非无讹乱，类书所称引，又有省益，妄冯为信，不其谬哉。此盖迷情往古，未晓绳尺，而古籍之原，颂未得如故也。

夫古籍流传，历祀绵邈，才谞之士有涯，而宙合之书缤骈。又一代学术，自为风会，则书籍之广被晦霾因是已，散佚伪托亦因是已。重以水火蠹鱼，为患靡常，古籀篆隶，更移无方，居今日而欲一朝明之，固难能也。其唯信所当信，疑所可疑，参伍考斠，钩稽旁通，不逞臆以定情伪，毋惑謏闻而断是非。则粗能扬故老之余绪，董前修之闳业矣。孔颖达曰："言者意之声，书者言之记。"《尚书序绪》然则小学明，而群书之雅故举矣。其有字岐谊通，而无妥证以定从违者，则宜两存。若必训无声为无馨，《毛诗传笺·释大雅》改则兵作则折，《诸子平议·老子》只见惑也。时移世异，典法不必同，衰世尤然，故不得以春秋例宗周，以常仪释变制。世儒寡谕，仞为一概，抑何悖也。

训诂数度既明，大谊遂通乎哉？盖不若是率易也。昔贤箸述，故多媋名。理其书者，鲜能参伍考核，洞达封域，卒其所说，非复本然。近又断章取谊，凭臆弥缝，比于集句成诗，表形无改，内质殊观，犹曰平情理董，其实自欺。至于学术孳殖，虑有三因。时之与地，较然著明。而极难方物者，厥唯人心，虽魁儒亦鲜及也。故其训说大谊，杀后隆前，洎乎求之不得，则自为错忤，其过犹小小耳。甚者，奋彼私志，断书为伪，则其瞀乱后学有不可胜道者。夫国故之容至博，纲纪之术多端。其诸最目，时贤类能言之，故不亟亟为足下称说也。诚能察其病征，匡其韦失，则先达闳业，待吾侪而后闓置者，盖可胜道乎哉。《传》不云邪，斯文未丧，乐亦在其中矣。

（录自《学衡》第39期，1925年3月）

一九二六年始刊词

顾颉刚

我们这个刊物始出版时，没有一通发刊词。因为这是照例的东西，我们不愿意做这些无聊的形式。并且我们以为我们所有的一点平凡的见解已经融成了一般人的常识，再用不着说些肤泛的话来敷衍读者。

但近来颇受到几回教训，知道一般人对于我们的事业依然有许多误会。因此，我们胸中蓄着的一点平凡的见解似乎终有宣布的必要。现在就趁着本年始刊的机会说上几句话，做个引言。

去年十二月中，本校开二十七周年纪念会，本学门同时开放。参观的人先到考古学会陈列室，再到明清史料整理会陈列室，又到风俗学会和歌谣研究会的陈列室。这固然是路线的方便，但至少在程叙上也可以说有一点意思，就是：使参观的人从古代看到现代，得到一点历史的观念；又从皇帝看到小民，得到一点学术平等的观念。我们在场中默察观者的意向，觉得他们到考古室时很感到鼎彝的名贵，到明清史料室时也很感到诏谕的尊严，但到了风俗和歌谣室时便不然了，很多人表示轻蔑的态度。有人看了纸牌和骨牌，怪诧道，“这种赌具放在这儿作什么用，不是丢中国人的脸吗！”有人看了山西妇人的窄小的弓鞋，高声笑道，“这是所有的陈列的东西中最有趣的一件呀！”有人看了北京的玩具，鄙薄地说道，“这种小孩的玩意儿也配陈列到此地来吗！”我们觉得这虽是他们的不经意之谈，实在是最不了解我们的态度的地方，我们应当对于他们作一番肫挚的表白才是。

凡是真实的学问，都是不受制于时代的古今，阶级的尊卑，价格的贵贱，应用的好坏的。研究学问的人只该问这是不是一件事实。他既不该支配事物的用途，也不该为事物的用途所支配。所以我们对于考古方面，史料方面，风俗歌谣方面，我们的眼光是一律平等的。我们决不因为古物是值钱的骨董而特别宝贵它，也决不因为史料是帝王家的遗物而特别尊敬它，也决不因为风俗物品和歌谣是小玩意儿而轻蔑它。在我们的眼光里，只见到各个的古物，史料，风俗物品和歌谣都是一件东西，这些东西都有它的来源，都有它的经历，都有它的生存的寿命。这些来源，经历和生存的寿命都是我们可以着手研究的，只要我们有研究的方法和兴致。固然，在风俗物品和歌谣中有许多是荒谬的，秽亵的，残忍的，但这些东西都从社会上搜集来，社会上有这些事实乃是我们所不能随心否认的。我们所要得到的是事实，我们自己愿意做的是研究。我们并不要把我们的机关改做社会教育的宣讲所，也不要把自己造成"劝人为善"的老道士。何况这些荒谬，秽亵，残忍的东西原不是现代的风俗和歌谣所专有。考古室里的甲骨卜辞和明器便是荒谬思想的遗迹。史料室中更不少残忍的榜样，如凌迟处死，剉尸枭示等案卷。但这些荒谬和残忍的遗迹却是研究的最好的材料，因为它们能够清楚地表出历史的情状。假使我们一旦得到了汉代的"素女图"，当然不嫌它的秽亵，也要放到考古室里备研究。如果风俗室里有"磨镜党"的照片，我们当然可以把它和素女图比较研究。我们研究这种东西的不犯淫罪，正如我们研究青洪帮的不犯强盗罪，研究谶纬的不犯造反罪一样。我们原不要把学问致用，也不要在学问里寻出道德的标准来做自己立身的信条，我们为什么要对于事实作不忠实的遮掩呢！

从前的学者为了不注重事实，单注重书本，他们的学问在时代、阶级、应用等方面一切受限制，所以他们最容易上古人的当，以为古代是怎样好的一个黄金世界，如何叔季陵夷，至于今日。其实，他们对于现代固是茫然，就是对于古代也何尝明白。因为他们的学问的基础不筑在事实上，所以种种治国平天下的壮谈只成了书生的呆话。因为他们的态度不求真而单注重应用，所以造成了抑没理性的社会，二千余年来没有什么进步。我们现在研究学问，应当一切从事实下手，更把事实作为研究的归结。我们不信有可以做我们的准绳的书本，我们只信有可以从我们的努力研究而明白知道的事实。事实既诏示我们这般，我们便不能改说那般。可是这个诏示是要我们自己去寻出来的，我们并没有现成饭可吃。我们寻了出来之后，我们也不想在这个上面得到什么用处。固然，我们得到的结果也许可以致用，但这是我们的意外的收获而不是我们研究时的目的。

我们要秉着纯粹求真理的态度去观察事物，所以不容得把个人的爱憎参入其间。我们个人尽可以（并且应该）厌恶赌博缠足到极端，尽可以（也应该）到社会上劝止这类行为，但在研究上，我们便惟恐得不到这种东西，惟恐得到的东西不完备，惟恐得到了这种东西而我们不能完全懂得。这正如一个研究医学的人，他个人无论如何爱好洁净，甚至于一天洗三回澡，但在研究的必要时也只得到腌臜的脓血里，秽臭的便溺里，腐烂的尸体里去搜寻研究的材料。他在肉体上取了这些东西尚嫌不够，还要在自己家里潮湿黑暗的地方去培养病菌。这不是他的行为的冲突，正因为他研究学问，所以不得不如此。

上面说的是解释一种误会，还有许多别的误会也是应该解释的。

近来常有人说："我们应当研究科学，不应当研究国学，因为国学是腐败的，它是葬送青年生命的陷阱。"这句话，我们承认是一句热诚的话，但我们不能承认是合理的。

所谓科学，并不在它的本质而在它的方法，它的本质乃是科学的材料。科学的材料是无所不包的，上自星辰，下至河海，变幻如人心，污秽如屎溺，没有不可加以科学的研究。国学是什么？是中国的历史，是历史科学中的中国的一部分。研究国学，就是研究历史科学中的中国的一部分，也就是用了科学方法去研究中国历史的材料。所以国学是科学中的一部分（如其是用了科学方法而作研究），而不是可与科学对立的东西。倘使科学不是腐败的，国学也决不会腐败。倘使科学不是葬送青年生命的，国学也决不会葬送青年生命。为什么？因为研究科学必有一种研究的对象，而中国的历史材料也是一种可以做研究的对象的缘故。如果青年们仅要具备些常识，那么，无论什么科学都说不上研究。如果青年们要研究科学，那么，他在故纸堆中找材料和在自然界中找材料是没有什么高下的分别的。为什么？因为高下的分别原是由应用上来的，材料的本身上是没有这种的分别的，只要你能在材料中找出真实的事实来，这便是科学上的成绩。若说国学是老学究的专业，青年们不当沾染老学究的气息，所以不当和它接近，那么，在青年人的科学中就不当有中国历史一科吗？一头猫，一块石，一根草，一座机械，是科学家研究的对象，为什么一个圭，一张皇榜，一个竈神，一首情歌，就出于科学家的研究的范围之外呢？若说科学家仅仅能研究自然，研究工艺，而不能研究社会，研究历史，那么，科学的领域未免太小了，科学的伎俩未免太低了，这人的眼光也未免太隘狭了。至于老学究们所说的国学，他们要把过去的文化作为现代人生活的规律，要把古圣贤遗言看做"国粹"而强迫青年们去服从，他们的眼光全注在应用上，他们原是梦想不到什么叫作研究的，当然说不到科学，我们也当然不能把国学一名轻易送给他们。若说他们在故纸堆中作生活，我们也在故纸堆中作生活，所以两方面终究是相近的，这无论我们的研究在故纸之外尚有实物的考查，就是我们完全投身于故纸堆中，也与他们截然异趣。为什么？因为野蛮人有拜火的，有拜蛇的，而物理学者也要研究火，生物学者也要研究蛇。当他们崇拜和研究的时候，他们的对象是一致的，但他们的目的与结果是完全不同的。我们若能知道研究火的物理学者不即是拜火教徒，研究蛇的动物学者也不即是拜蛇教徒，那么，我们就可以知道研究国学的人不即是国粹论者了。

也许有人说，“我们固是要研究科学，但我们只要研究新的材料，不要研究旧的材料”。这句话在道理上虽讲不通，但在混合应用与研究为一物的人的见解中生出这种误会原是很平常的，所以我们也得加以说明。

材料的新旧在应用上虽有区别，但在研究上是绝对不该有区别的。假使因为我们研究了三四千年来的历史就说是陈旧，那么研究数十万年来的人类演进状况的人类学要陈旧到怎么地步呢？研究数百万年来的地层沉积状况的地质学又要陈旧到怎么地步呢？研究数千万年来的星云星球构成状况的天文学又要陈旧到怎么地步呢？若看了天文地质诸学要欢喜赞叹，以为这些都是近世最进步的科学，而回转身来便一脚跌翻国学，以为这种旧家伙是不值得一盼的，这人也势利得太过分了！我们须知道，在应用上是应该有新的，因为人类的进化就靠在这新的努力上；但是我们要明白知道一件事实，事实是不会没有由来的，由来之前更有由来，要去弄清楚它，就不能不在陈旧的东西里去寻找材料了。我们因为要做真实的研究，所以在我们的眼光里绝对不受应用上的新旧的界限的牵绊：上至石器时代石刀石斧之旧，下至今日时髦女子衣服饰物之新，一律收集，作平等的研究。

我们交往的人，也许有遗老，复辟党，国粹论者，帝国主义者。但这决不是我们的陈旧的表征。我们的机关是只认得学问，不认得政见与道德主张的。只要这个人的学问和我们有关系，或者这个人虽没有学问而其生活的经历与我们的研究有关系，我们为研究的便利计当然和他接近。我们所接近的原不是他的整个的人格而是他与我们发生关系的一点。所以要是共产党，无政府主义者和我们发生了学问上的关系，我们也当然和他们接近。要是我们为研究某一项问题，一壁须邀三纲五常的儒教徒，一壁又须邀劳农专政的革命家时，我们也当然会合他们于一堂。固然，他们或许因政治和道德主张的不同而不肯会面，或许会面之后因冲突而至于打架，但这是他们的不能尊重学问，在我们这个学术机关原是不希望他们如此的，而且也管不着这些事的。我们的目的只在勤勤恳恳地搜集材料而加以客观的研究，作真实的说明，在民国之下这样说，在帝国之下也是这样说，在社会主义共和国之下还是这样说，事实是不会变的。我们所怕的只在材料的不完备，方法的不周密，得不到真实的事实，至于政治的变迁原是外界的事情，和我们有什么关系呢！

说到这里，爱国的人不免出来拍桌子呵斥道，“好，你们竟说出政治的变迁是外界的事情，和你们没有什么关系的了，你们胆敢如此的不爱国！现值国家多难之秋，正国民赴汤蹈火之时，你们还要玩物丧志，在无谓的考据上，说出这类的荒谬话。可见国学是弄不得的，弄了就要甘心做亡国奴了！”我们对于这般义烈的呵斥当然表示十分的敬意，但是还要表白我们的意见。

科学是纯粹客观性的，研究的人所期望的只在了解事物的真相，并不是要救世安民，所以是超国界的。学术若单标为救世，当然也可以媚世，甚至于惑世，如汉代的刘歆，张道陵，今世的刘师培，江希张（即张神童）之所为，但这原是说不上科学。国家多难之秋，国民固该尽救国的职责，但这句话原是对一班国民说的而不是对学术机关说的。学术机关只有一项任务，就是供给研究某种学问的人以研究上的种种便利，此外一切非所当问。学术机关中的个人是国民，他们迫于救国的热诚，为了国家而喊破了嗓子，而丢净了财产，而牺牲了生命，都是很可以的，但这与学术机关丝毫不发生关系。政治机关与民众团体在国家多难之秋，竭力想法去救护国家确是他们避免不了的责任。至于学术机关，它只要不被解散，就依然应该提倡学术，奖励研究。再论国民的本身，固然维护国家是共同的义务，但各人除了这一件事之外还有他们各个的不同的工作是不容否认的。各人才性的不同，也是没法勉强划一的。惟其有种种不同的工作，所以社会的构造会得非常复杂。惟其各人能发展自己的才性于工作之中，所以社会上各项事业会有发达的希望。世界上不能人人有学术的兴味，正与不能人人有政治的兴味相同。说各个国民应当有维护国家的义务，也正与说各个国民应当得到一点学术上的常识相同。我们说国民应当具备常识，并不责望他们殉学，那么，若说国民应当维护国家，也不过责望他们各尽国民一分子的义务，并不责望他们尽人殉国。殉学与殉国都是个人的兴趣，个人的信仰，而不是可以强迫他人去做的。所以一个国民，只要他能够具备些常识，而又懂得爱国，不阻挠爱国的行为，自己尽了国民一分子的应尽的义务，他就是一个最好的国民了。除了这些事情之外，他自应有他的专门的工作：或者种田，或者做工匠，或者开店铺，或者研究学问。只要他所度的生活适宜于他的才性，他能够勉力求出他的成绩，就得到了他的最正当的生活。一个国家所以站得住，所以能够发达，全在于国民的能尽了他们的国民的义务而又各有他们的专门的工作。我们如果承认学术机关是确以提倡学术为专责的，学术机关的个人是确以研究学术为他的专门的工作的。那么，他们就在国家风雨飘摇之际依然埋头于学术上的问题原没有什么错处。现在若说，“国家快要亡了，你们还是弄些无关紧要的考据，你们真是不爱国极了，你们宜与卖国贼同罪!”那么，我们要回问道：你们所谓爱国是怎样的？若说国家有事时狂喊乱跳了一阵，到兴致阑珊时就不管国事如何而消声匿迹，没有豫备，没有方法，没有结果，像现在一般的所谓爱国团体之所为，这实在只算得一时的游戏的冲动，算不得爱国。若说我们应该编练民军去杀敌，结合暗杀团去对付国贼，组织讲演团到民间去宣传，设立调查研究的机关去商榷国事，那么，我们的机关里的个人随着他们的信仰与能力当然可以分头加入的，我们决没有阻挡的道理。但只要我们的机关不至被迫而毁灭时，只要全国的国民尚不至尽舍其工作而从事于救国时，只要还有几个人愿意到我们的机关里作研究时，我们仍当依照向日的计画而进行，毫不受时局的影响。就是外面炮声连天，铅子满地，我们的机关里依然可以做大家认为无用的考据的工作。为什么？考据的工作原是我们这个学术机关的生命，只要我们这个机关有一天的存在就该做一天的本分的工作。

说国学就是科学，已经要引起一般人的怀疑。说科学的目的不在应用，更当激起许多人的骇怪。他们一定要想：“外国的国富兵强不是全靠科学吗，中国的贫弱不振也不是全因没有科学吗，为什么要故意的这样说?”他们不知道机械，枪炮，火药原不是科学，乃是研究科学所得的结果的应用。造机械的是应用力学的研究的结果，造火药的是应用化学的研究的结果，但研究力学与化学的人却自有他们纯粹研究的学问，并不志在造出若干应用的东西。惟其他们有许多专心研究的人研究着一般人看为无用的学理，能够处处发见真事实，因此有人要应用时也就有了事实的基础而容易成功。所以科学的应用是间接的，不是直接的。只因它的用是间接的，它的本身没有用，所以为一般急功近利的人所不喜，他们看不见它的真价值，只觉得是些“无聊的考据”。但也因为它的本身没有用，不为现实的社会所拘束，所以它的范围可以愈放愈大，发见的真理也愈积愈多，要去寻应用的材料也日益便利。这就是无用之用。返看我们的学术社会是怎样。他们因为没有求真理的知识欲而单有实际应用的政治欲，所以只知道宣传救世的方法。董仲舒说，“能说鸟兽之类者，非圣人所欲说也。圣人所欲说，在于说仁义而理之，……观于众物，说不急之言而以惑后进者，君子之所甚恶也”。这就是他们的一切思想的总纲。这在他们固然是一番好意，要请所有的人都去救人，要驱种种才性不同的人都去做同一的工作，但试问他们有了什么成绩？他们在古代，只知道实现个人的理想国，在后世，只知道实现古人的理想国，却是忘记了社会国家的实况，想不到做任何种实地调查及研究的事业。这还是他们中的优秀人物呢，这些人虽不知道事实，但究竟还有些理想，至于下劣的分子便连这一点也没有了，只知道保守几部古书，把几部古书看作整个的学问。这种的传统思想传了两千余年，自然科学固然发不出萌芽来，就是社会科学也何曾为了他们的应用的热忱而能够成立！至于今日，思想学问一切空虚，社会国家一例衰败，可以说都是受了这种徒知"以有用为用"的谬见的影响。现在我们既从时代潮流中认识科学的重要，但尚不能知道科学的基础是建筑于事实上而不是建筑于应用上的，依然要把应用看做一切的学问的标准，这种人的愚昧也着实可悲了！

自从欧战之后，很有些人咒诅科学，说科学是帝国主义的工具。这种话虽与上文所说的赞叹科学的不同，但它们的出发点是同一的：就是"应用"。他们不知道，科学的本身是没有好坏的，但用它的人则可好可坏。正如矿中一块铁，它的本身只是一块铁，在自然界中说不到好坏，也说不到有用无用。一旦给矿工取了出来，再给冶工制成器具，它是有用了，但也说不上好坏。因为它若是一柄刀，固然可以用来杀坏人，但也可以用来杀好人。杀坏人时它不受"为民除暴"的赞美，杀好人时也不受"屈斩忠良"的骂詈。它若是制成了一柄枪，它为帝国主义者用以劫夺别人和为国家主义者用以抵御别人的劫夺都是可以的，但它是同样的不负责任。负责任的是谁？是用刀来杀人的，是帝国主义者与国家主义者。禁止用刀杀人，排斥帝国主义者，是政治家和社会改造家的任务，而不是矿工冶工的任务，更不是铁的任务。因此，我们可以知道，我们对于现社会感着种种的不满，我们要想改良它，只有我们自己起来做改革的事业，而不能责备到学术方面，痛斥科学的成了帝国主义的工具，学者的发明的助长了帝国主义的气焰，因为这是用的人的不对，谁叫好人没有力量去用它呢！

话说得如此远，只为辨明"求知"与"应用"是两条不同的大路，虽然有时候是可以关联的。我们要是由应用上着眼，那么学术原是很浅近的东西，正如一座衙门，只要有了几个会查案卷的书吏，就可以算行政；一个团体，只要有了几个会喊革命的青年，就可以算救国。但是环境变了，这一点浅近的伎俩不够用了，学术却还是只有这一点，就连应用的一方面也丧失了，例如秦汉以后的儒生抱了孔孟的遗书而想治国平天下。我们若改由求知上着眼，那么学术乃是极深邃的东西。天地间森罗的万象，我们真实知道的有多少，不是混茫大海中的一滴吗！我们真是随处可以感到自己智识的微小。我们为要补救这个缺憾，所有要造成了一个学术社会而去共同讨究，要把科目分而又分，一个人可以专攻一小部分，要使有志研究学问的人可以随着自己的性之所近而择取某小部分。我们在研究时，心里所想到的只是这一小部分中的材料如何可以整理清楚，如何可以解释里面的种种原因，却绝对不想到把这些东西拿来应用。固然，我们研究的东西也许是社会上很需要的，也许现在虽没有用而将来可以大用的，但这种的斟酌取择原是政治家，社会改造家，教育家的事情而不是我们的事情，我们尽力于研究还来不及，那能顾到这一方面呢。因为我们不想到有用，所以也不想到无用。一个问题，尽许社会上看作无谓的，丑恶的，永不生效用的，但我们既感到可以研究而自己又有兴致和方法去研究，那就不能迁就他人的意见而改变自己的志向了。

至于我们所希望于社会的，乃是希望大家能够了解我们的态度而不加以种种的阻碍，并不是说惟有我们的学问是学问，你们该来随从我们，做我们的徒党。这种道一风同的观念，在政治上不知怎么样，在学问上则决是个蠹贼。它的弊害，是使人只会崇拜几个偶像，而不会自去寻求，得到真实的见解。我们要研究国学，并不是为国学容易出锋头，容易依附名流，只为我们有研究历史的兴味，而中国的历史材料非常丰富，我们既有了许多材料，不忍不牺牲了毕生的精力去做研究的工作。我们只希望有了这一个结合，容易和外面的真实的同志声气相应，作许多的切磋，并不希望有若干正在求普通知识的青年弃了他们的应做的课业而来附和我们。固然，我们未尝不希望后起的青年中有性情近于研究科学的，环境适于研究国学的来做我们的同志，但这是只可作希望而不可作要求的。说到希望，我们的希望真多着咧。我们深知道别种科学不发达时，国学方面也要因为没有帮助而不得十分进展的，所以我们酷望别种科学的兴起。我们希望多出许多地质学家，从他们的研究里得到许多上古史料，补正我们的考古学会的研究。我们希望多出许多言语学家，搜集了无数中国的方言和古语及外来语而加以研究，和我们的方言调查会提携并进。我们希望多出许多医学家和药学家，把中医中药详加分析考查，说明中国古代医学在科学的医学上的位置。我们希望多出许多动物学家和植物学家，把《诗经》、《楚辞》、《山海经》、《本草》里的许多动植物名加以研究，说明中国古代动植物的形状和分布区域。这种的希望一时也说不尽，数不清。总之，我们这个机关并不是（也不能）要包办国学的，我们需求于别种科学的专门人才之处真是非常的多。反转来说，如果各种科学都发达，中国方面的各科的材料都有人去研究，那么，我们的范围就可缩小，我们就可纯粹研究狭义的历史，不必用这模糊不清的“国学”二字做我们的标名，就可以老实写做“中国历史学门”了。（要放大一点，可以称“东方历史”，或便单称“历史”，都无不可。）

更进一步说，现在各种科学都不发达，一来是因没有人提倡，二来是因材料与设备俱极寡少。国学方面的材料是极丰富的，就是手头没有，要去搜集也不甚困难，加以从前人的研究的范围又极窄隘，留下许多未发的富源，现在用了新的眼光去看，真不知道可以开辟出多少新天地来，真不知道我们有多少新的工作可做。我们真高兴，由得我们在这个新天地中放出手腕做去。凡是一块未经开发的土地在初施种植的时候，很容易得到极好的收获。我们在这新天地中从事研究，得到的成绩的可观是不足奇的。若能因了我们的较美满的成绩引起研究他种学问的人的注意，知道无论那种学问，只要会做，总可开发些富源，享受创造的乐趣，从此爱好真理之心超过了爱好金钱和地位之心，从事于努力的探求，那么，国学的进步便未始不可做他种科学兴起的先导了。近来有人说，“别的科学不发达而惟有国学发达，足见国民精神的腐化，革新勇气的疲倦”。他们实在是错怪了。别的科学不发达而惟有国学发达，足见国学方面还有几个肯努力的人，还有几个具有革新的勇气而精神不受腐化的人。我们不愿意骂人家没出息，我们也深谅环境的力量比个人的意志大得多，现在我们所处的社会是不适于研究学问的，所以别的科学不容易发达。可是时势是由得人创造的，时势不适于研究学问，为什么不大家努力，创造出一个适于研究的时势来？说到这里，又要想起大家没有得到研究的工作的观感，所以有志之士几番奋斗无成之后就心灰意烂了，不久也就忘怀了，也就随着社会颠倒了。现在我们要凭我们的勇气，做些榜样给大家看，使得大家能长期的得到研究的工作的观感。彼此的材料虽有不同，但是求真理的欲望和研究的态度是没有两样的，或者可以借此回复大家的疲倦的勇气，刷新大家的腐化的精神，而他种科学也有日渐发达，和我们提携并进的希望。这是我们对于别种科学的前途的一种祝颂！

话说了这许多，想来大家都可明了我们的态度了。我们要屏弃势利的成见，用平等的眼光去观察所研究的事物。我们对于政治，道德以及一切的人事不作一些主张，但我们却要把它们作为研究的对象。我们研究的目的，只是要说明一件事实，决不是要把研究的结果送与社会应用。我们看国学是中国的历史，是科学中的一部分，所以我们研究的主旨在于用了科学方法去驾驭中国历史的材料，不是要做成国粹论者。我们不希望把国学普及给一班民众，只希望得到许多真实的同志而相互观摩，并间接给研究别的科学的人以工作的观感，使得将来可以实现一个提携并进的境界。

以上所说，是我们的大愿，但恐别人要误会为大言而笑我们的能力与事业的不相称，有类于蚊虫负山，所以我们还须郑重声明一句话。我们研究的成绩，或浅陋，或错误，这是无关重要的，因为一种学问在创始时代必不能免于浅陋和错误。惟其能在浅陋与错误之后再加以不断的努力，自然能做到高深的地步。所以我们只该怕没有前进不懈的勇气，不必怕成绩的不好；我们只该怕没有求真理的决心，不必怕自己说话的幼稚；我们只该怕不能真实地给人观感，不必怕暂时得不到响应。

顾颉刚

一九二六，一，一

（录自《北京大学研究所国学门周刊》第2卷第13期，1926年1月）

国学概论

闻宥

引言

国学之意义及界域——世俗对于国学之两种误解——吾人研究国学之目的。

国学何谓也。此二字虽日日腾于人口，而究之其确诂何若，则几于无人能言之。以古义言，学，效也（见《尚书大传》）。又教，觉悟也。（见《说文解字》）是学之为道，不外予人以启悟之资。义虽谛当，而与近世所谓学术之含蕴迥别。盖学术也者，其最要之条件，为本末条贯，犁然自成为一统，而破碎支离，牴牾不适者，不得与焉。今学而曰国，是明其为一国之所独有，而同时又必有其他国家之学术与之并峙，然后其意义乃始完全。以历史言，吾华族有文化数千年，向惟从事于自守，除印度哲学接触而外，其余国家关涉殆少。既或有之，亦不过渺小之邻邦，仰我以求余沥，其孳生长茂，蔚然自成为一种独有之伟观，亦正应有之事。故章太炎先生《原学》（见《国故论衡》中）论之曰："中国印度希腊，皆能自恢彉者也。"

（附注）今人又盛言国故，此由章氏《国故论衡》一书启之。按故古通诂，西汉人解经，多称故。《汉书·艺文志》《鲁故》二十五卷下，师古曰："故者，通其指义也。"是国故之称，仅限于一国之文字义诂，其界太狭，不可以囊括国学。

虽然，吾人固不当妄自菲薄，同时亦不当妄自务夸。国学两字之严格的解释，亦既如上述矣。今试取吾国数千年文化所寄之典籍，而求其大概，则其粲然呈于吾人之目者，其果破碎支离牴牾不适者为多乎，抑本末条贯犁然自成为一统者为多乎？吾知吾人虽自豪，亦必将忸怩而应曰，前者多有之，而后者殆罕见也。即有一二，而必欲求其博大精深，确足以与于世界学术之林者，恐亦终无以应。故吾人今日之讲国学，不可不让步言之，凡某学之合于下列之条件者，皆为吾人所乐道。

（一）有特殊之色彩者。

（二）在历史上有重要之意义者。

（三）适合于今日之需要者。

（四）足以与他国学术相发明者。

必如是言，而后国学方可以研究，亦必如是言，而后一切对于国学之误解，方可藉之以判明。

（附注）向来以国学为胜于西学者，大抵妄自矜张，不直一驳。今则敢言国学优长者亦罕矣，惟章太炎先生《原学》之言，为异流俗。其言曰："今中国之不可委心远西，犹远西之不可委心中国也。校术诚有诎，要之短长足以相覆。今是天籁之论，远西执理之学弗能为也。遗世之行，远西务外之德弗能为也。十二律之管吹之，捣衣舂米皆效情，远西履弦之技弗能为也。神输之针，灼艾之治，于足治头，于背治胸，远西刲割之医弗能为也。氏族之谱，记年之书，世无失名，岁无失事，远西阔略之史弗能为也。不定一尊，故笑上帝，不迹封建，故轻贵族，不奖兼并，故弃代议，不诬烝民，故重灭国，不恣兽行，故别男女，政教之言愈于彼又远。"此其说亦能言之成理，虽有时不免过当，然实出于学者之爱国心，吾人所当加以曲谅者也。

所谓误解者何也？曰今日之研究国学者，大率可分二派。其第一派之特点，曰抱残守缺。凡学之属于古者，不问其精粗美恶而一切珍视之，甚至其说之已与常识相违倍者，亦竟不欲弃置。其第二派之特点，曰舍己从人。视我一切学术，皆若为西洋学说之附庸，甚至其说之万不可合者，亦竟曲加比附。此两者之态度，适成为两绝对，而其误乃相等。由前之误，在乎自视过满，由后之误，在乎自视过卑。自视过满者，固不欲引人以自广，自视过卑者，亦不惮尽弃而从人。自满则国学不能得他山之助，自卑则国学不能立最后之基，而国学之真，于以尽失矣。

（附注）关于第一派之误解，今日匡纠之者已多，可不必具引。其匡纠第二派者，则较罕见，惟章君行严《评墨子经济思想》一文，可为代表。其略曰：熊君取近世生计学之普通讲章，为之骨干，以《墨子》书中散见近似之说，一一条分而隶属之。谓欲望论者墨子云何，生产论者墨子云何，人口论者墨子云何，若而交通，若而分配，若而消费，《墨子》各各云何。姑无论《墨子》所云脱略不完，系统未具，不足与今世成科之学，絜长而较短也。假其如熊君言，无一误释，吾人当引申而补正者，均一切如法，《墨子》之学，终亦欧美大学三等讲师所同具耳，何足贵哉。

以上所述，乃自其方法上言之也。若自其目的上言，则又有两种误解。其第一种，曰一切皆蕲致用，此基于抱残守缺而出者也。通经致用，在百年前已成为废话。而今之学者，乃犹时腾于口舌之间，言治法者欲根书礼，言军事者欲本孙吴，以阴阳五行论医事，以中央四方论声音。以此自豪，宁非梦呓。其第二种，曰一切皆蕲改造。此又基于舍己从人而出者也。学有共学，亦有别学。宇宙之本，人性之原，此万国所同也，是曰共学。排比会通，本不为过，若因于其国之成俗曲期而立者，则国自为别，不必强同。如文学，别学也，西方界义较狭，故以情感为主，中土则较恢宏，但有文字著于竹帛者，皆得称之，不必其尽有情感也。而今之放者为之，则欲一切刊削，不得与于文学之例，是乃为人之履，削已之足，大愚不灵，莫逾于是。此二者之目的既伪，其所研求之结果，无可称述，是又意中之事矣。

然则吾人之目的果何如，曰吾人此后之研究，当抱为学问而学问之态度。吾人固不欲为无益之研究，但同时亦不欲以功利之眼光相评量，吾人固不欲为浅薄之调和，但同时亦不欲以自好之见解相闭拒。昔清末定海黄君以周有见于汉宋学之争，而自误解。亦窃愿各以四字纠正之，更以一语蔽括，则吾人此后之工作，其所蕲求而不舍者，亦在于得国学之真而已。

国学之分类

七略—四部—新定之八类

国学之界义既定，吾人所当继之而求者，第一为国学之分类。盖国学生命之悠久，既如前述，则其支流繁衍，条目纷纭，亦正意中之事。吾人欲著手研究，非先使之有明确之类别，则一切方法，皆无所施。而类别之分，首需归纳。归纳之道，尤需先有一种櫽栝。此櫽栝者，其果将以我所旧有者当之乎，抑将以近世学术之类别当之乎？依前之道，则陈义函胡，经界不瞭，非局于畸形，即弃于旧诂，依回迟钝，决不足与于世界学术之林。依后之道，则妥贴可用者固多，而乖牾不适者亦复不少。故吾人以为生今之世，论古之学，当弃形式之区分，而为内容之界别。古有某质，即定某名，名固新成，质则旧有。古所有者，既不必为近代所无而曲讳，古所无者，亦不必以近代所有而强当。如是，适于今者，亦多不戾于古，庶几翳障一空，游行自在已。

所谓弃形式之区分，而为内容之界别者，何也？曰：欲知此义，第一当先知我国旧有之分类。周秦以上，书册放失，吾不得而知矣。其分别部居，显然有条理之可寻者，莫早于汉刘歆之《七略》。其目曰《辑略》《六艺略》《诸子略》《诗赋略》《兵书略》《术数略》《方技略》，书虽亡佚，而辑略以外，班固所删，要以载诸《艺文志》者，固犹历历可见也。节其指要，当如下表。

- 《汉书·艺文志》
  - 六艺略
    - 易十三家
    - 书九家
    - 诗六家
    - 礼十三家
    - 乐六家
    - 春秋二十三家
    - 论语十二家
    - 孝经十一家
    - 小学十家
  - 诸子略
    - 儒五十三家
    - 道三十七家
    - 阴阳二十一家
    - 法十家
    - 名七家
    - 墨六家
    - 纵横十三家
    - 杂二十家
    - 农九家
    - 小说十五家
  - 诗赋略
    - 屈原以下二十家
    - 陆贾以下二十一家
    - 孙卿以下二十五家
    - 杂赋十二家
    - 歌诗二十八家
  - 兵书略
    - 兵权谋十三家
    - 兵形势十一家
    - 阴阳十六家
    - 兵技功十三家
  - 数术略
    - 天文二十一家
    - 历谱十八家
    - 五行三十一家
    - 蓍龟十五家
    - 杂占十八家
    - 形法六家
  - 方技略
    - 医经七家
    - 经方十一经
    - 房中八家
    - 神仙十家

班氏而后，继之作者，有魏秘书监荀勖之《四部》，宋秘书丞王俭之《七志》，及梁处士阮孝绪之《七录》。其大率如下：

荀勖《四部》
- 一、甲部—纪六艺及小学等书。
- 二、乙部—有古诸子家近世子家兵书兵家术。
- 三、丙部—有史记旧事皇览簿杂事。
- 四、丁部—有诗赋图赞汲冢书。

王俭《七志》
- 一　经典志—纪六艺小学史记杂传
- 二　诸子志—纪今古诸子
- 三　文翰志—纪诗赋
- 四　军书志—纪兵书
- 五　阴阳志—纪阴阳图纬
- 六　术艺志—纪方技
- 七　图谱志—纪地域及图书（其道佛附见合九条）

阮孝绪《七录》
- 一　经典录—纪六艺
- 二　纪传录—纪史传
- 三　子兵录—纪子书兵书
- 四　文集录—纪诗赋
- 五　技术录—纪数术
- 六　佛录
- 七　道录

是皆互有出入，得失相兼。王氏《七志》，虽颇复刘氏之旧，而荀氏《四部》，则已开后世之先。至隋唐《经籍志》出，而后世始定为经史子集四大类。其细别则如下：

经
- 周易
- 尚书
- 诗
- 礼
- 乐
- 春秋
- 孝经
- 论语
- 谶纬
- 小学

- 史
  - 正史
  - 古史
  - 杂史
  - 霸史
  - 起居注
  - 旧事篇
  - 职官篇
  - 仪注篇
  - 刑法篇
  - 杂传
  - 地理纪
  - 谱系篇
  - 簿系篇
- 子
  - 儒
  - 道
  - 名
  - 墨
  - 纵横
  - 杂
  - 农
  - 小说
  - 兵
  - 天
  - 历数
  - 五行
  - 法
  - 医方
- 集
  - 楚辞
  - 别集
  - 总集

（附注）道经佛经另录，不在四部经传之内。

自是以后，目录家虽稍有更作，大抵不复能出其范围，至清辑《四库全书》，而后补苴益为完密。今依提要所列，更为简表如下：

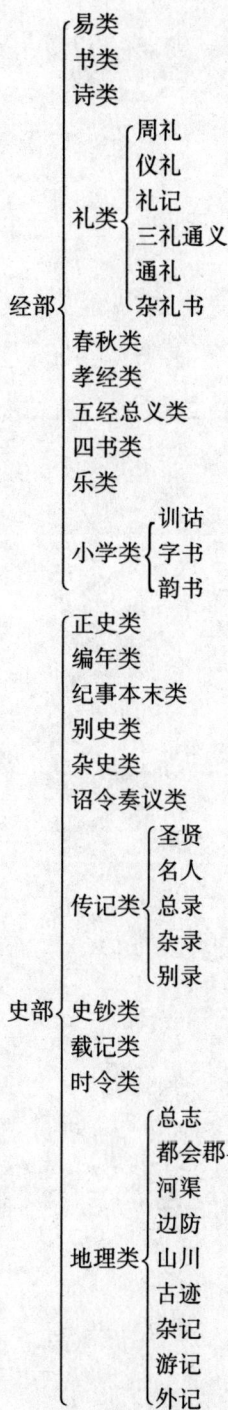

- 经部
  - 易类
  - 书类
  - 诗类
  - 礼类
    - 周礼
    - 仪礼
    - 礼记
    - 三礼通义
    - 通礼
    - 杂礼书
  - 春秋类
  - 孝经类
  - 五经总义类
  - 四书类
  - 乐类
  - 小学类
    - 训诂
    - 字书
    - 韵书
- 史部
  - 正史类
  - 编年类
  - 纪事本末类
  - 别史类
  - 杂史类
  - 诏令奏议类
  - 传记类
    - 圣贤
    - 名人
    - 总录
    - 杂录
    - 别录
  - 史钞类
  - 载记类
  - 时令类
  - 地理类
    - 总志
    - 都会郡县
    - 河渠
    - 边防
    - 山川
    - 古迹
    - 杂记
    - 游记
    - 外记

- 史部
  - 职官类
    - 官制
    - 官箴
  - 政书类
    - 通制
    - 典礼
    - 邦计
    - 军政
    - 法令
    - 考工
  - 目录类
    - 经籍
    - 金石
  - 史评类
- 子部
  - 儒家类
  - 兵家类
  - 法家类
  - 农家类
  - 医家类
  - 天文算法类
    - 推步
    - 算书
  - 术数类
    - 数学
    - 占候
    - 相宅相墓
    - 占卜
    - 命书相书
    - 阴阳五行
    - 杂技术
  - 艺术类
    - 书画
    - 琴谱
    - 篆刻
    - 杂技
  - 谱录类
    - 器用
    - 食谱
    - 草木鸟兽虫鱼

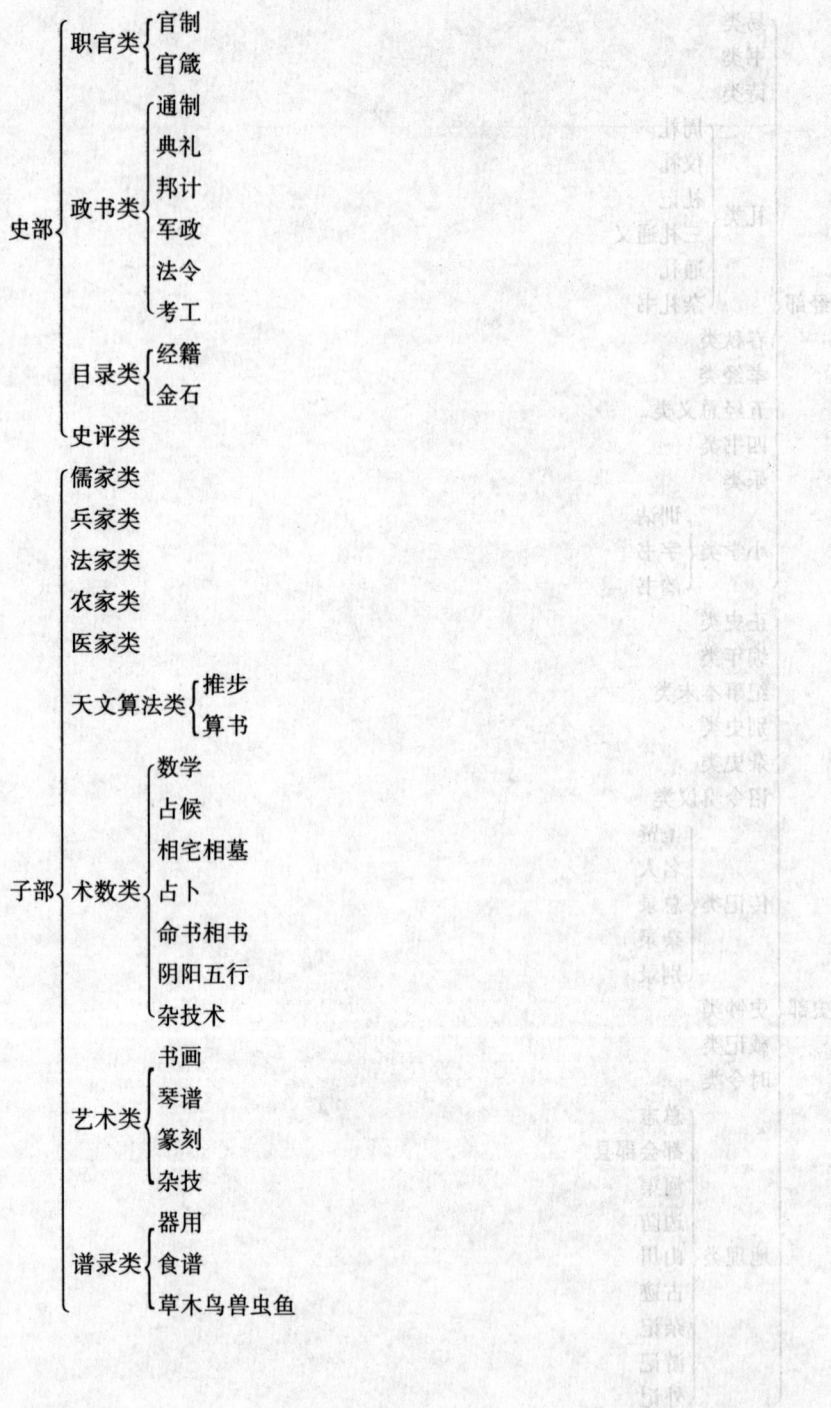

- 子部
  - 杂家类
    - 杂学
    - 杂考
    - 杂说
    - 杂品
    - 杂纂
    - 杂编
  - 类书类
  - 小说家类
    - 杂事
    - 异闻
    - 琐语
  - 释家类
  - 道家类
- 集部
  - 楚辞类
  - 别集类
  - 总集类
  - 诗文评类
  - 词曲类
    - 词集
    - 词选
    - 词话
    - 词谱词韵
    - 南北曲

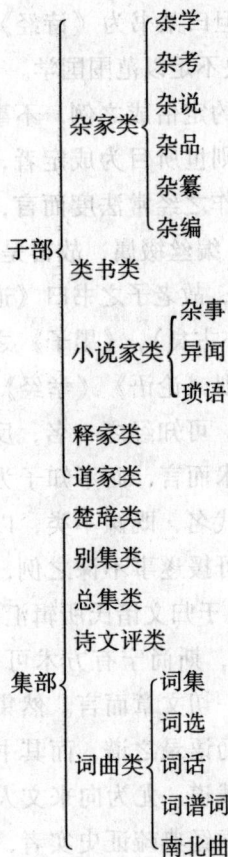

如上所述，自《七略》而为《四部》，自《四部》而为《七志》《七录》，以至《隋书》之四部，大抵时代变迁，新学孳长，或旧为附庸，今成大国。（如《汉志》无史部，《太史公书》即附《春秋》之后，而四库所列类目，则反以此为最多矣。）或昔所灿备，今已俄空，（如子类中之墨家名家，本各独立，而四库则纳之于杂家之中。）皆各有其所以不能不变之故。更自《隋书》之四部，以至清之四部，而成此四十四类之伟观，亦庶几臻于美备矣。而吾人今日以之为凭藉，终觉迷乱而无所措手者，何也？曰：是盖其所区分者，多重其形式，而不重其本质故也。例如经类之《春秋》，其质实同于史类。史类之传记，其质实混于小说。而其他子类中之术数，由经类递演而出，经类之杂礼，与史类综杂相关。释道二家，独立则不伦，入子则失所，此皆但依形式所无法贯通者。其他小忤，不遑悉数。而金石之入史类，类书之入子类，尤为巨失。且此仅就一名之总而言之也，若更析言之，则一名之下，其实多矣。即以《诗经》而论，有考究其文辞者，有考究其音韵者，更有考究其草木鸟兽之名者，各自成科，不得相涉，今但曰某书为《诗经》学类，则此中所述又乌知其果属何科乎。故四部之称，决不足以范围国学。

即退一步言之，名固有洽于古而不适于今者，援约定俗成之例，不事更张可也。然四部之名，亦本非古。吾人以本义相求，则世所目为成定者，其不可从者亦多矣。试先言经。世所谓经，乃指圣人述作之经常法度而言，而不知其本义织也。（见《说文解字》）古以竹简成书，编丝缀属，故得是名。（此余杭章氏所说）即以转义言之，经亦古典籍之通称，故老子之书曰《道德经》（老虽不自称经，然汉鄰氏始次为经传，其渊源亦古矣），《墨子》之书有经上下。即更以狭义言之，如章学诚言经皆官书，则《论语》《孝经》何以与之同类，而后世官家典籍多矣，又何以反不得与。可知经之一名，反复牴牾，百不一当。请更言子。世所谓子，乃指百家方术而言，而不知子为男子之美称，一切皆得依引。仲尼固亦称孔子矣，以之代名，既嫌不类，以之代学，更若不词。其始不过先秦诸子，已有成名，尚可援遂事不谏之例，自后唐宋文人转相效法，降至明世，而繁猥至不可数。观于归文诸氏所辑汇函，并吕东莱博议之书，刘彦和文心之论，而亦一并列之，斯尚宁有方术可言。故子之一名，亦必不立。请更言集。世所谓集，乃指一切文章而言。然集本法集之通称，不必定有文彩。宏明为哲理之书，脚气乃语录之谱，而其书固亦称集矣。宋世理学诸儒，其学说大抵在集中，文以载道，尤为向来文人之通习，则集实与子类杂揉。而清代以来，集中文字考索经典疏证史实者，尤多不可计，则集又与他类相违。因知四部之名，一切无当，而经子二名不除，则尊卑之念不改，尤为思想上舒展之大碍。溯其致病，惟在端相形式，遂致跂疐两观，进退失据。今若弃其外相，专理内涵，则释道两家，可与儒家共归哲理类，金石之审释文字归之语言文字类，考玩形象者归之艺术类，其他罣碍，莫不可藉以解除，而向之荡析离居者，且可藉以收回复齐整之观。盖道岐则投戈散地，久亲不能相保，道得则同舟而济，吴越何患乎异心，所谓易简而天下之理得者，殆未有逾于此也。

（附注）章太炎先生演讲国学，曾区为三类，曰经学、哲学、文学，此亦因仍旧贯，自为违忤。经为旧名，言其形，哲为新名，定其实，以之并称，毋乃失当？章氏通人，而尚若此，其他宜无论已。

或者曰，四部之不当立，则既闻命矣，而质类之定，其数果当几许乎？曰：是固一重大之问题也。近者胡君朴安盖尝定为七类矣，其名曰哲理类、礼教类、史地类、语言文字类、文章类、艺术类、博物类，其目虽未得见，而大致允洽。其稍待补苴者，即艺术一名，当从四库成例，专属之书画篆刻音乐等类，而嫌其与旧名相混，则易称之曰美术类。其他医书、占卜、阴阳、五行之流，既已破烂断缺，则另为之立数技一门以总之。如是部署，共得八名，依其轻重之量，以为后先之次，则可列如下：

一、语言文字类

二、哲理类

三、史地类

四、文章类

五、美术类

六、博物类

七、礼教类

八、数技类

八名既定，则一切皆可望文而喻，不烦更为之覼缕。惟所当声述者二事。第一、此八名之大小广狭，颇有不同。以古质所垂，既有偏向，则亦不必强为之齐一。例如文章一类，以本义言，可括于语言文字，以新义言，可括于美术，而吾国文事，实最发达，自成专门，载籍亦至多，故可为之另立一类。第二、以此八类料简群书，又必从事支解，方可得其本真，凡旧名之一名而多实者，皆当分隶之于多门，多名而一实者，亦当共聚之于一类，庶几分隶则相异者得分封之益，共聚则相涉者无割裂之忧。关于后者，世人并不免以荡灭旧贯为疑，而不知刘歆《七略》重复著录，已开一书数隶之先河。班氏以来，递有删并，亦即数书共隶之成例也。非常之原，黎民所惧。今者荜路蓝缕，诚有未能尽善之嫌，而他日观成，则若絜裘领诎五指而顿之顺者，不可胜数。此其影响国学之前途，又岂寡尠而已哉。

此篇为学塾中课士而作，故一切皆简约浅露言之，行文尤从时尚，取其易了，可省解讲之烦也。此二节为发凡，以下尚在整理中，惟所论颇涉国学要点，当世通人又罕有及之者，故先为之表暴，以俟贤达之训正。

又文中颇引时人之说，以讲义与专著不同科，专著惟陈言之务去，而讲义则须多采群，言明其非一已之独断也，此意亦请读者明之。

国学之要素

横纵两类之区别——横类为研究国学之要素——语言文字类又为横类之

要素

八类既定，吾人试依其性质而分之，则又可区为横纵两类。横者喻其于自身之外，兼能总持一切者也。八类中之前三者（即语言文字、哲理、史地，三类）属之。纵者喻其仅为独立之个别，而不必互相关涉者也。八类中之后五者（即礼教、文章、美术、博物、数技，五类）属之。此二大类者，又可目为一经一纬，后者经而前者纬也。以今日国学界之概况言之，此后五类者，今尚埋藏于旧分四部之中。犹之深山之矿，未事发掘，徒探得其矿苗而已。又如丛茧之丝，未事缫理，徒引得其端绪而已。今欲从事发掘缫理，则必先有其工具。此工具维何？即横类之前三者是也。故语言文字、哲理、史地三种之研究，实为今日研究一切国学之前提，亦即为今日研究一切国学之要素。

何以言研究国学之必有待于前三者也？此其故当分数层言之。第一，先言哲理。哲理二字，以广义言之，本为一切思想之总称。而思想者，又一切学术之纲领也。观于西洋近世思想史之变迁，如哲学上有实验主义，斯艺术上有自然主义。哲学上有新形而上学，斯艺术上有新浪漫派，皆如影之附竿，不爽累黍者。我国数千年来之思想，虽以儒家笼罩之故，不能如西洋之自由活跃，然自印度佛学输入而还，礼教上重大之变化，文学上之出世思想亦骤盛，美术上则有无数伟大之雕塑建筑，渊源于此，是皆灼然不可掩者。其他一时代一学派之絪緼蜕化，刻骨求之，无不与思想有重大之关系。故吾人欲从事于纵类之研究，必先于哲理通其大概，而后其渊源可以了然。第二，请言史地。史地两者，本纪载时空之物，以其本身言之，包蕴似不为广。然史者，一切过去之总积也。我国旧称之史，其函蕴尤为丰富，凡纵类之材料，大抵包括其中。例如言礼，自三礼而外，后世制作，几尽见于史。又如言文，则史之本身，本亦为文学之一种。太史公之书，尤为千古文人所乐道。其他各类，其原料之赖史以保存者尤多。地者，又与史有交错之关系者也。（章太炎先生有言，读史者不识郡县建置，如行棋无局。）故史地二者，又必相辅而行。吾人欲从事于纵类之研究，必先于此二者通其大概，而后其背景可以洞瞩。

渊源既明，背景既具，似国学之要领，亦既尽得之矣，而不知其犹未也。盖学术之能传世者，无一不有赖于文字，故文字实为一切学问之前提。而吾国文字，变化最繁。自古文奇篆以至于今隶，其间孳乳变易，不知有如干次。理而董之，在今日已成专门之学问，而学术之有价值者，又大抵属于古代，其文字在在与现行者扞格。故不通文字之学，不能读古书。不能读古书，即不能研国学。文字之造，又以音声为本。古者未有字形，先有字声。字形既立，则声同者可互借，声近者可互转，徒看其形，犹未能得其条贯也。故语言文字二者，又必相合而不可离。总括言之，则横类之三者，为一切国学之根本。而语言文字之研究，尤为横类之根本也。欲审其详，请读下举之例证。

一、何以言研究哲理必先求语言文字也。曰：吾国哲理之书，自以周秦诸子，为首要之材料，而子类中之文从字顺者，多属伪书。其真书之幸存者，则古言古训，斑烂满目，有待于文字之推勘者特多。如《墨子》，思想史上占重要之地位者也，而书中古字最多。王念孙《读书杂志》曰：

> 《墨子》非乐非儒，久为学者所黜。故至今迄无校本，而脱误一至于是。然是书以无校本而脱误难读，亦以为无校本而古字未改，可与《说文》相证。如《说文》亯字，篆文作亯，隶作享，又省作亨，以为亨通之亨，又转为普庚反，以为亨煮之亨。今经典中亨煮字皆作亨，（俗又作烹）亨行而享废矣。唯《非儒篇》子路亨（普庚反）豚其字尚作享。《说文》苟（读若亟其乘屋之亟）自急敕也，今经典皆以亟代苟，亟行而苟废矣。唯《非儒篇》曩与女为苟生，今与女为苟义，其字尚作苟。《说文》但裼也，今经典皆以袒代但，袒行而但废矣。唯《耕柱篇》羊牛犓豢雍，（与饔同，今本雍讹作维）人但割而和之，其字尚作但。又有传写之讹，可以考见古字者。城郭之郭，《说文》本作𩫏，今经典皆以郭代𩫏。郭行而𩫏废矣。唯《所染篇》云，晋文染于舅犯高偃，案国语晋有郭偃，无高偃。郭即𩫏之借字，知高为𩫏之讹也。《说文》𢿱古文杀字，今经典中杀无𢿱，杀行而𢿱废矣。唯《尚贤》中篇云，率天下之民，以诟天侮鬼，贱傲万民。案贱傲二字，语意不伦，贱乃贼字之讹。杀字古文作𢿱，与敖相似。知𢿱讹作敖，又讹作傲也。《说文》侯（以证切）送也。吕不韦曰，有侁氏以伊尹侯女，今经典皆以媵代侯。媵行而侯废矣。唯《尚贤》下篇云，昔伊尹为莘氏女师仆。案有莘氏以伊尹侯女，非以为仆也。侯仆字形相似，知仆为侯之讹也。《说文》衝突字本作衜，今经典皆以衝代衜，衝冲行而衜废矣。唯《备城门篇》云，以射衜及栊枞。衜衝形相似，知衜为衝之讹也。（衝谓衜车）

准此，则知不通文字，即不足以读《墨子》。而此犹不过形体之误，易于探求，小节之讹，无与大义者也。其以声为转，隐曲难知，而又于书中有重大之意义者，尤非于言语音声之道，有所讨究，万不能瞭。如《庄子·天下篇》述宋钘语心之容，命之曰心之行。此容字，向来学者不得其义。章太炎先生《庄子解故》曰：

容借为欲，同从谷声，东侯对转也。《乐记》感于物而动，性之欲也，《乐书》作性之颂也。颂容古今字，颂借为欲，故容亦借为欲。《荀子·正论篇》子宋子曰，人之情欲寡，而皆以人之情欲为多。是宋钘语心之欲之事。

以是为解，则豁然无复疑滞矣。盖古代哲理上之专名，大抵依据字之形音而立。其依于形者，如《易经》之易，为日月之易，而非蜥易之易。荀子之伪，为人为之伪，而非诈伪之伪。其依于声者，如乾健也，坤顺也。仁者人也，义者宜也。又如《庄子》书中之天倪，倪为崖之转音。《老子》书中之谷神，谷为穀之借字。辨者言顶趾有尾，顶趾则作丁子。《文子》称无敌之道，无敌则作无适。凡斯之类，若不知其本，而妄事推求，滥为义界，则鲜有不蹈宋人之覆辙者矣。钱大昕《十驾斋养新录》曰：

王伯厚引王去非云：学者学乎孝，教者教乎孝，故皆从孝字。又引慈湖（杨简）蒙斋（袁甫）说，古孝字只是学字。案古文学作斈，斈从爻，孝从老，判然两字，岂可傅会为一。宋人不讲六书，故有此谬说。

杨、袁名儒，学教常义，而其讹误犹若此，则研治古代哲理者，其于语言文字之探索，必不可省，可断言也。

二、何以言研究史地必先求语言文字也。曰：此其理与上述者相近似。以古书庞杂，董理为难，而史类中人物名号之异同，地类中山川建置之迁异，尤初治此道者所最感困苦者也。非以言语文字之钩稽，必不能臻豁然碻斯之境地。其属于前者，如殷帝相士之名，《史记》、《荀子》、《吕览》各书，称引互异。王国维《殷卜辞中所见先公先王考》曰：

《史记·殷本纪》契卒子昭明立，昭明卒子相土立。相土之字，《诗·商颂》、《春秋左氏传》、《世本·帝系篇》皆作土。而《周礼》校人注引《世本》作篇相士作乘马作士，而《荀子·解蔽篇》曰："乘杜作乘马。"《吕览·勿躬篇》曰："乘雅作驾"，注雅一作持，持杜声相近，则土是士非。杨倞注《荀子》曰："以其作乘马"，故谓之乘杜。是乘本非名，相土或单名土，又假用杜也。

其属于后者，如《史记·秦始皇本纪》，（又使蒙恬渡河，取高阙陶山北假中。）此陶山之名，向不见于史志者也。王念孙曰：

陶当为阴。隶书陶字或作阴，阴字或作陶，两形相似，故阴讹为陶，阴山已见上文，是以集解索隐正义，皆不复作注。若此处作陶山，则必当有注。以是知陶为阴之讹也。

又如《汉书·地理志》曲成阳邱山治水所出，南至沂入海，此治水即今之沽河，而《左传》所谓尤水者也。王念孙曰：

> 昭二十年《左传》，姑尤以西。杜注曰："姑水尤水皆在城阳郡东，南入海。齐乘曰，姑即大沽河"。尤即小沽河，尤字古读若饴。"（说见《唐韵正》）声与治相近，故治字亦有饴音，（下文雁门郡阴馆有治水。师古曰，治音弋之反）。《左传》作尤，《汉志》作治，古今字异耳，而全氏谢山乃谓《汉志》误以沽河为治水，是未晓古音，而轻议前人也。

以上数者，或为形讹，或为音异，皆与语言文字，有莫大之关系。而此犹不过单词只名，稍感比勘之苦而已。更进言之，吾人今日欲从事于史地之研究，已决不能仅凭载籍，专事盲从。其属于今者，当求之于民间之采集，方言为风俗之结晶，文字尤理解之大助。其属于古者，当求之于地下之发掘，古器之搜罗，遗文之考索，其有裨于研究者尤多。故自金文昌明，甲文发现而还，不特文字上有绝大之变化，即殷商旧制，亦多见于卜龟。周诰遗言，更颇存于彝器，其影响于史地之大为何如。至若和阗木简，敦煌遗书，则犹其次焉者也。王国维《三代地理小记》曰：

> 世疑文王受命称王，不知古诸侯于境内称王，与称君称公无异。观古彝器铭识，则诸侯称王者，颇不止一二观。徐楚之器无论已，夨王鼎云，夨王作宝尊。散氏盤云，乃为图夨王于豆新官东廷，而夨伯彝则称夨伯，是夨以伯而称王者也。彔伯戜敵盖云。王若曰戜伯戜□自乃祖考，有劳于周邦。又云，彔拜手稽首对扬天子丕显休，用作朕皇考厘王宝等敵，此厘王者彔伯之父。彔伯祖考有劳于周邦，则其父厘王，非周之僖王可知。是亦以伯而称王者也。幷伯敵云，王命伯到归幷伯裘，王若曰幷伯，朕丕显祖玟珷，应受大命，乃祖克□先王翼自他邦。有□于大命，我亦弗望享邦。锡女□裘。幷伯拜手稽首天子休，弗望小□邦归夆。敢对扬天子丕显鲁休，用作朕皇考武幷几王尊敦。幷伯之祖，自文武时已为周属，则亦非周之支庶。其父武幷几王，亦以伯而称王者也。而彔伯幷伯二器，皆纪天子锡命，以为宗器，则非不臣之国。盖古时天泽之分未严，诸侯在其国，自有称王之俗，即徐楚吴楚之称王者，亦沿周初旧习，不得尽以僭窃目之。苟知此则无怪文王受命称王，而仍服事殷矣。

观此一例，则知文字足以佐古史者，其力岂不大乎？

以上所引，皆不过随所见记之。若穷思文字孳生之故，博考语言迁化之由，而更证以前人研究之所得，则其足以为吾人启发之资者，必更无限。故语言文字之研究，为一切国学之前提，实无疑义。若不明乎此，而贸然从事于发掘缫理，则古籍之词气违异未经前人所比勘者多矣。日读讹文，日讲舛义，虽极蒸砂之劳，讵有成饭之望。即前人所已加比勘，而言之未详，或深密不能猝了者，亦终无以通其本原，而一切研究之结果，亦皆不足凭矣。故向来学者，每勉人以读书先求小学，亦此意也。

（录自《国学》第1卷3、4号，1926年）

《实学》发刊辞

闻宥

自罗叔言刻《雪堂群籍》，辜汤生著《春秋大义》，扬我国光，被之西土，而大汉文明，昭烂四裔，来学有遣子之请。欧美各大学屡函询本院，可否招收外国学生？成均奉华文之师，章甫之冠，贵于吴越。雅颂之乐，叹自延陵。学术昌明，方期可待。而乃寰域之内，老师日谢，小雅尽替。嗣音不往于青衿，今德难书于彤管。舍我灵龟，耆彼蛤蜊。谓古籍宜投溷，诬圣人为大盗。黑白已淆，弃取斯缪。妄陋若此，固无讥焉。若乃揭橥国学，颟顸自饰，攻难树异，以眩耀于世者，要其流派，可析为四。夫犓伆之无，鲜窥遂古。畏研几之勤虑，托虞初为容阅。征信只及于稗官，远览不出于天水。以袁枚之诞僻，而奉为大师，以汝珍之琐猥，而谓为见道。瘁音么弦，依乎说铃，虫臂鼠肝，离于大雅。此一派也。亦有托素隐之旨，为哗世之资。六书未辨，侈言甲骨之文。三礼不稽，妄述殷周之制。为取宠而行怪，实有害于道真。此又一派也。或谢不敏于经畬，夸深造于丙部。披管子而不检及六官，绎吕览而未洞于左氏。胶柱刻舟，乃乖其义。面墙向壁，益离其宗。既燕说之易误，亦狐搰而多疑。此又一派也。亦有艰于讽籀，勤于谱箓。萃志艺文之目，殚精序录之编。为版木注起居，侪陈晁之舆台。学愿诗婢，迹近书贾，自以为得，莫之或憬。此又一派也。

综兹四者，取径虽殊，其归均失。丝异染而变色，道多歧以亡羊。羡鱼兔而失筌蹏，宝康瓠而弃周鼎。学殖之疆日蹙，斯文之道将穷。人方求璞玉，而进以腐鼠。彼欲观端冕，而示以文身。既乾其中，奚强于外，道术将为天下裂。夫齐末必揣其本，通外必闳于中，察秋毫而不见舆薪者，蔽离朱之明也。导肯綮而动经大軱者，失庖丁之技也。物壮则老，不殖将落。斯必推陈出新，任重致远，以形声为轮椎，挈训诂之纪绪。本之经以明圣贤之心，考诸史以寻治乱之迹。汇百家之学，集方国之观。由近而及远，举一以反三。若网在纲，有条而不紊。治丝必断，析难而解纷。取精用弘，积薪居上。钩元索邃，矛弧以麾。庶几足以备天下之美，合始终之德，洽于古今，通乎中外。天鸡鸣而晨曦出，文德耀而群载熙。窃本斯恉，作为文章，授之剞劂，质诸当世。虽无当于弘范，或不戾于微志。明达之士，其有闻风而思古者乎。引领尘躅，于斯在焉。

（录自《实学》第 1 期，1927 年 4 月）

国故学讨论集新序

许啸天

提起“国故学”三个字，便可以从这三个字里看出我中华大国民浪漫不羁的特性来。这一种国民性，适足以表示他粗陋，怠惰，缺乏科学精神，绝少进取观念的劣等气质！前年我听印度诗人泰戈尔说：他幼年时候，住在恒河岸畔，偶然看到一面绣旗，又看到绣旗下面的流苏，随风飘荡着，便想起这流苏是丝做成的，丝是中国的特产品，看到流苏的飘荡，很可以看得出中国人浪漫的特性。因此他未到中国以前，便早已企慕中国人的浪漫生活。这浪漫生活，便是诗的生活。唉，泰戈尔先生，你错了！这浪漫性，并不是什么好名词，并没有使人可以企慕的意味，只可以叫人嘲骂，叫人鄙弃的劣等人种的贱性！你看人生在天地间，供求相需，谁许你浪漫？况生在如今生存竞争最剧烈的时代，一天不工作，便一天得不到衣食住，又谁许你浪漫？更生在如今科学精神极发达的时候，一天不发明，便一天得不到进步。你若不进步，便只好坐待着别人拿物质的势力来亡你的国，灭你的种，到那时候，且问你浪漫不浪漫了？在先生生长在富厚之家，又得天独厚，满脑筋充实了诗意，吃饱了饭，无事可做，便在恒河岸畔看看流苏，兴之所至，便吟几句诗，供天下人的玩赏。又有爵爷的头衔，挂起幌子，环游列国，到处受人热烈的欢迎。坐着头等火车，吃着精美大菜，这样子的浪漫生活，我也愿过。但回头看看贵国恒河岸畔的穷民，敝国江北路上的乞丐，他们终日蓬首垢面，胼手胝足，淌干了汗泪，喊破了喉咙，还得不到先生吃剩的面包皮，和穿破的绸衣角。到了这一步田地，我想他便是要浪漫也无从浪起了，要吟几句诗，也毫无兴趣了，要看看风吹流苏，也决没有这闲情别致了。再深刻的说一句，世界上之所以有穷民乞丐，也全是那班贵族式的诗人，浪漫派的惰民，饱食永日，无所事事，消灭了天地的生产力，却叫他们穷民乞丐，替你们加倍的工作，又加倍的替你们捱穷受饿害他的。印度之所以弄成亡国，中国之所以弄成不死不活的局面，也未始非这一点浪漫根性在那里作怪。

我的话说得过火了，谈起国故学，便无意中得罪了这位诗圣。“国故学”

三个字，是一个极不澈底极无界线极浪漫极浑乱的假定名词。中国的有国故学，便足以证明中国人绝无学问，又足以证明中国人虽有学问而不能用。这样的惰性，这样的劣性，还不快快革除，却又去恭维他，说他是东方文化，又说他是大国的风度。我实在是羞死了，气死了！所以在不知不觉中说了几句过激的话。按到实在，这“国故学”三个字，还算是近来比较的头脑清晰的人所发明的，有的称“国学”，有的称“旧学”，有的称“国粹学”。在从前老前辈嘴里常常标榜的什么“经史之学”、“文献之学”、“汉学”、“宋学”，那班穷秀才，也要自附风雅，把那烂调的时文诗赋，也硬派在“国粹学”的门下。种种名目，搜罗起来，便成了今日所谓的“国故学”。但是我试问国学是什么东西？国故学是什么东西？柳诒徵在演讲《汉学与宋学》之先，加以一段声明道：“今日讲题，为汉学与宋学，实则汉学宋学两名词，皆不成为学术之名。类如有人号称英学或德学，人必笑之。若曰吾所研究者，为英国之文学，或德国之哲学，（此亦有语病）方成一个名词。”此犹我序《王船山集》中有一段说道：

说也可怜！我们做中国人的，莫说受不到中国的学问，倘然有人问我们“你们中国有些什么学问？”我简直的回答不出来。我若回答说“我们中国有六艺之学，有经史之学，还有那诸子百家之学”，这是滑稽的答语，也是一句笑话。试问“所谓经史之学，诸子百家之学，是一个什么学问？”我依旧是回答不出来。所以老实说一句，我们中国，莫说没有一种有统系的学问，可怜，连那学问的名词也还不能成立！如今外面闹的什么国故学，国学，国粹学，这种不合逻辑的名词，还是等于没有名词。试问国故是什么？国故学又是什么？况且立国在世界上，谁没有一个国故？谁没有一个历史？便是谁没有一个所谓国故学？谁没有一个所谓经史之学？这国故经史，是不是算一种学问？好似我姓许的能够背三代祖宗的名号履历，是不是算一种本领，是否算一种学问，是一个问题，这一种学问是否人类所需要，这又是一个问题。在我的见解，所谓学问者，须具有两种条件：一种，是有统系有理知的方法；一种，是拿这个方法可以实现在人生，或是解决人生的困难，或是增加人生的幸福。没有方法的，固然算不得是一种学术，这方法不能解决人生一部分问题的，也算不得是有用的学术。你看科学界上的天文地理数理化力等学问，上至哲学文学，谁不是各有他独立的名词？谁不是各具有学术条件上两种的效用？从没像中国这样笼统而无方法的国故学，可以在学术界上独立一科的。倘然国故可以成功一种学术，那全地球上的各国，每一国都有他自己的国故，为什么却不听得有英国故学，法国故学，德国故学的名称传说呢？所以国故实在算不得是一种学问。我们中国的有国故学三字发见，正是宣告我们中国学术界程度的浅薄，智识的破产，而是一个毫无学问的国家。

翻过来说，中国的国故学，何尝不是学问？中国的国故学，不但是中国的真学问，而且是全世界的真学问。那六经子史，我们一向认为是哲学文学的府库的，里面何尝没有科学？里面不但有科学，而且有最深最高最丰富的科学。不但是科学，那政治学、社会学、法学、军事学，以中国先进国家的资格，研究得格外周到，发明得格外在先。所以我说的国故学不是学问，是说国故学不能成功一种学问的名词。那国故里面，自有他的真学问在。倘然后代的学者，肯用一番苦功，加以整理，把一个囫囵的国故学，什么政治学、政治史、社会学、社会史、文学、文学史、哲学、哲学史，以及一切工业农业数理格物，一样一样的整理出来，再一样一样的归并在全世界的学术界里，把这虚无缥渺学术界上大耻辱的国故学名词取销。这样一做，不但中国的学术界上平添了无限的光荣，而且在全世界的学术上一定可以平添无上的助力。因为中国的文化，开辟在三千年以前，那六经全是中国文化的纪录，再加周秦时期思想的发展，种种发明，种种经历，都可以充得世界的导师，而与以无上的教训。虽然，这件工作，谈何容易？只因经史是最古文化的记录，在他记录的时候，因求一时代的适合，总有一大部分是芜杂的，诸子百家，是一时代环境造成的人生哲学，总有一大部分是简陋不完的。这个现象，不但是中国，凡是初期的记录，和初期的发明，都有这一点困难。希腊的文明，决不是如今的西洋文明，柏拉图的思想，决不便是如今德谟克拉西的思想。这其间几经整理，几经改造，才能得如今物质上精神上的两大成功。我们中国的学者只因不肯整理，不肯改造，所以直到如今，六经依旧是六经，诸子百家依旧是诸子百家。那国故，是各种物质的原料；科学，是从国故原料里提出成分来制成的器皿。如今我们中国的学术界，白丢着这许多丰富而又宝贵的原料，空感受器物缺乏的痛苦，这全是一班中国学者的罪。做中国学问，本来不是一件容易的事，只因不曾经过整理，不但使后代学者找不出一个头绪来，便是找到了头绪，好似走进了一座凌乱芜杂的栈房里面，都是零碎的不适用的多。好不容易，用披沙淘金的工夫，整理出一点切于实用的学问来，学者仅仅拿他看作一种陶情适性的玩物，既没有公开的著作，也没有澈底的研究。前者摸过这一条黑巷，却不肯把黑巷里的走法告诉人，一任那后者再去费一番摸黑巷的工夫。因此，中国的学术界，常在这条循环线上来来往往的走，便永远没有进步，永远没有成功。我们倘然甘心永居于无学术国的地位，那便不用说了，倘然中国的学者，不甘自弃，还希望把中国的学术扶持出来，和世界的学术见面，非但见面，还要和世界的学术合并，使中国老前辈留下丰富而伟大的学术，使世界学术界得到一种伟大的帮助，那非努力于整理六经诸子的工作不可。这整理的目标，有两个：一是要精当而有统系，一是要适于人生实用。

因此，要把中国的国故学扶持出来，用精细勇往的工夫，整理分晰，成了各项专门的科学，以与世界的各科学相见相并而使全世界得到他的实效，这决决不是那种浪漫的态度可以成功的。要拿国故学整理分晰成了各科学以后，再勇猛精进，从旧的国故学里面研究发明出新的科学来，靠他改造世界现有的科学，这也决决不是那种浪漫的态度可以成功的。所以，我劈头一句，便是反对中国人这浪漫的态度，紧接着便是反对这国故学浪漫的名词。

这样巨大的工作，也不是容易做的，这样巨大的耻辱，也不是容易恢复的。第一步，先要认清国故学里有些什么门类，又有些什么人。这一部《国故学讨论集》，还算不得在学术上的讨论，只可以算是在门类上的讨论。得了门径，才可以进而讨论学术。愿你们有志的人，努力做这第一步的工作！

十六，一，七，在上海

（录自许啸天辑《国故学讨论集》，群学社1927）

重新估定国故学之价值

吴文祺

（一）

国故学和文学的性质，绝对不同。但是中国文学的研究和整理，却完全建筑在国故学的基础上。

一二年来，整理国故的呼声，可算是甚嚣尘上了。连从前曾主张把中国的经史子集一概烧去的陈独秀先生，后来也变了调子地说："讲哲学可以取材于经书及诸子，讲文学可以取材于《诗经》以下古代诗文，讲历史学及社会学更是离不开古书的考证。"（《新青年》八卷六号《新教育是什么》。）他以"古书的考证"为限于"历史学及社会学"，这固然是有些误会，但他立言的大体，却还不错。近来报章杂志上也常常登载着关于整理国故的论文，但是照我看来，能够满意的实在很少。他们或者说："现在整理国故的必要，实在很多。"（《胡适文存·论国故学》）或者说："社会是要不断的创造，不断的整理，这两种事业，正如车的两轮，鸟的两翼，缺一不可。断不能说整理的功劳和创作的功劳有优劣之分。"（十一年四月十三日《学灯》，梁任公《我对于女子高等教育希望特别注意的几种学科》）这种论调，真可谓拢统之至了！十四卷一号的《小说月报》，曾特辟一栏"国故与新文学"的讨论，比较的总算是很精密的研究了。但是还不免略有缺点：他们不是（一）误认整理国故只是整理中国文学，便是（二）误认国故就是国故学，或是（三）误认整理国故的工作，除了研究者要满足自己的求知欲之外，便没有其他的效用。此外还有一种政治式的整理国故论。如蔡孑民说："西方学者极想东来研究中国文明，我们对于这等现象，应予注意。我们应该赶快整理固有的文明，供献于外人，要是让外人先来开拓，那实在是件可耻的事。"（十年十月十五日北大开学时蔡孑民讲演词。）北大国学研究所整理国学计划书也说："近来欧美学者已稍稍移其注意于我国固有之学术，顾转虑我国固有之学术，无以供给于欧美学者之前。何则？我国固有之学术，率有浑沌紊乱之景象。使持此供欧美学者之研究，必易招其误解，而益启其轻视之心。故非国人自为阐扬，必无真相以供欧美学者之研究。故阐扬我国固有之学术，本校尤引为今日更重大之责任。”王光祈说：“欧洲自大战后，一般学者，颇厌弃西方物质文明，倾慕东方精神文明。……我们可以藉此机会，将中国古代学术，尽量输入欧洲；……近来我国文化运动，虽十分热闹，但是在欧洲人眼光看来，亦不过是抄袭欧洲学说，小儿开始学步，还不能减少他们轻视的程度。我以为要抬高现在中国民族的人格，最好能自己创造新文化以贡献于世界。否则，亦应将中国古代学术介绍一点到欧洲来。一则使东西两文明有携手的机会，二则也可以减少欧洲人轻视中国民族的心理。”（《少年中国》王光祈《旅欧杂感》）他们以为整理国故的目的，只是要减少外人的轻视中国的程度，只是抬高中国民族的人格，只是要予“研究东方文明的西方学者”以便利！……他们以整理国故为国际政策，视国故学者为欧洲学者的了头！这种即不是奴隶或至少是政治式的国故论，实在有些不敢闻命！我们应该明白，要不要整理国故是一件事，外国学者研究不研究中国的学问，又是一件事。如果国故有整理的必要，那末虽然外国学者不来研究，我们也是要整理的。如果国故没有整理的必要，那末无论外人怎样的赞美，怎样的颂扬，我们也不该盲从！又北大的《国学季刊》的《发刊宣言》，固然可算是一篇国故学上的空前的伟论，但是缺点未始没有。旧时经史子集的分类，实在是很可笑的，但这篇宣言，却于哲学文学……的名称之外，别有所谓“经学”的名称的存在。文学作品，只要让各人自由去欣赏，个人的主观的评注，无论对于作品，对于读者，都是有害无益的东西。《水浒传》《红楼梦》之所以要删去评注的原因，就是在此。《诗经》是文学作品，后人要研究它，只要把训诂音韵……弄明白就是了。至于前人的见解，——无论是附会的，或是订正附会的——尽可以不睬。胡培翚军序《黄启兴诗考》说：“其书不空演文句，惟取各篇字义逐一训释。于各物制度，征引考证尤详。至其作诗之意，则阙而不言，以俟涵泳经文者之自得。”（《小说月报》十四卷一号颉刚《读书杂记》）以这种态度来研究《诗经》，是很不错的。但这篇宣言，于研究《诗经》的方法上，有“结前人的见解的总账”的主张。这真是大错特错了！不但如此，这篇宣言既不说明整理国故的必要与价值，更不说明国故学的性质，而只定了许多整理国故的方法。不过这或许可以说各人的立足点不同，我们倒也不必过事“吹求”。至于东大的《国学丛刊》的《发刊词》，完全是保存国粹者的口吻，尤其没有批评的价值了！

（二）

中国过去的一切文化历史，便是中国的国故。这过去的国故，为什么值得研究呢？有人以为是要满足我们历史上的兴趣，这话固然不错。但若是说除了满足历史上的兴趣以外，便没有其他的目的，那似乎有些不对了。我以为我们所以要研究国故的原因有五：

（一）要满足我们的求知欲。科学家不厌不倦孳孳矻矻地研究科学，如达尔文的发明天演公例，牛敦之发明力学定理，既不存浅陋的显亲扬名的虚荣心，也不存狭隘的利民济物的功利心，只是迫于一种热烈的求知欲罢了。科学家好像一面极公平的镜子，宇宙间所有的现象，在常人看来以为是毫无关系的东西，在科学家却以为都有研究的价值。汤姆生在《科学大纲》的绪言上说："生理学和心灵的研究之新接触，儿童和野蛮人行为之研究，以及心理分析家用的新方法，皆我人所当注意，因为这些都是现在新心理学所从出。至于灵学的主张，虽然不免近于怪诞，而在不存成见的科学家看来，也未尝没有承认的价值。"譬如社会学家对于文明人的生活，固然是要研究，但对于野蛮人的生活，尤其要研究。生物学家对于高等动物的猿类，固然要研究，对于下等生物的菌类，也是要研究。又如中国社会里通行的神模，是愚民崇拜的对象，而在民俗学家看来，却是极好的研究资料。地下的化石，是太古时代的遗物，但在人类学家看来，却是无价的瓌宝。……所以在科学家事事求真的意义底下，无论国故是神模也好，是化石也好，都有研究的价值。

（二）无论何种新学术新思想，都不是从天神首中爆发出来的，或是凭藉了过去的基础而继长增高，或是根据了前人的研究而另辟新基。这种学术思想上的影响，不但相承的如此，就是"相反"的也有"相成"的妙用。如发恩斯坦的相对论之与牛敦的相对律，克鲁泡特金的互助论之与达尔文的进化论，就是相反相成的好例。章太炎音韵学上的创见，未始不是食乾嘉学者之赐，胡适之的文学革命论，不能不说章实斋和王静庵都有启示的力量。这是温故创新的好例。中国古代的有价值的学术思想，因了种种关系，差不多埋没在瓦砾堆里了。我们现在应该用新眼光来研究它，替它补苴罅漏，替它发挥光大。这是谋今后学术进步的必经阶级。学术是没有国界的，一国学术上的发明，各国胥受其赐，所以这种研究，不特有益于中国的学问界，就是外国的学术界，也可以得益不少。如中国文字学上的新发现，使欧洲学者得着了不少的有价值的史料；南画入西洋，使欧洲艺术界上变一新色彩；梵文的发明，使欧洲语言学上得一新生命。……我们退一百步讲，把中国的国故看做死尸吧，然而研究得奇病而死的死尸的结果，或许可以发明新医理。当它是细菌吧，然而研究细菌的结果，或许可以发明杀菌的药剂。从上看来，可见国故研究之在学术上的根据，是很牢固的了！

（三）历史的最大优点是：（甲）使人们知道世界是永远进化的，一切的制度学说，只不过是一时的补偏救弊的方法，决不能推之四海而皆准行之百世而不悖的。人类的守旧性能够把没有存在的价值的学说制度奉若神明地保存下来。如旧式的婚姻制，本来是过去时代的遗形物，然而现在普通社会里还大多数采取这种制度。七曜的记日，本来是过去时代的遗形物，然而现在大多数的学校，还采用这个名称。如果我们从历史上明白了彼等的起源，就可以估定彼等在现在有没有存在的价值了。（乙）过去人的活动的体相，足资现在人活动的借鉴。前人的失败与成功，都可以替后人指出成功的道路。譬如做衣，适体的旧衣服，固然是定新衣尺寸的标准，而不适体的旧衣服，也足以做新衣服改革的依据。（丙）现在的许多恶因恶果，都是过去时代绵延下来的。——也许种因于数十年之前，也许在数百年甚至数千年之前。——我们为医者便于投药起见，就应该把病源显示出来，否则便有药不对症的危险。历史就有这种显示病源的功用。中国枉为有数千年的文化，但是到现在还没有一部完全的历史。所以中国人也最缺乏历史进化的观念。（现在有许多人以抱残守缺为保存国粹，或是诋整理国故为迷恋骸骨，完全是由于缺乏历史进化观念的缘故。）研究国故，一方面他自身本来具备历史所有的优点，一方面又是完成这种历史的重要工作。

（四）我们对于无论什么人的学说思想，要赞成或是要反对，先须明其学说思想的本来面目。否则赞成便是盲从，反对便是盲抗！古人的学说思想，影响于后人者至大，或是有益的，或是有害的。我们先须认清了真相，然后可下赞否的评判。如梁漱溟要提倡孔子哲学，固然须把孔子的书，研究一番，而陈独秀、吴虞要攻击孔子学说，也一样的要研究。

（五）一般人对于国故，往往迷信前人附会的传说。如他们读《诗经》，受了《诗序》的影响，发出种种可笑的附会。他们读《史记》，中了古文家的毒，有什么神奇气奇的狗屁不通的谬论。我们若是很拢统地对他们说："《诗序》是假的，《史记》中你们所谓神奇气奇的地方，正是文字误脱的地方！"他们是不会相信的。我们若是加一番疏证的工夫，还出《诗经》、《史记》的本来面目来给他们看，他们就不得不信了。如郑振铎的《读毛诗序》，他何尝不知道《诗序》之无价值？但他要打破众人的迷信，不得不加一番研究。王静庵疏证《今本竹书纪年》的工作的性质，也是如此。照此看来，我们还可以说国故没有研究的价值吗？

（三）

中国的浩如烟海的国故，好像是一团乱丝。我们如果要研究，先须加一番相当的整理。整理国故这种学问，就叫做国故学。国故是材料，国故学是一种科学。从来没有人替国故学下过定义，我且来替它下一个定义吧！

用分析综合比较种种方法，去整理中国的国故的学问，叫做国故学。

近人往往把国故学省称为国学，于是便引起了许多可笑的误会。——如老先生以骈文，古文，诗词，歌赋，对联，……等为国学，听见人家谈整理国故，他们便得意扬扬地大唱其国学复活的凯旋歌，而一般把学术看做时髦的装饰品的新先生们，也在“和老先生们同一的国学观念”之下，大声疾呼地来反对国学！——所以我们正名定义，应当称为“国故学”，不应当称为“国学”。虽然为称述的利便计，把繁重累赘的名词缩为简单，如北京大学之省称北大，东南大学之省称东大，也未始不可。但第一要在不致引起人们的误会的限度以内才好。国故学之省称国学，既已轶出这个限度以外，那末就有修正的必要了。

国故学是一个总名，分析起来，有下列几种学问：

（一）考订学

（二）文字学

（三）校勘学

（四）训诂学

严格讲来，只有以上这几种学问，才是纯粹的国故学。不但研究中国的文学，要靠着它，就是研究中国的哲学、经济学、政治学，……等，也要借重它。其关系如下图：

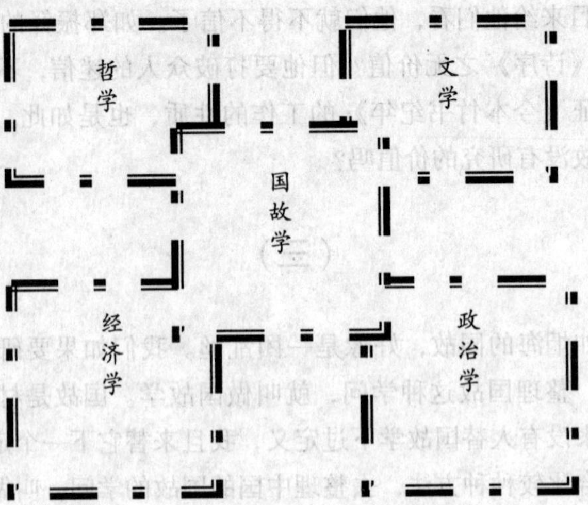

应用国故学所整理出来的材料，只可谓之国故学的结果，决不可认为国故学的本身。我们假使所整理的是哲学，那末当然归入哲学的范围；文学，文学的范围；政治学，政治学的范围；经济学，经济学的范围。近人往往不明白国故学的性质，于是不管三七二十一，把中国的文学、哲学……都硬揿到国学这个名词里去。其实国故学是超乎文学哲学……之外的一种科学，也是一种狠重要的人人所必备的常识。

国故学究竟是不是一种科学呢？要解决这个问题，先须明白科学的性质。我们且看地质学家丁文江先生说："凡是真的概念推论，科学都可以研究，都要求研究。科学的目的，是要屏除个人主观的成见，——人生观最大的障碍——求人人所能共认的真理。科学的方法，是辨别事实的真伪，把真事实加以详细的分类，然后求他们的秩序关系，想一种最简单明了的话来概括他。所以科学的万能，科学的普遍，科学的贯通，不在他的材料，在他的方法。安因斯坦讲相对论是科学，詹姆斯讲心理学是科学，梁任公讲历史研究法，胡适之讲红楼梦也是科学。……学科学的人，……无论遇见甚么事，都能平心静气去分析研究，从复杂中求单简，从紊乱中求秩序。"（《科学与人生观》）中国人最富于实利心，他们不知道科学的唯一目的在求真，他们误认科学的目的，只在提高物质文明。于是有的人在这个观念之下来提倡科学（如吴稚晖），有的人在这个观念之下来反对科学（如张君劢），其实都免不了"盲人瞎马"之讥！无怪丁文江先生要慨乎其言之了！他说："试验室是求真理所在，工厂是发财的机关。……欧美的大实业家，大半是如我们的督军巡阅使，出身微贱，没有科学知识的人。试问科学家有几个发大财的？张君劢拿张季直聂云台来代表中国科学的发展，无论科学未必承认，张、聂二君自己也未必承认!”（同前）又说：“社会上的人，对于直接有用的科学，或是可以供工业界利用的科学，还肯提倡，还肯花钱。真正科学的精神，他依然没有了解。”（同前）从上看来，可见科学只是要求真，并不含有什么浅狭的功利观念。而国故学的目的，也是要求真。科学用分析综合比较的方法，以求事物的秩序关系，国故学也是如此。科学家有“无征不信”的口号，国故学家也最重客观的证据。……所以真正懂得科学的人，都承认国故学是科学的一种。工程学家杨杏佛先生说：“自科学思想输入中国以来，惟整理国故一方面，略有成绩。”（见第五卷第六册第二十七号《学灯》）丁文江先生也说：“许多人不知道科学的方法和近三百年来的经学大师治学的方法是一样的。”（《科学与人生观》）又说：“到了明末，陆王学派，风行天下。……这种……无方法的哲学，被前清的科学经师费了九牛二虎之力，还不曾完全打倒!”（同前）这都是真正的科学家承认国故学是科学的明证。张君励立在玄学家的地位，很激烈地反对国故学，虽然错，但和他自己的主张却还一贯。最可笑的是吴稚晖，他一面提倡科学，一面却反对国故学，这简直矛盾到可笑的程度！不知他老先生是根据一种什么逻辑？我愚昧得很，实在不能明白！

（四）

的确的，中国人——虽然不能说是全体，但至少可以说大部分——的求学，除了谋利争名之外，差不多没有其他的目的！读英文的，想做洋行买办；学经济学的，想做银行经理；学政治法律的想做官；……学术不过是手段，目的是别有所在。目的一达到，手段早已用不着了！在这种状况之下，不但纯粹的学术（哲学，自然科学，文学……）无发展的余地，就是这几种应用的科学，也决没有提高的希望！一般留学生学法制经济……的比较多，学哲学，自然科学，文学的，比较的少，就是前说的证明，中国很少有经济学专家或法学专家，……便是后说的证明。从上看来，我们可以知道国故学之所以不能使人注意，虽然是（一）由于中国人——大部分——之缺乏科学精神，但是也（二）由于国故学的本身，不足以做他们发财做官的手段的缘故！乾嘉大师不遗余力地提倡国故学，但是终还不过“桐城谬种”、“选学妖孽”，及“乌龟八股”（注一）的势力！前清的科举余孽，能有几个懂国故学的？虽然不能说他们个个不懂，但据我所知道的，十个秀才有九个不懂，现在有人说整理国故是老秀才乘势出风头，若不是故作违心之论，便是无的放矢的呓语了！

外国人之研究考古学，较之中国人热烈得多，研究的成绩也较中国好得多。费了巨万的金钱去发掘埃及古墓的事，我们且不论，我们只要把中国国故学上的发现来说，已尽够使我们惭愧了！王静庵、罗叔言的《流沙坠简考释》，固然是国故学上的大著作，但首先发现汉晋木简的是匈加利人 Dr. A. Stein.，首先为之考释的是法人 Prof. Chauanes.，河南古物的发现者是 Dr I. G. Anderson。他若对于中国的古语言学有研究的，有 M. Pellist，从梵文里研究中国古音的，有 A. Uon Stael Holsein，Phe D，及 Karlgren……等；研究中国古器物学的，有 Hauber……等。至于日人研究中国的国故的尤其多了。学术虽然是没有国界的，但中国研究国故学者的成绩，不及外国者，这是何等可耻的事！

总之国故学有研究的价值，是不容有疑义的。而在现在的中国，尤其有提倡的必要。为什么呢？因为（一）国故学的性质，很像数学。数学，一方面是训练思想的最好的方法，一方面又是各种科学的基础。国故学在一方面固然是研究中国的哲学，文学……的基本学问，在别一方面，研究国故学的人，也可以藉此养成我国人所最缺乏的重征求是的科学精神。一般遗老少们，对于西洋的科学，既没有根柢，又不肯研究国故学的根本精神，虽然和他们的拢统脑筋格格不入，但材料究竟是中国的，不致使他们望而却步，使国故学和他们携了手，便可以慢慢的改造他们的脑筋了。（二）国故学大部分是属于语言文字学的范围，现在国语学上许多问题，或可因国故学之研究而得解决。又中国的古代社会学，古代民俗学，及语言心理学……向来没有人研究过，或者因了国故学的研究而渐渐有人注意起来，也未可知。

近来有许多人存着“东文文明有绝大的优点”的观念，来研究国故，这是非常危险的！这种不但拢统而且夸大的成见，似乎不是学者所应有的，我们终以祛除为是。

（注一）这名词是黄远生造出来的。

一九二四，二，十二。在新仓

（录自许啸天辑《国故学讨论集》，群学社 1927）

春雷初动中之国故学

曹聚仁

（甲）引言

自《甲寅周刊》行世，“思想复辟”之声又盈乎耳，袒护之者，以为新思潮之末运已届，为时代中心者，必将属之于摇首摇尾之冬烘先生。排击之者，则以为时代落伍之丑类，原不足扬已死之灰，第恐青年受其蛊惑，遂欲策群力以排去拦路之虎。甚焉者，以整理国故者“貌似阳虎”，亦以“思想复辟”目之，诚然——“新旧之争，等于一閧”（钱智修先生语）也，愚以研治国故学为职志，不欲呱呱初堕地之国故学，其生命遽摧折于屠伯酒保之手，敢为海内学者聊贡一言！

《甲寅》之行世，诚可为章行严痛哭长太息。——行严在昔日颇有所建树：

昔日之《甲寅》，固一时之健者，——今乃不恤“破斗折衡”以自背其逻辑，不仅不足与《学衡》抗行，即较之《华国月刊》，亦望尘莫及。——意者“食肉者鄙”，不自知其固陋欤？——使治国故学者而与《甲寅》同其趋向，则国故又在磨难中，曷若尽取国故资料而固封之，以待来哲之为愈？故愚敢大声疾呼曰：“研究国故学者不与《甲寅》共戴一天，《甲寅》，我之仇，非我之友也。——”

吾国学术界观念之模糊，吾人类能知之，即以“整理国故”事而论：北京大学之国学研究所，以“国学”为帜；无锡之国学专修馆，亦以“国学”为帜；上海同善社之国学专修馆，亦以“国学”为帜，三者虽同标一帜，其实三者必不能并立。盖吾辈若承认北京大学国学研究所研究为“国学”，则无锡国学专修馆、上海国学专修馆所研究者，决非“国学”；若承认同善社之“国学专修馆”为“国学”专修馆，则无锡之国学专修馆，北京之国学研究所，必非“国学”专修馆“国学”研究所。然今之谈国故者皆比而同之，一若名同实即相同，观念之混沌若此，不亦使人闻而大骇乎？——愚用此不得不为国故申一言曰："学术，用语之本义，非能由外表以全窥其底蕴。未全了解其底蕴，徒以外表为批判，决无价值之可言。'国学'之为物，名虽为一，实则为三，北京国学研究所之'国学'，赛先生之'国学'也；无锡之国学专修馆，冬烘先生之'国学'也；上海之国学专修馆，神怪先生之'国学'也。三者在理决无合作之余地，吾辈'认明商标，庶不致误'。"

愚闻西医初入印度之际，印度人以其医治颇著灵异，患病者遂焚化其方而吞服之，"其愚不可及也"，稍有知识者，即愚蠢甚，当不至师法印度人，踵其后而效之也。今日之"国故"，所含之成分凡三：一、史迹之记录，二、思想之殭石，三、工具之烬余。史迹之记录，犹破落户之陈年帐目，用以为查检往昔之过程则可耳，若用以为炼金之原质，则火燃灰扬，返于无物矣。思想之殭石，则如乃祖乃考之尸身，用以为考察时之旁证则可耳，若欲其还魂再生，以振兴家业则惑矣。工具之烬余，犹墙角之破旧耒耜，缺者补之，毁者新之，用以为耕家之资，田园或有复兴之望，若抱残守缺，行见田园之荒芜也。故愚亦愿为读者致意：国故决非救世之"百宝药箱"。国故修明，世未必治，国故凌杂，世未必乱，为"国故"而治"国故"，庶无负于"国故"。

更进言之，国故既不能降福，国故亦必不能降殃，皇皇焉视国故为蛇蝎，奔避之不遑者，未免神经过敏。盖痛心疾首于国故之心理，即推衍至于极点，目国故为"家奴"，为人类思想之"梅毒"，为现代之"洪水猛兽"，为中国民族之"附骨疽"，亦无损于国故学真值之毫末。抑知治国故学者，如医士之研究梅毒，梅毒诚善于传染，入医士之手，不但顿失传染之力，且经医士之研究与试验，梅毒之生殖状况及传播状况，皆已考察得实，因斯疗治梅毒之对症良药以得。国故学亦然。治国故者，初未尝以国故为"圣经"，日事喃喃，如教徒之宣号，彼孜孜从事于分析组合之工作，使国故反其本原，露其真面目，使吾人能有真认识，已较诸迷恋国故者有间矣。愚敢为国故学而能完成，中国民族卑怯昏愦之积习，或有廓清之一日。——

《语》云："前事不忘，后事之师也。"戊戌已远，新学说之移殖，新思想之起伏，亦云频数矣，顾其结局，都无佳果，社会之腐败依然，思想之顽旧依然，换汤不换药，徒使吾人扼腕痛惜而已！——紬绎其故，盖学说初来，浅见者第知闭门相拒，及学说盛行，浮光掠影者惟知随声附和，待风气已过，又相率顾而之他，自始迄终，曾无一切实工程之可称"种瓜得瓜"，其结局如此也固宜。愚于国故学，窃欲力矫此弊，国故学既为专门之科学，原不待群众之骛逐，原不必虚糜青年之精力，吾侪苟有志于斯，闭户读书，静心研治，以所得贡之于社会，“求仁得仁”，复何求焉，——至以国故学为号召，欲以“国故”救国。噫！——“先生何自苦乃尔！——”

（乙）轰国学

国学二字，浮动于吾人之脑际者经年矣，闻有一二博学者不察，用以为中国旧文化之总摄名词，逐流者乃交相引用。今则国学如麻，略识“之无”，能连缀成篇，谓为精通“国学”，咿唔诗赋，以推敲词句自豪者，谓为保存“国粹”。他则大学设科，研究中国文学，乃以国学名其系，开馆教授四书五经，乃以国学名其院，人莫解国学之实质，而皆以国学鸣其高，势之所趋，国学将为国故学之致命伤。国学一日不去，国故学一日不安，斩钉断铁，惟有轰之一法。愚按国学之不可不轰者三，不能不轰者二，请读者静观左列之陈述：

一名词之成立，将有以别于他名词也。“貓”吾名之曰貓，必不与狗相混。貓之于狗，其躯体其性质，固迥相异。以其相异，乃命以相异之名。例之学术亦然。国学之含质，固有以异于世界他国之学术，即含质之大部分，可归纳于学术系统之中，其精神终有特殊之点存焉。此对象既目有特殊之点，则应得一独立不相混之名称，今名之曰国学，（即中国学术之简称）将与日本学术，英国学术，法国学术同为类名，吾不知其所以表独立不相混之点何在。既无以表独立不相混之性，则国学一名，即难成立。若谓“国学”本无独立之特点，不妨与日本学术英国学术……同列于类名，则不但老朽顽旧者期期以为不可，即以愚观之，自殷亡以迄“五四运动”，其间文化思想与他群体之文化思想异其流有不可混为一谈者，如个人主义之支配全局，功利观念之笼罩一切，皆不能不别立一科以研究之也。故就实以察名，“国学”一名，不足以副其实，就名以考实，国学之实，将削足以就履。此国学之不可不轰者一。

各科学之命名，当合论理之规范，如天文学，吾知其研究之对象为天文，地质学，吾知其研究之对象为地质。今以国学为名，就名词观之，二若对象即为“中国”，其势必将取中国之疆域、山川、都邑、人口、物产为资料，然按之事实，夫人而知其不若斯也。由斯可知国学之为名，不但不足代表其对象，且使人因名而生误会，不但使人因名而生误会，且使人习科学而背其科学之规范。此国学之不可不轰者二。

胡适云："国学在我们的心眼里，只是国故学的缩写：中国的一切过去的文化历史，都是我们的国故，研究这一切过去的历史文化的学问，就是国故学，省称为国学。"斯言妄也。胡氏之说，殆迁就俗称而为之曲解耳，抑知"国故"二字之重心在"故"，于"故"乃知所研究之对象为过去文化思想之殭石，乃知此研究之对象，已考终于"五四运动"之际，乃知此研究之对象与化学室之标本同其状态。使去"故"而留"国"，则如呼"西瓜"为"西"，"太阳"为"太"，闻者必茫然不知所云。故愚以为国故学，必当称为"国故学"，决无可省之理。或曰：胡氏以国故为过去之文化历史，则国故学即为中国文化史，或为中国学术史，省称之曰国学，奚不可者？愚曰不然。国故学之对象限于国故，国故之质有限制，其时间性亦有限制。与中国文化史中国学术史虽有相关涉之处，其职务其断限，则各不相侔。如叙述中国文学之因果流变，文学史之职也，若以探究中国过去文学之特殊色彩，及特殊构造为职志者，则为国故学之一部分。愚思之，重思之，诚不知其可省为国学者何在？故国学乃一勉强割裂而成之名词，其不可不轰者三。

谈阴阳五行者，谬托于玄学，以玄学之无确定界说与范围也，谈明心见性者，谬托于哲学，以哲学之泛泛不着边际也。愚夏间自乡返申，舟中遇一白发婆娑之老翁，津津谈扶乩降神之神迹不已，且缕陈吕洞宾文昌帝降坛之诗词文笔以实之，且喟然曰："此我国之国学也。国学之不讲也久矣，微吾侪谁其任之！——"过杭时，访友人于道德学社。道德学社者，一神秘不可思议之宗教，与大同教相伯仲，其社奉段正元为师尊，其徒事之如神，礼之如佛，以"大道宏开"为帜，以"天眼通"为秘，而贪财如命，不知人间有廉耻事。关于此社，愚拟草《道德学社之横断面》一文以详述之。然亦自命为道业之正统，国学之嫡系，噫——在昔俗儒浅陋，尚知自惭，今则标卜算业者，习堪舆业者，以及吟坛雅士，皆得以宣扬国学自命。国学，直百秽之所聚，众恶之所趋，而中国腐败思想之薮藏所也。所以然者，国学无确定之界说，无确定之范围，笼统不着边际，人乃得盗窃而比附之。故为澄清学术界空气计，不能不轰国学。

科学之研究，最忌含糊与武断，而国学二字，即为含糊与武断之象征。国学定名之初，非经长期之考虑，但见陈吾前者为隆然之遗产，漫名之曰"国学"而已。（夸大狂白热时，则名之曰国粹，以傲四夷。）故国学虽已得名，其魂尚欲招不得，抑或国学但有一名足矣，实之存否不计也，此含糊之产物，——国学，殆我国民族性与我国思想之象征欤？且谈国学者大都痛恶科学，以为科学乃物质文明，国学为精神文明，于是治国学不必藉手于科学方法，惟直觉的武断论是依。综言之：国学亦为武断之产儿，染反科学之彩色甚深，如之何其可不轰耶？——

（丙）国故学之新倾向

国故学之在未来学术进化史上，将为合理的演进，盖在吾人意料之中。演进之过程有二：一、由杂糅之国故学进而为有组织之国故学。二、由统摄诸科之国故学，进而为纯粹国故学。近顷之治国故学者，虽取舍不同，准的匪一，使非极端守旧，局守宋儒之陋见者，其用力之所在，必不离于考订名物训诂诸端，群力所注，则国故之各各资料，必一一由考证而日渐正确。故目前之国故，因杂糅淆乱，期之将来，或能渐进而趋于有组织。讨论国故之出版物，先后行世者綦繁：其稍有价值者必为系统式之探究，胡适之《中国哲学史大纲》，梁启超之《先秦政治思想史》，鲁迅之《中国小说史略》无论矣，即陆侃如之《屈原》，陈顾远之《中国古代婚姻史》，王振先之《中国古代法理学》，亦莫不从于专史之组成。各科之专史若成，国故资料必一一归纳于学术系统之中，待国故资料各自独立，则国故学所研究者，必为普遍原则与特殊精神。换言之，即由统摄的国故学进而为纯粹的国故学也。

综合诸相：国故学之新倾向，昭然显呈于吾人之前，新考证之盛行，即昭示吾人以国故学中心之所在。按考证之工作，清初已发其端，乾嘉而后益盛，近顷之考证，原无以出清儒之范围。所不同者：清儒之考证，其方法，东鳞西爪，不可捉摸；近顷之考证，其方法较为具体，学者得袭取而用之也。考证之已著成绩者凡三：

A 胡适俞平伯之小说的考证

B 梁启超顾颉刚之史的考证

C 陆侃如吴立模之诗歌的考证

胡适之考证小说，如《水浒传考证》《红楼梦考证》《西游记考证》诸篇，无一不精审确当。然其重大之贡献，尚不仅在考证所得之结果，而在考证时，运用之方法。胡氏于考《红楼梦》时云：

> 我们做考证，只能运用我们力所能搜集的材料，参考互证，然后抽出一些比较的最近情理的结论。我处处撇开一切先入的成见，处处存一个携证据的目的，处处尊重证据，让证据做向导，引我到相当的结论上

去。

此方法于现代学术影响綦多，现代学术之曙光，皆造端于斯。继其后者有俞平伯之《红楼梦辨》，俞之辨《红楼梦》："从作者自己在书中所说的话，来推测他做书时底态度，从作者所处的环境，和他一生底历史，拿来印证我们所揣测的话。"其以新方法驾驭实际材料，易嘘气吹成之仙山楼阁，而为砖石砌成之奇伟建筑，诚百余年来红迷者所不可几及。

梁启超之《中国历史研究法》，一新中国史界之面目，其谓"以生人本位的历史代死人本位的历史"。谓"今之史学，则既已获有新领土，实乃在旧领土上而行使新主权。一面宜将其旧领土一一划归各科学之专门，使为自治的发展，勿侵其权限，一面则以总神经系总政府自居，凡各活动之相，悉摄取而论列之。"皆考证古史者应审知之观念。若夫顾颉刚之考证古史，则"一、把每一件史事的种种传说，依先后出现的次序，排列起来。二、研究这件史事，在每一个时代有什么样子的传说。三、研究这件史事的渐演进，由简单变为复杂，由陋雅变为雅驯，由地方的变为全国的，由神变为人，由神话变为史事，由寓言变为事实。四、遇可能时解释每一次演进的原因。"此历史之演进观，亦新考证之创获也。

陆侃如之《古代诗史》，愚未之见，而《孔雀东南飞考证》及《屈原评传》则已刊行。其以《孔雀东南飞》为受佛经之影响，从名物辨正其时代，斥弥缝之非计，亦一新考证也。吴立模之《孟姜女故事的传变方法》，有似顾颉刚之考古史，其审慎周详，亦相类，亦新考证之一豹也。

总之，新考证之盛行，一缘于清代之旧考证，包含精英者甚多，一经修正，即可运用；二缘于科学方法之采用，与清代学者之旧方法相印证而益彰；三缘于当代导师，竭力精神于此，使吾人坐享其赐；四缘于尘封中之国故，沿之者必以"考证"扣其门。有此四缘，乃造成此新考证之倾向，愚深为国故学庆幸！

其他，则整理之工作，探究之工作，亦间有一二学者从事其间，惜治斯业者每感枯寂，为期甚浅，成就简鲜耳。

（丁）如何编制国故学新书目

自胡梁二氏为青年开列国学书目而后，国学之有书目凡四：

A、一个最低限度的国学书目………………………………………胡适

B、国学入门书要目及其读法……………………………………梁启超

C、国学用书撰要…………………………………………………李笠

D、治国学书目……………………………………………………陈钟凡

四书目中，梁胡所拟者，以盛名为之辅，乃不胫而走，坊间汇订之书目，闻亦销行巨万。然拟者既谓“并不为国学有根底的人设想，只为普通青年人想得一点系统的国学知识的人设想”，又以“最低限度”入门“要目”为性质上之限制，则其书目必当适合青年之心力。按胡氏所列凡百八十余种，梁氏所列凡百五十余种，李氏所列凡三百七十余种，陈氏所列凡四百余种，即有聪慧绝伦之青年，排尽外务，竭其力以治之，月治一种，已叹观止。抑且治梁目需十年以上，治胡目需十五年以上，李陈二目无论矣。今欲使一般青年习此最低限度之国学，且限其在短期间，愚百思诚不得其解。况各目中之各书，荒芜未治者十之三四，杂缀未有条理者十之三四，待专门研究而后能通晓者十之二三，其一望了然者不过十之一二。今欲使青年比而习之，诚恐“头白可期，贯通无日”也。且胡适不云乎？一少年的学者想要研究《诗经》的，伸头望一望，只看一屋子的烂账簿，吓得吐舌缩不进去，只好叹口气，“算了罢!”吾人试日常理衡之：一《诗经》则使青年“吐舌”，百余种之国学，反使青年欣受，世间恐无此矛盾之理也。总之，青年有爱好国故者，取四书目之一，以为藏书之标准，或较通用，苟治国故学而确信四书目为“入门要目”为“最低限度”，其人非愚即妄，可断言也。

新书目之编次，当力矫旧日之弊，务以适于研究为的。其侧重之点凡五：

A 打破以“全书”为单位之旧法，而采取以“篇什”为单位之新法。——古籍中专研究一对象者甚少，故编此书目以前，当分析古籍中之各个对象，然［后］分列于各系统之下。例如《论语》一书，不当列全书于国学书目中，当分别考察《论语》全书，何者为教育哲学？何者为人生哲学？何者为文艺批评？何者为政治哲学？何者为宇宙本体论？何者为方法论？然后各以其类分入各科书目之中。

B 打破四部之分类而以学术分类为依归，旧籍分类多从四部，四部之陋，昔人已深病之，如《易》《诗》《书》《礼》《春秋》五者，依四部必入经部，若依其性质，则《易》当分入哲学社会学文字学，《诗》当入文学，《书》多当分入政治学社会学法制学，《礼》当分入教育学政治学社会学，《春秋》当分入史学政治学。

C 书目之编次当为全部，而采用者则不妨局于小部分——国故学书目之

编成，不在使读者知某书可读，某书应读，而在使读者知治某科则读某书之某章某节，知国故中关于某科之材料有几许。故编次新书目，当先颠倒数百万卷，作精密之剖解，然后各归其类，用别裁互见之法，检时一检即得。

D 方法论当别出于原理论——治一科必有治一科之法，先哲之论方法者亦当别列一目。如治国故学，辨伪有法，校勘有法，考证有法，整理有法，探究有法。则先哲论各方法之文，可比次以成一目。

E 打破为青年开国学书目的迷梦。青年期中当吸收常识，精理工具，为研究专门学识之准备，关于国故，青年能有正确认识，亦已足矣。否则多读一册，即多中一毒，徒演中西全璧之趣剧，究何补于事？

依右列条件以编次国故学新书目，为事虽较难，然其有利于研究，则当为人所共见。愚无似，窃有志于斯。

一九二五年，十二月三十日

（录自许啸天辑《国故学讨论集》，群学社 1927 年）

设立国学研究院之我见

陈　柱

西学东来，我国旧有学术，始则受其打击，暂见动摇。继乃以彼邦科学之法，整理国学。于是途径大辟，反与西学相得益彰，而国人研究国学之声浪，亦愈高矣。

近来各处多有国学研究院，国学专修馆之设，其中内容多未深悉，不敢妄论。就我所知，最足以注意者，莫若无锡之国学馆，及清华大学之研究院，深有讨论之价值。

国学馆创办于民国九年，开班于十年春季，主其事者为吾师唐蔚芝先生。肄业生定三年毕业，授以经史子集。上课授受，及一切办法，均与学校无异，惟每月文课以三与十八两日为试期，颇有旧时书院之气味而已。然作文限于半日，有教师在堂监考，仍与学校无大异也。

教师虽分授经史子集，然考试时教师皆可自由命题，题目多四五条，至少二三条，不必定在其所授课之范围之内。学生作文，亦极自由，止于数题之中而择其一题耳。

清华研究院始于去年秋季，主其事者为梁任公王国维诸人，固重演讲，尤重于咨问。学生分题研究，而有专门教授为之指导，定一年毕业。

以上两者自开办以来，已成绩斐然可观。观国学馆之《演讲录》，及清华之《实学杂志》，已可见其一斑。其毕业生之著述，则尤有足多者，兹不赘言。

虽然，余谓此二者规模尚未能宏大。国学馆作文必在课堂，无论一日半日，为时均太速，虽可以养成敏捷之文才，然实苦无时日以为深湛之研究，故其结果则文学之士多，而实学之人才较少。

清华研究院之分题研究办法，固有充分研究之时间矣，然修业期限，止于一年，则未免太过短促。离校以后，贫贱者逼于饥寒，富贵者流于逸豫，此士之恒情也，能免此几何人乎。则其成就之数，当亦有限矣。

吾意当招收国学已有根柢之学生，其修业期限至少当四年。先两年如无锡国学馆教法，而稍变通之。每日授课四小时，每月月考二次，以一次在堂，有教授监考，以训练敏捷之才，以一次预先两星期出题，任其从容研究，以养成精博之才。两年以后，略如清华研究院，注意临时讲演及专门指导，而以整理国学书籍为最要之课程。

我国古籍之渊博，已为世界所以公认。考订训诂，至清代诸儒已大放光明，古籍已泰半可读，然或为专家之书，或为札记之体。札记难于采掇，专家则不便初学。今即就正续《皇清经解》而论，有极适合于中学生及大学生治学之书乎，盖亦甚希矣。故吾尝谓《四书》《五经》中国向来家弦户诵之书也，然至今日而欲求一适合于教学之本，不迂腐，不烦碎，提纲挈领，取精用宏者，殆甚难其选焉。如是而欲学生稍有国学之根柢，不亦难乎。

故吾谓今日而有欲设立国学研究院者，莫急于整理古籍。宜聘宏通之士为教授，发凡起例，令诸生整理，或令人为一书，或数人十数人合为一书，略如孙诒让《墨子闲诂》、王先谦《荀子集解》、《庄子集解》之类，为参互博采，由经而至子史集类，次弟编订，复由教授监定，刊行于世。其昔人已经整理，而历时已久，新知日益者，如《墨子闲诂》、《荀庄集解》之类，亦不妨再作补正，以便学者。如是则肄业者既有根柢，又因编订古籍，而益增其学，其所得成绩，亦于海内有莫大之供献。由是为之，十年之后，中国文化必大有进步，岂区区执书讲解，与命题作课者，所能望其肩背乎。是不得不深有望于当今提倡国学者矣！

（录自《中国学术讨论第一集》，群众图书公司 1927 年）

北京大学国学研究馆开学演词

叶恭绰

以今日吾国之扰攘纷乱，干戈蜂起，流亡载道，而诸君子犹得聚首都下，以相与讨论吾国之学术，此实是幸事。凡人之生，学而已。而必别以国者，是盖一国必有其特殊或专长之学术，为民族所寄。苟吾人而完全破除国界则已，否则对于本国之一种结晶，必须加以葆爱，发挥光大，布之无垠，传之无极，以扬我国光。昔人所谓文教广被，今人所谓文化运动，其责在诸君子，无可与让者也。鄙人自束发受书，于国学亦尝略窥一二。自从政以来，日就荒落，曾何能有所发挥。惟忆于民国九年时，为宣传文化事，曾胪举多端，陈诸当局，虽未必尽见实行。而鄙人得以退休之时，与诸君子一堂晤对，商量旧学，实为莫大荣幸。受事以来，已将半岁。平居苦于俗冗，未得悉尽所怀。故特分别三项，于本季始业，日为诸君子言之。

盖诸君子今日所处地位，胜于前人者有六。始学之要，所当知者三，而所当戒者四，奚以明其胜于前人者邪。在昔山川阻绝，求师不易，而得书尤难。往往闭门造车，不能合辙，而师说孤本，遂为珍异。今则诸君子，居吾国文化最高之地，萃全国名儒硕彦于一堂，欲究何学，皆得所依归。指导有师，切磋有友。则尊师取友，易于前人者一也。学术为物，后来居上。古人考证典章文物，皆累数千百年，集累代之精英，萃群儒之心力，而后训诂明，制度定。盖学术而至有清一代，虽未臻极点，而经史考证校勘搜辑诸学，实能为吾人省精神节日力。老辈为之甚劳，吾人用之甚易。此继长增高，易于前人者二也。前代档册禁书，每为一朝史事之实录，而在专制之下，每不易得。自共和成立，忌讳悉除。前清档案，明末禁书，或出内府，或出民间。他若龟甲之文，燉煌之宝，皆足以资考证。是征文考献，易于前人者三也。海宇大通，而种族进化次第，及政教演进种种情状，皆有互相印证之处。至于智识之交换，尤不待言。因彼知己，此今之易于古人者四也。自昔制举盛行，士骛于功名俗学，士率以其余力而治旧学。时过后学，所得甚微，即有特出，而日力不免虚掷。今则诸君子，大学始基，已得门径，穷深极几，为事至易。时日不废，而学问早观其成。业专功倍，此易于前人者五也。自汉武而后，学术定于一尊。历代相承，虽崇尚不同，要以功令为之主。以沦智导民之事，而有蔽聪锢明之举，故学术视战国不逮远甚。今则五洲棣通，新知日启，而吾国学术亦得所解放，恣意发挥。诸君子生当今日，争雄竞长，此又易于前人者六也。

总是六端，则诸君子虽苦于离乱，而治学之易，较前人为幸已多。抑诸君子之责，亦较前人为重。则治学之要，所以异于前人者，要有不可不注意者三端。古人为笺注考证之学者，以为疏释本文已耳。其抱残守缺之旨，率为时代所限。考其治学方法，盖完全为消极的，无可讳言。今则不然，自科学发明，治学方法，殆无不采科学之精神。立一义创一论，必自有其根本之条理与统系。盖归纳演绎，互相为用，始能在学术界占相当之地位，此其治学方法完全为积极的，固迥然与前人不同，至于国学尤然。苟不采科学上之方法，则整治国故之一语，殆属毫无意义。此鄙人所以主张采科学之精神，发扬国故，斯实为今日治国学之第一义也。学问一途，茫无际涯。博学专精，士林所重。惟非博则不能通，非约则不能精。而博学专精，固厘然两途。博学而无所归，与执一而蔽于所守，其失正同。古今学者，未免此弊。此其故，盖未深谂由博返约之义，而比较研究之方法尤其所短故也。此鄙意由博返约之说，所以为今日治学之要者二也。夫学以分类研究而益精，以正反相证而愈明。近世逻辑之学，类种之判，析辨綦精。印度因明同异，两喻宗因，是依治学之道，舍此未由。我国国学，搜遗补佚，前人之工作已多，缉熙光明，其责端在我辈。本馆为研究国故最高学府，分类研究之精神，盖不仅在乎科目，抑在一科一目之中，分析愈细，研理愈精。此今日治学之要者三也。

为学之要，本不只此三端，兹姑举其要者云耳。至鄙人所期于诸君子者，为学之道，疑似之际，厥有四蔽。近今学者之病，莫大于附会。自融会中外之说兴，而治学者每以诗书文句偶合译名，遂以为孔子前知，比于巫师。不知古今中外，可通贯者其理，而不必其迹。苟惟其迹，则求真之念忘，而学术益入迷罔矣。此一蔽也。近今稗贩之流，或纂辑古书，移译外籍，妄摭文义，仓卒成书者不知凡几。为学当以发明为主，苟袭外人之成书，拾前人之余唾，欺人欺己，于德于学，两无可取。抑士君子立身行世，自有其道，急功近利，尤与学术独立之本旨相违。此二蔽也。学问之事，虽一科之微，非数十年穷老尽气，不能有以自见。而世之浅学，辄见异思迁，朝此夕彼。夫既精一学，而旁及他学可也。苟茫无所主，而以为名高，则何贵学，是曰浅尝。此三蔽也。现代世界，学者类多坚苦卓绝，朴素简质，入其室自书籍仪器外无他物，严肃之气，足令人起敬。盖未有德之不修，学之能讲者。而我国近今学者不然，物欲未除，嗜好多端，逐利奔名，疲于肆应者有之，形骸放浪，荡检逾闲者有之，是曰多嗜欲。其蔽四也。

诸君子观于所陈，则知所处地位之幸，责任之大矣。治学之道，苟能本兹三要，屏弃四蔽，初以勇猛精进之志，继以融会贯通之方，终持以专一不懈之精神，后国学始足以发扬光大，布之东西各国。盖吾国见诮于人久矣，是非发我之美，无以折人之气。学术消长之机，端在乎此。诸君子其共勉之幸甚。民国十六年。

（录自《遐庵汇稿》，1930 年）

中国国学在国际上的新地位及其最近之趋势

王皎我

导　言

中国能引起世界注意的，同情的，不是什么景泰蓝、丝绸、茶，亦不是什么海港、矿产，更不是什么风景人物，因为那些只能使世界人们注意，却不能得到它们极充分的同情，惟有中国的国学不仅引起了世界人们的注意，世界人们的同情，更引起了世界人们的景仰。大半深表同情于中国的外国人，甚可以说凡是深表同情于中国的外国人没有不曾花费一些时间，一些精力向中国的国学里边钻研过的。英国的罗素，美国的杜威，日本的宫崎民藏，印度的泰谷儿，西班牙的伊本纳兹，都是同情于中国的，并且也是深深通晓中国国学的，在这些人中有的是哲学家，有的是教育学家，有的是社会学家，有的是诗人，有的是小说家，从这一点上我们亦可看出中国国学的内涵及其丰富同充实了。

年来对于国学注意的人，下工夫去研究的人，一天比一天多起来，各大学增添国学系（以前多是国文系）的，成立国学院的亦时有所闻，但注重中国国学向外发展的还不很多，即是讨论此项问题的文章亦不曾见过多少，所以作者抽暇写了这么一篇东西，自然仍是不外“抛砖引玉”“就正明远”的意思。

中国国学在国际上已往的地位

中国国学在国际上已往的地位是很空洞的，是很虚泡的。人家只知道中国的学问极渊博极深奥，至于怎么样的渊博，怎么样的深奥是不明白的，所以结果弄出许多误会，许多谬见。更有一些外国人以为中国的国学全是纸老虎，及至纸老虎戳穿了，什么也没了！造成这种现象的原因自有多端，要以治理国学的方法不适当，治理国学人们的态度不忠诚，治理国学的目的不纯粹，同国家不知注重国学向外发展的重要为根本的原因。

自从“五四”运动以后，中国文艺复兴的时代来到了，同时中国国学的真灵魂也复甦过来。渐次的因为外来的文化与中国固有的文化发生了冲突，遂使一般真正觉悟的份子更加努力去钻研中国国学，藉以明了它们突冲的所在同突冲的原因，以谋适当解决的方法。当时曾为新旧的问题，东西文化的问题，整理国故与努力介绍的问题闹得很利害，但国学的真价值，即在这时候与外来的文化同时的被人们认识出来。国学的地位亦因同外来的文化切实的冲突过、融洽过、调和过的缘故，在国内自然是很稳固了，但在国际上亦打破历来空洞的，虚泡的状态而渐趋具体的，确切明了的地步。

以前外国人介绍到他们本国去的中国书，中国留学生等所缡译过去的中国书，大半是一些未曾整理过的，一些未曾研究过的，更是没有什么统系的。这样难怪外国人不能明了中国国学的真价值，同中国国学在国际上所占的地位不大重要了。但近数年来缡译到外国去的中国书籍，多是加以整理过的，不再像以前马马虎虎毫不检点毫无统系胡乱介绍一回了，所以也自然不用什么奇怪中国国学在国际上的地位能在最短时间有极超越的猛进！谈到这里，我们就必须看一看中国国学在国际上所占的是个什么样的新地位。

中国国学在国际上的新地位

最近中国国学在国际上不但占有很超越的地位，并且是极稳固的超越的地位。我们举出一些事实来看。

美国的各大学，檀香山的各大学，均争先恐后的增添中国国学讲座。英国、法国，于东方文化讲座外特设中国国学讲座。菲力滨的各大学，及其他诸国的大学的语言系，均增设中国语言系。德国于一九二七年特别开过一次中国图书展览会。日本东京帝国大学曾与中国前北京大学（曾一度改为京师大学，现易名中华大学）磋商交换教授事宜，并聘该校国学研究院毕业生前往讲授中国国学。中华教育文化基金的用途中（即庚子赔款的用途）亦有与中国交换讲师明文的规定。

从以上的事实，我们不但能以知道中国国学在国际上有超越的地位，更可以看出是很普遍的，很有向前无穷的进展的。只要中国研究国学的人们肯努力去奋斗，永久不懈的去钻研，中国国学在国际上所获得的新地位是不会失去的。但同时亦不要忘记了这些注意国际问题与世界学术的机关同人们。

中国国学在国际上将来的地位

知道了已往，明了了现在，很不难的推测出将来。如若谈到中国国学在国际上将来的地位，至少我们可以看出是比较现在更普遍，更稳固一些，因为如今到中国留学的外国学生一天比一天多起来。外国大学多增设了中国语言系，自然慢慢的能有不少的外国大学生可以直接阅读中文的书籍，实即与中国国学行初次的握手礼，在外国各书局所发行的中文书籍（如《中国语自修读本》等）、中文定期刊物或关于中国文化的定期刊物日有所增，这样不就是渐渐的修治钻研中国国学的工具么？如若经过这个修治工具时期以后，中国国学在国际上将来的地位必是更超越的，毫无什么疑议的。不过，如何能把修治工具的时候缩短，是关心中国国学的人们所应当积极注意的一个大问题。

中国国学的新发展

中国国学除向外有新的发展外，向内亦有不少的新的发展。兹为节省篇幅与读者的时间起见，特分类叙述于左：

Ⅰ治理国学的方面　以前多就书本方面加以整理，并且是过于偏重考证方面，及经史两方面。最近多把书本看得没有以前那么的重要了，更多是就现有的人民生活中和所存留的事物中考察出所需要的材料来。如江绍原的《髮鬚爪》，广东的国立中山大学语言历史学研究所编印的《民俗周刊》，可作这样治理国学方面的代表。

Ⅱ实验方面与提倡方面　国学本来是很渊博的，不过自来研究国学者的头脑中十分之八是含有历史成分的，因此有不少的人就骂研究国学的人是钻进古董之灰里，是在垃圾堆中捡珠宝，甚有人说是复古。究实研究学问不能把功利心看得太重了，功利心太重的人是不能研究学问的，尤其不能研究国学。但只研究而不去让一般人去实验一下子，自亦难怪发生出来许多误解。最近研究国学的人认出了这一点，所以就把自己研究出来的成绩让大家来实验来赏鉴，兼资提倡研究国学的兴趣。在《青年进步》杂志所刊印的《开卷有益》及刘大白的《旧诗新话》，可作这方面的代表。

Ⅲ国学的蟊贼渐次肃清　在才有治理国学的呼声时，有不少的自己对于国学毫无根底，但为时髦同投机的缘故就你标点甚么《三国演义》，我校读什么《楚辞》，你弄甚么《元曲论选》，我辑什么讨论集的乱来一起，到了现在真伪是非，人们都剖分出来了，这些国学的蠹贼亦多自生自灭，所以现在人对于国学极重视了。对于国学的企望也较比以前更殷笃了。因此在国学刊物的发行，书籍的出版，……都蒙人们的欢迎，对于有关国学事宜的进行上亦多是顺利的。

我们既然略略知道了一些中国国学在国际上的地位及其新发展，我们还要看一看它与时代所发生的关系。现时代的重心就是国民革命，国民革命与中国国学所发生关系，当然即是中国国学与时代所发生的关系了。故于下节中专门叙述这种关系。

国民革命与中国国学的关系

国民革命的领袖孙中山先生所提倡的三民主义五权宪法，我们大家及孙先生自己都承认是参和东西洋的学说，中外特具之精神和依据中国的状况而成的。从这一点上就很容易很明显的看出中国国学对于国民革命的基本原理同方法的关系了。在戴季陶所著的《孙文主义之哲学的基础》，周佛海的《中山思想概观》，王治心编著、范皕诲校订的《三民主义在中国文化上之根据》诸书中讲得更为详尽。若就最近各方面来看，国民革命不但是根本与国学有衔接的连环的关系，更可以说是积极的赞助国学的发展。如注意华侨的教育问题，提倡国技，统一方言，整理汉字，都是直接间接为谋国学的发展。此外，如对于通制局的改组，革命纪念馆，古物陈列所，美术馆的成立与整理，更是督促研究国学者去努力。在国民革命中，最可纪念的并且是最有关系的事，即国民政府通令废除阴历一件事。

结论

总括以上所说，我们可以知道在近几年来中国国学在国际上的地位有了重大的变更，这种变更是向好的方面突进的，中国国学的新趋势亦是日向健全与伟大的途径上驰奔的。这些情况是有许多的事实可以为我们作证明的，并非从甚么臆度与幻想而来。设使中国的国学研究者能以永恒的努力，不懈怠的去钻研，中国国学在世界上必有更大昌明的一日，在中国所得的实在的贡献，亦必较诸现在更多了！

十七年六月十三日晨于上海

（录自《青年进步》第 114 期，1928 年 6 月）

论所谓“国学”

何炳松

关于所谓“国学”等等，我久有许多意见要发表。有一天，从工厂里出来，和柏丞先生同走了一段路。他和我说起，他有一段意见要发表，那便是关于“国学”的。他说，现在所谓“国学”，实在太混淆不清了，根本上便不应该有什么“国学”，根本上研究中国的东西便不应该全部混杂于一个所谓“国学”的“包罗万有”的名辞之下。现在学问注重分功，关于中国的学问，如何的繁夥，即专精一门，已非容易，如何可以“胸贯天地人三才”，“学兼《九通》《廿四史》”呢。况且“国学”一个名辞原也不该使用，因为欧洲学者将“中国学”（Sinology）与埃及学、巴比仑学、阿速学并视等观，本已十分侮蔑了我们，我们又何必“过而效之”呢？我听了他这一番议论，不禁喜欢得跳起来！那正是我自己所要说的话！当时我极力怂恿柏丞先生将他的这一场话写出来，并说我也许也要写一点什么。他说，好的，且待他回去写写看。第二天，我们又同路，他告诉我，已经动手写了。到了第四天，他便将他的《论所谓国学》一文交给了我。近来很少有痛快的文章读，除了关于政论之类的文章以外，读了柏丞先生的这一篇文章，正如暑伏的时候，一口气喝干了一大碗的冰冰凉凉的酸梅汤，真是说不出的痛快舒适。我们应该感谢柏丞先生给我们这末好的一贴好药！但读了他的文章以后，我却禁不住要说几句话，以补充他的未尽之意，且更有逼我不能不吐的：所谓“国”什么，“国”什么，近来似乎更为风行了。自从欲将线装书抛到厕所中去的吴老头子不开口了之后，“国学”便大抬起了头；自从梁任公先生误入协和医院被“洋人”草草率率的无端割去了一个腰子之后，“国医”的信从者便一天加多一天；自从某先生开列了他的无所不包的《国学书目》以后，便大众都来开书目，且竟有人以补正“国学书目”之故而荣膺大学教授之职的。于是便有英雄豪杰，乘时而起，发扬国光于海外。太虚和尚则在伦敦、巴黎、柏林，宣传中国的佛教思想，陈焕章博士则在伦敦朗声背诵“大道之行也，天下为公”的大同理论。猗欤盛哉！一切“国”产的思想与出品万岁！然而，我们如果站在民族主义的立场上，而去观察这些比“国货运动”还要狂热的“国”什么运动，我们便知道这种盲目的国产思想与出品的提倡，其害危于中国民族的前途，真是“言之不尽”！充其量，这种狂热的盲目的“爱国运动”，实为饮鸩止渴，绝无补于我们的中华民族的生存与发展的！我们要的是机关枪、飞机，不是百千万的“国士”、“勇士”；我们要的是千百个科学家、专门研究者，不是几万万个的“国学大家”；我们要的是能拯救国民的贫乏与愚呆的人，不是狂热的盲目的爱国者。总之，我们要的是科学，是步武西方，以建设新的中国，却不是什么“国学”、“国医”、“国技”；我们要的是发展，却不是仅仅的所谓“保存”。不知不觉的，闲话说得未免太多了。高明之士，也许会有同感罢。下文专就所谓“国学”立论。第一篇是柏丞先生的《论所谓国学》，第二篇是我自己的《且慢谭所谓国学》。[郑振铎]

近年以来，国人对于所谓“国学”的研究非常热心，这不能不说是一种好现象。因为我国既然有了二千多年的学术，在世界的学术上应该占有相当的地位，那末我们自己就得负起这种研究的责任，不应该专让西洋学者来代我们做整理的工夫，更不应该自己闭了眼睛，专去跟了西洋学者来研究我们自己的学术。所以我以为我们热心研究国学，是一种正当的而且亦是应该做的工作。

但是我觉得近来国人对于国学一个名词，或者误会他的意思，或者利用他的名义，来做许多腐化的事情。我以为如此下去，不但我国学术有永远陆沉无法整理的危险，而且由国学两个字生出的流弊层出不穷，将来一定要使得我国的文化永在混乱无望，故步自封的境界里面。我因为见到这种情形，所以要仿现在时行的办法，提出一个口号来，这个口号就是：

“中国人一致起来推翻乌烟瘴气的国学！”

现在让我把国学应该推翻的理由一一叙述出来，请大家加以平心的考虑。

第一，国学两个字的来历很有点不清。我常常自问国学两个字究竟从何而来？我在中国书中总是查考不出他的来历，后来我才想到他大概是由西文中翻译出来的。原来西洋学者近百年来对于我国民族语言文字历史等，很有热心研究的人，终以我国书籍浩博，一时不容易理出头绪来，所以不得已只好暂时混而称之为“支那学”（Sinology）。据我个人的推测，西洋人所以造这个名词，恐怕有二层意思：第一，因为中国的事事物物太广大了，太繁杂了，一时无法理清，而又不能没有一个名词去代表这种广大繁杂的研究，所以不得不造出一个名字来，便于称呼。第二，因为中国的事事物物还在混乱的状态里面，他们隐约知道中国的民族、文字、语言和历史对于世界文化都有相当的贡献，但是恐怕一时整理不好，值价未定，所以混称为“支那学”，表明他还是一团糟。西洋人的意思无论他是好的或者恶的，原来于他们没有什么关系，但是我们居在中国人的地位上讲，我们对于这个名词，就似乎应该有不同的感想。我以为就我们自己方面看去，这个名词，实在是西洋人给我们的一种耻辱，换句话说，就是我们的国耻，我们决不应该俯首的接受他，我们应该提出强硬的抗议。这是国学应该推翻的第一个理由。

其次，国学两个字的意义，我总觉得他广泛模糊，界限不清。孔老夫子说过：“名不正，则言不顺；言不顺，则事不成。”我以为国学两个字就犯了“名不正”的毛病。究竟“国学”是什么？现在谁能下一个合理的定义？试问国学的声浪闹了这许多年，我们所得的成绩究竟有多少？这不是“名不正，则言不顺；言不顺，则事不成”的例证么？西洋的学术无论他是属于哲学或者属于科学，没有不以论理学为根据的，而论理学上基本的必要的初步就是“正名”。我们对于中国学术上正名这一步基本的必要的工作还没有做好，就想要去研究中国的学术，我以为这是古今中外的学术界未曾有过的笑话。这是国学应该打倒的第二个理由。

其次，我觉得国学两个字犯了我国向来囫囵吞枣的大毛病。我们中国人向来最大的毛病就是人人要想做到“万物皆备于我”的圣人，结果往往弄得本身一物亦不备，这种精神最是违反现代科学的精神。现代科学的精神在事业上注重绝对的分工，在学术上注重绝对的分析。庄子所说的“吾生也有涯，而知也无涯”，原是一句人类经验上的格言，我们中国人始终要以“有涯”去拼“无涯”，所以弄得始终在“殆矣”的境界里过活。我以为国学两个字，就是我们这种反科学精神的流露。我们到现在难道还不知道囫囵吞枣的毛病？还不知道分析工夫在现代学术上的重要？我尝尝看见许多很聪明的青年因为要维持国学家头衔的缘故，自己一个小小的脑袋里一定要把一部偌大的《四库全书》全都装进去，结果往往把自己弄得不经不史不子不集，自己亦不明白自己究竟是一个什么人，自己干的究竟是什么一回事，自己脑袋里装的究竟是一些什么东西。现在我国全国的青年差不多都变成移山的愚公了，很可宝贵的光阴都虚度在一大堆的故纸里面了。这不是国学两个字应该负的责任么？我们如果要取法西洋人的科学精神，非从分析研究分工进行入手不可。国学两个字是反分工的，反分析的，换句话说，就是反科学的，我们真要提倡科学的精神，非推翻他不可。这是国学应该推翻的第三个理由。

再次，我们大家都知道现代德国、法国、美国、英国和日本等国的学术都是很发达的，而且我们中国人都已经公然承认自己不及他们的，那末何以世界上并没有什么德国学、法国学、美国学、英国学和日本学？而中国独有所谓“国”学？我们知道德国对于世界学术上最大的供献是科学和史学，法国对于世界学术上最大的供献是文学和哲学，美国对于世界学术上最大的供献是各种新的社会科学，英国对于世界学术上最大的供献是文学、经济学和政治学，日本对于世界学术上最大的供献是东洋的史地学，他们对于世界的学术都是各有供献，但是他们都绝对没有什么国学！我们试问自己既然自命有一种国学，那末中国国学的特质是什么？他的真价值究竟怎样？他对于世界学术究竟曾经有过一种什么供献？假使我们自问对于中国国学的特质、价值，和他对世界学术的供献，我们都一点不知道，那末所谓“国学”究竟是什么东西？还不就是“一团糟”的别名么？还不就是广义的“经史百家杂钞”么？所谓提倡国学或者研究国学不就是大吹大擂，自欺欺人的把戏么？我们要知道这种专挂金字招牌的办法，在现今科学昌明的时代，决不容许的了。我们试再想一想：我们有所谓“埃及学”，因为埃及早已亡国了，古代埃及人早已死完了，他们学术的内容怎样，价值怎样，对于世界的学术有什么供献，都还在一团糟的状态里，所以西洋学者不得不代已亡国的埃及和已死完的埃及人负起越俎代庖的责任，来代他们发见埃及学术的内容，估定他的价值，而且明定他对于世界学术上有什么供献。另外还有所谓“亚述学”，所谓“东方学”，他们的意义都是如此。我们中国现在依然是中国，中国民族依然是中国的民族，为什么我们自己不能明白自己学术的内容，不能估定他的价值，不能明定他在世界学术上的地位？这不是我们读书人的奇耻大辱么？现在我们假使还要仿西洋学者对待埃及亚述的学术的办法，厚起脸皮用国学两个字来对待本国的学术，掩饰自己的没出息，这不但是盲从，简直是毫无心肝了。这是国学应该推翻的第四个理由。

以上我所提出的四大理由：就是（一）来历不明，（二）界限不清，（三）违反现代科学的分析精神，（四）以一团糟的态度对待本国的学术，都还单就国学两个字本身而论。我们已经觉得国学这个名词，真不愧“乌烟瘴气”四个字的评语，我们已经应该竭力的去推翻他了。另外，我觉得还有三个理由，虽然不属于国学的本身，却是和国学有极密切的关系，所以亦提出来说一说。

第一，就是我国近来"国"字的风靡一时，好像中国无论什么一种丑东西，只要加上了一个国字，就立刻一登龙门，声价十倍的样子。五更天十八扯的调子，现在不叫做小调而叫做"国乐"了。卖狗皮膏药的勾当，现在不叫做走江湖而叫做"国医"了。甚至前一个月上海四马路上的馄饨铺，亦要叫做"国菜馆"了。这样类推下去，那末小脚、辫子、鸦片，等等东西，亦都可以叫做"国脚"、"国辫"或者"国烟"了。这不但弄得"斯文扫地"，而且"国"字竟变成一切妖魔鬼怪的护身符了。这不是国学两个字所引出来的流弊么？我们要澄本清源，当然非先将谬种拔去不可。这亦是国学应该推翻的一个理由。

第二，就是现在我国凡百物事，只要加上一个国字，就好像完美异常，我们可以不再加以改良了。我们中国近百年来所以没有进步，最大的原因本来就是自大。现在的国字，岂不就是自大精神的表现么？我们还有一个不进步的原因，就是缺少南宋史学家"无我"的精神，主观很强，往往自以为是。现在的国字，岂不就是主观精神的表现么？一个人自大自是，他就永远没有进步的希望，一个民族自大自是，当然亦是如此。我们天天希望自己和民族能够有长足的进步，天天鼓吹西洋科学的精神和客观态度，而我们同时天天提倡什么国学，天天培养自夸自大的精神，这种南辕北辙的笑话，在二十世纪科学昌明的时代，恐怕只有我们中国人才闹得出！这不亦是国学两个字所引出来的流弊么？这又是国学应该推翻的一个理由。

第三，就是国学的国字，显然表出一种狭小的国家主义的精神。这不但违反我国先贤所主张的"大道之行也，天下为公"这种大同的精神，而且亦违反西洋学者所主张的"知识无国界"那种学术公开的精神。学术是世界人类的公器，我们中国在国际地位上，常常以毫无供献受人家责备，我们正应该急起直追，取学术公开的态度，把自己的学术整理起来，估定他的价值，公诸世界。这是很正大光明的态度，又何必高高标起国学两个字，一面表出我们据为私有的狭量，一面表出深闭固拒的态度？这亦是国学应该推翻的个理由。

我们试再回头看一看：中国几千年来多少天才，因为要想做一个无所不通的"国学家"的缘故，往往弄得"毕生尽力所得几何"，至于"白首穷经毫无所得"的更是不知其数。这是我国民族的大损失！这亦是我国学术的大损失！我们试想朱熹这样天才，假使能够专心研究自古以来的理学，不要再去做史学和文学的工夫，他的造就要比他现在所做到的加上几倍？我们试再想朱彝尊这样天才，假使能够专心向文学方面去发挥，不要再去做史学和经学的工夫，他的造就要比他现在所做到的加上几倍？我们试再想章学诚这样天才，假使能够专心去发挥他的史学原理，不要再去做文学和经学的工夫，他的造就要比他现在所做到的加上几倍？我们大家为什么不屑分头去澈底研究中国学术上的一个小部分或者一个小问题？我们中国人为什么一定要听朱熹的话，一定要站在“大坛场”上，不愿走进“壁角”里面去？为什么我们都不愿听程颐的话，“一草一木都有理，皆须格”？我以为国学两个字，正好比之朱熹所说的“大坛场”，我们应该先问什么是“大坛场”？“大坛场”究竟在什么地方？这不是空中的楼阁么？我们倘使再继续宣传什么国学，或者研究什么国学，那一定要和朱熹想站上“大坛场”一样，永远不成功，一定要弄到“书册埋头何日了，不如抛却去寻春”的地步，徒使得不主张读书的陆九渊在江西“闻之色喜”。所以我以为我们如果真真要想整理中国的学术，我们应该先把幻想中的“大坛场”一火烧掉了。换句话说，就是先把国学推翻了，同时大家分头去做程颐所说的“一草一木都有理，皆须格”的工夫，才是正当的办法！

我们要知道西洋学者虽然代中国的学术起了一个混名，叫做“支那学”，但是事实上他们着手研究的时候，总是取分工进行和分析研究的办法。德国的雷赫特和芬（Reehthofen）和美国的威利斯（Willis）并不是中国的国学大家，但是他们以精于中国地文地理著名于全世界，这是什么缘故？比利时的多桑（D'Ohson）和英国的霍尔涯特（Horworth）并不是中国的国学大家，但是他们以精于中国元代史迹著名于全世界，这是什么缘故？英国的攸尔（Yule）和摩尔斯（Morse）并不是中国的国学大家，但是他们以精于中西交通史著名于全世界，这是什么缘故？美国的劳佛（Laufer）并不是中国的国学大家，但是他以研究西域植物传入中国考著名于全世界，这是什么缘故？

我们既自命为国学专家，为什么要让瑞典的安特生（Anderson）来代我们研究中国古代的石器？为什么要让美国的卡德（Carter）来代我们研究中国印刷术的西传？为什么要让法国的伯希和（Pelliot）来考订燉煌石室的古籍？为什么要让法国的考狄厄（Cordier）来代我们编《中国通史》？为什么要让日本的桑原隲藏来代我们研究蒲寿庚，来替秦始皇帝伸冤？我们研究国学的人为什么要等到西洋人赏识《大唐西域记》，才去研究慈恩法师？为什么要等到西洋人赏识《诸番志》，才去研究赵汝适？我们既然自己有国学，为什么要从荷兰出版的《通报》（Tonng Pao）这类出版物中去翻译中国的史料？像这一类问题，真是可以无限的写下去，我们应该请求我国的国学家给我们解答。

我的意思以为这就是因为西洋人对于所谓支那学能够用分工的办法和分析的工夫来研究的缘故，我们中国人天天在那里提倡国学，却天天在那里翻译西洋学者研究支那学的作品！这种闭了大门打锣鼓的戏法，在现在世界上恐怕只有我们中国人才做得出来！

我因为想到上面所述的种种情形，所以我主张我们如果抱有整理本国学术的诚意，第一个大前提就是：

“推翻国学！”

现在再让我提出几个问题向国内学术界请教：

我们研究史学的人，为什么不愿专心去研究中国的史学，而要研究国学？我们研究文学的人，为什么不愿专心去研究中国的文学，而要研究国学？我们研究哲学的人，为什么不愿专心去研究中国的哲学，而要研究国学？我们研究天算的人，为什么不愿专心去研究中国的天文和算学，而要研究国学？我们当现在分工制度和分析方法都极发达的时代，是否还想要做一个“大坛场”上的“万物皆备于我”的朱熹？中国的史学还不够我们的研究么？史学家我们不屑屈就么？中国的文学还不够我们的研究么？文学家我们不屑屈就么？中国的哲学还不够我们的研究么？哲学家我们不屑屈就么？中国的天文算学还不够我们的研究么？天文学家算学家我们不屑屈就么？

因为有上面的种种问题，所以我主张我们如果抱有整理本国学术的诚意，第二个大前提，就是：

“请国学家降尊纡贵来做中国学术上一小部分的澈底研究工夫！”

我已经把国学应该推翻，以及中国学术应该分工澈底去研究的理由，大致都说明了，现在再让我提出一点实际上进行的办法。

我的意思我们对于中国学术的各流派如史学、文学、哲学、科学等等，都应该各加以三大步研究的工夫。第一步先研究某一科的特质怎样，第二步再用现代科学的眼光去估定他的价值，第三步再把他和世界学术中同一科作一个比较，来断定他对于世界的学术有何等程度的供献。例如，我们研究中国的史学，就中国史书的体裁讲，我们有编年体，有纪传体，有由纪传体旁支侧出的史表、志书和目录，有纪事本末体，有从司马迁到郑樵所主张的旧通史体，有章学诚所主张的新通史体。就史学原理的著作讲，我们有刘知几对于编年纪传两体下总批评的《史通》，有章学诚发挥他新通史主张的《文史通义》。再就自古至今的中国史籍讲，我们除《四库全书》中乙部的书籍外，还有从前误入经子集之部中的书，两共有这许多卷。我们假定这都是中国史学上的特质，我们再用现代新眼光来估定我国各种史籍体裁是否都宜于保存史料，便利参考，应该全部继续维持；或者有几种太是陈腐不合用，应该就此打倒；或者有几种义例很精，文章很富，保存材料很多，我们应该尽量保存他，而且加以发挥。《史通》和《文史通义》中的史学原理，那几个是合于现代科学的精神？那几个是违反的？那几个是合于本国而不一定合于世界的史学？合科学的，我们应该提出来加以发挥，不合的就应该打倒。再就史籍的数量讲，我们中国的史籍是否较世界上无论那一国为多？是否多而且精，还是多而无用？于是我们再通盘把中国史学的价值估计一下，把他和西洋史学加以大体的比较，那末中国史学的长短利弊，和对己对人的供献，就大体可以明白了。我以为这种办法，虽不敢说是最正当的办法，但是至少总要比从前妄想站上“大坛场”和现在跟着西洋人走的支那学者来谈整理国学的那两个办法着实了一点。

我上面所举的不过是一例，而且一个范围较大的例。上面所说的，不过是进行步骤的大概，不是细目，但是我想我所主张的办法，大体可以略见一斑了。

我觉得近年来西洋学者在我们中国学术里面发见了不少的天才，平反了不少的冤狱。中国还没有灭亡，中国民族还没有灭种，但是中国学术界的天才要让西洋人来代我们发见，中国学术界中千古的沉冤要让西洋人来代我们平反，这真是中国学术的不幸，亦是中国民族的耻辱。我们从此以后该服膺我们古代圣贤所说的“由博反约”的格言，取法南宋史学家“主敬”和“无我”的修养，用分析的工夫，打破了国界，放开了眼光，各人专心致志，用第三者的客观态度分头去澈底研究各人性之所近的中国学术上一个小问题。换句话说，就是让我们大家赶快把那“大坛场”的金字招牌收下来，让我们大家分头都藏到“壁角”里去，老老实实做一点文学的、史学的、哲学的、科学的或者其他各种学术的小工作，让文学家、史学家、哲学家和科学家各人去研究出中国文学、史学、哲学和科学上的特质是什么？中国的文学、史学、哲学和科学等等本身有什么价值？衡以西洋科学的标准以后，是否还是有价值？把他们和世界全部的文学、史学、哲学和科学比较一下，他们在世界的学术上究竟有没有地位？假使有地位，他们的地位是否重要？我以为我们一定要这样办，我们才对得起我们自己，才对得起我国的学术，才对得起我国的先贤。亦一定要这样办，我们才对得起世界，对得起人类！不过我们要想办到这一层，第一步先得要：

“推翻乌烟瘴气的国学!”

（录自《小说月报》第20卷第1号，1929年1月）

且慢谭所谓“国学”

郑振铎

一

所谓“国学”，虽然经过了好几次的阨运，经过了好几次的似若“沦亡”的危境，然而它终于在。如今又抬头起来了，所谓国学要籍的宝库，如《四部丛刊》、《四部备要》之类，每个中上等的家庭里，几乎都各有一部，而《古今图书集成》也有了资格和《英国百科全书》一同陈列于某一种“学贯中西”的先生们的书架上。几种关于“国学”的小丛书，其流传之盛，更百倍于所谓“科学小丛书”。向来只买皮脊金字的洋装书的人，如今也要搜集所谓线装的古书了。做了几任的“刚白度”的人，如今也要集集宋、金、元本的名著了。每一个大学开了门，总有一个所谓“国学系”。每一个图书馆建立起来，总要在书架上安置了一大批的“国学必读书”。每一位国学大师也总有他的许多信徒与群众，自《国学书目》开列出来以后，总算是“旗开得胜，马到成功”了。当然的，这并不是什么意外的一个收获，意外的一种奇迹。反之，如果开列了《国学书目》而没有这种收获，那才可算是一种意外，那才可算是一种奇迹呢！二三千年来的根深柢固的传统的思想，又加之以人人所有的近乎天性的爱护乡产国物的狂热，当然的只要有人提倡，便会蓬蓬勃勃的如琉璜棍的头上一触上小火星似的熊熊的大放光明了。当着国学爱护者在高唤着“国学沦亡”时，其实“国学”并没有真的“沦亡”，不过一时被忙碌者所忽视，有若冬虫之暂蛰而已，到了春雷一震，“制礼作乐”的时代一来到，百虫万兽，当然的一切皆要苏生了。

我们且研究这样的一种“国学”的苏生，究竟是不是一种的“文艺复兴”，是不是今日中国所最需要的一种举动，究竟所谓“国学”的一种东西，是不是如今每个人所必要研究的学问，是不是每个要替中国办事的专门家所必要涉猎的门径书?

开《国学书目》的先生们当然都要回答一声“是!”他们还要反复叮嘱

的说，出洋研究工程、机械或飞机驾驶的人，都不能不读读《十三经》、《廿四史》、《九通》，但我们却要直捷的回答它一个，两个，三个的“不是”。“不是”什么理由？且让我们先来分析一下所谓“国学”的一种东西的内容。

二

大众都知道所谓“国学”便是欧洲人所谓“中国学”。欧洲人的所谓“中国学”，虽仅含有一种的意义，即总括一切中国学问与事物的研究。而他们所指的“中国学”研究者或“中国学者”却有了两种不同的人物，一种是识得中国文字的领事牧师们，一种是未见得懂中文，却是深通某一种专门学问而去研究中国某一种事物的专门家。“中国学”的这个名称，原是极为含混的，为什么没有所谓“希腊学”、“罗马学”、“印度学”、“法兰西学”，而独有所谓“中国学”、“埃及学”、“巴比仑学”呢？第一点，大约是因为中国与埃及诸古国的艰深的文字，非欧洲人人所能懂，所以研究中国、埃及文字的人，也成了一种的专门家。第二点，大约是因为研究中国、埃及事物的人很少很少，这种研究，尚未至于扩大与普及之境，所以将这些研究姑且混而称之曰“中国学”、“埃及学”、“巴比仑学”。就第一点而观之，当然一切牧师、领事，只要请教过秀才举人们，读过《四书》的，都可称为中国学者。所以像英国 H. A. Giles 诸人，便对于中国无论什么事都要谈说，文学、艺术、宗教、哲学、历史、地理，以及一切，而大众便也异口同声的称之曰“中国学者”。然而这一批人的时代，现在仿佛已经过去了，现代已经进入第二个时代了，便是以专门家去研究关于中国的某一种事物的时代。凡一切史前的考古学者到蒙古去发掘，动植学的教授到闽广、浙江去采集标本，中央亚细亚的史地研究者去考察中西交通的史实，等等，都是属于这一类。这一类的研究者都是以所研究的事物为主的，不是以懂得中国文字为主的——懂得当然更好，将他们混而称之为“中国学者”，实为不该。所以“中国学”的内容，一加分析，却是什么都没有，且是不能成立的。

与“中国学”同意义的“国学”，其内容当然也不外于此。

一部分的植物学者，应用了植物学的智识，去研究中国植物分布的情形，或某一个地方的植物或某一个种类的植物；一部分的矿物学者，应用了矿物学的原理，去研究中国各地方的矿产，或某一种矿物的产量与产地，或某一省某一县的矿产的情况；一部分天文历算的专家，应用了天文历算的最新方法，去推定中国古代的某一次日食或某一种天象，或某一类的天文上的问题；一部分的化学家，应用了现代最新的化学理论去研究中国所谓方士炼丹的秘密；……这些，研究的虽是中国的东西，他们本身却不承认自己是“国学家”，我们也不该承认他们是“国学家”，他们只是植物学家、矿物学家、天文学家、化学家，而独不是“国学家”！而我们今日之所谓“国学”家，则是有异乎他们的另一类的人。

“国学”成了一个专门的学问，“国学系”成了一个专门的学系，“国学家”成了一个专家的称号。然而“国学”其实却不是一种专门的学问，他不能与植物学、动物学、矿物学、天文学、化学……相比肩。“国学”其实却不能成为一个专门的学系，他没有与植物学系、动物学系、矿物学系、天文学系、化学系相对立的资格，“国学家”其实更不是一个专门的学者，他不配与植物学家、动物学家、矿物学家、天文学家、化学家同立在一个讲坛上。

浅而言之，“国学”乃是中学校的“国文”一课的扩大，“国学家”乃是中学校的“国文教师”的抬高。他们是研究中国的事物名理的，然而却没有关于事物名理的一般的，正确的，基本的知识；他们是讨论一切关于中国的大小问题的，然而他们却没有对于这一切问题有过一番普遍的，精密的考察；他们会讲上古期的中国哲学，中古期的中国文学，近百年来的中国史，然而他们对于所谓“哲学”、“文学”、“历史”的根本要点却并没有握捉到手；他们谈治水开河，他们谈制礼作乐，他们谈“立法三章”的事，他们谈中国教育的问题，然而他们却不是水道工程的技师，却不是音乐家、制谱家，却不是法律家，却不是教育家。总之，他们是无所不能的国学家，却不是专精一家言的专门学者。他们是认识世界最难认识的中国文字者。他们的唯一工具是中国文字，他们的唯一宝库是古旧的书本，他们的唯一能事是名物训诂，是章解句释，是寻章摘句，是阐发古圣贤之道。他们脱逃不出佛祖的手掌心之外，这只手掌心便是书本——古旧的书本。

平心而论，我们的“国学家”的中国文字的知识，当然要比仅仅认识几个中国字的一部分西方的“中国学者”高明了不少。然而在常识上，也许还要远逊于他们。有的时候，即在对于古书的理解力上也许还要让他们——西方的中国学者——高出一头地。

就我们在上文分析的结果，我们知道：“国学”乃是包罗万有，而其实一无所有的一种中国特有的“学问”，“国学家”乃是无所不知，而其实一无所知——除了古书的训诂之外——的一种中国特有的专门学者。

三

然而，像这样的一种“国学”，像这样的一种“国学家”，却不是现代的产物，也不是从天上落下来的时代的宠儿，他们在中国几千年的历史上便已屡屡的演着他们的把戏了。原来，他们的前身，便是所谓“士大夫”的一种特殊的阶级，即为君王的家奴，而去帮助他治理天下的一种特殊的“帮治者阶级”。这个阶级，“肩不能挑担，手不能提篮”，既不能耕田种地，又不能买卖经营，更不能执锯握斧，叠砖涂泥，然而却俨然的居于“四民”之首，为他们的统治者、管理者、责罚者、公断者。他们从拜了“开蒙师”，读了“人之初”、“大学之道”，取了一个学名——或者官名——之后，便已准备着要做“腰金衣紫”、“治国平天下”的“官”“宰”了。他们学会了做赋，做诗，做八股文，做策论，练习熟了“敲门砖”，把做官的门敲开了之后，从此便一帆风顺，永远不失其为“治人阶级”的身分了。从此，他们便抛弃了敲门砖，摇身一变，变成为教育家、政治家、法官、财政官、工程师、外交官、带兵的统将等等。总之，自从抛却了敲门砖之后，他们却成为一位无所不能的士大夫了，一位无所不知的治者阶级了。刚刚脱下了蓝衫，放下了做八股文的笔的士大夫，便翻起了“大清律”去坐堂判案。或匆匆的读了几篇治河疏，便去督责工役防河。有的时候，他们竟还知道选日看地，竟还知道抚切手脉，开出药方医案来。真是天下的学问备于一身——这也难怪，现代的某种半殖民地的东方城市里，还有东西方人以外交官而兼做法官的怪物在着呢——也难怪天子要将天下的任何要务，责之于其身了。

我们的“国学家”，便是这样的一种士大夫阶级的嫡系子孙。“士大夫阶级”有幸而生于数十百年前，便做了宰天下的高官，我们的“国学家”不幸而生于百十年后的今日，便只好没落而做了一种“蒙馆先生”，变相的“国学大师”。

像这样的历史上传统的人物，要一时消灭了他们是很困难的。他们如今虽然没落了，也许更会“回光返照”了一次二次也难说。然而为了中国的民族前途计，我们却希望这一个特殊的阶级，能够早日由没落而趋于死灭——愈快愈好。

四

国学与国学家的历史上的背景与其内容既然如此，那末，我们很可以知道他们在今日的中国是一无所用的废物了——不仅无用，且还有阻碍于中国民族的进步与发展。

第一点，他们使一般志趣不坚定的少年受了煤毒似的古书的诱害，使他们沉醉于作《诗经研究》、《李白的诗》、《白香山诗中所表现的人生观》或《唐律研究》、《孙子兵法》等等的浅薄论文，而自以为满足，甚且以作已经死去了的词、曲、古文、诗，乃至研究所谓书法、刻印法为自得。即使他们目中只看见了些“古色斑斓”的破旧古物，却忘记了他们自己是一位现代的人，有他们的现代的使命与工作，有他们的现代的需要与努力，有他们的现代的精神与思想。换一句话，即把他们拘禁于一所暗室之中，黑漆漆的不使之见到一点光明，我们失去了一部分有作为的青年，便是失去了社会上的一部分的工作能力。将所谓“国学”的好听的一个名辞，使青年们“目迷五色，耳纷八声”，“人焉而不能自出”，使他们“玩物丧志”，成了一个社会上的“废人”，这是如何可痛的一种盲目的举动呢——我说他是盲目，因为知道他们提倡的人并不是有意的要危害他们，青年们要是人人都去整理，研究，保存所谓“国故”、“国学”，则恐怕国将不国，“故”与“学”也将“皮之不存，毛将焉附”了。

第二点，将所谓“国学”的那末一种包罗万有的观念，灌输到社会去，最容易使这个向来便不曾有过清清楚楚的概念，而今日方才有些觉醒的社会，重复走入迷途。我们人人都要明白，我们个人决不是一个万能的人，也决没有从事于万能的一种学问的可能。我们懂得不妨多，研究的门径却必须要专，要精要深入，像《空城计》里诸葛亮口说的“上知天文，下识地理”的时代，现在是早已过去的了。

第三点，人群社会的进化，其主因及诱因，都在于外来的思想事物的输入与采用。所以每逢一次战争，每有了几次的交通贸易之后，本国的文化便有了变化，进展。亚历山大的东征，使希腊文化生了不同的面目，汉武帝的开发西域，也使中国的文化大受影响。日本的欧化与其长足的进步，更是一个显明而最近的例子。但是我们如果提倡“国学”，保存“国故”，其结果便会使我们的社会充满了复古的空气，而拒却一切外来的影响，这种的阻拒，在文化与国家的生长上是极有妨害的。且现代的中国还充满着中古世纪的迷信与习惯，生活与见解，即用全力去廓清他们还来不及，那里还该去提倡他们呢。一面去提倡“国故”“国学”，一面要廓清旧思想、旧习惯，真是“添薪以止沸”，“南辕而北辙”，决无可能性的。

第四点，我们即使要整理古书，研究古代哲学，中代文学，近代历史，却也非有外来的基本知识，非参考外国文的书籍不可，他们至少可以启发你一条研究的新路。我从前曾告诉几位朋友说，你要先学会了英、德、法、日，或至少其中的二国以上的文字，然后你才能对于古书有比较正确、新颖的见解与研究，你要先明白了现代的一二种基本学问与知识，然后你才能对于古书有左右逢源，迥不犹人的见解。居现在而仍抱了“白首穷经”的态度，仍逃不出古书圈子范围以外去研究古书，则这种研究不会有什么好结果，不会得到什么惊人的成绩是可断言的。

不必再多说了，仅就这四点而论，已可知所谓“国学”，所谓“国学家”，于中国国力及文化的发展有如何巨大的阻碍。

所以我的本文的标题与标语是劝大家：

且慢谈所谓“国学”!

古书少了几个人谈谈，并不是什么损失，古书不于现在加以整理、研究，也不算什么一回事。现在我们不去研究，不去整理，等到一百年一千年后再加以整理、研究，也并没有什么关系。宋版元版的精本，流入异国，由他们代为保存，也并不是什么可叹息的事。在今日的中国，而不去获得世界的知识，研究现代的科学，做一个现代的人，有工作能力的人，那才是可叹息的事；在今日的中国而不去尽力设法输入采用西方的文化与思想，以期澈底的扫荡了我们的中古期的迷雾与山瘴，那才是可叹息的事；在今日的中国而不去介绍研究西方的事物，努力求中国的生存建设与发展，那才是可叹息的事。

总之，我们如要求中国的生存、建设与发展，则除了全盘的输入与容纳西方的文化之外，简直没有第二条［路］可走。在思想上是如此，在文艺上是如此，在社会上也是如此。我们要求生存，要求新的生活，要求新的生命力，我们便应当毫不迟疑的去接受西方的文化与思想，便应当毫不迟疑的抛弃中古期的迷恋心理与古代的书本，而去取得西方的科学与文明。

我们不妨抛弃了对于古书的研究，我们不妨高叫着：打倒“国故”“国学”。不知道“国故”“国学”，并不是可羞耻的事，没有一种专门的学问，没有一种专门的工作能力，那才是可羞耻的事。科学家、工程师，本不应去读什么浩翰的《九通》、《十三经》、《廿四史》，这对于他们是毫无用处的。植物学家、矿物学家、化学家，也可以完全不读过某一种《国学必读书》中的任何一种，这些书对于他们也是毫无关系的。（如果他们要如读王维、白居易诗集似的去欣赏他们，那是他们的自由，我们不必去过问）。

五

总结上文的意思是：

第一，打倒所谓国学家；

第二，且慢谈所谓国学；

第三，古书与古代文化的整理与研究，是最少数的最专门的工作，不必责之于一般人，一般青年。

第四，即研究或整理古书与古代思想文化的人，也不可不懂得基本的科学知识与方法。

第五，全盘输入，采用西方的事物名理，以建设新的中国、新的社会，以改造个人的生活。

所以目前的急务，是：

第一，建设巨大的外国文书图书馆；

第二，建设各种科学的专门研究院、实验室；

第三，用印行四部什么，四部什么的印刷力，来翻印或译印科学的基本要籍与名著。

且慢谈所谓国学！我再三的说，我们的生路是西方科学，与文化的输入与追求，我们的工作是西方科学与文化的介绍与研究。我们不要浪费了有用的工作力，我们且慢谈所谓“国学！”

十七年十二月二十五日于上海

（录自《小说月报》第20卷第1号，1929年1月）

《国学文选类纂》总叙

钱基博

《国学文选类纂》之辑录既毕，意有未申，于是濡毫吮墨以发其指曰：

《记》曰："作者之谓圣，述者之谓明。"仲尼曰："述而不作，信而好古。"博文质无底，奚所能为役！独念博学通人，希圣有作，亦有辨章学术，条析流派，以示途辙，牖方来。谨以诵览所及，写著其文，以当明述，辑为六类：曰小学之部，曰经学之部，曰子学之部，曰史学之部，曰文学之部，曰校雠目录之部，而题其端曰《国学文选类纂》。将以宏阐国学，考镜源流，统斯文之条贯，诏学者以知方，庶几国学之筦枢，文章之林囿也！倘有睹记旁逮，足备考论，见仁见知，义各有当，附之于篇，为后学洽国闻者览观焉，然而鄙怀之所欲陈，则固别有在。倘挟册而以为窥国学之宏秘焉，博愿有以进之也。诚窃以为必先知"学"之涵义，而后可与国学。试条析而竟其义：

一、何谓"学"　按："学"之为言"觉"也。《说文·教部》："斅，觉悟也。从教，从冂。冂，尚矇也。臼声。学，篆文斅省。"《白虎通·辟雍篇》："学之为言觉也。""所以疏神达思，怡情理性，圣人之上务也。民之初载，其矇未知。譬如宝在乎玄室，有所求而不见，白日昭焉，群物斯辩矣。学者，心之白日也。今心必有明焉，必有悟焉，如火得风而炎炽，如水赴下而流速，斯大圣之学乎神明而发乎物类也。"采徐幹《中论·治学篇》。"君子博学而日参省乎己，则知明而行无过矣。"见《荀子·劝学篇》。惟"觉"斯征"学"，惟"学"乃臻"觉"。是故言"学"者不可不知"义"与"数"之辩，知之者觉，昧之者愚也。何以言其然？《荀子·劝学篇》曰："学恶乎始？恶乎终？曰：'其数则始乎诵经，终乎读礼；其义则始乎为士，终乎为圣人古人言学以圣为归。圣者，大觉至通之称。《庄子·天运篇》曰："圣也者，达于情而遂于命也。"《说文·耳部》："圣，通也。"《白虎通·圣人篇》："圣者，通也。"真积力久则入，学至乎没而后止也。故学数有终，若其义则不可须臾舍也。为之，人也。舍之，禽兽也。'"此知"义"与"数"之辩者也。《汉书·艺文志》曰："古之学者耕且养，三年而通一艺，存其大体，玩经文而已。是故用日少而畜德多，三十而五经立也。后世经传既已乖离，博学者又不思多闻阙疑之义，而务碎义逃难，便辞巧说，破坏形体，说五字之文，至于二三万言，后进弥以驰逐。故幼童而守一艺，白首而后能言。安其所习，毁所不见，终以自蔽，此学者之大患。"此不知"义"与"数"之辩者也。于戏！让清乾、嘉已还，学者方承惠栋、戴震诸老之遗风，袭为一种考据琐碎之学，辩物析名，梳文栉字，刺经典一二字，解说或至数千万言，繁称杂引，号曰汉学。群流和附，坚不可易。于是专求古人名物、制度、训诂、书数，以博为量，以窥隙攻难为功，若舍是不足与于"学"者。庸讵知汉学之所谓名物、制度、训诂、书数者，徒荀子之所谓"学数有终"，而无当于"不可须臾舍"之"义"也乎？古人为学以畜德，贯其义也，后儒讲学以驰说，逐于数也。虽然，荀子不云乎："君子之学也，入乎耳，箸乎心，布乎四体，形乎动静，端而言，蝡而动，一可以为法则。小人之学也，入乎耳，出乎口，口耳之间则四寸耳。曷足以美七尺之躯哉。"见《荀子·劝学篇》。此"觉"与"不觉"之别，"君子""小人"之分也。不可不深察，不可不熟虑。

二、何谓国学　国学之一名词，质言其义曰："国性之自觉"云尔！国于天地，必有与立。而人心风俗之所系，尤必先立乎其大，深造而自有得，相以维持于不敝。其取之它国者，譬之雨露之溉，土肥之壅，苟匪发荣滋长之自有具，安见不求自得而外铄我者之必以致隆治，扬国华也耶！是故国学之所为待振于今日，为能发国性之自觉，而俾吾人以毋自暴也。吾生四十年，遭逢时会，学术亦几变矣。方予小弱，士大夫好谈古谊，足已自封。其梯航重译通者，胥以夷狄遇之，而诩然自居为中国，以用夷变夏为大戒！于外事壹不屑措意，此一时也。"风气渐通，士知弇陋为耻，西学之事，问涂日多。然亦有一二巨子，訑然谓彼之所精，不外象数形下之末，彼之所务，不越功利之间，逞臆为谭，不咨其是。讨论国闻，审敌自镜之道，又断断乎不如是也。"采严复《天演论·序》。此又一时也。既世变日亟，国人晓然于积弱，则又以为中国事事不如人，旧学寖以放废。于是"家肄右行之书，人诩专门之选，新词怪谊，柴口耳而滥简编。向所谓圣经贤传，纯粹精深，与夫通人硕德，穷精敝神，所仅得而幸有者，盖束阁而为鼠蠹之久居矣。"采严复《涵芬楼古今文钞·序》。然而行之二十年，厥效可指：衡政，则民治以为揭帜，而议士弄法不轨，武人为于大君。论教，则欧化袭其貌似，而上庠驰说不根，问学徒恣横议。放僻邪侈，纪纲无存。欲求片词只义，足以维系一国之人心者而渺不可得。国且不国，何有于治。于戏！古谚有之曰："橘逾淮化为枳也。"况于谋人之国，敷政播教，将谓树一国之人文，而可以移植收其全功者乎！此必不可得之数也，其效则既可睹矣。此又一时也。大抵自予之稚以逮今日，睹记所及，其民情可得而言：其始足己而自多，后乃蔑己以徇人。然见异思迁者，徒见人之有可法，而不知国性之有不可蔑。而足己自多者，又昧人之有可法，而不知国性之有不尽适。二者之为蔽不同，而失之国性之不自觉则均。是故言“国性之自觉”者，必涵二谛而义乃全：一曰“必自觉国性之有不可蔑”。昔罗马大哲尝作诗歌以大诰于国曰：“前车非远，希腊所程猗！希腊之花，昔何荣猗！彼昏不知，狎侮老成猗！黩其明神，薄其典型猗！万目异色，群耳无正声猗！纲绝纽解，人私自营猗！累世之业，黤其沈冥猗！嗟我国人，能勿惩猗！”采梁启超译。见《庸言报》第一卷第一号《国性篇》。嗟乎！吾每诵此，而感不绝于予心也。倘一国之人，自上下下，不复自知我国历史久长之难能，文化发扬之可贵，本实已拨，人奋其知，自图私便，则国与民之所恃以抟系于不坏散者，仅法律权力之有强制，生命财产之受保障耳。于精神意志之契合何有？一旦敌国外患之强有力者临之，但使法律权力，足以相制，生命财产，足以相保，而蚩蚩者氓，只如驯羊叩狗，群帖焉趋伏于敌人之足下已耳。古今之亡国者，未或不由是也。倘有国之人焉，胚胎于前光，歌诵其历史，涵濡其文化，浃肌沦髓，深入人人。人心不同，而同于爱国，如物理学摄力，抟捖一国之人，而不致有分崩离析之事也。如化学之化合力，镕冶国人，使自为一体，而示异于其它也。然后退之足以自固壁垒，一乃心，齐乃力，外御其侮，而进焉则发挥光大之，以被于全人类而为邦家之光。此国性自觉之第一义也。一曰“必自觉国性之有不尽适”。吾国立国于大地者五千年，其与与我并建之国代谢以尽者几何？而我乃如鲁灵光巍然独存。虽中间或被夷虏，为国大厉，而渐仆渐起，不旋踵而匡复故物，还我河山，歌斯哭斯以聚骨族于斯。其国性之养之久而积之厚也，其入人之深也，此不待言而自解也。然树艺积久而必萎，国性积久而有窳。时移势迁，有不适者。故曰：“文久而息，节族久而绝，守法数之，有司极礼而褫。”见《荀子·非相篇》。又曰：“礼时为大。”见《礼记·礼器》。因时制宜，宁容墨守？非有所矫，不能图存。固也，如人性然，变化气质，增美释回。君子道在修身，莫不然。然而不可不知者，国性可助长而不可创造也，可改良而不可蔑弃也。倘如“戕贼杞柳以为桮棬”，桮棬未成而杞柳先戕，庸杞柳之所利为之乎。然则斲丧国性以致富强，富强未致而国性先坠，庸国人之所利为之乎。即中知，固知其不利矣。于戏！晚近以还，欧化东渐，国人相竞以诏。而浅尝之士，于所学曾未深求，辄掇摭所闻西事以自矜诩，遂欲有所施行。其仁义道德传自往昔，为人生所必繇，古今中外莫能易，操之则存，舍之则亡者，则或以其中国老生常谈，放言高论，务摧灭之以为快。其尤甚者，乃至以弱肉强食为公理，以裸体相向为美术，以贪冒淫侈为文明。问其所以？曰“欧儒云尔，我亦云尔也！”人心日即于浮嚣，国事日征其蜩螗。生心害政，以若所为，而曰“强国救群之道在是”。譬于饮鸩而救渴，吾见渴之未救而大命已倾，国之未强而人心先坏。安其危而利其菑，所谓“强国救群之道”，果如是乎！然则国学之所为待振于今日者，为能发国性之自觉，而俾吾人以毋自暴也。倘欲发国性之自觉，其必自言学者知“义”与“数”之辩始。见《孟子·告子上》

昔荀子劝学，兼综“数”“义”，以为：“其数则始乎诵经，终乎读礼；其义则始乎为士，终乎为圣人。”见《荀子·劝学篇》。“全之尽之，然后学者也！君子知夫不全不粹之不足以为美也，故诵数以贯之，思索以通之，为其人以处之。”见《荀子·劝学篇》。则是荀子劝学，贯“义”与“数”而一之，彻始彻终，非二物也。后儒则离“义”与“数”而二之，譬如耳目口鼻，皆有所明，不能相通。有陈其“数”而疏于“义”者，有明其“义”而遗乎“数”者。将以便举称，明殊指，为之题目，昭其涵容：一曰“人文主义”，一曰“古典主义”。

“人文主义”者，以为国学之大用，在究明“人之所以为人之道”，而以名物考据为琐碎。此明其“义”而遗乎“数”者也。

“古典主义”者，以为国学之指趣，在考征“古之所以为古之典章文物”，而以仁义道德为空谭。此陈其“数”而疏于“义”者也。

于戏！国之有学，非一日矣。竖尽往古，亘极来今，盖亦有其变迁递嬗之迹可举者焉。庄生有言曰：“孰主张是？孰维纲是？孰居无事推而行是？”见《庄子·天运篇》。事实之所诏我，实以两主义相摩相荡，迭为兴仆，运转而不能自止者也。大抵汉学尚考据，明训诂，荀子所谓“其数则始乎诵经，终乎读礼”，“古典主义”之可征者也。宋儒道性善，明义理，荀子所谓“其义则始乎为士，终乎为圣人”，“人文主义”之可征者也。虽然，犹有辩：

汉学有今古文之分：今文经世以致用，微言大义是尚，此汉学之近于“人文主义”者也。古文稽古以释经，名物训诂是谨，此汉学之偏于“古典主义”者也。然而今文极盛于西京，古学代兴于东汉，古学既盛而今文遽绝焉。《后汉书·郑玄传》曰：“初，中兴之后，范升、陈元、李育、贾逵之徒，争论古今学，后马融答北地太守刘瓌及玄答何休，义据通深，由是古学遂明。”则是“古典主义”擅汉学后起之胜也。

宋儒有朱、陆之争：朱子道问学，读书不害穷理，《宋元学案·晦翁学案》载：陈北溪答李贯之曰："先生教人尊德性，道问学，固不偏废，而下力处却多在道问学上。"此宋儒之不废"古典主义"者也。陆象山尊德性，明心乃以见性，《宋元学案·象山学案》曰："宗羲案：先生之学以尊德性为宗，紫阳之学则以道问学为主。先生与兄复斋会紫阳于鹅湖，复斋倡诗有'留情传注翻榛塞，著意精微转陆沈'。先生和诗亦云：'易简功夫终久大，支离事业竟陆沈。'紫阳以为讥己，不怿。"此宋儒之尤重"人文主义"者也。然朱学极盛于宋、元，阳明崛起于明代，陆学重光，而朱学少衰矣。则是"人文主义"擅宋学后起之胜也。

然当宋儒未起，汉学将变之际，老、庄于魏、晋，佛于隋、唐，士大夫谭名理，崇高致，以清言为尚，以章句为尘垢。亦由风气穷而思变，学术蕲于自觉，厌考据之烦琐，无补人生，乐名理之简隽，欲以自慰。此实古今学术升降一大转机也。徒以玄谭自放，君子不贵。佛说外道，吾儒所鄙。国学一线，端系"六经"。然而魏、晋经学，衍之东汉，统绪分明，详见《隋书·经籍志》而有不同于东汉者。盖同者其传说，而不同者其精神。东汉言训诂，或流繁琐，而魏、晋好名理，亦出简隽也。"汉初诸儒，专治训诂，如教人亦只言某字训某字，自寻义理而已。"采《朱子语类》。"自晋以来，改变不同。王弼、郭象辈是也。汉儒解经，依经演说，晋人则不然，依经而自作文。"采《朱子语类》。则是"古典主义"也，而"人文主义"寓焉矣。后来宋儒之师心说经，其经义大抵汲魏、晋之流风者也。然魏晋诸儒，尚解经而为经注，如王弼、韩康伯之注《易》，杜预、范宁之集解《春秋左氏》、《穀梁》，皆经注也。至南北朝，则守一家之注而诠解之，且旁引诸说而证明之，所谓义疏者也。则是义疏者，盖注注而注经。是故汉迄魏晋，经学也，南北朝，注学也。皇侃、熊安生、沈文阿、刘焯、炫之伦，著录繁夥。至唐孔颖达修订《五经正义》，贾公彦、元行冲、徐彦、杨士勋赓续有作，遂遍诸经。百川洄注，潴为渊海，信经学之极轨也。然则唐学者，殆集南北朝注学之大成，而为东汉古学尾闾之宣泄焉。

宋儒五子，周敦颐、程颢、程颐、张载、朱熹游心六艺，旁参禅乘，周敦颐从僧寿崖学阐太极无极之旨。程颢资性过人，泛滥诸家，出入老释，返求诸六经，而充养有得。张载勇于造道，已求诸释老，乃返求之六经。朱子亦阐禅理。阳儒阴释，宋儒无不如此。明德新民，壹主于率性修道。国学之人文主义，所以昭明于有宋。如日中天者，实以天竺明心见性，般若大觉之佛说西照，而吾儒率性修道，明德亲民之经蕴内宣。男女同姓，其生不蕃。果艺异树，接种乃佳。生物然，学术亦有然也。惟五子不废问学，犹于吾儒为近，而陆、王偏尊德性，弥于禅宗有会耳。

然自明中叶，王阳明以致良知，昌明陆学，风靡一世，号曰“姚江学派”，理想缤纶，度越前古。及其敝也，士不悦学，徒长虚憍。谈空说有，相矜以口，益见迂阔而远于事情。横流恣肆，非直无益于国，而且蔑以自淑。逮晚明刘宗周证人一派，已几于王学之革命矣。及明之既亡，而学风亦因以革变。天下稍稍恶虚趋实，陆世仪、陆陇其等生清之初，始专守朱子，辩伪得真。高愈、张履祥坚苦自持，不愧寅践。风气所鼓，一时景从。此由陆、王之“尊德性”而反之于朱子之“道问学”者也。至顾炎武、阎若璩等卓然不惑，以为“经学即理学”，全谢山《鲒埼亭文集·顾先生炎武神道表》曰：“晚益笃志六经，谓‘古今安得别有所谓理学者’，经学即理学也。自有舍经学以言理学者，而邪说以起。不知舍经学，则其所谓理学者，禅学也。故其本朱子之说，参之以慈溪《黄东发日抄》，所以归咎于上蔡横浦象山者甚峻。”求是辩诬，开一代之风气，导厥先路。乾隆以还，惠栋、戴震等精发古义，诂释圣言，天下所宗。自是学者务于经籍传注，考订发挥。“诸经新疏，更迭而出。或更张旧释，补阙匡违，若邵晋涵、郝懿行之《尔雅》，焦循之《孟子》，胡培翚之《仪礼》，陈奂之《毛诗》，刘宝楠之《论语》，陈立之《公羊》，孙诒让之《周礼》是也。或甄撰佚诂，宣究微学，若孙星衍之《尚书》，张惠言之《周易》，刘文淇之《左传》是也。或最括古谊，疏注兼修，若惠栋之《周易》，江声之《尚书》是也。诸家之书，例精而谊博，往往出皇、孔、贾、元诸旧疏之上。盖贞观修书，多沿南学，牵于时制，别择未精。《易》则宗辅嗣而祧郑、虞，左氏则尊征南而摈贾、服，《尚书》则崇信梅、姚，使伏、孔今古文之学并亡，厥咎郅巨。加以义尚墨守，例不破注，遇有舛互，曲为弥缝。孔颖达之正义《五经》，各尊其注，两不相谋，遂成违伐。若斯之类，尤未允惬。而清儒新疏，则抉微捃佚，必以汉诂为宗，且谊证宏通，注有回穴，辄为理董，斯皆非六朝、唐人所能及。然而言经学者，莫盛于义疏。而为义疏者，尤莫善于清乾、嘉诸儒。”采孙诒让《籀庼述林·刘恭甫墓表》。此由朱子之“道问学”，反本修古而为东汉之古学者也。则是“人文主义”之积衰于明季，而“古典主义”于以重光焉！虽然，人苦不自觉，而不安于不自觉，于是乎言学。倘言学者，数典不足以经世，具数无所陈其义。譬如五官百骸，形体徒存，而神明不属，生气何托！不以训诂名物自安，必欲进而求微言大义，人之情也！学之道也！清儒既遍治古经，戴震弟子孔广森始著《公羊通义》，厥为清儒言今文学者之权舆。南北朝以降，经说学派只争郑玄、王肃，今古文之争遂熄。唐陆德明著《释文》，孔颖达著《正义》，皆杂宗郑、王。今所传《十三经注疏》者，《易》用王弼，《书》用伪孔安国传，《诗》用毛公传、郑玄笺，《周礼》、《仪礼》、《礼记》皆用郑玄注，《春秋左氏传》用杜预注，其余诸经皆汲东汉古文家之流。西汉所谓今文十四博士者，其学说皆亡，仅存者惟《春秋公羊传》之何休注而已。今文学之中心在《公羊》，而公羊家言则真所谓"其中多非常异义可怪之论"。然不明家法，治今文学者不宗之。嘉、道以还，庄存与、刘逢禄祖孙相嬗，刘逢禄为庄存与之外孙，弱不好弄，母氏诲之，学必举所闻于外王父，以纠俗师谬说。年十一，初谒外王父，叩以所业，应对如响。曰："此外孙必能传吾学。"详见李兆洛《养一斋文集·礼部刘君传》，戴望《谪麟堂文集·故礼部仪制司刘先生行状》。世以《公羊》名家，刊落训诂名物之末，专求其所谓"微言大义"者，凡公羊家言所谓"非常异义可怪之论"，如"张三世"、"通三统"、"绌周王鲁"、"受命改制"诸义，次第发明，言今文者宗之！龚自珍说经好庄、刘，尤擅要眇之思，往往引《公羊》义，讥切时政，诋排专制，益为言学者所熹！南海康有为能敷说《公羊》改制以言变法，禅其弟子。新会梁启超益推而大之，至于无垠。声生势张，而言今文学者盈天下矣。此由东汉之古学，又溯而上以反诸西汉之今文者也。则是"古典主义"之渐厌于晚清，而"人文主义"相与代兴焉。

方晚清今文大昌之日，独德清俞樾治古学，号东南大师，为鲁灵光！章炳麟《太炎文录·俞先生传赞》曰："浙江朴学晚至，则四明、金华之术茀之，昌自先生。宾附者有黄以周、孙诒让。是时先汉师说，已陵夷矣，浙犹彀张，不弛愈缮。不逮一世，新学蟠生，灭我圣文，粲而不蝉，非一隅之忧也。"其弟子章炳麟恢张其绪，尤擅声音训诂。好称引左氏，而无害于言革命。谓"贾逵言'左氏义深君父'，此与《公羊》反对之辞。若夫'称国弑君''明其无道'，则不得以'义深君父'为解。杜预于此最为宏通，而近世焦循、沈彤辈多谓预借此以助司马昭之弑高贵乡公，则所谓'焦明已翔乎寥廓，弋者犹视乎薮泽'也。"见章炳麟《太炎文录·再与刘光汉书》。儒林之言革命者，咸以章炳麟为巨擘矣。于是治今文者言保皇变法，学古文者倡排满革命，昭昭然如泾渭分而鸿沟画也。清廷既覆，革命功成，言今文者既以保皇变法，无所容其喙，势稍稍衰息矣。而章氏之学，乃以太白于天下。一时北京大学之国学教授，最著者刘师培、黄侃、钱玄同辈，亡虑皆章氏之徒也。于是古学乃大盛！其时胡适新游学美国归，方以誉髦后起讲学负盛名，以为"清儒之所谓汉学者，一名朴学，对于宋儒之理学而言，不外文字训诂校勘考订之学。而其治学之法，不外两事：曰'大胆的假说'，曰'小心的求证'。假设不大胆，不能有新发明。证据不充足，不能使人信仰。此欧儒之所以治科学，而吾国惟治朴学者为得其意焉。”见《胡适文存·清代学者的治学方法》。于是言古学者，益得皮傅科学，托外援以自张壁垒，号曰新汉学，异军突起！而其所为不同于东汉古学者，盖以《周礼》为伪托，目《尚书》非信史。又谓“六籍”皆儒家托古，胥同今文学说也。惟今文家意在经世，而新汉学主于考古，议论虽同而归趣不一。此新汉学之所以异今文，而与东汉古学同其归者也。然东汉古学，欲以信古者考古，而新汉学，则以疑古者考古。此又新汉学之所为不同于东汉古学，而要其归，在欲考见“古之所以为古之典章文物”，则又无乎不同者耳。万流所仰，亦名曰“北大派”，横绝一时，莫与京也。独丹徒柳诒徵，不徇众好，以为古人古书，不可轻疑。又得美国留学生胡先骕、梅光迪、吴宓辈以自辅，刊《学衡杂志》，盛言人文教育，以排难胡适过重知识论之弊。一时之反北大派者归望焉，号曰“学衡派”。世以其人皆东南大学教授，或亦称之曰“东大派”。然而议论失据，往往有之。又以东大内衅，其人散而之四方，卒亦无以大相胜。然“古典主义”者，国学之歧途，而“人文主义”，则国学之正轨，未可以一时之盛衰得失为衡也。诚窃以为言国学者当以人文主义为宜。何以言其然？

其故有二：

一就国学二字顾名思义言之　按：“学”之为言“觉”，“国学”之为言“国性自觉”，吾则既言之矣。然惟“人文主义”之国学，斯足以发国性之自觉，而纳人生于正轨。理之自然，必至之符也。“人文主义”之一名词，在欧土与“物质主义”为对，在吾儒与“古典主义”为对。“古典主义”，昔人之所轻。“物质主义”，今世之所患。何以言其然？“人文主义”之所寓，昔人谓之“义”。“古典主义”之所陈，昔人谓之“数”。《礼记·礼运》曰：“礼也者，义之实也。协诸义而协，则礼虽先王未之有，可以义起也。”此持“人文主义”者也。《荀子·荣辱篇》曰：“循法则、度量、刑辟、图籍，不知其义，谨守其数，慎不敢损益也，父子相传以持王公。是故三代虽亡，治法犹存。是官人百吏之所以取禄秩。”此守“古典主义”者也。然“数”有可陈，而其“义”难知；“数”有可革，而其“义”不变。《礼记·郊特牲》曰：“礼之所尊，尊其义也。失其义，陈其数，祝史之事也。故其数可陈也，其义难知也。知其义而谨守之，天子之所以治天下也。”则是“数”有可陈，而其“义”难知也。《礼记·大传》曰：“立权度量，考文章，改正朔，易服色，殊徽号，异器械，别衣服，此其所得与民变革者也，其不可得变革者则有矣。亲亲也，尊尊也，长长也，男女有别，此其不可得与民变革者也。”则是

"数"有可革，而其"义"不变也。皮之不存，毛将焉附！"义"之未协，"数"徒具文。则是"义"尊而"数"卑，"义"先而"数"后也。故曰"古典主义，昔人之所轻"也。抑吾闻之也，美国哈佛大学教授白璧德氏（Irving Babbit）者，尝倡人文教育以申儆一世，其大指以为："西洋近世物质之学大昌，而人生之道遂昧。科学工商日益盛，而人之所以为人之道愈失。于是熙熙攘攘，惟利是崇。而又激于感情，中于诡辩，群情激扰，人奋其私，是非善恶，无所准绳。而国与国、人与人之间，则常以互相残杀为事。科学发达，人心益以不静，而为神明之桎梏。哀哉！此其受病之根，在人之昧于所以为人之道。盖物质与人生，截然两途，各有其律。科学家发明物质之律，非不精能也。然以物质之律，施之人生，则心为形役，玩物丧志。私欲横流，人将相食。盖人生自有其律，今当研究人生之律以治人生。人文教育者，即教人所以为人之道。"见《学衡》第三期胡先骕译白璧德《中西人文教育谈》。有慨乎其言之也！呜呼！《记》不云乎，"人生而静，天之性也。感于物而动，性之欲也。物至知知，然后好恶形焉。好恶无迹于内，知诱于外，不能反躬，天理灭矣。夫物之感人无穷，而人之好恶无迹，则是物至而人化物也！人化物也者，灭天理而穷人欲者也。于是有悖逆诈伪之心，有淫佚作乱之事，是故强者胁弱，众者暴寡，知者诈愚，勇者苦怯，疾病不养，老幼孤独不得其所，此大乱之道也。"见《礼记·乐记》。而今适其会也。数十年来，海内士夫，貌袭于欧化，利用厚生，制驭物质之一切科学教学，未能逮欧人百一，而日纵亡等之欲，物质享乐，骎骎逮欧土而肩随之。物屈于欲，欲穷乎物，生人道苦，乱日方长。故曰"物质主义，今日之所患"也。然则验之当今，惟"人文主义"足以救"物质主义"之穷。稽之于古，惟"人文主义"足以制"古典主义"之宜。国学者，"人文主义"之教学也。舍"人文主义"之教学，更何所谓"国学"者！盖惟"人文主义"，为足以发吾人之自觉，亦惟"国学"，为能备"人文主义"之至德要道。舍"人文主义"而言国学，则是遗其精华而拾其糟粕，袪其神明而袭其貌焉也。国性之不自觉，神明不属，譬之则行尸走肉耳，其何以国于大地！南山可动，吾言不易矣。

二就国学之所由起言之　国学之所由起，所以说明一国之"人文""古典"者，"人文"之遗蜕也。春秋以前，我国有政无学，有君卿大夫士而无师儒。周辙既东，官坠其职，于是百官之守，一变而为百家之学。《汉书·艺文志》曰"某家者流，盖出于某官"是也。"百家之学"，所为异于"百官之守"者，"百官之守"者，谨守其"数"，"百家之学"者，宣究其"义"，此国学之所为起也。余读《汉书·艺文志》，著录十家，其中农家者流，特明术而不为学，盖术者致于用，而学者究其义也。小说家者流，又稗说而不为学，盖说者听诸途，而学者得于心也。此固卑之无甚高论。即杂家者流，"兼儒墨，合名法"，家而曰杂，则非专门名家矣。其间可得而名家者，曰儒，曰道，曰阴阳，曰法，曰名，曰墨，曰纵横七者而已。独儒、道二者，囊括群流，为一切学术之所自出。其间阴阳、名、墨三者，各守礼官之一事；《汉书·艺文志》明言："名家者流，盖出于礼官。"至云"阴阳家者流，盖出于羲和之官"，疑即《周礼·大宗伯》礼官之属，所属所称"占梦：掌其岁时，观天地之会，辨阴阳之气。以日月星辰占大梦之吉凶"；"眡祲：掌十辉之法，以观妖祥，辨吉凶"者也。"墨家者流，盖出于清庙之守"，疑即《周礼·大宗伯》礼官之属所称"大祝"、"小祝"者是也。而纵横一家，则出诗教之三百；见章学城《文史通义·诗教上》则是阴阳、名、墨者，儒家之支与流裔也。"申子卑卑，施之名实。韩子引绳墨，切事情，明是非。其极惨礉少恩，皆原于道德之意。"见《史记·老庄申韩列传》。则是法家者，道家之支与流裔也。然则七家之中，独儒、道二者囊括群流，为一切学术之所自出，而管学术之枢者，舍儒、道二者，其奚属焉！然儒与道不同学，而同归于人文主义。"儒家者流，盖出于司徒之官，助人君，明教化，游文于六经之中，留意于仁义之际"，其为"人文主义"，固不待言。至"道家者流，盖出史官，历记成败、存亡、祸福、古今之道，然后知秉要执本，清虚以自守，卑弱以自持，此君人南面之术也。合于尧之克攘，《易》之嗛嗛，一谦而四益"，则是以"古典主义"为途径，而亦以"人文主义"为归宿者也。独是道家法自然，于社会一切人为之仁义道德文为制度，胥以为有违于自然，无补于人文，而放绝之，摈弃之。故曰："大道废，有仁义。慧知出，有大伪。六亲不和，有孝子。国家昏乱，有忠臣。""绝仁弃义，民复孝慈。绝圣弃知，民利百倍。绝巧弃利，盗贼亡有。此三者以为文，不足，故令有所属，见素抱朴，少私寡欲。"引老子书又曰："礼者忠信之薄，而乱之首。"引老子书又曰："法令滋章，盗贼多有。"引老子书至儒者重人为，凡社会一切相承之文为制度，苟有当于助长人文，罔不因势利导之，牖之轨物，而资以为经世之用。于是文王演《易》，周公制礼作乐，孔子删《诗》、《书》，订礼乐，欲董理一切相承之社会文为制度，以存其适者，汰其不适者，俾后世有所监观。如《六经》所载，亦必有所承，匪尽凭虚臆测，托古改制，如今文家云尔也。此其异也。然儒与道不同学，而同归于"人文主义"、"古典主义"者，特国学歧出之途，而迫于时势之不容已耳。汉儒之言"古典主义"也，特以秦皇一炬，《诗》、《书》百家语烧，非搜遗考订，不能重光于劫余，赓亘古垂绝之人文教育也，时势则然也。清儒之重赓“古典主义”也，特以清廷禁罔密，而言陆、王者多明遗老，士大夫惧世祸，又苦聪明材力无所用，故恣意于名物考订以自娱嬉，而免时网也，时势则然也。夫岂得已哉！论者乃以国学之正统目之，傎矣！

乃若兹编之所辑录者，特国学之涉于“古典主义”者耳。清儒重赓之汉学耳！数也，非义也。倘以自溺而不反焉，是则所谓“不知‘义’与‘数’之别”者也。太史公不云乎：“儒者断其义，驰说者骋其辞，不务综其终始。”见《史记·十二诸侯年表序》。班固有言曰：“惑者既失精微，而辟者又随时抑扬，违离道本，苟以哗众取宠，后进循之，是以五经乖析，儒学寖衰。此辟儒之患。”见《汉书·艺文志·诸子略》。宁独见议于汉世哉！于是董理厥指以弁于编。大雅君子，尚鉴吾意！

中华人民造国之十五年十二月一日无锡钱基博

（录自《国学文选类纂》，商务印书馆1931年）

中国学术大纲·序

蔡尚思

第一编　国学之定义及分类

第一章　国学二字之解释

国是一国，学是学术，国学便是一国的学术。其在中国，就叫做中国的学术。既然叫做中国的学术，那就无所不包了，既然无所不包，也就无所偏畸了。乃今之学者，或以国学为单指中华民族之结晶思想曹聚仁，或以国学为中国语言文字学吴文祺，还有以史学眼光去观察一切的如章学诚、章太炎等，以及误认国学为单指国文其人甚多，不易枚举与中国文学的海上一般大学多以中国文学系为国学系。……仁者见之谓之仁，智者见之谓之智，此皆仅得其一体，而尚未得其大全。在吾却终始以为：凡中国的固有文化，都不能出此国学二字之范围外。乃见曹聚仁君所作《春雷初动中之国故学》一文里说："今名之曰国学——即中国学术之简称，将与日本学术、英国学术、法国学术同为类名，吾不知其所以表独立不相混之点何在？既无以表独立不相混之性，则国学一名即难成立。"吾实在不懂得曹君说什么话！比方在一家中既是同姓，就只叫名而不必加上一个某姓；在一乡中既是同乡，就不必加上一个某乡；在一国中既是同国，就不必加上一个某国。惟有到别家去才要说出某姓，到别乡去才要说出某乡，到别国去才要说出某国。如国民政府，或革命军的在本国里，也没有加上"中华民国"四个字，虽然没有加上"中华民国"四个字，但凡中国人个个都知道他是中国的国民政府或革命军，一定不会认他为日本、英、法的国民政府或革命军，惟于国际才用得着"中华民国"的名词。而今国学一个名称，也是如此。在本国就简称为"国学"，到别国去才详说"中国学术"。此外我还有莫明曹君乱分的地方，就是他以"国故学"一名为对，而以"国学"一名为不对。按国故一名系出自章太炎，胡适之以为很好，而陈蘧庵却说："其实余以为国故一名，实欠精当。国而曰故，必其国已成僵石，国之文化而曰故，亦必其文化亦全不留于今日。此二者皆非我曾有之事实。"《东方文化与吾人之大任》一文据此，是名为国故反不如叫做国学来得光明正大。退一步言之，曹君如必以国学一名为不对，则如国故学一名也不能独对！我现在可仿他刚才所骂国学一名的失处的话而对他说："今名之曰国故学，将与日本的国故学，英国的国故学，法国的国故学，同为类名，吾不知其所以表独立不相混之点何在？既无以表独立不相混之性，则国故学一名即难成立。"曹君未免太有见于他人所用的"国学"，而独无见于自己所用的"国故学"吧！于此已经可以看出曹说的完全不能成立了。

第二章　论古来分中国学术为经史子集四库的悖谬

中国学术直到了汉朝的刘歆才有《七略》——辑略、六艺略、诸子略、诗赋略、兵书略、术数略、方技略——之分，班固因本其说而作《艺文志》。自是而后，王俭作《七志》——一经典并史记、二诸子、三文翰、四军书、五阴阳、六术艺、七图谱，梁阮孝绪作《七录》——一经典、二纪传、三子兵、四文集、五技术、六佛、七道，虽其内容略有不同，要皆不甚远于刘歆《七略》的分法。其间惟有晋荀勖出，于是始创广义的分类法，这就是世俗所说的四部了：四部要目为一甲纪六艺，二乙为诸子兵书术数，三丙为史记之属，四丁为诗赋图赞汲冢书；按这汲冢书或宜列入三史记之属，不宜尽列入四集部之中。而李充则以五经为甲，史记为乙，诸子为丙，诗赋为丁，但这实也不过把荀说的乙丙对调一下罢了。后来到唐朝便确立为经、史、子、集四库：内容大概甲部经类十一，乙部史类十三，丙部子类十七，丁部集类三。到了宋朝又于四库之外，增加天文图书二类，别为六阁，天文图书至是便脱离子类而独立了。至元、明两朝，则去宋而仍复唐之旧。后来满清修《四库全书》，总天下图书为经、史、子、集四大类。自晋一直到清大概都不出荀勖四部的分法。

由此看来，我们已经知道中国学术到刘歆始把它分为七略，到荀勖始由七略归纳为四部，四部之分，比较从前分为七略，大概总算得对一点。但也止于一点，吾终不以为然。如清朝的四库太多了，现在无从说起，我们试看一看唐朝的四库。但这四库之中，别的也可暂缓去讨论，我们现在先来把它的丙部子类十七，研究一下就够了。如它的十七类中（一）儒、（二）道、（三）

法、（四）名、（五）墨、（六）纵横、（七）杂家、（八）农家、（九）小说、（十）天文、（十一）历算、（十二）兵书、（十三）五行、（十四）杂艺、（十五）事类（《新唐书》作类书）、（十六）经脉（《新唐书》于经脉二字上加上明堂二字）、（十七）医术。的天文历数等类，如以之并入于乙部史类之中，安见其不可呢？因中国向来以地理附庸于历史。再如《汉书·艺文志》的兵家，如把它列入诸子类中，亦有何不可之处呢？但这止是小毛病，还有更悖谬的，便是所说的甲部经学了。据我个人的意见，是要把这甲部经学根本取消，而将其分别归纳于文字学、史学、哲学、文学各类之中。按古代以《易》、《书》、《诗》、《礼》、《乐》、《春秋》为六经，后来因《乐经》散失，或云无书。仅存《乐记》，遂把它并入《礼记》之中。《礼》、《乐》二书都是上至战国下至汉人所作的，故其在六经中，要算最后出的了。《乐记》并入《礼记》中，便只剩所谓五经了。后人因崇拜孔子太过，又拿《论语》去配《六经》，这便是所谓七经了。可看《后汉书》注，但有数说。至于唐人又再分《礼》为三而为三礼，分《春秋》为三而成三传，三礼就是《周礼》、《仪礼》、《戴礼》，三传就是《左氏》、《公羊》、《穀梁》，将此三礼三传同《易》、《书》、《诗》合在一起，而九经之名于是又出现了。而开成间刻石经又补入《孝经》、《论语》、《尔雅》，以四者为经书，于是又有十二经之名。到了宋儒于《论语》、《孝经》、《尔雅》之外，又因孟子最接近孔子，遂进《孟子》以配《论语》，十三经之名，便直传至于今了。

关于十三经的话，既已说出，那么我们就可以去说其悖谬的地方了。例如（一）孟子原同荀子为战国之二大儒，各有专长，不相上下。而一般陋儒，竟以《孟子》为经，而以《荀子》为子。如今既要以《孟子》为经，则《荀子》也该列入于经，如以《荀子》为子，则《孟子》也该列入于子。又如孔子《论语》、《礼记》、《孝经》。原同老、墨为先秦之三大思想家，而今既要以孔子之书为经，则如老、墨二子之书，独可降而为子么？如以老、墨二子之书为子，则如孔子之书，独可升而为经么？况犹不但后儒以孔子之书为经，若道徒亦称老子之书为《道德经》，而墨徒亦称墨子之书为《墨经》，如《墨子》书中经之《经上》、《经下》、《经说上》、《经说下》，并参看《庄子·天下篇》。后儒以老、墨为子，安知道、墨之徒之不以“子”目儒呢？或“经”或“子”，“经”己“子”人，进退无据，自相矛盾，故吾要把经中的《周易》、《论语》、《孝经》、《礼记》、《孟子》，并入哲学——即子学——中。（二）如《尚书》与《史记》，究有何别？而今却以《尚书》为经，而以《史记》为史。《春秋》与《资治通鉴》也差不多，而今却以《春秋》为经，而以《通鉴》为史。以史为经，与以子为经同一悖谬。此外如《左传》同《国语》二部书，都是左丘明所作的，后人或称《左传》为内传，而目《国语》为外传，虽有内外之分，要其为传则一。而今呢？《左传》进而为经，《国语》退而为史。著者只是一人，其书却分两种，无理无由，莫此为甚！这是误认史传为经书的一个例子。故吾也要改正它，把《尚书》、《春秋》、《左传》等经传，并列于史学之首。（三）如《毛诗》与《楚词》、汉赋、唐诗、宋词同是一样的，而后人却要以《毛诗》为经，而以《楚词》、汉赋、唐诗、宋词为集，如楚辞、汉赋、唐诗、宋词不应该列入于经，则如《毛诗》也当然要列入于集——文学——了，如《毛诗》不应该列入于集，则如《楚词》、汉赋、唐诗、宋词也当然要列入于经了。《楚词》中之《离骚》亦称经。以集为经，也和那以子为经，以史为经是一个样的。故吾也要把《毛诗》列入于文学之首。（四）如《尔雅》一书，同《说文》等，本来没有什么分别，而今却以《尔雅》为经学，而以《说文》等书为小学了。以小学为经，同上来所说的以子史集为经也是一样的悖谬。吾今也要把《尔雅》并入文字学中。

由上述看来，那以讹传讹，一误再误的经、史、子、集四库，实在应该改做文字学、史学、或史地学哲学、文学或文艺学的新四部，根本就不容有经学一个名词的存在。而从前江叔海、陈重远二先生，常常对我表示：认北大的国学研究所，独没有“经学”一个地位为大不对。其实北大的国学研究所的不另与经学一个地位，那是再对没有的。最可惜的，是二位先生，终还未能看到吾上述的话。而最令人莫明其妙的，尤当首推大夏大学孙德谦同事，亦教国学大纲。他因看见我在《大夏周报》发表过《国学系一个名称之商榷》一文，便对我说：旁的我都表示十二分的钦佩，惟有以哲学包括经学一点（？），实在未敢赞成！要知道中国无哲学，哲学惟西洋有之，而中国之经学，亦为他方之所无。中国经学最为高尚，论到中国之学术，舍此便无足多了。这是孙先生亲同我说的。我又听一般同学说：孙先生的《国学大纲》还是分做经、史、子、集四部呢。

在此请再附说一下，就是近见有一位徐敬修编的一部《国学常识》，姑不论其内容如何，单就其分部观之，已觉很可笑。如小学原兼象形、训诂即字义、音韵即字声三部，而彼则于《小学常识》外，另有《音韵常识》一部。音韵既可另编，则如象形、训诂何不并分为二？此其失一。先秦诸子与六朝的佛学、上起后汉，下至唐宋宋明的理学，原皆在哲学之范围内，而彼则分为《子学常识》、《理学常识》二部，一似乎子、理二学的性质，竟有截然不同者。

理学既当另编，《佛学》岂得独缺？此其失二。文学原包含有散骈古文、诗、词、赋、曲、小说等类，而彼则于《文学常识》外，另有《诗学常识》、《词学常识》、《说部常识》三部。按诗词一类，实为纯文艺的文学，文学的文学至于古文反比较不足以为代表，而竟颠倒，真是悖谬。且今既要分诗词小说为三，则如赋曲二者，亦岂得独无其平等位置？此其失三。至其不明经学实包有小学、文学、史学、哲学四部，而竟还有一部什么《经学常识》，吾原可莫怪，因为不单他一人，其人多得很呢！观其分类，殊不一致，分不尽分，合不尽合，既没有系统，怎能使阅者明了？

第三章　论世人认经皆史或理或文的错误

"六经皆史也"，这是章学诚、章太炎诸人所力持的。章太炎因此便认孔子不是旁的，不过是一位史学家罢了。照吾的意思，经中如《尚书》、《春秋》固属史学，若哲学类的《周易》、《礼记》，文学类的《毛诗》等，竟可以说做史学，那么此外一切关于哲学文学的子集等部，也何一而非史学呢？简直一点，就说中国只有史学一门好了！这是纯粹用史学眼光来观察一切古书的大毛病。顾炎武说："经学即理学。"看全祖望《鲒埼亭集》第一二卷。按经中如《易》、《礼记》固属理学，若文学类的《毛诗》，史学类的《尚书》、《春秋》等，竟可以说做理学，那么此外一切关于文学史学的集史等部，也何一而非理学呢？果真可以说中国只有理学一门么？这种误看误认，正同二章一样。此外还有很多陋儒俗学，认所有经书做文学的，这也就是上头所说"国学即是国文"那一般人，其为错误与二章及顾氏等无异，不但如上头那般认经为史或理或文的真是笑话，就是作一篇《中国经书之分析》的陆懋德君，也不算就很明白了！他说："章学诚……顾炎武……二氏皆未详细分析，故言之未得其当也。余用近世科学方法，将诸经分为三类：曰哲学、曰史学、曰文学。现存之五经，固皆可归纳于此三类，《周易》、《论语》、《孝经》、《孟子》在哲学以内，《礼记》多述七十子后学遗言亦附焉。《尚书》、《春秋》在史学以内，《公羊》、《穀梁》、《左氏》解释《春秋》，《周礼》、《仪礼》记载古制亦附焉。《诗经》在文学以内，《尔雅》详于古训亦附焉。……自此系统既定之后，则后起之著作，皆可按数分入其内，无虑浑淆矣。"吾说旁的都可谓为先获我心，惟其最后列那"详于古训"的《尔雅》一书于文学类中，无论如何总不能使人同意。按《尔雅》是中国文字学书之祖，如《尔雅》可当作文学，那如今又何必再设文字学一门呢？小学与文学虽然有关系，但却不能就算它做文学。如因其有点关系而把它列入于文学，试问世上一切的学问，那一种独与其他没有一点关系呢？难道竟可以说世上只有一种的学问么？除《尔雅》应另属文字学，不应列入于文学类内以外，他如一大部分之《公》、《穀》，和《易传》之一小部分，我们也可视为中国古代文字学中之一重要份子。这就是我与人不同的看法。

第四章　与国中诸研究院所分国学种类的商榷

近来国中关于研究国学之最高学府，其所在地以北平为最多，尤以国立北京大学研究所国学门为最早，次之如部立清华国学研究院，现为国立私立燕京大学国学研究院（?），孔教大学国学研究科（?）等，也很出名。当北大研究所改为京师大学校国学研究馆的时候，曾很明白地暂分国学一门为哲学、文学、史学、语言文字学、考古学、艺术六组。个人对之，以为考古学可并入于史学之范围内，艺术可与文学合一名为文艺学，就是单称文学也没有什么大不可的地方。至于清华研究院呢？它在国学一科中，也有中国语言、历史、文学、哲学、音乐及东方语言等之分。吾亦以为，音乐可与文学归并，东方语言可与中国语言合一。他若孔大研究科，则仍保守四库之遗意，分经学、史学、哲学子、文学集。至于燕大研究院呢？我直到这个时候，还未知道其内容，所以无从去批评它。余只有这一个燕大研究院，连到过也没有，其余如北大研究所，吾亲在那边研究过，知之甚详，可不用说。就是清华研究院里的王静安、梁任公两位教授，也同我很熟。至于孔大研究科的陈重远校长，他更常同我辩论，所以我对于该研究科也是很熟悉的。国学的势力，此刻已经由黄河流域而南侵到长江来了，但我听说如无锡的国学专修馆，和我亲见上海一般大学的国学系，它们全是“国学”其名，而“国文”其实，同我现在的要讲“国学”而不讲“国文”，既然适相反对，恕我不并论及。

第五章　应改定中国学术为新四部的我见

（一）字法学即文字学与文法学，（二）文艺学即文学与美术，（三）史地学即史学与地理，（四）哲理学即哲学与科学。以文字学、文学、史学、哲学为主系，而以文法学、美术、地理、科学附之。这就是我所分的新四部，在上头已经一步一步的说过好几次了。关于文字学、文学、史学诸部分，暂且不说，请先拿哲学一方面来研究一下。现在有人要分中国思想为宗教学、政治学、伦理学、哲学等等，而吾又怎么样呢？却要使之皆入于哲学之范围内，如曰宗教哲学、政治哲学、人生哲学、纯正哲学等等，其谁曰不宜？以先秦诸子而论，道家大部分在纯正哲学，儒家大部分在人生哲学，墨家大部分在宗教哲学，法家大部分在政治哲学……好了！我现在再来排一个新四部的总表，去给大家看看吧。

将经分别并入字、文、史、哲四部之中：

一文字学	二文学	三史学	四哲学
《尔雅》	《毛诗》	《尚书》	《周易》
《公羊》	《楚词》	《周礼》	《论语》
《穀梁》	汉　赋	《仪礼》	《礼记》
《说文》	六朝骈文	《春秋》	《孝经》
……	唐　诗	《左传》	《孟子》
	宋　词	《国语》	《荀子》
	元　曲	《国策》	《老子》
	……	《史记》	《庄子》
		《资治通鉴》	《墨子》
		纪事本末	《韩非》
		……	晋唐佛学
			宋明理学
			……

（一）中国字法学

中国文字学——
- （1）象形
- （2）训诂
- （3）音韵

中国文字学代表书籍——
- （1）《说文》
- （2）《尔雅》
- （3）

中国文法学——
- （1）实字与虚字
- （2）句与读
- （3）全篇与分段

《马氏文通》可为代表（？）

（二）中国文艺学

中国文学——（1）有韵与情感，如诗词歌赋等
　　　　　　（2）无韵与事理，如论说传记等

代表书籍　（1）《诗经》、《楚词》、汉赋、宋词、元曲……
　　　　　（2）《尚书》、《左传》、《国语》、《庄子》
　　　　　　《史记》、韩文……

或
（1）文学的文学——诗词歌赋等韵集
（2）史学的文学——诸史的实录文
（3）哲学的文学——诸子的哲理文
（4）小学的文学——经注传疏说文、释词考据校勘　等文字

另详于“中国文学”一部中

附注　《尚书》、《左传》、《国策》等书虽属史学，亦为文学之祖；他若《史记》、《庄子》二书虽或为史与子，要皆文章之最大师表。

中国美术——（1）诗歌音乐……
　　　　　　（2）字书图画……
　　　　　　（3）雕刻建筑……

（三）中国史地学

中国史学——（1）列传体——创始于《尚书》，大成于《史记》
　　　　　　（2）编年体——创始于《春秋》，大成于《资治通鉴》
　　　　　　（3）纪事体——创始于《国语》，大成于纪事本末

附注　中国自古将地理附于历史中，先述史学，地理暂缺。

（四）中国哲理学

中国哲学
（1）纯正哲学
（2）人生哲学
（3）宗教哲学
（4）政治哲学

大部代表
（1）《周易》、《老子》、《庄子》……
（2）《论语》、《礼记》、《孝经》、《孟子》、《荀子》……
（3）《墨子集成》……
（4）《韩非集成》……

附注　《易传》可以退还孔子，《尚书》、《国语》中之一部分亦有宗教哲学意味。此外我独认左丘明自创一种事实的因果教，与孔子之名教，及墨子之神教皆不同。说另详于“中国哲学”一部中。

先秦诸子，除此而外，多不足道，可为附庸。惟有名家，尚可商量。名家固为墨家分出之一派，然如遇必要时，吾亦将另与以一地位。

中国科学，暂付盖阙。

第二编　至低限度之国学书籍及其研究之次序

第一章　至低限度之国学书籍

近日国中对于国学，一般前辈倡导于前，诸新青年随研于后，有的在乎保存国粹，有的在乎整理国故，国学之声浪盈耳，国学之书籍满目，国学，国学！甚盛，甚盛！但如在实际上言之，虽章太炎先生也曾叹道："《二十四史》，从何说起？"梁任公先生也说："《通鉴》、《通考》已浩无涯涘，更语及庞大之《二十四史》，学者几何不望而却走？然而《二十四史》终不可不读，……书既应读而又浩瀚难读，则如之何？"章、梁二位先生是近日的国学老师，还不免感觉困难，何况新进的青年们么？其视为畏途，自不待言了！《二十四史》仅国学中之一小部分，尚且"无从说起"，"浩瀚难读"，至于国学的全部，那就更可想见了！

一般青年既要研究，又不知道要怎样去研究，于是便以"至低限度的国学书目"去请教诸老前辈，胡适之先生因此便拟定了一张"一个最低限度的国学书目"去给清华学校的几位学生，那张书目里计分（一）工具之部、（二）思想史之部、（三）文学史之部三大部分。骤观之，好像再简括是没有的了，但是梁任公先生却老不客气地去评他说："殊不知一般青年，并不是人人都要做哲学史家文学史家，不是做哲学史家文学史家，这里头的书什有七八可以不读。真要做哲学史家文学史家，这些书却又不够了。""我最诧异的，胡君为什么把史部书一概屏绝？一张书目名字叫做'国学最低限度'，里头有什么《三侠五义》、《九命奇冤》，却没有《史记》、《汉书》、《资治通鉴》，岂非笑话？若说《史》、《汉》、《通鉴》是要'为国学有根底的人设想'才列举，恐无此理。若说不读《三侠五义》、《九命奇冤》便够不上国学最低限度，不瞒胡君说，区区小子便是没有读过这两部书的人。""总而言之，《尚书》、《史记》、《汉书》、《资治通鉴》为国学最低限度不必要之书，《正谊堂全书》、《缀白裘》、《儿女英雄传》反是必要之书，真不能不算石破天荒的怪论（思想史之部，连《易经》也没有，什么原故？我也要求胡君答复）。"我对梁先生所评的话表示十二分的同意。梁先生因不满意于胡先生的书目单，于是便自拟一张“国学入门书要目及其读法”来，其内容分为（甲）修养应用及思想史关系书类、（乙）政治史及其他文献学书类、（丙）韵文书类、（丁）小学书及文法书类、（戊）随时涉览书类五项。观其所选出之书目，比之胡先生，自是较为普通广大，而且极为适当。但像他那样的分类，我到底也有点莫名其妙！大概他的（甲）是指关于哲学方面的、（乙）是关于史学方面的、（丙）是关于文学方面的、（丁）是关于小学方面的、（戊）是随便浏览的。他如照这样简明地说出，那吾也可以少点疑问，而他竟却分思想史与政治史为二，总不能算得是很清楚的。又其“韵文书类”中，如韩、柳、王、苏诸家，难道也都是有韵之文么？实在不如名为文学较为简直了当。又如其“随意涉览书类”一部，据我所想，也不如改为工具之部如胡先生所分的比较有利益一点。把哲学、史学、文学、小学与工具之部而为五，这不但比胡先生单有哲学、文学和工具三部的好得多，就是比之梁先生的原书目，总也好一点。至其另行提出的那一张“最低限度之必要书目”，我也有一点不同意。因他还是照那经子史集四部的排法，至关于小学方面的，却半本也没有。小学果真如此的不要紧么？试问如不先懂得小学，还会去读那经子史集四部么？所以由我看来，至少也要再添入《尔雅》、《说文》那两本书，才可以无大过。据梁先生说，他的主张是“除先秦几部经书，几部子书之外，最要紧的，便是读正史、《通鉴》、宋元明纪事本末和‘九通’中之一部分，以及关系史学之笔记文集等，算是国学常识。凡属中国读书人都要读的”。这是说经部子部哲学最重要，次之就是史部史学，然后至于集部文学，论其轻重，他自是很对的，不过欠一部小学文字学，还谈不上完备罢了。好了！我现在来继胡梁诸位先生之后，再定出一张真正老实简单切要的最低限度的代表书目，去给大家看看，并以此应大夏大学诸同学之请。

最低限度之代表书目

（一）哲学

（1）儒家

《周易》焦循著《雕菰楼易学三书》。

《论语》同上著《论语通释》可读。

《孟子》同上著《孟子正义》。

《荀子》王先谦著《荀子集解》。

《礼记》郑注孔疏。

（2）道家

《老子》

《庄子》郭庆藩著《庄子集释》尚可看。

(3) 墨家

《墨子》孙诒让著《墨子间诂》。

(4) 法家

《韩非子》王先慎著《韩非子集解》。

(5) 佛教

关于此者暂缓举出。

(6) 混成

王充《论衡》

《朱子全书》单读其语录等类亦可。

《王文成公全书》同上。

《戴东原集》单读其《孟子字义疏证》一书亦可。胡适著有《戴东原哲学》可供参看。

(7) 参考

《先秦政治思想史》梁启超著。

《中国古代哲学史大纲》胡适著。

《孔子哲学之真面目》

《三大思想之比观》右二书均蔡尚思著。

《国故论衡》章炳麟著。

《宋元学案》

《明儒学案》右二书均黄宗羲编。

《清代学术概论》梁启超著。

(二) 史学

(1) 列传体

《尚书》读其真书二十八篇足矣。孙星衍著有《尚书今古文注疏》。

《史记》司马迁及其父谈撰。

《前汉书》班固及其父彪、妹昭著。

(2) 编年体

《春秋》孔丘著。《左》、《公》、《穀》三传并读 (?)。

《资治通鉴》司马光撰。

(3) 纪事体

《国语》左丘明撰。

《通鉴纪事本末》袁枢编。

（4）参看

《史通》刘知几著。

《文史通义》章学诚著。

《中国历史研究法》梁启超著。

（三）文学

（1）有韵与写情

《诗经》陈奂著《诗毛氏传疏》。

《楚词》除屈原、宋玉作品外，其余皆可不读。朱熹著有《楚词集注》。

《李太白诗集》不取其文。

《杜工部诗集》同上。

汉赋、六朝骈文、宋词、元曲等类暂缓选出专集。

（2）无韵与记事

除《庄子》、《史记》另详外

《韩昌黎文集》不取其诗。

《柳河东文集》同上。

《欧阳修文集》同上。

《苏东坡文集》

《王临川文集》不取其诗。

（3）类书

《乐府诗集》郭茂倩编。只读其中之无名氏古诗。

《文选》萧统编。须分别读之，如蔡邕作郭林宗碑文之类不值一阅。如以文而论，则如姚鼐之《古文辞类纂》与曾国藩之《经史百家杂钞》亦尚可读。

（4）参看

《文心雕龙》刘勰著。

《诗品》钟嵘著。

（四）小学

（1）训诂

《尔雅》

（2）象形

《说文》段玉裁著有《说文解字注》。

(3) 音韵

关于此者，暂缓举出代表书籍。

(4) 文法

《文通》马建忠著。

(五) 工具

《经籍籑诂》阮元等。

《康熙字典》张玉书等撰。

《四库全书总目提要》清乾隆间四库馆编。

《中国人名大辞典》商务印书馆。

《历代名人年谱》吴荣光著。

《史姓韵编》汪辉祖著。

《历史纪元编》六承如著。

《世界大事年表》商务印书馆。

《中西回历朔闰表》陈垣著。

《读史方舆纪要》顾祖禹著。

《历代地理韵编》李兆洛著。

…………

…………

第二章 研究之次序

在国学中，论其轻重，大氐以哲学为最关重要，也是最难研究的，次之就是史学，而文学又其次之，至于小学似乎可以说是比较的不要紧的了。但是如以先后的次第说来，却就适得其反。例如汝要研究哲学，那就不得不先在历史上观察一下；如要研究史学，又一定要先通达他的文章；如要研究文学，又要把文字学先弄清楚；文字了解然后去学文章或作文章，文章通达然后去读史或作史，史学有相当的研究了，然后才可以去研究思想。由此看来，文字学反是不论研究何学所必先经的路径了。论轻重，以哲学为最重，以小学为最轻。论先后，以小学为最先，以哲学为最后。这是我个人的见解。

附录 国学系一个名称之商榷

（十九，四，三十，《大夏周报》第八十一期）

国学之定义及其分类（从略）

大学国学系之名称与实际　华北各大学，早有“国学研究院”之设。现在国学的势力，已经渐渐地跑到华中来了！所以京沪一带的大学，也多成立一个“国学系”。但在实际上，这个“国学系”，并不是新近才成立的，他就是本来的“中国文学系”，惟最近把“中国文学系”五字，改为“国学系”三字而已。于此可见其实止于“中国文学”，其名则大至国学——中国学术。国学既以中国文学与中国哲学、中国史学、中国文字学为四大部分。而今之大学中，却另设有“史地系”，而以“中国史学”附焉；尚有“哲学系”，而以“中国哲学”属之。由此看来，非国学系——史地系、哲学系——之中，反有国学（如中国史学中国哲学等）；而国学系——实只中国文学系——之中，反缺国学（中国史学、中国哲学），所以“国学系”三个字，实还不如恢复故有名称——中国文学系——比较的不会和混。如其不然，硬要以“区区”的“中国文学”为“广大悉备”的“国学”，那我就不能无发出疑问：如“中国文学”固属“中国学术”中之一类，难道其余之“中国哲学”、“中国史学”，……就不是“中国学术”中的几个重要份子么？像这般只研究“中国文学”的人，不承认“中国哲学”、“中国史学”为“国学”，则诸研究“中国哲学”或“史学”的人，也可以同样的不承认“中国文学”为“国学”。如果“中国学术”真的只有“文学”这一点东西，那这中国还算得有文化之先进国么？简直可以说做没有文化。就使有，也是不足观的。所以侮辱“国学”者，莫如这一般人。这种谬错，是很容易看出来的。

假使各大学不愿意把“国学系”一个名称换掉，那么像一般教“国学大纲”——《中国学术大纲》——的人，至少也要将中国哲学、中国史学、中国文学、中国文字学四者，同等待遇，都要相当叙述（介绍）一下，才算名称其实，而不大愧于心。如再不然，那就直叫做“国文”好了！何必用那“国学”的字样呢？由于误解名词，与名词的误用，竟至如今一般会做几首诗或几篇文的，世俗人也称为“精通国学”。其实国学的范围，既非常广大，而人又各有短长（如哲学、文学、史学、文字学等，一定不能皆长而无一短），“精通国学”谈何容易（如研究中国文学的，只可以说做对于中国文学有研究，绝对不能即认为精通国学。他若研究中国哲学与史学及文字学者，均此类推）。如长此下去，则“国学”不但没有光大的希望，而且愈弄愈糟，恐怕将来的人，连“国学”一个名称，都不得其解。未悉一般真真正正的国学大家（?），对之有什么感想没有？

（录自《中国学术大纲》，上海启智书局1932年）

陈石遗先生讲 “国学中应读应看应研究之书目”

陈 衍

国学应读之书，其种类有三，曰：“有须熟读之者”，“有须熟看之者”，“有可读可看之者”。“读”与“看”之别：“读”之功在舌，“看”之功在脑。“读”可不用脑，惟唇吻理会，舌之功也；“看”可不用舌，惟深刻记忆，脑之效也。

“须熟读之书”有数：——然大约限于经，《论语》《孟子》其最要者！《论语》一书，汇六经之精髓，总儒家之要义，其体则分章而记，其文则简而深曲，后世文法之学，靡不出其窠臼。其章之最简者：一为“巧言令色，鲜矣仁”章，一为“觚不觚觚哉觚哉”章，觚不觚章文法尤奇！共七字而所含之义有四：觚为第一层，不觚第二层，觚哉一诘第三层，再叠用一觚哉为第四层。故《论语》一书，不可不熟读！

《孟子》之文，锋芒不可犯，则又为别调。如三苏之文，纵横捭阖，而皆出自《孟子》！果能读《论》《孟》二书，而应用变化之如神，则千古大文章家，不难出于此矣！

至《中庸》《大学》，本为《礼记》之篇。然《中庸》之为书，时而言天地，时而言鬼神，神妙不可测，吾不能无疑。《大学》言修身齐家治国平天下之道，于今妇人小子皆知，虽其义理重要，然稍浅，不熟读焉亦可。

《易经》备人事出处进退之理，学之而能趋吉避凶。然趋吉避凶，只要明其大义，不读熟之，尚无妨！

《尚书》为中国上古之宝书，古今中外政治之原理，不能外乎此。后世能文者代作，其文法亦无能尽出其范围，此非熟读不可。唐虞夏商之书，世质民淳，读之犹易，周代尚文，读之特难！《禹贡》一篇，言九州山脉水道，为古今所据，非烂读不可！

《左传》记二百四十二年之事，其文光怪陆离，苟能熟读，则用之不竭！

《礼记》言周一代之典制，多事迁时变，然亦不得而废者，且各篇文法不同，宜择而读之。

《诗经》者，后来诗赋之原泉，其中《国风》尤无事不备。今日语体诗崇尚恋爱，而《国风》所记尤多！“雅”之应读，尤重于“风”，其所言皆关于国家治乱之故，而句奇语重，变化尤多。“颂”惟歌功颂德，知其体制外，可不熟读。

——凡此数种，为“国学应读之书。”

“须熟看之书”亦有数：

吾请先言史部，正史有二十四，人皆知之。然篇帙浩繁，能卒读之者，古今未有几人！即如司马光《资治通鉴》为编年体之最完备者，古人能卒读之者，亦寥若晨星。惟同时王胜之曾读过一遍，择其最简赅者，惟《纲鉴易知录》一书。其文虽极简，而于历代大事，无不赅载。试举其例，如王猛渭原之战，各编年书尠载，而《易知录》载之，其能得史之要可知！且其为体，于书眉掇以短语，可作小典故看，亦足供艺林之便！

《史记》者，史公之杰作，正史之先河，后世作者，靡不奉为圭臬，其材料之丰富，组织之完美，虽或可议，然后世终无及焉！且当时史迁所搜罗之书，今日多有靡得见者，用益增其价值矣！

《说文》一书，亦吾人所不得不看！其中所采之书，亦往往为今人所未获见，如日月为易之类，洵为中国特立之书。

《昭明文选》，亦文章总集中最重之书！六朝王室，优游而不攻学者多，昭明独以太子而成此编，亦足为吾人所称服者。其所搜集亦皆后世文集所不载备，虽三代秦汉六朝各文，多有割裂史传而成者，然其中多有须熟读者，大部虽看之亦可。且其体裁亦须注意，盖吾人作文，应无体不能，无例不知。

郦道元《水经注》亦我国之奇书！原本《水经》，仅提挈纲领，而注者之文法事迹，又非详观之不可。

——凡此数种，为“国学应看之书。”

“可读可看之书”又有数：

词章之集，可分三部：即秦汉，两晋，六朝唐宋是也。秦汉之文，气息朴茂，不可不读。两晋、六朝，渐趋骈俪。唐宋两代，散体文复兴。元明以下之集，不观之亦可。至清桐城如方姚梅等数家，专学唐宋，其简净可取。

他如《汉魏丛书》，《唐人说荟》，《世说新语》，《稗海》之类，足供词典之用，非涉猎不可，而《世说新语》其尤佳妙者！

——凡此数种，为“国学可读可看之书。”

余既略述如右，然有看书之法，亦不得不言者。盖凡看书，至少必须经两遍，第一遍须迅速，第二遍才研究。首如走马看山，其奇峰峻岭，容易入目，然后再详加稽考，深为研究，方得其底蕴！

（丁舜年记）

（录自《无锡国专季刊》，无锡国学专修学校学生自治会1933年）

论国学分类方法

孙德谦

余于中国学术，孜孜者四十余年矣。在吾国则谓为章氏学派，而在日本，则谬称为硕学之一人，且谓其学派近西洋智职分识学。（见大正十三年《大东文化杂志》）。余之学问，不过粗通门径，岂能成为学派？且余不能读西书，亦不知西洋之分类如何，但彼既以余学派与之相近，则所言确有所见，敢将平日所致力者，试言其分类之方法。

大凡人之为学，不可无方法。余生平治周秦诸子，用功最久，几四十年。而于其学术异同，每喜细为判析，却即用此分类法，其始见《汉志·诸子略》云。合其要归，皆六经之支与流裔，以为诸子之学，既系六经支裔，则沿流而溯其源，约之于经可矣。既而思之，《诸子略》之中，班氏既分列十家，则儒道名墨，凡此十家，必是一家自一家，其类有不能不分者。于是取班氏之论儒家，有曰游文六经，留意仁义。又云祖述尧舜，宪章文武，宗师仲尼，以重其言。遂从而读孟荀诸贤书，觉儒家宗旨果如此，自应与道墨诸家分别者也。再取其论道家者，有曰历数成败存亡祸福古今之道，然后秉要执本，清虚以自守，卑弱以自持。复从而读老庄诸人书，觉道家宗旨，实亦如是，宜其与儒墨诸家，又必区分者也。推之名墨以下，凡专家之学，各有其立言之意。类聚群分，确有不得而杂厕者。故余之于诸子学也，谓当首辨其家数，而寻绎其书中大指，颇思以求其真，不敢穿凿而附会，其得力即在分类也。

诸子之最难分者，莫如名法，此两家者，后人每多牵混。盖名家在循名责实，而法家亦未尝不注重于此。顾读商韩书，人犹知其为法家，未甚乱也。名家若邓析子，因析曾造竹刑，谓其学入于申韩矣，首章无厚之说，甚且斥其用心刻薄，全失忠厚，真所谓似是而非也。彼之言天于人无厚也，君于民无厚也，父于子无厚也，兄于弟无厚也。观其所据无厚之理，大略谓天下事有厚者，有无厚者，仍综核名实之义，而与法家之明法殊矣。《语》曰："失之毫厘，差以千里。"名法二家，使不用分类法，毫厘之失，必有千里之差。其实名家之学，惟认乎其为名，不可存一法字于胸中。即析尝言民一于君，事断于法，此若兼及于法者，不知犹是正名之旨耳！非若法家之行赏罚，核之于名，必见乎事实者也。此两家之分类，只在几希之间，故视他家为难。

道家之学，人莫不以神仙称之。考之《汉志》，神仙在方使略，为医家之一，是班氏固早为分类矣。余以道家神仙，分之诚当，但同言长生，其所以分者何在？久之知神仙之言长生，别有不死之方。道家如老子，每言少私寡欲，则示人绝去私欲，无感于声色货利，以自戕其生耳！故观于老子，务在尽其大年。若神仙者，且用药物以祈长寿。此道家之与神仙，所以分者在此。

儒墨两家，互相攻驳。故《墨子》有《非儒篇》。儒家之距墨，其最著者为孟子，此外荀子之《非十二子篇》，墨子与焉。而《孔丛子》中，亦有诘墨专篇。两家之互相攻驳，盖欲各达其学说，伸此者自不能不绌彼。迨有宋以来，学者皆扬儒而抑墨，此是失之于偏。尝欲表章墨子，然余颇尊儒，又不敢违背孟子，因又用分类之法，而得其持平之论。孟子谓墨氏兼爱，是无父也。且继之曰无父无君，是禽兽也！其诋諆墨子至矣。乃《墨子·兼爱篇》，则言子自爱不爱父，故亏公而自利。知墨子方教人子之爱于其父，何致有无父之失。初疑孟子黜之为无父，并訾之为禽兽，未免太过。而孰知孟子并不亲指墨子，是责夫不善为墨学者。何以明之？《尽心篇》曰："墨子兼爱，摩顶放踵，利天下为之。"于此则尊之为墨子，且美其利天下，而好辨章独标之曰墨氏。氏之云者，显见其为末流耳！以荀子书子游氏之贱儒，子张氏之贱儒，子夏氏之贱儒，用此为证。谓之氏者，皆就后学言。不然，荀子儒家也，子游等三贤，为圣门高等弟子，岂有身为儒家，而可目之为贱儒？故孟子之称墨氏，亦非谓墨子也。知孟子所深恶而痛疾者，为墨家之后学，兼爱则不别亲疏，成为无父之害，孟子自当辞而辟之。墨子兼爱之说，苟善行之，且可为不爱父者戒！如是则读墨子本书，亦无疑矣。

如上所述，余之略通诸子学，无不从分类得之。不特此也，诸子且有同一儒家，而孟与荀有分焉者矣。孟子法先王，荀子则法后王；孟子道性善，荀子则道性恶。扬子《法言》："故曰吾于孙卿见同门而异户也。"老子庄列，同一道家，《吕氏春秋》六"老聃贵柔，列子贵虚"，则其宗派分矣！老子书中，时言柔弱者生之德，柔弱处上，刚强处下。列子则以人人生生死死，尽归于虚，岂非老子列子，有贵柔贵虚之分乎？《庄子·天下篇》，一则曰：古之道术有在于是者，老庄闻其风而悦之。再则曰：古之道术有在于是者，庄周闻其风而悦之。是庄子与老子，明明其宗派又分矣。庄子之宗派，向不知其何者为主。荀子尝曰："庄子蔽于天而不知人"。在荀子谓之蔽，余取而反征之，知天者墨子之宗派也。何谓天？庄子之意，以万事当任其自然耳。若然老也庄也列也，并为道家，其宗派不划然分乎？余又推之墨家，《韩非子·显学篇》，有所谓相里氏相夫氏邓陵氏，可知墨子之后，分立三家矣！然此犹浑言之。陶渊明《群辅录》云："不累于俗，不饰于物，不尊于名，不忮于众，此宋钘尹文之墨。裘褐为衣，跂蹻为服，日夜不休，以自苦为极者，相里勤五候子之墨，俱称经而背谲不同。相谓别墨，以坚白，此苦获已齿邓陵子之墨。"则墨子之书，今如尚贤诸篇，每折之为三，宜说者谓即三墨所传，故一墨家也，其学固有分矣！法家之中，申子书久亡。韩观非子《定法篇》，今申不害言术，而公孙鞅为法。术者因任而持官，循名而责实，操杀生之柄，课群巨之能者也，此人主之所执也。法者宪令著于官府，刑罚必于民心，贵存乎慎，而罚加乎奸令者也，州巨之所师也。申商二子，俱为法家；乃申以言术，商以为法，其分也盖各见矣！战国者纵横之世也，于是苏秦张仪，遂以纵横之学，显于当世，然其出而为国，则可分也。刘向《战国策书录》云："苏秦为纵，张仪为横；横则秦帝，纵则楚王。"故仪秦本一家之学，而为纵为横，则截然有分矣。凡此数家，非于一家之内，复有若是之分析乎？

余于诸子学，既用分类之法矣。尝又进而求之经。余之初治经也，亦好考据之学，即近世所谓合于科学方法者。及得章实斋先生六经皆史之说，私谓能见其大。盖经可作古史读，宋儒之空说性理，或近于禅者既失之。汉学家名物训诂，专务琐屑贩订，不精研义理，亦非是。惟明乎经即是史，则孔子删定六经，本经世之意，为万世政教之所从出。章氏之言洵善矣！乃未几而心致疑焉。何疑乎尔？六经既皆为史，孔子当日，自可自为一书，何以别之为六？其后用分类法，恍然于孔子之圣，且有不可合为一史，而无乎不备者。若从后史体例言：《诗》始文王，为西周之史，《春秋》始平王，为东周之史，犹班氏之《前汉书》，范氏之《后汉书》，皆史之断代者也。《尚书》者通史也，上起唐虞，与《史记》之首五帝本纪同。《周礼》《仪礼》，乃后世史家之职官表礼乐志也。惟《易》之为书，揆之史体，似无行之者。然《系辞》云：《易》之兴也，其当殷之末世，周之盛德，当文王与纣之事，则《易》者殷周史也。两朝交际，为之史者，如陆贾《楚汉春秋》是，而《易》其先例也。晋干宝《易注》，多述殷周之事，殆早知之矣！此以后史体例，为之分类，而知六经之皆史，有断然者。再从本经体例言，古者左史记言，右史记事。言为《尚书》，事为《春秋》，汉儒均以此为说。则《书》者记言之史，《春秋》者记事之史也。《诗》为十五国风，是记风俗之史。凡后之舆地志，由此而作。《礼》者记制度之史，唐杜佑之《通典》，宋徐天麟之《会要》，当取法于兹矣。《易》者多言吉凶，古之道家者流，出于史官。《汉志》谓合于《易》之嗛嗛，盖记道之史也。以本经体例，而分类详审之，经之为史，又彰明较甚矣！自来论文之书，刘彦和《文心雕龙》，于源流得失，辨之最精。其《宗经篇》外，又有《征圣》一篇，以此篇之中，有必宗于经语，或谓仍与宗经无异，此大不然。宗经者，言文体皆出于经；征圣者，乃言作文之法，当取圣人所言为折衷。故云先王圣化，布衣方册，夫子风采，溢于格言是也。刘氏既各自为篇，则一篇必有一篇之义，若宗经征圣，彼此无别，则亦何必分撰两篇，以苟充卷轴乎？此余亦用分类之法，知其非泛设也。

总之学问之事，繁密精深，不得方法，矻矻一生，既患无从入之途，即偶有所知，亦难观其会通。余故举分类之方法，与诸同学一讨论之，盖余固以为学方法，莫善于此分类矣！

（录自《大夏周报》第9卷第28期，1933年6月）

《国学会会刊》宣言

章太炎

自清末讫今三十有余岁，校官失职，大经斁而贼民兴，其有秉德树惇，不失教本者，盖百不过四五，然犹为众所咻，无以流泽于世。奸言朋兴，覃及校外，察其利害，或不如绝学捐书为愈。余去岁游宛平，见其储藏之富，宫墙之美，赫然为中国冠弁，唯教师亦信有佳者，苦于熏莸杂糅，不可讨理，惜夫圣智之业而为跖者资焉。或劝以学会正之，事绪未就，复改辙而南，深念扶微业、辅绝学之道，诚莫如学会便。其秋，苏州有请讲学者，其地盖范文正、顾宁人之所生产也，今虽学不如古，士大夫犹循礼教，愈于它俗。及夫博学孱守之士，亦往往而见。忾然叹曰：仁贤之化，何其远哉！顾念文学微眇，或不足以振民志，宜更求其远者。昔范公始以名节厉俗，顾先生亦举"行己有耻"为士行准。此举国所宜取法，微独苏州！顾沐浴膏泽者，莫苏州先也。于是范以四经而表以二贤。四经者，谓《孝经》、《大学》、《儒行》、《丧服》；二贤者，则范、顾二公。其它文献虽无所不说，要以是为其蒦。视夫壹意章句、忽于躬行者，盖有间矣。讲浃月，将还海上，自恐衰老，不能时诣苏州。又念论述古义，学者或不能得其本，效顾先生读经会制，以付与会者主之，其事甚质，而基莫固焉。是于它州或不能举，苏州则有能举之者也。后数月，诸子复定名曰"国学会"，以讨论儒术为主，取读经会隶之。时有所见，录为会刊。乌呼！斯会也，其于中国，犹大山之礨空而已，尚未得比于五季之睢阳、衰晋之凉州诸子也。持以弘毅，何遽不可以行远。凡事有作始甚微，其终甚巨者。仲尼云："人能弘道。"与会诸子，其勉之哉！民国二十二年一月，章炳麟。

（录自《国学商兑》第1卷第1号，1933年6月）

国学与西学

杨卓新

学也者，立国之具，治世之经。其应乎历史与社会情状而不能无变易者，学之用也，其大经大义，亘万古而常新者，学之体也。吾国学术，贯澈天人，推崇德性，语其功效，则在独善兼善，已立立人。惟于格致之术，少有研求，制器尚象诸端，不免退居泰西各国之后。先见之士，惄然忧之，于是改变学制，思以欧美科学，弥缝吾国之短。其用意初非欲吾国人士，尽弃其学而学也。

吾昔游欧美时，尝与彼邦人士，纵谈中外掌故。其深解吾华文物者，恒谆谆以保存名教为词，其重视吾国学术之意，可于言外见之。总理中山先生，既推重孔孟学术，复主张保存固有道德。盖以物质应用穷竭之时期，人生欲望无满足之止境，若听其一往直前而不为之所，必至溃防决篱，纵发其性恶与互斗之本能，而流于禽兽。晚近功利之说，深入人心，物质竞争，在欧西已不免为世诟病，欧战而后，西方智士，已有觉察，群汲汲焉求所以改进之道。其上焉者，且痛诋西方学术之无益于人生，无裨于文化，谓于此足以补偏救弊者，实推东方之人道哲学。诚以西学明其用而略其体，中学存其体而忽其用，二者兼而有之，庶乎其可矣。

方今世变日亟，国患日深。忧时之士，孳孳于军备巧技之图，汲汲于政制民生之义。新词异说，充载简编。家习功令之书，人诩专门之选。向所谓本乎天理人性，纯乎大义微言，为通儒贤哲所旦夕研求，而冀幸有所得者，今莫不视为迂腐空疏，无补时艰矣。

窃尝就《孟子》小体大体与人爵天爵之说而论之。凡耳目之所及者，谓之小体，而心灵之所通者，谓之大体。从其小体为小人，语其极不过公卿大夫之流，盖人爵之谓也。至大人之事，必先有以制其小，乃能立乎其大，由是不勉而中，不思而得，溢漾夫中和胞与之怀，优游夫仁义忠信之域。天地位焉，万物育焉，盖天爵之所归也。

今夫天下之一治一乱，国家之一盛一衰，固有史以来所习见之事。惟其既乱而能治，既衰而能盛者，非必有循环往复之理存乎其间，自有其不可灭不可亡者在也。诚于其群，大体犹存，天爵未去，虽逢纷乱之世，濒危亡之机，必能扶大命于将倾，挽狂澜于既倒，细征往事，默察来兹，莫能渝此。吾国今日之学术思想，不为不庞杂矣。以言国运，且有岌岌不可终日之势，然尚有人焉，循剥极必复之义，怀否去泰来之思，谓自今以往，天将未丧斯文，国学有昌明之会，民族有强大之期。此其为说，果何由欤？欲信斯言，请申其义。

原夫尧舜禹汤文武周公之道，载于六艺，其于吾国也，殆如日月之经天，江河之行地，曰掌故、曰词章、曰义理、曰经济，莫不渊源于六经。会稽章氏六经皆史之说，所以明掌故之出于斯也。文章之大，来自六经，所以明词章之出于斯也。至义理为国学之精华，经济乃道学之致用，举凡正德、利用、厚生诸端，均基于此。慨自仲尼删定六经，而后火于秦，黄老于汉，佛于魏晋隋唐之间。黄老犹吾旧时文物也，清谈之道德，卒不害修持之礼义。佛来自西域，其入吾土也，自汉唐以迄于今，其潜势不为不大，其影响不为不深。然究不足以夺吾道而终为所翕收，在释转为天台、华严之二宗，在儒蔚为宋明精深之理学，要在吾融贯之以成吾大。斯先圣之道，所为历变动而弥光明，而采长补短之功，为不可没也。

迩者西学之事，问途日多，而其为学之道，可分为名学、象学、群学、哲学之四步。名学者，悬拟之学也。谓其不落边际，理该众事者也，论理数学之科属焉。人不事名学，则无由审必然之理，而拟于无所可拟，然其事过于精微，故专事此学，则心德偏而智不完。于是继之以象学，有所附丽矣。象者，形象之谓也，即质力之学也，凡物理、化学、天文、地质、生物之学属焉。质力之学明，然后知宇宙之大，因果之繁，而人心之卑狭鄙陋，可以祛矣。至于群学，其蕃变尤多，而于人事至近，其学以心理为基础，而历史、政治、理财、刑名诸科，皆所当治之事。至此而人生日用之学，庶几备矣。他如农、工、兵、医诸科，乃专门之极轨，尤社会之所需要者也。抑格物致知之术，穷究会通之端，胥于哲学一科，观其大成焉。哲学者，研究最高原理之学也，其主旨在讨论宇宙之本体与认识诸问题，而其关切于人生者，则在价值论之部，于彼亦体用兼赅之学也。若稽在古，吾国学术之盛，远迈他邦，其研求之所得，亦往往先之，此非傅会扬己之言，实有不可自诬者存也。今夫认识论者，良知之发凡也；本体论者，天道之大原也；价值论者，人性之趋向也。在彼为认识、本体、价值之诸论，而统哲学之大纲，在此为良知、天道、人性之数端，而成理学之宗要。虽所言有精粗广狭之不同，而其为物则大致相仿。废吾古人启其端，而后人莫能振其绪，古人拟其大，而后人莫能识其微。陵夷至于今日，转于西学得闻其详焉。今而后以其所得于彼者，反而证诸吾古圣先贤之所传，于以知新温故，融会贯通，其成就之大，效用之宏，必不止发扬国故，启牖新知已也。世界全部文化之枢纽，行将视此为转移。国难云乎哉，世变云乎哉！

（录自《船山学报》第4期，1933年12月）

国学概论·导言

王　易

世界学术文化之兴，其皆有所朕乎！太古之时，人兽杂处，竞存救死，方且不暇，学术无由生，文化无自成也。生活稍进，人事渐繁，群体日恢，争竞益烈。有圣智者出，作为万有之方术，以足生活，以理人事，以安群而泯争。于是器用备焉，理智发焉，社会国家之雏形具焉，道德政法之胚胎生焉。积久而事习，群大而化广，又各据其环境之殊而异其因应之术，基其习性之别而分其思想之途。故等是生民，而种族之文化不同也。同一种族，而时代之变迁不类也。明乎此，而后可与论学。

学术者，文化之结晶也。芸芸之众，作息自得，不足以云学术也，必待理智之发达既盛，社会之组合既成，而后学术可得而言，历史进化之公例然也。故民族史之时期每远过于学术史，征诸东西各国，无或异焉。今人溯世界文化之大源，大率知有四大宗：其在西方，则为希腊与犹太；在东方，则印度与中国是已。是四宗者各有其发达之因，各成其结集之果，要其循序而进，汇流而大，则一致也。

今专言中国：皇古邈远，莫得而述矣，有文字兴而学之萌蘖始兆。盖陈迹托于是而不至澌灭，然后人类之生命始得延长，而进化之步伐始得继绳。然中国者，四千余年之古国，而其人又华夷杂糅之民族也。理智不出一途，学术自难概举。西人尝号之曰"亚东之谜"，盖亦感其董理之不易耳。

虽然，中国之文化大率汉族之文化也。有书籍可据，有金石可蒐。文虽代变，而义则可索而知；民虽混居，而化则可同而合。稽之史乘，自黄帝以来，汉族之势力日展，盖已由黄河流域而扩及于长江流域，他族则日就萎薾于荒陬绝徼之间而已。故自唐虞以迄于秦汉，汉族生存，不假他助，老孔诸子，锋起竞翔。学术之演进，若朝霞之拥旭日也！自汉末佛法东来，番僧移译经论，奘窥大之，性相空有之论，超老迈孔，似外人者竟夺主矣。然世法之施，仍舍儒莫属，而大乘之教，则自东而昌。则以汉族自发力强而智慧优越也。自唐迄清，迭蒙夷祸，契丹、女真、蒙、满，势力相继侵入。民族气质虽稍迁流，而性理考据词章之学代盛，固犹是汉族之故物，异族之同化于我，事彰彰也。故泛夫学海之航，似灏远迷其途向，而征诸史简之迹，而百虑终于同归。是难理者又未必不可以易之也。

洎于今日，海禁大开，航辙交错，文字互通。西方科哲艺术，泛滥渐渍，其影响至巨，其震撼至烈。几使国人自疑僻陋，下比苗蛮，思欲尽扫固有，饱饫新知。然守旧之士，则窃窃以国粹丧亡为患，杞忧不已，敝帚自珍。论固各持，理亦两失。夫物之存亡视其质，质苟粹也，必不终灭。如其不然，虽守何济？故为自菲之论者固昧其本，而以亡古为忧者亦病过迂。诚能就事理之真形，作忠实之研究，剔粗取精，阙疑慎信。则有用之学，自脱颖而益章，无稽之谈，亦不攻而自破。此今日学者所当服持者也！

今人恒言："今后世界文化，必东西握手所得之文化也。"所谓东方文化者，舍印度与中国谁属？而能汇二者而形成东方之特色者，则惟中国耳。近人梁漱溟论东西文化，析为三派：西方进取，印度退守，中国则且进且守，而异日必有甚盛之一日。此其言虽近执一，然征诸进化之迹，不尽诬也。世宙之演进，固赖进取，然艰阻随在有之。譬诸行军，进不知守，则或时而挠；守不知进，则终归于敝。必也以进为的，以守为权，而后利集而害去。此中国之道，不利于物竞剧烈之时，而足为互助安辑之用，且终以翼成世界大同之治者也。

闻者疑吾言乎？则盍观夫英人韦尔斯之论中国人曰："中国人之心，若有相当之刺激，何尝不多才多艺如欧人！"《世界史纲》第三十章又斥欧人永操世界霸权之谬想，而未察亚人之平均智力初未略逊于欧人，且与欧人同其勇武奋厉宽大而富于牺牲精神，而有坚强之团结力。并推测中国可进与重归和好之欧洲，共肩世界之平和。同书第三十八章则外人之视我，固已反鄙夷而为期许。我之自誓，亦当加奋厉以谋光昌。则国学之研求又乌容已邪！

然国学之范围广矣，品质杂矣，涉猎审辨之难，使人目眩，而其间孰本孰末，孰真孰伪，孰有用孰无用，则尤不易明。况值西学汇流之日，学术之海漫无津涯，学者欲并究之，时力均有不及。是不得不择要论列，藉识大凡，以资学者深造之基。籀其内含，计区四部：

古者学主于官，官守其书。仲尼述古，约为六艺，删其烦杂，著以为经，大义微言，垂世立教。秦火燔灭，汉复稍出。阙文异说，学者眩焉。今文诸儒，墨守师说，古文学起，争閧特甚。然国以经术取士，士以经术阶进，学可致用，风气益张。大师众多，教泽宏溥，并有发明，是为极盛。后儒各持一端，乖戾分争。或出伪籍，淆乱圣言，汉学中衰，臆解纷起。底于六朝，南北分途，诸儒守缺，倡为义疏。唐人继之，汉儒章句训诂之学，因以不坠。

宋代变古疑经，别矜新义，本实先拨，积衰遂成。清学初兼汉宋，及惠戴诸儒出，尽弃宋诠，独标汉帜，家法专门，纯洁精一，搜遗发蒙，所造至伟。统陈流变，用识盛衰，述经学第一。

《周官》保氏施教，先以六书。治官察民，是赖文字。学者昧此，不足读书。故汉制学僮试字九千，兼以六体。字书迭出，训读渐明。唐人义疏，重倚小学。清儒融会，斯道乃昌。析其内容，为形、音、义。许君《说文》，略存古籀，结体既明，推及声训。南唐二徐衍其传，清代段氏集其大。降及晚近，西周鼎彝，殷墟甲骨，尤发古芳。是为字形之学。李登《声类》，始识五声，《法言》《切韵》，遂开韵部。李唐而后，梵母东流，学说愈明，专家益众。是为字音之学。《尔雅》专明义训。《释名》衍及音声。汉唐注疏，滂沛缕析。既明通假，可达古今。清儒诂经，名家辈出，操觚酌古，左右逢源。是为字义之学。略明纲领，用备索途，述小学第二。

周道既微，处士横议，九流竞作，各挟所长，乘世纠纷，驰说取合。儒主仁义，道法自然，墨倡兼爱，法任刑赏，名核名实，阴阳明消息，纵横竞短长，农重民生，杂罗众议，言虽殊途，皆务为治。汉代崇儒，百家破碎。魏晋诸子，独扇玄风。六朝迄唐，佛法寖盛。宋明儒学，研求心性，时参禅理，遂造精微。近世西哲学说阑入，国人思想波动匪轻。世运推移，一日千里！指示迁流，用明得失，述哲学第三。

史源于经，掌诸太史。马班巨子，乃擅三长，继世朋兴，奉为正则。衰时媚主，载笔多诬。或竞辞华，或侈文饰。信史直笔，乃出私家。涑水紫阳，编年有法，君卿贵与，政典是彰。余或广志方舆，网罗散佚，标示义例，旁及校雠。非徒玩文，并足经世。约其派别，用便紬绎，述史学第四。

凡此四区，悉属质学。至若文艺词翰，作者过众，灏瀚曼衍，叙次为烦。况内实外华，非可苟得，由学窥文，无待毛举。果其读书得有门径，则用治文学，游刃有余。故兹编不述文学，非轻之也，举学之质，文自可见也。

又若兵家数术方技之学，别著专门，约言无当，非子政所校定，异经世之常训。况世移代易，其效屡迁，以视今日西方军备、推步、医药之科，瞠乎落后。吾人力学，致用为期。陈迹所存，几成土饭。故兹编不述诸学，非遗之也，语焉不详，详亦无用也。

夫为学贵夫识体，而致力务在知方。上述四区，国学之体也。苟不知方，则犹泛舟而昧于帆柁之施，解牛而迷其肯綮所在矣。故治国学者当明四端：

一曰辨真伪：事理与学，皆有真伪，唯有识者辨之。世传女娲补天，后羿射日，姜嫄履武，黄帝乘龙，民智茫昧时之伪事也。天圆地方，地静日动，雀入水化，兔以吐生，科学未明时之伪理也。事理之伪，及今无虑其混真，学之伪则历世而弥难于辨。古皇《三坟》，葛天《八阕》，书契未立，文何由成？其伪无论矣。如《尚书》复有古文，《周官》托为古制，《内经》、《周髀》，全出假名，《庄子》、《韩非》，半经点窜，龙门《史记》，偶杂褚书，《竹书纪年》，别由晋造。使忽于辨识，则正觉何由？是在审酌于文字人情之间，稽考夫名物制度之细，则泾渭可分，迷途未远！

二曰知重轻：学问汜滥，岂尽适时，欲免徒劳，当知权剂。昔汉人说五字之文，至于二三万言，碎义便辞，终以自蔽，此不知重轻之患也。夫前人遗物，后人宝之，虽在隐微，亦勤搜讨，固其宜矣。然生居今世，知也无涯，日力易穷，恐遗远大。是不得不挈其纲领，别其缓急。庶事半功倍，不劳擿埴，探赜索隐，让之专家。如周制明堂，徒争尺寸，《毛诗》物类，更辨雌雄。传人则碎采无稽之琐闻，志地则详究已亡之物产，苟日力有裕，犹不妨旁征曲引，以助谈资，否则措重举轻，反失要领。

三曰明地理：学术之源，各有所托，地理关系，至切且深。中国上古文明起自北部，典章文物，缘是以生。中古而后，渐推及南，风气亦变。如井田之制，利于平原，而薮泽之区不适，鱼盐之利，盛于潟卤，而膏腴之壤匪宜。北方政治具备，则孔孟礼乐仁义之教昌，南方民智恢奇，而老庄虚无清静之说起。北魏郦注《水经》，于南多误，南宋郑氏《通志》，于北未真。地隔则情有所睽，知昧则断有所蔽。故吾人研求国学，首宜熟知地舆。固不独纸上谈兵，侈陈阨塞，卷中揽胜，藉利游观已也。

四曰通人情：人情之变迁，多系于时会之演进。上古国土分立，君权未张，及周而封建完成，及秦而郡县改设。两汉以后，君位益尊，影响所及，观察各殊。如尧舜克让温恭，出乎自然，而见于异代则为圣德。始皇统一专制，号为暴主，而拟之世君则亦数见。三代侯伯俨为君主，而汉隋割据自雄之辈著称，六朝更迭有若弈棋，而蜀魏正统偏安之争未已。他如学术思想各有背景，研治者不可不明。如纵横游说，不适于一统之局，而西汉诗赋反以盛行。释老哲学，非果为邪说之尤，而昌黎《原道》必须痛辟。若非观察周密，洞达人情，则以此例彼，必多龃龉。

本是四端，以窥四部，有脊有伦，不中不远。若夫知类通达，致远钩深，博极群书，自成家法，非此堪胜，以待贤者！

（录自王易著《国学概论》，神州国光社1933年）

国学研究法

孙德谦

本校同学诸君，创设国学研究会，闻于上星期五日，已开成立大会，且人数众多，得有五六十人，可谓群士响臻，于斯为盛者也。余为之欢喜无量。常慨吾国自唐以后，古文家崛兴，其后学者，往往知文而不知学。时至今日，国势危殆，有识之士，莫不谓学术可以救国，乃人之为学，犹是舍本趋末，不能务其大者远者。今诸君有志国学，集会研究，斯诚盛事。其若何研究之法，昨者李鲁、李敦书、钟振翮三君，来与余言，谓凡我同学愿得先生一辞之赞，聊以愚管，爰草数条，书之于后，备要删焉，

一定宗旨　何谓定宗旨？国学者，谓中国之学术也。吾人生长中国，当为中国学术。乃自不学无术者流，见异思迁，于是从外国之学问，则拾其皮毛，视中国之学问，则弃若草芥，所谓齐则失矣，楚亦未为得也。遂使兴学数十年，致有教育破产之叹。即有从事国学者，又往往牵合而附会，如汉学家之考据，则谓有科学方法。目录之学，固读书之门径，虽四部不无可议，近之讲求版刻者，不免骨董之讥。而今则废去四部，欲用杜威之十进法，易其名称，则谓之图书馆学。至外国自有哲学，中国向无此目，乃以经部《易经》，子书之儒道法墨，谓是中国哲学。不知《易》之为学，博大精微。有汉以来，京房之灾异，已嫌别传，王弼之注释，唯尚玄谈，魏伯阳参同契，则神仙家之修炼也。宋之陈抟，别造先天后天图，而入以道教矣。此种易学，涉于芜杂，所当摧陷廓清，迄今尚无其人，又岂可增以哲学之说乎。若儒墨诸家，罔不各崇所长，以明其指，成为专家之学，并于一家之中，有其派别，学者尚不足辨此，而得以哲学概之乎。夫学问之道，其失最巨者，即为牵合附会。虽然牵合附会，诚学者之大患，究以何者为宗旨？曰尊孔圣，阐经义，崇礼教。此三者，能认定其为宗旨，于国学而实力研究，斯乃纯粹之国学也。

夫天生孔子，为生民未有之圣。当时达巷党人曰："大哉孔子，博学而无所成名。"仪封人曰："天将以夫子为木铎。"盖言孔子之大，学无不备，不得名之为一家，天将使之秉铎行教，为中国教化之主，足以师表万世者也。司

马迁作《史记》，列孔子于世家，世家之例，以周代分封国君，皆是世及相继者。孔子圣德在庶，亦编入之世家者，识者谓吴鲁诸国，后皆灭亡，唯孔子为天下一家，中国一人，则世家之作，若专为孔子设也。故其赞曰：“孔子布衣，传十余世，学者宗之，自天子王侯，中国言六艺者，折衷于夫子，可谓至圣。”史公亲见孔子之教，学者所宗，中国天子以下无不取而折衷，在彼时一传再传，已及至十有余世，必且世世无穷尽也，非至圣其孰能之。外人不达，每言中国为无教之国，而吾国人亦信之，不复置辨，不知中国奉行孔圣之教数千年于兹矣。《南齐书》有云：“家循孔教，岂不然哉。”乃自辛亥后，政体迁革，以为时异势异，孔子之教，不适于用，由是毁文庙，废春秋祭祀，衍圣公削除其封爵，且思夺其田产，亦可谓丧心病狂矣。今岁何幸，上丁释奠，广省行之，一方然行见全中国，必复其旧。夫圣如孔子，外国尚知尊敬，而中国人其可忽乎哉。不特此也，《礼·中庸》一篇，孔子孙子思作开首则曰修道之谓教，即言天之生人，人各有性，人性有善有恶，固是一阴一阳之道，而吾圣祖立教，直可补天道阴阳之偏，人果服从其教，将必有大一统之势。《中庸》不云乎，是以声名洋溢乎中国，施及蛮貊，舟车所至，人力所通，天之所覆，地之所载，日月所照，霜露所坠，凡有血气者，莫不尊亲。此则言孔子之教化横被，由中国而达外国，苟是人类，无有不尊亲兼至者。然则诸同学，研究国学，学所以为人。观《鲁论》以学而时习，为其开宗明义，继之以有子曰其为人也，则孔子教人为学，亦教之学为人而已矣。以为人为学，惟孔子之教为然。则人在天壤间，欲知为人之道，一本之孔子。孔子之加惠于人，厥功为大。研究国学，而用尊孔为宗旨，此其一说也。

孔子删订六经，后世政策所从出，名之为经者。其自言则云：“吾修诗书，正礼乐，将以治天下，贻来世。”而庄子则曰：“春秋经世，先王之志。”可知经乃治世之书也。刘彦和《文心雕龙·宗经》云：“经也者，恒久之至道，不刊之鸿教。”则经教为历久不刊者，盖经之字义，本训为常也。具此两说，而经之命名，于是备矣。特是孔子以前，经之书已有之，《礼·王制篇》春秋教以礼乐，冬夏教以诗书。《左传》韩宣子聘鲁，观书于太史氏，见易象与鲁春秋是也。顾经之书虽有，自经孔子修定，始有经之名，并有经之义。何以明其然哉?《礼记》有《经解篇》，荀子云“始乎诵经”，非谓孔子手订之经乎，盖至是而经之名乃立。其言经有其义者，何也?经当孔子未修时，《易》不过卜筮，《诗》不过歌咏（乐本无经，孔子删诗，即是正乐），《礼》不过记其典制，《书》与《春秋》，恐亦不过载诏命事实之史，无所谓义也。

自孔子加以赞修，《易》则主不恒其德，或承之羞，义不专重占卜，可为寡过之用也。《诗》则削去重复，取其可施于礼义者。《礼》则冠昏丧祭，《仪礼》述其规制，在《礼记》则有冠义昏义祭义，而于丧服尤详也。春秋笔削，为孔子所以惧乱贼者，孟子引之曰，“其义则邱窃取之”，太史公曰，“立一王义法”。则孔子以经垂教，有微言大义，寓乎其间，庶后人可遵而行之。乃汉武表章以来，说经之士，第知党同妒真，两汉则有今古文之争。康成郑氏，义据深通，不守家法，道统于一，卓然为经师矣。王肃起而与之击难，或谓《孔子家语》，《尚书孔传》，皆由其自行伪造，以作佐证者也。魏晋而降，又分南学北学。宋明好言性理，程朱为一派，陆王为一派，程朱则道问学，陆王则尊德性，譊譊各习，几水火之不相入。迨至清儒，考据之学兴，病明人之空疏，务为实事求是，别树一帜，则又所谓汉学宋学矣。夫经之为教，并有其义，岂可存门户之见，而彼此相攻，不求其实行。慨自科举既废，众建学校，经则束阁不读，直至今兹，人则一言及经，犹从而诽訾之。近闻广东命学者诵经，嗣以孝为百行之先，又使之读《孝经》，五经四书，昔之家弦户诵也，必于今日而复睹之矣。诸君研究国学，当阐发经义，定为宗旨，此又一说也。

礼教流毒，礼教吃人，此等论议，闻之久矣。推原其故，人之深恶乎礼教者，盖不愿受礼教之拘束，无以一任其放荡，与自由平等，适相反耳。今当局信管子四维之说，提倡礼义廉耻，而四方响应，极一时之盛。中国素号礼义之邦，人能实行此四维，人心风俗，俱归敦朴，仍不失为礼义之称，天下当用此治平矣。夫礼教之源，《曲礼》曰：“夫惟禽兽无礼，故父子聚麀，是故圣人作，为礼以教人，使人以有礼，知自别于禽兽。”由此观之，人之异于禽兽者，在礼与无礼耳。试思人而无礼，父子之间，亦等禽兽之聚麀，尚可谓人乎哉。《荀子·礼论篇》曰：“礼起于何也，曰人生而有欲，欲而不得，则不能无求。求而无度量分界，则不能不争。争则乱，乱则穷。先王恶其乱也，故制礼义以分之，以养人之欲，给人之求，使欲必不穷乎物，物必不屈于欲，两者相持而长，是礼之所由起也。”荀子盖知人之生于世也，有欲有求，理无必得，其究也必出于争乱，先王制礼，以养欲给求，正所以息争而弭乱耳。夫古之言礼者多矣，《三礼》而外，杜佑《通典》，其于礼文，辑录成典，凡为百卷。厥后宋陈祥道之《礼书》，清秦蕙田之《五礼通考》，皆有专著。今亦不能殚举，仅载《曲礼》与《礼论》两则。一以见有礼者为人，无礼者为禽兽。人禽之判，只在几希。若但知自由平等，不循名分，不纳轨物，逾越范围，同于禽兽之所为，此之为患，更非浅尠矣。彼以礼教为流毒吃人者，亦深长思之哉。一以见礼教缘起，从生人之争乱而来，昔老庄之法自然，尝言剖斗折衡，而民不争，其意必谓礼义之为教，转以启斯民之争心，能将斗衡而剖之折之，则争论于焉熄矣。夫处晚周战争之世，而高语皇古，欲慕无为之化，此必无之事。彼徒见斗斛权衡，人之高下其手，遂至互相争夺，庸讵知斗剖矣，衡折矣。物之多寡轻重，全无凭证，其争也益甚。故礼之为教，盖亦不得已而用之。斯犹斗衡诸器具，藉以为物贾之平，不可或废者也。《汉书·礼乐志》云："六经之道同归，而礼乐之用为急。"足征经教之中，要归则同，其当务之急，则礼之行用为先也。诸君之于国学也，既锐意研究矣，而崇尚礼教，以定宗旨，此又一说也。昔战国纵横之世，百家并作，其学各有宗旨，维法家慎到，终日言成文典，倜然而无归宿，孙卿子非之，以其无宗旨也。今诸君研究国学，首去附会，其于宗旨，则以尊孔圣、阐经义、崇礼教，用此三者而严定之可也。

一　认门类　中国之学术，门类繁多。尝悉数之，有经学焉，属于经学者，则为小学音韵学。有史学焉，属于史学者，则为地理掌故谱牒簿录金石诸学。有子学焉，则为儒道名墨十家之学、（汉志诸子略十家）兵医术数诸家之学。（隋志以汉志兵书术数方伎三略尽入子部）其间又有魏晋玄学，宋明理学，以及艺术释老诸学。有文学焉，则为选学，与斯散文诗词曲等学，都凡三十余类，是为中国之学术。诸君自认门类，就其性之所近，于其中选出一类，而细加研究，以成专家之业。

一　勤读书　学问之道，不专恃书籍，随时随地，有心人皆可悟及学业。昔圣门子路之言曰："有民人焉，有社稷焉，何必读书，然后为学。"盖谓人之为学当有裨于民人社稷，非以读书为急务也。虽然，诵读书策，固亦为学之资也，读书乌可废哉。其研究之法若何，今为分别两种：一统读，一选读。何言乎统读？试列其书目如下：《汉书·艺文志》，《隋书·经籍志》，刘彦和《文心雕龙》，刘子玄《史通》，钟仲伟《诗品》，王应麟《困学纪闻》，顾亭林《日知录》，钱辛楣《十驾斋养新录》，陈兰甫《东塾读书记》，王引之《经传释词》，俞曲园《古书疑义举例》。以上十二种，为人人必读之书。昔王西庄先生谓人必有得力书，此数种，学者可终身诵之，其得力必不少也。统读书目，已如上述，再将选读诸书，亦列名于下：《左传》，《论语》，《说文解字》，《史记》，《汉书》，《后汉书》，《资治通鉴》，《文献通考》，《水经注》，《国语》，《战国策》，《孟子》，《荀子》，《老子》，《庄子》，《管子》，

《邓析子》,《尹文子》,《墨子》,《商君书》,《韩非子》,《鬼谷子》,《吕氏春秋》,《孙武子》,《楚辞》,《文选》。以上二十六种,同学可各认一书,从首至尾,细心诵读,专门研究。此与上条,听诸君自行裁择。如已于学术门类,择定一种,则所读者,即为此一类学术书,不必兼读他书。如《左传》诸部,选读一书,亦毋庸于门类之中,再及之。此其为法。在清光绪初年,吾吴开学古堂,肄业诸生,将经史各种书择取一种读之。当时学长,为雷师甘溪先生。师系段茂堂再传弟子,于小学最长,著有《说文外编》等书。余即读说文段注,其时余年才弱,至后能博览群籍,知国学门径,实基于此。

一作札记　札记之用,于学最有益。《论语》子夏曰:“日知其所亡,月无忘其所能,可谓好学焉已矣。”此即札记之说也。故亭林先生,其书为札记,即取日知为名矣。今诸君于国学,既于各类中,认定一类,而于所读书,亦择定一书,读时随笔录出,入之札记。札记无定体,分为两种,一当取者,一当戒者。

当取若何?如读有心得,或有疑义则记之。如书中所载之事,为向所未闻者,则记以广异闻。倘参考他书,而与此书有异同,则须订其是非。或一人之书,前后立说相违,如《孟子·滕文公篇》,斥墨氏之兼爱,其弊为无父。至《尽心篇》则云,墨子兼爱,摩顶放踵,利天下为之,又似赞美之辞。氏之与子,其中必有辨也。又如孟子性善,荀子性恶,并为儒家,必为学说所本,不可无记。《史记自序》之不韦迁蜀,世传吕览,与上文文王,拘羑里演《周易》云云,文法变换,明方孝儒易世传为乃著,转讥其说矛盾,与不韦本传不符,不知史公之世传,盖谓不韦之迁蜀,其人诚不得意,而吕览则世传之也。故读古人书,亦当体会其文法。诸如此类,能读书得间,触类而引伸之,著之札记,此为当取者也。

其当戒奈何?近人喜言恋爱,乃于《诗》三百篇,唯讲恋爱,不嫌侮圣。昔朱子于郑声淫,读之不善,误以郑声谓郑诗,不知郑声谓乐,淫是其声不正,过于淫放,非谓郑诗多出淫奔。朱子诗说,宜同时之人,已与辨诘,后贤多匡其谬。今不解经之可尊,而以诗为导淫之作。夫男女居室,人之大欲存焉。自恋爱之说盛,人之陷入穽中,自致死亡者,时有所闻,乃犹津之乐道,而以风诗借谈恋爱,意谓经且如此。岂孔子删诗,所以垂教后世者,义果在是。此当戒者一。贵古贱今,人之恒情。今则不然,每见近世文人,其所援引,只及梁任公胡适之,以暨外人之说,而于前代圣贤,反多谤毁,将此两人外,全不足信。吾中国数千年,无一立言之士,流传典籍,半出依托,而外国人虽生存，均当奉为金科玉律耶，是之谓贵今贱古。此当戒者二。书之真伪，苟非确有主名，如汉张霸之百两篇，隋刘炫之《连山》，元吾衍之《晋乘》《楚檮杌》，明丰坊之《子贡诗传》、《申培诗说》，则为向壁虚造，其余传至今日，世所通行，必以伪书目之，岂可臆断。往与王静安先生谈学，余言及《孔子家语》，其书固伪与，彼曰伪。余继之曰，先生见真者乎，彼无言。余曰："《家语》之称为伪，余岂不之知，但未见其真，则亦不必谓今本之为伪。孔子言行，此书犹有存者，全不欲强以为真，姑阙疑以慎言可耳。"彼默然无以应，余亦不复置喙，恐伤吾人之交情矣。今人急急辨真伪，谓为治学之要，余不愿诸君为之。此当戒者三。世之考古家，自殷墟龟甲，燉煌石室残简，行世以来，人遂注意于地下之发掘，以为学问在斯。一旦古人坟墓中，果有新获，加以考证，一若班班可据者，甚有字不成体，意说得理，人亦无从指摘，余故比之以垦荒。倘购置一书，为北宋刊本，吾以廉价得之，如宋刻《秦桧集》，厥后竟售至三万元，则考古之中，成为贩古，实有大利所在，是以争趋之。然考古之学，吾嫌其近于欺人，不如书可共读，足以辨别其得失。此当戒者四。人心爱奇，自古为然。如墨学之来自印度，以印度之人种为黑，而墨子性墨，遂傅会之，不但向无所闻，即使实有其事，亦须知墨是中国学。印度为一亡国，媚外之心，何至连已亡之国，而吾亦媚之。造此说者，只知爱奇耳。余生平持论，以为新不可奇，旧不可腐，人之为学，应于旧中开新，而不当失之陈腐，但无取乎奇。又《左传》一经，《史记》名《左氏春秋》，或以左氏地名，其书由子夏居左氏时，有此撰述，亦极新奇可喜矣，然而非也。此当戒者五。凡为五条，皆札记中所当戒除者，如此则诸君研究国学，可以知所从违矣。

余所期望于诸君者，诸君笃嗜国学，立会研究，当完全其为国学，不必趋逐风气者也。若以恋爱、考古等，正当今之所尚，苟尽行废去，不免过于谨严，不知无虑也。余孜孜国学，将五十岁矣，不通外国语，不习外国学，唯吾行吾素，文则外报载之，所有著书，外国藏家列其目。十年以前，今之昭和，犹在摄政时，由其前文部大臣，为之进呈，余与其人之不识。法国伯希和，是法之有中国学问者，前岁至旧都，购余已刻四种，如《六朝丽指》五册，归储其国图书馆。而德国汉堡大学，属其国哲学博士颜复礼，贻余书，并寄十金。盖复礼余之及门也，谓彼校中文部，愿得余《太史公书义法》译成课本。余往在年少，笃守孟子用夏变夷之训，故余未尝有取于外国，而外国且以读吾书。然则人贵有志耳，未有不足以自立者，奚在随时变迁哉。然吾之学业，追溯其功，不能不归之于札记。顷者书肆中，有时犹见《学古堂日记》。此日记，即余等当日之札记也。札记之获益何巨哉。其办法，会中可刻一木板，格纸行款，或即仿照试卷，月缴札记一册，数以五页为限，命笔则求调达畅顺，说理透澈。书法用正楷，直写而下，不用旁行斜上。夫书亦古者六艺之一。此亦研究国学之所有事也。

一、约集论　《易》曰："君子以朋友讲习。"《论语》曾子曰："君子以文会友。"夫人之为学，欲相与讲习，约友朋而集会，此《礼》所以言观摩，《诗》所以咏攻错也。今诸君为国学立会，而一共研究，固已善矣。又应约定时日，萃集以同讨论，每月之中，勤则四星期，或行其半。逢此日则聚集一堂，于认定之学术门类，与所读之一书，细加评论。已书之札记者，即出此札记，就正于友人，并可说明辨论之时，须直言无隐，不可有伤友谊，则气见不生，而驳诘无所顾忌，庶义理显达，就其是非，抒吾见而尽吾辞矣。此集之约，往贤有行之者。闻清初儒者，乡会两试，其策问题，不出《困学纪闻》，于是同取研究，而约期商榷，今即用其法焉。

一、延师长　学术门类，与所读书，既已认定，而作有札记，则所缴之卷，必得师长许阅，方可知其是非得失。即约期集论，亦必有师长而加指导，则进境自易。但此事戛乎其难。何则？长于国学者，其人早由学校延请，恐无余暇可以兼顾。且同学创此学会，寒士处境不丰，如欲出资敦聘，势有不能。余衰年善病，苟人数无多，仅有十数人，每日批评札记，或一月中，到会一次，与诸君讲学，犹可勉力为之。《论语》自行束修以上，未尝无诲。余并可决不计较，以助诸君研究国学之兴趣。今会方成立，而已有五六十人，异日陆续而来，札记之卷，或至加倍，断非一人所能胜任。为诸君谋师资计，几无良法。虽然，余一生办事，自问颇具热心。诸君既能研究国学，一时不得其人，余暂承其乏，遵先圣诲人不倦之义，未尝不可。但日后精神萎顿，或竟无以滥竽充数，则真无可如何之事，此不可不预言者也。

一、请演讲　昔孔子曰："学之不讲，是吾忧也。"其后汉儒传经，遂有石渠白虎之议。至宋明理学，亦以讲学为务。顾亭林言："昔之空谈，谈老庄，今之空谈，谈孔孟。于是肆其横议，弊且随之。"有清一代，遂使集会结社，不得不立法禁止。自西学既兴，而学术演讲，复行于世，不特学校之中，时请闻人讲学，凡一切开会，必设讲座，所以益人神智，而扩其见闻，则固不可或无者也。今诸君研究国学，业已成彦会矣。其人深于国学，而于本会宗旨符同者，或迳往商请，或恳求绍介，备安车以迎其来，导之讲席，听其崇论宏议，同学秉笔记录，于其演讲毕后，将稿本付印，一一分发，交相推求则霑逮必多。故请人演讲，亦诸君研究国学，增进学业之道乎。

一、期世用　人之所以为学，原非多读几部书，诩吾博学，即足以尽其能事。亦非仅为传世计，流连身后之名，惟以立言不朽，作千秋之想已耳。虽然立此学会，勤勤研究者，将何用乎，曰须期其有裨世用。孟子曰：“穷则独善其身，达则兼善天下。”诚使得志行时，则本其学问，以措之世用，于国计民生，熟权其利弊，细审其缓急，而非杂投并进，方可转危为安，则吾用世之志，或能稍收其效也。苟如古之贤杰，能为可用，不能使人必用己，则守先王之道，以待后之学者。自视不敢轻，传吾圣人之教，而息诐距邪，转移风气，则吾之于世，犹不失为有用之人，庶几其得乎。若值此世变，只求逍遥物外，不复存兼善之心，上无以为政，下无以为教，斯直天地之蠹矣。故研究国学，亦期其为世用而已矣。

一、备出报　学术之报，今出版者有矣，然或偏于文辞，而详明学术者则吾见亦罕。能以上所胪列者，国学之三十余种，而发扬光大，此等杂志，尚无人焉，起而任之，岂才难之可叹乎。抑国学处此存亡绝续之交，为斯文之将丧乎。今得诸君之研究，又有五六十人之多，则异日者，用吾学术，以载之报章，不必人各一篇，而卷帙宏富，学说复精深广远，能窥其大，读者无不歙衽讚述。国学之振兴，人都归美于诸君，是岂第中国之幸哉。然此非今日之事，诸君于国学，不过研究伊始，俟深造自得，足以饷人，再谋出一学报，使人见之，谓此固国学之皋数，争相浏览，于是流行必畅，入会者屡有增加稿本，何忧乎短缺，必可无有尽期，但今尚非其时也。诸君设有议此者有毋图近功，姑从其缓，预备之可也。

（录自《大夏周报》第10卷第29、30期，1934年6月）

论治国学之门径

萧莫寒

国学之范围至广至博，至繁琐至纷乱，吾人欲加以研究诚为不易之事。尤其今之学者大半皆不识训诂，不谙文字学，故往往涉足国学者莫不望门兴叹。北宋之欧阳永叔古文八大家之一也，其论著亦浩海渊博，而王荆公尚讥渠“欧狗不识字”，盖言欧氏不精训诂学之谓也。

今之论国学者概括经、史、子、集。而此四者之沿革迭失，则为古今学者争论最普遍之问题。就一方面言，可视为治国学之中心问题。故吾人治国学者，首须明了历代学问家研究之方法，及已研究出之假定理论。比如同一经学汉人有分为二类，即古文今文是也。降及汉末古今相并，则另分为南北学。迨唐代方有一系之定论。又如《五经》之《礼》，称为《士礼》，《汉书》称为《礼经》，自郑康成注《三礼》，方称为《仪礼》。

自唐代颁行《五经正义》后，经学遂成帝王专有物。故宋之学者不满前人之注疏，大起反攻。至是时唐代之经解一切推翻，各以己意解经，如欧阳永叔作《毛诗本义》，苏辙作《诗经说》，郑樵、程大昌等专攻驳小序，朱子作《诗集传》。原来《书经》一向用《伪孔传》者，自苏轼作《书传》后，竟盛行废古注，专重议论。直至蔡沈述朱子之义，作《书集传》，竟将《伪孔传》之席推翻。其次，宋之学者治《春秋》，亦特别俱有精锐之眼光。其最重要端，即为非杂糅三传，辄排斥三传。杂糅三传者，如刘尚之《春秋权衡》及陈傅良之《春秋后传》；辄排斥三传者，如孙复所作之《春秋尊王发微》，废除传注，专论书法。其后胡安国作《春秋》，亦借以讽刺时事。诸如此类者，皆宋儒研究学问另开生面之笔调也。

其外对于中国学术界尤大贡献者，即为宋儒研究学问之怀疑态度及勇敢删改之精神也。对于此点有人嫌其武断者。如欧阳永叔排《系辞》，苏东坡之讥《书》，李觏、司马光等之其疑《孟子》，皆宋儒研究学问之怀疑态度也。如朱子对《大学》移文补其传，对于《孝经》分经传又删经文，以及述俞廷椿之《复古编》，皆宋儒勇敢删改之精神也。至王柏作《书疑》，将《尚书》

大半增删，几不保留原部之精要；作《诗疑》，竟将《国风》之郑、卫删去，雅、颂亦大加改易，则不无增删失实之虞。然此种精神则甚可为吾人打破拘死含糊之弊病也。故吾人读古书，须有怀疑态度，及考证增删之精神。古书每多伪造，此为古今治国学者所共认。如继郑康成而起之王肃，此人文思最为纵横，兼通古今文，当时以有意与郑为难，往往郑用今文者，王则据古文驳之；郑用古文，则据今文驳之；恐其说之不固，甚至伪造古书以自证其说，如孔安国《尚书传》，孔安国《论语注》，孔安国《孝经注》，《孔氏家语》，《孔丛子》，皆其假托孔氏或孔氏子孙以自证其说者也。

其次宋之理学，诚为承上五代以上学问家所研究之结晶，启元明清后代治国学之门径。故吾人研究国学者，得宋儒理学为辅佐，则无异获得第一把锁鑰也。

（录自《大夏周报》第11卷第7期，1935年2月）

讲国学宜先讲史学

柳诒徵

今天的题目，是《讲国学宜先讲史学》。现在有许多人都知道要讲国学，但是中国的学问很多，首先应讲哪一种学问，自然各有各的嗜好习惯。喜欢讲某一种学问的，就先讲某一种学问，以为旁的学问都在其次。譬如讲小学，讲经学，讲理学，讲文学，讲考古学等等，都是很重要的。许多专家都认为讲国学莫要于此。我也承认这许多学问都应当讲的。但是我们要讲国学，必须先将各国的学问来比较一下，哪一种学问在世界各国都有的，那就要问某一种学问在中国是特别发达特别完备。自然，中国的小学、经学、理学、文学等等比较他国特别发达，但是最初发达的，无过于史学，后来逐渐进步，尤其完备，所以我说讲国学宜先讲史学。

我们知道，任何国家、任何民族，都有历史，何以说中国的史学特别发达、特别完备呢？大概各国古史多属于神话，后来构成国家，也没有正式设立史官，注重纪载历史，所有史书，大都是私人编纂，得之传闻，或是事后搜辑材料追想得来的。惟有中国，自从黄帝以来即有史官，注重纪载历史，所以纪载神话的历史很少，纪载人事的历史特别的多。比如《世本》、《竹书纪年》、《尚书》等类的书，都是纪载人事的。我们要知道中国的先民特别注重纪载人事的历史，只须看《礼记》、《周礼》上面所讲的各种纪载历史的人特别的多，就知道中国人注重历史非任何民族任何国家可比。大概古时纪载人事的一种人，就叫做史。任何地方，任何机关，都有一个人或若干人纪载地方机关或是个人的经过。《礼记·内则》说有人生子必须报告闾史及州史。大概居民一百家，就有一个史，纪载这一百家的事，叫做闾史。居民二千五百家，也有一个史，纪载这二千五百家的事，叫做州史。合计一州有二十五个闾史和一个州史，所以一乡就有一百三十个史，纪载这一乡的事。比如人之生死以及物产统计或是特别重要的事都有史纪载的。大约方百里的地方就有七百八十个史。再就《周礼》上看，任何机关都有一种史，不下一千数百人。这种史都是管公牍文字，关于官厅的历史的，并不算是职官。至于中央政府建立的官，又有什么太史、小史、内史、外史、御史等职，也有一百多人，掌管全国的各种纪载，所有法律、礼节、统计以及地方的志书，都归这种史官管理。所以一切的学问，在古时候都是史官所管。现在有人不信《周礼》，说不是周朝的书。大约不是周朝，也是战国或是西汉的书，此书上所说的制度，必定总有来历，不是随便说的。我所以说是中国构成国家的时候，特别注重纪载人事的历史，那是各国都没有的。自从汉以后，无论哪一朝，都有史官，纪载一朝的事实，因此累代相传，就有二十四五部正史，合计不下三千多卷，这更是各国之所没有。至于正史之外的史书，那更是不可胜计，下次尚须分类叙述，现在只要先说明正史的来源，就因为从前就注重历史。

注重纪载人事，有何好处？古语云："前事之不忘，后事之师。"因为人类的知识，都是从经验出来。没有经验，不知道种种事情的利害。有了经验，就知道做某种事有利，做某种事有害，这就是学问。我们要知道，中国有两个最大的学问的人：一个是老子，一个是孔子。这两个大学问家的学问，从何处产生呢？都是从史学产生出来的。老子是周朝的柱下史，管理藏书，就如今日的图书馆，所以他对于周朝以前历朝历代的成败兴亡，以及各种社会人事的利害祸福，都看得烂熟，后来写了五千言，将他的学问经验，归纳起来，说了许多原理以及公式。大概人类的事，都逃不出老子所说的原理和公式。所以老子的学说，自汉以来，就是支配中国政治，以及社会的惟一要书。孔子是删订经书的，其实各种经书也都是史书。明朝王阳明先生，清朝章实斋先生，都说是六经皆是史，所以孔子并不是经学家，孔子是一个史学家。孔子说："其事则齐桓、晋文，其文则史，其义则丘窃取之矣。"孔子是据史书上的事情，看出道理来，讲明立国和做人的大义。一切人伦道德，所以应当如此，不可如彼的。并非孔子自己要创造一种学说，他是从史书上看出这种道理，是不可违反的。比如孝弟忠信等等德目，行之就与人群有大利，不行就使人群发生大害。所以孔子的学说，支配二千余年的人群，至今还是要信奉的。

现在人不知道讲历史有什么用处，以为今日的事情，与古来不同。不知一切的物质，是时刻变化进步的，惟有人类，依然还是古来的耳目心思，并未变化，也不见得有何等进步。不过倚赖物质的进化，将人事的形式扩大了或是加紧了。至于内容，依然是没有改变。所以现在的人格外要研究历史，才知道应付种种事变的方式。讲历史的好处，不是可以换钱的，也不是可以骗文凭的，主要的好处就是彰往察来，所谓考诸往而知来者。人类如果能考诸往而知来者，自然就晓得支配人群，以何种方法为最适当，不至茫然无主了。普通人常说，少年人少不更事，老年人老或练达，何以少就不更事，老就练达？就因为经验的多少。人的年龄总差仿不多，活到一百多岁的很少，即使活到百多岁，经验也有限。但是有一法，可以使得人有几千年的经验，差不多有几千年的寿数，这个法子就是讲史学。讲史学知道立国和做人的经验，那就叫做历史哲学。中国从前没有历史哲学这个名字，老子和孔子都只讲个道字。什么叫做道呢？就是从历史上看出人类常走的路，因此悟出这个道来。他们所说的道并非神秘，乃是人生的规律。后来《宋史》上纪载许多讲理学的人的事实，题目叫做《道学传》。其实“道学”两个字，是从老子和孔子讲史学流传下来的，并非宋朝人创造，也不是做《宋史》的人特别想出来的。我们知道，中国人讲理学是从史学产生的，那就不嫌它迂腐了。

中国史学特别发达、特别完备，所以史部的书非常的多。史学家对于史书，有许多分类的方法，以我看来，大概可以分四大类：

一、个人历史　如传记、行状、墓碑、墓铭、年谱之类。此类发源甚古。《礼记·玉藻》称为人君者动则左史书之，言则右史书之。所以为人君者一个人的事实都有史官纪载。后来有名的人也有人替他做传，《史记·伯夷列传》有“其传曰”三字，就是在《史记》之先，已经有伯夷、叔齐的传。后世人家子孙或是学者，为他父祖或先生做成行状上之史馆，或是请文人做碑铭，个人的史更多了。自宋以后，又有许多年谱，将一个人的行事逐年纪载，这都属于个人历史的一类。

二、家族历史　如人家的家谱世系表等。此类发源也很古。黄帝以来就有谱牒。《世本》和《史记》的《三代世表》，都是最古的谱。六朝时，尤其注重家谱。有许多人专门记得人家的家谱，号做“谱学”。由唐、宋到今日，凡是大家族都有家谱，或是分做总谱、支谱，这是中国最特别的一种书。有人说中国的史书，不过是许多帝王的家谱，哪里知道家谱的重要。比方我们讲孔子，可以知道孔子以前，推到黄帝，凡六十代。孔子以后，传到今日祥字辈，七十五代，都有谱牒可考，那就是全世界惟一无二的事。

三、地方历史　如省府州县乡镇志书之类，此类也是从古至今最重要的。《周礼》“小史掌邦国之志，外史掌四方之志，诵训掌道方志”，可见当时各国各方都有志书。后来如《吴越春秋》、《华阳国志》等书，专记一地之事，逐渐进步，演成今日中国各地省志、县志以及乡镇寺庙书院等等志书，都是一个性质。有人调查自宋以来各种方志，不下五六千种，这也是各国的史书没有比我们中国完备的。有人说中国的史书，不详于社会，不能看出人民生活的状况，实际中国有许多地方志书，还有许多说部笔记，虽然不叫做志，不叫做史，其中叙述人民生活的状况，种种社会的变迁，是很详细的。只要细心钩稽，分类排列，种种的历史都是有的。

四、国史　如正史及编年纪事诸书之类，因为有个人的历史、有家族的历史、有地方的历史，所以国史只要叙述重要的事，不能将各方面详细叙述。《史记·留侯世家》就说了一句做正史的定例："非天下所以存亡故不著。"可见一国的事实，经过若干年，有种种方面，如何能全写在史书上面。修史的人要有特别的见识，看出某种事有关于天下之大，方才可以叙述。但是正史有纪、有志、有表、有传，包含甚广，某一时代特别的风俗，某一地方特别的事实，某一个人特别的性质，如何变迁融合，都可以看出。他国的史书，就没有这种体例，往往顾此失彼。至于日本、安南、朝鲜等国的史书，有这种体例的，也是从中国学去的。我们看了中国的史书，再将他国的史书，比较研究，才可以知道中国的伟大，中国民族的伟大，非任何国家任何民族可比。

我们晓得这四大类的史书，还要晓得如何的研究。我以为最切于人生日用的，是先看一个人的传记。比如看明朝杨椒山先生的年谱，看他自幼如何的立志，后来如何的讲学，如何的做官，不怕权奸，至死不屈。那种精神，就可使人振作起来，要想仿效他。凡人能够多读各种有名的人物的传记或年谱等，胸中有了许多好榜样，自然就可以做成顶天立地的大人物。《易经》上说："君子以多识前言往行以畜其德。"就是这个道理。现在的人往往没有志气，容易堕落，因为胸中没有许多好榜样，只有看报章或是听人说最近的种种人的恶劣行为，所以将青年的人逐渐堕落下去，这是我们民族最大的隐患，现在急须振醒的。其次就要看家族的历史。有家谱的人，最好是要常看自己家族的谱牒。一个暴发的人，自家没有详备的谱牒，也须看看其他大家的谱，那才知道一个人家盛衰兴亡的关系。某家由一个人勤俭起家，后来子孙繁衍，到今日几十代，有几百几千几万几十万的人了，都是由一个祖宗传下来的。某家有几十支，某一支富贵极盛，后来衰落到绝后了。某一支累代平民，却是绵延繁盛。聚起来逐细比较，那更比看一代个人传记有趣。现在各国讲优生学，也最重的各人家的家谱。我们中国的家谱特别的多，特别的久，要考校我们中国民族的优点，最好是研究家谱。再如人口级数增加的定率，也可以将各种谱牒聚起来，做一个统计，那比调查户口的报告要确实得多呢。又其次是看地方志书，比如某省某县的人，至少要知道他生长的某一县的历史，或是一省的历史，他晓得本地虽经出过多少人物，以及城郭、道路、河渠何时修筑，何时变迁，本地有什么特别的物产，特别的风俗，自然爱护乡土，要想将家乡兴盛起来。由县而省，由省而国，一层一层的都可以做到。今人空言爱国，他的家乡如何可爱，却不知道，这就是不知本末先后。况且现在各国的人，很多在中国收买志书，外国人都知道我们某省某县的历史地理，我们自己反转不知道，那不是最大的耻辱吗？以上所说，尚未谈到国史。现在各学堂里，所讲的历史，不过是国史的一点一滴。只晓得国史的一点一滴，那不能算是知道国史。要知道国史，必须先看一两部正史。因为正史太多，一人的精神时间都不够，如何能看得全。我想有一方法，比方造铁路，从两头造起，中间自然慢慢的可以接上，就是先看一部近代的正史，一部最早的正史。一面有接近我们见闻的书，一面有最古起源的书，然后再推广到中间，只要看了有兴趣，自然就会去接续。也不一定看正史，也可以将编年的《通鉴》等书，或是纪事本末等书来替代。不过看正史，也要有层次，最好是先看地理志、职官志，晓得某时代地方多大，如何分配职务管理各事，那就先得了解政治上的纲领。其次如礼、乐、兵、刑诸志，也须详看，方才知道我们中国人如何成国，同时将本纪参照，或是看某一种表，某一人的传，自然各方而贯率。至于看传一法，与看个人传记一样，比如看班超的传，自可发生开拓域外的思想。不过正史上好人坏人相间，须是见贤思齐、见恶思戒。

今讲新旧两派讲史学的趋势。我们知道中国的教育是尚未普及，从不足百分之四五十受过教育的人里面，讲到研究中国的史学，那真不知道是百分之几了。我们知道在旧式的书塾里面，往往教小儿读一部两部史鉴节要、鉴略等类的书。现在的小学中学里面，也教一两部历史教科书。那就是我前次所讲的，不过是正史里面的一点一滴，那不能算做史学。但是从前旧式的教育，和今日的学校比起来，有一种最大的区别，就是旧式的教育，有若干人熟读古史，今日的学校却没有人熟读古史。在史学的立场上看起来，现在的人讲史学是退步了。我何以说旧式的教育，有若干人熟读古史呢？只要记得我第一次讲的话，就明白了。普通人以为孔子删订的书，叫做经，其实都是史。所以从前的学者，自幼熟读经书，至少可以说他们胸中先有了各种古代史或是文化史的史料。关于秦汉以后的事，只读了几本史鉴节要之类，那还不至于数典忘祖。现在的教育，自然不能叫个个人都讲史学，但是只有一点一滴的史事在胸中，那就比从前相差得不知多远了。现在讲教育的人，有读经和非读经两派的争执。我以为经字这个字，很可以不必争。我们说是史，或是叫做传记，教学生去诵读，那也不成问题。类如读《论语》，就是读一部孔子的传记；读《孟子》，就是读一部孟子的传记，那有什么不可以的道理。我们要复兴民族，我们要唤起民族精神，将古时有名的人物传记来做国民读本，或是将一种文化史的史料来教学生，那是复兴民族很要紧的一件事，经与非经的问题也就可以不争了。从前的教育，偏重在文史一方面，但是有许多人先得了一种古人的经验，他却不叫做史学。另外有种做史学的工夫，大概浅薄点的人，总是做几篇史论，什么韩信论哪，张良论哪，起承转合做了几百个字，那就算是读史有得。其实他的议论的本原，还是从那几本老书上传下来的，或是喜欢翻案，也没有什么大关系。另外有一种学问较高的，就讲究校勘史书或是考据一二种琐碎的事，那比做史论的高得多了。但是我们要知道，清朝的考据的风气，是因为经过许多文字的大狱，吓得许多聪明人，不敢讲有用的学问，只好专门做考据的工夫，说我们是考古，与今日的政治没有关系，免得清朝的满洲人猜忌他们，这是一种不可告人之隐。我们在今日要原谅那些老先生的。我们既然将清朝推翻，应该将历史和政治连合起来，发见史学的功效了，谁知道又大不然。因为教育家只知其一不知其二，以为外国人教学生只教他一两本历史教科书，我们也只要教一两本教科书就够了。许多外国人讲究历史，发扬他的民族，以及考究他国的历史，预备亡人的国，灭人的种的方法，那就是讲教育的人没有顾到的。所以现在大多数受过教育的人，就有许多不知道中国的历史。和外国人接洽，或是游历，或是办理外交，往往外国人比我们中国人知道我们中国历史还要强，这是多么可耻的事。另外有一种比较有历史兴味的人，知道近来各国的学者很注重历史，有种种的研究方法，因此将他们的方法来讲中国的历史。在现今看来，确也有相当的成绩。但是有一种毛病，以为中国古代的许多书，多半是伪造的，甚至相传有名的人物，可以说没有这个人，都是后来的人附会造作的。此种风气一开，就相率以疑古辨伪，算是讲史学的唯一法门，美其名曰求真。不知中国的史书，没有多少神话，比较别国的古代历史完全出于神话的，要可信得多。我们不说中国的史书，比外国的史书是可以算得信史的，反转因为外国人不信他们从前相传的神话，也就将中国的人事疑做一种神话，这不是自己糟蹋自己吗？况且古书不尽是伪造，即使拆穿西洋镜，证实他是造谣言，我们得了一种求真的好方法，于社会国家有何关系。史书上真的事情很多，那种无伪可辨的，我们做什么工夫呢。所以只讲考据和疑古辨伪，都是不肯将史学求得实用，避免政治关系，再进一步说是为学问而学问，换句话就是说讲学问不要有用的。

我们看孔子讲学问的方法是怎么样。孔子说："入其国，其教可知也。其为人也，疏通知远，书教也。疏通知远而不诬，则深于书者也。"疏是知道若干大事，通是前后贯通。知道若干大事前后贯通就可以彰往察来，所以能知后来或是远方之事。并且不至于诬蔑前人，造作谣言，这就是深于历史的功效。比方我们读《汉书·匈奴传》，单于好汉缯絮食物，中行说匈奴所以强于汉者，以衣食异，无仰于汉。今单于变俗好汉物，汉物不过什二，则匈奴尽归于汉矣。我们就应当推知今日各国经济侵掠的危险，以及提倡国货的重要。我们读贾谊的《治安策》，说众建诸侯要其力，就应当推知欧洲大战之后，建设了许多小国，就为的分杀大国的势力的。如此读史，方为有用。宋朝程明道先生的学生谢良佐，记忆力很强，在程先生面前背诵史书，程先生笑道："贤郎记得许多，可谓玩物丧志。"谢氏甚为惭愧。后来他看程先生看史书，也是一行一行的逐细看，心里不免怀疑，后来方始省悟。他只知背诵与他人听，并不是将史书来增加自己的学识。程先生读史，却是要自己得到史书上的方法，史书上的道理。虽然同样的读史，动机是两样的。所以《论语》上有两句讲学问的最好的方法，是"博学而笃志，切问而近思"。凡人见得不多，没有种种的比较推勘，不能发生许多见识，所以先须要博学。但是博学不是搬与人看的，要有笃实的志向，为自己、为最近的人和当时的国家，如此方能得到最切近的问题，才能靠近的想。此是讲一切学问的方法，我就将此四种说是讲史学的方法，奉告今日之热心讲究国学的人。

（录自《广播周报》第25期，1935年3月）

论“五四”整理国故运动之意义

李麦麦

一

“五四”运动，是中国第三阶级的思想文化运动。“五四”运动在消极方面，是反对封建思想、封建伦理、孔孟精神、贵族文学等等，在积极方面，他更请出赛先生（Science）和德先生（Democracy）。这两位先生之出现，确是一切第三阶级历史运动之指标。

但是，当时的思想文化中，除了赛德两先生外，确还有一位国故先生，并且正因为有了这位国故先生，才把整个的“五四”运动，化为“介绍新潮，整理国故”的运动。这不是当时的人主观地想分裂这种运动，而是客观地反映出“五四”运动自身是两个历史运动之携手。

“五四”运动，始终是中国的“文艺复兴”（Renaissance）运动和“开明”（Enlightenment）运动之合流。不管就中国近代历史运动的程序说，或就“五四”的思想分派说，都应当如此认识。文艺复兴运动和开明运动，在欧洲因各民族经济发展速度之不同，或相隔至数世纪，或相隔仅几十年，在中国因为是在二十世纪高度文明促进之下和大战期内中国资本主义一时有长足的发展，遂使这绝然不同时代的运动，携手并进了。

会合的历史运动是很易混淆人们的视力的。一切尊视“五四”运动历史意义的人而又同时对当时的整理国故运动发生不满者，最大的原因，还是由于这些人对“五四”思想文化运动的分析欠充分之故。

我们现在重提出下一问题：“五四”整理国故运动是复古么？是反动么？

形式的文化批评者，当然是认整理国故，就是复古，复古就是反动。但我们决然反对这种意见。

历史告诉我们，复古有反动和进步之分。譬如欧洲的文艺复兴运动是不是复古运动？是复古运动。是不是反动？非但不是反动的运动，而且是绝然进步的运动。很明显的，文艺复兴运动是近代一切进步运动之母，没有文艺复兴运动，便没有近代欧洲文明，这是可以断言的。为甚么复古的文艺复兴运动是进步运动？因为文艺复兴，是复活高于中古的古希腊罗马时代的思想文化生活，这是使十五世纪的历史对中古开端时剪断了的希腊罗马的历史线索系上一个结儿的表示。原来，欧洲有过两次复古运动：一是中古之开端，是复活希腊罗马以前的社会，即是回复到《荷马史诗》时代，这是反动的复古。另一次是文艺复兴时期的复古，是使希腊罗马文化再生，是进步的复古。

中国历史上也恰有这两种复古运动。一次是汉朝的复古运动，一次是清代的复古运动。前一复古运动是在复兴西周时代的文物典章，是反动的复古。后一复古运动，是在复兴春秋战国时代的文化生活，是进步的复古。作者在别处，曾把中国的春秋战国比希腊罗马共和国时代，把秦汉两代比罗马帝国时代，把魏晋五胡乱华，比日耳曼人攻破帝国时代，即封建制度再生时代。作者自信这种比拟是有历史根据，是受得住批评的。中国封建制度之再生虽始于五胡乱华时代，但封建精神之复活却始于汉朝。

当汉朝第一次复古运动发生时，思想界曾起一番极大的波浪，这就是今古文学之争。今文学派根据实际历史，认中国历史的黄金时代是春秋战国，古文学派则凭藉伪著，高颂三代，特别认西周为中国历史上的黄金时代。这伟大的争论，当时虽因儒家一尊而暂时收场，不料到了千余多年后的满清，思想界忽然来个反攻，这就是清代的学术运动。这自然是有经济原因的。清代学术运动的精神，一句话可以说完：志在复古——复兴春秋战国时代的思想文化。这是很有进步意义的历史运动。

清代学者的考据运动，与文艺复兴时期的欧洲人翻译希腊哲学和罗马法是具有同等的历史性质和意义。他们在实事求是这一旗帜之下，不仅把千余年来儒家托古改制的伪著悉数加以推翻，而且把为孔孟一尊思想埋没了一千多年的战国的诸子哲学尽数加以校订和考证，使其重现于思想界，得与孔孟思想相抗衡，这确是一潜伏的思想革命运动。清代学者的压镇人物，如康有为、章太炎、梁启超等或走上君主立宪，或走上共和运动不是无远因的。

清代学者，在实际上，虽已推倒了孔子一尊思想，但他们到底为时代所束缚，他们都不敢公开的侮辱孔子这个偶像。这一来是因为运动还未达于成熟阶段，二来也是因在专制淫威之下，人民没有发表意见的自由。满清几次文字狱，其残暴情形，等于旧欧洲之对于异教徒尽过之无不及。但成熟的革命运动非公开不可。满清学者所不敢明目张胆反对的孔子，到“五四”时代，陈独秀、吴虞、胡适等却可以明目张胆地反对他了。战国以后，这是孔子第一次受到重大的打击。不管现在的人是怎样努力来提倡孔子思想，要想再复活“五四”以前的孔子，是万万不能了。

二

假使我们对“五四”时代的胡适如有所不满，那不能是因为他提倡整理国故运动，而是因为他不理解思想批判运动与革命之关系，“五四”时代的整理国故运动，是近代中国的第三阶级复活春秋战国时代工商业的哲学表示，是近代中国的第三阶级对于汉以来封建伦理之打破和对于传统历史之批判表示。

“五四”的国故整理工作，不外以下三点：

（一）战国时代的哲学；

（二）元明清各代的文学作品；

（三）封建历史之批判。

我们现在来讨论讨论这三项整理工作与中国第三阶级的思想文化运动之关系。知道这种关系，便不会疑我说整理国故是有进步意义的了。

思想之出现于社会，一如商品之出现于市场。商品出现市场，是以市场需要为前提，而思想之出现于社会，也是以社会需要为前提。为甚么“五四”时代的思想家要爬进几千年以前故纸堆中去呢？这只能以“几千年前的故纸堆中有他所需要的东西”来说明。这种说明比胡适本人说的“为了要证明他的治学方法”要确切得多。举例说，罗马法为甚么为十五世纪以后的欧洲所欢迎？其理由就是因为十五世纪以后的欧洲有了罗马时代的社会关系，更明白的说，就是当时的欧洲又出现了罗马时代的财产关系，这种财产关系需要罗马法，罗马法便从故纸堆中再跃进人们的生活中。反之，当中古时代的社会关系，财产关系与罗马法背道而驰的时候，罗马法便完全不为人们所注意了。“五四”时代，对战国哲学之所以发生整理兴趣者，原因即在战国哲学是古代城市文化的产物，他里面有为近代第三阶级所需要的东西。为甚么由维新运动的大师到新文化运动的大师们都勤奋地来阐发战国哲学？这是偶然的表现么？

当我说，战国哲学是城市文化的产物，这不仅是说战国时的城市是其哲学的摇篮，而且是说，哲学之发生只能包含在商业的经验中。人类的智慧只是到了高度的商业发展以后始达于较高阶段，这是不能否认的。任何民族智力发展的过程，都是先诗人而后哲学家，假如说，在纪元前七世纪希腊还是诗人时代，到纪元六世纪以后便是哲人时代。中世亦然。中世在十四世纪以前，重要的精神生产还是骑士诗歌，到十五世纪，因商业城市的发展，才开辟出哲学发展的地盘。古代的中国亦完全如此。春秋以前是诗的时代，到春秋，因商业的发展，才发展出先秦哲学。

我们现在不能来研究哲学与商业之内在原因。我们现在只问：哲学与商业既有如此密切的关联，哲学与有产阶级的关系可怎样呢？在我们看来，不管是希腊哲学抑是战国哲学，他们里面都包含有近代有产阶级的思想和自然观点，那是不容讳言的。我们不来讨论战国时代的各家哲学，我们出来讨论一下与孔孟对立的杨墨哲学和法家哲学，我们便可以看到，这些哲学之近代精神是极明白的。那杨朱的为我思想，翻译成近代语就是个人主义。墨子的兼爱，不必经过翻译，大家都知道是近代博爱主义。至于老庄的放任思想，《吕氏春秋》中重欲思想，商韩的法治思想，不消说，简直都可以作有产阶级时代的哲学看待。如果说到战国时代的哲人给与“五四”时代的大师们的启示，那也是至为明显。胡适的“丧礼改良”意见，不是墨子的“节葬论”之再版么？“五四”时代的非孔运动，不是战国的哲人非孔运动之继续么？

我这样来解说“五四”运动，人将讥我太看重战国哲学的影响，而轻视西洋文化外铄之力。不，西洋文化当然比战国哲学重要，但是思想运动不管是怎样为外铄文化所影响，可是他在一开始时，总不得不把固有的先存的思想当作自己的出发点，不能不在自己固有的历史中找出自己的谱系来。即使“五四”运动是完全的人工的“接生”，但此接生仍不能不借助于先存的思想之根。

一般的“五四”的批评家，只知胡适整理国故是复古，但他从不对胡适整理国故的立场和方法加以考虑。胡适等整理国故，不是用东方文化派的精神，不是用中学为体西学为用的精神，而是用的资产阶级的自由精神。至于他所使用的方法，虽有时不免犯形而上学的错误，但一般的说，仍然是唯物的。不过，不是近代唯物论，而是自然哲学的唯物论。此外，当然还有他的市侩的实验主义的方法论。至于反对胡适整理国故的，如吴稚晖、鲁迅等的思想怎样？他们在这一点，却完全只犯了十几世纪的唯物论者的短处，即是说，他们和十几世纪唯物论者一样，只是不加分析地朴素地否定过去全部历史价值。他们不知黑格尔所说：“哲学史的总和不是一种人类的理智的错乱现象的展览室，宁可比之为‘众神的殿堂’。”至于这种否定的态度，与以发现人类历史过程之法则为职责的近代唯物论毫无共同之点，那是更不必说。

三

前进吧，讨论“五四”时代对于元明清各代文学作品之整理吧。

上面分析哲学发生的意见，少加补充，即可用来分析小说之发生，小说与商品经济的关系比哲学和商品经济的关系更密切。不过小说之出现还要印刷术出现才行。为甚么希腊和战国有极发达的哲学，而不知有小说？这是因为希腊和战国时代没有印刷术之故。

我们要知道，在印刷术未发明以前，著作之传世是非常困难的。在印刷业未出现以前，一种著作如果不是极有关于人类经济生活、政治生活、伦理生活或宗教生活，是不容易得到保存和传播机会的。就是极有关于以上种种生活，如果文字不是简而又简，恐怕仍少传播机会。至于小说之类的作品，其意义在当时的人看来，并不如哲学和历史之重要，但他所需要的却是篇幅。因为小说是状事状物的，是以形态来表达思想的，所以在没有印刷术以前，小说不易发达。

但为甚么说中国的长篇章回小说是商品经济的产物？要解答这一问题，第一只须一看中国小说发达史和中国商品经济发达史的关系，第二，只须一看中国长篇小说所反映的发达的复杂的社会关系。

中国近古经济发达史是以唐代为起点的。因为在唐以前，六朝的时代，正是中国由高度的商品经济回到自然经济时代。唐以来，中国又走上经济繁荣之途。唐至宋，商品经济，在大江南北，都有长足的进展。到元朝，中国成为世界上商业最发达的国家了。至明代，因西方通商孔道的破坏，曾数次想发展东南海上贸易，并派遣远征队。清代更不用说，是中国商业经济之登峰造极时代。

我们再来一看中国的小说发达史，可巧，他与中国经济发达史完全符合。唐以来，中国长篇小说出生之时间大致如次：

（一）唐代小说

一、海山记；

二、迷楼记；

三、游仙窟；

四、虬髯客传；

五、柳毅传；

六、南柯记。

（二）宋代小说

一、宣和遗事；

二、京本通俗小说；

三、大唐三藏法师取经记。

（三）元代小说

一、水浒传；

二、三国志演义。

（四）明代小说

一、西游记；

二、金瓶梅；

三、今古奇观；

四、东周列国志。

（五）清代小说

一、红楼梦；

二、儿女英雄传；

三、儒林外史；

四、镜花缘；

五、老残游记；

六、官场现形记。

从中国的长篇小说出生时代上，我们完全可以看出小说与商品经济之关系。其实，小说是甚么，黑格尔一句话已说得很清楚。他说：小说是资产阶级的叙事诗。我国的名作家茅盾，也说中国的武侠小说，是市民小说，与黑格尔的意见正接近。实际上，小说之出现确是资产阶级的社会经济和文化生活的产物。这没有别的原因，这是因为资产阶级的宽无涯际复杂的社会生活非单纯的自然经济时代的诗歌所能反映。就是诗歌，如果不经过音韵解放，仍然不能用来歌咏近代社会的复杂感情。至于小说的特长，那完全为诗歌散文所不及。宇宙之大，苍蝇之微，小说都能胜任。任何庞大的社会范围，任何复杂的社会情景，任何繁复的人物、情节、现象、感情、心灵，总之，举凡一切哲学、经济学、形而上学所不进去的，小说都能进去。至于中国的长篇小说所表现的社会内容，当然更非诗歌所能及。如《水浒》里面所反映的社会分解现象，《镜花缘》、《西游记》所反映的中国与外国的通商关系，《金瓶梅》所反映的有产阶级的性的生活，《红楼梦》所描写的建筑，这都非简单的自然经济社会所能产生的。小说是资产阶级的叙事诗这句话，是十分中肯的。

如果我们再一看中国长篇小说的意识，那也是资产阶级的意识。譬如《水浒》是写官逼民变，《红楼梦》写婚姻不自由，《镜花缘》提倡女权，《官场现形记》等暴露统治黑暗，《儒林外史》反对科举。凡这一切都可以说是有产阶级的意识。在王权统治时代，市民是被压迫阶级，他们的社会要求当时既不能直接由政治斗争来表现，其不满的情绪，自然只好假小说以寄怀，于是新形态的文艺运动便成为新兴阶级的社会运动之前驱。

中国的新文艺运动，虽然自唐以来，已达到可观的程度，但因为政治上封建统治之存在，却不为士大夫阶级正人君子之流所承认。正人君子总是把小说当作卑劣下等淫秽不过的东西。士大夫阶级之卑视小说，可全由士大夫阶级之卑视商人阶级来说明。这完全是一种阶级的偏见表现。商人在当时是下贱的，自然他们所爱好的文艺也是下流的。因此，中国的白话小说，在贵族文学之统治时代，简直没有获得他所应得的地位。虽然是一般国民的读物，但他的地位实甚微小。

这样的不平等，文艺界能不激起革命么？文学革命到底来了。胡适、陈独秀等就是文学革命的产婆。“五四”时代整理国故运动最重大的任务之一，就是把几百年以来，为封建文学所压迫的白话文学解放出来，同时并宣布它是今后文学的正统。从此以后，真如法国的左拉所说，“时代之文学的王子是小说家”了。

白话小说被宣告为文学正统，诗歌亦从封建的束缚中解放出来，有产阶级的文艺运动成立了。

这样看来，元明清各代的小说整理是有伟大的意义，为甚么许多批评家要说整理国故是反动呢？

四

最后，我们要说到第三项，“五四”整理国故和对封建历史之批评。

每个阶级，有他自己对历史的态度。资产阶级有资产阶级的对历史的态度。不过，资产阶级对历史的态度不到资产阶级的社会形态达于成熟阶段，是不易看出的。就某一点说，清代整个考据运动，都可以视为中国的第三阶级对封建历史之批判运动。虽然和第三阶级的文学运动一样，只有到了“五四”时代才能公开举起反封建的旗帜。

老实说，“五四”整理国故所发起的古史讨论，其意义之重大并不亚于当时的科玄论战。当时即使是很进步的教授，有不畏这种讨论“影响人心”么？虽然当时的历史家一直到现在还未给我们做出一部可看的历史来，但他们对封建历史公然举出革命旗帜，其功绩，总不能完全否认。

人们虽能创造自己的新历史，但他们却没有选择历史环境之自由。死去的遗体总是和泰山一样压着人们的脑袋，因此，当人们正要创造新事物，正要使自己的时代生气化时，他们是不能不把他们要借助的亡灵，从地层下唤起，为自己壮观瞻，同时对他们一向憎恶的故物，又不能不拿到新的理性的王座之前，加以审判。

这就是“五四”整理国故之历史意义！

（录自《文化建设》第1卷第8期，1935年5月）

十年来之国学商兑

钱基博

我敬介绍裘匡庐先生之《思辩广录》，以供时贤之论衡而开思辩之境涯。

近十年之国学，无他演变，大抵承前十年或前数百年之途径以为递嬗。其新颖动人而为青年髦士之所津津乐道者，厥为以科学方法整理国学。而大师宿学，则或讲宋明理学，欲以矫清代治汉学者训诂琐细之失。其尤河汉无涯者，益侈陈三教会通，故为荒唐之言，无端涯之辞。海内之学者，具此而已矣。余粗好文章，而于道苦未有闻，兹事体大，未敢论衡，独睹裘匡庐先生所著《思辩广录》稿本，籀诵乙过，其大指以程朱衡学，以佛明儒，箴砭时贤，直探源头，揭"真参实悟"四字，当头作棒喝。语无泛设，极高明而道中庸，并世学人，罕有伦也。

先生，名毓麟，匡庐其字，慈溪人。旧译学馆毕业，升入京师分科大学，以民国二年赴美，留学加利福尼大学，习政治经济。五年回国，曾为文著论欧美社会之崇势利而薄仁义，终无以善其后，而不如孔孟之道为可大可久，刊登时报。方以新思潮澎湃，莫之省也。于是闭门读书，二十年于兹，精究程朱，旁参释老，积久有得，而著为书。独以生平服膺，最在太仓陆桴亭先生《思辩》一录，恨其未睹今日之极变，而不及与之论证也，故以《思辩广录》题篇。呜呼！世有此人而不显名，世有此人而不谭学。乃如仆辈，滥吹上庠，汗颜入地。谨仿《后汉书·王符仲长统列传》之例，要删其指，以诏当世而发深省，可谓博学通人也已。

其自叙治学之经历曰："余三十以前，年少气锐，事事喜新恶旧，固不知有佛法，惟每闻佛寺钟声，心中惘惘然若有无穷感慨者，一时不知身在何处，口亦不能言其所以然之故。后读方望溪所作《舒子展哀辞》云：'舒年少时而意绪颓然，间脱冠，形神似老僧，尝曰：吾夙世必髡缁，每闻钟声铃响，则惘惘然，造物者俾余一识宦婚之况耳！'读之亲切有味，不啻为余一吐十数年来胸中之疑蓄也。《大本阿陀经》云：'世间人民前世曾学佛法，或亲近善知识，今世一闻佛名，慈心喜悦，志意亲净，毛发耸然，泪即流出。'就佛理言之，则天下之事事物物，无不由于夙因。无种子之现行，亦决无现行而不复为将来之种子。就吾儒言之，则为感应。伊川所谓‘有感必有应。凡有动皆为感，感则必有应，所应复为感，所感复有应，所以不已’也。儒释所说虽不同，而理则一也。就余学佛之事而言，当知吾人一生之事业，冥冥中均有主宰，即自己亦无力与之抵抗，随业牵引，而辗转必达于应至之地。因缘未至，无可强求，因缘既熟，亦无可避免。余三十岁以前，固为一纯粹学校之学生，彼时所喜研究者，厥惟西儒之科学。吾国圣经贤传，尚不屑意，遑论佛典。设当时有人劝余学佛者，则余必斥其谬妄。乃自美回国，数年后，偶得佛经读之，恍然如久处黑暗之中，骤睹光明，奇趣妙理，日出无穷，读之愈久，好之愈笃，恨未能悉屏世事，专修净业。”（见《辨儒释》）

“余近年修净业，往往于念佛时，凡平日读书不能探索之思想，反能于念佛时无意中得之。论念佛之工夫，仍是杂念未净，此即永嘉大师所谓串习，谓斯人于习静中本无心忆及此事，串习忽起，正如天际浮云，歘然而起，莫明其故。此种杂念不除，则念佛决难得力。然可悟凡知慧，必由静定中自得之，彼专以博自夸者，决无精思之可言也！”（见《杂说》）

“往年余思研国学，欲略知宋儒道学之梗概，取《近思录》读之，不能得其精意。其卷首《道体》一卷，则更难以明晓。阅一二年，喜阅释典，《近思录》一书已久置之矣。如是三四年，复取《近思录》读之，则昔所不能解者，已明白无遗。濂、洛、关、闽之徒，无不视释子如蛇蝎，见佛典如鸩毒。然余得窥见程朱之义理者，乃不由儒门入，而特由佛典入。此皆余亲身经历之事，自不同空谈泛说之无据。”（见《辨儒释》）

“凡读古昔圣贤心性之书，就余一己经历言之，至少有二种感觉：一曰触发。读之如触电气，全身震动。如《孟子·告子篇》中之《牛山章》、《鱼与熊掌章》、《放心章》，其启发人天良之语，均极痛切透辟。读之如当头棒喝，通体汗下，如深夜闻钟，发人猛省。凡古人之书，读之能触发我性灵者，虽欲不好，不可得也。读之而无所触发，必其书无深意之可言，或读者钝根人，麻木不仁者也。二曰融合。即杜元凯所谓‘若江海之波，膏泽之润，涣然冰释，怡然理顺，然后为得’也。读之，觉古人所说者，无不恰好。又彼所言者，皆为我胸中所欲说，却被他句句先我道出。更觉书中所说，添一字不得，减一字不得，一字亦不多，一字亦不少。当读之时，读者之心与作者之心，融洽一片，无少间隔。上所说两种境界，凡读心性之书者，必同具此感觉，若始终无此感者，必其人顽钝无知者也。”（见《无题》）

其论青年修习国学方法曰："余见某氏（即胡适）《国学入门应读书目》，标曰'最低限度'，而所列之书，广博无限。经学小学，则清代名家之大部著述，以及汉、魏、唐、宋诸儒之名著，无不列入。理学则宋、元、明、清学案及《二程全书》、《朱子全书》、《朱子大全集》、《陆象山全集》、《王文成全集》，复益以宋、元、明、清儒专集数十种。子则二十二子及其注解，复益以周、秦后诸家所作为世所传诵者。佛典则《华严》、《法华》等经，《三论》、《唯识》等论，禅宗语录，相宗注疏，广为搜罗。此所谓思想部也。若文学则历代名人诗文专集百数十家，宋、元来通行之词曲小说多种。凡此皆某先生所谓'最低限度'书目也。然论其数量，则已逾万卷，论其类别，则昔人所谓专门之学者，亦已逾十门。凡古来宏博之士，能深通其一门者，已为翘然杰出之材，若能兼通数门，则一代数百年中，不过数人，若谓综上所列诸门而悉通之者，则自周孔以来，尚未见其人。何也？人生数十寒暑，心思材力，究属有限，而人之天资，语其所近，不过一二种，兼通数门，已称多材。长词章者未必兼通考据。有得于心性之学者，未必乐钻故纸。故精汉学如阎、戴、段、王，若语以宋、明诸儒精微之说，未必能解也。工诗文者如韩、柳、欧、苏，若与之辨训诂音韵之微，则非所习也。文人谈禅，不过供临文时捃摭之资，若进而与之论教相，辨判科，则茫然矣。宋、元词曲巨子，若与之论经传之大义，谈老、庄之玄旨，则瞠目结舌矣。天之生人，决无付以全知全能之理，而人之于学，非专习决不能精。凡人于一种学问，已得门径，意趣日出，则所读者，必多同类之书。长经学者，必多读经传之注解；工文辞者，必多读名家之专集。若舍其素习而读他种书，则虽宿儒，无异初学。苟非以全力攻破其难关，将见始终格格不入。语曰：'读书万卷'，实则读万卷书，尚非难事，而多读门类不同之书以明其大义者，古今无几人也。纪昀于近儒中读书最富，然余读其评理学之语，开口即错，经学亦有隔膜。《曾文正公日记》有云：'阅《宋元学案》中《百源学案》，于邵子言数之训，一无所解，愧憾之至！'陈兰甫先生与友人书，自言：'生平未曾读宋儒书，晚岁犹思补读。'曾公命世之英，兰甫博学而享大年，犹有未尽读、未尽通之书。凡自谓于学无所不通，此仅可欺浅学无识之辈，若通儒则决无此论。而自汉、唐以来，未闻有一人而兼经学、小学、性理、考据、佛典、词章、词曲之长者也。今以古今鸿儒硕士所万不能兼通者，某先生乃欲令中学学生兼习之，又复标其名曰'最低限度'。吾不解某先生所谓高等者，其课程复将奚若！其将尽龙宫铁塔之藏，穷三洞四辅之秘乎？凡此皆欺人之甚，而言者悍然不惭，闻者茫然莫辨。”

“世人既多妄人，复多愚人，非妄人无以益愚人之愚，非愚人无以长妄人之妄。余读近人著作，胸中辄作二疑。观其繁称博引，广列群书，则疑其人无书不读。及见其立论之浅谬，往往于古人极浅近之旨，尚未明了，则又疑其人实未曾读过一书。今日学术界之大患，几于无事不虚伪，无语不妄，且愈敢于妄语者，则享名亦愈盛。然而文人诡诞，自古有之。如清毛西河、戴东原二氏，二百年来，学者仰如泰斗，然二子均喜欺人，其生平示人之语，殆无一由衷之谈。试翻全谢山集中之《萧山毛检讨别传》，及章实斋《文史通义》之《朱陆篇书后》两篇，历举毛、戴二人种种欺人妄语之事实，其例甚多，大抵文人好名而性复诡诈，其对于后进钦风慕名而向之请益者，则必广举艰深宏博之书多种以告，又复恍惚其词，玄之又玄，令人无从捉摸。其实彼所举之书，或仅知其书名，或得其梗概于书目提要中，其书固未曾入目也，或涉猎之而未得其大意，犹之未读也。然在初学，震其高论，贸然从之，始为好名喜功之心所歆动，尚能振奋一时，迨钻研不入，久无所得，锐气一消，颓然废学，犹以为彼自高明，我则昏昧，无由趋步。不知被其所欺，误尽一生而不自知也。又凡人治一种学问，其入手之处，大抵得力于浅近之书，惟因其浅近，往往近俗，每为通人所不屑道，故在好名之人，虽最初得力于浅近之书，往往终身讳莫如深，虽亲友亦不轻泄。设有人间入手方法，则决不肯告人以己最初所读之得力者，必别举一艰深之书，听者不察而深信之，始则扞格不人，继则望洋生叹，终亦必至甘于自暴自弃而已。”

“余近年读书稍多，见理稍明，觉今昔文人所说，大抵夸而不实，高而不切，欺世之意多而利人之心少，自炫之意多而作育之心少。余十数年前，思温习《四书》，以应读何种注解，询之某先生，当世所谓经学大师也。某先生即以刘宝楠《论语正义》、焦循《孟子正义》对。余读之年余，毫无所得，以其博而寡要也。翻然改计，日取朱子《四书集注》温一二章，令可默诵，参以《四书反身录》、《困勉录》、《四书大全》、《松阳讲义》、《四书近指》、《中庸集解》、《论语集解》、《论语义疏》、《论语后案》及《通志堂经解》中宋元诸儒集释，自觉年有进境。此余身历之事。余深疾近世文人之诬诞，生平论学，誓不作欺人之语，学者但信吾言，终身自有受用真实之处，切勿尚虚名而受实害也。”

“修习国学，必以诵读古书为本，不外圣经贤传及周秦诸子而已。自来学人苟于经子根柢之学无所窥见，虽文辞华赡，记诵宏博，终不免为无源之末学，不足贵也。而自秦汉以来，论诵读古书之法，无逾于朱子。朱子教人读书之法，散见于《朱子语类》及文集者不下百数十条。而撮其指要，可分五端：书须熟读，熟则义理融浃，胸中不期效而效自至。一也。读书时，贵端身静虑，意不外驰，则气凝心明，义理自出。二也。心贵纯一，业尚专精，泛滥群书，不如精一，少得多惑，古训昭然。三也。圣意幽远，未易窥测，凡情浅鄙，悬隔天壤，偶有所见，未必即是，一有执著，即塞悟门。四也。吾生有涯，义理无穷，虚心观书，本意自见，穿凿强通，必多误谬。五也。古来名儒论学者众矣，求其精当切近，收效广而流弊少者，自以朱子之说为最。何也？词章考据之士，或规规于考订训诂之细，或沉溺于声调格律之中，不复探求经传之大义，心性之微旨，故其说琐细浅陋，终无当于圣贤之学。陆、王言学，扫去一切枝叶，直截根源，上智之士，闻其言而顿契微旨，自较径捷。然世多中人而少上智，精微幽玄之旨，自非常人所易领悟，稍有差误，天壤悬隔，强加附会，误人益深。朱子论学，以熟读精思、循序渐进为的。学者但循循不已，自有豁然贯通之一日。”

“凡古人之书，读之，觉中庸平直，无矜才使气之语，而多忠厚恻怛之思者，必真实语也。初读之甚觉新奇可喜，继读之则无精意，其立说专求胜人，而惟以见知于世为务者，必多伪言也。尝见某禅师语录，有佛光魔光之辨，谓见之令人清凉安适者，佛光也；见之使人震耀荡惑者，魔光也！其说甚辨。读古人书亦犹是矣。然非曾经一番苦工，于学问根源处有所窥见者，亦未易辨其诚伪也。吾国旧书自《六经》外，后儒说理精深者，殆无过于周、邵、程、张诸子矣，此稍有识者所公认也。然吾读数先生之书，苦不能明者，甚深微妙之义耳，至于字句之间，显明极矣，并无僻字奥语，予人以难解者。反之如近人龚定庵、汤海秋辈，举世所惊为奇才硕学者也。余诵其书数过，亦实无过人之见地，惟喜以奇字僻典困人，浅学者自觉难解。若以显明之笔出之，其意亦人所易知者也。诬世惑民，好名之过，于是著书者，拣难的写以炫人，读书者，拣难的读以误己。苏子瞻谓扬雄拣难的说以惊世钓名，往往以艰深文其浅陋，此实语也。”（见《青年修习国学方法》）

其论文士于道概乎未有闻曰：“秦汉以来，文人至昌黎极矣。其文诚足雄视百代，论其识无过人处。吾人于学以识为最难，亦最无可勉强掩饰。凡识所不及者，闻其语可立见底蕴。昌黎作《进学解》，不啻自述其平生为学工夫。其论《六经》曰：‘上窥姚姒，浑浑无涯。周诰殷盘，佶屈聱牙。《春秋》谨严，《左氏》浮夸。《易》奇而法，《诗》正而葩。’就《六经》之文论之，昌黎之见自超卓，然于《六经》之义，无一语道及。于以知昌黎之治经，亦仅玩其文辞而已，固无意于微言大义。阳明谓昌黎文人之雄，自是定评。人各有能有不能，后世之尊韩者，乃竟舍文而言道。不知韩之于道，实远不如宋、明诸儒。即就昌黎自述于儒之工夫，不过‘抵排异端，攘斥佛老’而已。且韩文之可附于论道者，不出《原道》、《谏迎佛骨表》二篇，于是尊韩者遂以卫道辟佛，比于孟子之距杨墨。不知韩于儒既浅，于佛更一无所知，辟佛之语，粗浅不足取。顾亭林谓：‘韩文公文起八代之衰，若但作《原道》、《原毁》、《争臣论》、《平淮西碑》、《张中丞传后序》诸篇，而一切铭状概为谢绝，则诚近代之泰山北斗矣。今犹未敢许之也。’诵者以为名言，顾余谓亭林之说非也。昌黎于道，所得本不深。即使昌黎不作谀墓之文，自知道者观之，昌黎于道学之地位，未必增高，而后世之增重韩文者，未必至于如此之极也。余谓昌黎之名，所以流传千古者，正惟其能多作铭状赠序等文，集中雄文名句，掇拾无尽。苏明允所谓‘如长江大河，浑浩流转，鱼鼋蛟龙，万怪惶惑’，其气势魄力，均非后代文人所能及。”

“凡人能有一事，足以独步千古，斯亦可自豪矣。何必强以其生平所不长之事，牵强附会以屈没其人之本来面目，不可谓非吾国文人之恶习也。东坡诗：‘溪声便是广长舌，山色岂非清净身。’凡文人之喜谈禅者，咸奉为无上妙谛，即不知禅者亦喜其语之超脱。其实诗境尽佳，以云乎禅，则未也。宋天竺证悟禅师初习天台，为文字之学，谒护国此庵元禅师。语次，师举东坡《宿东林偈》，且曰：‘亦不易到此田地。’元曰：‘尚未见路径，何言到耶!’曰：‘只如他道“溪声便是广长舌，山色岂非清净身”。若不到此田地，如何有这个消息?’元曰：‘是门外汉!’曰：‘和尚不吝，可为说破。’元曰：‘却只从这里猛著，精彩觑捕着。若觑捕得他破，则亦知本命元辰落着处。’师通夕不寐。及晓钟鸣，去其秘蓄，以前偈别曰：‘东坡居士太饶舌，声色关中欲透身。溪若是声山是色，无山无水好愁人!’持以告元。元曰：‘向汝道是门外汉。’师礼谢。夫东坡之深于禅，王渔洋评苏诗所谓‘淋漓大笔千年在，字字华严法界来’，文苑久传为美谈。平心而论，东坡天资高，生平喜读内典，又与佛印、元公友善，固不得谓于禅无知见者。然以未曾苦参实悟之故，就宗门正法论之，终难免目为门外汉也。”（见《辨儒释》）

“金圣叹之慧，小慧也。其智仅足以知《水浒》、《西厢》而已。余童时读其书狂喜，觅其所批古文《杜诗》不得，则悒悒不乐。后读所批《左传》、《国策》古文等书，殊不称意。迨三十后读之，则见其纰缪百出。盖圣叹之慧，见小而不见大，见浅而不见深。《左》、《国》杂记春秋人士之言行，虽非专言性道之书，然其义理固非《水浒》、《西厢》之比。圣叹之智，自不足以识之矣。圣叹尚拟批《法华经》，未作而罹难。设此书成，则更不知所云矣。圣叹于根柢之学，本无所知，乃逞其私智，肆其谲辨。无识之徒从而附和之，乃其焰益张。于是以粗疏浅狭之心思，而欲概古昔圣贤精微幽深之义理，是何异以管窥蠡测之见，妄测虚空大海之高深。”（见《无题》）

“恽子居雄于文，于桐城外独树一帜，而生平于禅，则仅玩弄光景而已，非真有所得也。其辑《五宗语录删定》一书，于历代古德之语，任意高下，漫加简择。文人之病，往往自视过高，以为天下事物之理，予既尽知之矣。其可以意识卜度，则穿凿附会之，其不能解者，则漫加诋毁，任意诬蔑，不复探索其真意之所在。而后人读其书者，又多才华之士，于禅理一无所知，徒惊其文辞之华赡，议论之闳肆，遂翕然心折，以为理实如是。不知向上一事，千圣不传，人间之聪明学问，至此丝毫无用力处，《楞严经》所谓‘如以手掌撮摩虚空，只益自劳。虚空云何随汝把捉’。恽之删定《五宗语录》，是殆以手掌撮摩虚空之类也。近世嘉兴沈縠人先生名善登，著《需时眇言》、《大学顺文》，纠正紫阳《孔门大义》为宋儒所遮抹者，郑重证明，尤为有功儒教，非汉学家沾沾训诂而兴辨难者所可同语。而先生尤深佛学，著有《报恩论》一书，见理精深，议论透辟。日本《续藏》已录其书。而论中于宋儒拂佛，阳距阴用之处，尤抉剔爬梳，洞烛幽隐，为延庆本诸大师及刘、沈、彭诸居士所未逮，近代不可多得之名著也！”（见《辨儒释》）

“《适来子》一书，华亭张润贞著。张撰述颇富，著有《四书说》二十卷、《诗说》十卷、《卧易》二卷、《逸士传》二卷、《诗文集约》二十卷，均未刊。《适来子》则刻于乾隆乙亥，板散佚，复刊于嘉庆甲戌，坊间流传不多。受古书店有一册，索价十元。余友某君许以八元，不肯售。其书四卷，似道家言。而一、二两卷尤经心之作，亦近代一名著也。然余无取焉。其病则在行文仿子家语，字模句拟，反少生气。至义则因袭道家常谈，道家者流见之，皆糟粕耳，无取陈陈相因。苟仅习考据词章之士，则并此亦未能了解，以义理虽非幽深，而辞句则力求奥古，又非浅学所易明也。明道先生曰：‘凡立言欲含蓄意思，不使知德者厌，无德者惑！’此类著述，正使知德者厌，无德者惑也。且一代之文，自有一代之气运习尚为之范围，非可强同，亦非可强相摩仿。周濂溪之《通书》，邵康节之《皇极经世》，张横渠之《正蒙》，自是宋代之文。薛河东之《读书录》，陆桴亭之《思辨录》，自是明代之文。

诸先生均未尝仿古而自足传后。扬雄、王通，学识非不过人，徒以仿《周易》、《论语》之故，反腾后人之讥谤。书之传不传，文辞之高古不高古，固在此不在彼也。”（见《论理学》）

其论清代学者曰：“清代治程朱之学者，就余私见言之，自当推太仓陆桴亭先生为最。乃论者竞称陆平湖、张杨园两先生，则未免耳食之论也。顾亭林先生以过人之天资学力，竭毕生之精力而成《日知录》一书，然以与陆之《思辨录》较，则尚不逮。余读《思辨录》凡数次：初泛览一过无所得；四十后读之，始觉有意；其后每读一过，则意味愈隽。顾世人知读《思辨录》者尠，读而好之者则更无几人。辛未夏，余于旧书店见湘乡刘蓉著《思辨录疑义》一书，以余好读《思辨录》也，见此书喜，亟购而读之，甚失望。刘氏才智之士，与曾文正友善，文辞亦美，而于理学则仅涉猎清代治程朱学者之说，大约近师倭艮峰、唐镜海，远宗陆平湖、张杨园而已。于《思辨录》中言及心性精微之处，均疑之驳之，以为此即王学心学。盖刘氏所服膺者，均为清中叶理学家之说。当时讲理学者恶而讳言心，一言悟，则诋为禅学，一言心，即訾为王学，成为一时风气。刘氏习见之而不悟其非。今见《思辨录》所说，多异乎平日之所闻者，自不惮辞而辟之矣。其实舍悟舍心而言理学，吾不知所谓理学者，尚有何事耶？程朱平日言学，何尝不尚悟境，重性灵。其所以不肯轻言悟者，恐学者舍学而专期悟，则易蹈脱空之弊。不肯轻言则有之，非不言也。此意朱子于诏石洪庆时，已明明揭出其中苦心矣。若绝悟境，舍心灵而言理学，则惟清中叶后有此怪论，明以前所绝无也。当知心性之学，苟非真参实悟，即使践履笃实，充其极不过善人而止，所谓圣人，吾不得而见之矣。清初自熊相国赐履、孙侍郎承泽讲学，以排斥王学为务。一时矫饰之士，乃假卫道尊朱之名，以为趋逢迎合之计，托名至高，志实污下。同时方望溪为学，固笃守程朱者也，然不以当时诸人攻击王氏为然。其文如《重建阳明祠堂记》、《鹿忠节公神堂记》，皆发明此意。而《阳明祠堂记》言尤痛切，谓：‘自余有闻见，百数十年，北方真儒死而不朽者三人，曰：定兴鹿太常、容城孙征君、睢州汤文正，其学皆阳明王氏为宗。鄙儒肤学，或剿程朱之绪言，谩诋阳明以钓声名而逐势利。故余于生平共学之人，穷而在下者，则要以默识躬行；达而有特操者，则勖以睢州之志事而毋标讲学宗指。’又曰：‘阳明之门，如龙溪心斋，有过言畸行，而未闻其变诈以趋权势也。再传以后，或流于禅寂，而未闻其贪鄙以毁廉隅也。若口诵程、朱而私取所求，乃孟子所谓失其本心，与穿窬为类者。阳明之徒，且羞与为伍’

云云。望溪殆深悉当日诋毁阳明者之隐，故不觉其言之痛也。熊、孙既以朝贵而倡排斥王学之说，登高而呼，附和者众。当时号称大儒者如陆清献、张杨园、张武承辈，亦以诋毁阳明为务。清献之名尤高。风气已成，凡稍有志于理学者，必先以攻击陆、王为务，一若非此不足自名正学者。又承汉学家支离繁琐之弊，梳文栉字，析及毫芒，繁称博引，游衍而不得所归。盖至是举世已不复知有心性之学矣。于是见昔贤精微高深之论，凡非己所能解者，则概以王学心学斥之。陆、王之学既避之若浼，而程、朱之学，至是亦尽失其精意矣。于是陆、王之学亡，而程、朱之学亦随之俱亡。清季好学之士，亦有心厌汉学之繁琐无当，反求诸宋学以修己教人者，唐镜海、倭艮峰二公治之尤勤。顾唐、倭之学，以平湖、杨园为宗，外此者皆目为异说。唐撰《国朝学案小识》，专标此旨。然陆、张之学，醇正有余，精微不逮。唐、倭复专宗之而悉摈其余，则规模更形狭隘，意趣更觉肤浅。曾文正以命世之英，生平治学艰苦绝人，所得亦于近人为最，而治理学则师确慎而友文端，故其所得亦仅止此，不能与宋、明诸贤媲美。风气囿人，贤者不免。迨清末而徐桐辈以仅习制艺之腐儒，亦靦然以道学家自命，于是理学益为人所轻视。欧化东渐，举世舍其旧而新是图。于是数千年来所恃以维持国脉民心者，至此根本动摇矣。”（见《论理学》）

其论东西学术之不同曰：“近人喜言以科学治学方法整理国学者，是殆未明吾东方固有之学术，其性质与今之所谓科学者迥别。研究科学及一切形质之学者，如积土为山，进一篑有一篑之功，作一日得一日之力，论其所得之高下浅深，可以计日课程而为之等第也。治心性义理之学者，如掘地觅泉，有掘数尺即得水者，有掘数丈始得水者，有掘百数十丈然后得水者，有掘百数十丈而终不得水者，有所掘深而得水多，亦有所掘深而得水反少者，有所掘浅而得水少，亦有所掘浅而得水反多者。而所得之水，又有清浊之分，甘苦之别，不能尅日计工，而衡其得水之多寡清浊也。其一旦得水也，固由于积日累功而成，然当其未及泉也，则无论用力如何勤苦，经营如何之久，若欲预计其成功之期，则固无人能言其明确之时日者也。所谓掘井九仞而不及泉，犹为弃井也，治心性义理之学，亦犹是矣。当其体察钻研，沈潜反复，虽志壹气凝，用力极其勤奋，苟未至于一旦豁然贯通之日，则无论用力如何勤苦，杳不知其成功之究在何时也。且此所谓一旦者，不能以日计，不能以月计，亦不能以年计，但由正知正见而入，至于用力之久，则终当有此一旦已耳。然亦有用力既勤且久而终无此一旦者，亦正不尠。就其大别言之，有得人一言之启发而即大悟者，有积数年数十年之力学苦参而始悟者，有勤奋终身而仍未大悟者，有勤奋终身而终不悟者。盖学之偏于实者，其程效可以计功计日。学之偏于虚者，苟非实有所悟，则决无渐臻高深之望。语其成功，不闻用力之多寡，为时之久暂也。明陈白沙先生论学曰：‘学有由积累而至者，有不由积累而至者。有可以言传者，有不可以言传者。’大抵由积累而至者，可以言传也。不由积累而至者，不可以言传也。东西学术之别视此矣。”

“凡西哲之学问，莫不重系统，有阶级，故其学皆由积累而至，皆可以言语文字传授者。若吾东方之学术则异乎是。不特性命之根源，精微之义理，本非可以积累而至，可以言传，即九流末伎如医卜星相之徒，苟语及精微之处，设于道一无所知，则终身亦决无自臻于高明之境。道如一大树，圣贤得其根干，方伎得其枝叶。此中道妙，父不能传之于子，师不能授之于弟。亦不由积累而至，亦非可以言语传授者也。圣贤相传之道，非古圣能创作也，不能因其固有之道举以告人耳。如黄山天台之景，天下之奇观也。然此境非吾曹所能创造，亦非吾曹所能建设，天地间原有此境。欲知此境，只须亲到亲见，圣贤不过先到此境，先见此境而已。吾人苟能笃信古圣之所指示，孳孳日进，终必有实到此境，实见此境之一日。迨已到已见之后，方知此境本为古今人人之共有，既非先圣所能创作，亦非后圣所能改造。且如黄山天台，天地间既实有此山，此山终古不改，则凡曾到此山者，其所见即无一不同。千万年以前，曾见此山者，所说如是，千万年以后，凡见此山者，所说亦必如是，决不能于实际增益分毫，亦决不能于实际减削分毫，以稍有增减，即与固有者本然者不合也。历圣所传之道亦犹是矣。道既无二，道既不变，历圣既同传此道，宜所见无不同，所说亦无不同矣。不独尧、舜、禹、汤、文、周、孔、孟同此道也，即推至羲、黄以前，下至后世程、朱、陆、王之所见，旁及柱下漆园之所说，亦无不同也。不特中国诸圣之道同也，即西方大圣人所说，若语道之根源，亦无一不同也。盖地无分东西，时无分今古，凡圣人设教之本心，无非欲世人共知此道，共明此道而已。此道范围天地，无古无今，先天不违，后天奉时，诸圣之所明者明此，诸儒之所学者学此。不明此，不足以为圣，不知此，不足以为学。所谓惟此一事实，余二即非真之大道。无论何时何人，决非可以凭一己之心思才智，创立新说异见者也。以孔子之大圣，犹云述而不作。”

“窃尝论之，既为圣人，必明大道，既明大道，即无可作。孔子祖述尧舜，无所谓作也，即尧舜亦不得谓之作，不过祖述尧舜以上之圣人而已。推而至于羲、黄以来，均述而非作，即推而至于羲、黄以上，亦无人可称作者。何也？所谓圣学者，盖天地间实有如是一件道理，圣人不过知此见此觉此说此，欲人人共明此而已。此实际之道理，圣人不能增益分毫，亦不能减损分毫。如天地间既实有黄山天台等山，前人曾游此山者，既说山之高低远近以示世人矣，山既经古今无稍改变，宁有后人见此山者，其所说竟与前人异乎？且此道不因世生圣人而有，亦不因世无圣人而灭，故道因圣人之存亡而分晦明，非因圣人之存亡而生有无。犹山初不因游人之多少有无而少改变其原有状态也。若云圣人有所创作，则此道不啻已为圣人所私有，已不能谓之先天而天不违，后天而奉天时之大道矣。故曰：'先圣后圣其揆一也。'又曰：'东海西海有圣出，此心此理同也。'西儒之言哲学，则全与之相反。哲学派别既多，意见各异。一说既兴，则必有绝对相反之说与之并立。故既有一元说，则即有二元说起而与之抗，既有唯心论，则更有唯物论出而与之争，各是其是，无所折中。而研此学者亦必兼收并包，莫定一尊。既无同揆之可言，更难期收一贯之效。是故西儒之治哲学，如人造园庭，各人所作各各不同。一人所作之园庭，可由一人之意匠经营而为建设布置。故后人所作之园庭，不必同于前人，亦不难胜于前人。是以西儒之治哲学，往往后胜于前，今密于古，不同东方人之学道者，先圣既造其极，决无后可胜前之理。无论后人用力如何勤奋，悟道如何深远，谓所见同于先圣，可也。谓所见等于先圣，可也。若谓所见异于先圣，或谓其过于先圣，则非愚即妄矣。"

"为学之道，惟信为能入。孔子曰：'信而好古。'又曰：'笃信好学。'子张曰：'执德不宏，信道不笃，焉能为有，焉能为亡！'而以今日学者之浅陋，读圣贤精微之经传，苟非信至极处，决难望有所得也。无论天资如何高明，用工如何勤奋，愿十年之内，万不可轻言有疑，惟当以全身靠在圣贤语言上，然后虚心静气，优游玩索，以身体之，以心验之，从容默会于幽闲静一之中，超然自得于书言象意之表。如口之于味，鼻之于臭，吾人欲知味臭之区别，设非亲尝之，亲臭之，则决无真知确见之可言。论味则蜜与糖同甘，而糖之甘自异于蜜，梅与醋同酸，而醋之酸不同于梅。论臭则兰蕙与旃檀之香同而复有别，鲍鱼与屎溺之臭同而不相混。若欲详辨四者之分别，虽使善文者覃思深虑而出之，仍不过得其仿佛而已。若复令读者其文，即可辨其异同，则虽上智亦决不能也。然使其人一尝其味，一嗅其臭，则虽愚夫，亦能立辨之而无爽焉。此即阳明所谓'哑子吃苦瓜，与尔说不得，尔要知此苦，还须尔自吃'。悟即自吃之谓也。可知不自吃，则终不知味，不自悟，则终于道无所得也。由信得悟，由悟证道。古人之论悟道也，曰：'言语道断，心行处灭。'又曰：'口欲言而辞丧，心欲思而虑亡。'又曰：'穷诸玄辩，若一毫置于太虚。竭世枢机，似一滴投诸巨壑。'非古人好为微妙幽深之语，使世人难于窥测也。盖有以见道体本质如此。故曰：'此事极奇特，极玄妙，而又极平庸，极真实。'其入手最要之方，则莫若静。静而后能定，既静且定，然后能发慧，则吾心广大本体灵光发见，然后方可期有得耳。由信得悟，由静生明，惟静而后能虚灵。宋儒言心以虚灵为贵，此言亦善。必虚而后能灵，既虚且灵，方能默契先圣精微之旨。若专以博学多闻为贵，终其身皇皇然以搜求捃摭为务，如清中叶汉学家之所为，则此心已实而窒矣。实而窒，又焉能悟道妙哉！"

"所以学道者，决非博观强记探赜索深之谓，必澄心息念，收视返观而后期有得。其未得也，不能尅日计功，由于积累而成；其已得也，先觉者亦不能以言语文辞，传之后进。学者苟非真参实悟，无由知其妙微。若西儒之治哲学，则不外博览群书，广采物情，全凭意识以为推求，历举事例以为比较，无所谓澄心返观之法也。大抵西人治学之途径，不外分别比较二术。名数质力，日扰其心，终日思索，神劳则昏，尚安有心体灵光发见之一日耶？圣贤之学，全由圣贤心体灵光发见，非由外得。故言道学者，前圣已造其极，决无后可胜前之理。故学儒者决无人能过孔、孟，学道者决无人能过老、庄，学佛者决无人能过释迦。学者既明此理，则但当终身安心作孔、孟、老、庄之信徒，不当妄思欲作孔、孟、老、庄之试官。若近日浅人之所为，字意未明，句读未真，便欲评其高下，论其是非，是无异人人可作孔、孟、老、庄之试官矣。人人欲作孔、孟、老、庄之试官，势必至无人复能解孔、孟、老、庄之真意矣。"（见《东西学术之不同》）

其论三教会通曰："天下物极必反。自清季倡言变法，朝野上下，事事舍旧图新。乃扰攘二十年，纪纲堕地，未收变法之效，先亡立国之本。法愈新而国事愈紊，学愈新而民德愈下。深思远虑之士，知徒事纷张，无补实际，欲返而探求古昔圣贤学术之纲领，治国之要图，乃复索诸宋明理学，旁及释道二教之说，于是会通三教之说，复弥漫于国中，聚徒立说，所谓某社某教者比比而是。信奉其说者，不仅乡愚妇孺，乃至达官贵人，奉为至教，信为大道，为之奔走扶持，亦有名士宿学，入社奉教。余初不解所以，迨推求其故，而知事之不偶然也。清季革命，争民施夺，士大夫日以科学之功利主义，陷溺其心，头没头出，心神胶扰。而于此有人焉，广谈心性，语多玄妙，闻之形神洒濯，欢喜赞叹。譬之久居炎瘴之地，骤入清凉世界，翻然信奉而不悔者，自出于诚意好善之心，未可以浅薄而厚非之也。然以好学向善之心，转为诐辞邪说所蔽惑，不复知有真知真见，此固天下事之最可痛心者。”

“三教分立，由来已久。虽根本之地，原无不可会通之处，然门庭施设，各自不同，通一教已不易，而侈言会通乎！自古兼通儒释二教者，如宋之明教嵩、东林总、大慧杲，明之莲池、憨山，居士如杨大年、张无垢、耶律晋卿、宋景濂、赵大洲辈，其初皆由一门深入，得发妙悟，复余力兼及，自易了解。其兼通佛、道二教者，则自古罕闻。盖禅门鄙道家为外凡，深通佛理者决不复羡长生，而道家亦以性命双修为独得之秘，不肯舍己从人，故道家除宋张紫阳外，其著作鲜能入佛知见者。以一人而会通三教，谈何容易！且诸公之书俱在，在佛言佛，在儒言儒，在道言道，即兼通而不必会通。如张紫阳著《悟真篇》，叙金丹要术，则不杂宗门一语，而著外集，则演禅门中最上一乘宗旨，亦不杂玄门一语。未闻一书之中，必以融通贯串为贵也。三教各有微言大义，其教人入门之途径，又各不同，决不可强为比附，又未易轻言会通也。乃今之言会通者，惟捃摭门面之语以为装点掩饰之计，既以长生成仙之说，动俗人之歆羡，又标窃一二虚空玄通之谈以欺浅陋不学之辈。始以名利之故，惑世诬民，继见附从者众，益大言不怍，靦然以教主自居。不知为知，未悟言悟，谤大般若，种地狱因，世间恶业，未有甚于此者。而始创三教合一之说者，为明季林兆恩，即世所谓林三教，著《三教正宗》一书，虽无精义，然尚不如近日所说之谬。清同治五年，山东黄崖之狱，教首张积中，江苏仪征县人，其教即溯源于林三教，寻遭诛夷。国体既更，教禁遂弛，往昔秘密之会社，咸得公开传授，异说蜂起，虽同标三教合一之旨，而派别分歧。有论其仪式则为佛教，然教中所传授者，不外吐纳导引升降之术，则又道教之支流焉。有所诵之经，不过禅门日诵中之数种，与僧徒无异者。亦有释道二教寻常通行之经，其徒均未列入日课，别由创教之人造成一经，教中人视为秘本，非经教中规定之等级不能传授，绝不许教外人见之者。有传教之人及教中刊布之书，专喜引用《学》、《庸》、《易经》中语，骤视之似儒教，而推究其旨，则专以金丹大道之说强加附会，实于儒门本义不啻千里万里者。聚徒立说，多者或数百万人，少亦不下千百焉。”（见《论三教异同》）

其表章潜德朴学曰：“清季宣统三年间，余肄业京师大学分科。一日，余至东安市场，见地摊上卖旧货者，有译学馆《舆地讲义》百数十册。余未入分科前，先毕业于译学馆，一见此书，即惊异。问其价，则每册仅铜元四枚，全书共四册，以洋白连史纸印，亦颇华美，每册约百页，四册价铜元十六枚，可谓廉矣。问此书购者多乎？答中国无人要，日人购去百余本耳。闻之令人短气。余知此为湘潭韩朴存先生手笔。先生为地理专家，与邹代钧先生齐名，共创舆地学会。此书以四年之岁月脱稿，殆先生毕生心力之所寄焉。同时任译学馆历史教员者为驻日公使汪衮父先生，才华绝出，年少负高名，而心折韩先生之笃学，遇历史地理有疑者，必以问先生。吾乡杨逊斋先生生平专攻史地之学，历任北京大学、浙江高等学校讲座逾三十年，每语余曰：'译学馆《舆地讲义》极精审，决非外省坊间所能成也。'以如此精审有用之书，又以举世罕有之廉价，乃以国人之无人过问，而为日人捆载以去，供其侵掠窥伺之资。天下伤心之事，孰有过于是者乎！此书至今无人为之重印，其实决无第二种中国地理书可与比者。设日人窃为已有，以之出版，或反能一新吾国人之耳目，群震为外国学者之名著。此事往来于余心者逾二十年，平居每一念及，辄凄然欲涕焉。又吾乡有宿儒范柳堂先生者，长于考据史地之学，生平无它嗜好，惟喜读书，年七十余，尚不一日废书。曾任吾郡中学教员，入民国后，任浙江统志局编纂五六年，以编纂《天台山志》，身入天台山，为学不苟如是。先生杜门寡交游，乡人知之者亦尠，乃以民国二十年秋，北平某文化会会长桥川时雄者，忽致函，辞极撝谦，谓'钦慕之日久，前月南下，本欲面领教诲，乃至车站，狂风暴雨，不克如愿。先生著作，如有已刊者，请各寄一部，未刊者录副见赐'。先生如其言。复信则措词弥恭，谓'奉读大作，无异贫儿暴富。未刊之稿，倘蒙许可，当敬为代刊以广流传'。会东北事发，先生乃不复作覆。先生在乡里，目之为古董，为怪物，终岁无人登门，乃异国人反能于数千里外慕其名，索其书，殷殷请求，珍逾球璧。是亦有识之所悼心，志士为之短气者也。"（见《无题》）

观其所称，见解超卓，议论中正，以聪明人，说老实话。其论不必为近十年发，而近十年之国学商兑，惟先生殚见洽闻，洞见症结，人人所欲言，人人不能言。要删如右，以备成多学治国闻者考览焉。

（录自《光华大学半月刊》第3卷第9、10期合刊，1935年6月）

研究国学之方法与应具之眼光

——何主席在湖南国学馆讲

何　键

研究国学，在今天本是很重要的事业。湖南国学馆成立已久，并推我为馆长，我不肯就，且迟至今日，始来与诸生见面者，因国学馆甚不易办，徒挂虚名而不能实际任事，设办理不善，反于提倡国学前提有碍。近据张代馆长来说，诸生异常勤学，极可深造。我又看见你们月考卷字，确实不错。今天特与各委员各厅长来此商定馆址，并就便与诸生讲演研究国学之方法与应具之眼光。论起国学的范围，极为广博。自有典籍，以至今日，质量方面，有汗牛充栋的书籍，精神方面，有一脉相传的家法。除经史外，如子集两部，佛教经典，都在应当研究之列。太史公论儒家云："累世不能通其学，然年不能究其礼，故曰博而寡要，劳而少功。"儒家一派，在汉时犹然，何况历二千余年至于今日。故研究国学，不能不有个标准。

故友傅钝根先生，为中等学校列举研究文学所应读之书，及梁任公列举国学应读之书，均不过数十种。而曾文正自述所学云："余于四书五经之外，最好《史记》、《汉书》、《庄子》、《韩文》，及《通鉴》、《文选》、《古文辞类纂》、《十八家诗抄》八种。"其书尤为精约。可知读书不在多，在精通其义，能见诸实用。予意对国学，可分为必读之书与细看之书、浏览之书三种。必读之书，如《四书》、《五经》、《史记》、《汉书》、《通鉴》、老庄、与《古文辞类纂》等等。细看之书，如《楚词》、《文选》、《说文解字注》、《尔雅》、《广韵》、程朱陆王全集、及世界史等等。（世界史虽非研究国学的人，苟不知世界史，则对于时下文章，多不能解。）浏览之书，如周秦诸子、历代名人集、及清代《廿二史札记》、《十七史商榷》、《五礼通考》、《刘止唐全书》之类。在天资不敏之人，于必读书外，仍须就其志之所向，或愿学文学，或愿学经学，或愿学史学，仍要仿苏秦为学之法，"简练以为揣摩"，俟有所得，脚步立稳，然后再阅他书，方不误用工夫。

不过现在来讲国学，也很困难。莫说一班醉心欧化的人，从旁捣乱，反对国学了。即时代的事实来说，我们不可不预立方针，作勤学与致学的标准。何以呢？现在世界，到处都是西人占势力，彼所谓是者，便无人敢指为非。因此国人心目中总觉得中国文明，与西人相差太远，便想便满盘承受欧化，已成为一种风气，并且在国内政治学术两面，都占有很大的势力。我们固然知道他们的主张，是偏狭的，但他已走入欧化途中，不能自觉，好像饮了狂泉，要想将他唤醒，来转移目前的风气，至少要有三层功夫。一、将国学与西学比较，使其知国学的优长。二、通经致用，使其知国学培植的人材胜于西学。三、研究国学的人须在八德上立住脚根，表示国学所成就的品格绝对可靠。苟不如此，徒说空话，仍然无用，仍没有昌国学的力量。

再进一步说，现在世界列强，已成对峙之局，二次世界大战的恶耗，不断地传入吾人的耳中。拿中国形势来说，不但共匪未清，无暇顾及国防，而物资上的设备，如飞机大炮兵舰坦克车等等精利的武器，一无所有，拿什么与列强周旋。然则现在中国人为自己打算，应当如何，还是听人宰割呢，还是积极筹备武力，抱卧薪尝胆的精神，去求最后的胜利。一般学者对此问题，都在这里研究，并且嘲笑讲国学的老先生说，“强盗已进大门了，你们不设防，不知惧，还在这里考古董，弄琴瑟，真是醉生梦死……”岂知讲国学而无术以应付国难，固然无用，即他们新学家所筹划的一切，也未见得有用，学人家技能，还想与人家决胜负，你有进步，人家更有进步。总是追随人后，望尘莫及，到不如仍在国学里面想出路。大家都知道，我们先圣先贤，讲王道，讲大同，各种学问道德，都以平天下为归宿。那不是说着好玩的，论人道、正义应当如是。从前世界未通，尚不知世上有好多国家，尚谈不到大同二字。现在大地环通，更无未发现的奇异国家，孔子所言“凡有血气者莫不尊亲”的时候，已经到了。我们应当将礼让精神、大同主义，推广出去，不但不加入战争，并且将国界种族界，及各种利害冲突的原因，慢慢扫除干净，才显得出国学的价值，与我民族的伟大责任。讲到这里，我不妨将现我研究国学，应具的眼光，简单的分说于下。

一　注重行践　六经的教训，最重要的就是讲为人处事的道理。即如《论语》开首讲学，期于成为君子。有子言孝弟，曾子言忠信，便是为学的实际，养成君子的实功。我常常劝人实践八德，今姑以孝弟忠信为纲。大家要认定这四个字，是你们作人的根本，无论在何时何地，万万不可疏忽。财可舍，名可弃，推之一切都可不要，惟此四德，断不可一日少离。你们所读的书籍，各教师所讲的训语，总不外将此四德从其本质与范围，加以说明与指示。你们在馆，虽然离开父母，但不忘父母的希望心，努力于进德修业，这就是孝。弟字本有二义，一是对兄，一是对师，故兄弟师弟都是这个弟字。你们天天与师长相处，能专心致志，恭恭敬敬受教，这就是弟。你们能将心理一切偏见欲念，扫除干净，一心清明，如镜未尘，如水未波，专一来领略经史上的义理，一字未明，便须求明，一句未解，便须求解。对于师长与同学，只觉得可亲，对于工丁及公物，只觉得可爱，这就是忠。至于功课方面，知则曰知，不知则曰不知，能则曰能，不能则曰不能，做事好就说好，不好决不强说是好。守住常课，自起居饮食以至读阅习作都有一定时间，常守不移，这就是信。先从此处做起，将来再从你的所言所行，推之于国家社会，这是最要紧的工夫。希望你们天天以此自省，如已办到，便可安然寝息，如觉有丝毫不实在处，便要自知自悔，更加勉力。

二　审察经义　通经致用四字，是千古治经的标准。孔子以诵诗三百不达政事为可羞，推之各经皆然。读经无用，读他何为。论读经的次序，须从训诂名物入手，训诂名物弄不清楚，便容易起了许多错误。然读经的最后要求，仍在致用。书有古今新旧之别，义无古今故旧之分。今人之性情好恶，与古人一样，以人治人，古今宁有二法？凡圣人所垂训的几个要点，在今天仍然很适用。我很希望大家于读经时，一面了解古训，一面又要认清现在时代，将经义可行于现在的部分，从修养上说，志道据德，依仁游艺；从学问上说，博学、审问、慎思、明辨、笃行；从伦理上说，三达德与五达道；从政治上说，尊五美屏四恶与九经；从治民上说，明伦与制产；从经济上说，生众食寡，为疾用舒，与裒多益寡，称物平施；从人群上说，三世与大同。如此之类，均应特别注意，方才成为有体有用之学。在家不是一个迂腐书生，居官自然能因时制宜，来求国计民生的福利。

三　研究大同　现在中国须向国学里求出路，上面已经讲过。但难免不有人疑惑说，世界列强，都向中国侵略，我们严守门户，尚恐不及，若提倡大同，自将门户放开，不但暴露我国民之软弱无能，虎狼般的列强，将更向我国侵入了。岂知不然。天下之祸，起于争而消于让。中国如步列强竞争的后尘，尔诈我虞，不但不能阻止列强之侵略，且更引起其侵略的诈谋。如中国提高国家人民的程度，专讲礼让，将古圣人伟大的大同学问，尽量向世界灌输，在无识之人或疑为中国贫弱，武备不足，这是一种无可奈何的办法，识者看见中国言行一致，能讲出伟大的学说，就能做出伟大的事业，必定心中惊服。要研究大同的道理，谁个愿为争斗的小人，谁个又肯让别人独成君子。必能此唱彼和，大家都在人道正义上比较程度之高低，马上就可实现出来。到那时候，不但孔道通行世界，我国人且因发扬孔道，而居于领导的地位，岂非历史上无上的光荣。况且为人类前途设想，除行大同外，更无法造成全人类的幸福。大同学说，既创自中国先圣，今日提倡大同，正是中国人惟一的责任。

以上所说三端，即修身、治、平三义，不过举其纲领，三者又当分为若干细目，才能解释清楚。现在姑不多讲，仅从教学两面总说两句，作一个结束。先说学生方面。你们正在青年，即是将来的社会中心，想知道你们将来的事业如何，就看你们今日的努力如何。我对你们抱着很大的希望，盼你于实践孝弟忠信以外，还要行之以勤，出之以谨，持之以笃，守之以恒，扫除轻狂浮燥，骄慢怠惰一切恶习。你们学识修养进步与否，我将来从月考与季考的文卷里面，也可以看的出来。至诸位教师，都是博学重望的先生，肯出来为国家尽义务，植人材，这是很可感谢的事情。诸位都能以身作则，循循善诱，不计较权利，尤值得佩服。但记云“师严而后道尊”，这个严字虽不作严厉一面解，我希诸先生对于学生的行践，要严加考察，抱定教育真材的精神，凡品行不端，屡教不改，与向学不专，不肯受益，及生性顽劣，不堪造就的害群的学生，也要分别轻重，严加剔除，然后真正好学生，才能安心读书。不可以宽大为美，教不成有用的真才，致负社会群众无限的希望。

（录自《国光杂志》第5期，1935年7月）

我们的认识和实践

——对中国学院国学系二十四年九月秋季始业新生的讲演

吴承仕

诸君来此投考本校的本系，固然有少数无所谓的，也有有认识的。但各人所认识，多少含有主观成分，此种成分，亦由各别环境造成。要之，不一定与客观存在相应，犹之我对诸位之不能认识，是一样的。

诸君的光明前途和新的生命，也许发轫于此。既以本系为给予生命力的策源地，当然非认识本系不可。譬如本系是一座商店，（1）诸君所买者，即为本店所卖者乎？（2）本店所卖者，即诸君所欲买者乎？（3）即令买卖同为一物，果能货真价实乎？（4）即令货真价实，果能适合需要乎？我想诸君对此，观念必甚模糊。是的，认识当由实践而充实、而推进、而转化、而完成。但是本人之于本系，几等于创办，由创办而经过无数曲线式的进展，以讫于现在。其中，各项设施、各项计划，至少当有我个人意志的反映。而我个人意志，至少又为时代环境所反映，这是很明白的事。现在，希望诸君认识本系，最好是由我来介绍，较为近真。假使大家再不认识，或根本上无所谓认识。那末，我们上课下课，你们始业毕业，你们交费，我们领薪，你们将来拿到一张不兑现的支票——文凭，我们每月拿到一张打折扣的支票——聘书。在我们是剥削你们的血汗以养活自己，在你们是剥削你们父兄的血汗来供给我们，假如你们的父兄是工农。若是有资产者或官吏或教授，则你们父兄是直接剥削，你们是间接剥削。诸君毕业以后，有幸运的再去剥削别人（不，幸运是更加渺茫的罢！恐怕将来只有两条出路，一条是黑奴式、印度式的劳动者，又一条是红头阿三、刚摆度之流罢！）如此则我们的一切，不独无意义，简直是有意作恶！说好听点，是甘心做一辈子寄生虫，说不好听点，是冥冥中作了民族的刽子手。在醉生梦死中，过去四年是很快的，四年中我们的耳官所闻受的不过是上堂下堂的送葬的钟而已。

现在想让你们认识本系，同时也无异于介绍我自己：

本系开办之初，是胡先生当主任。第三年我以旧学者——章门——资格来承其乏，当时人数甚少，课程亦模仿国立各大学，大半因人设课，无计划、无体系、无目的。然而，当时毕业者颇有数人能卓然自立，此为混沌时期——第一期。距今七、八年前，始有编制大纲，此时各校之国学系及本校各系，尚无所谓计划书。大抵分为朴学和文学两部分。因为国学范围甚大，无法遍及，即如道德、伦理、哲学、政治、法律、古骈、散文、诗词、戏曲一切皆可包括在内。不独学者和教者无此能力，并且无此功夫。只有将四年分作两个阶段：一是两方面的通论和工具之部，作为一二年级必修课目；一是两方面的随意举例之部，作为三四年级选修科目，算是比较合理化的办法。这是旧的计划时期——第二期。那时，我个人很喜欢研究哲学、社会学、经济学等，虽无心得，但是认识总较为进步，而是：从前只认识树，现在并认识树是森林的树，森林是树的森林。换言之，已经确切了解，一切科学皆历史科学，一面是自然历史，一面是人类历史。自然史不是我们的范围，此地可以不谈。人是制造工具的、是合群的，因此而有社会的生产和社会的斗争。地上一切语言文字及遗留的东西，地下一切被发掘的东西，无一件不是体现着人类生产和斗争的记录。我们为什么把一切都看成历史呢？正因为从哲学立场观察社会的一切，皆是变化的、错综的、生灭的历史过程，与形而上学的“天不变道亦不变”的观点，完全站在相反的地位。于是我们对于一切的态度，是前进的，不是保守的，是批判的，不是拜物教的，是革命的，不是反动的。既知一切科学皆是史学，于是欲治史学，必须先有历史观，欲有正确的历史观，必须先有进步的世界观。因此，乃排众难，破往例，创设《社会科学概论》一必修科，作为认识的基本知识。这意义显然是：必须认识世界、认识历史阶段，而后才能够认识自己对于世界应负的义务，才能够认识自己对于时代应做的工作。我们固然不能到地洞里去挖煤、挖铁，到工厂里去织布织帛，到田地里去种稻种麦，但是，时代的大神和历史的铁则，宿命的留下好多应该做的艰苦卓绝的工作，重重的压在我们双肩上。实践要靠手和足，认识却要靠一双眼睛。这是依据我的认识而形成的国学系的最近的姿态。算是新的计划时期——第三期。

但是，诸君不要以为上面所说，在现实上是恰如我们所想的，直线的，可一蹴而成的。环境的制约，并不许我们绝对乐观，只有蜗牛似的、尽可能的循着曲线进行，渐渐以求接近而已。最上有统制（今且为二重的），其次为人力所限，其次为财力所限，皆须委曲迁就，以求达目的。委曲迁就是最艰难的事情，亦唯在艰难中努力奋斗，才是有意义的事情。这，也可以说是宿命所定，《诗》云：“不自我先，不自我后”，即是说谁叫我们生在这时代呢？

我们所希望于诸君的，第一是认识世界，认识时代，——时空本来是不可分的，有正确的认识而后才有正确的路线。就本系而论，在史学方面，应具体的去搜集材料，整理材料，用辩证的观点，作正确的批判。在语言文字学——亦是史学——方面，除以语文作为研究社会史的最有效的材料外，还有时代的任务，即将文字简单化、通俗化，使大众皆享有写、读、作的幸福，得以提高文化水准和促进大众的觉悟。在外国语文方面，应养成诵读及翻译之能力，一面培养自己，一面介绍于别人，使世界最进步的知识，转化为我们大众的知识。在文学方面，应练习写作技术，养成表现的能力。总之，皆是有所为而为的。他们唱和着“为学问而学问”“为文艺而文艺”的高调，那是我们所排斥的，这是积极方面的意义。在旧文艺方面，即现代所谓“文学遗产”问题，依我外行的观察，对于他们的意识是取严重批判的态度，对于它们的技巧，是取融会吸收的态度。但是，我们知道，“内容决定形式”，我们既有我们时代的内容，自然用不着它们古典的形式，那么，我们对于旧的典型技术，只有灵感的去领会它而已。这里还有应注意的一点，假使你们毫无认识，又始终陶醉在某种气氛里，或本无所谓，日濡月染的渐渐的受了陶醉，你会慢慢的吸上鸦片烟，而这种鸦片烟瘾，却是好些遗老遗少们所最欣赏、最希望的。其实你家中有很忠实的祖和父，有很大的田地和财产，一灯独对，“短笛无腔信口吹”的吹一辈子，也不见得大害于世。不过这不是我们所希望的罢了，这是消极方面的意义。总之，认识消极即是认识了积极，而积极方面尤为有效、尤为重要的，是文学的表现能力。

诸君，我以为中院的本系，无著名的偶像，无金元国的博士，无有力量的饭碗权威者，无绅士式、贵女式摩登学生，绝对赶不上北、清、燕、师等。是的，但是他们用以自豪的，正是我们唾弃不要的。我们有我们的新立场，新园地，新工作，新收获。我们应该很自傲的很响亮的对世纪末的逆流的大学教授、大学生们说：“我是中国学院国学系的学生或教习。”

我们现在的口号是：“认识时代，学习表现”，用实践去认识、去学习、去表现，你果真认识了，你就知道要怎样去表现，表现是要表现能力的，所以须要学习。

九月十五日晚清写讫

（录自《吴承仕文录》，北京师范大学出版社 1984 年）

《制言》发刊宣言

章太炎

今国学所以不振者三：一曰，毗陵之学反对古文传记也；二曰，南海康氏之徒以史书为帐簿也；三曰，新学之徒以一切旧籍为不足观也。有是三者，祸几于秦皇焚书矣。其间颇有说老庄、理墨辨者，大氐口耳剽窃，不得其本。盖昔人之治诸子，皆先明群经史传，而后为之，今即异是。皮之不存，毛将焉附耶？

其次或以笔记小说为功，此非遍治群书，及明于近代掌故者，固弗能为。今之言是者，岂徒于梦溪、鄱阳远不相及，如陆务观、岳倦翁辈，盖犹未能仿佛其一二也。此则言之未有益，不言未有损也。

余自民国二十一年返自旧都，知当世无可为，讲学吴中三年矣。始曰国学会，顷更冠以章氏之号，以地址有异，且所招集与会者，所从来亦不同也。言有不尽，更与同志作杂志以宣之，命曰《制言》，窃取曾子制言之义。先是集国学会时，余未尝别作文字，今为《制言》，稍以翼讲学之缺。曾子云“博学而孱守之”，博学则吾岂敢，孱守则庶几与诸子共勉焉。章炳麟。

（录自《制言》第1卷第1期，1935年9月）

国学今后之趋势

张树璜

近年我国学者，因输尽欧美学术，无补于神州危弱之局，穷途知返，遂有复兴国学之企图。我国家当局，亦感于人心不正，敷治无从，清源正本，端在明伦，更有复兴国学之决心。时会所趋，蔚为风气，于是研究国学之声，遂遍海内。有倡国学教育者，有刊国学书报者。宿学耆儒，欣欣色喜，各执其残篇旧说，以相夸尚，谓高搁三十年之旧物，复成新业，开帙展卷，以待世人之索求矣。虽然国学二字，范围甚广，国家既未明定途径，诏示国人，仅由在野学者之各是其是而非其非，跬步之始，便入歧途，事后补救，其何能及。究竟今日复兴国学云者，纯复古耶，抑欲取固有精神以治今之世耶，吾人不得不慎为研究矣。

今之言国学者，显有二派。其一主以科学整国故，又其一则接清学之余绪，仍为考据与辞章是也。前者为科学之国学家，持欧美学术主观之见，以绳旧籍。某也精，某也粗，某也宜去，某也可留，全未考我国学术历史演进之原理，与古圣贤立言垂教之苦心，纯依方法立说，整理丛书，宁不有功，而国学之精神无与焉。后者为守旧之国学家，或承其家世之旧，或守其师传之说，固拒欧化，死守旧章，其心目中之所谓学者，必如王夫之、顾亭林之博，戴东原、惠栋之精，方苞、姚鼐之雅。即不能得其全体，亦必于训诂、考据、义理、词章有一成焉以见于世。即再不能，亦必如大书贾之熟于目录版本，矜夸于口耳四寸之间，始可谓之文士雅人。此等主张，根于历史习性，然于国计民生仍无补也。愚以为今日讲国学，须矫正二者之所蔽，直求我先圣先贤之精义，以振起民族之精神，适应时代，立己立人，发为美善政治，以基我邦家丕基，而树世界大同之风声。要而言之，即倡明孔道是也。闻者疑吾言乎，请观中国学术史可知矣。

中国传中一贯之学，始于尧舜，历禹汤文武，皆君师兼资。观《周礼》保民之为政，六德六行六艺并重（前清律例尚有不孝不睦不敬不义之罪），可知治民之政，即是教民之学，尚实事不尚空言。故西周以前之典籍，重在史乘。老子为柱下史数十年，见事极多，知道极明，及总其一生所得，发为哲论，不过《道德经》五千言而已。孔子以在下之儒者，聚徒讲学，遂开政教分离之端。弟子三千，实多英杰，耳闻口说，若尽笔之于书，何止万卷，然孔子门下，未有创作，即孔子所删定者《六经》而已。可知孔子之学重在躬行，决不尚口说以炫世也。政教虽分，仍与国家立政所垂示之教条无背，盖修身治人之道如是已足，离人事而言学，皆玄虚不经之谈，无益于世，徒乱人心耳。迨至战国，七雄并争，士之挟异学而致功名者甚众，承学之子，竞相慕悦，各立新说，百子并兴，文多质少，为世所轻。惟孟与荀，一承孔子大同之说，专言性善，一承孔子小康之义，力主性恶，尚能发明孔道，不失正轨。其他杨墨申韩之徒，不过因史事而别具会心，以明道之一端而已。然孟荀之书，今日具在，罔不兢兢于修己治人之义，亦未尝斗丽竞华，引人于玄虚之境，理想之窟，尚琐碎而夸浮薄也。愚以为人事应用之学，上宗孔子，参以孟荀，因材成器，如饮沧海，足以裹腹而有余矣。此中国学术最盛时期，学者所应极端注意者也。

秦火之后，士风大变，学不师古，以苟且容悦，为取功名之具。贾长沙、董江都虽持正义，然身不显于朝廷，名不重于当世，不足以挽回一时下趋之颓风。（二公著书无多，犹守孔孟躬行心法）汉武重儒，《六经》复兴，本规复孔孟治之机会，乃古文今文，显有异同，学者所争，不在经义而在经文，真伪之辨，尚不易明，各有是非，相与对抗，已引天下士子，胥入文字之深窟，无复致力于圣贤之实学者矣。孔学衰微，大道不彰，古今真伪之争，亘二千余年而未已，两汉儒者，不能不尸其咎。其最有价值之书，脍炙后世人口者，莫如史迁之《史记》，许慎之《说文》，郑康成之训诂考据，司马相如、杨雄之文章，皆一时豪杰，毕生心得之作。不意此数子遂为后世小宗之祖，而唯一大宗如孔子者，反为后人所托名而忘其实德也。此我民族兴衰得失之大枢纽，思之亦可伤矣。（清学尤为两汉诸子之嫡系，千变万化，不能出其范围。清学盛孔学衰矣，可叹。）

魏晋承三国纷争之后，人心厌乱，黄老清净之说，因之而起。继以六朝，士无远志，惟致力于文字之末，词章之丽，佛图之自了。盖魏晋之风尚既误，又无有力之贤君相，大师儒，从而振作之，听其自转自荡，自生自灭，弊极复反，需时辄历百年，乃气化之自然，不足怪也。（西学东渐，已四五十年，始有今日事事欧化之现象。今欲复兴国学，有强有力者出而提倡之，亦须十年至少五年，始能改观。国家社会之大，一利一弊，难移如是，谋始者不可不慎也。）

隋唐之间，文中子挺生，讲学河汾，窃比尼山，倡三教同源之说，欲纳佛道于儒行之途，其用心之深苦，眼光之伟大，冠绝古今。观其《中说》一书，注重忠信力行，与孔子无以异也。其门下弟子，董薛最贤，未有著书。房玄龄、魏徵之流，方为显官，财力充实，亦无如《吕氏春秋》及《淮南子》一类之作，以炫博雅者。则文中子之为教可知，直孔孟后一人也。唐代承此风尚，历久不替。韩、柳、李、杜鸿才博学，旷世罕见，然其著作止于诗文。退之自比孟子，翼道之作，仅《原道》一篇，词明义简，能得孔道之纲领，使他人为之，不知演为若干卷矣。起弊振衰，文中子之功也。

唐季纷乱，先贤之流风既歇，僭窃之恶习遂成。演为五季，流下难返。炎宋继兴，力惩前弊，设教兴学，以修身明伦为要务。贤相如王旦、王曾、吕蒙正、寇莱公，皆朴素无文。其后如韩、范、司马，及胡瑗、孙复、石介之流，上下相维，虽皆文采斐然，然皆注重立德立功，未有自矜文人，以鸣当时而传后世者。故宋初百数十年之治化，史盛称之。惟周子援道入儒，倡无极之说，开讲学之风。程朱继起，其克治身心之功，多得自二氏，而又不敢明尊释道。惟以主一居敬为学，其功夫细密，类于独行之君子。于是匹夫匹妇，与知与能之道，亦若常人难及，然其范围士林，可谓严密无间矣。陆九渊之学，虽亦得自释氏，然其直指本心之说，殆欲矫当世学者之弊也。元明两代朱学最盛，阳明学说，近于九渊，风行一时，凡才智之士，不欲守拘执之旧者，翕然宗之，明季遂成两大派别，立说不同，其于身心大端，仍未尝异，故崇祯甲申之变，士子殉国者比比也。明季学者，承朱王之敝，有迂拘空疏之嫌，无补政事，以亡其国，一时学者，如顾亭林、王夫之、黄黎洲、孙夏峰、李二曲之流，皆尚博学，求经纶当世之务，以修身力行为旨归，学者称为启蒴派者是也。其实此诸君子，志在复国，欲博文以宏用，何尝崇尚考证之学哉。唯清自世宗以下，性多猜忌，天资过人，欲弭满汉之迹，而消士子报复之志，牢笼天下，引入词章考证之路，使之穷年毕世，难逃文字之深窟。不料习为风气，造成清代考证之绝学，虽有功于《六经》，而于觉世明伦体国经野之大端尚少阐发。清末今文学兴，加以欧洲自由平等之说，传入中国，康有为因之托改制而言革命，于是忠孝节义之风，受一重大打击。故辛亥革命，岂独汉人，即满人亦无死社稷如明季之盛事矣。此非仅今文家与西学之罪，盖清代考证学派，于道德礼义，相去本远故也。

民国改造，二十余年，国家虽言兴学，实未注意教育之精神，矜奇夸异，不顾伦常，故邪说愈多而变乱愈急。学者分为两派，一守考据词章之旧，一夸欧美科学之长，时会所趋，自然演成，要而言之，皆与国学无关。试观过去数千年治乱之故，由孔子之道，以修身明伦为重者，当时郅治，流风犹长，虽有大乱，不及于社会。反是则祸乱相寻，历久不已，六朝五季，乃其前车。即幸而治安，然人心不固，壮士一呼，四海瓦解，如清季是矣。观乎此则提倡国学于今日，宜深思其故矣。

况西学深入，已为无可否认之事实，社会感受欧化，如日用器物，家庭卫生，虽在乡村，亦无纯守百年以前之旧者，而国家法政、文物、制度、典章之取法外人，几乎削足适履，已易旧形。在今世界环通将进大同之时，彼此摩仿，乃趋势之当然。任何国家，其经济利害，无不有世界之关系，虽欲闭关自守，仍袭先民之旧章，已不可能。今后之变迁，将更甚于往日，国家之一举一动，皆须有世界眼光。凡不知自求优胜，徒以取法外人为事者，终必同化于外人，而尽弃其固有，甚可哀也。

欧学之不适用于中国，非欧学之咎，乃中国国性民情，本不与欧西同也。我民族人口最多，历史最久，古圣先贤，立政垂教，所以养成此民族者，自有其伟大之精神，与深奥之学问。其精神学问，可为全人类之模范者，不在班马文章，许郑训诂，李杜诗词，程朱义理，惠戴考证，质言之，则孔子达德达道是也。达德之用，所以立己，达道之用，所以成人，尧舜禹汤文武不外此道，即大同太平之治，亦不外此道也。孔子之为圣，世界各国罔不推尊，不独中国而已。我国倘欲昌明学术，在治己有益治人可效之范围内立标准，舍尊崇孔子，殆无其他途径。

孔子之道，人人可知可能，似属平常，不足以供才与智者之钻研，而不知深妙之义，即在平常之中。中庸固不可能，以子贡之贤，尚不足以行忠恕，吾侪之初志于士者，虽忠信亦不易能。子曰：“吾十有五而志于学，三十而立，四十而不惑，五十而知天命，六十而耳顺，七十而从心所欲，不逾矩。”进一境有一境之征验，佛家四圣，俱不能出孔学之范围。有圣者出，修孔氏之道，下学上达，德合天地，首出庶物，人类尊亲。纳天下士类于穷理尽性至命之途，使务外者转而务内，求物者转而求己。圣域贤关，引人深入，竭才智于深造自得，内重外轻，无求于物，争夺诈欺之患不起，天下大同之境实现。大人虎变，君子豹变，下至庸人愚夫亦有士君子之行，孔学明而孔道亦光矣。此非任何宗教哲学所能几及，特非深知孔子者，不足以知之耳。

闻欧美各大学，皆有汉学专科或专系之设备，推尊中国学术，尤崇拜孔子，称为人类唯一之福星，其渴望我国学术，以济物质之穷殆，若农夫望岁。吾人将何以餍其求乎？将享以支离之考据与浮华之词章耶，抑引入圣人之道，使知修齐治平，民胞物与一贯之义耶？若享以考据词章，则在我认为咀嚼有味者，彼反索然而不入，即入亦一记问之末，雕虫之技，于彼于我，两无所益。若示以一贯之大道，在我尚无自修有得之人，大之不见于政事，小之未验于身心，将以何示人？能举经书原文，质以授之耶？为国家、为世界，其不能不速明孔道也。如是其急，况世界纵现有学说，止于此数，无出孔子之右者，时变日亟，即大同之实现愈迫。往者既不可追，今日昌明国学，即不啻于纷纭道路中，自择一通达无阻之路。设谋始不慎，漫无审察，中道而荆棘塞焉，虽欲追悔，其何能及。然则如何而后可，我敢断言之曰，西学之优长者，既为世界所公认，即非吾人所能摈斥，中学之平实者，自有不易之定则，亦非西人所能拒绝，中西学术会合，镕铸而成一种新文化，十年之后，必然实现。此大自然之所安排，非人类谁何之力也。张文襄中体西用之说，为国人所诟病者，或且实现于将来。主持国学之人，宜乘机利导，研取国学主要成分，以成世界学术转变之大业也。

或曰，国学之趋势，诚如是矣，修国学者，何以自课？曰，此甚易也，其修己也，宜操崇德修慝辨惑三目，而主之以忠信。其修学也，博学（经史外，须兼通诸子、佛、道及世界史、哲、经济、政法之要义）、审问、慎思、明辨（一辨本身天资环境之苦乐，二辨时代社会之趋势，择定学科，专一深造），而期之以专成已。盖学莫先于成，其次治人驭物，以宏学之用，而利济社会，能如是已足矣。然未有己不自立而能使人物得其所者，故孔门不贵多言也。吾愿国家修明孔道，以立人伦之楷模，士子实行孔学，以矫务外之流弊，勿死守师说，勿拘泥旧章，明体达用，以救危亡而率世界也。

（录自《国光杂志》第12期，1935年12月）

十五年来我国之国故整理

陈钟凡

无锡国学专修学校成立之十五周年，校中将刊行纪念专刊，垂示来学。唐校长及冯、叶两主任贻书属述十五年来我国之国故整理一文，以饷读者。适以遂居，箧衍狼藉，不克翻帑群籍，博综探讨。仅就记忆所及，参之目前见闻，举其荦荦大者，与海内外学人一商榷焉。

一、引言

整理国故之说，近十数年来始宣腾于人口。溯其远源，实始于清代。有清三百年，其学派虽至纷歧，要以古典考证为一代学术之中坚。盖自顾炎武倡“经学即理学”后，一时学者多以治经为事。乾嘉之世，爰标“汉学”之名，考证之风，斯时特著。举凡群经传记，诸子著书，下逮汉唐各家笺注，莫不疏通证明，而得古学复兴之结果。斯固晚近整理国故之先导，犹之西纪元后一四五三年，东罗马学者奔避意大利，从事希腊古典研究，为西方文艺复兴（Renaissance）之前驱也。道咸以后，今文经学运动起，汉学遂别为两支，言今文者务引古匡今，归于经世致用。光宣之间，康有为、梁启超乃昌言变法。学术之途，至是丕变。西方科学及其工艺技术，渐为国人注重。直至民元八年，五四运动起于故都，一般学子津津于东西文化之比较，乃謈新文化提倡与国故整理为不可偏废之两大工作。

兹言后者。先问“国故”一辞，涵义至广，其内容究分几目？昔章学诚曾言“六经皆史”，天下歙然宗之。夫《尚书》纪言，《春秋》纪事，两者同为古史，固无待言。《三礼》所述典章制度，亦当与史同科。若夫《易》学，虽分象数、义理、图书三派。孔门《十翼》及晚周西汉各家之言《易》者并主大义，则当属之哲学。《诗经》所载，多里巷歌谣，则当属之艺文。故近人每嫌国学一名之涵浑，爰析为哲学、文学、史学三者述之。文字音训，前人所称为“小学”者，为治国故之工具，亦附及焉。

二、哲学

清人考证学，由文字声音义训，推求古代典制，原与哲学无多关系，惟宋元以来言理学者，每以六经为注脚，傅会释老之玄谈。清人怀疑其说，不得不援据经训，以相质证。戴震因著《原善》及《孟子字义疏证》两书，主“惟情主义”以代“惟理主义”，实近代哲学上一大创获也。

晚周诸子本以说理为宗，而清人治诸子学者亦从考证入手，犹之其治经学也。其学约分数派。一曰，校勘。如汪中、毕沅之校《墨子》，谢墉之校《商子》，孙星衍之校《孙子》、《吴子》，顾广圻之校《韩非》，毕沅、梁玉绳之校《吕览》，及王念孙之《读书杂志》，俞樾之《诸子平议》，孙诒让之《札迻》是也。二曰，辑逸。如严可均之辑《慎子》、《商子》，章宗源之辑《尸子》、《燕丹子》，及马国翰玉函山房之《辑逸书》，黄奭汉学堂《遗书考》之辑先秦汉魏诸子是也。三曰，订伪。如姚际恒《古今伪书考》之疑《鬻子》、《关尹子》、《子华子》、《晏子》、《鬼谷子》等书是也。四曰，疏证。如洪颐煊之《管子义证》，王先谦之《庄子集解》，孙诒让之《墨子闲诂》是也。

上举四者，并与哲学无涉。其近于哲学者，则为“通论”一派。如汪中《述学》有《荀子通论》、《墨子序》、《墨子后序》，孙星衍《平津馆丛书》有《墨子序》，皆条举一家学说，考其原委，平其中失，成一有体系之学说，实近人言诸子者之所本。清末，章炳麟著《检论》，有《订孔》、《原墨》、《原法》、《通程》、《议王》诸篇，持论宏通。后更著《国故论衡》，其《明见》、《辨性》等篇，亦多独到之见。又为《读庄子齐物论释》，以佛教唯识宗理论印证《庄子》，虽未免傅会，亦不失为哲学上有名之著述。他于《蓟汉微言》自序其学养曰：“少时博观诸子，略识微言。……独于荀卿、韩非，谓不可易。……继阅佛藏，涉猎华严、法华、涅槃诸经，义解渐深。”盖得力于印度思想者深也。其时严复所译赫胥黎之《天演论》，风行一世。西洋哲学亦为一般人士所注目，“物竞天择，优胜劣败”之说，播于人口。后更译斯宾塞《群学肄言》、甄克思《社会通诠》、斯密亚丹《原富》、孟德斯鸠《法意》诸书，学者读之，乃知西方社会科学之立说精辟，不在其自然科学之下。因多援引西说，以发明晚周诸子之指意。如梁启超之论中国古代思潮，及其《春秋界说》、《孟子界说》、《墨学微》等篇，并见《饮冰室丛书》中。时严译穆勒《名学》，刊行未竟。又译耶芳斯《名学浅说》，识者又知立言轨则，必遵逻辑（Logic）。民元以后，章士钊倡之尤力，文见《甲寅杂志存稿》。严氏实导其先路，此皆西方思想输入后之景响中国哲学者也。

上述十五年前各家关于中国哲学之论著，多属单篇，散见群书中，绝少专门巨制。其足称为专门著述者，则自胡适《中国哲学史大纲》始。胡氏此书，刊行于民国八年，诚近世哲学中一部开山之著。惜其书仅及先秦而止，未见赓续，以竟全功。且其所持平判各家学说之尺度，莫不以杜威（Dewey）主张之实验主义（Pragmatism）为标准，见解未免狭隘。他排列先秦学术体系，从道家之老子起，至法家之韩非止。谓孔子学说为老子、少正卯、邓析等说之反对。考老子之书，修理密察，未必出于孔子之前。又说："孔子学说的一切根本，都在《易经》。"不知《易》除卦辞、爻辞而外，其彖象、文言、系辞、及系辞传，并七十子以后之著作，谓孔子学说渊源于此，尤为前后倒置。民元十年，梁启超批评其书说："这书第一个缺点，把思想来源抹杀得太过。第二个缺点，写时代的背景太不对。第三，老子著作年代应在战国之末。"（《梁任公学术演讲第一集》）由今言之，胡氏非惟"把思想来源抹杀得太过"，实傅会得太过也。十九年后，李季又著专书平胡，由神州国光社印行，更觉精密。但李氏专以惟物史观之见地，諟正胡书，持论未免偏见。近辛垦书店所出叶青之书，名为胡适批判，实则叶氏自抒己见，于异同略加辨析，更非完全平胡之书。总之，胡书为近代哲学中开山之作。昔人有言，"凡创始者难为功，继起者易为力"。胡说之平价，于此可见。所冀继述者之努力耳。

梁启超于清末及民元之初，曾著《中国法理学发达史论》，发表于《新民丛报》、《国风报》中。至民十一，讲学于南京东南大学，改编为《先秦政治思想史》，凡三十四章，前三章为序论，次八章为前论，后为本论。本论中前十六章分论儒家、道家、墨家及法家思想。后六章分论教育、生计、乡治、民权诸问题，其范围限于政治、法律、经济三者，故叙述较为详尽。且于思想之史的序述外，附以概论，实以综合的研究，予诸家以相常之平价，特其最后结论，提出"如何应用先哲最优美之人生观使实现于今日"之一问题，而其断案乃谓"一、精神生活与物质生活之调和。二、个性与社会性之调和"，不免仍陷于调停派之老论调耳。梁氏又著《墨子学案》，分述墨子兼爱主义、实利主义、经济学说、宗教思想、社会组织、实践主义、论理学及其他科学。并附论墨者及墨学派别，墨子年代考，概论墨学之全体大用。结论则深致慨于秦汉以后墨学之中绝。惜于墨学之所以发生，与夫中绝之原因，未能剖析。盖墨学之社会背景，梁氏尚未得真切之认识也。

胡氏哲学史于《别墨》一章，论“墨辨与知识”最为精审。胡氏又取《墨子》经上下，《经说》上下，《大取》，《小取》六篇，详加考释，成《墨辨新诂》。梁氏读而韪之，乃依晋鲁胜《墨辨序》“引说就经”之言，欲将经说逐条分析，系于经文之下。但经文间错，句读尚易，经说字句较繁，且互相连属，每条起讫，动生疑问，引说就经，其事非易。又用张惠言、孙诒让“牒经”之例，说“凡经说每条之首一字，必牒举所说经文此条之首一字以为标题，此字在经中可与下文连读成句。在经说中，决不许与下文连读”。循此以求，足以諟正旧注，成《墨经校释》四卷。其后专解墨经之书，伍非百有《墨辨解诂》，邓高镜有《墨经新释》，范耕研有《墨辨疏证》，谭戒甫有《墨经易解》，各有所见。谭氏最为精赅，其引西方名家之说以释墨经者。章士钊亦多论述，散见《甲寅杂志》中。

《墨子全书》，清代毕沅、顾广圻、孙星衍、王念孙、张惠言校勘补订，稍具觝理。孙诒让网罗诸家，折衷一是，成《墨子闲诂》十五卷，阙义仍不能免。张纯一《墨子闲诂笺》、《闲诂笺补校》，李笠《闲诂校补》，多所补苴。陈柱《闲诂补正》，尤称赅备。

解释老庄者，其人愈众，文亦滋繁，如罗根泽《古史辨》第四册下篇所收各文，考证老子时代及其著书者也。杨树达《老子古义》，辑录秦汉人解老之言也。刘师培《老子韵表》，考证古韵者也。其疏证文义者，以马叙伦之《老子核诂》最为详瞻。马氏又著《庄子义证》三十三卷，荟萃章炳麟《庄子解故》，刘师培《校补》，陶鸿庆《札记》诸说，又取各本异文，更以《北堂书钞》、《艺文类聚》、《初学记》、《白孔六帖》、《太平御览》、《文选注》、《后汉书注》核之。更求之声音训诂，考其文字本义，乃能厘然理解，比之王先谦《庄子集解》、郭庆藩《集释》，精核远过之矣。

其通论诸子之书，始于江瑔之《读子卮言》，陈钟凡继著《诸子通谊》，高维昌本之，扩充为《周秦诸子通论》。陈柱著《诸子概论》外，又为《子二十六论》，于九流十家，扬榷得失，终归于“诸子务治”之言。刘汝霖《周秦诸子考》则考订诸子生平事迹，及其书籍之真伪。钱穆《诸子系年考辨》于此用力尤勤，创获至多。刘汝霖《东晋南北朝学术编年》，搜罗亦富，皆近日有价值之著述也。

前述胡氏《中国哲学史》仅及古代，两汉以下，付诸盖阙。其后，常乃德著《中国思想小史》，杨东蓴著《中国学术史讲话》，并嫌简略。日人宇野哲人著《中国哲学史研究》、《中国哲学史讲话》，三浦藤作著《中国伦理学理》，渡边秀方著《中国哲学史概论》，亦未能尽惬人意。近冯友兰著《中国哲学史》，上册述周秦哲学，持论精当，下册述汉至清代哲学，限于正统派人物，取材未免太窄。他若李石岑之《人生哲学》、《中国哲学概论》，吕思勉之《先秦学术概论》，姚舜钦之《秦汉哲学史》，并纯驳互著，未能一致。容肇祖近编《中国思想史》，钩沈删要，撢阐精微。蔡尚思亦拟编思想史，分经济思想、政治思想、文化思想、艺术思想各篇，先搜集史料，写为长编。容、蔡两书以取材繁密，一时尚未杀青也。

三、文学

文学本以创作为能事，十五年来，新文学之小说、诗歌及戏剧层出不穷。兹言整理国故，当就其理解旧文学方面言之，摹拟与创作皆非所及也。

中国文学界说，前人每广泛言之，及于一切学术，如章炳麟《国故论衡·文学论略》谓“凡以文字著于竹帛谓之文”是也。刘师培循阮元之说，谓“必偶语用韵，始得称文”，亦仅限于形式，忽视内涵。近人取西方之说，乃以艺术技巧表现想像、感情、思想之文字为文学。持是以衡量前人述造，如《诗经》、楚辞、汉魏乐府、唐诗、宋词、金元杂剧、明清传奇及小说，乃为纯粹文学，其余各体，则皆杂文学也。

清代毛诗学多致力于声音训诂，至魏源《诗古微》始论及作者及时代等问题。王国维乃断定《商颂》出于春秋宋襄公之世，《周颂》为舞诗。（见《观堂集林》“说商颂”“说周颂”等篇）。近人纯以文学眼光言《诗》，特表章崔述《读风偶识》、方玉润《诗经原始》两书。因是关于采诗、删诗、作诗、及诗乐、诗序、诗旨诸问题，并为言诗者所究心。如顾颉刚《古史辨》第三册下所收，蒋善国《三百篇演论》所述，皆是类也。其以民俗学解《诗》者，如胡适之说“野有死麕”，说“为初民社会，男子猎取野兽，献于女子求婚”，较为新颖，亦近实际。其以文法解《诗》者，如杨树达之论三百篇“言”字，“之”字，并属归纳的研究。郭沫若以今语译《诗》，为《卷耳集》。学子踵效之，最难允洽。谢无量之《诗经研究》，自侩以下，无精义足观矣。

自廖平《楚辞讲义》说“楚辞为秦博士所为之仙真人诗，非屈子一人之作”，开疑《楚辞》之先声，胡适遂于其《读书杂志》中发表《读楚辞》一文，说："九歌为湘江民族的祭歌，与《屈原传》绝无关系。"又以《史记·屈原传》文多错迕，说："屈原实无其人。"嗣是，陆侃如、唐景升、钱穆、陈钟凡等于此多所商榷。陆侃如著《屈原平传》、《宋玉平传》，游国恩著《楚辞概论》，于《楚辞》之渊源，宋玉之事迹，《楚辞》各篇之作者，详加论定，犹未能解众说之纠纷也。

关于乐府诗之论著较少，以古乐不存，探讨自非易事也。孔德著《汉短箫铙歌十八曲考》，所考限于铙歌。王易《乐府通论》则撮拾郭茂倩《乐府诗集》，及各史乐志，《通典·乐典》，《通考·乐考》之说。惟罗根泽《乐府文学史》，陆侃如《乐府古辞考》，于乐府各篇考释较详。陈钟凡《韵文通论》论乐府诗章，于乐府源流派别略有指陈。朱谦之《音乐文学史》，于此亦有论列。又关于古诗问题，如五言诗发生于何时，十九首是否西汉之作，及《孔雀东南飞》、《木兰辞》等篇之作者与其时地背景，徐中舒、陆侃如、张为骐、张文昌、姚大荣等各有专文，散见各杂志，未易缕述也。

批平唐宋诗之文较为繁富，许文雨之《唐诗综论》，于唐诗之统绪、体制、材料及押韵等，各有申释。胡云翼《唐诗研究》，依高棅《唐诗品汇》说，分初、盛、中、晚四期序述。苏雪林《唐诗概论》则分派研究。胡云翼又著《宋诗研究》，并有可观。黄节《诗学》，于唐宋两代诗式，论列较详。陈衍仿计有功《唐诗纪事》，厉鹗《宋诗纪事》例，作《元诗纪事》，可作元代诗史读也。

平词之作，以王国维《人间词话》最为精辟。言词律者，则有郑文焯《词原斠律》，近任讷有《增订词律之商榷》（文载《东方杂志》），夏承焘有《白石道人歌曲考证》，《白石道人歌曲旁谱辨》（见《燕京学报》）。胡适、郑振铎、姜亮夫，及日人铃木虎雄，并于词之起原，各有探究。龙沐勋《词原》于曲之说，允为定论。盖隋唐两代，西方大曲传布东土，文人仅取其一支填之，即为令词。取其长调填之，则为慢词。后人昧其经过，漫谓曲原于词，实为倒见。说详龙编《词学季刊》中。刘毓盘《词史》于此虽未见及，于词学派别，缕述甚明。刘氏尚有《唐五代宋辽金元词辑》若干卷，未即刊行。产近赵万里校辑《宋金元人词》，唐圭璋拟编《全宋词》，搜罗并富。

论曲之作，王国维《戏曲考原》、《宋大曲考》、《唐宋大曲考》，并洞见本原，更综述为《宋元戏曲史》，实近代文学上一大创作。日人青木正儿之《中国近代戏曲史》，继王书而作。除历述南北曲之废兴外，于清"初雅部"、"花部"之嬗变，言之尤详。徐嘉瑞近著《中国音乐文学史》，于大曲原委，序述明晰，较朱著《音乐文学史》详尽精确，惜尚未印行也。言散曲者则有任讷，既刊《元人关白马郑四家散曲》，附以乔梦符、张小山二家之作，为元人散曲三种。更加扩充，自明清人之散曲专集、选本、总集、至于各家论说，成散曲丛刊十五种，而以自撰之《散曲概论》、《曲谐》殿其末焉。梁乙真之《元明散曲小史》继是刊行，加以综合的研究。吴梅汇刊明清两代之杂剧传奇为《奢摩他室曲丛》，毁于一二八之难，未竟全功。近人校刊曲本者踵起，与整理无多关系，故不备述。

自新文艺流行，旧小说遂为世人推许，跻于文学之列。考证《山海经》者，有陆侃如、蒋径三、何观洲、郑德坤等。考证《穆天子传》者，有刘盼遂、卫聚贤等。考证《水浒》者，有胡适、郑振铎、俞平伯、李玄伯等。考证《红楼梦》者，有蔡元培、胡适、刘大杰、李玄伯、蔡锦远、王梦阮等。其他关于《包公案》、《岳传》、乃至民间故事及童话歌谣等研究，未易更仆数。周树人之《中国小说史》及《小说旧闻钞》，为有体系之作。刘复编有《中国俗曲总录稿》，孙楷第编有《中国通俗小说书目》，及《日本东京大连图书馆所见中国小说书目提要》，载此类书目至备，足供参稽。

自敦煌石室发见“俗文”、“变文”后，知中古时代民间小说及俗曲外，尚有诗歌与散文混合之一体，为佛曲之变相，弹词与戏剧之前驱。郑振铎《中国文学史》中世卷于此序述独详。郑编有《敦煌俗文学》三集，刘复编《敦煌掇琐》，罗振玉编《敦煌零拾》，所载皆此类材料也。

二十年来，坊间出版之文学史，何只三四十种。胡适之《白话文学史》较有见地，惜其所述，自汉魏讫于中唐，首尾未完。钱基博著《现代中国文学史》，起自王闿运，下讫胡适，凡二十五家，附录三十二人。于文章外，兼著行事，非仅传其文也。冯沅君、陆侃如合编《中国诗史》，由三百篇、辞赋，下及散曲，实文学史中最重要一大部门。陈钟凡昔著《中国文学评论》，以文学批评史弁其简端，坊间分印为《中国文化批评史》及《韵文通论》两部。后罗根泽著《中国文学批评史》，详尽倍之。郭绍虞著《中国文学批评史》，益远过罗书矣。

四、史学

中国史学界，自德人夏德（F. Hirth）于清末著《中国古代史》，根据史学方法，驳正古来无稽之谈，国人见之，治史学之态度为之一变，知数千年相传之神话及传说多不可尽信。西纪一九〇二年，国际汉学家开东方学会于德国之汉堡（Hamburg），由俄人拉德禄夫（Radloff）计划，组织国际中亚探险队，至中国新疆一带考查，英法德俄日竞派专家参加。英国由斯坦因（M. A. Stein）领导，法国由伯希和（Pelliot）领导，俄由考斯拉夫（Kozlof）、鄂登保（Il'denburg），日本由大光谷阳、橘端超等领导，先后在新疆考察发掘，获得佛教经典、摩尼教经典、火祆教经典外，又发见汉籍及魏晋木简甚多。其时适河南安阳甲骨文字出土，所载多殷代君臣名号，识者断为殷墟遗物，益震撼我国史学界耳目，咸思依据实物及地下新获得之史料，建设可信的古史。一般竺古者流，群起嫉视，诋为赝品，终不敌怀疑论者之据批判精神，摧陷廓清，其思想自由奔放，横决不可阻遏也。因分近十五年来史学为信古、疑古、考古三派，述之如次。

（甲）信古派　此派竺信传统的古代经传史籍及诸子之传说，下逮西汉以后之纬书。如《春秋命历序》所述三皇十纪之说，谓“天皇、地皇、人皇，兄弟各若干，头人各万，数千岁”。又谓“自开辟至于获麟，分为十纪。一曰九头纪，二曰五龙纪，三曰摄提纪，四曰合雒纪，五曰连通纪，六曰序命纪，七曰循蜚纪，八曰因提纪，九曰禅通纪，十曰疏讫纪”。其他诸书所载，有巢燧人、庖羲、神农诸氏，各有发明，以利民用。其后则有黄帝、颛顼、帝喾、帝尧、帝舜，斯为五帝。再后乃有夏商周三代。夫夏殷礼制，孔子已叹无征。五帝之“文不雅驯”，司马迁亦谓“缙绅难言”。而近代史家有不待审思明辨，竟深信不疑者。如陈汉章《中国通史》、《中国上古史讲义》（北大印本），其最著者。柳诒徵之《中国文化史》，虽认三皇十纪为神话，至燧人以下之五帝，则谓为洪水以前之制作，悉出其手。盖据《世本作篇》，并参之传记诸子，以为确实不可易也。更有略识近世科学，遂以之附会古史者，如以有巢氏为巢居时期，燧人氏为火食时期，庖羲氏为畜牧时期，神农氏为农业时期，黄帝为封建时期，任意比傅，即以诸氏代表社会进化诸阶段，尤觉可笑。

（乙）疑古派　清代学者，继汉人王充、唐刘知几而后，对于传统学说怀疑攻击者，始有姚际恒之《古今伪书考》，继有崔述之《考信录》，于古代伪书、伪事，考其来由，准之事理，详加辨正。五四运动以后，疑古之风益炽，顾颉刚、钱玄同等专摘古书中之破绽，穷造其造成之时代，及其所以伪造之原因，乃知古史率由历世累积而成。其断案谓：“层累造成之古史，有两个原则。一、时代愈后，传说的古史期愈长。二、时代愈后，传说的中国人物愈放大。”以上述两个原则，可将古史总括成四种方式：“一、把每件史事的种种传说，依先后出现的次序排列起来。二、研究这史事在每一个时代有什么样的传说。三、研究这件史事的渐渐演进，由简单变为复杂，由陋野变为雅驯，由地方的变为全国的，由神变为人，由神话变为史事，由寓言变为事实。四、遇可能时，解释每一次演变的原因。”他根据上列方式以研究尧舜禹的演变及历史问题。如井田制度的传说，一一为之推翻，断古代无尧舜禹其人及井田之事，不知禹见于金文秦公敦，猥谓：“禹夔饕餮在字义上为虫兽之名。”遂假定禹为动物，未免过当。且其说属于破坏方面者多，于古史真象，未能建设，未尽治史之能事也。

（丙）考古派　此派于书册、甲骨文、金文外，更从地质学、古生物学、人类学、古器物学、社会学、民俗学上搜集古史材料，说明古代社会结构、民族迁徙，及其文化发达情形。近代研究古史，既不能墨守成见，又不便一切推翻，惟有取地下发掘之材料，参之各低级民族生活状况，建设科学的古史，方有信今传后之价值，否则抱残守缺，徒自误误人而已。试观王国维所著之《殷周制度论》、《殷礼征文》、《殷卜辞中所见先公先王考》、《鬼方昆夷玁狁考》、《明堂庙寝考》，及《古史新证》，莫不根据甲骨卜辞及青铜器文字，以考订殷周两代文物制度，为古史开一新生面。此特从古器物刻辞中搜集一部分之史料耳。考古学者，更推广及于地下各项史料。首先研究地层，以决定其距今之年代，次考查该层中所有遗物之种类及其性质，以推测其时人类生活之状况，及其文化程度之浅深。如西纪一九二〇年，北平地质调查所于北平周口店发见原人之臼齿，及矩形、核形、刀形、尖形等石器，其地质属于新生代第三纪之更新世，因知更新世之中期，中国北部发见人类，其时为始石器时代。又法人李桑（F. Licent）、德日进（T. Chardia）于宁夏之水东沟，鄂尔多斯之萨拉乌苏，陕西榆林之油坊头，及甘肃庆阳县等地，发见穿孔之尖锐石器、刮磨石器、及狩猎武器，而其地层相当于更新世之上部。故知更新世之末期，中国西北部榆林以西、宁夏以东、甘肃庆阳以北一带为旧石器时代。又瑞典人安特生（C. G. Anderson）等于河南甘肃等地寻到古文化遗址三十七处，计河南七处，甘肃二十七处，山西、陕西、辽宁各一处。李济等又于山西夏县之西阴村发见此类遗迹，其遗物有陶器、骨器，及各种精工石器，其地层相当于第四纪之洪积世。因知西起甘肃，东到辽宁，南至河南，北至山西，此一带为新石器分布区域。甘肃之辛店、寺窪、沙井三地兼有铜器，为石铜区域。即当洪积世时，中国西北部为新石器及石铜并用时。

以上所述始石器、旧石器、新石器三期，其遗物上并无文化，故称先史时期。其历史即史前史（Pre-History），其遗迹为史前文物。古书中所传三皇、十纪之神话，虽起于后人之想像，其所假设之年代即当于此时也。

继石铜时期而起者为冲积世之铜器时期，其区域散布于黄河流域上下游一带。今就发掘成绩最著之安阳殷墟言之。其龟甲兽骨上所刻卜辞，清末即已出土，孙诒让、罗振玉、王国维并加考证，以其中所载人名、地名、悉与殷代符合，因即据之考证文字异同及殷代礼俗，知为最宝贵之惟一史料。近中央研究院更于十七年后，作大规模之发掘，于殷代建筑、雕刻、文字、器皿，发见尤多。董作宾等据是推定当时帝王世系、方国位置、巫史人名，及天文历法、宗教礼制，莫不洞见本原。（见《甲骨文断代研究例》）。郭沫若《卜辞通纂考释》、朱芳圃《甲骨学商史篇》并为综合的研究，于殷代文化制度，能窥见大凡。然则孔子所叹为“不足征”，与夫旧史中传疑之文献，今皆得弥缝补苴，略见端倪，考古学之俾益于书册，其价值之宏伟，自无待说。特古物发见，必须就发掘时详细观察其地水面之升降，地形之变迁，地层之厚度，及其次序，方能推定各文化期之相对年代，此固非国家特设之机关，加以丰富之经费，及专门技术人材，不克从事也。奈我国近日所设此类机关，仅中央研究院、北平研究院、北京大学西北考古团、河南古迹会数处，其成绩以中央研究院历史语言研究所考古组为多，比之地质调查所，尚觉不及。而该组历年所得，即归各组员保管研究，秘不示人，其他有志无力之学者，乃随地俯拾石块陶片之类似遗物者，参之该地历史，即任意附会，哗众取宠，无怪少数顽固墨守者流，借口嘈讽，以考古学为仅凭一砖片瓦即高谈古史也。总之，今后言整理古史者，从书本中所见之各文化期情况，必证之该期实物，使果互相接近，两无违忤，方有十分可信之价值。否则一味盲从，或任情驳斥，皆毫无依据，无征不足信也。

自美人莫尔甘（L. H. Morgan）长期考察美洲北部及中部印第安人之结果，于一八七七年发表《古代社会》一书，据人类技术上之进步，区分人类社会之发达为野蛮时期、未开化时期、及文明时期三大阶段，各阶段之血族组织、社会制度、生活状况，及其文化程度，莫不随各氏族所采用之新工具，或技术上之新发明以为进步，实说明社会进化之最初巨著。恩格尔（F. Engels）据之，著《家族私有财产及国家之起原》，将人类生活之历史，由物观的见地，作综合的论述，亦为近世民族学上有名之巨著。郭沫若更据上列两书之论断，从甲骨文、金文，及诗书文献上考察我国古代社会之来原，成《中国古代社会史研究》一书，又为史学界开一新研究之途径。因是，各期刊中关于中国社会史之论文，层出不穷。对于中国社会史分期之说，各持异议。王礼锡主编之《读书杂志》特刊行《中国社会史论战》专集四册，讫未得正确之结论也。关于此类专著，则有陶希圣之《中国社会的分析》、《中国封建社会史》，周谷城之《中国社会结构》，熊得山之《中国社会史研究》等书，大抵皆偏于物观的倾向。由是各家乃致意于经济史之研究，则有朱新繁之《中国资本主义之发展》，郭真之《中国资本主义史》，陈啸江之《两汉经济史》，任曙之《中国经济研究》，马乘风之《中国经济史》，日人田崎仁义之《中国古代经济思想及制度》，刘霄鸣之《中国历代耕地问题》，刘道元之《中国中古时期的田赋制度》、《两宋田赋制度》，鞠清远之《唐宋官私工业》，全汉昇之《中国行会制度史》，及贺杨灵译述之《元代奴隶考》等书，著述益趋于专门化矣。近陶希圣主编之《食货半月刊》，所载多此类论文，并附有中国经济社会史重要论文分类索引，可供参考。

地理学本属自然科学之一部门，而沿革地理则与史学有密切关系。近年以来，研究甲骨文及金文中之地名与其地方制度者，有董作宾、于省吾、吴其昌、唐兰、刘节、孙海波等。研究古籍中之地名及民族演进史者，有傅斯年、徐炳昶、钱穆、蒙文通、黄文弼、徐中舒等。研究地方志者，有张国淦、瞿宣颖、傅振伦、李泰棻等。研究中西交通史者，有陈垣、陈寅恪、冯承钧、张星烺、向达、贺昌群等。研究地图史者，有翁文灏、王庸等。各有考辨之文，揭载于各定期刊物中。郑德坤则专攻《水经注》，重绘《水经注图》。朱士嘉专攻地方志，编《中国地方志综录》。冯家昇专攻辽金史，作《契丹名义考释》等文。张维华专攻明史，注释《明史》佛郎机、吕宋、和兰、意大利亚四传。张星烺特辑《中西交通史料》外，又译注《马哥索罗游记》。顾颉刚近亦转向于此途，与谭其骧发起禹贡学会，合编《禹贡半月刊》外，并拟编纂《中国民族史》、《中国地理沿革史》，考订校补历代正史《地理志》、《中国地理书目》、《中国地名辞典》、《中国地方文化史料集》、《中华民国一统志》等书，会集专家通力合作，其将来成就必有可观者矣。

五、附论

前述清代国学限于经籍，至近人扩充为哲学、文学、史学三部门，其借以研究此三部门之工具，则文字、音训是也。清人言文字学者必尊许慎，以

《说文解字》为古文字学惟一之专著。自吴大澂著《字说》及《说文古籀补》，每据周代钟鼎彝器文字，驳正许书。罗振玉著《殷商贞卜文字考》，更谓“甲骨文与金文相发明，足以纠正许书之韦失”。自罗、王两氏考释刊布后，商承祚、柯昌济、叶玉森、陈邦怀、陈邦福、余永梁、郭沫若、丁山、闻宥、唐兰、董作宾、吴其昌、孙海波等各有考订之作，载诸各种期刊，叶玉森汇萃为《殷墟书契前编集释》。其汇集甲骨文可识之字，依说文部次排列成书者，王襄有《簠室殷器类篹》，商承祚有《殷墟文字类篇》，朱芳圃有《甲骨学文字编》，孙海波有《甲骨文编》，王书录八百七十三字，商录七百八十九字，朱录八百四十六字，孙书增至一千零六字，且摹写其文，一仍旧观，重文异体，兼收博采，于商代用字之例，最便检寻。汇集金文，依许例成字书者，容庚有《金文编》及《金文继编》。至丁佛言之《说文古籀补补》，强运开之《三补》，兼及钵印陶木文字。两家并补吴书，丁书较著。徐文镜更割裂吴、丁、商、容等书成《古籀汇编》，益无足道。唐兰拟编古文字学七书，由甲骨、金文、六国文字、及于秦篆，分篇研究，综为名始，用以笺正说文，先成导论，印行问世，指示研究方法，最便初学也。

言音韵者约分四类：一曰，古音学。二曰，广韵学。三曰，等韵学。四曰，国音学。古韵学从《诗》《骚》古韵文，及《说文》之形声字，《广韵》所保存之古韵中，以求周秦两汉之音。自清代顾炎武、戴震、段玉裁、钱大昕、陈澧后，章炳麟分古韵为二十三部，黄侃分为二十八部，古声为十九类，至是告一结束。瑞典人高本汉（B. Karlgren）著《中国音韵研究》及《中国解析字典》两书，用三十三种重要方音，其中包括日本、朝鲜、安南等国借用之中国古音，以考定我国古昔之音读。盖以西方科学为基础，将中国固有之学问，重新改革，以建设一种新的科学。吾人读之，乃知不论研究任何一种语系之古音，首当根据多处可靠之方音，其次乃为韵书及其译音，或其他材料，以之确定其古音音值，方不至于大误。较国内学者仅根据古韵文、谐声字，及韵书以言古音者，其取材范围之广狭悬殊矣。赵元任、王静如各节译高书若干章，载诸清华研究院《国学丛刊》，及《中央研究院历史语言研究所集刊》中。其后俄人 A. Dragunov 著《对于中国古音重订之贡献》一文，于高书所订咍（灰）泰皆佳覃谈咸衔山删耕庚等双韵问题，加以讨论。罗常培又著《切韵鱼虞之音值及其所据方音考》一文，从六朝之方音分布情形，于高氏之初韵音读，加以商榷，并见《中央研究院历史语言研究所集刊》中。

江永《四声切韵表》及戴震《声类表》并以等韵方法研究《广韵》，偏于审音。陈澧认为不满，别为反切方法研究《广韵》，偏于考古。黄侃折衷两派，一面从《广韵》上切语之研究，以建立古音之体系，一面以古今音变解释《广韵》之分部，而不免仍多缺憾。因其对于语言历史之观念不明，不知语音演变，由逐渐推移，其过程至繁，非直接由古音即变为今音也。故黄氏所谓由某音变某音者，多与历史上语音嬗变之程序不符。又以明清人等韵方法及近代音读，类等《广韵》等呼，归纳成二十三摄，亦与隋唐时实际音读不合。较之高本汉据隋唐时音译之外国语，外国传述之隋唐语，宋元等韵表上所保存之隋唐音，及现代各地纷歧之方音，参互比较，又从阴阳入各部之通转，及语音变化之趋势上，以推测《广韵》各部之音读者，其精疏又不侔矣。今张世禄著《广韵研究》，即应用高氏方法，说明研究《广韵》之新途径者也。

等韵学一方综合《广韵》二百六韵，归纳为韵摄，一方又于各韵中辨析其等呼，以韵目等呼为经，三十六字母为纬，列为各表，以统括百韵。劳乃宣《等韵一得》最为简明，近教育部规定之注音字母中之三介母，即用其说。国音学以三十九个注音字母为注音之用，其音值虽以元明以来之北音为准，其方法实依据欧洲拼音文字及其发音学理而来。今后言音韵者自宜以国音为主，而整理国故则注重古音及《广韵》之研究，后二者特附带言之耳。

本文以仓卒写定，挂漏之讥，知所难免。忆北平图书馆有《国学论文索引》两编，备列各刊物中关于国学单篇论文，至为详尽，读者可以取阅。本文只数及专书，势难遍及各家单篇文字，其关系较重者，亦仅提作者姓氏而已。又所引各家著述，或凭记忆，未能遍检原书，注明卷数叶数，希加谅鉴。又本文以客观序述，于平生敬爱诸师友，概直称姓名，尤抱歉忱。

民元二十五年春四月十日，述于南京清晖山馆

（录自《私立无锡国学专修学校十五年纪念册》，无锡国学专修学校1935年）

国学论文索引四编序

郭绍虞

国学，这二字究竟是不是一个很妥当确切的名词？在一般人相沿应用之下，本来不大会有人加以考虑的。自从何炳松、郑振铎二先生提出慢谈国学之论，于是对于国学一名，似乎也有重加讨论的需要。他们的意见是：各国都没有所谓其国学，只有已经亡国如印度之流，才有所谓“印度学”。又，现在不应该再沿用这笼统的名称——国学，应该分门别类，称中国的某某学，某某学。这几项意见，都是值得重视的。

那么，刘女士所编的《国学论文索引》，何以仍须沿用这不甚妥当的名词呢？那别有说：

所谓国学，本含有二重意义，对于西学而言则为“中学”，对于新学而言，则为“古学”。国学，本不必死看作国界的表示。所以胡适之先生说：“国学在我们的心眼里，只是国故学的缩写。”称国故学为国学，则所有“中学”“古学”二种意义都包涵在内了。包涵这二重意义的国学，我们觉得国学一名，尚不致成为诟病的名词。

不仅如此，对“国学”二字给予以一种新意义后，同时也即给予一种研究国学的新态度与新方法。一般国学研究者，有时不免分别体用，以中学为体，西学为用，于是只作附会之论，不肯公允地作比较的研究，这即是过于把国学看成“中学”的缘故。有时又不免抱残守阙，墨守着传统的见解，不肯运用近代治学的方法，则又是把国学看成“古学”的缘故。这都不是我们所祈求的。我们认为一方面不应囿于传统的范围，不妨增加许多新辟的园地，于“国粹”之外再顾到“国渣”，同时也于“国渣”中间整理出“国粹”。这才见国故学的重要。一方面更应利用分工的方法，各自作专门的研究，先有某种学问的专门知识，然后再来整理中国的某种学问才能创造新的术语，获得新的见解。这才见国故学研究的价值。

照这样，实在即是何、郑二先生所提倡的，所希望的意旨。而且，实际上，现在一般国学研究者也早已有意无意地照这种方向进行着。假使我们看到刘女士所编的《国学论文索引三编》的分类，已可看出这些趋势；假使我们再看到她最近所编的《四编》之分类，其细目与《三编》有所出入的地方，那更可证明这是事实。然则，所谓国学云者，中国某某学某某学之共名而已。

然而，所谓中国的古学，固可以扩充为较广的意义，固可以适用较新的态度与方法。同时，传统的见解与传统的方法，却也不会一时丧坠他的地位。学术固应该有时代性，然而假使有人以曲学阿世为耻辱，以抱残守阙为得计，那也是各人的自由。守经乐道，是多么好听的名词。说得时髦一些，提倡东方文化，恢复中国旧道德，也不失为动听的口号。在此种旗帜掩护之下，可以使国学成为所谓"国粹"，可以使国学的研究，仅仅以儒家为中心，以经典为本位。我们并不是不知道此种国粹式的国学也可以看出他的时代性。最明显的，是旧时所认汉学宋学之称。汉人宗经，成其文字训诂之学；唐人宗经，成其文学；宋人宗经，成其性理之学；明人宗经，以六经为注脚，成其心学；清人宗经，一方面实事求是，成考据之学，一方面以六经为史，成为史学。这都可以说一代有一代之学。然而，正因其范围过窄，对象相同，所以可以创为经学即理学之论。汉宋可以沟通，文道可以合一，那么，所谓一代有一代之学，其分别之点，也就很有限了。历史上——或习惯上——的所谓国学，就是这么一套，传统的势力，当然不会一时失坠，于是《国学论文索引》之内，不得不"既有文学科学之类，复具群经诸子之名"了。这本是过渡时期中所不能免的现象。事实所限，又不能不沿用这已经约定俗成的名称。然则所谓国学者，又不能不说是中国传统的古学研究的意思。

也许将来，渐渐走上科学的路，于是所谓群经诸子之学，便只同文选学一样，于是所谓"国学"，便只是中国某某学某某学之共名。于是刘女士所编的论文索引，其分类标准也比较地可以单纯了。

二十五年三月二十二日　郭绍虞

（录自《国学论文索引四编》，中华图书馆协会 1936 年）

对于国学之新认识

刘斯楠

国学为治国的学问，亦犹三民主义之为救国主义。治之一名，含有治人治事二义，治之之方，则有德治法治二派。德治派中，或主无为而治，或主礼治；法治派中，或主立法贵严，行法贵恕，或主宽以济猛，猛以济宽。是二派者：一言有治人无治法，一言有治法无治人，旨虽不同，皆务为治。儒家言治最高原则为《易》、《书》、《诗》、《三礼》、《三传》、《论语》、《孟子》、《孝经》等，后世尊之为经。百家言治最高原则各执一说，其徒各尊所闻，其初起于补偏救弊，末学不免互相非议，后世称为诸子。集则为经子之小型。史则为治乱之记载，事虽涉于幽独，仍一本于格致诚正修齐治平一贯之政治最高原则。此其义，总理尝夸耀为世界最良好之政治哲学，三民主义对此中国固有的学问，早已表示全部接受，加以顺应世界潮流之新精神，迎头赶上各国之新科学，治国学问一变而为救国主义，则于党治下言国学，不盲从，不武断，使国学科学化，庶无失人失言之诮。

总理尝言：政为众人之事，治是管理，管理众人的事便是政治，管人为其附带条件，此与以人治人改而止之精神，如出一辙。平情而论，任何科学，仅为始条理之事业，其终极之目的，必有关于政治。民生为历史重心，民即政治组织下之众人之称，不能断章取义单指个人，人由生存生殖而有社会，社会意识渐趋显明，则有血统家族宗族部落，再进则有民族或国家，是即所谓政治组织。组织二字，导源于工业社会，工业社会实仍导源于自然界之蛛网。有蛛网之暗示，而纺织事业兴，有纺织之经验，而无形组织起。有形组织，经纬万端，其实不出丝麻端绪，无形组织经纬万端，其实亦不出人类政治意识或社会意识。是二意识，互为端绪。社会意识其始尝为政治意识之端，其绪余为政治意识，政治意识既已形成，复为社会意识之端，其绪余为社会意识，由诚而形而著而明而动而变而化，波动不已，影响实际政治，若价值与价格然。此诸意识，今人称之为组织力，古人盖谓之维。管子尝言礼义廉耻国之四维者是。此组织力，有理论与应用上之不同，在理论上为学，在应用上为礼乐刑政教化。就政治组织期，划分此二阶段，则在研究理论期为下，就参与政治期为上，就政治形式论，则上下二字有时作高下论。礼不下庶人，刑不上大夫，盖言庶人大夫政治地位平等，不随其阶级之高下而故为抑扬。上无礼，下无学，贼民兴，丧亡日矣，则明示人参与实际政治即当守礼，研究理论即当讲学。师所以学为君，则更恐人离理论与应用为二，固不徒示人以政教合一而已！”

“归纳经史子集内容，莫非治术教育之工具。今人丑诋治术教育，谓其利于统治阶级，近于贵族教育，教育如仅属诸贵族，揆诸民有民治民享之义，自非正轨，然而中国传统的指导政治最高原则，厥惟格致诚正修齐治平一贯之道，人能奉行此一原则，即人皆可以为尧舜，人皆可为尧舜，即人皆具民有民治民享之实，此意识一发现，政治价值即随之而表现，此意识发挥至何程度，即政治价值发挥至何程度，事实与相应者厥惟实际政治，实际政治则为政治组织。

政府无政府，为政治组织上所讨论之问题，天下国家，则为政府权责上所讨论之问题。古之所谓天下，犹今所谓邦联联邦，国则古人视为政治组织之一单位，此与今之党治定县为自治单位之义可以互明。质言之，县为自治单位，国则为邦联或联邦之单位，就内部组织言，则今以县为单位，古人实以身为单位，揆诸国者人之积也之义，亦自不谬。家立于身与国之间，施于有政，是亦为政。就有治才者言，齐家不失为治国之实证实验，就能力低下者言，老安少怀友信，不致见欺于人，无形中早予以生存权之保障。此一制度，将来是否趋于消灭，尚为社会进化过程中唯一疑问。就扩大组织言，今以国为国联单位，古以国为天下单位，殆无异义，国之性质如此，研究国学者之责任即把握此种政治上之问题，谋适当之解决。在负责解决中，第一须先看出历代学术思想上中国国字之真精神。《大学》由治国推之平天下，归重于国不以利为利，以义为利，可证予言国为政治组织单位之义。古人意中，国非政治组织之极致，尤非政治组织之始基。就极致言，大道之行，贵公天下，就根本言，天下之本在国，国之本在家，家之本在身。今人好言社会主义，不知社会为人与人间心意相感内我相联络之称谓。无个人固无社会，无社会意识尤不能成社会，政治组织之与社会组织，形态虽若不同，要不过范围有广狭之异耳。故无政府可无政治组织，实际必不能无社会组织。小国寡民，使民有什伯之器而不用，鸡鸣犬吠相闻，民至老死不相往来。亦必此之所谓小国寡民，举有同样社会意识，始能形成如是组织，此一组织，谓之无组织可，谓之有组织可，谓之社会组织可，谓之政治组织亦无不可。析而言之，政治道德、政治知识、政治能力有不同耳！

中国今之所谓国学，泛指经史子集，史不过经之一支，集更属子之变形。孔子曰："六艺于治，一也"。淮南子曰："百家殊业，而皆务于治。"足征治之一字，便是国学之精髓，彼浅学者妄诋国学为一团糟，正当入拔舌地狱，岂吾人所愿闻乎！此处承顾惕生师是正。经之名为《易》、《书》、《诗》、《三礼》、《三传》、《论语》、《孟子》、《尔雅》、《孝经》等，其义当否，论者颇多，陈石遗师别有新解，——见《要籍解题》，识见优长，不遑详述。约略言之，《易》从不易变易交易取象立言，以言者尚其辞，以动者尚其变，以制器者尚其象，以卜筮者尚其占。不易者何？政治道德之理论与实际是。变易者何？政治知识之理论与实际是。交易者何？政治能力之理论与实际是。尚其辞之谓何？辞之一名，在文则为文辞，在言则为言辞，文以足言，言以足志，辞之为用，必有志为之先。人不能离群索居，即有其政治意识，志也者，政治意识之别名也，故凡文学、艺术、演说术……等，隶属于辞，读《易》而能启发扩充其固有之政治意识政治兴趣，则治人可不失辞，治于人者亦不失辞，而言之效用显。尚其变之谓何？时空不断变易，一时代有一时代之事物，即一时代有一时之政治，事物变化万端，政治谋为适应，必须站在时代前面，形成指导革命最高原则，领导人群。适者生存，不适者自取覆亡，理有固然，事有必至。汤之盘铭曰："苟日新，日日新，又日新。"政治知识之正确否，即视其所以新及其所新。征诸变易，吾无间然。尚其象之谓何？言意事举可象，善课蒙者，口讲指画而意始传。今之学校推行科学方法，趋重图表特甚，工程师之精心结撰，尤在于图，行军通邮航空浮海，莫不惟图是赖。此其意，《易》之卦画已启其端。愚者昧之，执者失之，以为尚象即尚卦象，此所谓举一隅不以三隅反则不复者也，此所谓纸上谈兵、按图索骥、刻舟求剑、缘木求鱼者也。"天作孽，犹可违，自作孽，不可逭"，此之谓也，于《易》乎何尤！尚其占之谓何？《诗》云："他人有心，予忖度之。"孟子引此对齐宣王，申言之曰："权然后知轻重，度然后知长短，物皆然，心为甚。"孟子此言，如早为学者所注意，必已形成政治科学，惟其此言不为学者注意，故有政治价值甚高之政治理论，且有政治价格甚高之政治组织。自古迄今，由中而外，有善丁应用理论科学造成物质文明之欧美之自然科学，曾无善于应用理论科学造成适应物质文明领导社会进化之政治科学。实则《易》之知几其神，孟子此言最能发挥，发挥尽致，则不独自然科学可以应用理论科学，社会科学亦可应用理论科学。礼义廉耻固为组织力之四元，缕析条分，往往其几甚微，所关甚巨，有理论科学以驭之，参与实际政治，固不特可见几而作，知几之效，固自上下变化，周流六虚。战略根于政略，政略根于主义，始条理者，自然科学、理论科学、社会科学之事，终条理者，主义之事。具体言之，莫非知识条理计划工夫而已。由知识而生出条理，由条理而生出计划，按计划而用工夫，当知知识对象厥惟时空上之问题，未定计划前，视理论研究之成效，计划定则视工夫浅深及能行否。此种理论应用上之成效，由政府推行者为政治实效。今人或言行政效率，由社会推行者，始于一二人之好尚，渐形成社会心。换言之，始为习惯，终为惯习。惯习盖即风俗之别名，上有好者，下必有甚焉者，移风易俗之说由是兴起，盖即个人习惯有时力足转移社会惯习之义。言政治心理者，区分政治心理为理智论理、感情论理、神秘论理，亦颇有助于社会科学之应用理论科学。观政在朝，观俗在野，礼失而求诸野，道失而学在夷云云，亦颇足以发挥此义。

以予观之，思考推理判断之学，固为显明之理智论理；由生存生殖意识对于环境为适当之反应，殆即政治心理学者所称感情论理；由万物皆备于我，或天地与我并生，万物与我为一之观念，若隐若显，对于事物所起反应，殆即政治心理学者所称神秘论理。感情神秘之与论理，骤视之似不相属，细推之，各有反应上之过程，或为发见，或为发明，或为复现，或为潜能，究与思考推断判断历程相似。且自元子论、电子论、量子论兴，神秘二字可具体化已久，国学上之理论，如定理定律化，一切不难有合用之公式与合理之演变。今人谓之计算，古人谓之占筮，夫岂道不同不相为谋者比。如以主义言，主义为解决问题之一工具。就步骤论，问题发生在先，认识在后，解决问题，已为处置问题最后阶段，在将解决与未解决之顷，即为吾人穷理研几之会。蒋院长有联云："穷理于事物始生之际，研几于心意初动之时。"其义最堪玩味！世人不知此义，穷理于事物已成之际，研几于心决已现之时，倒果为因，往往而是。国学之研究者亦每不免此弊，知其当然不知其所以然。故虽有可阐明之理学几学，卒不能成为科学，又其甚至自误误人者，或且堕为玄学。固知欧美对于社会科学至今犹无成就，而如中国先哲接近科学之政治上之理论，不使成为定理定则，运以理论科学，俾与元子论等一贯，此则未免可惜，且几近于自暴自弃！处置救国问题，既当如蒋院长注重穷理研几，处置治国问题，何独不然。

古人之治天下，一日二日万几，盖已熟谙权度一切政治意识，能不悖其本末后先之序，不愤不启，不悱不发，举一隅不以三隅反则不复，良以人智本自不齐，中人以上可以语上，中人以下不可语上，民可使由不可使知。卜筮之方，殆即当时统治者之一种政策，君子深造之以道，欲其自得之也，则尚占焉，使之居安资深，一如卦画近取诸身，远取诸物，由是下学上达，左右逢原，自意中事，曷尝如后世道士者流之伎俩。由此形成之政治知识，不有益于受治者之政治兴趣，必有益于统治者之政治能力，交易之义，于是乎在。

其他诸经，读唐校长所著各经大义，顾师各经讲疏，知其莫不可与《易》会通。所有发明，或属政治道德原理原则，或属政治知识政治能力之经验思想，无一不足应用理论科学，于自然科学外，别树一帜，使凡言治术者，能于最短期间，费最小之劳力，获最大之效果。《廿五史》记载古今治乱兴衰，灿然在目，前车可鉴，来轸方遒。其有关于治术，前已言之，抑其主文重事，当即道或器之变通尽利举而措之天下之民之事。庄生所谓技兼于事，事兼于义，义兼于德，德兼于道，道兼于天数语，亦足表示其与政治上之关系。而诸子百家，除前所言补偏救弊，各执一说，近今纷纷之主义外，其书或言治事之技，或著制事之义，兼德之道，何莫非治术攸关之著作。欧美各科学书，译而存之，厥可视为此类学术之高度发展。汉魏以来各诗文集，或则主文谲谏，或仍重事重义，要不外表达政治意识之动人文字，时人或别称为文学。究其指归，始也言志而继也明道载道，言志犹言政治意识，明道载道犹明政治道德为之记载，何莫不可分隶政治道德、政治知识、政治能力之新体系之下。

经史子集中之理论可分隶于政治道德、政治知识、政治能力之义明，而此义之表现，厥惟政治组织。理论属知，组织属行，能知固能行，不知亦能行。故此政治组织之理论的体系，初时虽未完成，政治组织固已先此种理论而发生。此种理论，既已发生，其所表现，不属政治意识，即属社会意识。就其互为端绪而言，有此社会意识，即有此政治意识，有此政治意识，即有此政治组织，有此政治组织，即有此政治理论。政治组织未可厚非，治术教育又岂可非？特患行之不著，习矣不察，转使指导政治最高原则不能形成一种科学，不易确立共信互信使人深明主义！如此政治组织理论体系一旦著明，揆诸不知固能行之、知之则更易行之义，有裨实际政治，又岂尠哉！楠虽不敏，愿本斯义，为党前驱！就有道而正焉，固所愿也！国学有此政治组织理论体系，尤有其根本问题理论体系，姑置政治哲学不言，欲先形成政治科学而已！

若夫新国学整个之系统，略如左表所云：

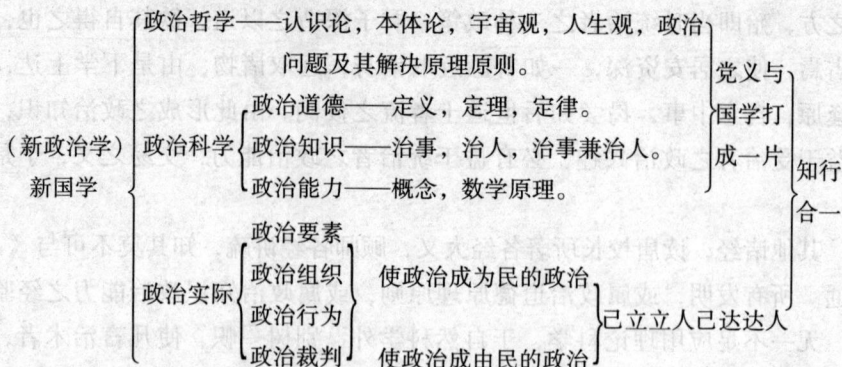

（新政治学）新国学
- 政治哲学——认识论，本体论，宇宙观，人生观，政治问题及其解决原理原则。
- 政治科学
  - 政治道德——定义，定理，定律。
  - 政治知识——治事，治人，治事兼治人。
  - 政治能力——概念，数学原理。
- （政治哲学、政治科学）——党义与国学打成一片——知行合一
- 政治实际
  - 政治要素
  - 政治组织
  - 政治行为
  - 政治裁判
  - ——使政治成为民的政治，使政治成由民的政治——己立立人己达达人

为便于叙述计，本期发表此文，下期发表政治实际一文，继之以政治科学，时间稍暇，篇幅有余，则终之以政治哲学，否则阙焉。以其有唯生论诸书暨一二卷发表拙作，久已有相当之贡献也！

（录自《国专月刊》第3卷第2号，1936年3月）

要用最新的科学方法来研究国学

——湖南国学专修学校补行开学仪式何校长键训词

何　键

今天是湖南国学专修学校，补行开学典礼的一天，本人担任校长，实系万不得已。上年石蕴山、刘仲迈、张树璜诸先生创办国学馆时，再三邀我担任馆长，那时我未承认。他们说，你尊孔尊经，并提倡国术，赞助国医，可谓不遗途力矣，何独于国学馆漠然视之。本人答曰，国学在今日厄运极矣，予非不欲提倡也，惧其不易于提倡也。何谓国学，国学应如何提倡，无论反对或赞成之人，均没有深切的研究。今日要我来担任此职，贸然行之，徒有其名，而无其实，开其始而不能善其终，将国学不能为世所用，而为世所诟病，国学前途，不更困危乎。馆长之任，非不可就，不敢就也。冬间诸先生因事他去，馆务无人维持，有岌岌不可终日之势，本人为国学前途计，不得不出而承当馆长。经与各教授及张有晋、罗正纬、李云杭先生详商，改湖南国学馆为湖南国学专修学校，遵照部章办理，筹划许久，始有今日之规模。今当补行开学典礼之际，承中央居院长、周委员及本省党政军学各界先生莅临，实是本校很荣幸的事。本人乘着这个机会，把我个人对于提倡国学的意见，略为说与诸生听听，并请各来宾，对于提倡国学的方法，加以指示。

现在研究学问，而标明国学两字，在研求的方法上，便发生许多困难，不容易解决。何以故？自西学东渐，世界交通，文化的领域，早已没有国界可言。我们处此二十世纪的时代，硬指某种学问是中国所固有，而兢兢保守，不使失坠，虽未尝不可，但在研究的方法或致用上，多少总不免夹杂些外国文化气味在内，那还能算纯粹的国学吗？否则博古而不通今，又不合时代的需要，更是没有用处。孔子曰：“殷因于夏礼，所损益可知也，周因于殷礼，所损益可知也。”同是中国人，而治国之礼，尚不能无所损益，何况时代演到现在一切都世界化了。我们专门研究国学，而不知变通之道，徒枉费心力而已。所以本人对于研究国学的方法，总想在保己之长，取人之长，两方面兼筹并顾。换句话说，我们要用最新的科学方法来研究国学，然后国学才有发扬光大的一天。这在表面看来，似乎不是纯粹的国学，实则正是保存国学的要道。

本来学问的使命，在于解决世间一切问题，譬之心不正，则有正心之学，身不修，则有修身之学，家不齐，国不治，天下不平，则有齐家治国平天下之学，推之其他等等一切，大概有一问题，便有一解决此问题的学问。虽是一种学问，便都有其解决之对象，果然一种问题发生，我没有解决的方法，这不是问题不能解决，只是我解决此问题的学问修养未到。所以我们研究某种学问，倘在社会上没有使用之处，不是学问太旧或太偏，便是社会上现在尚不需要此种学问，自然窒碍难行了。孔子修学便不如此，所以可以行则行，可以止则止，而称为圣之时者。这时之文字，我不论研究学问或做事，都要特别注意，因为合时才能应时势之需要。

国学到了今日我们不能说是合时，也不能说是不合时，何以故？欧美各国天天在提倡科学，科学进步，一日千里，其国家也随之同进富强，取我国学与之相比，实在是相形见绌。我们研究国学，纵到了精微之点，还是不能解决当前之危难，所以说国学不合时。但反过来讲，欧美科学进步的结果，除了层层起伏的战争以外，精神上常在于忧愁恐怖之中，其痛苦也就可以想见了。若我中国学问，是根本是止战非攻的，是和平中正的，形下的学问，虽较低落，但从精神上和心性上说，却又高于一切，非外人所能梦见。我们从盈虚消长的道理上推想，世界第二次大战之后，人民痛定思痛，或者要感觉到机械式之生活太苦，争杀的行为太惨，而于现代文明之外，另想个安身立命的方法，到那时未必不膜拜我孔圣，而归依于我文化旗帜之下。因为世界上只有中国的学问是始终一贯的，圆满的，而且永远的替人类谋幸福的。从这一点来说，国学又是最合时的学问。不过这是从原理原则上说的。至于提倡的方法如何，提倡的目的安在，我们更不能不改弦更张，与时偕行。所以斟酌损益，我们要立两个目标，以为治国学的方针。这两个目标是什么，即"通经致用"，"整理国故"。

（甲）通经致用　所谓国学应当包括经史子集四部在内，并不以经为限，但是中国的学问，无一不以经为根据，所以研究国学，当然要以经为首。不过旧日士子读经，都抱着为"读经而读经"的目的，对于经文尽管读得烂熟，说得头头是道，然而一遇事变，常常茫无头绪，此等人只可称之为迂儒，不能谓之通经。至于口圣贤而心盗跖的小人更不足数了。我们今日研究国学，要抱为"致用而读经"的目的，处处都抱经书应用到应事接物上，才能算得通经，也才能算确实提倡国学。但说到读经，便不可不知从前学者，对于经的派别。兹大概说明于下：

（一）汉学派　经学自经秦火，大半残缺，汉兴以后一再征求遗书，于是诸经纷出，歧异遂多。同是《诗经》，而有齐鲁韩之今文，及毛苌古文之分。同是《尚书》，而伏生所传为今文。同是《礼经》，高堂生所传为今文，鲁恭王孔壁所得为古文。《易经》未经秦火，然亦有田何之今文及费直古文之不同。至于《春秋》，则《左传》为古文，而《公羊》为今文。因为有今文古文之分，而考据之学遂应时而兴。此在西汉学者虽不注意此点，但一至东汉，则门户分立，若许慎、贾逵、郑玄、马融、服虔等，皆遵习古文，何休、范升、师丹、羊弼、孔光等，则遵习今文，而郑玄又今古文兼治。其著作种类之多，在两汉几首屈一指，这就是所谓汉学派。此派亦称朴学，又称为考据之学。明末清初遗老顾亭林先生，一面痛理学之空洞，一面恨八股之腐败，一面又因国破家亡，力无所用，于是复倡考据之学，而阎若璩、胡渭等赞助之，于是汉学复兴。到了惠栋、戴震、王念孙父子及段玉裁诸人出，清代汉学之盛，远逾前古，以后代有闻人，如孙诒让、俞樾，及现在之章太炎，都是汉学派中的支柱。

（二）宋学派　宋学一称理学，大概由宋代的陈希夷、周濂溪、邵康节诸人开始，而张横渠、程明道兄弟等，都是此派中坚人物。及朱子出，集理学之大成，后人遂称其学为程朱之学。其所研究的，偏重于孔子所言身心性命之学，比之汉学，是大大不同的。与朱子同时，又有陆象山兄弟，虽亦研究身心性命之学，然又偏重事功。及明代王阳明出，其学更为光大，学者称为陆王之学，以与程朱之学对峙，数百年来，呶辨不休。其实程朱之学，重在内圣，陆王之学，重在外王。一个是尽精微，一个是致广大。尽精微者，是偏于格致诚正一方面，致广大者，是偏于修齐治平一方面，把两种合起来，或可以内外兼到，后人何必强分异同呢。

（三）实行派　此派偏重躬行实践，对于汉学宋学，都不赞成，是颜元、李塨等所提倡的。颜氏尝说："予昔尚有将就程朱附之圣门支派之意，自一南游，见人人禅子，家家虚文，直与孔孟敌对，必破一分程朱，始入一分孔孟，乃定以为孔孟与程朱判然两途，不愿作道统中乡愿。"又说"生存一日，当为生民办一日事"，等等，都是打破旧经，注重力行的表现。但学人认为诋毁程朱太过，又刻苦自己太甚，亦非孔孟中庸之道，所以传者不多。

（四）今文派　今文运动，以康有为为中心。康氏谓西汉经学，并无所谓古文，古文乃刘歆所伪作，根本推翻清儒所提倡的汉学，而特别注重研究公羊，以求孔子的微言大义，连宋学也都在不必注意之列了。

历来研究经学的方法，不外此四大派。谁是谁非，姑且不论，但研究经书的方法变迁和趋势，也可窥见大概了。不过我觉经的范围太广，得四派合在一起，还未能尽研究之道。孔子不云乎，“诗可以兴，可以观，可以群，可以怨。迩之事父，远之事君。多识鱼鸟兽草木之名”。又曰，“诵诗三百，授之以政，不达使于四方，不能专对，虽多亦奚以为”。由此以观，所谓四派不过合得一端而已。我们由文化的趋势，而讲求读经之道，便不能墨守一先生及一家之言，而抹煞一切。应该把所有研究经书的方法归纳起来，分出步骤，使成为整个方法，通经中一节的道理。还要融会全经而求其贯通，通了一经，还取此经与彼经互相贯通。务须将所有的经义，都贯串在一起，合乎古还要合乎今，合乎修心养性，还要宜于治事接物。这样的层层推去，把经义视为无时无地所能暂离的一种约身束心范物模事的规矩准绳，而又没有附会牵强的毛病，这才算真能通经，若一处通不过去，仍不得谓之通经。能如此自然左右逢源，无往不宜了。

通经致用四字，旧时讲者多谓能通经，便能致用。所谓用者，就是用经。话虽可以如此说，但通经而不能致用，就根本不得谓之通经。以现代的眼光讲，通经之外，实在另有致用之学。所谓致用者，换言之，就等于胡安定先生所立之治事斋，而通经则等于其经义斋。倘固执旧说，不惟太空洞，且除此以外，其余的国学，都在废置之列了，如何能适应环境呢。说到此点，则我们对于史地、水利、农田、医药、政治、经济、法律、天算、财政等等，便不能放弃。孔子尝说：“我欲托之空言，不如见之实事。”所以因鲁史以修《春秋》，《春秋》史学也。考查历代兴亡成败之机，人类进化之源，莫善于史。因史而推及其他，则孟子所言“五亩之宅，树之以桑，五十者可衣帛矣。鸡豚狗彘之畜，无失其时，七十者可以食肉矣”诸义，乃王道之根本，大同之初步，当然连类而及。学者日夕伏案矻矻，以读书为职志，若连治生的本领都没有，叫去做县长，一点民情都不清白，叫去办农业，连节气土宜都不知道，试问此种学问，有何用处。知此道理，则现代的科学，不惟不可鄙夷，实有特别注意的必要。就是从国学立场说，至少也要用科学的方法，来研究固有的学术。如此则努力通经之学，可以得到利用厚生之本领，两种学问养成，国学才不至落空。你看顾亭林先生他是研究儒学的人，我们读他《天下郡国利病书》诸作，便知国学的作用，不在拘守空谈，而在确实有益于国计民生了。

（乙）整理国故　现在反对国学的人，总以为中国固有的学问，凌乱芜杂，没有系统，很不易看清眉目，不如外国之线索分明，容易研究，因此口实，遂视中国学问，为不值钱了。平心而论，数千年来中国的学者，不知道用科学的方法，为治学的工具，以致学说凌乱，不易寻出眉目，这是无庸讳言的。但是因此而说中国学术没有系统，我却不敢承认。试观过去能成一家言的学者，其学说总有结晶之点，任是千言万语，或直说，或譬喻，看似离题万里，然细心研究，必能发现其归宿之处，仍如众星拱北辰，不离主旨。以中国学问没有系统，这只能怪研究的人不得窍要，不能说国学便是乱七八糟的东西。所以今日想研究国学，除了上说通经致用之外，如果为"国学而研究国学"的人，便不可不抱有整理国故的志愿，把固有的学术，一一重新估定其价值。简单的说，就是要用最新治学的方法，将国学加以整理，系统难明者，使之线索分明，凌乱芜杂者，使之整齐划一。经一番整理之后，精粗优劣之点一一呈现，则后来之研究者，用心小而成效大，而国学的价值，才不致如今日之受人轻视。此种工作，虽甚艰巨，但是研究国学的人，若没有如此志愿，则国学的地位，便不容易增高，而研究者的本身，也就失去其重要性了。诸生来学于此，对于国学，当然都有极大兴趣，望深切注意此点，以期发扬国学。

以上所举两种目标，是研究国学所应当认识的。最低限度，诸生对于国学的志愿和理想如何，虽不一致，但依我看来，这两种目标，必择取其一，以为各人致力之点。若仅在于博闻洽记，或文章词藻，未免辜负国学了。总之两种目标，也没有严格的界限。整理国故，可以为通经致用之助，通经致用，当然也可以为整理国故之助，不过用力时有所偏重而已。若视作鸿沟，不免将国学化整为零，亦失国学研究之意，这也是应当注意的，希望诸生特留意二方面。请各位来宾，尤其是居院长，适逢其会，加以切实的指导，使本校得到改善的方法。

（录自《国光杂志》第17期，1936年5月）

研究国学之门径

陈 柱

将自今以往，世界上已无研究学术史之一事则已，不然，则吾国国学实占世界学术史之最重要之地位。无论世界任何一国，在历史上之学术图籍，实罕如我国之繁富者，故虽谓我国国学占世界学术史之大部分可也。然则无论任何一国之人，倘不精研吾国国学，而侈谈世界学术史，侈谈进化史者，皆已失去一大部分之知识，虽谓之不赅不全之学不为过也。然则吾国国学之重要，而当为世界学者所宜亟研究之学术，盖可知矣，况身生于其间者邪！

近来吾国学者，对于国学已颇知注重。然国学云者，其内容浩如烟海，学者既苦无从入手，更何能得其归宿？然则研究之门径为不可缓矣。

柱往者鉴于学生之需要，曾著《国学教学及自修法》一书，详论教与学之法矣。兹以学者之要求，更竭日余之力，重为整理最近研究所得，而为斯文，愿与海内学者讨论焉。

天下之人，能求学者多，而知求学者少，欲求学者多，而能成学者少。是何故？是无师法之故也。故欲研究国学者：第一，要在乎得师，得师则法明而学问乃可期于有成。唐人孙可之《与王秀才书》云：

> 樵尝得为文真诀于来无择，来无择得于皇甫持正，皇甫持正得于韩吏部退之。

其与他友人书亦尝举此言之。清儒王先谦讥之云：

> 昔尝病孙可之与友人论文书，称其所受真诀，自来无择、皇甫持正上溯昌黎，称举至再，如小儿得饼，矜衒不已。

孙氏于文中称举至再，不避重复，未免令人可厌。然学贵得师法，有真传。汉人传经，最重师法。故《史记》、《汉书》等述经学之传授甚详。如《史记·儒林传》言《易》之传授云：

> 自鲁商瞿、子木受《易》孔子，以授鲁桥庇、子庸，子庸授江东馯臂、子弓，子弓授燕周丑、子家，子家授东武、孙虞、子乘，子乘授齐田何、子装。

又如《汉书·儒林传》言古文《尚书》之传授云：

安国授都尉朝，而司马迁亦从安国问故，都尉朝授胶东庸生，庸生授清河胡常，常授虢徐敖王璜，平陵涂浑子真，子真授河南桑钦。

举此二例，可见师法传授之重要，经学如此，文学亦如此。孙可之之说，殆亦不能尽笑。推之一切学问，亦莫不如此，正不特国学为然也。自汉以后，治学成绩，以清儒为最著。清人皮锡瑞云：

国朝（指清朝，今引原文不能追改）经师，能绍承汉学者曰：传家法。如惠氏祖孙父子，江、戴、段师弟无论矣。惠栋弟子有余萧客、江声，声有孙沅，弟子有顾广圻、江藩，藩又受学余萧客，王鸣盛、钱大昕、王昶皆尝执经于惠栋，钱大昕有弟大昭，从子塘、坫、东垣、绎侗，段玉裁有壻龚丽正，外孙自珍。金榜师江永，王念孙师戴震，传子引之。孔广森亦师戴震。具见《汉学师承记》。他如阳湖庄氏之公羊学传于刘逢禄、龚自珍、宋翔凤、陈寿祺，今《尚书》三家《诗》之学传子乔枞，皆渊源自有者。

皮氏所谓家法，即师法也。则清代诸国学大家所以能成就如此卓卓者，盖在乎得师之故，断可知矣。然则今之学者欲研究国学，期有精博之成就，不可不先以择师为务矣。

既得其师，则购书亦为急务。除与师同居，或学校图书馆与城乡图书馆，富有藏书，足以供给者外，倘不多购图籍，虽终日饫闻名师之言论，而无书可读，亦犹巧妇难为无米之炊也。且假借师友或公共之图书，止可以供参考之用耳。其有当日夜揣摩，如古人所谓韦编三绝者，至少亦不下数十百种，斯则必自备而无能求借于人者矣。读书欲得其精，然欲得其精，非先博览不可。汉儒扬雄有言曰：

多闻则守之以约，多见则守之以卓。寡闻，无约也。寡见，无卓也。

此言甚是。吾尝譬之如购物然，倘入小家商店，则拣来拣去，亦不过此数物，岂易得其称意者。若举足而入大公司则不然，种种色色，唯吾所择，则称心洽意，亦甚易易也。读书之多寡，所得亦岂异乎此。然吾尝见今之学者，丰衣美食之费则不惜，一言及购书，则委之曰贫，则亦不知权衡乎轻重之过矣。

既得其师，又得其书矣，则又当其有勤敏之性行。孔子言敏而好学，即勤敏之谓。而勤为尤要，古今成学之士，类多从勤苦得来。即灵敏之性，虽似本乎天赋，然亦可以勤学得之。今举清儒阎若璩为例。清人江藩《汉学师承记》云：

若璩生而口吃，读书千遍不能背诵。年十五，冬夜读书，扞格不通，愤悱不寐，漏四下寒甚，坚坐沈思，心忽开朗，自是颖悟异常。是年补学官弟子。一时名士，如李太虚、方止、王子一、杜于皇皆折辈行与交。若璩研究经史，寒暑弗彻，尝集陶贞白、皇甫士安语，题所居之柱云："一物不知，以为深耻；遭人而问，少有宁日。"其立志如此。

然而天性愚钝，亦可以勤苦使之颖悟。学者不患天才之不敏，而患用功之不勤耳。勤敏之性行既具，于是乎乃可以言研究之步骤。抑余言至此，有不能不特别声明者：吾上言学贵得师，倘师既得其人，则凡吾今之所言，皆师之所当教，吾言实可以作废。今复云云者，示略言无师者之步骤，以备已得师者之质正为耳。

第一步须分读阅两法：

曾国藩《与邓寅皆书》云："看者涉猎，宜多宜速。读者讽诵，宜熟宜专。看者日知其所亡，读者月无忘其所能。看者如商贾趋利，闻风即往，但求其多。读者如富人积钱，日夜摩挲，但求其久。看者如攻城拓地，读者如守土防隘。二者截然两事，不可阙，亦不可混。"

然则何者应阅乎？何者应读乎？曰视乎学者之所专。所专者宜读宜熟，其余宜阅宜速。就所专之中，又当略分轻重，而读熟之程度，有高下焉。至于诗文之为纯文学者，则尤非时时习诵不可。盖文学非仅凭乎知识，要在优游涵养神而化之，故非多熟多读莫能为也。

第二步先求通大意：

陶渊明《五柳先生传》云："好读书，不求甚解。偶有会意，便欣然忘食。"

读书不求甚解，此语每为世人诟病。其实初学读书，亦是必经之阶级。倘初读书不求甚解，势必常有一大师在左右备质问而后可，否其事实有所不能。何者？初学读书尚少，根柢尚浅，识古义无多，岂能细心从事考证？是故势不能不先将所欲读所应读之书，暂略通大义，不必字字求其甚解，俟读毕十余种，然后再进而为精深之研究耳。求通大义之方法，最好是取名家评点之书籍，照点一次。明白洽心者熟读之，不识者置之，特别者笔而记之。否则字字苦索，力疲者不数页而止；志强者亦事倍功半，耗精神于无用也。

第三步深求法：

此当分为三层：（一）研究语言文字之学，以明形声训诂之大纲。盖积字成句，积句成篇。倘文字不明，何由明其句读，通其义理乎？语言文字之学，古称小学。盖古者八岁而入小学，即授以六书之义，诚读书之根本也。今欲略通小学，第一要书，为汉许慎所撰之《说文解字》及清人段玉裁之《说文解字注》。许氏之说文字，段氏之解《说文》，固不能无误。然吾人所藉以知六书之义例，匡正许书者，亦赖许书。而段氏者，许君之功臣也。他书美者固多，然学者或非欲为小学专家，则研精于此，亦足以应用矣。（二）阅注疏。古书之未易明者，古注疏已多所注明。如《十三经注疏》网罗尤富。其余子史集类诸注，亦均各有所长。学者均宜择要观览，以释疑解惑，而充根柢。（三）博览清儒汉学家书。古书之难明，一在乎制度，二在乎古字古义，三在乎假字讹字。凡此三者，汉、唐诸儒已置力甚勤，大有成绩。然汉人之说，已多残缺不完，唐人亦尚多未备，五代以后，学尚空疏，言尠征实。清儒特起，考订之勤，超唐越汉。经学如正续《皇清经解》，大略已备。诸子之学，如王念孙之《读书杂志》，俞樾之《诸子平议》，孙诒让之《札迻》，尤其卓卓者。自余史集诸书，亦均称是。学者宜择己之所专，与古注对勘，择其要者书于上方，以便研究。如是为之数年，读毕十数种，则考订之途径既明，而所得亦已不浅矣。夫如是而后可以语古注之得失，而后可以进于研究之域。

第四步研究法：

此亦当分三层分述如下

一思辨　此颇近于今人所谓怀疑。唯怀疑则与尊信相反，而思辨则界乎两者之间。疑所当疑，信所当信，不似怀疑之易流于偏激耳。怀疑者，有时自信太过，反未及思辨，而自陷于武断。唯思辨者则纯粹客观之学，而其所思辨者，实已经过怀疑之观念，故怀疑不可以包括思辨，而思辨可以包括怀疑也。昔之成学能有新发明者，未有不始于怀疑，而终于思辨者也。《汉学师承记》载阎若璩云：

> 年二十，读《尚书》，至古文，即疑二十五篇之伪。沈潜二十余年，乃尽得其症结所在，作《古文尚书疏证》。

又述戴震事云：

> 君年十岁，乃能言，就傅读书，过目成诵。塾师授以《大学章句》右经一章，问其师曰："此何以知为孔子之言，而曾子述之？又何以知为曾子之意，而门人记之？"师曰："此子朱子云尔。"又问子朱子何时人？曰："南宋。"问曾子何时人？曰："东周。"又问东周去宋几何时？曰："几二千年。"曰："然则子朱子何以知其然？"师不能答。

观此可以知二人思辨力之强，故能发明古学，卓然为国学大师也。盖学无思辨，则人云亦云，记诵虽博，亦犹一书店而已，于己何益乎？孔子曰："博学之，审问之，慎思之，明辨之。"博学审问必继以慎思明辨，是不可不察者也。

二考证　此是研究学问最不可少之功夫，而研究国学，则为尤要。盖实事求是之学，本当如此。不然，则妄思怀疑，凭空思辨，语无佐验，足以欺童蒙，未足以语高明也。考证学之重要，譬之于科学，殆如物理化学之有实验矣。理化之无实验，而谓其足以征信于人乎？

且古书传世既久，字音字义，往往今古悬殊，有今人以为难解，而疑其讹误，而其实为古人之常语，并未为误者。如《墨子·尚贤》中篇云：

古者圣王唯毋得贤人而使之。

清人毕沅改毋为毌，注云：

毌读如贯习之贯。

至王念孙始知其非，王云：

毕改非也，毋语词耳，本无意义。唯毋得贤人而使之者，唯得贤人而使之也。若读毋为贯习之贯，则文不成义矣。下篇曰："今唯无以尚贤为政，其国家百姓，使国之为善者劝，为暴者沮。"又曰"然昔吾所以贵尧、舜、禹、汤、文、武之道者何故以哉？以其唯毋临众发政而治民，使天下之为善者可而劝也，为暴者可而沮也"。《尚同》中篇曰："上唯毋立而为政乎国家，为民正长，曰：人可赏吾将赏之。若苟上下不同义，上之所赏，则众之所非。上唯毋立而为政乎国家，为民正长，曰：人可罚，吾将罚之。若苟上下不同义，上之所罚，则众之所誉。（中略）其字或作毋，或作无，皆是语词，非有实也。

王说是也。然唯毋何以连用，则学者尚未言及也。吾以谓唯毋古双声，毋者唯之声转，长言为唯毋，短言为唯，或为无。凡《诗》之无念尔祖，无沦胥以败等无字，皆唯字之转音也。唯无声转义同而连用，犹既已声近义同而连用也。然则唯毋之毋非贯之讹也决矣。

又有在古人为本甚易解，而或文从假借，后人不知，转以深求而不得其解者。如《诗·东山篇》云：

有敦瓜苦，烝在栗薪。

《毛传》释之云：

敦，犹专专也。烝，众也。有敦瓜苦，烝在栗薪，言我心苦事又苦也。

《毛传》不释瓜字，于文未明。《郑笺》则释之云：

此又言妇人思其君子之居处专专，如瓜之系缀焉。瓜之瓣有苦者，以喻其心苦也。烝，尘；栗，析也。言君子久见使析薪，于是尤苦也。古者声栗裂同也。

清人焦循复为之申毛义云：

以栗为析，笺易传易也。瓜之苦喻心苦。烝在栗薪，何以喻事苦？《释文》引韩诗作蓼蓼，即蓼字。《周颂》"予又集于蓼。"《毛传》云："言辛苦也。"蓼为辛苦之菜，而瓜系之于其上，故喻心苦事又苦。心苦谓瓜瓣之苦，事苦谓集于蓼之苦也。毛本当作烝在蓼薪，与韩诗同。

今观诸家之释，尽属牵强，费辞费解。盖皆于瓜字信之过甚，无暇思辨，无暇考证故也。以我考之，有与又通，此古文习见者也。敦即前文敦彼独宿之敦，彼笺云："敦然独宿于车下"，与本章《传》训专专之说相合。瓜当为孤之借字，孤从瓜声，一证也。《礼记·曲礼》注《释文》菰本作苽，又《内则》《释文》苽本菰，苽从瓜，菰从孤，苽菰通，明瓜孤亦通也，二证也。由是言之，瓜苦当即孤苦。烝即上章烝在桑野之蒸。毛传云："寘也。"有敦孤苦，即又敦孤苦；谓又复敦然孤苦，寘于栗薪之间也。即上章敦彼独宿，亦在车下之意也。上文言："洒扫穹室，我征聿至。"谓洒扫以待征人之遂至，而不知其又敦然孤苦，露宿于栗薪，而不能归。故下又接云："自我不见，于今三年。"重叹其久也。文义岂不甚明？此考证之功，所以不可忽也。

三校订　此亦为治国学者所最不可少之法。盖古书传世已久，有无识之妄改，有无意之讹脱，有篆隶之讹变，有避讳之改省。以是之故，倘不严加考订，则郢书燕说，势必不免矣。自宋以后，此学久荒，至清而极盛，殆已成专门之学矣。今为初学者略示其途径焉。约而言之，盖有十端，分述如左：

（甲）据本书以订正之。

如《诗·大雅·假乐篇》云：干禄百福，子孙千亿。

此诗干字，解者多作干求之义，而俞樾则据本书《旱麓序》订正之云：

干字疑千字之误，何以明之？《旱麓序》曰："周祖之先世修后稷、公刘之业，大王王季申以百福千禄焉。"此干字明是千字之误。彼序正本此经。

今按俞据《旱麓》改干为千，则千禄百福，相对为文，义甚自在。

（乙）据注文以订正之。

如《荀子·乐论》云：使天下生民之属，皆知己之所愿欲之举在于是也，故其赏行。（扬注云：于是犹言是于。）皆知己之所恐畏之举在举是于也，故其罚威。

此文之于是，清儒卢文弨改正为是于，云：

是于旧本俱作于是，反将注文互易，误；今改正。

今按卢氏盖据注文即可以订正于是之当作是于，是于语不经见，故扬注云：是于犹言于是。若本作于是，于是本恒言，扬氏何必注释？且云于是犹言是于，是以不经见之语释恒言矣。有是理乎？考《说苑》亦作是于，则作是于者古本古语也。

（丙）据类书以订正之。古代类书，如《北堂书钞》、《太平御览》之类，所引古书文句甚多。古书文句有在甲则误，而在乙则不误者。有在乙则夺，而在甲则不夺者。彼此对校，正误自明。如《墨子·非儒》下篇云：

其亲死列尸弗。

毕沅解弗与祓同。王念孙云：

丧礼无祓尸之事，毕说非也。此本作列尸弗敛，今本脱敛字耳。列者陈也，抄本《北堂书钞·地部二》，引此正作列尸弗敛。

此据《北堂书钞》增敛字，文甚明矣。

（丁）据古人节抄之书以订正之。如《群书治要》、《意林》等所引古书文句亦多，均可引之订正。如《墨子·天志》下篇云：

是故庶人不得次己而为正，有士正之。

此次字，或疑为误字，或训为即。而孙诒让据《意林》所引以订正之云：《意林》引次并作恣，案次当依马读为恣。然则《墨子》之次或为恣之借字，或为恣之坏体，而其义则必当为恣明也。

（戊）据异本以订正之。如《墨子·明鬼》下篇云：

意欲死然。

毕沅云：一本作使，孙诒让据《道藏》本吴抄本改死为使是也。

（己）据形似以订正之。

如《墨子·尚贤》下篇云：女何择言人？何敬不刑？何度不及？

此文言字无义，王引之订正之云：

言当为否，篆书否字为；言字作，二形相似。隶书否字或作，言字或作，亦相似，故否误为言。否与不古字通，故下句言何敬不刑，何度不及也。今书作何择非人，何敬非刑，何度非及，非否不义并同。

此以言否篆隶字形相似而订正之者也。

（庚）据声近以订正之。

如《墨子·明鬼》下篇云：武王逐奔入宫，万年梓株，折纣而系之赤环，载之白旗，以为天下诸侯戮。

此万年梓株四字，文义难晓，诸家均无敢下笔。然余按《说文》年作秊，从千声；千作孚，从人声，故人年声近。年变为人，亦犹《节用》上篇子生可以为二三人，二三人即二三年之变也。梓，《说文》从木，宰省声。故梓借为宰。故《汉书·宣帝纪》损膳者宰注，宰，杀也，则宰有杀义。株诛同声之借，则万年梓株，本当作万人宰诛明矣。

（辛）据音韵以订之。如《墨子·非乐》上篇云：

将将铭苋磬以力。

此文讹脱难读，自毕沅、孙星衍、江声、俞樾均莫能订正，孙诒让以音韵及字体订正之云：

将将铭，疑当作将将喤喤。《诗·周颂·执竞》云：钟鼓喤喤，磬筦将将。《说文》金部，引《诗》喤喤，作锽锽。《毛传》曰：喤喤，和也。将，集也。《说文》足部，蹡行貌，引《诗》管磬蹡蹡，则将亦蹡之借字。此力虽与上食下翼式韵协，然义不可通，且下文酒野亦与力韵不合。窃疑此当作将将锽锽，筦磬以方。方与锽自为韵。力方形亦相近，《仪礼·乡射礼》郑注云：方犹并也，管磬以方，谓管磬并作。犹《诗》云，笙磬同音矣。

孙氏此校甚确切可用，盖通以音韵，证以形体，皆无不合矣。

（壬）据避讳以订正之。如《老子》五十四章云：

善建者不拔，善抱者不脱，子孙祭祀不辍。修之于身，其德乃真。修之于家，其德乃余。修之于乡，其德乃长。修之于国，其德乃丰。修之于天下，其德乃普。

苏时学云：

句皆用韵，独国与丰韵不叶，心窃疑之。及观《韩非·解老篇》乃作修之于邦，始恍然而悟。盖与东江通韵也。汉人避高祖讳而改之，故下文以邦观邦，亦改以国观国。

（癸）据文义以订正之。《墨子·尚同》下篇云：

然胡不审稽古之治为政之说乎？

此文治字于义不可通，俞樾云：

> 治字，乃始字之误。下文曰：古者天之始生民，未有正长也云云，是从古之始为政者说。故此云：胡不审稽古之始为政之说乎？

以文义论之，则始义既比治义为长，而治始亦形声相近易讹，则治之当为始，可无疑也。

此外金石及龟甲文字均足以为文字学及史学等考订之资料，学者皆不可忽者也。

然则研究国学之道，如是而已，可乎？未尽也。段玉裁《戴东原文集序》云：

> 先生之治经，凡故训音声算书天文地理制度，名物人事之善恶是非，以及阴阳气化道德性命，莫不究乎其实。盖由考核以通乎性与天道，既通乎性与天道矣，而考核益精，文章益盛。用则施政利民，舍则垂世立教而无弊。浅者乃求先生于一名一物一字一句之间，惑矣。先生之言曰："六书九数等事如轿夫然，所以舁轿中人也。以六书九数等事尽我，是犹误认轿夫为轿中人也。"

然则专从事于训诂考订之学而止，则是专以一名一字为学，而终身为轿夫也，其可乎？故继此以往，再有事焉。

第五步讲论条贯，明辨得失。

所谓讲论条贯，所读之书已经精心考授，文字训诂已无误，爰将其说分类研究，综合比校，其以求大旨之所在，而明学说之条贯，而后全书之义，乃可谓之尽明矣。

所谓明辨得失者，凡学说能卓然独立，成为一家者，必有其独到之处，亦必有其偏失之处。《荀子·解蔽篇》云：

> 墨子蔽于用而不知文，宋子蔽于欲而不知得，慎子蔽于法而不知贤，申子蔽于势而不知实，庄子蔽于天而不知人。故由用谓之道尽利矣，由俗谓之道尽嗛矣，由法谓之道尽数矣，由势谓之道尽便矣，由辞谓之道尽论矣，由天谓之道尽因矣。

诸子如此，其他之书亦莫不皆然，则明辨得失，不为所读之书所蔽，而后可获学问之益。此又凡求学者所当知，不仅研究国学为然矣。

（录自张少孙编《（名家指导）国学研究法》，大华书局1936年）

怎样研究国学及其基本书目

胡怀琛

诸位读者，我的国学程度是很浅的，这里所说的话，未必能满诸君之意，只不过供给诸君做一种参考的材料罢了。

我们要讲怎样研究国学，先须讲国学和西洋学术，尤其是近世西洋学术根本不同之处。关于这一点，细讲起来，话也很长，现在不能多讲，只能拣多数人已经公认的几句话来讲讲。

一、中国孔子的学说，是从“以人对人”为出发点，其目的是要各个人自己克服自己的欲望，以维持他人相当的权利，人人都能如此，天下自然太平。

二、中国老子的学说，自然“以自然对人”为出发点，其目的是要使人如草木，遇春而自然生长，遇秋而自然凋零，不识不知，自乐其乐。

三、西洋的文化，是从“以人对物”为出发的，其目的在战胜“物”，而这“物”字是广义的，往往把人也当物看待。

这三者的不同之处，现在我们可以明白了。西洋文化的结果，不消说，是造成最恐怖的世界大战，在这战祸的旋涡中，只是空言孔子的“仁”，老子的“自然”，当然要被人笑为迂阔。但是大家都是汲汲备战，希望能够“以兵止兵”，这也是一样的可笑，结果只是悲惨而已。

假使上面的理论有六十分以上是对的，那么，全世界的人对于中国的学术都不得不有相当的研究，何况我们自己对于自己固有的学术，尤不得不有深刻的了解。

要了解中国一切的学术，（并人情风俗等），必须先明白中国民族根本的思想，中国民族根本的思想在周、秦时虽有所谓“九流”，但其总源亦只有道、儒、墨三家，除墨子之学说在我认为是外来的思想而外，（另有说），只有儒、道两家，以后再加入佛学，但墨学与佛学，影响于中国人民思想皆不及儒、道两学那样的深，所以我们研究中国一切的学术，尤须先把儒、道两家的学说及其派别讲清楚，现在略讲一下。

儒家的学说以孔子为主，孔子的学说，以“仁”为体，以“礼乐”为用，以“中庸”为行事的标准，修身的方法从自身做起，渐及一家一国以至全世界，故云“修身齐家治国平天下”。孔子以后，在周、秦时儒家分为两派，一是孟子，一是荀子。孟子主张人性善，所谓“不善”乃是善性被人欲所蔽，修学者重在去其“蔽”而后其“善”。荀子主张人性恶，所谓善乃是后来想出来的方法，用来维持社会的。修学的方法，重在运用方法，限制恶性的发展。到后来又有汉儒宋儒之分，汉儒专讲注解孔子的书，宋儒专讲实行孔、孟书中的话。汉儒以马融、郑玄为代表，宋儒以程颐、程颢、朱熹为代表，汉儒注经，其弊过于琐碎，过于被书以束缚，宋儒讲性理，（宋儒承孟子之说参以佛学，称为理学，又称性理。）其弊过于空疏。且宋儒偏重修身，而缺乏治事的能力，于是宋代别有一派，后人通称为“功利”，又称为“经济”，又称“事功”，（相当于今日社会政治等等），以陈傅良、叶适为代表。

与朱子对待的另有一派为陆九渊，由陆九渊演变而为王守仁（阳明），称为明儒，一步一步和汉儒隔离得远，甚至于主张不必读书。在清代，有所谓“考据”“义理”“词章”三派。考据宗汉儒，义理宗宋儒，词章专讲文学，三派各分门户。姚鼐欲调和三派，可惜力薄而不能胜任。清代末年，迫于外患，又讲“经济”，但或称“洋务”，或称“时务”，其实就是宋时之功利，其远源也就是周、秦时法家之学，（如商鞅讲功利亦属法家）。今将孟、荀后之儒家派别列表如左。

名称	别称	别称	别称	别称	别称	相当于今日某学
考据	汉学		学问			考古学
义理	宋学		品行			实践伦理
词章			文章			文学
经济		功利	事功	时务	洋务	社会政治经济法律

以上四派兼备的人才很少很少，明代的王守仁，犹缺少第一项，清代的曾国藩仿佛可以说是兼备。

现在再讲道家，道家以老子为主，老子的学说，为“人君南面术”，即人君取法“自然”以治天下之术。他的整个的学说，分为五步如左：

一、用兵　如云“以奇用兵”。

二、取天下　如云“以无事取天下”。

三、治国　如云“以正治国”。

四、功成名遂身退　如云“功成而不处”。

五、养生　如云“专气致柔能婴儿乎?”

其学说是居在人君地位，先讲用兵，然后用兵取天下，既治天下，当治天下，天下既治，退居让贤，退位之后，养生娱老。老子的学说，本是如此，但后之学者各得一偏，分裂成为各家如左。

一、用兵　兵法（兵家）

二、取天下　外交（?）（纵横家）

三、治天下　政治学（政治家）（法家）

四、功成名遂身退　处世哲学（隐士）

五、养生　医药　生理　卫生　神仙（方士）

这五派到后来又有变化，可以归纳成为四派：

一、军师派　是帮助人君取天下的，自吕尚起，以至张良、诸葛亮、刘基等都是。

二、隐士派　是绝对放弃名利隐居自适的，如严子陵、陶渊明都是。

三、江湖派　既不能为第一派，复不能为第二派，挟其某种技艺糊口于江湖，如严君平卖卜，韩康卖药都是。今日的医（中医）、卜、星、相都属此类。

四、神仙派　修道学仙，兼以符咒为人驱邪治病，如葛洪便是，今日的道士属于此类。

上述儒、道两家思想及其派别如此，其他各家思想，或为两派分化（如法家），或比较的不重要，今不多述，学者由此入手，渐及其他比较的容易。

至如“文学”“艺术”（绘画音乐）本为中国人之特长，但除原始的歌谣及原始的绘画音乐外，其他皆与儒道两家思想有关，如杜甫的诗属于儒家，李白的诗属于道家便是。故欲研究中国文学及艺术，亦须先了解两家思想。（并须略知佛学思想）。至如自然科学，本非中国所有，不必讳言，我们只好学人家。

如说到研究国学应用的书，最好要读一读原书，最适用的就是商务印书馆出版的《学生国学丛书》。全部“国学基本丛书”虽好，但尚觉过多，难以遍读，我不敢唱高调，开一大批。我自己写的有四种初学最为适用……

《国学概论》（乐华），《中国先贤学说》（正中），《古书今读法》（世界），《中国文学史概要》（商务）。

此外当代名家的著述很多，各有长处，读者可以随自己的程度深浅，时间多少，选读若干种，如能多读，当然更好。再者道家学说，可采处少。儒家学说，可采处多。而儒家的学说，不重在空言，是重在身实行，为“忠孝仁爱信义和平”及“礼义廉耻”，倘不实行，便是等于零。

（录自张少孙编《（名家指导）国学研究法》，大华书局 1936 年）

《论学》发刊辞

李源澄

《庄子·天下篇》曰：天下大乱，贤圣不明，道德不一，天下多得一察焉以自好。尝窃观诸子之术，虽莫能相通，而皆有所明。治其学者，必行其学。言归于有用，而不为夸说。司马谈以为皆务为治者矣。荀卿著论，犹诃其不知止，有所蔽，岂尽门户之见不适于大理哉。善诸子哀时政之阙失，察古之道术有在于是者，乃各引一端，崇其所善而为之太过，过颡在山，有所激而然也。药不瞑眩，其疾不止，矫枉者无嫌过其直，然以攻病药为养生主，则惑矣。学术变迁，调盈济虚，不守故常，因时为法，而吠声穷乡之徒，啜醨餔糟，流弊滔天。极溺乏术，其中亦有二伦，有末流之弊，有作始之弊。善医者治病而不伤其本，其次去病而亏其体，下焉者以药治病而反以药杀人，能无慨然。《老子书》曰：执古之道以御今之有。古之博大真人哉。非深于史者，能为此言乎。以近代学风与现世而论，则古之学也诬，今之学也妄；古之学也固，今之学也凿；古之学也游谈，今之学也僻碎；古之学人也矫伪，今之学人也无忌惮；此皆其弊短而言，若豪杰之士，类能自抒胸臆，不为风会所囿，并世而生，所得自殊也。古之学风尊崇经术，下视余学，以非圣为无法，而不求本心，下驷之才，藉尊经为名高，崇圣以邀誉。孟子曰：理义之悦我心，犹刍豢之悦我口。圣人显得我心之所同然，夷考其实，尊经法圣者家有之，而知本者鲜焉。不求于理，则其言诬，不通异家，则其言固，好名之过，强所不能，而游谈生，畏于清议，不本诚素而矫伪起。虽愈于野，亦甚无憀。光复以来，一反其所为，末俗浮薄，东好新异，世道交丧，舍己殉人，名利之归，靡然乡风矣。好为奇觚，语靡期验，其流为妄，便词巧悦，孤证是从，其流为凿，舍大务细，捷径窘步，则失于僻碎，不由礼宪，惘恤清议，卒为无忌惮之小人，所失不同，无忠信则一，欲祛其弊，其必出于忠信矣。乐其所学，而不用其私智，择善而从，而无事于门户之争，真积力久，而不期必成。无所往而不用其忠信，斯三者所以立其本也。

世之所务，有当戒焉，世俗之为说者曰：学者以发明为归，以研究为用，此大惑也。学之所贵，能出能入，不先沉溺于故书，则不能入潜。墙外之言，可以炫途人，而不足以欺居者。且世所谓研究者偏于考据，义理俄空，不知其为考据而读书，亦为读书而考据。后世又谁将读其书者。虽足矫墨守旧说之弊，而无识之徒扬之。学无本根，左右采获，充量不过横通，其视老师宿儒之谨于立言者，已若无物，此风一长，读书则悖矣。学贵心得可也，必期于创获不可也，心得固不囿于创获。世竞发明，而怪说滋起，一言不智，诒祸靡穷，此宜戒者一。世俗之为说者曰：学问平等，经史与稗书杂说无有轻重，此亦大惑也。学者治学，勤劳功楛。治经史与治余学时若相同，然一国文化自有根本枝叶。学者治学亦有先后缓急，不可诬也。学不可局于用，亦不可舍用而言学，植其根本而茂其枝叶则交荣，繁其枝叶而涸其根本则两伤，不学之徒，以康庄为人所共由，而自窜于荆棘，据僻书杂史为秘宝，挟新出古物为奇惑，粗者止于骨董，精者不出补遗，而踌躇满志以为舍此别无学问，盲目之人，翕然和之，正史正经，谁与读者，此宜戒者二。世俗之为说者曰：学问行谊本为二事。此言似是而非。学问固不必尽切于身心，身心则必资学问以为培养，所学不出于五经四子。诚非多识蓄德之义。若终岁伏案，闭卷一无所受用，亦非所宜，甚者丧心病狂，以修身践言为理学诸儒所有事，自夷于禽兽而不觉，学术机关昌言排斥国故观念，忘其国性而不耻，无怪禽兽游于黉序，汉奸立于庙堂，何以为人，何以为国，此宜戒者三。世俗之为说者曰：中国学术笼统混沌，西人析理精微，不可不采其方法，此言无过而流弊不胜，前史论南北朝经术曰：南人简约，得其英华；北学支芜，穷其枝叶。持此论中西学术方法，亦大略近是。治国学者固宜借人之长亦当自护其善。乃今日学风徒知收集排比，不加择别。为文章则太繁，为类书则太简，而融会贯通之作，世不多见，是不能取人之长，反以中人之毒。此宜戒者四。

立此三本，戒此四弊，治国学者，不可务乎。本刊揭橥斯义，以为法守，爝火不息，终当燎原，谨愿本此宗旨，与同道之士互相勉励，以文会友，非托空言。

（录自《论学》第1期，1937年1月）

《卫星》发刊宣言

金天翮

梅花香里，箫鼓声中，庆祝新历之元辰。及夕，与客饮酒楼。举杯邀月，见冰轮团团，出自东方而入于西方也。不禁罣思曰：是月也，非所谓独往而独来者耶？人之立品也，治学也，处世也，不能受环境之牵制，独往而独来者似此月耶？曰不然。月之行焉，若无伴也。既无与伴，则往而不来也，其可乎？往而必来，来而必往，月亦自有其环境矣。有其环境焉，斯有其环焉。天秉阳，垂日星；地秉阴，布五行于四时，和而后月生焉。此《礼运》文。月焉者，地之卫也。君之不能无相也，相之不能无百执事也，将之不能无佐也，皋比之师之不能无都讲也，通都名城之不能无郭也，凡以为卫也。五声之不能无鼓也，五味之餐之不能无酒浆也，五都之市不能无招也。悬法于象魏，使民知政治之要也。著目于录，使人知兰台石室所藏之书之富也。是亦一卫也。中国国学会，创立迄今，跨五祺矣。会员著述之渊海，曰《国学论衡》，名声彰彻于当世，而能卒读者尽鲜。以为是曲高和者寡也，所谓独往而独来者非与。虽然，使长此而寡和，焉非学术界之美事也。譬登九成［层］之台，其有阶乎跻七级之浮屠，其有梯乎。于是相与为卫星组织，以为是《论衡》之鞀铎也。而《论衡》者，又国学会之喉舌也。譬之三光，其交相承乎。《卫星》云者，名则矣，而义则古也。世不乏爱读者，其一寓目焉可耳。

二十六年一月三日

（录自《卫星》第1期，1937年1月）

《国学》发刊序

李廷玉

孔子殁而微言绝，七十子丧而大义乖。古人已慨乎言之矣。由汉以迄今日，历经二千余年，其间圣君贤相，博学通儒，凡能抉经心而执圣权者，大都推广圣言，表彰经义。纵六经为文化之本位，四子又为六经之精华，不能使不读书少识字之流，一并学贯天人，通经致用。然而义夫节妇，正士端人，所在多有。即五尺童子，雅不愿负不忠不孝不仁不义之名。此无他，尧舜禹汤文武周公孔子之遗泽孔长，而被化于无形者且久也。

民国肇造以来，二十有六年矣。欲正人心，而人心日趋于险诈；欲厚风俗，而风俗愈极于卑污。试为详参致此之由，实起于民三废经，民七废孔。有心人虽惄焉忧之，亟思出而辨正，终以口众我寡，莫可如何。于是黄钟毁弃，瓦缶雷鸣，畸衺怪诞之词，累牍连编，摇惑天下人之耳目，致使五千年来之优秀民族，大多数近于禽兽，而不自知其误入歧途。因而犯上作乱，负义忘恩，弑父杀兄，灭伦败纪，几乎司空见惯，甚或视为固然。如此恶浊潮流，焉望有澄清之一日哉？

幸而欧洲大战以后，各国大政治家、大哲学家，倡言物质文明破产，非中国之精神文明，不足以救之。遂相与谋设中国文化学院，礼聘中国文学导师。又对中学别设选科，以促学人之注重。日本与我同文同种，更观感兴起，尊崇圣学，研讨圣经，且不惜动用国库重金，为宣圣重修殿宇。而《论语》一部，尤认为人人应读之书。我国当轴诸公，深悟昨日之非，力图今日之是，尊孔特颁明令，又分饬各校添课读经。从此不闻非圣无法之言，更多经明行修之士。此殆微言欲绝而不终绝，大义欲乖而不终乖之特殊一机会也。本社同仁等，有感于此，促玉召集开会，讨论发行《国学》月刊，并云数年前有此主张，每虑著作刊行，动多阻碍。今既本社周刊，《大中时报》代为宣传，未遭非议。而新闻各界，尤愿为国学之阐明。正宜合力同心，对于群经正史诸子百家，发挥固有之功能，导示钻研之途径。惟以汉儒重考据，不无穿凿附会之失；宋儒重义理，不无玄虚空寂之嫌。吾辈立说著书，务须救弊补偏，勿蹈汉宋诸儒之辙。而所谓实事求是，躬行实践，尤应各加奋勉，勿再徒托空言。

当时询谋佥同，各自认定一门，按期编纂。并决宁缺勿滥，以免贻笑通人。同时公推玉为主编，俾便克日兴办，期于历久不渝。第以国学渊深，非玉等呫哔小儒，所能抉其精奥。谨就一知半解，供献于诸大儒雅之前。因念《左氏传》曰："言之无文，行之不远。言以足志，文以足言。不言，谁知其志。"今之集众思，广众益，抒管见，发俚言，亦只以文见志而已。至于刊物发行之日，果否对于圣贤经传，可以拾遗补缺，抑或引起穷经兴趣，促进讲学精神，则非玉等所敢知也。海内硕学耆儒，有与玉等引为同志者乎，尚希勿吝金玉，以增本社之光可也。不禁九顿首而跂足以俟之。

（录自《国学》第1期，1937年4月）

复宋芸子论国学学校书

叶秉诚遗著

源澄于叶先生生前无一面之缘，近由蒙文通师征得其遗文，将依次发表于本刊，本篇虽是一封书札，叶先生讲学大旨，可以由此窥见。此书想当是宋先生长国学院时所为，固未采纳。或由人才缺乏之故，不能不为国学界惜，然法亦待人而举，以现在大学文史两系观之，又不能过存失望。此乃十余年前之文，或不免有失时效之处，望阅者耐心读之。叶先生讲学之态度，则反对抱残守缺之国学，而提倡科学化之国学。叶先生讲学之精神，则提倡有体有用之学问，而反对以学问为装饰品。叶先生对于国学之前途，志愿极大，内而发挥国学之效用以养成东亚伟大文明之国民，外而欲使国学发扬为世界之学。平心论之，并非夸大，凡是中国人尤其是治国学者所应负之责任，惟视努力如何耳。惜当今办学之人，无此眼光，教授中即或有具此眼光者，孤掌难鸣，亦惟随顺世俗而已。此点请当今主持各大学文史科者留意留意，继而能改，有厚望焉。叶先生所提倡之科学化之国学，乃是以治科学之精神治理国学，以与学有关之科学辅助国学，并非如现在一般所标榜之以科学方法整理国学也。叶先生所谓为学问而修学，与梁任公先生所谓为学问而学问之意，亦不尽同。因叶先生自谓学问在于立身应务，故虽一字一句，必有大本大源在，然后不成为装饰品。反之即为装饰品，富人得之则为玩物，贫人得之则为废物，废物无益于人，自甘为废物，必先无待于人，制造生人为废物者，罪不容于死。如梁任公之学问亦不是装饰品，而且影响于社会者甚大，为学问而学问，不过为清代人立门面耳。梁任公学问之门径，可从《万木草堂学记》看出，其渊源在康有为之《长兴学记》，康有为则本于朱九江，此乃当今国学界应走之路不可缓也。《万木草堂学记》虽为小学而设，但不仅是今日青年朋友有志于国学者应读之书，即现在一知半解而滥竽国学讲座之先生，亦无妨降心细读。至于叶先生所提之国文教员一事，尤值得注意，因此中应发挥者多，介绍文字超过本文，殊又不似，姑且从略，伏愿关心中国民族前途者留意及之。李源澄敬记。

窃以近三百年来，智识上之学问已趋于科学世界，无论东西各国之学术，必须经科学方法之估定，始有真正之价值。吾国国学当亦不能外此公例。居今日而谈国学，若不受科学之洗礼者，窃未见其可以发扬而光大之也。夫吾国学术丰富，数千年来演成之独立文化，持与欧洲文明史比较洵无愧色，只以近数百年中吾国学术停滞，少所启明，而欧洲学界锐进，一日千里，不独吾国国学望之瞠乎其后，即希腊罗马之文明亦如横污行潦之比长江大河也。此非近百年之人智突过东西数千年之圣哲，实受科学发明之赐，而学术界乃有革新之成绩耳。此后中国国学苟无保存之价值则已，如其文明尚伴吾黄种以长存者，林敢断言之曰，必非从前抱残守缺之国学而为新科学化之国学也。

林持此眼光以论国学专修校，其意有三。一、学科宜准大学分科之预备，别为三类：甲，中国哲学类，经学、诸子学、宋元明理学、中国哲学史、宗教学、心理学、伦理学、论理学、西洋哲学概论、认识论、美术学、生物学、人类学、语言学概论。乙，中国史地类，史学研究法、中国史、东洋史、西洋史、历史地理学、经济学、法制学、文化史、外交史、宗教史、美术史、中国地理、世界地理、海洋学、博物学、统计学、人类学、地文学、地质学、测量绘画学。丙，中国文学类，文学研究法、文字学、训诂学、词章学、中国文学史、西洋文学史、中国史、言语学概论、哲学概论、美术学概论、心理学概论、世界史、教育学、语体文教授法。以上三科，均以国学为主，西学为辅。盖无论何门之学科，未有不通世界同类之学，而能专精一国一类之学者。且欲使吾国固有之学将来成为世界之学，尤不可［不］兼通西学以为之导也。至来教所分科目，以伦理政治教育修辞为主课，谓法孔门四科之遗意，不知此近日各校共同所有之学科，且较孔门为精确为详备，今日纵使孔子复生，亦必舍周时及古代之德行政事言语文学，而教以现世通行之伦理政治论理文学，以其宏括而精密且最适于目前之实用故也。故经史子集虽不合于孔门之教科，而实为吾国专有之国学，为发扬国学之亟当从事，而孔门德行政事言语文学之遗意，则是为普通或专门学校所共采，固不必候国学之专修而后为也，若能发明原理改良进步以提供各校之采用，此则有待于国学专修卒业后而研究院之所发明者也。总之，国学专修为大学之一部，今日若能提高程度，实行大学学科之规定，则可为将来四川大学之分科。不独学校得长存，而国学乃有进步之可望。二，招生务以中学毕业为合格。国学以科学化为主旨，则凡有志研究国学之士，必须先具有科学之常识，绝非前日呫哔媛姝者所可得语也。为启发国学计，固须具中学之根柢，为造就有用人材计，亦必具备科学之常识，乃足以立身而应务。否则视学问为装饰之品，鄙世事为流俗之行，纵使学成古人而已身为废物，此正吾国学术之不进，国力不振之所由。吾辈当力矫其弊，而必以科学常识基，以植其为科学致用之本。三，用途以预备文学教习为相宜。国学专修学校原为发明国学原理而设，为学问而修学，此乃学人应具之精神，即使见浅见深之不同，自当与各专门学校之毕业生同一待遇。若就社会事业性质相宜者而言之，则以预备国文教习为最宜。国文为国学重要之位置，在现今各学校，咸以缺乏善良教习为通病，此非国文之难教，实教国文者无科学之组织故也。今国学既科学化，则将来卒业之人才，必能改良国文之教授，则国学之精神将普及于学子，而于不知不觉中受其感化，则养成东亚伟大文明之国民，皆于国文教授是赖。天下之大用，孰有过于此者乎。若藉国学毕业生之头衔，而效无赖政客以为敲门砖，此不独非共和国民所宜出，而尤为孔孟程朱所深恶而痛绝者也。故用途一端，不必鳃鳃然为之过虑。

嗟乎，国学衰微极矣，正赖海内宿学通儒出而改良以扬国光而惠来学。梁任公提倡自由讲座，拟办国学学校，志愿虽宏，事实未就。今吾川幸有此一校，又幸得先生之力图改进，以为改良国学着手之地。林虽学殖荒落，亦感于先生之热忱，不得不贡其狂瞽以仰赞高深于万一。是否可行，请俟卓裁。(下略)

（录自《重光》第2期，1938年1月）

国学之统宗

章太炎

（二十二年三月十四日在无锡国学专门学校）

无锡乡贤，首推顾、高二公。二公于化民成俗，不无功效，然于政事则疏阔。广宁之失，东林之掣肘，不能辞其咎。叶向高、王化贞、邹元标、魏大中等主杀熊廷弼，坐是长城自坏，国势日蹙，岂非东林诸贤，化民成俗有余，而论道经邦不足乎？今欲改良社会，不宜单讲理学。坐而言，要在起而能行。周、孔之道，不外修己治人，其要归于六经。六经散漫，必以约持之道，为之统宗。余友桐城马通伯，主张读三部书，一《孝经》，二《大学》，三《中庸》，身于三书均有注解。余寓书正之，谓三书有不够，有不必。《孝经》、《大学》固当，《中庸》则不必取。盖《中庸》者，天学也。自天命之谓性起，至上天之载无声无臭止，无一语不言天学。以佛法譬之，佛法五乘，佛法以内者，有大乘、小乘、声闻独觉乘，佛法以外者，有天乘、人乘。天乘者，婆罗门之言也。人乘者，儒家之言也。今言修己治人，只须阐明人乘，不必涉及天乘，故余以为《中庸》不必讲也。不够者，社会腐败，至今而极，救之之道，首须崇尚气节。五代之末，气节扫地，范文正出，竭力提倡，世人始知冯道之可耻。其后理学家反以气节为不足道，以文章为病根，此后学之过也。专讲气节之书，于《礼记》则有《儒行》。《儒行》所述十五儒，皆以气节为尚。宋初，尚知尊崇《儒行》，赐新进士以皇帝手书之《儒行》。南宋即不然。高宗信高闶之言，以为非孔子之语，于是改赐《中庸》。大概提倡理学之士，谨饬有余，开展不足。两宋士气之升降，即可为是语之证。今欲卓然自立，余以为非提倡《儒行》不可。《孝经》、《大学》、《儒行》之外，在今日未亡将亡，而吾辈亟须保存者，厥惟《仪礼》中之《丧服》。此事于人情厚薄，至有关系。中华之异于他族，亦即在此。余以为今日而讲国学，《孝经》、《大学》、《儒行》、《丧服》，实万流之汇归也。不但坐而言，要在起而行矣。先讲《孝经》。

学者谓《孝经》为门内之言，与门外无关。今取《论语》较之，有子之言曰："其为人也孝弟，而好犯上者鲜矣。不好犯上，而好作乱者未之有也。"与《孝经》"先王有至德要道，民用和睦，上下无怨"，意义相同。所谓犯上作乱，所谓民用和睦，上下无怨，均门外之事也，乌得谓之门内之言乎？宋儒不信《孝经》，谓其非孔子之书。《孝经》当然非孔子之书，乃出于曾子门徒之手，然不可以其不出孔子之手而薄之。宋儒于《论语》"孝弟也者其为仁之本与"一章，多致反驳，以为人之本只有仁，不有孝弟。其实仁之界说有广狭之别，克己复礼狭义也，仁者爱人广义也。如云孝弟也者，其为爱人之道之本与，则何不通之有？后汉延笃著《仁孝先后论》，谓孝在事亲，仁施品物。孟子谓亲亲而仁民。由此可知孝弟固为仁之本矣。且此语古已有之，非发自有子也。《管子·戒》第二十六"孝弟者仁之祖也"，祖与本同，有子乃述管子之语耳。宋人因不愿讲《论语》此章，故遂轻《孝经》，不知汉人以《孝经》为六经总论，其重之且如此。以余观之，《尧典》"克明俊德以亲九族，九族既睦，平章百姓，百姓昭明，协和万邦，黎民于变时雍"，即《孝经》"先王有至德要道，以顺天下，民用和睦，上下无怨"之意。孔子之说，实承《尧典》而来，宋人疑之，可谓不知本矣。且也，儒、墨之分，亦可由《孝经》见之。墨子长处尽多，儒家之所以反对者，即在兼爱一端。今之新学小生，人人以爱国为口头禅，此非墨子之说而似墨子。试问如何爱国？爱国者，爱一国之人民耳。爱国之念，由必爱父母兄弟而起。父母兄弟不能爱，何能爱一国之人民哉？由此可知孝弟为仁之本，语非虚作。《孝经》一书，实不可轻。《孝经》文字平易，一看便了，而其要在于实行，平时身体发肤不敢毁伤，至于战阵则不可无勇，临难则不可苟免。此虽有似矛盾，其实吾道一贯，不可非议。于此而致非议，无怪日讲《墨子》兼爱之义，一旦见敌，反不肯拼命矣。昔孟子讲爱亲敬长，为人之良能。其后阳明再传弟子罗近溪，谓良知良能，只有爱亲敬长，谓孔门弟子求学，求来求去，才知孝弟为仁之本。此语也，有明理学中之一线光明，吾侪不可等闲视之者也。诸君试思，《孝经》之有关立身如此，宋人乃视为一钱不值，岂为平情之言乎？《孝经》讲孝，分列为五。其所云天子之孝，爱亲者不敢恶于人，敬亲者不敢慢于人，与墨子之道为近。民国人人平等，五种阶级，不必全依经文，但师其意而活用之，由近及远，逐项推广可矣。次讲《大学》。

《大学》为宋人所误解者不少。不仅误解，且颠倒其本文。王阳明出，始复古本之旧。其精思卓识，实出宋人之上。今按《大学》之言，实无所不包。若一误解，适足为杀人之本。宋人将"在亲民"改作"在新民"，以穷知事物之理解释格物。彼辈以为《康诰》有“作新民”之语，下文又有“苟日新”、“天命维新”诸语，故在亲民之亲，非改作新不可。不知《汤盘》之“新”，乃洁清身体发肤之谓。其命维新者，新其天命也，皆与亲民无关，不可据之以改经文。夫《书经》人所共读，《孟子》亦人所共读，《孟子》明言三代之学皆所以明人伦也。人伦明于上，小民亲于下。《尚书》尧命契作司徒，敬敷五教，其结果则百姓相亲。《大学》亲民之说，前与《尚书》相应，后与《孟子》相应。不知宋人何以改字也？

格物之说，有七十二家之歧异，实则无一得当。试问物理学之说，与诚意正心何关？故阳明辟之，不可谓之不是。然阳明所云致良知以正物，语虽可喜，然加一良字，且语句与原意颠倒。应说致知而后物格，不应说物格而后致知也。阳明之前，郑康成训格为来，谓所知于善深，则来善物；所知于恶深，则来恶物，颇合《论语》我欲仁斯仁至矣之义，亦与阳明知行合一之说相符，但文义亦与原文不合，虽能言之成理，胜于晦庵，但均颠倒原文，不足以服人之心。其余汉、宋大儒讲格物者，不计其数，而皆讲之不通。明人乃有不读书之灶丁王心斋，以为格物即物有本末，致知即知所先后。千载疑窦，一朝冰释，真天下快事。盖《大学》所讲，为格物、诚意、正心、修身、齐家、治国、平天下，诚意为正心、修身之本，此为知本，此为知之至也。上所云云，尤为根本之根本。心斋不曾读书，不知格字之义。《苍颉篇》：“格，量度也。”能量度即能格物，谓致知在于量度物之本末。此义最通，无怪人之尊之信之，称为“淮南格物论”也。刘蕺山谓王阳明远不如心斋，此语诚非无故。其后假道学先生李光地，亦知采取心斋。可见是非之心，人心有同然矣。阳明生时骂朱文公为洪水猛兽，阳明读书不多，未曾遍观宋人之说，故独骂朱子。实则伊川、象山均如此讲。朱子治学，亦未身能穷知事物之理，无可奈何，敷衍了事，而作此说。今之新学小生，误信朱子之言，乃谓道德而不能根据科学者，不是道德。夫所谓道德，将以反抗自然也。若随顺自然，则杀人放火，亦何不可以科学为之根据者？信斯言也，真洪水猛兽之比矣。朱子有知，不将自悔其言之孟浪乎？

殷、周革命之际，周人称忠殷抗周之民曰殷顽，思有以化之，故《康诰》有作新民之言。所谓新民者，使殷民思想变换，移其忠于殷者，以忠于周室耳。新民云云，不啻顺民之谓已，此乃偶然之事，非天下之常经，不可据为典要。夫社会之变迁以渐，新学小生，不知斯义，舍其旧而新是谋，以为废旧从新，便合作新民之旨，不知其非《大学》之意也。要之，《大学》之义，当以古本为准。格物之解，当以心斋为是，不当盲从朱子。《孝经》乃一贯之道，《大学》亦一贯之道。历来政治不良，悉坐《大学》末章之病。所谓好人之所恶、恶人之所好，一也；人之彦圣，妒疾以恶之，二也；长国家而务财用，三也。三者亡国之原则，从古到今二三千年，无有不相应者，反之，即可以平天下。是故《大学》者，平天下之原则也。从仁义起，至平天下止，一切学问，皆包括其中。治国学者，应知其总汇在此。

讲明《孝经》、《大学》，人之根本已立，然无勇气，尚不能为完人，此余之所以必标举《儒行》也。《儒行》十五儒，未必皆合圣人之道，然大旨不背于《论语》。《论语》子贡问何如斯可谓之士矣，子曰："行己有耻，使于四方，不辱君命，可为士矣。"子路问成人，子曰："见利思义，见危授命，久要不忘平生之言，亦可以为成人矣。"士与成人，皆是有人格之意。反之，不能为人，即等于禽兽。《论语》所言，正与《儒行》相符。《儒行》见死不更其守，即《论语》见危授命之意，久不相见，闻流言不信，即《论语》久要不忘平生之言之意，可见道理不过如此。《论语》、《儒行》，初无二致，宋人以"有过可微辨而不可面数也"一语，立意倔强，与子路人告之以有过即喜殊异，即加反对，不知骂《儒行》者，自身即坐此病。朱、陆为无极、太极之枝节问题，意见相反，书函往复，互相讥弹，几于绝交。不关过失，已使气如此，何况举其过失乎？有朱、陆之人格，尚犹如此，何况不如朱、陆者乎？不但此也，孟子之为人，亦恐其有过可微辨而不可面数者。何以言之？淳于髡言是故无贤者也，有则髡必识之，以讥孟子。孟子引孔子之事，谓君子之所为，众人固不识也，其悻悻然之辞气，见于文字间，可知其非胸无芥蒂者。余以为自孔、颜外，其余贤者恐皆如此。然而两汉人之气节，即是《儒行》之例证。苏武使于匈奴，十九年乃返，时人重之，故宣帝为之图象。至宋，范文正讲气节，倡理学。其后理学先生却不甚重视气节，洪迈之父皓，使于金，十五年乃返，其事与苏武相类，而时人顾不重之。宋亡，而比迹冯道者，不知凡几，此皆轻视气节之故。如今倭人果灭中国，国人尽如东汉儒者，则可决其必不服从。如为南宋诸贤，吾知其服从者必有一半。是故欲求国势之强，民气之尊，非提倡《儒行》不可也。《儒行》之是否出于孔子，不必论，但论吾侪行己应否如此可矣。其为六国时人作欤？抑西汉时人作欤？都可不问。若言之成理即非孔子之语，或儒者托为孔子之语，均无碍也。况以事实论之，哀公孱弱，孔子对症发药，故教之以强毅，决非他人伪造者也。

《丧服》经不过《仪礼》十七篇之一。《仪礼》十七篇，诸侯大夫礼不必论，冠礼不行于今，婚礼六礼，徒有其名而已，士相见礼、乡饮酒礼、特牲馈食礼，亦不行于今，惟士丧礼与丧服有关。然讲丧服，不必讲士丧礼也。丧服至今仍行，通都大邑，虽只用黑纱缠臂，然内地服制尚存其意。形于文字者，尚有讣闻遵礼成服之语。虽是告朔之饩羊，犹有礼意存焉。周代有诸侯、世卿之分，故丧服有尊降、压降之名。政治改变，诸侯、世卿之名已去，汉代虽提倡丧服，即不讲尊降压降，此亦礼文损益之义也。汉儒于《仪礼》尽注十七篇者，惟郑康成一人。其余马融、王肃，只注一篇。三国、晋、宋间人，注《丧服》者十余家，蜀蒋琬亦曾注《丧服》，可见丧服之重要。诸君翻阅杜佑《通典》，即可知丧服、丧礼之大概。顾亭林言六朝人尚有优点，诚然，六朝人不讲节义，却甚重丧服。古人在丧服中，不能入内，不能见女人。陈寿遭父丧，有疾，使婢丸药，乡党以为贬议，坐是沉滞者累年，此事明载《晋书》。又晋惠帝之子愍怀太子遹，被贾后毒死。事白，惠帝为之下诏追复丧礼，反葬京畿，服长子斩衰三年，以《丧服》中本有父为长子斩衰三年之文故也。晋惠无道尚如此，可见晋人之重视丧服矣。晋以后，唐人亦重丧服。宋代理学先生，亦知维持丧服。明人则恐不甚看《丧服》经，然皇帝皆以孝字为号，尚知遵行《丧服》，胜于清人。丧服代有变迁，尊降压降，不适宜于郡县时代。自汉至隋，全遵《仪礼》。唐人稍加修改，尚称近理，如父在为母齐衰期，父没为母齐衰三年，唐人均改为三年。其余修改者尚有四五条，皆几微而不甚要紧，唯经文妇为舅姑斩衰不杖期，宋人改妇为舅姑与子为父母同，盖因唐末人不明礼意，有妇为舅姑如子为父母之事实。五代时，刘岳作《书仪》，即改妇为舅姑等于子为父母。至宋初，魏仁浦乃谓夫处苫块之中，妇服纨绮之服，是为不当，乃迳改礼文，不知苫块在未葬之前，既葬即不在苫块。《丧服》有变除之义，期年入外寝，再期大祥，然后除服。妇已除服，虽不可著有花之纨绮，尚可著无花之青缣。如今之蓝纺绸。仁浦不知此意，故疑其不当。当时在官者，大抵不学无术，又翕然从之，改妇为舅姑，等于子为父母，此宋人之陋也。至明代只有斩衰三年。古礼，妇人不二斩，男子亦然。为人后者，为本生父母降，为父母斩衰，为长子亦斩衰。明太祖改之，明人不知古斩衰三年与齐衰三年，惟在无缝有缝之别，本不甚相远也。古人持服，有正服、降服、义服之别。降服者承继，出嫁之子女，为本生父母也。义服者，恩轻而不得不重服，如臣之为君是也。降至清代，遂为一切误谬之总归宿。今若除去尊降压降一条，其余悉遵《开元礼》，则所谓遵礼成服者，庶不致如告朔之饩羊矣。

上来所讲，一《孝经》，二《大学》，三《儒行》，四《丧服》。其原文合之不过一万字，以之讲诵，以之躬行，修己治人之道，大抵在是矣。

（诸祖耿记）

（录自《制言》第54期，1939年7月）

泰和会语（节录）

马一浮

题　识

昔伊川先生每告学者：“汝信取理，莫取我语。见人记其言语，则曰某在焉用此？”盖理是人人所同具，信理则无待于言，凡言皆胜也。言为未信者说，徒取言而不会理，是执指为月。不唯失月，抑且失指。先儒随机施设，不得已而有言，但欲人因言见理而已，岂欲其言之流布哉！若记录之言，失其语脉者，往往有之。自非默识心融，亦鲜能如其分齐。然自孔门以来，答问讲说之辞，并有流传，未之或废。虽曰讽味遗言，不如亲承音旨。然古人往矣，千载之下，犹得因言以窥其志，如见其人，则记录亦何可绝也。人在斯道在，固无事于记言，人不可遇则遇之在言矣。

讲说与著述事异。著述，文辞须有体制，讲说，则称意而谈。随顺时俗，语言欲人易喻，虽入方言俚语不为过，释氏诸古德上堂垂语实近之，其不由记录，出于自撰。古之人有行之者，如象山白鹿书院论语讲义、荆门军皇极讲义、朱子玉山讲义是也。明儒自阳明后，讲会益盛，每有集听，目为会语，其末流寖滥。浮平生杜门，虽亦偶应来机，未尝聚讲。及避寇江西之泰和，始出一时酬问之语。其后逾岭入桂，复留滞宜山，续有称说。皆仓卒为之，触缘而兴，了无次弟。始，吾乡王子余见《泰和会语》，曾以活字本一印于绍兴。吴敬生、曹叔谋、陶赐芝、詹允明，为再印于桂林，旋已散尽。今羁旅嘉州，同处者多故旧。沈无倦、詹允明、何懋桢诸君，及从游之士乌以风、张立民、赖振声、刘公纯诸子，复谋醵资，取泰和宜山会语合两本而锓诸木，且为校字，欲以贻初机之好问者，刻成而始见告。诸君子之意则善矣，吾之言实不堪流布也。

夫天下之言学者，亦多端矣。此庄生所谓一蚊一虻之劳者也。其于物也，何庸世之览者。或诮其空疏，或斥以诞妄，吾皆不辞，不欲自掩其陋。虽然，使其言而或有一当，则千里之外应之。言虽陋，容亦有可择者存乎其间，苟其不善，则千里之外违之。是亦使吾得闻其过也。故引伊川之言，为题其卷端，以志诸子勤勤之意，且以明吾之措心，故无分于语默也。

中华民国二十九年一月马浮识

引　端

今因避难来泰和，得与浙江大学诸君相聚一堂，此为最难得之缘会。竺校长与全校诸君，不以某为迂谬，设此国学讲座，使之参预讲论。其意义在使诸生于吾国固有之学术，得一明了之认识，然后可以发扬天赋之知能，不受环境之陷溺，对自己完成人格，对国家社会乃可以担当大事。荀子说："物来而能应，事至而不惑，谓之大儒。"若能深造有得，自然有此效验。须知吾国文化最古，圣贤最多，先儒所讲明实已详备，但书籍浩博，初学不知所择。又现代著述，往往以私智小慧，轻非古人，不免疑误后学，转增迷惘。故今日所讲，主要之旨趣，但欲为诸生指示一个途径，使诸生知所趋向，不致错了路头，将来方好致力。闻各教授旨言诸生姿质聪颖，极肯用功。此不但是大学最好现象，亦是国家前途最好现象，深为可喜。某虽衰老，甚愿与诸生教学相长，共与适道。但诸生所习学科繁重，颇少从容涵泳之暑。须知学问是终身以之之事，千里之行，始于跬步。但能立志，远大可期。譬如播种，但有嘉种下地，不失雨露培养，自能发荣滋长。程子说："天地之间，只是一个感应。有感必有应，所应复为感，其感又有应，如是则无穷。"某今日所言，只患不能感动诸生，不患诸生不能应。若诸生不是漠然听而不闻，则他日必可发生影响。此是某之一种信念，但愿诸生亦当具一种信念。信吾国古先哲道理之博大精微，信自己身心修养之深切而必要，信吾国学术之定可昌明。不独要措我国家民族于磐石之安，且当进而使全人类能相生相养，而不致有争夺相杀之事。具此信念，然后可以讲国学。这便是今日开讲的一个引端，愿诸生谛听。

论治国学先须辨明四点

诸生欲治国学，有几点先须辨明，方能有入。

一、此学不是零碎断片的知识，是有体系的，不可当成杂货。

二、此学不是陈旧呆板的物事，是活鲜鲜的，不可目为骨董。

三、此学不是勉强安排出来的道理，是自然流出的，不可同于机械。

四、此学不是凭藉外缘的产物，是自心本具的，不可视为分外。

由明于第一点，应知道本一贯。故当见其全体，不可守于一曲。

由明于第二点，应知妙用无方。故当温故知新，不可食古不化。

由明于第三点，应知法象本然。故当如量而说，不可私意造作，穿凿附会。

由明于第四点，应知性德具足。故当向内体究，不可徇物忘己，向外驰求。

楷定国学名义国学者六艺之学也

大凡一切学术，皆由思考而起，故曰学原于思。思考所得，必用名言，始能诠表。诠是诠释，表是表显。名言即是文字，名是能诠，思是所诠。凡安立一种名言，必使本身所含摄之义理，明白昭晰。使人能喻，释氏立文身、句身、名身，如是三身，为一切言教必具之体。喻是领会晓了，随其根器差别，而有分齐不同。例如颜子闻一以知十，子贡闻一以知二之类。谓之教体。佛说“此方以音声为教体”。必先喻诸己，而后能喻诸人。因人所已喻，而告之以其所未喻。才明彼，即晓此。因喻甲事，而及乙事。辗转关通，可以助发增长人之思考力，方名为学。故学必读书穷理。书是名言，即是能诠。理是所诠，亦曰格物致知。物是一切事物之理，知即思考之功。《易·系辞传》曰：“唯深也，故能通天下之志。”换言之，即是于一切事物，表里洞然，更无睽隔，说与他人，亦使各各互相晓了。如是，乃可通天下之志。如是，方名为学。略说学字大意，次说国学名词。

国学这个名词，如今国人已使用惯了，其实不甚适当。照旧时用国学为名者，即是国立大学之称。今人以吾国固有的学术名为国学，意思是别于外国学术之谓。此名为依他起，严格说来，本不可用，今为随顺时人语，故暂不改立名目。然即依固有学术为解，所含之义，亦太觉广泛笼统，使人闻之，不知所指为何种学术。照一般时贤所讲，或分为小学文字学、经学、诸子学、史学等类，大致依四部立名。然四部之名，本是一种目录，犹今图书馆之图书分类法耳。荀勗《中经簿》本，分甲乙丙丁。《隋书·经籍志》始立经史子集之目，至今沿用，其实不妥。今姑不具论，他日别讲。能明学术流别者，惟《庄子·天下篇》、《汉书·艺文志》最有义类，今且不暇远引。即依时贤所举，各有专门，真是皓首不能究其义，毕世不能竟其业。今诸生在大学，所习学科甚繁，时间有限，一部十七史从何处说起。现在要讲国学，第一须楷定国学名义。楷定，是义学家释经用字。每下一义，须有法式，谓之楷定。楷即法式之意，犹今哲学家所言范畴，亦可说为领域。故楷定，即是自己定出一个范围，使所言之义，不致凌杂无序，或枝蔓离宗。老子所谓“言有宗，事有君也”。何以不言确定而言楷定？学问，天下之公言。确定，则似不可移易，不许他人更立异义，近于自专。今言楷定，则仁智各见，不妨各人自立范围，疑则一任别参，不能强人以必信也。如吾今言国学是六艺之学，可以该摄其余诸学，他人认为未当，不妨各自为说，与吾所楷定者无碍也。又楷定异于假定。假定者，疑而未定之词，自己尚信不及，姑作如是见解云尔。楷定则是实见得如此，在自己所立范畴内，更无疑义也。第二，须先读基本书籍。第三，须讲求简要方法。如是，诸生虽在校听讲时间有限，但识得门径不差，知道用力方法不错，将来可以自己研究，各有成就。

今先楷定国学名义，举此一名，该摄诸学，唯六艺足以当之。六艺者，即是《诗》、《书》、《礼》、《乐》、《易》、《春秋》也。此是孔子之教，吾国二千余年来普遍承认。一切学术之原，皆出于此，其余都是六艺之支流。故六艺可以该摄诸学，诸学不能该摄六艺。今楷定国学者，即是六艺之学。用此代表一切固有学术，广大精微，无所不备。某向来欲撰《六艺论》，郑康成亦有《六艺论》，今已不传，佚文散见群经注疏中，但为断片文字，不能推见其全体，殊为可惜。某今日所欲撰之书，名同实别，不妨各自为例。未成而遭乱，所缀辑先儒旧说，群经大义，俱已散失无存。今欲为诸生广说，恐嫌浩汗，只能举其要略，启示一种途径，使诸生他日可自己求之。且为时间短促，亦不能不约说也。今举《礼记·经解》及《庄子·天下篇》说六艺大旨，明其统类如下。

《经解》引孔子曰："入其国，其教可知也。其为人也，温柔敦厚，《诗》教也。疏通知远，《书》教也。广博易良，《乐》教也。洁静精微，《易》教也。恭俭庄敬，《礼》教也。属辞比事，《春秋》教也。"

《庄子·天下篇》曰："《诗》以道志，《书》以道事，《礼》以道行，《乐》以道和，《易》以道阴阳，《春秋》以道名分。"

自来说六艺大旨，莫简于此。有六艺之教，斯有六艺之人。故孔子之言，是以人说，庄子之言，是以道说。《论语》曰："人能弘道，非道弘人。"道即六艺之道，人即六艺之人。有得六艺之全者，有得其一二者，所谓学焉而得其性之所近。《论语》记"子所雅言，《诗》、《书》、执礼。"兴于诗，立于礼，成于乐。《王制》："乐正崇四术，立四教，顺先王《诗》、《书》、《礼》、《乐》以造士。春秋教以《礼》、《乐》，冬夏教以《诗》、《书》。"是知四教本周之旧制，孔子特加删订。《易》藏于太卜，《春秋》本鲁史，孔子晚年始加赞述，于是合为六经，亦谓之六艺。《史记·孔子世家》云："及门之徒三千，身通六艺者七十有二人。"旧以礼、乐、射、御、书、数当之，实误。寻上文叙次，孔子删《诗》、《书》，定《礼》、《乐》，赞《易》，修《春秋》，自必蒙上而言，六艺即是六经无疑，与《周礼·乡三物》所言六艺有别。一是艺能，一是道术。《乡三物》所名礼，乃指仪容器数，所名乐，乃指铿锵节奏，是习礼乐之事，而非明其本原也。唯六德知仁，圣义中和，实足以配六经。此当别讲。今依《汉书·艺文志》，以六艺当六经。经者常也，以道言，谓之经。艺犹树艺，以教言，谓之艺。

论六艺该摄一切学术

何以言六艺该摄一切学术？约为二门：一、六艺统诸子；二、六艺统四部。诸子依《汉志》，四部依《隋志》。

一、六艺统诸子

欲知诸子出于六艺，须先明六艺流失。《经解》曰："《诗》之失，愚；《书》之失，诬；《乐》之失，奢；《易》之失，贼；《礼》之失，烦；《春秋》之失，乱。"学者须知，六艺本无流失，学焉而得其性之所近，俱可适道。其有流失者，习也。心习才有所偏重，便一向往习熟一边去，而于所不习者，便有所遗。高者为贤知之过，下者为愚不肖之不及，遂成流失。佛氏谓之边见，庄子谓之往而不反。此流失所从来，便是学焉而得其习之所近，慎勿误为六艺本体之失，此须料简明白。《汉志》诸子十家，其可观者九家。其实九家之中，举其要者，不过五家，儒、墨、名、法、道是已。出于王官之说，不可依据，今所不用。《学记》："师严，然后道尊。道尊，然后民知敬学。是故君之所不臣于其臣者二：当其为尸，则弗臣也；当其为师，则弗臣也。大学之礼，虽诏于天子，无北面，所以尊师也。"此明官师有别。师之所诏，并非官之所守也。（《周礼》司徒之官，有"师氏掌以媺诏王"，"保氏掌谏王恶"。凡"王举则从，听治亦如之"。"师氏使其属率四夷之隶，各以其兵服守王之门外，且跸。""保氏使其属守王闱"。此如后世侍从之官。郑注：冢宰以九两系邦国之民，师以贤得民，儒以道得民，乃以诸侯之师氏、保氏当之。变保为儒，此实于义乖舛。不可从。）《论语》："温故而知新，可以为师矣。"又语子夏："汝为君子儒，毋为小人儒。"此所言师儒岂可以官目之邪。《七略》旧文："某家者流出于某官"，亦以其言有关政治。换言之，犹曰："某家者可使为某官"。如"雍也，可使南面"云尔。岂谓如书吏之抱档案邪。如谓道家出于史官，今《老子》五千，是否周之国史。墨家出于清庙之守，今墨书所言，并非笾豆之事。此最易明。吾乡章实斋作《文史通义》，创为六经皆史之说，以六经皆先王政典，守在王官，古无私家著述之例，遂以孔子之业，并属周公，不知孔子祖述尧舜，宪章文武，乃以其道言之。若政典，则三王不同礼，五帝不同乐。且孔子称韶武则明有抑扬，论十世则知其损益，并不专主于从周也。信如章氏之说，则孔子未尝为太卜，不得系《易》，未尝为鲁史，亦不得修

《春秋》矣。《十翼》之文，广大悉备。太卜专掌卜筮，岂足以知之。笔削之旨，游夏莫赞，亦断非鲁史所能与也。以吏为师，秦之弊法，章氏必为迴护，以为三代之遗，是诚何心？今人言思想自由，犹为合理。秦法，以古非今者族。乃是极端遏制自由思想，极为无道，亦是至愚，经济可以统制，思想云何由汝统制。曾谓三王之治世而有统制思想之事邪。惟《庄子·天下篇》则云：古之道术有在于是者，某某闻其风而说之。乃是思想自由自然之果。所言道德不一，天下多得一察焉以自好，各为其所欲以自为方，道术将为天下裂，乃以不该不遍为病，故庄立道术、方术二名。（非如后世言，方术当方伎也。）是以道术为该遍之称，而方术则为一家之学。谓方术出于道术，胜于九流出于王官之说多矣。与其信刘歆，不如信庄子。实斋之论甚卑而专固，亦与公羊家孔子改制之说，同一谬误。且《汉志》出于王官之说，但指九家。其叙六艺，本无此言，实斋乃以六艺亦为王官所守，并非刘歆之意也。略为辨正于此，学者当知。不通六艺，不名为儒。此不待言。墨家统于礼，名法亦统于礼，道家统于《易》。判其得失，分为四句：一得多失多，二得多失少，三得少失多，四得少失少。例如，道家体大，观变最深。故老子得于《易》为多，而流为阴谋，其失亦多，《易》之失，贼也。贼训害。《庄子·齐物》好为无端崖之辞，以天下不可与庄语，得于《乐》之意为多，而不免流荡，亦是得多失多，《乐》之失，奢也。奢是侈大之意。墨子虽非《乐》，而《兼爱》、《尚同》，实出于《乐》。《节用》、《尊天》、《明鬼》出于《礼》，而短丧又与《礼》悖。《墨经》难读，又兼名家，亦出于《礼》。如墨子之于《礼》《乐》，是得少失多也。法家往往兼道家言。如《管子》，《汉志》本在道家，韩非亦有《解老》、《喻老》，自托于道，其于《礼》与《易》，亦是得少失多。余如惠施、公孙龙子之流，虽极其辩，无益于道，可谓得少失少。其得多失少者，独有荀卿。荀本儒家，身通六艺，而言性恶，法后王，是其失也。若诬与乱之失，纵横家兼而有之。然其谈王伯皆游辞，实无所得，故不足判。杂家亦是得少失少。农家与阴阳家，虽出于《礼》与《易》，末流益卑陋无足判。观于五家之得失，可知其学皆统于六艺，而诸子学之名，可不立也。

二、六艺统四部

何以言六艺统四部？今经部立《十三经》、《四书》，而以小学附之，本为未允。六经唯《易》、《诗》、《春秋》是完书，《尚书》今文不完，古文是依托。《仪礼》仅存《士礼》，《周礼》亦缺冬官。《乐经》本无其书。《礼记》是传，不当遗大戴而独取小戴。左氏、公、穀三传，亦不得名经。《尔雅》是释群经名物。唯《孝经》独专经名，其文与《礼记》诸篇相类。《论语》出孔门弟子所记。孟子本与荀子同列儒家，与二戴所采曾子、子思子、公孙尼子七十子后学之书同科，应在诸子之列。但以其言最醇，故以之配《论语》。然曾子、子思子、公孙尼子之言亦醇，何以不得与孟子并。二戴所记曾子语独多，后人曾辑为《曾子》十篇。《中庸》出子思子，《乐记》出公孙尼子，并见《礼记正义》，可信。然《礼记》所采七十子后学之书多醇。《大学》不必定为曾子之遗书，必七十子后学所记，则无疑也。二戴兼采秦汉博士之说，则不尽醇，此须料简。今定经部之书为宗经论、释经论二部，皆统于经，则秩然矣。宗经、释经区分，本义学家判佛书名目，然此土与彼土著述，大体实相通。此亦门庭施设，自然成此二例，非是强为差排，诸生勿疑为创见。孔子晚而系《易》，《十翼》之文，便开此二例，《彖》、《象》、《文言》、《说卦》是释经，《系传》、《序卦》、《杂卦》是宗经，寻绎可见。六艺之旨，散在《论语》，而总在《孝经》，是为宗经论。孟子及二戴所采曾子、子思子、公孙尼子诸篇，同为宗经论。《仪礼丧服传》，子夏所作，是为释经论。《三传》及《尔雅》，亦同为释经论。《礼记》不尽是传，有宗有释。《说文》附于《尔雅》，本保氏教国子以六书之遗。如是，则经学、小学之名，可不立也。

诸子统于六艺，已见前文。其次言史，司马迁作《史记》，自附于《春秋》，《班志》因之。纪传虽由史公所创，实兼用编年之法。多录诏令、奏议，则亦《尚书》之遗意。诸志特详典制，则出于《礼》。如地理志祖《禹贡》，职官志祖《周官》，准此可推，纪事本末，则《左氏》之遗则也。史学巨制，莫如《通典》、《通志》、《通考》，世称三通。然当并《通鉴》计之为四通。编年记事，出于《春秋》，多存论议，出于《尚书》。记典制者出于《礼》。判其失亦有三：曰诬、曰烦、曰乱。知此则知诸史悉统于《书》、《礼》、《春秋》，而史学之名，可不立也。

其次言集部。文章体制，流别虽繁，皆统于《诗》、《书》。《汉志》犹知此意，故单出诗赋略，便已摄尽。六朝以有韵为文，无韵为笔，后世复分骈散，并弇陋之见。《诗》以道志，《书》以道事，文章虽极其变，不出此二门。志有浅深，故言有粗妙，事有得失，故言有纯驳。思知言不可不知人，知人又当论其世。故观文章之正变，而治乱之情可见矣。今言文学，统于《诗》者为多。《诗·大序》曰："治世之音安以乐，其政和。乱世之音怨以怒，其政乖。亡国之音哀以思，其民困。"三句便将一切文学判尽。《论语》曰："诵诗三百，授之以政，不达，虽多亦奚以为？"可见诗教通于政事。《书》以道事，书教即政事也。故知诗教通于书教。诗教本仁，书教本知。古者教《诗》于南学，教《书》于北学，即表仁知也。《乡饮酒义》曰：向仁背藏，左圣右义。藏即是知。知以藏往，故知是藏义。教《乐》于东学，表圣；教《礼》于西学，表义。故知仁圣义，即是《诗》、《书》、《礼》、《乐》四教也。前以六艺流失判诸子，独遗诗教。《诗》之失愚，唯屈原、杜甫足以当之。所谓古之愚也直。六失之中，唯失于愚者不害为仁，故诗教之失最少。后世修辞不立其诚，浮伪夸饰，不本于中心之恻怛，是谓今之愚也诈。以此判古今文学，则取舍可知矣。两汉文章近质，辞赋虽沈博极丽，多以讽谕为主，其得于《诗》、《书》者最多，故后世莫能及。唐以后集部之书充栋，其可存者，一代不过数人。至其流变，不可胜言。今不具讲。但直抉根原，欲使诸生知其体要咸统于《诗》、《书》，如是则知一切文学，皆诗教、书教之遗，而集部之名可不立也。

上来所判，言虽简略，欲使诸生于国学得一明白概念，知六艺总摄一切学术，然后可以讲求。譬如行路，须先有定向，知所向后，循前行之，乃有归趣，不然，则博而寡要，劳而少功，泛泛寻求，真是若涉大海，茫无津涯。吾见有人，终身读书，博闻强记，而不得要领，绝无受用，只成得一个书库，不能知类通达，如是又何益哉。复次，当知讲明六艺，不是空言，须求实践。今人日常生活，只是汩没在习气中，不知自己性分内，本自具足一切义理。故六艺之教，不是圣人安排出来，实是性分中本具之理。《记》曰："天尊地卑，万物散殊，而礼制行矣。流而不息，合同而化，而乐兴焉。""礼者天地之序，乐者天地之和。"故曰："礼乐不可斯须去身。""仁者见之谓之仁，知者见之谓之知。百姓日用而不知。"自性本具仁智，由不见故日用不知，溺于所习，流为不仁不知。礼乐本自粲然，不可须臾离，由于不肯率由，遂至无序不和。今人亦知人类须求合理的生活，亦曰正常生活，须知六艺之教，即是人类合理的正常生活，不是偏重考古，徒资言说，而于实际生活相远的事。今所举者，真是大辂椎轮，简略而又简略，然祭海先河，言语之序，亦不得不如此。

论西来学术亦统于六艺

六艺，不唯统摄中土一切学术，亦可统摄现在西来一切学术。举其大概言之，如自然科学，可统于《易》，社会科学或人文科学可统于《春秋》。因《易》明天道，凡研究自然界一切现象者，皆属之。《春秋》明人事，凡研究人类社会一切组织形态者，皆属之。董生言："不明乎《易》，不能明《春秋》。”如今治社会科学者，亦须明自然科学，其理一也。物生而后有象，象而后有滋，滋而后有数。今人以数学、物理为基本科学，是皆《易》之支与流裔。以其言皆源于象数，而其用在于制器。《易传》曰：“以制器者尚其象，凡言象数者，不能外于《易》也。”人类历史过程，皆由野而进于文，由乱而趋于治。其间盛衰兴废、分合存亡之迹，蕃变错综，欲识其因应之宜正变之理者，必比类以求之。是即《春秋》之比事也，说明其故，即《春秋》之属辞也。属辞以正名，比事以定分。社会科学之义，亦是以道名分为归。凡言名分者，不能外于《春秋》也。文学艺术统于《诗》、《乐》，政治法律经济统于《书》、《礼》，此最易知。宗教虽信仰不同，亦统于《礼》，所谓亡于礼者之礼也。哲学思想派别虽殊，浅深小大，亦皆各有所见。大抵本体论近于《易》，认识论近于《乐》，经验论近于《礼》。唯心者，《乐》之遗。唯物者，《礼》之失。凡言宇宙观者，皆有《易》之意。言人生观者，皆有《春秋》之意。但彼皆各有封执，而不能观其会通。庄子所谓“各得一察焉以自好。”各为其所欲以自为方者，由其习使然。若能进之以圣人之道，固皆六艺之材也。道一而已。因有得失，故有同异。同者得之，异者失之。《易》曰：“天下同归而殊途，一致而百虑。天下何思何虑?”睽而知其类，异而知其通，夫何隔碍之有。克实言之，全部人类之心灵，其所表现者，不能离乎六艺也。全部人类之生活，其所演变者，不能外乎六艺也。故曰“道外无事，事外无道。”因其心智有明有昧，故见之行事有得有失。孟子曰：“行矣而不著，习矣而不察；终身由之，而不知其道者众也。”彼虽或得或失，皆在六艺之中，而不自知其为六艺之道。《易》曰：“百姓日用而不知。”其此之谓矣。苏子瞻有诗云：“不识庐山真面目，只缘身在此山中。”岂不信然哉！学者当知六艺之教，固是中国至高特殊之文化，唯其可以推行于全人类，放之四海而皆准，所以至高，唯其为现在人类中尚有多数未能了解，百姓日用而不知，所以特殊。故今日欲弘六艺之道，并不是狭义的保存国粹，单独的发挥自己民族精神而止，是要使此种文化普遍的及于全人类，革新全人类习气上之流失，而复其本然之善，全其性德之真。方是成己成物，尽己之性，尽人之性。方是圣人之盛德大业。若于此信不及，则是于六艺之道，犹未能有所入，于此至高特殊的文化，尚未能真正认识也。诸君勿疑此谓估价太高，圣人之道实是如此。世界无尽，众生无尽，圣人之愿力亦无有尽。人类未来之生命方长，历史经过之时间尚短。天地之道，只是个至诚无息。圣人之道，只是个纯亦不已。往者过，来者续，本无一息之停。此理决不会中断，人心决定是同然。

若使西方有圣人出，行出来的也是这个六艺之道，但是名言不同而已。诸生当知，六艺之道是前进的，决不是倒退的，切勿误为开倒车；是日新的，决不是腐旧的，切勿误为重保守；是普遍的，是平民的，决不是独裁的，不是贵族的，切勿误为封建思想。要说解放，这才是真正的解放。要说自由，这才是真正的自由。要说平等，这才是真正的平等。西方哲人所说的真美善，皆包含于六艺之中。《诗》、《书》是至善，《礼》、《乐》是至美，《易》、《春秋》是至真。《诗》教主仁，《书》教主智，合仁与智，岂不是至善么？《礼》是大序，《乐》是大和，合序与和，岂不是至美么？《易》穷神知化，显天道之常，《春秋》正名拨乱，示人道之正，合正与常，岂不是至真么？诸生若于六艺之道，深造有得，真是左右逢源，万物皆备。所谓尽虚空，遍法界，尽未来际，更无有一事一理，能出于六艺之外者也。吾敢断言：天地一日不毁，人心一日不灭，则六艺之道炳然常存。世界人类一切文化最后之归宿，必归于六艺。而有资格为此文化之领导者，则中国也。今人舍弃自己无上之家珍，而拾人之土苴绪余以为宝，自居于下劣，而奉西洋人为神圣，岂非至愚而可哀？诸生勉之。慎勿安于卑陋，而以经济落后为耻，以能增高国际地位，遂以为可矜，须知今日所名为头等国者，在文化上实是疑问。须是进于六艺之教，而后始为有道之邦也。不独望吾国人兴起，亦望全人类兴起，相与坐进此道。勉之，勉之。

（本文为作者1938年上半年的讲稿，原刊为1940年复性书院刻书处木刻本。今选录其中《题识》、《引端》、《论治国学先须辨明四点》、《楷定国学名义》、《论六艺统摄一切学术》、《论西来学术亦统于六艺》等六部分）

论国学的正统

陆懋德

吾国旧有的国学，本是有体有用之学。昔人所谓“穷经致用”，所谓“经义治事”，皆指此而言，此实为正统的国学，历代各有其人。直至晚清之曾国藩、李鸿章，尚不能出此范围。不过自民国初年以来，一时学者忽倡“为学问而治学问”之说，由是全国风靡，群趋于考证名物，而轻视明体达用。真有如汉人所谓“讲说曰若稽古四字而至数万言”者。此固是国学之一端，而究非国学之正统也。余昔年在北京时，深知其流弊，然言偶及“明体达用”之学，不但不为人所采用，而反为人所讥笑。三十年来，人才寥落，及乎国家有事，欲求一曾国藩李鸿章之人物，亦不可得，斯即讲学之失有以致之也。

吾国昔有所谓“内圣外王”之学，此即正统的国学之最高目的。然所谓“内圣”，不过指修养而言。所谓“外王”，不过指致用而言。如是言之，亦非神妙不可几及之学也。譬如有人于此，在内有相当之修养，在外有致用之才能，斯何非一有用之人物？然二者皆不可偏重。西汉之人偏于致用，南宋之人偏于修养，而其末流均无全才。今世非无过人之人才，不过缺乏修养者，则用其智能于谋财利己之事；而不知致用者，则弊其精神于考据名物之中，斯其所以无全才也。南宋之末，谢翱羽谓彼时“欲求一瑕吕诒甥而不可得”。瑕吕乃《左传》中的人物，岂可易见？吾辈在今日，虽欲求一曾国藩李鸿章而不可得矣。

国学本有道儒法三派。管老之书，既无法能证为孔子以前之著作，则谓此三派之成为学派，皆在孔子以后，亦无不可。历代之人才，大约不出此三派，而实皆导源于孔子。例如曾子传子思，子思传孟子，在汉有董仲舒，在唐有陆贽，至明而有王守仁，此所谓儒家者流也。子夏传荀卿，荀卿传韩非，在汉有诸葛亮，在唐有姚崇，至明而有张居正，此所谓法家者流也。子贡传田子方（据《吕氏春秋·当染篇》），子方之后，流而为庄周，在汉有张良，在唐有李泌，至明而有刘基，此所谓道家者流也。此等人才，代不乏人，凡此皆是“内圣外王”之学，亦即是“明体达用”之学，皆是国学正统所养成之全才也。

然则国学并非无用之学，而或偏于修养，偏于文艺，偏于考据，皆是国学之一端，而不能窥见其全体者也。孔门有四科，曰“德行、言语、政事、文学”。此皆指其专长而言，并非谓通德行者不通政事，通政事者不通德行也。试以四科言之，德行即指修养，政事即指致用，而言语文学皆指发表的技术而言，其实如德行不足，政事不达，则其言语文学，亦必无可贵的发表。试思子贡列在言语之科，而孔子又称“赐（子贡）也达，于从政乎何有?”仲弓列在德行之科，而孔子又称“雍（仲弓）也，可使南面”。此见子贡虽长于言语，仲弓虽长于德行，而同时又皆通政事，斯则吾所谓全才也。其实不止如前节所举诸名人而已，即如唐之房、杜，宋之韩、范，再如南宋之李纲、宗泽，明末之袁崇焕、孙承宗，以至晚清之曾、胡、左、李，亦无不如是。

西汉学者多由治经以达于政事，而其从政者，亦往往事师学经，斯盖深知经书之用者也。若余在今日而劝人读经，必为世人所笑。若余谓在国家或社会服务之人，必须具有相当的修养，而诵读古代经典，最有益于修养之用，殆无人能反对之。盖凡有相当修养之人，遇事有虚心研究之态度，作事有忠实尽力之精神，虽其智识才力有高下不同，而其于贪财肥己蠹国害民之行为，吾知无矣。斯正吾国人民每日希望于中央政府及地方政府而不可得之人物，又何必高谈管乐，远思伊吕？个人的修养，实为社会服务国家服务之首要条件，而舍读古书之外，殆无他法。余昔日讥评某政客不读诗书，胸无点墨，曾被人目为守旧之谈，次日余又易以英语，谓此人是 uncult valed unprinclped，反被人称为精通之论。此虽可笑，而足见时人亦非完全不知修养之为重要矣。

前人称颂名儒，多用“通达经史”四字。经书之有益于修养，前已言之。盖经书皆代表古代基本文化之结晶，读之已久，自能修养浑厚。至于史书，尤为致用之学之先导。盖史书能阐明古今政治经济变化之原因结果，人能澈底了解史书，自能于古今变化得有正确的认识。吾人对于社会国家及世界，最怕不认识，或认识不正确。如能认识，及认识正确，则对于社会国家及世界，自能寻出支配之方法，及改良之途径。至于政治经济之学，固为重要。然此二学，实皆自史书之内研究而出，并非史书之外，别有政治经济之学也。本国史之外，外国史亦须研究。孔子曾读“百国春秋”，当然外国史在内。不读外国史，则不能认识本国之环境及世界之趋势。譬如有人于此，对于本国及世界之变化，有澈底的了解，及正确的认识，岂非一有用之才乎？昔有某政客问余，如何而能造成有用之才？余告以熟读中外近代史，中国近代史现无好书，故须读原料。西洋近代史，好书虽多，而译本殊无佳者，又非读原文不可也。

凡人的道德及才能，皆受先天的遗传之限制，亦无可讳言。然在中上之才，如能留心于修养及致用之学，皆能有所成就。及其成也，皆所谓“明体达用”之学，亦即所谓“内圣外王”之学，斯即正统的国学之所尚。约而言之，此即一方面注意修养，一方面注意致用之学也。修养固在克己力行，致用固在实地经验，而读书实为自修之基本。当然有人指导，则事半而功倍也。民国以来，治国学者，多循一时之尚，而入于琐碎考证之学，故三十年之结果，竟无全才可用。余故述其管见于此，愿与治国学者共勉之。

（录自《责善半月刊》第2卷第22期，1942年2月）

国粹与国学

许地山

“国粹”这个名词原是不见于经传底。它是在戊戌政变后，当“中学为体，西学为用”底呼声嚷到声嘶力竭底时候所呼出来底一个怪口号。又因为《国粹学报》底刊行，这名词便广泛地流行起来。编《辞源》底先生们在“国粹”条下写着：“一国物质上，精神上，所有之特质。此由国民之特性及土地之情形，历史等，所养成者。”这解释未免太笼统，太不明了。国民底特性，地理的情形，历史的过程，乃至所谓物质上与精神上的特质，也许是产生国粹底条件，未必就是国粹。陆衣言先生在《中华国语大辞典》里解释说，“本国特有的优越的民族精神与文化”，就是国粹。这个比较好一点，不过还是不大明白。在重新解释国粹是什么之前，我们应当先问条件。

（一）一个民族所特有的事物不必是国粹。特有的事物无论是生理上的，或心理上的，或地理上的，只能显示那民族底特点，可是这特点，说不定连自己也不欢喜它。假如世间还有一个尾巴底民族，从生理上底特质，使他们底尾巴显出手或脚底功用，因而造成那民族底精神与文化。以后他们有了进化学底知识，知道自己身上底尾巴是连类人猿都没有了底，在知识与运动上也没有用尾巴底必要，他们必会厌恶自己底尾巴，因而试要改变从尾巴产出来底文化。用缺乏碘质底盐，使人现出粗颈底形态，是地理上及病理上的原因。由此颈腺肿底毛病，说话底声音，衣服底样式，甚至思想，都会受影响底。可是我们不能说这特别的事物是一种“粹”，认真说来，却是一种“病”。假如有个民族，个个身上都长了无毒无害的瘿瘤，忽然有个装饰瘿瘤底风气，渐次成为习俗，育为特殊文化，我们也不能用“国粹”底美名来加在这“爱瘿民族”底行为上。

（二）一个民族在久远时代所留下底遗风流俗不必是国粹。民族底遗物如石镞，雷斧；其风俗，如种种特殊的礼仪与好尚，都可以用物质的生活，社会制度，或知识程度来解释它们，并不是绝对神圣，也不必都是优越的。三代尚且不同礼，何况在三代以后底百代万世？那么，从久远时代所留下底遗风流俗，中间也曾经过千变万化，当我们说某种风俗是从远古时代祖先已是如此做到如今底时候，我们只是在感情上觉得是如此，并非理智上真能证明其为必然。我们对于古代事物底爱护并不一定是为“保存国粹”，乃是为知识，为知道自己的过去，和激发我们对于民族底爱情。我们所知与所爱底不必是“粹”，有时甚且是“渣”。古坟里底土俑，在葬时也许是一件不祥不美之物，可是千百年后会有人拿来当做宝贝，把它放在紫檀匣里，在人面前被夸耀起来。这是赛宝行为，不是保存国粹。在旧社会制度底下，一个大人物底丧事必要举行很长时间底仪礼，孝子如果是有官守底，必定要告“丁忧”，在家守三年之丧。现在的社会制度日日在变迁着，生活底压迫越来越重，试问有几个孝子能够真正度他们底“丁忧”日子呢？婚礼底变迁也是很急剧的。这个用不着多说，如到十字街头睁眼看看便知道了。

（三）一个民族所认为美丽的事物不必是国粹。许多人以为民族文化的优越处在多量地创造各种美丽的事物，如雕刻，绘画，诗歌，书法，装饰等。但是美或者有共同的标准，却不能说有绝对的标准底。美底标准寄在那民族对于某事物底形式，具体的、或悬象的底好尚。因好尚而发生感情，因感情底奋激更促成那民族公认他们所以为美的事物应该怎样。现代的中国人大概都不承认缠足是美，但在几十年前，“三寸金莲”是高贵美人的必要条件，所谓“小脚为娘，大脚为婢”，现在还萦回在年辈长些的人们的记忆里。在国人多数承认缠足为美的时候，我们也不能说这事是国粹，因为这所谓“美”，并不是全民族和全人类所能了解或承认底。中国人如没听过欧洲的音乐家歌咏，对于和声固然不了解，甚至对于高音部底女声也会认为像哭丧底声音，毫不觉得有甚么趣味。同样地，欧洲人若不了解中国戏台上底歌曲，也会感觉到是看见穿怪样衣服底疯人在那里作不自然的呼嚷。我们尽可以说所谓“国粹”不一定是人人能了解底，但在美底共同标准上最少也得教人可以承认，才够得上说是有资格成为一种“粹”。

从以上三点，我们就可以看出所谓“国粹”必得在特别，久远，与美丽之上加上其它的要素。我想来想去，只能假定说：一个民族在物质上，精神上与思想上对于人类，最少是本民族，有过重要的贡献，而这种贡献是继续有功用，继续在发展底，才可以被称为国粹。我们假定底标准是很高的。若是不高，又怎能叫做“粹”呢？一般人所谓国粹，充其量只能说是“俗道”底一个形式（俗道是术语 Folk – Ways 底翻译，我从前译做“民彝”）。譬如在北平，如要做一个地道的北平人，同时又要合乎北平人所理想底北平人底标准底时候，他必要想到保存北平底“地方粹”。所谓标准北平人少不了底六样——天棚，鱼缸，石榴树，鸟笼，叭狗，大丫头，——他必要具备。从一般人心目中的国粹看来，恐怕所“粹”底也像这“北平六粹”，但我只承认它为俗道而已。我们底国粹是很有限的，除了古人底书画与雕刻，丝织品，纸，筷子，豆腐，乃至精神上所寄托底神主等，恐怕不能再数出什么来。但是在这些中间已有几种是功用渐次丧失底了，像神主与丝织品是在趋向到没落底时期，我们是没法保存底。

这样“国粹沦亡”或“国粹有限”底感觉，不但是我个人有，我信得过凡放开眼界，能视察和比较别人底文化底人们都理会得出来。好些年前，我与张君劢先生好几次谈起这个国粹问题。有一次，我说过中国国粹是寄在高度发展底祖先崇拜上，从祖先崇拜可以找出国粹底种种。有一次，张先生很感叹地说：“看来中国人只会写字作画而已。”张先生是政论家，他是太息政治人才底缺乏，士大夫都以清淡雅集相尚，好像大人物必得是大艺术家，以为这就是发扬国光，保存国粹。《国粹学报》所揭橥底是自经典底训注或诗文字画底评论，乃至墓志铭一类底东西，好像所萃底只是这些。“粹”与“学”好像未曾弄清楚，以致现在还有许多人以为“国粹”便是“国学”。近几年来，“保存国粹”底呼声好像又集中在书画诗古文辞一类底努力上，于是国学家，国画家，乃至“科学书法家”，都像负着“神圣使命”，想到外国献宝去。古时候是外国到中国来进宝，现在的情形正是相反，想起来，岂不可痛！更可惜的，是这班保存国粹与发扬国光底文学家及艺术家们不想在既有的成就上继续努力，只会做做假骨董，很低能地描三两幅宋元画稿，写四五条苏黄字帖，做一二章毫无内容底诗古辞文，反自诩为一国底优越成就都荟萃在自己身上。但一研究他们底作品，只会令人觉得比起古人有所不及，甚至有所诬蔑，而未曾超越过前人所走底路。“文化人”底最大罪过，制造假骨董来欺己欺人是其中之一。

我们应当规定“国粹”该是怎样才能够辨认，那样应当保存，那样应当改进或放弃。凡无进步与失功用底带“国”字头底事物，我们都要下工夫做澄清底工作，把渣滓淘汰掉，才能见得到“粹”。从我国往时对于世界文化底最大贡献看来，纸与丝不能不被承认为国粹。可是我们想想我们现在的造纸工业怎样了？我们一年中要向外国购买多量的印刷材料？我们日常所用底文具，试问多少是“国”字头底呢？可怜得很，连书画纸，现在制造底都不如从前。技艺只有退化，还够得上说什么国粹呢！讲到丝，也是过去的了。就便我们能把蚕虫养到一条虫可以吐出三条底丝量，化学底成就，已能使人造丝与乃伦丝夺取天然丝底地位。养蚕文化此后是绝对站不住底了。蚕虫要回到自然界去，蚕蔸要到博物院，这在我们生存底期间内一定可以见得着底。

讲到精神文化更能令人伤心。现代化的物质生活直接和间接地影响到个个中国人身上。不会说洋话而能吃大菜，穿洋服，行洋礼底固不足为奇，连那仅能维系中国文化底宗族社会（这与宗法社会有点不同），因为生活底压迫，也渐渐消失了，虽然有些地方还能保存着多少形式，但它底精神已经不是那么一回事了。割股疗亲底事固然现在没人鼓励，纵然有，也不会被认为合理。所以精神文化不是简单地复现祖先所曾做，曾以为是天经地义底事，必得有个理性来维系它，批评它，才可以。民族所遗留下来底好精神，若离开理智的指导，结果必流入虚伪和夸张。古时没有报纸，交通方法也不完备，如须"俾众周知"底事，在文书底布告所不能用时，除掉举行大典礼、大宴会以外，没有更简便的方法。所以一个大人物底殡仪或婚礼，非得铺张扬厉不可。现在的人见闻广了，生活方式繁杂了，时间宝贵了，长时间底礼仪固然是浪费，就是在大街上吹吹打打，做着夸大的自我宣传，也没有人理会了。所谓遵守古礼底丧家，就此地说，雇了一班搽脂荡粉底尼姑来拜忏，到冥衣库去定做纸洋房，纸汽车乃至纸飞机，在丧期里，聚起亲朋大赌大吃，鼓乐喧天，夜以继日。试问这是保存国粹么？这简直是民族文化底渣滓，沈淀在知识落后与理智昏愦底社会里。在香港湾仔市场边，一到黄昏后，每见许多女人在那里"集团叫惊"，这也是文化底沈淀现象。有现代的治病方法，她们不会去用，偏要去用那无利益的俗道。评定一个地方底文化高低不在看那里底社会能够保存多少样国粹，只要看他们保留了多少外国的与本国的国渣便可以知道。屈原时代底楚国，在他看是醉了底，我们当前的中国在我看是疯了。疯狂是行为与思想回到祖先底不合理的生活，无系统的思想与无意识的行为底状态。疯狂的人没有批评自己底悟性，没有解决问题底能力，从天才说，他也许是个很好的艺术家或思想家，但决不是文化底保存者或创造者。

要清除文化的渣滓不能以感情或意气用事，须要用冷静的头脑去仔细评量我们民族底文化遗产。假如我们发现我们底文化是陈腐了，我们也不应当为它隐讳，愣说我们所有的一切都是优越的。好的固然要留，不好的就应当改进。翻造古人底遗物是极大的罪恶，如果我们认识这一点，才配谈保存国粹。国粹在许多进步的国家中也是很讲究底，不过他们不说是"粹"，只说是"国家的承继物"或"国家底遗产"而已（这两个辞底英文是 National Inheritance，及 Legacy of the Nation.）。文化学家把一国优越的遗制与思想述说出来给后辈的国民知道，目的并不在“赛宝”或“献宝”，像我们目前许多国粹保存家所做底，只是要把祖先底好的故事与遗物说出来与拿出来，使他们知道民族过去的成就，刺激他们更加努力向更成功的途程上迈步。所以知识与辨别是很需要的。如果我们知道唐诗，做诗就十足地仿少陵，拟香山，了解宋画，动笔就得意地摹北苑，法南宫，那有什么用处？纵然所拟底足以乱真，也不如真的好。所以我看这全是渣，全是无生命底尸体，全是有臭味底干屎橛。

我们认识古人底成就和遗留下来底优越事物，目的在温故知新，绝不是要我们守残复古。学术本无所谓新旧，只问其能否适应时代底需要。谈到这里，我们就检讨一下国学底价值与路向了。

钱宾四先生指出现代中国学者“以乱世之人而慕治世之业”，所学底结果便致“内部未能激发个人之真血性，外部未能针对时代之真问题”。这话，在现象方面是千真万确，但在解释方面，我却有些不同意见。我看中国“学术界无创辟新路之志趣与勇气”底原因，是自古以来我们就没有真学术。退一步讲，只有真学术底起头，而无真学术底成就。所谓“通经致用”只是“做官技术”底另一个说法，除了学做官以外，没有学问。做事人才与为学人才未尝被分别出来。“学而优则仕”，显然是鼓励为仕大夫之学。这只是治人之学，谈不到是治事之学，更谈不到是治物之学。现代学问底精神是从治物之学出发底。从自然界各种现象底研究，把一切分出条理而成为各种科学，再用所谓科学方法去治事而成为严密的机构。知识基础既经稳固，社会机构日趋完密，用来对付人，没有不就范底。治人是很难的，人在知识理性之外还有自己的意志，与自己的感情意气，不像实验室里底研究者对付他的研究对象，可以随意处置底。所以如不从治物与治事之学做起，则治人之学必贵因循，仍旧贯，法先王。因循比变法维新来得更有把握，代表高度发展底祖先崇拜底儒家思想，尤其要鼓励这一层。所谓学问，每每是因袭前人而不敢另辟新途。因为新途径底走得通与否，学者本身没有绝对的把握，纵然有，一般人底智慧，知识，乃至感情意气也未必能容忍，倒不如向着那已经有了权证而被承认底康庄大道走去，既不会碰钉，又可以生活得顺利些。这样一来，学问当然看不出是人格底结晶，而只为私人在社会上博名誉，占地位底凭藉。被认为有学问底，不管他有底是否真学问或那一门底知识，便有资格做官。许多为学者写底传记或墓志，如果那文中底主人是未尝出仕底，作者必会做

"可惜他未做官，不然必定是个廊庙之器"底感叹，好像一个人生平若没做过官就不算做过人似地。这是"学而优则仕"底理想底恶果。再看一般所谓文学家所做底诗文多是有形式无内容底"社交文艺"，和贵人底诗词，撰死人底墓志，题友朋或友朋所有底书画底签头跋尾。这样地做文辞才真是一种博名誉占地位底凭藉。我们没有伟大的文学家，因为好话都给前人说尽了，作者只要写些成语，用些典故，再也没有可用底工夫了。这样情形，不产生"文抄公"与"誊文公"，难道还会笃生天才的文豪，诞降天纵的诗圣么？

学术原不怕分得细密，只问对于某种学术有分得这样细密底必要没有。学术界不能创辟新路，是因没有认识问题，在故纸堆里率尔拿起一两件不成问题而自己以为有趣味底事情便洋洋洒洒地做起"文章"来。学术上的问题不在新旧而在需要，需要是一切学问与发明底基础。如果为学而看不见所需要底在那里，他所求底便不会发生什么问题，也不会有什么用处。没有问题底学问就是死学问，就是不能创辟新途径底书本知识。没有用处底学问就不算是真学问，只能说是个人趣味，与养金鱼、栽盆景，一样地无关大旨，非人生日用所必需底。学术问题固然由于学者底知识底高低与悟力底大小而生，但在用途上与范围底大小上也有不同。"一只在园里爬行底龟，对于一块小石头便可以成为一个不可克服的障碍物；设计铁道线底工程师，只主要地注意到山谷广狭底轮廓；但对于想着用无线电来联络大西洋底马可尼，他底主要的考虑只是地球底曲度，因为从他底目的看来，地形上种种详细情形是可以被忽视底。"这是我最近在一本关于生物化学底书（W. O. Kermock and P. Eggleton；The Stuff We're of. pp. 15—16）里头所读到底一句话。同一样的交通问题，因为知识与需要底不同便可以相差得那么远。钱先生所举出底"平世"与"乱世"之学底不同点，在前者注重学问本身，后者贵在能造就人才与事业者。其实前者为后者底根本，没有根本，枝干便无从生长出来。我们不必问平世与乱世，只问需要与不需要。如有需要，不妨把学术分门别类，讲到极窄狭处，讲到极精到处；如无所需，就是把问题提出来也嫌他多此一举。一到郊外走走，就看见有许多草木我们连名字都不知道，其中未必没有有用的植物，只因目前我们未感觉须要知道它们，对于它们毫无知识还可以原谅。如果我们是植物学家，那就有知道它们底需要了。在欧美有一种种草专家，知道用那种草与那种草配合着种便可以使草场更显得美观，和耐于践踏，易于管理，冬天还可以用方法教草不黄萎。这种专门学问在目前的中国当然是不需要，因为我们底生活程度还没达到那么高，稻粱还种不好，那能讲究到草要怎样种呢？天文学是最老的学问，却也是最幼稚的和最新的学术。我们在天文学上的学识缺乏，也是因为我们还没曾需要到那么迫切。对于日中黑点底增减，云气变化底现象，虽然与我们有关系，因为生活方式未发展到与天文学发生密切关系底那步田地，便不觉得它有什么问题，也不觉得有研求底需要了。一旦我们在农业上，航海航空上，物理学上，乃至哲学上，需要涉及天文学底，我们便觉得需要，因为应用到日常生活上，那时，我们就不能说天文学是没用底了。所以不需要就没有学问，没有学问就没有技术。“不需无学，不学无术”，我想这八个字应为为学者底金言。但要注意后四个字底新解说是不学问就没有技术，不是骂人底话。

中国学术底支离破碎，一方面是由于“社交学问”底过度讲究，一方面是为学人才底无出路。我所谓社交学问就是钱先生所谓私人在社会博名誉占地位底学问。这样的“学者”对于学问多半没有真兴趣，也不求深入，说起来，样样都懂，门门都通，但一问起来，却只能作皮相之谈。这只能称为“为说说而学问”，还够不上说“为学问而学问”。我们到书坊去看看，太专门的书底滞销，与什么ABC，易知、易通之类底书底格外旺市，便可以理会“讲专门窄狭之学者”太少了。为学人才与做事人才底分不开，弄到学与事都做不好。做事人才只须其人对于所事有基本学识，在操业底进程上随着经验去求改进，从那里也有达到高深学识底可能，但不必个个人都需要如此底。为学人才注重在一般事业上所不能解决或无暇解决底问题底探究。譬电子底探究，数理底追寻，乃至人类与宇宙底来源，是一般事业所谈不到底，若没有为学人才去做工夫，我们底知识是不完备的。欧美各国都有公私方面设立底研究所、学院，予学者以生活上相当的保障。各大学都有“学侣”底制度，使新进的学人能安心从事于学业。在中国呢？要研究学问，除非有钱、有闲，最低限度也得当上大学教授，才可说得上能够为学。在欧美底余剩学者最少还有教会可投，在中国，连大学教授也有吃不饱底忧虑。这样情形，繁难的学术当然研究不起，就是轻可的也得自寻方便，不知不觉地就会跑到所谓国学底途程上。这样的学者，因为吃不饱，身上是贫血的，怎能激发什么“真血性”；因为是温故不知新，知识上也是贫血的，又怎能针对什么“真问题”呢？今日中国学术界底弊在人人以为他可以治国学。为学底方法与目的还未弄清，便想写“不朽之作”，对于时下流行底研究题目，自己一以为有新发见或见解，不管对不对，便武断地写文章。在发掘安阳，发见许多真龟甲文字之后，章太炎老先生还愣说甲骨文都是假的！以章先生底博学多闻还有执着，别人更不足责了。还有，社交学问本来是为社交，做文章是得朋友们给作者一个大拇指看，称赞他几句，所以流行底学术问题他总得猎涉，以资谈助。讨论龟甲文底时候，他也来谈龟甲文，讨论中西文化底潮流高涨时，他也说说中西文化，人家谈佛学，他就吃起斋来，人家称赞中国画，他就来几笔松竹梅，这就是所谓“学风”底坏现象，这就是“社交学问”底特征。

钱先生所说“学者各膀门户，自命传统”，在国学界可以说相当地真。“学有师承”与“家学渊源”是在印板书流行之前，学者不容易看到典籍，谁家有书他们便负笈前去拜门。因为书底钞本不同，解释也随着歧异，随学底徒弟们从师傅所得底默记起来或加以疏说，由此互相传授成为一家一派底学问，这就是“师承”所由来。书籍流行不广底时代，家有藏书，自然容易传授给自己的子孙，某家传诗，某家传礼，成为独门学问，拥有底甚可引以为荣，因此为利，婚宦甚至可以占便宜，所以“家学渊源”底金字招牌，在当时是很可以挂得出来底。自印板书流行以后，典籍伸手可得，学问再不能由私家独占，只要有读书底兴趣，便可以多看比一家多至百倍千倍底书，对于从前治一经只凭数卷抄本甚至依于口授乃不能不有抱残守阙底感想。现在的学问是讲不清“师承”底，因为“师”太多了，承谁底为是呢？我在广州曾于韶舞讲习所从龙积之先生学，在随宦学堂受过龙伯纯先生底教，二位都是康有为先生底高足，但我不敢说我师承了康先生底学统。在大学里底洋师傅也有许多是直接或间接承传着西洋大学者底学问底，但我也不敢自称为哲姆斯、斯宾塞、柏格森、马克思、慕乐诸位底学裔。在尊师重道的时代，出身要老师推荐，婚姻要问家学，所以为学贵有师承和有渊源，现在的学者是学无常师，他向古今中外乃至自然界求学问，师傅只站在指导与介绍知识底地位，不能都像古时当做严君严父看。印板书籍流行以后，聚徒讲学容易，在学问上所需指导底不如在人格上所需熏陶底多，所以自程朱以后，修身养性变为从师授徒底主要目标，格物致知退于次要地位。这一点，我觉得是很重要的。从师若不注意怎样做人底问题，纵然学有师承，也只能得到老师底死的知识，不能得到他底活的能力。我希望讲师承底学者们注意到这一层。

至于学问为个人私利主义，竞求温饱底话，我以为现在还是说得太早。在中国，社交学问除外，以真学问得温饱算起来还是极少数，而且这样底学者多数还是与“洋机关”有关系底。我们看高深学术底书籍底稀罕，以及研究风气底偏颇，便可理会竞求温饱底事实还有重新调查底余地。到外国去出卖中国文化底学者，若非社交的学问家便是新闻事业家。他们当然是为温饱而出卖关于中国底学问底。我们不要把外国人士对于中国文化底了解力估量得太高，他们所要底正是一般社交的学问家与新闻事业家所能供给底。一个多与欧美一般的人士接触底人，每理会到他们所要知道底中国文化不过是像缠足底起源，龙到底是什么动物，姨太太怎样娶法，风水怎样看法之类，只要你有话对他们说，他们便信以为真，便以为你是中国学者。许多人到中国来访这位，问那位，归根只是要买几件骨董或几幅旧画。多数人底意向并不在研究中国文化，只在带些中国东西回去可以炫耀于人。在外国批发中国文化底学者，他们底地位是和卖山东蓝绸或汕头抽纱底商人差不多，不过斯文一点而已。

在欧美底学者可以收费讲学，但在中国，不收费底讲学会，来听讲还属寥寥，以学问求温饱简直是不容易谈。这样为学只求得过且过，只要社会承认他是学者，他便拿着这个当敲门砖，管什么人格底结晶与不结晶。这也许是中国学者在社会国家上多不能为国士国师而成为国贼国狗，在学问上多不能成为先觉先知而成为学棍学蠹底一个原因罢。我取底是“衣食足而后知礼义”底看法，所以要说，“得温饱才能讲人格”。中国学术界中许多人正在饥寒线底下挣扎着，要责备他们在人格上有什么好榜样，在学问上有什么新贡献，这要求未免太苛了。还有，得温饱并不见得就是食前方丈，广厦万间，只求学者在生活上有保障，研究材料底供给方便与充足就够了。须知极度满足的生活，也不是有识的学者所追求底。

学术除掉民族特有的经史之外是没有国界底。民族文化与思想底渊源，固然要由本国底经史中寻觅，但我们不能保证新学术绝对可以从其中产生出来。新学术要依学术上的问题底有无，与人间底需要底缓急而产生，决不是无端从天外飞来底。一个民族底文化底高低是看那民族能产生多少有用的知识与人物，而不是历史底久远与经典底充斥。牛津大学每年间所收底新刊图书可以排出几十里长，若说典籍底数量，我们现在更不如人家。钱先生假定自道咸而下，向使中国学术思想乃至政治制度社会风俗在与西洋潮流相接触之前先变成一个样子，则中国人可以立定脚跟，而对此新潮，加以辨认与选择，而分别迎拒与蓄泄。这话也有讨论底必要。我上头讲过现代学问底精神是从治物之学出发底，治物之学也可以说是格物之学，而中国学术一向是被社交学问，社交文艺，最多也不过是做人之学所盘据，所谓“朴学”不过为少数人所攻治，且不能保证其必为进身之阶。朴学家除掉典章制度底考据而外，还有多少人知道什么格物之学呢？医学是读不成书底人们所入底行；老农老圃之业为孔门弟子所不屑谈；建筑是梓人匠人底事；兵器自来是各人找与自己合适底去用；蚕桑纺织是妇人底本务；这衣、食、住、行、卫五种民族必要的知识，中国学者一向就没曾感觉到应当括入学术底范围，操知识与智慧源泉底纯粹科学更谈不到了。治物之学导源于求生活上安适的享受底理想和试要探求宇宙根源底谜。学者在实验室里用心去想，用手去做，才能有所成就。中国学术岂但与人生分成两橛，与时代失却联系，甚至心不应手，因此，多半是纸上谈得好，场上栽筋斗底把戏。不动手做，就不能有新发见，就不能有新学术。假如中国底学术思想乃至政治制度社会风俗会自己变更底话，乾嘉以前有千多年底机会，乾嘉以后也不见得就绝对没有。

日本底维新怎么就能成功，中国底改革怎么就屡次失败呢？化学是从中国道家底炼丹术发展底，怎么在中国本土，会由外丹变成内丹了？对的思想落在不对的实验上，结果是造成神秘的迷信，不能产出利用厚生底学问。医学并不见得不行，可是所谓国医，多半未尝研究过本草里所载底药物，只读两三本汤头歌诀之类便挂起牌来。千年来，我们底医学在生理、药物、病理等学问上曾有什么贡献呢？近年来从事提炼中国药物底也是具有科学知识底西医底功劳。在学问的认识上，中国人还是倾向道家的。道家不重知与行，也不信进步，改革自然是谈不到底。我想乾嘉以后，中国学术纵然会变，也不会变到自己能站得住而能分别迎拒与蓄泄西洋学潮底地步，纵然会，也许会把人家底好处扔掉，把人家底坏处留起来。像明末底西洋教士介绍了科学知识和他们宗教制度，试问我们迎底是什么呢？中华文化，可怜得很，真是一泓死水呀！这话十年前我不这样说，五年前我不忍这样说，最近我真不能不这样说了。不过死水还不是绝可悲的，只要水不涸，还可以想方法增加水量，使之澄清，使之溢出。这工夫要靠学术界底治水者底努力才有希望。世间无不死之人，也无不变的文化，只要做出来底事物合乎国民底需要，能解决民生日用底问题底就是那民族底文化了。

要知道中国现在的境遇底真相和寻求解决中国目前的种种问题，归根还是要从中国历史与其社会组织，经济制度底研究入手。不过研究者必要有世界学术底常识，审慎择别，不可抱着“花子吃死蟹，只只好”底态度。那么，外国那几套把戏自然也能够辨认与选择，不至于随波逐流，终被狂涛怒浪所吞咽。中国学术不进步底原因，文字底障碍也是其中最大的一个。我提出这一点，许多国学大师必定要伸舌头底。但真理自是真理，稍微用冷静的头脑去思维一下便可以看出中国文字问题底严重。我们到现在用底还不是拼音文字，难学难记难速写，想用它来表达思想，非用上几十年底工夫不可。读三五年书，简直等于没读过。许多大学毕业生自从出来做事之后便不去摩书本。他们尚且如此，程度低些底更可知。繁难的文字束缚了思想，限制了读书人，所以中国文化最大的毒害便是自己的文字。一翻古籍便理会几十万言底书已很少见，百万千万言底书更属稀罕了。到现在，不说入学之门底百科全书没有，连一部比较完备的字典都没有。国人不理会这是文化低落底病根，反而自诩为简洁。不知道简洁文字只能表现简单思想，像用来做诗词，写游记是很够底。从前学问底范围有限，用简洁的文体，把许多不应当省掉底字眼省略掉还不觉得意义很晦涩，读者可用自己底理会力来补足文中底意思。现代的科学记载把一个字错放了地位都不成，简省更不用说了。我们底命不加长，而所要知要学的东西太多，如果写作不从时间上节省是不成的。我们自己的文化担负已是够重的了，现在还要担负上欧美的文化，这就是钱先生所谓“两水斗啮”底现象，其实是中国人挣扎于两重文化底压迫底下底现象。欧美的文化，我们不能不担负，欧美人却不必要担负我们底文化，人家可以不学汉文而得所需底知识，我们不学外国文成么？这显然是我们底文化落后所给底刑罚，目前是没法摆脱底。要文化底水平线提高，非得采用易于学习底拼音文字不可。千字课或基本汉字不能解决这个严重问题，因为在学术上与思想表现上是须要创造新字底，如果到了思想繁杂底阶段，几千字终会不够用，结果还是要孳乳出很多很多的方块字。现在有人用“圕”表示“图书馆”，用“簙”表示“博物院”，一个字读成三个音，若是这类字多起来，中国六书底系统更要出乱子。拼音字底好处在以音达意，不是以形表意，有什么话就写出什么话，直截了当，不用计较某字该省，某句应缩，意思明白，头脑就可以训练得更缜密。虽然拼音文字中如英文法文等还不能算是真正拼音底，但我们须以拼音法则为归依，不是欧美文字为归依。表达思想底工具不好，自然不能很快地使国民底知识提高。人家做十年，我们非得加上五六倍底时间不可。日本维新底成功，好在他们有“假名”，教育普及得快，使他们底文化能追踪欧美。我们一向不理会这一点，因为我们对于汉字有很深切的敬爱，几十年来底拼音字母运动每被学者们所藐视与反对。许多人只看文字是用来做诗写文底，能摇头摆脚哼出百几十字便自以为满足了。改良文字对于这种人固然没有多大的益处，但为学术底进步着想，我们不能那么浪费时间来用难写难记底文字。古人惜寸阴分阴，现代的中国人更应当爱惜丝毫光阴。因为用高速度来成就事物是现代民族生存底必要条件。

德国这次向东方进兵，事实上是以血换油，油是使速度增进底重要材料。不但在战争上，即如在其他事业上，如果着手或成功稍微慢了些，便等于失败。所以人家以一切来换时间，我们现在还想以时间来换一切，这种守株待兔底精神是要不得底。国民智力底低下，中国文字要负很重的责任。智力底高低就是发见问题与解决问题底能力底速度底高低。我以为汉字不改革，则一切都是没有希望底。用文字记载思想本来和用针来缝布成衣服差不多，从前的针一端是针口，另一端是穿线底针鼻。缝纫底人一针一针地做，不觉得不方便。但是缝衣机发明了，许多不需要的劳动不但可以节省而且能很快地缝了许多衣服。缝衣机底成功只在将针鼻移到与针口同在一端上。拼音文字运动也是试要把音与义打成一片。不过要移动一下这“文字底针鼻”，虽然只是分寸底距离，若用底人不了悟，纵然经过千百年也不能成功。旧工具不适于创造新学术，就像旧式的针不能做更快更整齐的衣服一样。有使中国文化被西方民族吸收愿望底先当注意汉字底改革，然后去求学术上的新贡献，光靠残缺的骨董此后是卖不出去底。

中国目前的问题，不怕新学术呼不出，也不怕没人去做专门名家之业，所怕底是知识不普及。一般人底常识不足，凡有新来底吃底用底享受底，不管青红皂白，胡乱地赶时髦。读书人变成士大夫，把一般群众放在脑后，不但不肯帮助他们，反而压迫他们。从农村出来底读书人不肯回到农村去，弄到每条村都现出经济与精神破产底现象。在都市底人们，尤其是懂得吹洋号筒底官人贵女们，整个生活都沉在花天酒地里，批评家说他们是在“象牙之塔”里过日子。其实中国那里来底“象牙之塔”？我所见底都是一幢幢的“牛骨之楼”罢了。我们希望于学术界底是在各部门里加紧努力，要做优等人而不厌恶劣等的温饱，切莫做劣等人而去享受优等的温饱。那么，平世之学与乱世之学就不必加以分别了。现在国内底大学教授，他们底薪俸还不如运输工人所得底多，我们当然不忍说他们是藏身一曲，做着与私人温饱相宜底名山事业。不用说生存上，即如生活上必须的温饱，是谁都有权利要求底。读书人将来会归入劳动阶级，成为“智力劳动者”，要恢复到四民之首底领导地位，除非现在正在膨胀着底资产制度被铲除，恐怕是不容易了。

［附言］六月二十四日某先生在《华字日报》写了一篇质问我底文章，题目是《国粹与国渣》，文中有些问题发得很幼稚，值不得一答。惟有问什么是“国粹”一点，使我在学问的良心上不能不回答一下。我因此又连想到六

月八日钱穆先生在《大公报》发表底星期论文《新时代与新学术》，觉得其中几点也有提出来共同讨论底必要，所以写成这一篇，希望底是能抛碎砖引出宝玉来。文中大意是曾于六月二十八日对岭英中学高中毕业生讲过底。

（录自《国粹与国学》，商务印书馆1946年）

国学常识·概说

曹　朴

一、所谓国学

国学这个名词发生于清末，但不知究竟是谁所创造。有人说，章炳麟太炎在日本组织"国学讲习会"，刘师培申叔氏也有"国学保存会"的发起，大概他们就是国学两个字的最初使用者。这是不是正确，不得而知。我们知道的是，国学这个名词，是因为欧美学术输入才发生的。它的范围，是把西学输入以前中国原有的全部学术包括进去的。

和国学相当的名词，还有国粹和国故。国粹两个字，似乎有点夸大中国学术乃完全精粹物的意思，又似乎有点选择精粹部分而抛弃其他部分的意思，所以人们觉得不甚妥当，改称国故。国故，就是本国文献的意思。不论精粹不精粹，过去的文献总是可宝贵的史料，都可包括在国故范围里面去，这样看起来，国故这个名词总算是公平而完备了。但它也有它的缺点，就是只能够代表研究的对象，而不能代表研究这种对象的学问，因此大家又想起用国故学的名称来代替它，最后又简化而称为国学。

可是这个名称还不是十分合理的，因为学术没有国界，当代各国都没有特殊的国学，而我们所谓国学，从内容上看，也就是哲学、文学、史学等等的东西，都是可以作为世界学术的一部分的，而且事实上外国也已经有研究我国古代文化的人了，我们为什么不采取世界公用的名称，如中国史，中国文化史，中国哲学史，中国文学史等类的名词呢？而且对于具有种种内容的学术，为什么不加以各别的名称而必须采用笼统的总名称呢？这都是值得考虑的。

但我们为了依从习惯，并且因为中国各科学术还没有整理清楚，和世界学术融合为一的缘故，只得仍旧采用国学这个名称。

二、国学在清代

中国学术，以周秦诸子时代最为发达，当时诸子百家，各有专长，不相勦袭。自汉代表彰六经，儒家定于一尊，诸子之学衰落，而经学成为唯一的学术。两千年来，除解释经书外无学问。但到了清朝，似乎从解经之中有开辟一条新路的趋势。过去汉儒解经，注重字句的解释和制度的考证，但宋儒反对汉儒的方法，主张依经义而修养心性。清初学者黄梨洲，顾亭林，王船山等，因宋明诸儒无补时艰，于是起而批评宋明心性之学的流弊，提倡经世致用的实学。然而他们所谓实学，仍然以通经致用为中心，因此便是非常留心当世之务的顾亭林，也不敢稍为懈怠他的经学研究，并由经学而奠立了清代考证学的初基。颜习斋元李恕谷塨继起，提倡实践，反对空言，无论性理考据，都在排击之列，但由于他们要实行三代政治，最后也不得不归于考古。其后戴东原震出来，一方面以新理学姿态批评宋明思想，一方面继承顾亭林的考证学而加以发展。同时惠定宇栋亦标榜汉学。惠戴以后，继起有人，考证学派于是占了学术界的支配地位。但正统的考证学派继承东汉经师为学而学的精神，埋头研究，不谈现实的政治，到道光咸丰以后，内忧外患交逼而来，不容许士大夫的脱离现实，于是正统汉学又逐渐衰落了。代之而兴的于是有继承西汉学者经世致用精神的公羊学派。公羊学派中的康有为梁启超，最后亦不严格地遵守西汉经说，而直接以己意解释孔孟，以作维新运动的根据，清代思想如再进一步，就有解脱孔孟束缚的可能。本来正统派中著名的学者如王念孙、王引之、俞樾、孙诒让以及最后的章炳麟，都是对孔孟以外的诸子有精深研究的，他们开始的时候只是“以子证经”，拿子学做经学的工具，其结果便使搁置了几千年的诸子学说也为之昌明。又，康梁派之谭嗣同，更主张“冲决一切网罗”。见《仁学》。这种发展的趋势，非至推倒孔孟偶像不止，是显然的。因此梁启越氏曾说清代很像是中国的文艺复兴时代，但是有一个问题。欧洲的文艺复兴，是研究希腊罗马的古学，解放中世纪的思想镣铐，其结果引起了近代科学的勃兴；中国的文艺复兴，是阐扬周秦时代的古学，解放秦汉以来儒家思想的束缚，其结果应当也引起科学的发达，可是我国的科学为什么没有发达起来呢？这是满清社会经济发展的停滞及反动政治的妨害所致。

如上所说，清代考证学派本来是因纠正性理学派的缺点而起，性理学派的缺点是空疏而不切实用，考证学派以客观态度研究经书，就解经而言，诚然不空疏，但是流于琐碎支离，解经也终于不得要领，至于国计民生之现实问题，更是他们所不了解的，他们学问的不切实用，仍然同性理学派一样。晚清诸学者因为受了列强内侵的刺激，及外来思想的影响，大家对于现实问题有所主张，如康有为的倡导维新，章炳麟的参加革命，他们各自代表考证学派的一分支，作为二千年来经学的光荣的殿军者。辛亥革命以后，儒家的地位，至少在一般学者的眼里，已经回复到与诸子同等的地位，国学不应当再以解释经书为唯一任务，已是当然之理，而自己创立的学说，尤其不必假托古人的招牌来传布，也是无庸多说的。不过前代学术的源流和得失，可供我们借镜的地方很不少，而且他们整理古代典籍的成果，很可以供我们利用，所以我们不能忽视。

三、国学的分科

中国学术向来无所谓分科的，一般儒者都是以万能博士自命，他们常说"一物不知，儒者之耻"，所以那些学者的全集里面，也有诗词歌赋的文学作品，也有评论史事的论文，也有代圣贤立言的经书注疏，可说对整个学术范围内的各方面都有所贡献。但就个人的材性及用力的浅深说，本来不能不有所偏至，所以一些有名的学人仍然只能以一种专长著名，如朱熹以理学著名，李白以诗著名，人们决不会指朱熹为诗人，指李白为理学家。所以事实上，国学仍然是分了部门的。

曾国藩把学术分成"义理"即性理之学或理学、"考据"即考证学、"词章"三大部门戴东原亦曾如是分类，他写给他弟弟的信说："盖自西汉以至于今，识字之儒，约有三途：曰义理之学，曰考据之学，曰词章之学，各执一途，互相诋毁，兄之私意，以为义理之学最大，义理明则躬行有要，而经济有本。词章之学，亦所以发挥义理者也。考据之学，吾无取焉矣。此三途者皆从事经史，各有门径。吾以为欲读经史，但当研究义理，则心一而不纷。是故经则专守一经，史则专熟一代，读经史则专主义理，此皆守约之道，确乎不可易者也。若夫经史而外，诸子百家，汗牛充栋，或欲阅之，但当读一人之专集，不当东翻西阅。"在这个指导读书方法的信中，我们看到他们怎样说明三大部门的学术，怎样主张选科，并且指出在义理一门之下，还可以按照经书的种类及史书的朝代而分科研究。不过三大部门的研究对象，都是经史，整个学术范围，非常狭小。诸子百家，只当作参考书，全部学术集中在儒家一派的范围以内。三大部门的重要性，是义理第一，词章第二，考据最末了，他的话完全是宋明以来儒家正统派的传统意见。

义理之学，照理应该还有老学、墨学……等等的专科，但因儒家的独占，就没有它们的份儿了。

词章之学，包括诗及古文两个主要部门，其次有赋、词、曲、骈文等。现代文学所尊重的小说及戏曲，过去不被重视。

考据之学，除按照经书的种类分科外，又按照问题性质而分科，如专门考名物制度的狭义的“考证学”及专门考文字训诂的“小学”以及专门考书籍源流真伪的“校雠学”，是三大科别。此外还分出许多独立的部门，如小学内分出声韵学，训诂学，以及金石学甲骨学等，校雠学又分成目录学，校勘学，版本学等。

四、国学的派别

讲实证的学术，分科繁而派别少，尚玄思的学术则相反。国学以古书为对象，文字艰深古奥，又不免有遗漏和错误，后世的人无法去找古代的原作者来质疑，就只好凭自己的意思来解释，因解释的不同，而派别便产生了。以前说的“义理”“考据”“词章”的三种学术，虽然是三个部门，但同时也是三个派别，因为学者所采取的道路不同，对于同一古书的解释会得到相异的结果。所以曾国藩说他们“各执一途，互相诋毁”。

在考据学全盛的清代中期，所谓桐城派词章之学也抬头起来。桐城派文人以“载道之文”相标榜，而讥诮考据学的支离破碎，无补于圣道。考据学者则讥诮桐城派文章没有内容，根本无所谓“道”。考据学者批评义理之学的空疏，可是义理学派也讥诮他们的破碎支离。这几派之中，考据派在学术界虽然称霸，但清政府所奖励的却以义理之学为主。

义理学派即所谓宋明道学，因其解释经书遇着难解之处，不去找许多古书参证，考查原来的意义，只是“望文生义”，照字面去讲，所以人们说它空疏。其实这个学派不是完全不查考古字的意义，不是完全不注意古书的遗漏错误，我们一看《四书》的朱注便知。这个学派的特点，是在于借孔孟的话来宣传自己的学说，朱熹晦庵的《四书注》，就是宣传他的理气二元论。陆九渊象山更公然说“六经皆我注脚”。的确，他们表面上是注解经书，实际上是拿经书注解自己。可是朱熹还不敢公然这样讲，他的意思只是说，按之人情物理，孔孟的这些话应当这样解才对。朱氏是主张“格物致知”的，这就是从研究人情物理去了解孔孟之道。因为这一点，使朱陆又分成两派。朱氏的学术，渊源于程颐伊川，所以这派叫程朱派。陆象山之学，到明朝王守仁阳明而有澈底的发展，所以这派叫陆王派。程朱之学，讲求穷理尽性，称为理学。陆王也讲理，但程朱的理有客观性，而陆王的理是纯主观的，陆氏说“心即理”，所以人们为与程朱的理学分别起见，又叫陆王之学为“心学”。

义理之学大致和现代所谓哲学相同，所以有派别，无分科。考据之学和现代所倡社会科学相像，所以有分科，也有派别。可是因为研究的对象不是社会而是古书，所以考据之学的派别，不是从理论上分的，而是从古书的传授系统上面分的。汉朝在秦始皇焚书坑儒以后来提倡经书的研究，许多儒生都用当时通行的隶书写着经书进献，据说是因为古经原本已不容易觅取，他们这些儒生都是凭着口耳相传的方法，一代一代的传授下来的。后来却有人贡献古本经书了，那些书据说是藏在什么古建筑物如孔子故宅的夹壁中间，或者什么山岩里面，被人家发现出来的。有了这一套古字的原本，于是就有一班儒生来研究它。由于这种版本和前面那种所用的文字有古今的不同，于是在研究者方面就分出今文派和古文派。其实两者的分别不但在文字上，就是内容也有不同的地方，特别是思想方法方面这点后面再说。这两派经学家所做的事，或系考证古书的真伪，或系考证古书上的名词器物和制度，或系探讨古代文字的意义，或系探讨经书的微言大义，所以一般称为考据之学，因为考据之学创于汉朝，又称汉学，而和汉学相对待的义理之学，因为创于宋朝，就叫宋学。

在词章之学方面，古文和骈文不但是两个门类，同时又是两个派别的名称。骈文是四六对偶的文体，古文这个古文和经学上的古文，名同而实异。是不要对仗的散文，研究骈文的就反对古文，研究古文的就反对骈文，因而形成两大派别。清朝除这两大派对立外，古文派内部又有桐城派和阳湖派的分别。

五、进步的方法与贫乏的内容

考证学派所用的方法是欧洲研究自然科学的方法。我们从考证学大师戴东原的治学方法可以证明。梁启超曾举出它的十大特点，大意如左：

（一）凡建立一个主张，必须依靠证据。

（二）选择证据，以时代为标准，时代越古的证据，就越认为可靠。

（三）孤单的证据不能建立确定的结论：其无反证者暂时保存之，得有续证则渐又信仰之，遇有力之反证则抛弃之。

（四）隐匿证据或曲解证据，都认为不道德。

（五）最喜欢集合许多同类的事项，作比较的研究，而探寻其一般的规律。

（六）采用旧的学说，必须明显地引用，反对暗中偷用。

（七）彼此见解不同，尽量发展论争，弟子也可以驳难本师，被批评者并不生气。

（八）论争以本问题为范围，采客观的理智的态度，对于对方意见亦同样尊重，反对谩骂讥讽及牵涉题外。

（九）喜欢专门研究一个问题，作深入的探讨。

（十）文体主张朴实简洁，反对啰啰嗦嗦。

以上这种方法，显然是西洋所谓实证主义的具体应用。胡适也曾经说过清代考据之学的特点有两个：（一）大胆的假设，（二）小心的求证。这两者就是科学方法的要点。

清代学者所用的方法虽然是进步的，但所研究的对象非常狭隘，所获得的成果非常微末——虽然有极可宝贵的收获，但就多数学者所耗费的精力而比例地说，那成果是相对地小。除天文学及算学外，广大的自然科学领域完全不被清代学者涉及。即就古学而论，所谓名物制度的考证是很少辉煌的成绩的，最大的收获只是在文字训诂方面。当时以考证著名的有戴东原及惠栋两派，戴派比较地富于批评精神，研究的成绩就比较多，文字训诂方面的收获是他们的功劳，惠栋派拘守汉儒传统，缺乏批评精神，其考证支离琐碎，不得要领。

六、欧美学术的影响

欧洲自然科学的输入不自清末始，在明朝就开始了。从明万历十一年（一五八三）到清康熙三十九年（一七〇〇）之百余年间，西洋教士来到中国的有七十四人，著书二百七十种，除关于宗教者外，还有关于数学、天文学、地理学、农学、论理学等科的。中国历法，因受这个影响而有所改革。

经学家因受这个影响而将天算之学纳入经学的范围，他们认为，经书里面有说及天象及历法之处，研究天算专门之学纳入经学处，正是通经致用的一部分工作，所以当时考证学大师戴东原，对于天文及数学，有相当的造诣。因此，考证学派之采用科学方法以研究经学，也不能不说是受了西学输入的影响。这个影响如果扩大，各种自然科学都有从经学里面逐渐生长出来的可能。例如从《禹贡》的研究，已发生了地理学的一部分沿革地理，从《毛诗》草木虫鱼的研究，可以发生动植物学。但因为当时社会经济没有新的发展，政治方面又为雍正帝的高压政策及乾隆帝的怀柔政策所笼罩，加之，罗马教皇禁止中国天主教徒保存奉祀祖先等项旧的习俗，大为中国士大夫所不满，以致欧洲来华教士大受排斥，中西交通为之中断，所以西学影响，仅达到古书研究方法上的革新为止。

七、五四以后的国故整理

传统的经学，到了康有为，已经发展到了顶点，正统的考证学派即古文派，到章太炎也可告一段落，过此以后，人们都采用新工具新材料来研究中国古文化了。

完全采用新观点来整理国故，是从“五四”以后开始的。“五四”以后与“五四”以前的异点，在于批判精神的充分不充分。康章二氏对于流俗之见虽然敢于批评，终于不敢澈底推翻传统的偶像，比方康氏要依傍孔子而传播民主政治的思想，章氏则始终不肯逾越汉代古文经学家的范围他谈文字学，以许氏《说文》为绝对可靠，反对旁人根据甲骨文钟鼎文以批评许氏之说。五四以后，胡适梁启超顾颉刚诸氏的整理国故，是没有丝毫偶像观念的。胡适曾说新思潮的运动对于中国旧有学术的思想，采取评判的态度，分开来说，第一，反对盲从；第二，反对调和；第三，主张整理国故。他解释第三点说，整理是从乱七八糟里面寻出一个条理脉络来，从无头无脑里面寻出一个前因后果来，从胡说谬解里寻出一个真意义来，从武断迷信里面寻出一个真价值来。第一步是条理系统的整理，第二步要寻出每种学术思想怎样发生，发生之后有什么影响效果，第三步要用科学的方法，作精确的考证，把古人的意义弄得明白清楚。

胡氏又说前人研究古书，很少有历史进化的眼光的，以上所引，均见《新思潮的意义》一文。这一点尤其足以区别今人与前人研究国学的精神。现在一般学者都有历史进化的眼光，所以再没有人硬派孔子做民主主义者，也不因为他的反民主思想而谩骂他。《新青年杂志》及《吴虞文录》上面的评孔文章，虽然不免缺乏历史观念，因为它们不大分析孔家思想的社会背景。但是它们的主旨在于反对不合现代生活的传统思想，并不是根本否定孔子之道在历史上的价值。自顾颉刚著《古史辨》以来，许多学者应用社会进化史的理论来整理中国古代史，考古学方面，也有若干创获，整理国故的工作在社会学帮助之下更开辟一新的道理，而清代学者支离破碎的毛病是决不会再犯的了。

八、国学与世界学术

我曾说过，国学非中国人所能私有，它应当是世界学术的一部分。这点在外国人眼中，早已不成问题，如他们将我们重要经典翻译过去，对于我们近年研究国故的著作也很注意，择尤翻译。而且他们有些研究中国文化的专家，咬着牙读我们佶屈聱牙的古书，或者不远万里而来，发掘我们地底下的古物而带回他们的博物馆与图书馆去。他们又不断的考证研究，把研究的成果著为文章与专书发表出来。另一方面，我国有见识的学者也早已懂得这一点，所以他们采用世界学术上的新方法新工具来研究国学，并且也利用外国的材料，例如研究声韵学，则采用ABCD之类的音标以代替旧有的“见溪群疑……”那一套工具，参考耶费孙、高本汉那些外国人的著作，并且也采取那些外国人以西藏语蒙古语缅甸语等东方语言与汉语比较研究的方法。又如研究程朱的理学，而与西洋的亚里士多得，黑格尔哲学相比较，研究我国解释《易经》的象数之学，而与希腊毕达哥拉斯学说相比较；以及应用技术方面，拿新医学的理论与方法来整理国医，研究国产药材；应用会计学、簿记学的理论与方法来改良中式簿记等项。都可以说是有世界的眼光，没有故步自封，抱残守缺的陋儒习气。

然而时至今日，还有一些坐井观天的人，机械地把国学和西学或科学对立起来，以为研究国学就可以不读外国书，甚至可以不要科学知识，那实在太可笑了！

不待说，现在国学和世界一般学术还是没有打成一片，浩如烟海的四库典籍，只是一堆杂乱混合的历史材料，亟待我们整理，我们固有的农、工、商、医等等应用技术尽有其特长之点，亟待我们的科学工作者自己加以发掘。凡此种种，都是我们对于本国学术的应尽之责，但必须了解国学在世界学术中的地位，才能有正确的研究方针。

九、专门研究与基本知识

整理国故是专门研究的工作，必须分工进行，例如研究哲学的就整理哲学方面的材料，研究文学的就整理文学方面的材料，而且在哲学或文学里面，还可以作进一步的专门研究，如专门研究一派的学说，或一个时期的作品。

进行专门的研究必须具备前提条件：一点是在现代一般学术中早已选定了专攻的部门，而且有了相当的了解，一点是对于国学的各方面先有一个大致的认识。

不但整理国故者先须有一个对于国故的大致认识，而且连不去整理国故的一般知识分子，也须有一点关于国故的基本认识。为什么呢？因为一个中国人，对于中国的固有文化，应该知道一个大概，才可以免掉“数典忘祖”的讥诮，这是一。尤其是因为过去的历史，对于眼前的生活有密切的关连，不懂得过去就不能理解现在，这是二。

十、研究的态度及准备工作

初步研究国学，不能作局部的精深研究，而应当涉猎各方面，作一全盘的鸟瞰。研究国学也不可与研究国文混同，研究国文是研究阅读及写作本国文字的技术，只可以拿小部分的古人文字做参考，不必涉及其他的方面。研究国学的基本知识，可以涉及各方面，但也不必耗费过多的时间去读古书，只须把最重要的几种浏览一下或大致翻阅就很够了。有的人以为研究国学就是学做古文或骈文，那当然更错。王国维有云：“一代有一代之文学，楚之骚，汉之赋，六代之骈语，唐之诗，宋之词，元之曲，皆所谓一代之文学，而后世莫能继焉者也。”《宋元戏曲史·序》如果知道前代的文学为后世所莫能继，就不必勉强的铸造假古董。我们大可以参考前代之文而另自创造我们这一代的文学。至于说能作古雅骈俪之文，就可以作高级的应酬文字，为干禄的工具，那又更把学术的地位看低了。

另有一些重视国学而头脑冬烘的人，就不免拘守通经致用的古话，以为当今之世，还是只要半部《论语》，就可以治天下，这是宋朝赵普的话甚至于想考订《周礼》，行之今日。这种思想当然也不合现实需要，不是我们所应保留的。

我们尊重先民的文化遗产，同时了解它的历史意义，凡可以供现代采用的当然继续发扬，而不合现代需要的则不必勉强继续，只须知道它在过去一定时期中的重要性，就行了。

本书的讨论限于常识的范围，不是深入地研究，更不是讲整理工作，只是关于国学的初步概念提示。

可是即以初步的尝试而论，也得做做两种准备的工作。首先要读一读关于文学、哲学、史学、社会学的基本书籍，例如哲学大纲，文学概论之类，使自己对于现代学术中和国学最有关系的几个部门先有一个概念。其次是读一读近日出版的中国社会史，使自己对于本国文化演进的背景有一个轮廓似的认识。假使这种工作早已做过，那末巡礼一下国学的园地，便不是毫无意义了。

（录自曹朴著《国学常识》，文光书店 1948 年）

附　录

因版权、篇幅等问题未能收录的文章，篇目如下：

马叙伦：《北京大学研究所整理国学计画》，《北京大学日刊》1920 年 10 月第 720、721 号。

郑奠：《国学研究方法总论》，《唯是》1920 年第 1、2 期。

林语堂：《科学与经书》，《晨报五周年纪念特刊》1923 年 12 月。

徐剑缘：《评胡梁二先生所拟国学书目》，《国故学讨论集第三集》，群学社 1927 年。

李笠：《三订国学用书撰要·自序》，朴社 1927 年。

陶明濬：《国学之研究》，《东北大学周刊》1927 年第 41 号。

徐炳昶：《论怎样才能整理国故》，《益世报·学术周刊》1929 年 4 月 20 日、5 月 6 日。

卫聚贤：《应用统计方法整理国学》，《东方杂志》1929 年第 26 卷 14 号。

姜亮夫：《研究国故应有的基本知识与应备的工具书》，《青年界》1931 年第 1 卷第 3 期。

陶希圣：《国学与国文》，《社会与教育》1931 年第 2 卷第 18 期。

唐祖培：《国学与佛学》，《中华季刊》1932 年第 1 卷第 4 期。

徐英：《论近代国学》，《青鹤杂志》1933 年第 1 卷第 8 期。

徐敏时：《国学概论·绪论》，上海新业书店 1933 年。

马瀛：《国学概论·绪论》，上海大华书局 1934 年。

孙乃湛：《国学之改造及其前提》，《民鸣周刊》1934 年第 1 卷第 11 期。

汪辟疆：《中学国学用书叙目》，《国衡半月刊》1935 年第 1 卷第 1 期。

支昂子：《研究国学之途径》，《国光杂志》1935 年第 9—11 期。

夏承焘：《研究国学困难问题之解答》，《图书展望》1935 年第 1 期。

费怒春：《整理国故意见》，《江汉思潮》1936 年第 4 卷第 5、6 期。

吴英华：《近数十年国学概评》，《国学丛编》，中国印书局 1941 年。